DICCIONARIO FRASEOLÓGICO

A PHRASEOLOGICAL DICTIONARY

DICCIONARIO FRASEOLÓGICO

Inglés-castellano, castellano-inglés

A PHRASEOLOGICAL DICTIONARY

English-Spanish, Spanish-English

Frases, expresiones, modismos, dichos, locuciones, idiotismos, refranes, etc.
Phrases, expressions, locutions, clichés, idioms, sayings, saws, proverbs, etc.

VERBUM SAT SAPIENTI EST.

Neither grammar nor rule governs the idiom of a people. (Dean Alford, *The Queen's English.*)

Por
DELFÍN CARBONELL BASSET
B.A. Duquesne University,
M.A. University of Pittsburgh,
Ph.D. Universidad Cumplutense.

Ediciones del Serbal

El profesor Carbonell Basset se educó en Pittsburgh, Pennsylvania. Obtuvo un B.A. de la Duquesne University, un M.A. de la University of Pittsburgh. En Madrid se Licenció y Doctoró en filología en la Universidad Complutense. Ha sido profesor de las Universidades de Pittsburgh, Scranton y Franklin and Marshall (Pa. USA). En la actualidad es profesor y Director de Marshall Institute. Ha escrito diez libros sobre cuestiones literarias, crítica de la literatura, gramática y lexicografía. Es miembro de la Modern Language Association of America.

© 1995 Delfín Carbonell Basset
Publicado por Ediciones del Serbal, S.A.
Francesc Tàrrega 32-34 - 08027 Barcelona
Impreso en España
Depósito legal B. 14316/95
Impresión y encuadernación: Grafos, S.A.   Arte sobre papel
ISBN 84-7628-140-4

PREFACIO I

Este DICCIONARIO FRASEOLÓGICO es una compilación de locuciones, giros y modismos propios de los idiomas castellano e inglés.

Una frase idiomática, un modismo, un giro, es una manera peculiar y particular de expresarse en una lengua. Varias palabras unidas forman una frase cuyo sentido no se puede deducir ni lógica ni gramaticalmente: Creemos algo *a pie juntillas*; sabemos mucha *gramática parda*; andamos *de la Ceca a la Meca; sin comerlo ni beberlo*, a veces *pagamos el pato*, etc.

Como sabe todo estudioso de idiomas, son las frases idiomáticas la parte verdaderamente complicada de una lengua. Se saltan las reglas gramaticales y son un reto a la lógica. Presentan el verdadero escollo en su aprendizaje principalmente porque no se suelen enseñar al estudiante extranjero. E incluso el nativo tiene a veces serias dificultades en el manejo de las frases idiomáticas.

La lexicografía comparada castellano-inglesa no ha prestado, hasta ahora, suficiente atención a las frases idiomáticas, aunque todos los diccionarios bilingües, en mayor o menor grado, las incluyen. En muchos casos queda reseñada la frase o el modismo, una traducción a veces enigmática y, claro está, ningún ejemplo de su posible uso. El ejemplo es vital en estas cuestiones. El ejemplo refuerza la traducción y nos da una idea de cómo podemos emplear la frase nosotros. Todo diccionario debe ser, ante todo, práctico y debe dar pautas de uso.

Este Diccionario trata de llenar el vacío que existe en la lexicografía bilingüe castellano-inglesa. Es un intento de abordar un verdadero problema para el estudioso de las lenguas inglesa y castellana. Aquí he tratado de utilizar frases correspondientes en ambos idiomas, en vez de explicar el significado con otras palabras, que es la manera de escurrir el bulto. No es tarea fácil y no siempre he quedado completamente satisfecho con el resultado. En todo momento me han guiado las preguntas: ¿Cómo expresaría esta frase idiomática inglesa un español en castellano? ¿Cómo diría esta frase castellana un norteamericano en inglés? He tenido presente, naturalmente, que jamás debemos traducir a mocosuena, como a veces se hace.

No he incluido frases desconocidas para mí. Todas las frases idiomáticas aquí compiladas, tanto en inglés como en castellano, me son familiares y las he oído o leído a lo largo de mi vida.

He evitado en lo posible, y en la parte inglesa, incluir verbos compuestos (*look after, look like, take after,*) porque no son frases idiomáticas y corresponden a un lexicón normal y corriente.

He incorporado refranes y dichos populares porque su traducción siempre es interesante.

No he incluido argot o slang porque ya lo he hecho en mi *Diccionario malsonante*, inglés-castellano-inglés.

Este Diccionario servirá para sacar de dudas, para incrementar el conocimiento de las dos lenguas, para tener más opciones de traducción o simplemente como lista de frases para estudiar.

El diccionario va provisto de referencias cruzadas en los casos que se ha considerado necesario para hacerlo más fácil y manejable.

Siguiendo la nueva normativa de la Real Academia he suprimido las letras ch y ll.

Como dice Julio Casares: "El que compila un léxico... tiene la amarga certidumbre de que su trabajo ha de ser, por su misma índole, incompleto y defectuoso..." Y como he hecho la compilación solo (en todos los sentidos de la palabra), sin ayudantes, ni colaboradores, ni secretarias, soy, pues, el único responsable de las imperfecciones y defectos que tiene. Pero no obstante esto, estoy plenamente convencido de que este DICCIONARIO FRASEOLÓGICO BILINGÜE será de gran utilidad y ayuda.

Las frases reseñadas se emplean principalmente en USA y España o en alguna de sus regiones.

DELFÍN CARBONELL BASSET, M.A., Ph.D.
Marshall Institute, Madrid.

FOREWORD II

This dictionary has been compiled in order to fill a long-standing need in bilingual Spanish-English lexicography: the need for a practical and current dictionary of phrases and idiomatic expressions.

Compilers of run-of-the-mill lexicons don't seem to need the importance of the ready-made sentence in languages. The living substance of language is not words, certainly, but rather how they are grouped together and what they mean collectively. A few words that always go together and which, again, as a group, convey a meaning which has little to do with the individual words, such as *run-of-the-mill*, for example. *Straight from the horse's mouth, a horse of a different color, dire straights, make ends meet,* are other examples. A foreigner might look up the individual words in a dictionary and get nowhere.

Bilingual dictionaries do list idioms and phrases, oftentimes in a pretty helter-skelter way, but with rather unhappy translations and without examples that will help the user to better understand and employ the phrase in question.

Native speakers always use idiomatic expressions and phrases. That is why it is always so difficult to understand them.

This PHRASEOLOGICAL DICTIONARY will help language students, scholars, travelers, translators, readers, interpreters, etc. how to use either English or Spanish the way natives do. It can be used as a reference work or simply as a list of expressions to learn by heart in order to broaden the scope of one's knowledge of Castilian Spanish and American English.

DELFÍN CARBONELL BASSET, Ph.D.
Marshall Institute, Madrid

Nota

Los diccionarios deben ser prácticos y de fácil manejo para el estudioso. Por eso no he empleado siglas complicadas ni abreviaturas, excepto *Ej.* (*Ejemplo*) en la parte castellana y *Ex.* (*Example*) en la parte inglesa. Nada más.

Las referencias cruzadas que por fuerza hay que emplear, van reseñadas al final del registro, de la palabra clave, por *Ver:* en la parte inglesa y *See:* en la parte castellana.

Como las referencias cruzadas son un engorro siempre, he reseñado bajo dos registros diferentes las frases que he considerado más usuales y problemáticas a la hora de elegir, como las que caen bajo *dar, hacer, take, give, time,* por ejemplo. No son muchas y creo que el lector agradecerá el ahorro de tiempo. Y en algunos casos he ampliado la traducción y en otros ofrezco dos ejemplos para facilitar la comprensión del uso de la frase.

DCB
Enero, 1995

Note

Dictionaries must be practical and easy to use. For this reason I have refrained from including complicated abbreviations of any kind other than *Ej.* (*Ejemplo*), in the Spanish part and *Ex.* (*Example*) in the English part. That's all.

Cross-references which are an absolute must are marked at the end of the main entry, the key word, as *Ver* in the English part and as *See* in the Spanish part.

As cross-references are always a nuisance, I have included under two separate entries the phrases which I considered most common and which might be confusing when it comes to choosing one word or another, such as those which appear under *dar, hacer, take, give, time,* for instance. They are not many and I believe the user will appreciate this time-saving aid. In some cases I have extended the translation and in others I offer two examples to further clarify how the phrase is used.

DCB
January, 1995

ENGLISH - SPANISH
INGLÉS - CASTELLANO

A

ABACK
Be taken aback. Quedarse de una pieza.
Ex. I was taken aback when he asked me for money. Me quedé de una pieza cuando me pidió dinero.

ABC
Be as simple as ABC. Ser coser y cantar.
Ex. Learning English is as simple as ABC. Aprender inglés es como coser y cantar.

ABIDE
Abide by. Atenerse a, ceñirse a.
Ex. You must abide by the Company rules. Debe Ud. atenerse a las normas de la empresa.

ABOARD
All aboard. Pasajeros al tren; todos en marcha.
Ex. The station master shouted: All aboard! El jefe de la estación gritó: ¡Pasajeros al tren!

Go aboard. Embarcarse.
Ex. We went aboard at five. Embarcamos a las cinco.

ABOUT
About. A eso de.
Ex. I'll leave about ten. Saldré a eso de las diez.

And about. Y en lo tocante a; con respecto a.
Ex. And about your sister, is she married? Y con respecto a tu hermana, ¿es casada?

Be about. Tratar(se) de.
Ex. This book is about Scotland. Este libro trata de Escocia.

Be about to. Estar a punto de.
Ex. I was about to go to bed when he came in. Estaba a punto de acostarme cuando entró.

Be up and about. Estar levantado.
Ex. I've been up and about since eight. Estoy levantado desde las ocho.

Cost about. Costar uno(a)s.
Ex. This will cost you about ten dollars. Esto te costará unos diez dólares.

Dream about. Soñar con.
Ex. I dream about you every night. Sueño contigo todas las noches.

How about? ¿Qué le parece si...?
Ex. How about going to the movies? ¿Qué te parece si vamos al cine?

It's about. Son alrededor de.
Ex. It's about ten. Son alrededor de las diez.

Not to be about to. No estar dispuesto a.
Ex. I'm not about to accept his offer. No estoy dispuesto a aceptar su oferta.

Speak about. Hablar de.
Ex. I want to speak to you about your sister. Quiero hablarte de tu hermana.

Talk about. Hablar de.
Ex. They are talking about us. Hablan de nosotros.

The other way about. Al revés, al contrario.
Ex. You don't understand, it's the other way about. No lo comprendes, es al contrario (al revés).

Think about. Pensar en.
Ex. What are you thinking about? ¿En qué piensas?

What about? ¿Qué hay de?
Ex. What about the money you owe me? ¿Qué hay del dinero que me debes?

ABOVE
Above. Sobre, arriba.
Ex. Peter lives above us, on the third floor. Pedro vive arriba, en el tercer piso.

Above all. Sobre todo, ante todo.
Ex. Above all, don't lose the key. Sobre todo no pierdas la llave.

Above and beyond. Muy por encima de.
Ex. He lives above and beyond his possibilities. Vive muy por encima de sus posibilidades.

Be above. Estar o considerarse por encima de.
Ex. I am above such silly questions. Estoy por encima de tales necedades.

From above. Desde arriba.
Ex. The orders came from above. Las órdenes vinieron desde arriba.

Not to be above. Ser incluso capaz de.
Ex. He is not above lying. Es incluso capaz de mentir.

Not to go above. No sobrepasar, no pasar de.
Ex. Buy all you like but don't go above ten dollars. Compra todo lo que quieras pero no sobrepases los diez dólares.

ABREAST
Keep abreast of. Estar (mantenerse) al tanto, al corriente de.
Ex. You must try to keep abreast of the news. Debes tratar de estar al corriente de las noticias.

ABSORBED
Be absorbed in. Estar enfrascado en.
Ex. He is absorbed in his work. Está enfrascado en su trabajo.

ACCIDENT
By accident. Por casualidad.
Ex. It happened by accident. Ocurrió por casualidad.

ACCOMPLISHED
Be an accomplished... Ser un consumado...
Ex. He's an accomplished linguist. Es un consumado lingüista.

ACCORD
Of one's own accord. Por propia voluntad, de grado.
Ex. I'll do it of my own accord. Lo haré por propia voluntad.

ACCORDING
According to. Según.
Ex. According to Peter, Paul is not rich. Según Pedro, Pablo no es rico.

ACCOUNT
Account for. Dar explicaciones, rendir cuentas, dar cuenta de.
Ex. You must account for your money and time. Debes rendir cuentas de tu dinero y tiempo.

Buy on account. Comprar a plazos, a crédito.
Ex. Of course, I bought my car on account. Claro, me compré el coche a plazos.

By all accounts. Según se dice, se comenta.
Ex. By all accounts he is broke. Según se dice está sin blanca.

Charge to someone's account. Cargar a la cuenta de uno.
Ex. Charge it to my account. Cárguelo a mi cuenta.

Keep accounts. Llevar las cuentas.
Ex. I'll keep the accounts! ¡Yo llevaré las cuentas!

Of no account. De poca importancia, de poca monta.
Ex. What he said is of no account. Lo que dijo no tiene importancia.

On account of. Por causa, por culpa de.
Ex. I was late on account of you! ¡Llegué tarde por culpa tuya!

On no account. De ninguna manera, bajo ningún concepto.
Ex. On no account must you give him money. Bajo ningún concepto debes darle dinero.

Settle accounts with. Ajustar, saldar cuentas.
Ex. We must settle accounts before the end of the month. Tenemos que ajustar cuentas antes de fin de mes.

Take account of stock. Hacer inventario.
Ex. We are taking account of stock. Estamos haciendo inventario.

Take into account. Tener en cuenta.
Ex. We must take into account that he is English. Debemos tener en cuenta que es inglés.

ACCUSTOMED
Be accustomed to. Estar acostumbrado a.
Ex. I am not accustomed to such language. No estoy acostumbrado a esa manera de hablar.

ACE

Be within an ace of. Estar en un tris de.
Ex. I was within an ace of being hit by a car. Estuve en un tris de que me atropellase un coche.

Have an ace up one's sleeve. Tener un as en la manga.
Ex. Don't worry, he has an ace up his sleeve. No te preocupes, tiene un as en la manga.

ACHES

Aches and pains. Alifafes, achaques.
Ex. I have all kinds of aches and pains. Estoy lleno de achaques.

ACQUAINTED

Be acquainted with. Conocer.
Ex. Are you acquainted with my sister? ¿Conoce usted a mi hermana?

ACROSS

Across the way. Enfrente.
Ex. Susan lives across the way. Susana vive enfrente.

Come across. Encontrarse con, toparse con (por casualidad).
Ex. I came across Peter in the supermarket. Me topé con Pedro en el supermercado.

Get across to someone. Hacer entender a alguien.
Ex. I couldn't get across to him that we needed help. No le pude hacer entender que necesitábamos ayuda.

Go across. Atravesar, cruzar.
Ex. Go across the street and tell him to come here. Cruza la calle y dile que venga aquí.

Run across. Toparse con.
Ex. I ran across Peter in the library. Me topé con Pedro en la biblioteca.

ACT

Act as. Hacer de.
Ex. I'm acting as secretary at the meeting. Hago de secretario en la reunión.

Act as if. Hacer como si.
Ex. I'm going to act as if I didn't know him. Voy a hacer como si no le conociera.

Act of God. Desgracia o catástrofe natural; fuerza mayor.
Ex. An earthquake is an act of God, for example. Un terremoto es una catástrofe natural, por ejemplo.

Act on someone's advice. Seguir el consejo de alguien.
Ex. I acted on his advice. Seguí su consejo.

Act on impulse. Hacer sin pensar.
Ex. I acted on impulse. Lo hice sin pensar.

Act one's age. Comportarse; portarse bien.
Ex. Please, act your age. Por favor, compórtate.

Act the fool. Hacer el tonto.
Ex. Peter's intelligent but he likes to act the fool. Pedro es inteligente pero le gusta hacerse el tonto.

Act up. Portarse mal, dar guerra.
Ex. The children are acting up today. Hoy los niños se están portando mal.

Be in the act of. Estar haciendo algo.
Ex. I was in the act of packing when the phone rang. Estaba haciendo las maletas cuando sonó el teléfono.

Caught in the act. Cogido con las manos en la masa.
Ex. The thieves were caught in the act. Cogieron a los ladrones con las manos en la masa.

Put on an act. Hacer la comedia, fingir.
Ex. She's always putting on an act for the boss. Siempre le está haciendo la comedia al jefe.

Ver: Blind, Act as a blind for.

ACTING

Acting... En funciones, accidental.
Ex. Mr. Smith is acting director of my department. El Sr. Smith es director en funciones de mi departamento.

ACTION

Actions speak louder than words. Obras son amores y no buenas razones.
Ex. Better give her a present because actions speak louder than words. Mejor será que le hagas un regalo porque obras son amores y no buenas razones.

Take action. Tomar medidas, decidir.
Ex. The Board will take action on the problem tomorrow. La junta tomará medidas referente a ese problema mañana.

AD

Ad lib. Improvisar.
Ex. If I forget the poem I'll ad lib a little. Si se me olvida el poema improvisaré un poco.

ADAM
Not to know a person from Adam. No conocer a alguien de nada.
Ex. I don't know Mr. Smith from Adam. No conozco al Sr. Smith de nada.

ADD
Add insult to injury. Añadir ofensa al daño; poner las cosas peor, empeorar cosas.
Ex. Don't say that; don't add insult to injury. No digas eso; no pongas las cosas peor.

Add up. Tener sentido.
Ex. What he says doesn't add up. Lo que dice no tiene sentido.

Add up to. Sumar, ascender.
Ex. How much does the bill add up to? ¿A cuánto asciende la cuenta?

ADDITION
In addition to. Además de, encima de.
Ex. In addition to my problems I broke a leg. Encima de los problemas que tengo, me rompí una pierna.

ADDRESS
Deliver an address. Pronunciar, dar un discurso.
Ex. The President is going to deliver an address at seven. El presidente va a dar un discurso a las siete.

Ver: Present, Present address.

ADJOINING
The adjoining room. La habitación contigua.
Ex. He's in the adjoining room. Está en la habitación contigua.

ADO
Much ado about nothing. Es más el ruido que las nueces.
Ex. Stop arguing, that's much ado about nothing. Deja de discutir: es más el ruido que las nueces.

ADRIFT
Go adrift. Estropearse; ir a la deriva, a pique.
Ex. Our plans went adrift. Nuestros planes se fueron a pique.

ADVANCE
In advance. Por adelantado, antes.
Ex. Ok, come tomorrow but phone in advance. Vale, ven mañana pero telefonea antes.

ADVANCED
Advanced in years. De edad avanzada, mayor.
Ex. Gauguin was advanced in years when he took up painting. Gauguin ya era mayor cuando comenzó a pintar.

ADVANCES
Make advances. Insinuarse.
Ex. My boss is making advances on me. Mi jefe se me insinúa.

ADVANTAGE
Have the advantage of, on. Llevar ventaja, aventajar.
Ex. You have the advantage on me in teaching experience. Me aventajas en experiencia docente.

Take advantage of. Aprovecharse de, sacar partido de.
Ex. He doesn't take advantage of his intelligence. No le saca partido a su inteligencia.

To one's advantage. Convenir a alguien.
Ex. It is to your advantage to be nice to him. Te conviene ser simpático con él.

ADVICE
Take someone's advice. Seguir el consejo de alguien.
Ex. I'll take your advice. Seguiré tu consejo.

ADVISE
Be advised. Informar, avisar.
Ex. We were advised of the rules beforehand. De antemano nos avisaron de las normas.

AFFAIR
Have an affair with. Tener un lío, rollo con alguien.
Ex. Peter is having an affair with Susan. Pedro tiene un lío con Susana.

AFFIRMATIVE
Answer in the affirmative. Contestar que sí.
Ex. After a few days they answered in the affirmative. Tras unos días contestaron que sí.

AFFORD
To afford. Permitirse el lujo de.
Ex. You can't afford to do that. No te puedes permitir el lujo de hacer eso.

AFRAID
Be afraid of. Tener miedo.
Ex. What are you afraid of? ¿De qué tienes miedo?

I'm afraid... Me temo...
Ex. I'm afraid I don't know the answer to that problem. Me temo que no sé la respuesta a ese problema.

AFTER
After all. Después de todo, al fin y al cabo, por fin.
Ex. Are you coming after all? ¿Vienes por fin?

After one's own heart. A gusto de uno, como Dios manda.
Ex. He's a husband after my own heart. Es un marido como Dios manda.

Be named after. Llamarse como; poner el nombre de.
Ex. He was named after his father. Le pusieron el nombre de su padre.

Day after day. Día tras día.
Ex. I've been waiting day after day. He estado esperando día tras día.

Go after. Ir por; ir tras.
Ex. I'll go after him. Iré tras él.

Look after. Cuidar.
Ex. Robert is looking after the children. Roberto cuida de los niños.

Soon after. Poco después.
Ex. He died soon after the accident. Murió poco después del accidente.

Take after. Ser igual que.
Ex. You take after your father! ¡Eres como tu padre!

Ver: Fashion, After a fashion.

AFTERWARDS
Long afterwards. Mucho después.
Ex. I saw her again long afterwards. La vi de nuevo mucho tiempo después.

AGAIN
Again and again. Una y otra vez.
Ex. He'll do it again and again! ¡Lo hará una y otra vez!

Never again. Nunca más, nunca jamás.
Ex. Never again will I go to his home! ¡Nunca más iré a su casa!

Now and again. De vez en cuando.
Ex. He does that now and again. Lo hace de vez en cuando.

AGAINST
Against the grain. Contra la corriente, contracorriente.
Ex. Never go against the grain! ¡No vayas nunca contracorriente!

Have nothing against. No tener nada en contra.
Ex. I have nothing against his coming. No tengo nada en contra de que venga.

AGE
Age. Edad.
Ex. What's your age? ¿Qué edad tiene usted?

Age limit. Límite de edad.
Ex. Is there an age limit? ¿Hay límite de edad?

Be ages since. Hacer siglos que.
Ex. It's ages since I last visited my uncle. Hace siglos que no visito a mi tío.

Be of age. Ser mayor de edad.
Ex. Mary is of age. María es mayor de edad.

Be over age. Ser demasiado mayor.
Ex. You are over age for this job. Eres demasiado mayor para este trabajo.

Be under age. Ser menor de edad.
Ex. You cannot drink because you are under age. No puedes beber alcohol porque eres menor de edad.

Come of age. Llegar a, cumplir la mayoría de edad.
Ex. Peter will come of age next year. Pedro cumplirá la mayoría de edad el año que viene.

For, in ages. Años; siglos.
Ex. I haven't seen her in ages. Hace siglos que no la veo.

Old age. Vejez.
Ex. He's happy in his old age. Es feliz en su vejez.

AGO.
A while ago. Hace un rato.
Ex. Mr. Smith was here a while ago. El Sr. Smith estuvo aquí hace un rato.

As long ago as... Ya en...
Ex. As long ago as 1945... Ya en 1945...

How long ago? ¿Cuánto tiempo hace?
Ex. How long ago was that? ¿Cuánto tiempo hace de eso?

AGREE
Agree on. Convenir en.
Ex. We have agreed on meeting next month. Hemos convenido en reunirnos el mes que viene.

Agree to. Aceptar, consentir.
Ex. I agree to pay the debt. Acepto pagar la deuda.

Agree with. Estar de acuerdo con.
Ex. I agree with you. Estoy de acuerdo con usted.

Agree with. Sentar.
Ex. Garlic doesn't agree with me. No me sienta bien el ajo.

AGREEMENT
In agreement. De acuerdo.
Ex. We are not in agreement. No estamos de acuerdo.

Reach an agreement. Llegar a un acuerdo.
Ex. We have reached an agreement. Hemos llegado a un acuerdo.

AHEAD
Ahead of time. Antes de hora.
Ex. I've come ahead of time because I wanted to talk to you. He venido antes de hora porque quería hablar contigo.

Be ahead. Estar por delante, antes, a la cabeza.
Ex. I'm ahead of you in this line. Estoy delante de usted en esta cola.

Get ahead. Abrirse camino.
Ex. He wants to get ahead in life. Quiere abrirse camino en la vida.

Go ahead! ¡Adelante! ¡Sigue! ¡Continúa! ¡Venga!
Ex. Go ahead, do what you like! ¡Adelante, haz lo que quieras!

Look ahead. Pensar en el futuro.
Ex. Always look ahead to the future! ¡Siempre piensa en el futuro!

Straight ahead. Todo recto, todo seguido.
Ex. You'll find the building straight ahead. Encontrará el edificio todo recto.

AIM
Aim to. Tener intención de.
Ex. I aim to finish my studies. Tengo intención de terminar mis estudios.

AIR
Air one's opinions. Expresar opiniones.
Ex. Air your opinions but don't hurt people's feelings. Expresa tus opiniones pero no hieras los sentimientos de la gente.

Be up in the air. En el aire, indeciso.
Ex. Our plans are still up in the air. Nuestros planes están todavía en el aire.

By air. Por vía aérea, por avión.
Ex. Send this letter by air. Manda esta carta por avión.

Fresh air. Aire fresco.
Ex. I need some fresh air. Necesito aire fresco.

Give someone the air. Darle el pase a uno.
Ex. Peter was in love with Jane but she gave him the air. Pedro estaba enamorado de Juana pero ella le dio el pase.

In the open air. Al aire libre.
Ex. The troops spent the night in the open air. Las tropas pasaron la noche al aire libre.

On the air. En antena, en el aire.
Ex. The program is on the air at five every day. El programa está en antena a las cinco todos los días.

Put on airs. Darse humos, presumir, darse pote.
Ex. Peter likes to put on airs. A Pedro le gusta presumir.

Walking on air. Más alegre que unas Pascuas.
Ex. Victor's walking on air because he has just seen Mary. Víctor está más alegre que unas pascuas porque acaba de ver a María..

ALARM
Sound the alarm. Dar la alarma.
Ex. Sound the alarm! ¡Da la alarma!

ALERT
Be on the alert. Alerta, al tanto, sobre aviso.
Ex. I'm always on the alert in case they come. Estoy siempre al tanto por si vienen.

ALIVE
Alive and kicking. Vivito y coleando.
Ex. Peter's alive and kicking. Pedro está vivito y coleando.

Alive with. Lleno, repleto de.
Ex. The river is alive with fish. El río viene repleto de peces.

Be alive. Estar vivo.
Ex. He is alive and well. Está vivo y bien.

ALL
All alone. Completamente solo, solo.
Ex. I cannot stay here all alone! ¡No puedo quedarme aquí completamente solo!

All along. Desde el principio; siempre.
Ex. I knew it all along! Lo sabía desde el principio.

All and sundry. Todo bicho viviente.
Ex. It's known by all and sundry. Lo sabe todo bicho viviente.

All at once. De repente, de pronto.
Ex. All at once I saw them coming. De repente les vi venir.

All dressed up and nowhere to go.
Compuesta y sin novio.
Ex. There she is, all dressed up and nowhere to go! ¡Ahí está, compuesta y sin novio!

All in all. Considerándolo todo; pensándolo bien.
Ex. All in all he's not a bad person. Considerándolo todo, no es una mala persona.

All of a sudden. Repentinamente, de repente.
Ex. All of a sudden I saw him standing there. De repente le vi allí, de pie.

All over. Por todas partes.
Ex. There were books all over the room. En el cuarto había libros por todas partes.

All roads lead to Rome. Todos los caminos llevan a Roma.
Ex. You can do that too. Remember: all roads lead to Rome. También puedes hacer eso. Recuerda que todos los caminos llevan a Roma.

All that. Tan.
Ex. It isn't all that bad. No es tan malo.

All the better. Tanto mejor, mejor que mejor.
Ex. If that's what you want, all the better for me! Si eso es lo que quieres, tanto mejor para mí.

All the same. Importar.
Ex. Bring me six if it's all the same to you. Tráeme seis si no te importa.

All the same. Lo mismo da.
Ex. It's all the same to me! ¡A mí lo mismo me da!

All the worse. Tanto peor.
Ex. All the worse for you if you don't come. Tanto peor para ti si no vienes.

All told. En conjunto, en total.
Ex. All told we were five. En total éramos cinco.

All's well that ends well. Bien está lo que bien acaba.
Ex. Ok, It's been tough but all's well that ends well. Vale, ha sido duro pero bien está lo que bien acaba.

At all. Nada; en absoluto.
Ex. I'm not tired at all. No estoy cansado en absoluto.

Be all ears. Ser todo oídos.
Ex. Keep talking, I'm all ears! ¡Sigue hablando, soy todo oídos!

Be all for. Estar totalmente de acuerdo, en favor de.
Ex. I'm all for the change. Estoy totalmente en favor del cambio.

Be all in. Estar hecho polvo, cisco.
Ex. It's been a long day; I'm all in! Ha sido un día largo; estoy hecho polvo.

Be all over. Terminarse.
Ex. All is over finally. Todo se ha terminado por fin.

For all one knows. Que uno sepa.
Ex. For all I know, he's not coming. Que yo sepa, él no viene.

In all. En suma, en total.
Ex. At the birthday party we were five in all. En la fiesta de cumpleaños éramos cinco en total.

Not at all. En absoluto, nada.
Ex. I'm not at all tired. No estoy nada cansado.

Not to be all there. Estar mal de la chaveta.
Ex. Peter's not all there. Pedro está mal de la chaveta.

Once and for all. De una vez por todas; ya de una vez.
Ex. Why don't you do it once and for all? ¿Por qué no lo haces de una vez por todas?

That's all there is to it! ¡Sanseacabó!
Ex. I've said all I had to say and that's all there is to it! Ya he dicho todo lo que tenía que decir y sanseacabó.

Ver: Aboard, All aboard.
Ver: Above, Above all.
Ver: After, After all.
Ver: At, At all costs.

ALLOWANCE
Make allowance for. Hacerse cargo, excusar, tener en cuenta.
Ex. We must make allowance for his age. Debemos tener en cuenta su edad.

Make allowances. Ser indulgente.
Ex. Make allowances for his youth! ¡Sé indulgente con su juventud!

ALONE
Be alone. Estar solo.
Ex. I'm always alone. Siempre estoy solo.

Let alone. Y no digamos...
Ex. He couldn't speak Spanish well, let alone English. No hablaba castellano bien, y no digamos del inglés.

Let someone alone. Dejar a alguien en paz.
Ex. Let me alone! ¡Déjame en paz!

Ver: Better, Better be alone than in ill company.

ALONG
Along with. Junto con.
Ex. Take this along with a beer. Toma esto junto a una cerveza.

Come, go along. Venir, ir con.
Ex. Do you want to come along with me? ¿Quieres venir conmigo?

Come (go) along with. Venir (ir) con.
Ex. Come along with me. Véngase conmigo.

Get along with. Llevarse bien con.
Ex. Peter and Mary don't get along. Pedro y María no se llevan bien.

Move along. Moverse.
Ex. Move along fast! ¡Muévanse rápido!

AMENDS
Make amends for. Compensar por.
Ex. I'll make amends for my mistakes. Compensaré por mis errores.

AMISS
Take amiss. Tomar a mal.
Ex. Don't take it amiss but this is wrong! No lo tomes a mal, pero esto es incorrecto.

AND
And so forth. Y así sucesivamente, etcétera.
Ex. I need a car, a house, a job and so forth. Necesito coche, casa, empleo, etc.

ANGLES
Know all the angles. Sabérselas todas; estar enterado.
Ex. If you need help, ask Peter; he knows all the angles. Si necesitas ayuda, pregúntale a Pedro; se las sabe todas.

ANGRY
Be angry. Estar enfadado.
Ex. I'm very angry today! ¡Estoy muy enfadado hoy!

Get, make angry. Enfadar(se).
Ex. You make me very angry! ¡Me enfadas mucho!

ANSWER
Answer for. Rendir cuentas.
Ex. If you don't pay now you'll have to answer for it later. Si no pagas ahora tendrás que rendir cuentas más adelante.

Answer the door, the phone. Abrir la puerta; contestar al teléfono.
Ex. Who's going to answer the door? ¿Quién va a abrir la puerta?

Answer to the name of. Responder al nombre de.
Ex. He answers to the name of Victor. Responde al nombre de Víctor.

Find the answer. Encontrar la solución.
Ex. I can't find the answer to this problem. No puedo encontrar la solución a este problema.

Have all the answers. Saberlo todo.
Ex. Victor thinks he has all the answers. Víctor cree que lo sabe todo.

Have got a lot to answer for. Ser responsable de muchas cosas.
Ex. Your brother's got a lot to answer for! ¡Tu hermano es responsable de muchas cosas!

Know all the answers. Saberlo todo.
Ex. Victor thinks he knows all the answers. Víctor cree que lo sabe todo.

ANTE
Ante up. Pagar, soltar, contribuir.
Ex. I had to ante up 200 dollars! ¡Tuve que soltar 200 dólares!

ANXIOUS
Be anxious to. Tener muchas ganas de.
Ex. I'm anxious to see my sister. Tengo muchas ganas de ver a mi hermana.

ANY
Any longer. Ya no, ya no más.
Ex. I don't love you any more! ¡Ya no te quiero!

Any (old) way. De cualquier forma, manera, modo.
Ex. He does things any old way! ¡Hace las cosas de cualquier modo!

Any time. En cualquier momento, cuando quieras.
Ex. You may come any time you want! ¡Puedes venir cuando quieras!

At any rate. De todos modos.
Ex. I was not invited but at any rate I don't want to go! No me han invitado pero de todos modos no quiero ir.

In any case. En todo caso; de todas maneras.
Ex. I'll go in any case! ¡Iré de todas maneras!

ANYTHING
Anything but. Cualquier cosa menos.
Ex. I'll do anything but that. Haré cualquier cosa menos eso.

Hardly anything. Casi nada.
Ex. This cost hardly anything. Esto no costó casi nada.

APART
Apart from. Aparte de.
Ex. Apart from you I know nobody here. Aparte de usted no conozco a nadie aquí.

Fall apart. Desmoronarse, desmoralizarse, caerse a trozos.
Ex. My car is going to fall apart one of these day. Mi coche se va a caer a trozos uno de estos días.

Take apart. Desmontar.
Ex. Please, don't take that watch apart! Por favor, no desmontes ese reloj.

Tell apart. Distinguir, diferenciar (entre dos).
Ex. I cannot tell the twins apart. No distingo la diferencia entre los hermanos gemelos.

APE
A ape´s a ape's, a varlet's a varlet, though they be clad in silk or scarlet. Aunque la mona se vista de seda, mona se queda.

APPEAR
Appear before court. Comparecer ante un tribunal.
Ex. We must appear in court tomorrow morning. Tenemos que comparecer ante el tribunal mañana por la mañana.

Appear on television. Salir en televisión.
Ex. Lorraine appeared on television yesterday. Lorraine salió en televisión ayer.

APPEARANCE
Keep up appearances. Guardar las apariencias.
Ex. It's difficult to keep up appearances when one is poor. Es difícil guardar las apariencias cuando se es pobre.

Make an appearance. Hacer acto de presencia, aparecer.
Ex. They made an appearance at ten o'clock. Hicieron acto de presencia a las diez.

Put in an appearance. Hacer acto de presencia.
Ex. He put in an appearance with his wife. Hizo acto de presencia con su mujer.

To all appearances. Al parecer.
Ex. To all appearances he is very ill. Al parecer está muy enfermo.

APPETITE
Whet the appetite. Abrir el apetito.
Ex. That cake whets my appetite. Ese pastel me abre el apetito.

APPLE
An apple a day keeps the doctor away.
Una manzana cada día, de médico te ahorraría.
Ex. Eat fruit. You Know: An apple a day keeps the doctor away! Come fruta. Ya sabes: una manzana cada día, de médico te ahorraría.

The apple of someone's eye. El ojito derecho de alguien.
Ex. My daughter Susan is the apple of my eye. Mi hija Susana es mi ojito derecho.

Upset the applecart. Entorpecer la rutina, los planes; dar al traste con.
Ex. Do your work and don't upset the applecart! ¡Haz tu trabajo y no entorpezcas la rutina!

APPLY
Apply for. Solicitar.
Ex. I have applied for the job. He solicitado el empleo.

APRON
Tied to the apron strings of. Cosido a las faldas de.
Ex. Victor is tied to his mother's apron strings. Víctor está cosido a las faldas de su madre.

APT
Be apt to. Es fácil que...
Ex. He is apt to go soon. Es fácil que vaya pronto.

ARM
Arm in arm. Del brazo.
Ex. They were walking arm in arm. Iban del brazo.

Be the right arm of. Ser el brazo derecho de.
Ex. Victor is the chief's right arm. Víctor es el brazo derecho del jefe.

Be up in arms. Sublevarse, alborotarse.
Ex. The workers are up in arms against management. Los trabajadores están sublevados contra la patronal.

Give one's right arm. Dar el ojo derecho.
Ex. I would give my right arm for a cold drink. Daría mi ojo derecho por un refresco.

With open arms. Con los brazos abiertos.
Ex. They received us with open arms. Nos recibieron con los brazos abiertos.

AROUND
Around here. Por aquí.
Ex. I left my wallet around here. Dejé mi cartera por aquí.

Around the corner. A la vuelta de la esquina.
Ex. You'll find it around the corner. Lo encontrarás a la vuelta de la esquina.

Come around. Dejarse caer.
Ex. Come around sometime. Déjate caer alguna vez.

Have been around. Haber visto mucho mundo; ser persona de mundo.
Ex. Victor knows a lot; he's been around. Víctor sabe mucho; ha visto mucho mundo.

Turn around. Dar(se) la vuelta.
Ex. What a beautiful dress! Turn around, I want to see it! ¡Qué vestido tan bonito! ¡Date la vuelta que quiero verlo!

ARREST
Be under arrest. Estar detenido.
Ex. You are under arrest! ¡Está usted detenido!

AS
As far as. Hasta.
Ex. I will go with you as far as Toledo. Te acompañaré hasta Toledo.

As if. Como si.
Ex. He behaves as if he were rich. Se comporta como si fuese rico.

As long as. Mientras.
Ex. As long as you don't bother me, you may stay. Mientras no me molestes te puedes quedar.

As soon as possible. Tan pronto como sea posible.
Ex. Come to the lecture as soon as possible. Ven a la conferencia tan pronto como sea posible.

As to. En cuanto a, en lo tocante a, con respecto a.
Ex. As to the theft, I know nothing about it. Con respecto al robo no sé nada.

As yet. Aún, todavía.
Ex. Nothing has happened as yet. Aún no ha ocurrido nada.

So as to. A fin de.
Ex. You must study hard so as to learn more and more. Debes estudiar mucho a fin de aprender más y más.

ASHAMED
Be ashamed of. Avergonzarse de.
Ex. I am ashamed of you! ¡Me avergüenzo de ti!

ASIDE
Aside from. Aparte de.
Ex. Aside from English she speaks no other language well. Aparte del inglés, no habla ninguna otra lengua bien.

Stand aside. Apartarse.
Ex. Stand aside, please! ¡Apártate, por favor!

Ver: Brush, Brush aside.
Ver: Cast, Cast aside.

ASK
Ask for it. Tenerlo merecido.
Ex. You asked for it! ¡Te lo tenías merecido!

Ask for trouble. Pedir, buscar jaleo, camorra.
Ex. He is asking for trouble! ¡Está pidiendo camorra!

To ask a question. Hacer una pregunta.
Ex. May I ask you a question? ¿Puedo hacerle una pregunta?

ASKING
For the asking. Gratis, de balde.
Ex. These pamphlets are for the asking. Estos folletos son gratis.

ASLEEP
Fall asleep. Dormirse.
Ex. I fell asleep at ten. Me dormí a las diez.

ASSURED
Rest assured. Creer.
Ex. Rest assured you will be paid on time. Créame que se le pagará a tiempo.

ASTRAY
Lead someone astray. Llevar a alguien por (el) mal camino.
Ex. Your brother is leading my son astray. Tu hermano lleva a mi hijo por el mal camino.

AT
At all costs. A toda costa.
Ex. We must pass the exam at all costs. Debemos aprobar el examen a toda costa.

At best. A lo más, a lo sumo.
Ex. I can give you twenty or, at best, twenty five dollars. Te puedo dar veinte o a lo sumo veinticinco dólares.

At last. Por fin, al fin.
Ex. At last I received the letter! ¡Por fin recibí la carta!

At least. Por lo menos, al menos.
Ex. At least tell me your name! ¡Por lo menos dime cómo te llamas!

At most. Como máximo, a lo sumo.
Ex. I can sell my car for 500 dollars at most. Puedo vender el coche por 500 dólares a lo sumo.

At once. Enseguida, inmediatamente.
Ex. Come at once! ¡Ven enseguida!

At that time. Entonces, en aquella época.
Ex. At that time we were very poor. En aquella época éramos muy pobres.

At times. A veces.
Ex. At times I don't feel like working. A veces no tengo ganas de trabajar.

Be at ease. Estar cómodo; sentirse bien.
Ex. I'm at ease here. Estoy cómodo aquí.

Ver: All, Not at all.

ATTACH
Attach importance to. Dar importancia a.
Ex. I don't attach much importance to what he says. No doy mucha importancia a lo que dice.

ATTEND
Attend. Asistir a.
Ex. Will you attend the meeting? ¿Asistirá usted a la reunión?

Attend to. Ocuparse de, atender.
Ex. You must attend to your business. Debes ocuparte de tu negocio.

ATTENTION
Attract attention. Llamar la atención.
Ex. Victor's wife attracts a lot of attention. La mujer de Víctor llama mucho la atención.

Pay attention. Prestar atención.
Ex. You never pay attention. Nunca prestas atención.

ATTRACTION
The main attraction. El plato fuerte; el número, actuación principal.
Ex. At the circus the bears are the main attraction. En el circo los osos son el número principal.

AUTHORITY
On good authority. De buena tinta.
Ex. I know of his problems on good authority. Sé de sus problemas de buena tinta.

AVAIL
Of no avail. En vano.
Ex. My efforts to teach him English were of no avail. Mis esfuerzos para enseñarle inglés fueron en vano.

To no avail. Inútilmente.
Ex. I told her to be careful but to no avail, unfortunately. Le dije que fuese con cuidado pero inútilmente, por desgracia

AVERAGE
On the (an) average. Por término medio.
Ex. On the average I go to the library once a month. Por término medio voy a la biblioteca una vez al mes.

AWARE
Be aware of something. Ser consciente de.
Ex. I am well aware of your problems. Soy muy consciente de tus problemas.

AWAY
Get away. Escaparse.
Ex. They got away before the police arrived. Se escaparon antes de que llegase la policía.

Give away. Dar, regalar.
Ex. I'm giving my car away. Voy a regalar mi coche.

Go away. Irse.
Ex. I'm going away on Monday. Me voy el lunes.

Run away. Huir, escaparse, fugarse.
Ex. She ran away with her boyfriend. Se fugó con su novio.

Take away. Llevarse.
Ex. Please, take this away. Por favor, llévate esto.

Throw away. Tirar, desechar.
Ex. Peter throws his money away. Pedro tira el dinero.

Ver: Carry, Be carried away.
Ver: Get, Get away with.
Ver: Get, Get away with murder.

AX
Get the ax. Recibir el palo; dar la patada; ser despedido del empleo.
Ex. Mr. Small got the ax yesterday. Despidieron al Sr. Small ayer.

Have an ax to grind. Tener quejas, ganas de discutir.
Ex. Robert has an ax to grind with you. Robert quiere discutir contigo.

B

BACHELOR
Confirmed bachelor. Solterón empedernido.
Ex. My friend Victor is a confirmed bachelor. Mi amigo Víctor es un solterón empedernido.

BACK
At (in) the back. Al fondo, atrás.
Ex. He is at the back of the room. Está al fondo de la habitación.

At the back of beyond. En el quinto pino.
Ex. Peter lives at the back of beyond. Pedro vive en el quinto pino.

Back and forth. De un lado para otro.
Ex. I've been going back and forth all day. He ido de un lado para otro todo el día.

Back down. Rajarse, echarse atrás.
Ex. Once you know what you want, don't back down. Una vez sepas lo que quieres, no te rajes.

Back in. Allá por.
Ex. That happened back in 1920. Eso pasó allá por 1920.

Back someone up. Respaldar, secundar, apoyar.
Ex. I'll back you up if you refuse to accept their terms. Te respaldaré si te niegas a aceptar sus condiciones.

Back up. Recular, dar marcha atrás.
Ex. Back up the car slowly. Da marcha atrás al coche despacio.

Be on one's back. Estar en cama.
Ex. After the accident he was on his back for weeks. Estuvo en cama varias semanas después del accidente.

Be with one's back to the wall. Estar entre la espada y la pared.
Ex. I don't know. I find myself with my back to the wall. No sé. Me encuentro entre la espada y la pared.

Behind one's back. A espaldas de uno.
Ex. I know they are talking behind my back. Sé que hablan a mis espaldas.

Break someone's back. Deslomar.
Ex. I'm breaking my back. Me estoy deslomando.

Come back. Volver.
Ex. Don't come back late! ¡No vuelvas tarde!

Get off someone's back. Dejar de incordiar, de fastidiar.
Ex. Get off my back, will you? Deja de incordiar, ¿quieres?

Give back. Devolver.
Ex. Lend me the book; I'll give it back tomorrow. Préstame el libro; te lo devolveré mañana.

Go back on one's word. Faltar a la palabra; desdecirse.
Ex. Don't go back on your word! ¡No faltes a tu palabra!

Have in the back of one's mind. Rondar por la cabeza.
Ex. I've had that idea in the back of my mind for a long time. Hace tiempo que esa idea me ronda por la cabeza.

Hold back. Contener; dominar.
Ex. I don't think I can hold back. No creo que me pueda contener.

Hold something back. Callarse algo.
Ex. Tell me what happened; don't hold anything back. Dime lo que pasó; no te calles nada.

Know like the back of one's hand.
Conocer como la palma de la mano.
Ex. I know Madrid like the back of my hand. Conozco Madrid como la palma de la mano.

Pay back. Devolver dinero.
Ex. Pay me back as soon as you can. Devuélveme el dinero tan pronto como puedas.

Take a back seat. Hacer un papel secundario.
Ex. He started the business. I simply took a back seat. El comenzó el negocio. Yo simplemente hice un papel secundario

Turn one's back on. Volver la espalda.
Ex. When I needed him most, he turned his back on me. Cuando más le necesitaba, me volvió la espalda.

Ver: Break, Break one's back.
Ver: Get, Get back.

BACKFIRE
To backfire. Salir el tiro por la culata.
Ex. Our plan backfired. Nos salió el tiro por la culata.

BACKWARDS
Know something backwards. Saber algo al dedillo.
Ex. Don't worry about it; I know it backwards. No te preocupes; me lo sé al dedillo.

Move backwards. Retroceder.
Ex. Move backwards a bit! ¡Retrocede un poco!

Ver: Bend, Bend over backwards.
Ver: Lean, Lean over backwards.

BACON
Bring home the bacon. Traer el pan a casa.
Ex. I'm the one who brings home the bacon! ¡Yo soy el que trae el pan a casa!

BAD
Be bad for. Hacer daño, perjudicar.
Ex. Drinking is bad for you. La bebida te perjudica.

From bad to worse. De mal en peor.
Ex. My health is going from bad to worse. Mi salud va de mal en peor.

Go bad. Echarse a perder, estropearse.
Ex. You left the fish out of the refrigerator and it went bad. Dejaste el pescado fuera de la nevera y se echó a perder.

Look bad. Tener mala cara, mal aspecto.
Ex. You look bad today. Tienes mala cara hoy.

Need bad. Hacer mucha falta.
Ex. Where's the dictionary? I need it bad. ¿Dónde está el diccionario? Me hace mucha falta.

Not half so bad. No estar mal.
Ex. That's not half so bad. No está tan mal.

Take the bad with the good. Estar a las duras y a las maduras.
Ex. Victor, my boy, in life you must take the bad with the good! ¡Víctor, hijo mío, en la vida tienes que estar a las duras y a las maduras!

That's (just) too bad! ¡Qué pena! ¡Lo lamento!
Ex. What? He broke his leg? That's just too bad! ¿Cómo? ¿Se ha roto una pierna? ¡Es una pena!

To do bad. Salir mal.
Ex. He did bad in his driving test. Le salió mal el examen de conducir.

Too bad! ¡Una lástima! ¡Una pena!
Ex. It's too bad you failed the test! ¡Es una pena que suspendieses el examen!

Ver: Faith, In bad faith.
Ver: Go, Go from bad to worse.

BAG
Be in the bag. Cosa segura, hecha; estar en el bote.
Ex. That big deal is in the bag! ¡Ese negociazo está en el bote!

Be left holding the bag. Cargar con el muerto.
Ex. They all took off and left me holding the bag. Todos se largaron y me dejaron cargar con el muerto.

Pack up bag and baggage. Liar el petate.
Ex. Pack up bag and baggage and get out! ¡Lía el petate y lárgate!

To let the cat out of the bag. Irse de la lengua, revelar un secreto.
Ex. I'm afraid Victor let the cat out of the bag. Me temo que Víctor se ha ido de la lengua.

Ver: Bone, Be a bag of bones.

BAIL
Bail someone out. Salir fiador de alguien;
sacar a alguien de un apuro.
Ex. When he had money problems I bailed him out.
Cuando tenía problemas económicos le saqué del
apuro.

Jump bail. Fugarse cuando se está en libertad
bajo fianza.
Ex. He jumped bail last week. Se escapó cuando
estaba en libertad bajo fianza.

BAIT
Swallow the bait. Tragarse el anzuelo.
Ex. Victor swallowed the bait. Víctor se tragó el
anzuelo.

BAKER
Baker's dozen. Trece; la docena del fraile.
Ex. He gave me a baker's dozen. Me dio trece.

BALANCE
Hang in the balance. Estar en juego.
Ex. Our future is hanging in the balance. Nuestro
futuro está en juego.

BALL
Be all balled up. Estar hecho un lío.
Ex. Victor's all balled up. Víctor está hecho un
lío.

Be on the ball. Estar alerta, al tanto, en lo que
se hace.
Ex. He's always on the ball. Siempre está en lo que
se hace.

Carry the ball. Mandar, mangonear.
Ex. Victor carries the ball in the office. Víctor es el
que mangonea en la oficina.

Get the ball rolling. Poner las cosas en
marcha.
Ex. Let's get the ball rolling! ¡Pongamos las cosas en
marcha!

Have a ball. Pasarlo en grande; divertirse.
Ex. We had a ball at the party! ¡Lo pasamos en
grande en la fiesta!

Keep one's eyes on the ball. Concentrarse;
no distraerse.
Ex. Don't go to sleep and keep your eyes on the ball.
No te duermas y concéntrate.

Play ball. Cooperar.
Ex. Mr. Small won't play ball in this deal.
El Sr. Small no quiere cooperar en este negocio.

BALLOT
Ver: Cast, Cast a ballot.

BANG
Bang the door. Dar un portazo.
Ex. Don't bang the door on your way out! No des un
portazo al salir.

Get a bang out of. Ser una gozada.
Ex. I get a bang out of playing tennis! ¡Es una
gozada jugar al tenis!

BANK
Bank on. Estar seguro.
Ex. You can bank on it. Puedes estar seguro.

BANKRUPT
Go bankrupt. Quebrar; declararse en quiebra.
Ex. Victor's company went bankrupt. La empresa de
Víctor quebró.

BAR
Put (be) behind bars. Poner (estar) entre rejas.
Ex. The police put him behind bars. La policía le
puso entre rejas.

BARE
With one's bare hands. Con las manos.
Ex. I did it with my bare hands. Lo hice con las manos.

BARGAIN
At a bargain. Baratísimo; de rebajas.
Ex. I bought this at a bargain. Compré esto
baratísimo.

Bargain for. Esperar.
Ex. He got more than he bargained for. Recibió más
de lo que esperaba.

Drive a hard bargain. Ser duro en las
negociaciones; imponer condiciones duras.
Ex. You drive a hard bargain! ¡Impones condiciones
muy duras!

Into the bargain. Encima, por añadidura.
Ex. I paid and he slapped my face into the bargain!
¡Pagué y encima me abofeteó!

Make a bargain. Hacer un trato.
Ex. We made a bargain, didn't we? Hicimos un
trato, ¿no?

Make the best of a bad bargain. De lo
perdido saca lo que puedas.
Ex. I've always said that we must make the best of
a bad bargain. Siempre he dicho que de lo perdido
saca lo que puedas.

Strike a bargain. Cerrar un trato.
Ex. Did you strike a bargain? ¿Cerraste el trato?

BARK
Bark up the wrong tree. Pedir peras al olmo.
Ex. I think you are barking up the wrong tree. Creo que pides peras al olmo.

Barking dogs seldom bite. Perro ladrador, poco mordedor.
Ex. He talks a lot but remember that barking dogs seldom bite. Habla mucho pero recuerda que perro ladrador, poco mordedor.

Its bark is worse than its bite. Perro que ladra no muerde.
Ex. Don't mind him, his bark is worse than his bite. No le hagas caso, perro que ladra no muerde.

BARREL
Be a barrel of fun. Ser graciosísimo.
Ex. Victor's a barrel of fun. Víctor es graciosísimo.

Have someone over a barrel. Tener a uno contra la pared.
Ex. We must give in; they have us over a barrel. Tenemos que claudicar; nos tienen contra la pared.

BASE
Be off base. Estar equivocado.
Ex. As usual, he is off base. Como siempre, está equivocado.

BASK
Bask in the sun. Tomar el sol.
Ex. She's basking in the sun. Está tomando el sol.

BAT
Bat for. Defender; apoyar.
Ex. I'm going to bat for you! ¡Te voy a apoyar!

Go on a bat. Ir de parranda.
Ex. Victor's going on a bat tonight. Víctor va de parranda esta noche.

Have bats in the belfry. Estar como una regadera.
Ex. Victor has bats in the belfry. Víctor está como una regadera.

Like a bat out of hell. Ir que se mata uno.
Ex. He was running like a bat out of hell. Iba que se mataba.

Right off the bat. A bocajarro, de sopetón.
Ex. They told us right off the bat they were not going to pay. Nos dijeron de sopetón que no iban a pagar.

Without batting an eye (eyelid). Sin inmutarse, sin pestañear.
Ex. She told me to go without batting an eye. Me dijo que me fuese sin pestañear.

Ver: Blind, Be blind as a bat.

BAY
At bay. A raya.
Ex. We kept them at bay for a few hours. Les mantuvimos a raya durante unas horas.

BE
To be. Futuro.
Ex. This is Mary, my wife to be. Ésta es María, mi futura esposa.

BEAD
Count one's beads. Rezar el rosario.
Ex. Victor's counting his beads. Víctor está rezando el rosario.

BEAM
Off the beam. Equivocado.
Ex. You are off the beam! ¡Estás equivocado!

BEAN
Be full of beans. Estar equivocado; no saber lo que se pesca uno.
Ex. Victor's full of beans. Víctor no sabe lo que se pesca.

Not to know beans about. No saber ni jota de.
Ex. He doesn't know beans about literature. De literatura no sabe ni jota.

Spill the beans. Irse de la lengua.
Ex. Don't spill the beans about our trip to London. No te vayas de la lengua sobre nuestro viaje a Londres.

BEAR
Bear a grudge against. Tenerle rencor a alguien.
Ex. Susan bears a grudge against me. Susana me tiene rencor.

Bear in mind. Tener presente.
Ex. Bear in mind that tomorrow is a holiday. Ten presente que mañana es fiesta.

Bear out. Probar.
Ex. His book bears out my theory. Su libro prueba mi teoría.

Bear with. Ser indulgente con; aguantar.
Ex. Please bear with me and listen to the story. Por favor, sea indulgente conmigo y escuche la historia.

BEARD
Ver: Grow, Grow a beard.

BEARINGS
Get one's bearings. Orientarse.
Ex. I don't know where the street is; let me get my bearings. No sé dónde está la calle; deja que me oriente.

Lose one's bearings. Desorientarse.
Ex. For a moment I lost my bearings. Por un momento me he desorientado.

BEAT
Beat around (about) the bush. Andarse por las ramas, andarse con rodeos.
Ex. Don't beat around the bush and tell me what you want. No te andes con rodeos y dime lo que quieres.

Beat black and blue. Propinar una buena paliza; dar de palos.
Ex. If you don't obey I'll beat you black and blue. Si no obedeces te voy a propinar una buena paliza.

Beat it. Largarse.
Ex. He beat it before the cops came. Se largó antes de que llegasen los polis.

Beat one's breast. Darse golpes de pecho.
Ex. He beats his breast but I don't think he's sorry. Se da golpes de pecho pero no creo que esté arrepentido.

Beat the pants off of. Dar una paliza.
Ex. They are going to beat the pants off of him. Le van a dar una paliza.

Beat to death. Matar a palos; dar una paliza de muerte.
Ex. The captain beat the spy to death. El capitán mató al espía de una paliza.

It beats me... No me explico...Me hago cruces...
Ex. It beats me how he passed the exam. No me explico cómo aprobó el examen.

Take a beating. Recibir un palizón.
Ex. That boxer took a good beating yesterday. A ese boxeador le dieron un buen palizón ayer.

BEATEN
The beaten path. Camino trillado; la rutina.
Ex. He always sticks to the beaten path. Siempre sigue el camino trillado.

BECOME
Become of. Ser de.
Ex. What became of Victor? ¿Qué fue de Víctor?

BECOMING
Be becoming. Sentar, estar, quedar bien, favorecer.
Ex. The dress she is wearing is very becoming. El vestido que lleva le está muy bien.

BED
Get out of bed. Levantarse de la cama.
Ex. Get out of bed right away! ¡Levántate de la cama ahora mismo!

Get up on the wrong side of the bed. Levantarse con el pie izquierdo.
Ex. He got up on the wrong side of the bed. Se ha levantado con el pie izquierdo.

Go to bed. Acostarse.
Ex. I'm going to bed. Voy a acostarme.

Make one's bed. Hacer la cama.
Ex. Make your bed before you go. Haz la cama antes de irte.

Stay in bed. Quedarse en cama.
Ex. Victor stayed in bed all day. Víctor se quedó en cama todo el día.

Toss in bed. Dar vueltas en la cama.
Ex. I've been tossing in bed all night. He estado dando vueltas en la cama toda la noche.

Ver: Confined, Be confined to bed.
Ver: Early, Early to bed, early to rise makes a man healthy, wealthy and wise.

BEE
Be busy as a bee. Estar atareadísimo.
Ex. Victor is as busy as a bee. Víctor está atareadísimo.

Have a bee in one's bonnet. Faltarle a uno un tornillo.
Ex. Victor's got a bee in his bonnet. A Víctor le falta un tornillo.

BEELINE
Make a beeline for. Ir derechito a.
Ex. He made a beeline for her. Se fue derechito a ella.

BEFORE
Before long. Dentro de poco, pronto.
Ex. I'll finish before long. Terminaré dentro de poco.

Before the mast. De marinero.
Ex. I was three years before the mast. Estuve tres años de marinero.

Have met before. Conocer a alguien.
Ex. I think I've met him before! ¡Creo que le conozco!

Ver: Cart, To put the cart before the horse.

BEG
Beg for money. Pedir limosna.
Ex. I saw him begging for money! ¡Le vi pidiendo limosna!

Beg someone's pardon. Pedir disculpas a alguien.
Ex. I beg your pardon: are you Mr. Fast? Le ruego me disculpe, ¿es usted el Sr. Fast?

Beg the question. Dar por hecho.
Ex. You are begging the question. Lo das por hecho.

BEGIN
At the beginning of December. A principios de diciembre.
Ex. We'll start at the beginning of December. Comenzaremos a principios de diciembre.

Begin at the beginning. Comenzar por el principio.
Ex. Let's begin at the beginning! ¡Comencemos por el principio!

From beginning to end. Del principio al fin.
Ex. I saw the film from beginning to end. Vi la película del principio al fin.

The beginning of the end. El principio del fin.
Ex. This is the beginning of the end. Esto es el principio del fin.

To begin with. Para empezar.
Ex. You want to know why? To begin with because I'm tired. ¿Quieres saber por qué? Para empezar, porque estoy cansado.

BEHALF
In (on) behalf of. En nombre de, de parte de.
Ex. I come on behalf of Mr. Brown. Vengo de parte del Sr. Brown.

BEHIND
Be behind the times. Ser, estar anticuado.
Ex. Your ideas are behind the times. Tus ideas están anticuadas.

Be behind time. Atrasado, con retraso.
Ex. The train's behind time. El tren viene con retraso.

Leave behind. Dejarse.
Ex. I left my umbrella behind. Me dejé el paraguas.

Stay behind. Quedarse; quedarse atrás.
Ex. They all left but Victor stayed behind. Todos se marcharon pero Víctor se quedó.

Ver: Back, Behind one's back.
Ver: Bar, Put behind bars.
Ver: Door, Behind closed doors.
Ver: Dry, Not to be dry behind the ears.

BEING
For the time being. Por ahora, por el momento.
Ex. Let's leave things the way they are for the time being. Por ahora dejemos las cosas como están.

BELIEF
Beyond belief. Increíble.
Ex. What she told me was truly beyond belief. Lo que me dijo era verdaderamente increíble.

BELL
Ring a bell. Sonar, recordar.
Ex. His name rings a bell. Su nombre me suena.

Sound as a bell. Perfecto, sanísimo, como una rosa.
Ex. Victor is sound as a bell. Victor está como una rosa.

To bell the cat. Ponerle el cascabel al gato.
Ex. Who's going to bell the cat? ¿Quién le va a poner el cascabel al gato?

BELT
Hit below the belt. Dar un golpe bajo.
Ex. When we argue you always hit below the belt! ¡Cuando discutimos siempre das golpes bajos!

Tighten one's belt. Apretarse el cinturón.
Ex. As I've lost my job we'll have to tighten our belt. Como he perdido el empleo tendremos que apretarnos el cinturón

Under one's belt. Echarse al coleto.
Ex. He has five drinks under his belt. Se ha echado cinco tragos al coleto.

BEND
Bend down. Agacharse, encorvarse.
Ex. You'll have to bend down to get in the car. Tendrás que agacharte para entrar al coche.

Bend over backwards. Hacer lo imposible.
Ex. He bent over backwards to show he was innocent. Hizo lo imposible para demostrar que era inocente.

Bend someone's ears. Dar el tostón.
Ex. Victor is bending that poor man's ears! ¡Víctor le está dando el tostón a ese pobre hombre!

Ver: Elbow, Bend the elbow.

BENEATH
Be beneath contempt. No tener nombre.
Ex. What Victor has done shows he is beneath contempt. Lo que ha hecho Víctor no tiene nombre.

BENEFIT
For someone's benefit. Para que se entere uno.
Ex. For your benefit, let me tell you he is rich! ¡Y para que te enteres, deja que te diga que es rico!

For the benefit of. A favor de, para.
Ex. This money is for the benefit of third world countries. Este dinero es para los países del tercer mundo.

BENT
At the top of one's bent. Al límite; con todas las fuerzas de uno.
Ex. Peter is working at the top of his bent. Pedro está trabajando con todas sus fuerzas.

Be bent on. Estar empeñado en.
Ex. He is bent on going to college. Está empeñado en ir a la universidad.

BESIDE
Be beside oneself. Estar fuera de sí.
Ex. I am beside myself right now. En este momento estoy fuera de mí.

Be beside oneself with joy. Estar loco de alegría.
Ex. He was beside himself with joy! ¡Estaba loco de alegría!

Ver: Point, Be beside the point.

BEST
At best. A lo sumo.
Ex. I can give two thousand at best. A lo sumo puedo dar dos mil.

Be at one's best. Lucirse.
Ex. He is at his best when he speaks English. Se luce cuando habla inglés.

Do one's best. Hacer algo lo mejor posible.
Ex. When I clean the house I do my best. Cuando limpio la casa lo hago lo mejor posible.

Make the best of. Sacar el mejor partido de; mirar el lado bueno de.
Ex. The situation is not great but make the best of it. La situación no es maravillosa pero sácale el mejor partido.

Put on one's Sunday best. Ponerse el traje de los domingos, de acristianar.
Ex. And Victor was wearing his Sunday best. Y Víctor llevaba el traje de los domingos.

Put one's best foot forwards. Tratar de causar una buena impresión.
Ex. Please try to put your best foot forward. Por favor trata de causar una buena impresión.

The best part. Lo mejor.
Ex. The best part was that he couldn't pay! ¡Lo mejor fue que no podía pagar!

The best part. La mayor parte de.
Ex. I work the best part of the year. Trabajo la mayor parte del año.

To the best of my knowledge. Que yo sepa.
Ex. To the best of my knowledge she is single. Que yo sepa es soltera.

Wish all the best. Desear lo mejor.
Ex. I wish you all the best in life! ¡Te deseo lo mejor en la vida!

Ver: Bargain, Make the best of a bad bargain.

BET
Bet one's bottom dollar. Apostar hasta el último céntimo.
Ex. I bet my bottom dollar on the black horse. Aposté hasta el último céntimo al caballo negro.

You bet! ¡Y tú que lo digas! ¡Ya lo creo!
Ex. Can I drive a car? You bet! ¿Qué si sé conducir un coche? ¡Ya lo creo!

BETTER
All the better. Tanto mejor.
Ex. All the better if you can come. Tanto mejor si puedes venir.

Be for the better. Valer así.
Ex. This is for the better. Más vale así.

Better and better. Cada vez mejor.
Ex. You speak English better and better. Hablas inglés cada vez mejor.

Better be alone than in ill company. Más vale solo que mal acompañado.
Ex. I'd rather be alone; better alone than in ill company. Prefiero estar solo; más vale solo que mal acompañado.

Better late than never. Más vale tarde que nunca.
Ex. I've taken a long time but better late than never. He tardado mucho pero más vale tarde que nunca.

Change for the better. Una mejoría.
Ex. He has undergone a change for the better. Ha experimentado una mejoría.

Get better. Mejorar, aliviarse.
Ex. Get better soon! ¡Que te mejores pronto!

Get the better of. Aprovecharse de.
Ex. He tried to get the better of me. Trató de aprovecharse de mí.

Know better than. No dejarse.
Ex. I know better than to allow him to swindle me! No me dejo estafar por él.

Like better. Preferir.
Ex. I like the blue one better. Prefiero el azul.

So much the better. Tanto mejor.
Ex. So much the better if you stay behind. Tanto mejor si te quedas.

The better half. La media naranja.
Ex. Victor's better half is an attractive woman. La media naranja de Víctor es una mujer atractiva.

BETWEEN
Between you and me. Entre nosotros.
Ex. There's nothing between you and me. No hay nada entre nosotros.

Come between. Interponerse.
Ex. Victor came between us. Víctor se interpuso entre nosotros.

Few and far between. Escasos, pocos, escasear.
Ex. Good houses are few and far between. Las buenas casas escasean.

Ver: Devil, Between the devil and the deep blue sea.

BEYOND
Be beyond help. No tener remedio.
Ex. Victor's beyond help. Víctor no tiene remedio.

Be beyond me. Ser incomprensible.
Ex. It's beyond me how he got his driver's license. Es incomprensible cómo le dieron el carnet de conducir.

Beyond doubt. Sin lugar a duda.
Ex. Beyond doubt he is an honest man. Sin lugar a duda es un hombre honrado.

Live beyond one's means. Vivir por encima de las posibilidades de uno.
Ex. Victor lives beyond his means. Víctor vive por encima de sus posibilidades.

Ver: Above, Above and beyond.

BID
Bid goodbye, good night, etc. Decir adiós; dar las buenas noches, etc.
Ex. I bid you good night. Te doy las buenas noches.

BIDE
Bide one's time. Hacer un compás de espera.
Ex. I'm in no hurry; I'll bide my time. No tengo prisa; haré un compás de espera.

BIG
Big brother. Hermano mayor.
Ex. Charles is my big brother. Carlos es mi hermano mayor.

Big deal! ¡Vaya una cosa!
Ex. Big deal if he doesn't want to come! ¡Vaya una cosa si no quiere venir!

Big man. Pez gordo.
Ex. A big man is coming to talk to us. Un pez gordo va a venir a hablar con nosotros.

Big sister. Hermana mayor.
Ex. She's my big sister. Es mi hermana mayor.

Talk big. Darse aires de importancia; fanfarronear.
Ex. He's always talking big. Siempre se da aires de importancia.

BILL

A clean bill of health. Certificado de buena salud.
Ex. I got a clean bill of health. Tengo un certificado de buena salud.

Fill the bill. Cumplir todos los requisitos.
Ex. Do you think this fills the bill? ¿Crees que esto cumple todos los requisitos?

Foot the bill. Pagar la cuenta.
Ex. I'm not going to foot the bill today! ¡Hoy yo no pago la cuenta!

BIND

Be in a bind. Estar en aprietos.
Ex. I found myself in a bind in New York. Me encontré en aprietos en Nueva York.

BIRD

A bird in the hand is worth two in the bush. Más vale pájaro en mano que cien(to) volando.
Ex. You know, a bird in the hand is worth two in the bush. Ya sabes, más vale pájaro en mano que ciento volando.

A little bird told me. Me lo ha dicho un pajarito.
Ex. How do I know? A little bird told me. ¿Qué cómo lo sé? Me lo ha dicho un pajarito.

An early bird. Un madrugador.
Ex. Victor is an early bird. Víctor es un madrugador.

Birds of a feather flock together. Cada oveja con su pareja.
Ex. They are always together. Birds of a feather flock together. Siempre están juntos. Cada oveja con su pareja.

Eat like a bird. Comer como un pajarito.
Ex. Don't worry over me. I eat like a bird. No te preocupes por mí. Como como un pajarito.

Kill two birds with one stone. Matar dos pájaros de un tiro.
Ex. Kill two birds with one stone and pay my bill too! ¡Mata dos pájaros de un tiro y paga mi cuenta también!

The early bird catches the worm. El que madruga coge la oruga.
Ex. Rise early because the early bird catches the worm! ¡Levántate temprano porque el que madruga coge la oruga!

This is for the birds! Ser para tontos.
Ex. I don't like it; it's for the birds. No me gusta; es para tontos.

Ver: Early, Early bird.

BIRTH

By birth. De nacimiento.
Ex. Victor's an American by birth. Víctor es americano de nacimiento.

Give birth to. Dar a luz.
Ex. She gave birth to a baby boy. Dio a luz un niño.

BIRTHDAY

Birthday suit. Como la madre lo trajo al mundo.
Ex. He came in his birthday suit. Vino como su madre lo trajo al mundo.

BIT

Bit by bit. Poco a poco, trozo a trozo.
Ex. He ate the cake bit by bit. Se comió la tarta trozo a trozo.

Blow to bits. Hacer añicos, hacer trizas.
Ex. I'm going to blow it to bits. Lo voy a hacer trizas.

Not a bit. Lo más mínimo.
Ex. I don't like it a bit. No me gusta lo más mínimo.

Two-bit. De tres al cuarto.
Ex. He's a two-bit thief! ¡Es un ladrón de tres al cuarto!

BITE

Have a bite. Tomar un bocado.
Ex. I'm hungry. Shall we have a bite? Tengo hambre. ¿Tomamos un bocado?

His bark's worse than his bite. No es tan fiero el león como lo pintan.
Ex. Victor's all right; his bark's worse than his bite. Víctor es un buen chico; no es tan fiero el león como lo pintan.

Put the bite on someone. Dar un sablazo.
Ex. Victor tried to put the bite on me. Víctor intentó darme un sablazo.

Take a bite. Dar, tomar un bocado.
Ex. Take a bite of this cheese. Dale un bocado a este queso.

Ver: Shy, Once bitten, twice shy.

BITING
Be biting. Ser mordaz.
Ex. That was a biting remark! ¡Ésa es una observación mordaz!

BITTER
To the bitter end. Hasta las últimas, hasta el final.
Ex. He fought to the bitter end. Luchó hasta el final.

BLACK
A black day. Un día aciago.
Ex. It was a black day for us. Fue un día aciago para nosotros.

In black and white. Por escrito.
Ex. I only believe what I see in black and white. Sólo creo lo que veo por escrito.

Ver: Beat, Beat black and blue.

BLAME
Be to blame. Tener la culpa.
Ex. I'm not to blame if you fall. No tendré la culpa si te caes.

Pin the blame on someone. Colgarle a uno el sambenito.
Ex. Don't pin the blame on me! ¡No me cuelgues el sambenito a mí!

Put the blame on someone. Echar la culpa a alguien.
Ex. Don't put the blame on me! ¡No me eches la culpa a mí!

Take the blame. Asumir la culpa.
Ex. Why do I have to take the blame? ¿Por qué debo asumir la culpa yo?

BLANK
Blank check. Cheque en blanco, carta blanca.
Ex. In his new position Victor has been given a blank check. En su nuevo empleo le han dado a Víctor carta blanca.

Draw a blank. Quedarse en blanco.
Ex. When I saw her I drew a blank. Cuando la vi me quedé en blanco.

BLAST
At full blast. A toda velocidad, a toda marcha.
Ex. The engine is working at full blast. El motor está trabajando a toda velocidad.

BLEED
Bleed someone white, dry. Explotar a uno; sacarle a uno el dinero, el jugo.
Ex. His son is bleeding him white. Su hijo le está sacando el dinero.

Bleed to death. Desangrarse.
Ex. Thanks to the doctor he didn't bleed to death. Gracias al médico no se desangró.

BLESSED
Not to know a blessed thing. No saber ni jota de.
Ex. You don't know a blessed thing about painting. No sabes ni jota de pintura.

The whole blessed day. Todo el santo día.
Ex. I've been working the whole blessed day. He estado trabajando todo el santo día.

BLIND
Act as a blind for. Hacer de tapadera.
Ex. Víctor acted as a blind for them. Víctor les hizo de tapadera.

Be blind as a bat. Más ciego que un topo.
Ex. I wear thick lenses because I'm blind as a bat. Llevo cristales gruesos porque estoy más ciego que un topo.

Turn a blind eye to. Hacer la vista gorda.
Ex. He turned a blind eye to his mistakes. Hizo la vista gorda a sus errores.

BLOCK
Ver: Chip, Chip off the old block.

BLOOD
Blood pressure. Tensión.
Ex. Victor has high blood pressure. Víctor tiene la tensión alta.

Freeze one's blood in one's veins. Helársele a uno la sangre en las venas.
Ex. When I heard the phone ring my blood froze in my veins. Cuando oí el teléfono se me heló la sangre en las venas.

In cold blood. A sangre fría.
Ex. Victor was killed in cold blood. Mataron a Víctor a sangre fría.

Make one's blood boil. Hacerle a uno que le hierva la sangre.
Ex. Victor makes my blood boil. Víctor me hace hervir la sangre.

Make someone's blood run cold. Helársele a uno la sangre en las venas.
Ex. When he told me about his family he made my blood run cold. Cuando me habló de su familia se me heló la sangre en las venas.

One can't get blood out of a stone. No se puede exprimir una piedra.
Ex. Ask nothing of him; you can't get blood out of a stone. No le pidas nada; no se puede exprimir una piedra.

One's own flesh and blood. Carne de mi carne.
Ex. Victor is my own flesh and blood. Víctor es carne de mi carne.

Run in the blood. Llevar en la sangre.
Ex. His modesty runs in his blood. La modestia la lleva en la sangre.

Sweat blood. Sudar tinta.
Ex. He is going to sweat blood in his new job. Va a sudar tinta en su nuevo empleo.

BLOW
Blow off steam. Desahogarse.
Ex. I must blow off steam! ¡Tengo que desahogarme!

Blow one's nose. Sonarse.
Ex. Don't blow your nose in public! ¡No te suenes las narices en público!

Blow one's own horn, trumpet. No tener abuela; darse uno bombo.
Ex. He blows his own horn about the good grades he gets. Habla de las buenas notas que saca que parece que no tiene abuela.

Blow one's top. Poner el grito en el cielo.
Ex. Don't blow your top until I explain what happened. No pongas el grito en el cielo hasta que te explique lo que pasó.

Blow over. Pasar.
Ex. Victor's anger will blow over. Se le pasará el enfado a Víctor.

Come to blows. Llegar a las manos.
Ex. They came to blows after a heated argument. Llegaron a las manos después de una acalorada discusión.

BLUE
Out of the blue. De repente.
Ex. He came to visit me out of the blue. Vino a visitarme de repente.

The blues. Tristeza, depre.
Ex. He's got the blues today. Tiene la depre hoy.

Ver: Beat, Beat black and blue.
Ver: Moon, Once in a blue moon.

BLUFF
Call someone's bluff. Ver un farol.
Ex. Victor called her bluff. Víctor le vio el farol.

BOARD
Room and board. Pensión completa.
Ex. They advertise room and board. Anuncian pensión completa.

BOAT
Be in the same boat. Correr la misma suerte.
Ex. We are all in the same boat. Todos corremos la misma suerte.

Miss the boat. Perder el tren, perder una oportunidad.
Ex. Give a downpayment on the house or you'll miss the boat. Da una señal por la casa o perderás la oportunidad.

BODY
Keep body and soul together. Ir tirando; vivir de milagro.
Ex. With my salary I simply keep body and soul together. Con mi sueldo simplemente voy tirando.

BONE
Be a bag of bones. Ser un saco de huesos.
Ex. Mary's a bag of bones. María es un saco de huesos.

Be skin and bones. Estar en los huesos.
Ex. She is nothing but skin and bones. Está en los huesos.

Feel it in one's bones. Darle a uno una corazonada.
Ex. I feel it in my bones that I've passed the exam. Me da la corazonada de que he aprobado el examen.

Have a bone to pick with someone. Tener cuentas que ajustar con alguien.
Ex. She has a bone to pick with him. Ella tiene cuentas que ajustar con él.

Make no bones about. No andarse con rodeos, con remilgos.
Ex. I make no bones about the fact that he owes me money. No me ando con rodeos acerca de que me debe dinero.

BONNET
Ver: Bee, Have a bee in one's bonnet.

BOO
Not to say boo. No decir ni pío.
Ex. He didn't say boo to me. No me dijo ni pío.

BOOK
Doctor the books. Amañar los libros.
Ex. The accounting books have been doctored! ¡Los libros de contabilidad han sido amañados!

In one's book. En la opinión de uno; según el entender de uno.
Ex. He is an honest man in my book. En mi opinión es un hombre honrado.

Know like a book. Saber, conocer de memoria.
Ex. You have no secrets for me because I know you like a book. No tienes secretos para mí porque te conozco de memoria.

To read someone like a book. Leer los pensamientos de alguien.
Ex. I can read Victor like a book. Puedo leer los pensamientos de Víctor.

Ver: Crack, Crack the books.

BOOT
Be in the boots of. Estar en el pellejo de.
Ex. I wouldn't like to be in his boots. No me gustaría estar en su pellejo.

Get the boot. Dar la patada, despedir a alguien de su empleo.
Ex. The president of the company finally got the boot. Por fin echaron al presidente de la compañía.

Lick someone's boots. Lamerle el culo a alguien.
Ex. Go lick someone's else's boots! ¡Ve a lamerle el culo a otro!

To boot. Encima, además, de añadidura.
Ex. Victor paid me well and gave me a tip to boot. Víctor me pagó bien y además me dio una propina.

BORDER
Border on. Rayar en.
Ex. Her way of speaking borders on the ridiculous. Su manera de hablar raya en lo ridículo.

BORED
Be bored. Estar aburrido.
Ex. I'm very bored here. Estoy muy aburrido aquí.

Be bored stiff. Estar aburrido como una ostra.
Ex. Victor is bored stiff in class. Víctor se aburre como una ostra en clase.

BORN
Be born. Nacer.
Ex. I was born in Pittsburgh. Nací en Pittsburgh.

Be born again. Volver a nacer.
Ex. You are lucky! You were born again today! ¡Tienes suerte! ¡Hoy has vuelto a nacer!

Be born under a lucky star. Nacer con buena estrella.
Ex. Victor was born under a lucky star. Víctor nació con buena estrella.

Be born with a silver spoon in one's mouth. Nacer de pie; nacer con un pan bajo el brazo.
Ex.Victor was born with a silver spoon in his mouth. Víctor ha nacido de pie.

Born. De nacimiento, rematado, de remate.
Ex. Victor's a born idiot! Víctor es un idiota rematado.

In all my born days. En todos los días de mi vida.
Ex. In all my born days I've never seen a thing like that. En todos los días de mi vida no he visto cosa igual.

Not be born yesterday. Chuparse el dedo.
Ex. Be careful, I was not born yesterday! ¡Cuidado que no me chupo el dedo!

BOTTLE
Hit the bottle. Darle a la bebida.
Ex. He hits the bottle. Le da a la bebida.

The bottle. La bebida.
Ex. He likes the bottle. Le gusta la bebida.

BOTTOM
At bottom. En el fondo.
Ex. At bottom Victor's a good boy. En el fondo Víctor es un buen chico.

Be at the bottom of. Ser el causante de, estar detrás de.
Ex. Peter must be at the bottom of this! ¡Pedro debe de estar detrás de esto!

From the bottom of one's heart. Sinceramente.
Ex. I'm telling you from the bottom of my heart. Te lo digo sinceramente.

Get to the bottom of. Llegar al fondo de.
Ex. We must get to the bottom of this. Debemos
llegar al fondo de esto.

Touch bottom. Tocar fondo.
Ex. The economy hasn't touched bottom yet. La
economía no ha tocado fondo todavía.

BOUND
Be bound to fail. Estar condenado al fracaso.
Ex. Your plans are bound to fail. Tus planes están
condenados al fracaso.

BOUNDS
By leaps and bounds. A saltos, por
momentos.
Ex. He is growing by leaps and bounds. Está
creciendo por momentos.

Know no bounds. No conocer (tener) límites.
Ex. Her ambition knows no bounds. Su ambición no
conoce límites.

BOX
Box someone's ears. Dar cachetes.
Ex. When Victor comes back I'm going to box his
ears. Cuando Víctor vuelva le voy a dar de
cachetes.

Box-office success. Éxito de taquilla.
Ex. The play has been a box-office success. La obra
ha sido un éxito de taquilla.

BRACE
Brace oneself. Prepararse.
Ex. Brace yourself for the fight. Prepárate para la
pelea.

BRAIN
Better brains than brawn. Más vale maña
que fuerza.
Ex. You see, I fixed it. Better brains than brawn.
¿Lo ves?, lo he arreglado. Más vale maña que
fuerza.

Have brains. Ser inteligente.
Ex. Victor has brains. Víctor es inteligente.

Rack one's brain. Devanarse los sesos.
Ex. No matter how much I rack my brain I can't
solve the problem. Por mucho que me devano los
sesos no puedo resolver el problema.

BRASS
Get down to brass tacks. Ir al grano.
Ex. Let's get down to brass tacks! ¡Vayamos al
grano!

BREAD
Bread and butter. Ser el sustento..
Ex. That little business is my bread and butter. Ese
pequeño negocio es mi sustento.

Break a habit. Romper un hábito.
Ex. You must break the habit of smoking. Debes
romper el hábito de fumar.

Earn one's bread. Ganarse el pan.
Ex. I work hard to earn my bread. Trabajo duro
para ganarme el pan.

On bread and water. A pan y agua.
Ex. The prisoner is on bread and water. El prisionero
está a pan y agua.

Take the bread out of one's mouth.
Quitarle el pan a uno de la boca.
Ex. He is taking the bread out of my mouth. Me
quita el pan de la boca.

BREAK
Break down. Estropearse, averiarse, romperse.
Ex. The car has broken down. Se ha estropeado el coche.

Break loose. Desatarse, soltarse.
Ex. The dog broke loose and attacked the man. El
perro se desató y atacó al hombre.

Break one's back. Matarse a trabajar.
Ex. He breaks his back working. Se mata a trabajar.

Break one's neck. Romperse la cabeza.
Ex. Be careful! You are going to break your neck!
¡Cuidado! ¡Te vas a romper la cabeza!

Break the law. Violar la ley.
Ex. He has broken the law. Ha violado la ley.

Give someone a break. Darle una
oportunidad a uno.
Ex. I need a job, please give me a break! Necesito
trabajo, por favor déme una oportunidad.

Make a break. Fugarse; escaparse.
Ex.The prisoners made a break yesterday. Los presos
se fugaron ayer.

Ver: Even, Break even.
Ver: Ice, Break the ice.
Ver: Take, Take a break.

BREAST
Make a clean breast of. Confesar de plano.
Ex.Victor made a clean breast of it. Víctor confesó
de plano.

BREATH

Catch one's breath. Recuperar el aliento.
Ex. Stop and catch your breath. Para y recupera el aliento.

Hold one's breath. Contener el aliento.
Ex. Can you hold your breath for two minutes? ¿Puedes contener el aliento durante dos minutos?

Out of breath. Sin aliento.
Ex. He came in out of breath. Entró sin aliento.

Save one's breath. Ahorrarse la molestia de hablar.
Ex. Save your breath, I'm not interested. Ahórrate la molestia (de hablar), no estoy interesado.

Take one's breath away. Dejar boquiabierto, alelado; quitar el hipo.
Ex. Mary took my breath away! ¡María me dejó alelado!

Waste one's breath. Malgastar las palabras.
Ex. He's sleeping and can't hear you, so don't waste your breath. Está durmiendo y no te oye, así que no malgastes palabras.

BREATHE

Breathe down someone's neck. Achuchar, atosigar.
Ex. I'm working on it; don't breathe down my neck! ¡Estoy en ello, no me atosigues!

Not to breathe a word. No decir palabra.
Ex. I won't breathe a word. No diré palabra.

BREATHER

To give a breather. Dar un respiro.
Ex. Give me a breather, will you? Dame un respiro, ¿quieres?

BREED

Dying breed. Raza en vías de extinción.
Ex. He is a gentleman; he belongs to a dying breed. Es un caballero. Pertenece a una raza en vías de extinción.

BREEZE

Shoot the breeze. Estar de palique.
Ex. He's in the tavern, shooting the breeze. Está de palique en la taberna.

BRIDGE

Burn one's bridges behind one. Quemar las naves.
Ex. Victor has burned his bridges behind him. Víctor ha quemado sus naves tras él.

BRIEF

In brief. En resumen, en una palabra.
Ex. I'll tell you in brief: you are fired. Te lo diré en una palabra: quedas despedido.

BRIGHT

Look on the bright side of. Mirar el lado bueno.
Ex. You must look on the bright side of the business. Debes mirar el lado bueno del negocio.

BRINK

On the brink of. Al borde de, a punto de.
Ex. Susan is on the brink of tears. Susana está a punto de llorar.

BROAD

In broad daylight. En pleno día.
Ex. They robbed the bank in broad daylight. Atracaron el banco en pleno día.

BROKE

Be dead broke. Estar sin blanca.
Ex. Don't ask him for money because he's dead broke. No le pidas dinero porque está sin blanca.

Go for broke. Ir a por todas.
Ex. We have little to lose so let's go for broke. Tenemos poco que perder así que vayamos a por todas.

BROTH

Ver: Cook, Too many cooks spoil the broth.

BROW

Knit one's brow. Fruncir las cejas.
Ex. He knitted his brow when he heard the question. Frunció las cejas al oír la pregunta.

BRUNT

Bear the brunt of. Llevar el peso de.
Ex. In the office I am the one who bears the brunt of the work. En la oficina yo soy el que lleva el peso del trabajo.

BRUSH

Brush aside. No hacer caso.
Ex. My protests were brushed aside. No hicieron caso de mis protestas.

Brush up on. Repasar; poner al día.
Ex. I have to brush up on my Italian. Tengo que repasar el italiano.

Give someone the brush. Dar de lado a alguien.
Ex. She gave me the brush at the party. Me dio de lado en la fiesta.

BUCK
Pass the buck. Soltarle, largarle a uno el muerto.
Ex. Don't pass the buck on to me! ¡No me largues el muerto a mí!

BUCKET
Ver: Drop, A drop in the bucket.

BUILD
Ver: Castle, Build castles in Spain, in the air.

BULK
In bulk. A granel, al por mayor.
Ex. It's better to buy it in bulk. Es mejor comprarlo a granel.

BULL
Take the bull by the horns. Coger el toro por los cuernos.
Ex. I am sure that Victor will take the bull by the horns. Estoy seguro de que Víctor cogerá el toro por los cuernos.

Ver: Cock, Cock-and-bull story.

BUM
Bum around. Haraganear.
Ex. He's always bumming around. Siempre está haraganeando por ahí.

BUMP
Bump into. Toparse de cara con, cruzarse con, encontrarse con.
Ex. I bumped into Victor at the store. Me topé con Víctor en la tienda.

Bump off. Asesinar, dar el paseo, cargarse.
Ex. The thieves threatened to bump off the hostages. Los ladrones amenazaron con cargarse a los rehenes.

BUNDLE
Bundle up. Abrigarse, arroparse.
Ex. It's very cold; bundle up! Hace mucho frío; ¡abrígate!

BURN
A burnt child dreads the fire. Gato escaldado del agua fría huye.
Ex. He won't do it again because a burnt child dreads the fire. No lo hará otra vez porque gato escaldado del agua fría huye.

Burn one's fingers. Quemarse los dedos.
Ex. Be careful with him and don't get your fingers burned. Cuidado con él y no te quemes los dedos.

Burn someone up. Hacer hervir la sangre.
Ex. This burns me up! ¡Esto hace que me hierva la sangre!

Burn the midnight oil. Estudiar mucho; empollar.
Ex. He gets good grades because he burns the midnight oil. Saca buenas notas porque empolla mucho.

Burn up. Sacar de las casillas.
Ex. You burn me up! ¡Me sacas de mis casillas!

To burn the candle at both ends. Trabajar mucho; vivir deprisa.
Ex. Don't burn the candle at both ends! ¡No vivas tan deprisa!

Ver: Bridge, Burn one's bridges behind one.
Ver: Hole, Burn a hole in one's pocket.

BURST
Burst out crying. Romper a llorar.
Ex. She burst out crying when she heard the news. Rompió a llorar cuando oyó la noticia.

Burst out laughing. Echarse a reir.
Ex. She burst out laughing when she heard the news. Se echó a reír cuando oyó la noticia.

BURY
Be buried in thought. Estar absorto.
Ex. Don't disturb him when he's buried in thought. No le molestes cuando está absorto.

Bury the hatchet. Hacer las paces; enterrar el hacha.
Ex. Let's bury the hatchet! ¡Hagamos las paces!

BUSH
Ver: Beat, Beat around the bush.

BUSINESS
Be in business. Estar listos, preparados.
Ex. Now that the car's fixed, we are in business. Ahora que está arreglado el coche, estamos listos.

Be someone's business. Ser de la incumbencia de uno.
Ex. It's not my business what he does at night. No es de mi incumbencia lo que hace por las noches.

Business before pleasure. Primero es la obligación que la devoción.
Ex. I can't go. Remember: business before pleasure. No puedo ir. Recuerda: primero es la obligación que la devoción.

Give one the business. Mandar a alguien a freir espárragos.
Ex. Victor gave Jones the business. Víctor mandó a Jones a freir espárragos.

Have no business to. No tener por qué.
Ex. You have no business to be sitting here! ¡No tienes por qué estar sentado aquí!

Mean business. Ir en serio; hablar en serio.
Ex. Victor is here and he means business. Víctor está aquí y viene en serio.

Mind one's own business. No meterse uno en lo que no le importa.
Ex. Please mind your own business. Por favor no te metas en lo que no te importa.

On business. De, por negocios.
Ex. Victor is in Hong Kong on business. Víctor está en Hong Kong por negocios.

BUSY
A busy street. Calle de mucho tráfico, muy concurrida.
Ex. They live on a busy street. Viven en una calle de mucho tráfico.

Get busy. Poner manos a la obra.
Ex. OK. Let's get busy! ¡Venga, pongamos manos a la obra!

Ver: Bee, Busy as a bee.

BUTTER
Ver: Bread, Bread and butter.

BUY
Buy it. Creerlo, aceptarlo.
Ex. You say you are poor but I don't buy it. Dices que eres pobre pero no lo creo.

Ver: Account, Buy on account.

BY
By and large. En general, en conjunto.
Ex. By and large older people are rather conservative. En general la gente mayor es bastante conservadora.

By far. Con mucho.
Ex. This is by far the best restaurant in town. Éste es con mucho el mejor restaurante de la ciudad.

By now. Ya.
Ex. He must be there by now. Ya debe de estar allí.

By oneself. Solo, sin compañía o ayuda.
Ex. I like to be by myself. Me gusta estar solo.

By six. Para las seis.
Ex. We have to be there by six. Tenemos que estar allí para las seis.

By the way. A propósito.
Ex. By the way, when are we going to the movies? A propósito, ¿cuándo vamos al cine?

Ver: Chance, By chance.
Ver: Close, Close by.

BYE
By the bye. Por cierto.
Ex. By the bye, are you coming with us? Por cierto, ¿vienes con nosotros?

BYGONE
Let bygones be bygones. Borrón y cuenta nueva; lo pasado, pasado está.
Ex. I forgive you: let bygones be bygones. Te perdono: borrón y cuenta nueva.

C

CAHOOTS
Be in cahoots with. Estar confabulado con.
Ex. They are in cahoots against us. Están confabulados en contra nuestra.

CAIN
Raise Cain. Armar follón, armar un lío.
Ex. He'll raise Cain if you aren't on time. Armará follón si no llegas a tu hora.

CAKE
Be a piece of cake. Estar chupado, ser pan comido.
Ex. This job's a piece of cake. Este trabajo está chupado.

It takes the cake. Es el colmo.
Ex. To owe me money and try to borrow more takes the cake! ¡Deberme dinero y tratar de que le preste más es el colmo!

Take the cake. Llevarse la palma, el premio.
Ex. I did the work and he took the cake. Yo hice el trabajo y él se llevó la palma.

To have the cake and eat it too. No se puede tener todo.
Ex. You can't have the cake and eat it too. No se puede tener todo.

CAKES
Sell like hot cakes. Venderse como churros.
Ex. His new book is selling like hot cakes. Su nuevo libro se vende como churros.

CALL
A call. Llamada telefónica.
Ex. Were there any calls for me? ¿Me han llamado por teléfono?

Be on call. Estar de guardia.
Ex. Peter's on call today at the hospital. Pedro está de guardia hoy en el hospital.

Call. Llamar.
Ex. What do you call this in English? ¿Cómo se llama esto en inglés?

Call a person names. Sacar motes; insultar.
Ex. Peter calls me names. Pedro me saca motes.

Call a spade a spade. Llamar al pan, pan, y al vino, vino.
Ex. I don't mince words: I call a spade a spade. No me ando por las ramas: yo llamo al pan, pan y al vino, vino.

Call down. Regañar.
Ex. I broke the glass and got called down for it. Rompí el cristal y me regañaron.

Call for. Exigir, requerir.
Ex. The wedding calls for a party. La boda requiere una fiesta.

Call for. Ir, venir a buscar.
Ex. They will call for us at seven. Vendrán a buscarnos a las siete.

Call it a day. Dar punto al día; bastar por hoy.
Ex. Let's call it a day. Basta por hoy.

Call it quits. Dejar estar, abandonar.
Ex. If you won't help out I'll call it quits. Si no ayudas, lo dejo estar.

Call off. Suspender, cancelar.
Ex. The meeting was called off on account of the rain. Se suspendió la reunión a causa de la lluvia.

Call on. Visitar.
Ex. Mr. Smith called on you yesterday. El señor Smith le visitó ayer.

Call oneself. Llamarse; decir que uno es.
Ex. And you call yourself a lawyer? ¿Y dices que eres abogado?

Call the roll. Pasar lista.
Ex. The teacher calls the roll every day. El profesor pasa lista todos los días.

Call to mind. Venir a la cabeza, recordar.
Ex. I can't call her name to mind. No me viene a la cabeza su nombre.

It was a close call. Por poco nos pilla, nos ve, nos atropella, etc.
Ex. That car almost killed you. It was a close call. Ese coche por poco te atropella.

Last call. Último turno; última oportunidad.
Ex. The stewardess is saying this is the last call for drinks. La azafata dice que ésta es la última oportunidad de pedir bebida.

Pay a call. Hacer una visita.
Ex. I'll pay you a call as soon as I arrive. Te visitaré tan pronto llegue.

Ver: Shot, Call the shots.
Ver: Tune, Call the tune.

CALM
Calm down. Tranquilizar(se).
Ex. Calm down, please! ¡Tranquilícese, por favor!

Keep calm. Mantener la calma, la compostura.
Ex. Keep calm, please! ¡Mantén la calma, por favor!

CAMPING
Go camping. Ir de acampada.
Ex. We are going camping next weekend. Vamos de acampada el próximo fin de semana.

CANDLE
Not to be able to hold a candle to. No llegarle a uno a la suela de los zapatos.
Ex. Mac can't hold a candle to you. Mac no te llega ni a la suela de los zapatos.

The funeral is not worth the candle. No valer la pena; vale más el collar que el perro.
Ex. Let's not invest any more in this business because the funeral is not worth the candle. No invirtamos más en este negocio; no vale la pena.

To burn the candle at both ends. Trabajar, afanarse mucho; vivir deprisa.
Ex. He's really killing himself burning the candle at both ends. Se está matando a trabajar.

CAP
Cap in hand. Con humildad; con la mirada baja.
Ex. He told me cap in hand. Me lo dijo con la mirada baja.

Cap it all. Y para colmo.
Ex. And to cap it all he called me stupid! ¡Y para colmo me llamó estúpido!

If the cap fits, wear it! Si te pica, te rascas; aplícate el cuento.
Ex. I know you don't like it but if the cap fits, wear it! ¡Sé que no te gusta, pero si te pica, te rascas!

CAPACITY
Filled to capacity. Lleno hasta los topes.
Ex. The theater was filled to capacity. El teatro estaba lleno hasta los topes.

CAR
Have one's car back-ended. Recibir el coche un golpe por detrás.
Ex. He had his car back-ended. Le dieron al coche un golpe por detrás.

CARD
Be in the cards. Estar escrito, ser cosa del destino.
Ex. It was in the cards that we meet. Estaba escrito que nos conociésemos.

Cut the cards. Cortar el bacalao.
Ex. I cut the cards here! ¡Aquí el que corta el bacalao soy yo!

Have a card up one's sleeve. Tener un triunfo en la manga.
Ex. Be careful; I think he has a card up his sleeve. Cuidado; creo que tiene un triunfo en la manga.

House of cards. Castillo de naipes.
Ex. His plans are like a house of cards. Sus planes son como un castillo de naipes.

Play cards. Jugar a las cartas.
Ex. Shall we play cards? ¿Te parece que juguemos a las cartas?

Put one's cards on the table. Poner las cartas sobre la mesa.
Ex. Put your cards on the table and tell me what you want. Pon las cartas sobre la mesa y dime lo que quieres.

Show one's cards. Enseñar el juego.
Ex. He finally showed his cards. Finalmente enseñó su juego.

CARE
Be full of care. Estar muy preocupado.
Ex. Her face is full of care. Está muy preocupada.

Care for. Gustar, querer, apetecer.
Ex. Would you care for a cookie? ¿Te apetece una galleta?

I don't care if I do. Pues, sí, no me importaría.
Ex. Yes, thank you, I don't care if I do! Sí, gracias, no me importaría.

Not to have a care in the world. No tener preocupaciones.
Ex. I don't have a care in the world. No tengo preocupaciones.

Take care of. Tener cuidado, cuidarse.
Ex. Take good care of yourself. Cuídate mucho.

CARRY
Be carried away. Extasiarse, emocionarse.
Ex. His words carried the audience away. Sus palabras emocionaron al público.

Carry insurance. Estar asegurado.
Ex. I carry insurance on my house. Tengo la casa asegurada.

Carry into effect. Llevar a la práctica.
Ex. Do you think we can carry this into effect? ¿Crees que podemos llevar esto a la práctica?

Carry on. Armar jaleo, bulla, follón.
Ex. Don't carry on like that! ¡No armes tanto jaleo!

Carry on with. Entenderse con; estar liado con alguien.
Ex. Victor is carrying on with that waitress. Víctor se entiende con esa camarera.

Carry oneself. Desenvolverse.
Ex. She carries herself very well in the office. Se desenvuelve muy bien en la oficina.

Carry out. Llevar a cabo, cumplir.
Ex. I'll carry out your orders. Llevaré a cabo tus órdenes.

Carry the day. Quedar victorioso.
Ex. My team carried the day. Mi equipo quedó victorioso.

Carry things too far. Llevar las cosas demasiado lejos.
Ex. Don't insult him! That's carrying things too far! ¡No le insultes! ¡Eso es llevar las cosas demasiado lejos!

Carry weight. Tener peso, ser influyente.
Ex. Victor's words carry a lot of weight. Las palabras de Víctor tienen mucha influencia.

To carry coals to Newcastle. Llevar agua al río.
Ex. Don't do that; it's like carrying coals to Newcastle. No hagas eso; es como llevar agua al río.

CART
To put the cart before the horse. Coger el rábano por las hojas.
Ex. That's putting the cart before the horse. Eso es coger el rábano por las hojas.

CASE
Case in point. Caso en cuestión.
Ex. That's not the case in point. Eso no es el caso en cuestión.

In any case. En todo caso, en cualquier caso.
Ex. I would go in any case. Iría en cualquier caso.

In case of. En caso de.
Ex. In case of rain, open your umbrella. En caso de que llueva, abre el paraguas.

In such a case. En tal caso.
Ex. In such a case, come the day after tomorrow. En tal caso venga pasado mañana.

Just in case. Por si acaso, por si las moscas.
Ex. Bring some money along just in case. Trae algún dinero por si las moscas.

Not to be the case. No ser el caso.
Ex. I'm sorry but that's not the case with me. Lo siento pero ése no es mi caso.

CASH
Be out of cash. Estar sin dinero.
Ex. Sorry but I'm out of cash. Lo siento pero estoy sin dinero.

Cash in on. Sacar partido de, aprovecharse de.
Ex. He cashed in on the business opportunity. Sacó partido de la oportunidad comercial.

Hard cash. Dinero contante y sonante.
Ex. I'll pay you in hard cash. Le pagaré con dinero contante y sonante.

Pay cash. Pagar al contado.
Ex. I always pay cash. Yo siempre pago al contado.

CAST
Cast a glance. Echar una ojeada.
Ex. He cast a glance before coming in. Echó una ojeada antes de entrar.

Cast a shadow on. Hacer dudar, poner en entredicho.
Ex. The rumors cast a shadow on his reputation. Los rumores hacían dudar de su reputación.

Cast a spell on. Hechizar, embrujar.
Ex. She cast a spell on me. Me embrujó.

Cast aside. Desechar.
Ex. The report was cast aside as worthless. Desecharon el informe por no tener valor alguno.

Cast away. Desechar, tirar.
Ex. Cast away your fears! ¡Desecha tus temores!

Cast light on. Esclarecer.
Ex. What he said cast light on the mystery. Lo que dijo esclareció el misterio.

Put in a cast. Escayolar.
Ex. They've put his arm in a cast. Le han escayolado el brazo.

The die is cast. La suerte está echada.
Ex. Caesar said: The die is cast! César dijo: La suerte está echada.

CASTLE
To build castles in Spain, in the air. Hacer castillos en el aire.
Ex. Victor is always building castles in the air. Víctor siempre hace castillos en el aire.

CAT
A cat has nine lives. Siete vidas tiene un gato.
Ex. They say that a cat has nine lives. Dicen que siete vidas tiene un gato.

At night all cats are grey. De noche todos los gatos son pardos.
Ex. It's said that at night all cats are grey. Se dice que de noche todos los gatos son pardos.

Be like cat and dog. Ser como el perro y el gato.
Ex. Victor and his sister are like cat and dog. Víctor y su hermana son como el perro y el gato.

Curiosity killed the cat. La curiosidad mató al gato.
Ex. Don't be so nosey; remember that curiosity killed the cat. No seas tan fisgón; recuerda que la curiosidad mató al gato.

See which way the cat jumps. Ver qué giro toman las cosas.
Ex. We'll have to wait and see which way the cat jumps. Tendremos que esperar a ver qué giro toman las cosas.

When the cat's away the mice will play. Cuando los gatos duermen los ratones bailan.
Ex. This office is a mess! When the cat's away the mice will play! ¡Este despacho es un asco! ¡Cuando el gato duerme los ratones bailan!

Ver: Bag, Let the cat out of the bag.
Ver: Bell, Bell the cat.
Ver: Dogs, To rain cats and dogs.

CATCH
Be a good catch. Ser un buen partido.
Ex. Victor is a good catch for any girl. Víctor es un buen partido para cualquier chica.

Catch a cold. Pescar un resfriado.
Ex. I think I've caught a cold. Creo que he pescado un resfriado.

Catch a glimpse of. Vislumbrar; llegar a ver.
Ex. I didn't catch a glimpse of her. No la llegué a ver.

Catch hold of. Agarrar.
Ex. You'll see when I catch hold of him! ¡Ya verás cuando le agarre!

Catch on. Percatarse, darse cuenta.
Ex. I was trying to pull his leg but he caught on! ¡Intentaba tomarle el pelo pero se dio cuenta!

Catch one's breath. Coger aliento.
Ex. Stop and catch your breath! ¡Para y coge aliento!

Catch one's eye. Llamarle a uno la atención algo.
Ex. Susan caught my eye right away! ¡Susana me llamó la atención desde el primer momento!

Catch one's fancy. Antojársele a uno.
Ex. The watch caught my fancy and I bought it. Se me antojó el reloj y lo compré.

Catch sight of. Echar la vista encima, ver.
Ex. I caught sight of him in the park. Le vi en el parque.

Catch up with. Alcanzar.
Ex. Go ahead, I'll catch up with you later. Ud. siga que ya le alcanzaré más tarde.

There's a catch to it. Tiene truco.
Ex. It appears easy but there's a catch to it. Parece fácil pero tiene truco.

Ver: Bird, The early bird catches the worm.

CATCHING
Be catching. Pegarse (enfermedad).
Ex. Mange, you said? Is it catching? ¿Tiña has dicho? ¿Se pega?

CAUSE
Make common cause. Hacer causa común.
Ex. They made common cause against me. Hicieron causa común contra mí.

Show cause. Presentar motivos justificados.
Ex. You must show cause why we shouldn't fine you. Debe usted presentar motivos justificados por qué no debemos multarle.

CAVE
Cave in. Hundirse, desmoronarse.
Ex. The house where he lives caved in yesterday. La casa donde vive se desmoronó ayer.

CEILING
Hit the ceiling. Poner el grito en el cielo.
Ex. When your father finds out, he's going to hit the ceiling. Cuando tu padre se entere va a poner el grito en el cielo.

CERTAIN
A certain... Un tal...
Ex. A certain Victor wishes to see you. Un tal Víctor desea verle a usted.

Be certain about. Estar seguro de.
Ex. I'm not certain about it but I think so. No estoy seguro pero creo que sí.

For certain. Con toda seguridad.
Ex. He says Victor's coming for certain. Dice que Víctor viene con toda seguridad.

Make certain of. Asegurarse.
Ex. Make certain first. Asegúrate primero.

To a certain degree. Hasta cierto punto.
Ex. To a certain degree you are right. Hasta cierto punto tienes razón.

Ver: Extent, To a certain extent.

CHAINS
Be in chains. Estar encadenado.
Ex. The prisoner is in chains. El prisionero está encadenado.

CHAIR
Take a chair. Tomar asiento.
Ex. Please, take a chair. Por favor, tome asiento.

CHANCE
By chance. Por casualidad.
Ex. I met him by chance. Le conocí por casualidad.

Give someone a chance. Darle a alguien una oportunidad.
Ex. Please, give me another chance. Por favor, dame otra oportunidad.

Not to stand a chance. No tener posibilidades.
Ex. You don't stand a chance of getting the job. No tienes posibilidades de conseguir el empleo.

On the off chance. Por si acaso.
Ex. Take some money with you on the off chance we find a bargain. Lleva dinero por si acaso encontramos una ganga.

Stand a chance. Tener posibilidades.
Ex. Do you think he stands a chance of getting the job? ¿Crees que tiene posibilidades de conseguir el empleo?

Take a chance, take chances. Aventurarse, arriesgarse.
Ex. Don't take any chances! ¡No te arriesgues!

Take one's chances. Arriesgarse uno.
Ex. I'll take my chances. Me arriesgaré.

Ver: Ghost, No to have the ghost of a chance.

CHANCES
Chances are that... Lo más probable es que...
Ex. Chances are he'll be late for supper. Lo más probable es que llegue tarde para la cena.

CHANGE
Change clothes. Mudarse de ropa.
Ex. You must change clothes before going to the party. Debes cambiarte de ropa antes de ir a la fiesta.

Change color. Mudar de color.
Ex. When I told him he changed color. Cuando se lo dije mudó de color.

Change hands. Cambiar de dueño.
Ex. That house has changed hands several times. Esa casa ha cambiado de dueño varias veces.

Change of heart. Cambio de parecer.
Ex. He had a change of heart and decided not to get married. Cambió de parecer y decidió no casarse.

Change one's mind. Cambiar de parecer, de opinión.
Ex. At the last minute he changed his mind. Cambió de parecer en el último minuto.

Change one's tune. Cambiar de disco.
Ex. Change your tune, man! ¡Cambia de disco, tío!

For a change. Para variar.
Ex. Let's talk about something else for a change. Hablemos de otra cosa para variar.

Keep the change. Quedarse con la vuelta.
Ex. Please keep the change. Quédese con la vuelta.

CHARACTER
Be out of character. No ser normal en uno.
Ex. His actions are out of character. Lo que hace no es normal en él.

CHARGE
Be in charge. Estar a cargo de, al mando de.
Ex. I'm in charge here! Yo estoy al mando aquí.

Charge with. Acusar de.
Ex. He was charged with murder. Le acusaron de asesinato.

Press charges. Denunciar.
Ex. After being beaten by her husband, she pressed charges against him. Tras recibir una paliza de su marido, le denunció.

Take charge. Hacerse cargo.
Ex. Take charge of this office! ¡Hágase cargo de esta oficina!

Ver: Account, Charge to someone's account.

CHARITY
Charity begins at home. La caridad bien entendida comienza por uno mismo.
Ex. Remember that charity begins at home! ¡Recuerda que la caridad bien entendida comienza por uno mismo!

CHARM
Work like a charm. Funcionar (como por arte de magia).
Ex. Mary's words worked like a charm. Las palabras de María funcionaron como magia.

CHASE
Go chase yourself. Lárgate con viento fresco.
Ex. Come on, go chase yourself. Venga, lárgate con viento fresco.

CHEAP
Feel cheap. Sentirse humillado, mal.
Ex. When he tipped me I felt cheap. Cuando me dio la propina me sentí mal.

Ver: Dirt, Be dirt cheap.

CHECK
Check. Comprobar; mirar.
Ex. Please, check this word in the dictionary. Por favor, comprueba esta palabra en el diccionario.

Check up on. Comprobar.
Ex. Check up on his credentials. Comprueba sus credenciales.

Keep in check. Mantener en jaque, a raya.
Ex. The enemy must be kept in check. Debemos mantener al enemigo en jaque.

CHEEK
Have the cheek to. Tener la desfachatez.
Ex. He had the cheek to tell me I was late. Tuvo la desfachatez de decirme que yo llegaba tarde.

Tongue in cheek. Con sorna.
Ex. He said it tongue in cheek. Lo dijo con sorna.

CHEER
Be of good cheer. Estar alegre, contento.
Ex. Be of good cheer! ¡Estad alegres!

Cheer up. Animar, alegrar.
Ex. I think that our visit has cheered her up. Creo que nuestra visita le ha alegrado.

CHEST
Get something off one's chest. Decir, soltar cuatro verdades; desahogarse uno.
Ex. I must get it off my chest and tell him he's a liar! Debo soltarle cuatro verdades y decirle que es un mentiroso.

CHESTNUT
Pull the chestnuts out of the fire. Sacarle uno las castañas del fuego a alguien.
Ex. We pulled the chestnuts out of the fire for him. Le sacamos las castañas del fuego.

CHEW
Chew the rag, fat. Estar de palique.
Ex. Those two women are always chewing the rag. Ésas dos están siempre de palique.

CHICKEN
Chicken out. Ser un miedica.
Ex. He chickened out of the deal. Se retiró del acuerdo porque es un miedica.

Count one's chickens before they are hatched. El cuento de la lechera.
Ex. That sounds like he's counting his chickens before they are hatched. Eso parece el cuento de la lechera.

Go to bed with the chickens. Acostarse con las gallinas.
Ex. Victor always goes to bed with the chickens in winter. Víctor siempre se acuesta con las gallinas en invierno.

CHILD
Be child's play. Ser juego de niños.
Ex. It's very easy; it's child's play. Es muy fácil; es juego de niños.

Be with child. Estar embarazada, encinta.
Ex. Victor's wife is with child. La mujer de Víctor está embarazada.

CHILDREN
Children and fools tell the truth. Los niños y los borrachos dicen la verdad.
Ex. I believe it because children and fools tell the truth. Lo creo porque los niños y los borrachos dicen la verdad.

Children should be seen but not heard. A los niños se le ve pero no se les oye.
Ex. Victor, be quiet! Children should be seen but not heard. Víctor, ¡silencio! A los niños se les ve pero no se les oye.

CHILL
Catch a chill. Coger frío.
Ex. You are going to catch a chill if you don't cover up. Vas a coger frío si no te tapas.

CHIMNEY
Smoke like a chimney. Fumar como un carretero.
Ex. Victor smokes like a chimney. Víctor fuma como un carretero.

CHIN
Keep one's chin up. Animarse.
Ex. Keep your chin up! ¡Anímate!

CHIP
Chip in. Contribuir a fondo común.
Ex. If we all chip in a dollar we'll buy her a present. Si todos contribuimos un dólar le podremos comprar un regalo.

Chip off the old block. De tal palo, tal astilla.
Ex. He's a chip off the old block. Es de tal palo, tal astilla.

Chips be down. Estar la suerte echada.
Ex. The chips are down! ¡La suerte está echada!

Have a chip in one's shoulder. Buscar camorra; estar descontento.
Ex. Be careful with him; he's got a chip on his shoulder! ¡Cuidado con él, busca camorra!

CHOICE
Have no choice. No tener alternativa.
Ex. I must go; I have no choice. Debo ir; no tengo alternativa.

Make a choice. Elegir, escoger.
Ex. You've made a good choice. Has escogido bien.

CHOOSE
Choose to. Optar por.
Ex. I have chosen to study law. He optado por estudiar derecho.

CHURCH
Go to church. Ir a misa, a la iglesia.
Ex. I'm going to church. Voy a misa.

Poor as a church mouse. Más pobre que una rata.
Ex. Victor's poor as a church mouse. Víctor es más pobre que una rata.

CINCH
Be a cinch. Ser pan comido.
Ex. I'll do it; it's a cinch! Lo haré yo; es pan comido.

CIRCLE
High circles. Altas esferas.
Ex. He works in high government circles. Trabaja en altas esferas gubernamentales.

Square the circle. Hacer la cuadratura del círculo.
Ex. Are you trying to square the circle? ¿Tratas de hacer la cuadratura del círculo?

CIRCUMSTANCES
Under the circumstances. Dadas a las circunstancias; dada la situación.
Ex. Under the circumstances you should resign. Dadas a las circunstancias debería usted dimitir.

Under no circumstances. Bajo ningún concepto.
Ex. Under no circumstances will I accept your money. No aceptaré tu dinero bajo ningún concepto.

CLAM
Clam up. No soltar prenda.
Ex. We asked him but he clammed up. Le preguntamos pero no soltó prenda.

CLEAN
Be cleaned out. Dejar limpio a alguien.
Ex. They played poker so well they cleaned me out. Jugaban al poker tan bien que me dejaron limpio.

Clean as a whistle. Más limpio que una patena.
Ex. His room is clean as a whistle. Su cuarto está limpio como una patena.

Come clean. Cantar, confesar.
Ex. After a few hours with the police he came clean. Tras unas horas con la policía cantó.

Play clean. Jugar limpio.
Ex. Either you play clean or I'll go. O juegas limpio o me voy.

Ver: Bill, A clean bill of health.

CLEAR
Be in the clear. Estar libre de toda sospecha.
Ex. Victor's in the clear now. Ahora Víctor está libre de toda sospecha.

Clear one's throat. Carraspear.
Ex. Why do you always clear your throat when you kiss me? ¿Por qué carraspeas cuando me besas?

Clear out. Largarse.
Ex. When I came in I told him to clear out. Cuando entré le dije que se largase.

Clear the table. Quitar la mesa.
Ex. If you do the cooking I'll clear the table. Si guisas tú yo quitaré la mesa.

Clear up. Aclarar, escampar (el tiempo).
Ex. I think it'll clear up soon. Creo que el tiempo va a aclarar pronto.

In the clear. Libre, exonerado.
Ex. The charges against me were dropped so I'm in the clear. Retiraron las acusaciones contra mí, así que estoy exonerado.

Loud and clear. Con claridad.
Ex. His message came through loud and clear. Su mensaje llegó con claridad.

Make something clear. Aclarar algo.
Ex. You didn't make it very clear. No lo aclaraste bien.

Steer clear of. No acercarse a.
Ex. Steer clear of him. No te acerques a ése.

Ver: Coast, The coast is clear.
Ver: Mud, Clear as mud.

CLING
Ver: Leech, Cling like a leech.

CLINK
Be in the clink. Estar en chirona.
Ex. My wife's in the clink. Mi mujer está en chirona.

CLIP
Clip someone's wings. Cortarle las alas a uno.
Ex. If you don't behave I'm going to clip your wings. Si no te portas bien te voy a cortar las alas.

CLOSE
At the close of day. A la caída de la tarde.
Ex. I'll see her at the close of day. La veré a la caída de la tarde.

Close by. Por aquí cerca.
Ex. Is there a library close by? ¿Hay alguna biblioteca por aquí cerca?

Close quarters. Cuerpo a cuerpo.
Ex. They faught at close quarters. Lucharon cuerpo a cuerpo.

Close to. Cerca de.
Ex. It's close to me. Está cerca de mí.

Come close. Acercarse.
Ex. Come closer! ¡Acércate más!

Ver: Call, It was a close call.
Ver: Come, Come to a close.

CLOSED
Ver: Door, Behind closed doors.

CLOTH
Ver: Cut, Cut from the same cloth.

CLOUD
Be in the clouds. Estar en las nubes.
Ex. You are always in the clouds. Siempre estás en las nubes.

Be under a cloud. Estar bajo sospecha; ser sospechoso.
Ex. Ever since he was caught stealing he's been under a cloud. Desde que le cogieron robando ha estado bajo sospecha.

Cloud up. Nublarse.
Ex. It's beginning to cloud up. Se está nublando.

In cloud nine. En el séptimo cielo.
Ex. I'm in cloud nine. Estoy en el séptimo cielo.

Under the cloud of night. En la oscuridad de la noche.
Ex. He came close under the cloud of night. Se acercó en la oscuridad de la noche.

CLUTCHES
Fall into the clutches of. Caer en las garras de.
Ex. He's fallen into the clutches of gamblers. Ha caído en las garras de los jugadores.

COAL
Drag over the coals. Dar una regañina, un varapalo.
Ex. The boss dragged Victor over the coals! ¡El jefe le dio un varapalo a Víctor!

Ver: Carry, To carry coals to Newcastle.

COAST
The coast is clear. No hay moros en la costa.
Ex. Come, the coast is clear. Ven, no hay moros en la costa.

COCK
Be the cock of the walk. Ser el gallito del barrio. *Ex. Victor's the cock of the walk. Víctor es el gallito del barrio.*

Cock-and-bull story. Cuento chino.
Ex. That's a cock-and-bull story and I don't believe it. Eso es un cuento chino y no me lo creo.

COIN
Pay one in his own coin. Pagar con la misma moneda.
Ex. I'm simply paying him in his own coin. Simplemente le pago con la misma moneda.

COLD
Be cold. Tener frío.
Ex. Are you cold? ¿Tienes frío?

Get cold feet. Echarse atrás.
Ex. He wanted to come along with us but got cold feet later. Quería venir con nosotros pero se echó atrás después.

In cold blood. A sangre fría.
Ex. He killed them in cold blood. Los asesinó a sangre fría.

Leave cold. No decir nada; pasar de.
Ex. What he said left me cold. Pasé de lo que me dijo.

Leave in the cold. Abandonar a uno a su suerte.
Ex. They took my car and left me in the cold. Se llevaron mi coche y me abandonaron a mi suerte.

COLLECT
Collect oneself. Tranquilizarse, serenarse.
Ex. Collect yourself and let's go! ¡Cálmate y vámonos!

COLOR
Lose color. Perder el color.
Ex. He is losing color. Está perdiendo el color.

Paint in bright colors. Pintarlo muy bien.
Ex. Victor painted the whole thing in bright colors. Víctor me lo pintó todo muy bien.

Ver: Come, Come off with flying colors.

COLORS
Show one's true colors. Demostrar lo que uno es en realidad.
Ex. When he became rich he showed his true colors. Cuando se hizo rico demostró lo que era en realidad.

COME
As good as they come. De lo mejor.
Ex. These cars are as good as they come. Estos coches son de lo mejor.

Come and go. Pasar sin pena ni gloria.
Ex. Like most books, I thought this one would come and go. Como con la mayoría de los libros creía que éste pasaría sin pena ni gloria.

Come between. Interponerse.
Ex. Nothing can come between us. Nada puede interponerse entre nosotros.

Come down with. Enfermar de, caer con.
Ex. He came down with the flu. Enfermó de gripe.

Come easy to one. Dársele a uno bien.
Ex. Languages come easy to him. Los idiomas se le dan bien.

Come from. Ser de.
Ex. Where do you come from? ¿De dónde eres?

Come in handy. Venir de perlas, ser útil.
Ex. Bring the hammer, it may come in handy. Trae el martillo, puede sernos útil.

Come off it! ¡No me vengas con eso!
Ex. Come off it now! ¡No me vengas con ésas ahora!

Come off with flying colors. Ser un (tener) éxito.
Ex. He passed his exam with flying colors. Aprobó el examen con gran éxito.

Come to a close. Tocar a su fin, terminar.
Ex. The game is coming to a close. El partido está terminando.

Come to blows. Llegar a las manos.
Ex. They almost came to blows! ¡Casi llegaron a las manos!

Come to nothing. No resultar, no llevarse a cabo, no realizarse.
Ex. My plans came to nothing. Mis planes no resultaron.

Come to terms. Llegar a un acuerdo, a un entendimiento.
Ex. You and your wife must come to terms. Tú y tu mujer debéis llegar a un acuerdo.

Come to think of it. Ahora que lo pienso.
Ex. Come to think of it, I can't go! ¡Ahora que lo pienso, no puedo ir!

Come to. Ascender (una cuenta).
Ex. How much does the bill come to? ¿A cuánto asciende la cuenta?

Come to. Volver en sí, recuperar el conocimiento.
Ex. The woman came to after a few seconds. La mujer volvió en sí tras unos minutos.

Come true. Hacerse realidad.
Ex. Your dreams will come true. Tus sueños se harán realidad.

Come undone. Desatarse.
Ex. My shoelaces have come undone. Se me han desatado los cordones del zapato.

Come up with a solution. Encontrar una solución.
Ex. Let's try to come up with a solution before Monday. Tratemos de encontrar una solución antes del lunes.

Come upon. Encontrar.
Ex. I came upon Peter at the theater. Me encontré a Pedro en el teatro.

Come what may. Pase lo que pase.
Ex. I'll go on vacation come what may! ¡Iré de vacaciones pase lo que pase!

Coming up! ¡Marchando!
Ex. Two beers coming up! ¡Marchando dos cervezas!

Comings and goings. Idas y venidas.
Ex. I know nothing of his comings and goings. No sé nada de sus idas y venidas.

Easy come, easy go. Los dineros del sacristán cantando vienen y cantando van.
Ex. We've lost everything. Well, easy come, easy go. Lo hemos perdido todo. Bueno, los dineros del sacristán cantando vienen y cantando van.

Ver: Blow, Come to blows.
Ver: Clean, Come clean.
Ver: Earth, Come down to earth.

COMFORT
Comfort is better than pride. Ande yo caliente y ríase la gente.
Ex. I don't care what they say: comfort is better than pride. No me importa lo que digan: ande yo caliente y ríase la gente.

COMMAND
Have a good command of. Tener un buen dominio de, dominar.
Ex. Mr. Brown has a good command of Spanish. El Sr. Brown domina bien el castellano.

Have at one's command. Tener a disposición de uno.
Ex. We have troops at our command. Tenemos tropas a nuestra disposición.

COMMISSION
Out of commission. Descompuesto, averiado, en mal estado, fuera de juego.
Ex. The elevator is out of commission. El ascensor está averiado.

COMMIT
Commit oneself. Comprometerse.
Ex. I cannot commit myself to go. No puedo comprometerme a ir.

COMMON
In common. En común.
Ex. We have nothing in common. No tenemos nada en común.

Out of the common. Fuera de lo común.
Ex. His attitude is out of the common. Su actitud es fuera de lo común.

Ver: Cause, Make common cause.

COMPANY
Good company. Agradable, simpático.
Ex. Victor's very good company. Víctor es muy agradable.

Have company. Tener visita.
Ex. We have company this evening. Tenemos visita esta noche.

Part company. Separarse.
Ex. Victor and Mary have parted company. Víctor y María se han separado.

Ver: Better, Better be alone than in ill company.
Ver: Keep, Keep company.

COMPLAINT
Ver: Lodge, Lodge a complaint.

COMPLIMENT
Fish for compliments. Querer que le regalen a uno los oídos.
Ex. You are fishing for compliments. Quieres que te regalen los oídos.

Pay (give) a compliment. Hacer un cumplido.
Ex. He paid her a compliment. Le hizo un cumplido.

Pay one's compliments. Presentar los respetos; enviar saludos.
Ex. Pay my compliments to your mother, please. Presente mis respetos a su madre, por favor.

CONCERN
As far as I am concerned. En lo que a mí respecta; por mí.
Ex. As far as I am concerned you can do whatever you want. Por mí puedes hacer lo que quieras.

It's no concern of yours. No te incumbe.
Ex. My problems are no concern of yours. Mis problemas no te incumben.

Ver: Far, As far as one is concerned.

CONDITION
Be in good condition. Estar en buen estado.
Ex. This car is in good condition. Este coche está en buen estado.

Have a heart condition. Tener algo de corazón.
Ex. His doctor has told Victor that he has a heart condition. El médico le ha dicho a Víctor que tiene algo de corazón.

On condition that. A condición de que.
Ex. I'll do it on condition that you help. Lo haré a condición de que ayudes.

On one condition. Con una condición.
Ex. I'll buy the car on one condition: you pay the insurance. Compraré el coche con una condición: tú pagas el seguro.

Under existing conditions. En las condiciones actuales.
Ex. Under existing conditions it's best not to act. En las condiciones actuales es mejor no actuar.

CONFIDENCE
Gain one's confidence. Ganar la confianza.
Ex. You must gain his confidence somehow! ¡Debes ganar su confianza de alguna manera!

Place one's confidence in. Depositar la confianza en.
Ex. I placed my confidence in you. Deposité en ti mi confianza.

CONFINED
Be confined to bed. Tener que guardar cama.
Ex. Victor's confined to bed. Víctor debe guardar cama.

CONFUSE
Get confused. Confundirse; estar hecho un lío.
Ex. I'm all confused. Estoy hecho un lío.

CONKED
Conked out. Frito, dormido.
Ex. I was so tired I conked out. Estaba tan cansado que me quedé frito.

CONNECTION
In connection with. Con respecto a.
Ex. In connection with the bank, are we going to cancel the account? Con respecto al banco, ¿vamos a cancelar la cuenta?

CONSCIENCE
Have a clear conscience. Tener la conciencia tranquila.
Ex. I did what I could and so I have a clear conscience. Hice lo que pude así que tengo la conciencia tranquila.

CONSCIOUS
Be conscious of. Darse cuenta de, estar al tanto de.
Ex. We are all conscious of your problems. Nos damos cuenta de tus problemas.

CONSIDERATION
Take into consideration. Tener en cuenta.
Ex. We'll take all your merits into consideration. Tendremos en cuenta todos sus méritos.

Under consideration. En estudio.
Ex. The project is under consideration. El proyecto está en estudio.

CONTACT
Be in contact with. Estar en contacto con.
Ex. I'm in contact with a horse dealer. Estoy en contacto con un tratante de caballos.

CONTEMPT
Ver: Beneath, Be beneath contempt.

CONTENT
To one's heart's content. A gusto de uno; hasta reventar.
Ex. Eat to your heart's content. Come hasta reventar.

CONTEST
Ver: Enter, Enter a contest.

CONTINUE
To be continued. Continuará.
Ex. It says: "To be continued" at the end of the film. Dice: "Continuará" al final de la película.

CONTRARY
Contrary to. En oposición a, en contra de.
Ex. The law was passed contrary to public opinion. Se aprobó la ley en oposición a la opinión pública.

On the contrary. Al contrario.
Ex. He's not stupid, on the contrary, he's very intelligent. No es estúpido, al contrario, es muy inteligente.

CONTROL
Be in control of. Tener el control, estar al mando, controlar, estar a cargo de.
Ex. I am in control of the project. Tengo el control del proyecto.

Keep oneself under control. Controlarse.
Ex. You must keep yourself under control. Debes controlarte.

Lose control. Perder los estribos.
Ex. I'm afraid I lost control and hit him. Me temo que perdí los estribos y le pegué.

Under control. Bajo control.
Ex. The situation is under control. La situación está bajo control.

CONVENIENCE
At someone's convenience. Cuando le venga bien a uno.
Ex. Pay at your convenience! ¡Pague cuando le venga bien!

COOK
Cook up. Inventar, tramar.
Ex. Who cooked up the idea of this party? ¿Quién tramó la idea de esta fiesta?

Too many cooks spoil the broth. Un médico duda, dos curan, tres muerte segura.
Ex. We don't need so many people. Too many cooks spoil the broth! No necesitamos tanta gente. ¡Un médico cura, dos dudan, tres muerte segura.

COOL
Cool down. Calmarse.
Ex. Cool down and we'll talk. Cálmate y hablaremos.

Cool one's heels. Sosegarse, esperar sentado.
Ex. Cool your heels before talking to Victor. Sosiégate antes de hablar con Víctor.

COOP
Fly the coop. Volar, largarse, levantar el vuelo.
Ex. They've flown the coop! ¡Se han largado!

COP
Cop out. Evadir responsabilidades, escabullirse.
Ex. I asked him to talk to the boss but he copped out. Le pedí que hablase con el jefe pero se escabulló.

Play cops and robbers. Jugar a policías y ladrones.
Ex. Do you want to play cops and robbers? ¿Quieres jugar a policías y ladrones?

COPY
Clean copy. Copia en limpio.
Ex. Make a clean copy of this letter. Hazme una copia en limpio de esta carta.

Copycat. Copión.
Ex. Your sister's a copycat. Tu hermana es una copiona.

Fair copy. En limpio.
Ex. Is this a fair copy? ¿Está esto en limpio?

Rough copy. Borrador.
Ex. I'll give you a rough copy of the script. Te daré un borrador del guión.

CORNER
Around the corner. A la vuelta de la esquina.
Ex. The store is right around the corner. La tienda está justo a la vuelta de la esquina.

Cut corners. Hacer recortes.
Ex. As we have a limited budget we'll have to cut corners. Como tenemos un presupuesto limitado debemos hacer recortes.

Get someone in a corner. Arrinconar a alguien, poner a alguien contra la pared.
Ex. I got him in a corner. Le puse contra la pared.

COST
At all costs. A toda costa.
Ex. We must finish by Friday at all costs. Debemos terminar el viernes a toda costa.

Help cover the cost of something. Ayudar a pagar algo.
Ex. I offered to help cover the cost of her new stereo. Me ofrecí a ayudarla a pagar su nuevo equipo de estéreo.

Sell at cost. Vender a precio de costo.
Ex. I'm selling these pens at cost. Vendo estas plumas a precio de costo.

Whatever it costs. Cueste lo que cueste.
Ex. We must have that house whatever it costs. Debemos tener esa casa cueste lo que cueste.

COUNT
Count on. Contar con.
Ex. Don't count on me! ¡No cuentes conmigo!

Keep count. Llevar la cuenta.
Ex. While we play please keep count. Mientras jugamos, por favor, lleva la cuenta.

Lose count. Perder la cuenta.
Ex. You made me lose count! ¡Me has hecho perder la cuenta!

COUNTER
Go (run) counter to. Ir en contra de.
Ex. That runs counter to my ideals. Eso va en contra de mis ideales.

COURAGE
Pluck up courage. Hacer de tripas corazón.
Ex. You must pluck up courage and do it. Tienes que hacer de tripas corazón y hacerlo.

COURSE
In due course. A su debido tiempo.
Ex. This will be done in due course. Se hará esto a su debido tiempo.

In the course of. En el transcurso de.
Ex. In the course of the day. En el transcurso del día.

Of course. Por supuesto.
Ex. Of course I love you. Por supuesto que te quiero.

Take its course. Seguir su rumbo, su curso.
Ex. This illness must take its course. Esta enfermedad lleva su curso.

COVER
Cover up. Ocultar, encubrir.
Ex. He tries to cover up his ignorance. Trata de ocultar su ignorancia.

From cover to cover. De cabo a rabo.
Ex. We read the book from cover to cover. Leímos el libro de cabo a rabo.

Take cover. Ponerse a cubierto.
Ex. Take cover or you'll get wet. Ponte a cubierto o te mojarás.

Under separate cover. Por correo aparte, por separado.
Ex. You will receive the book under separate cover. Recibirá el libro por correo aparte.

COWL
The cowl does not make the monk. El hábito no hace al monje.
Ex. He is a well-dressed rascal but the cowl does not make the monk. Es un sinvergüenza bien vestido pero el hábito no hace al monje.

CRACK

At the crack of dawn. Al despuntar el día, al amanecer.
Ex. I got up at the crack of dawn. Me he levantado al despuntar el día.

Crack jokes. Hacer, contar chistes; estar de broma.
Ex. He's always cracking jokes. Siempre está contando chistes.

Crack the books. Darle a los codos; empollar.
Ex. I must crack the books for the exam. Tengo que empollar para el examen.

Crack up. Desternillarse de risa.
Ex. Victor cracked up when I told him the story. Víctor se desternillaba cuando le conté la historia.

Not what it's cracked up to be. No es tan bueno como lo pintan.
Ex. This novel is not what it's cracked up to be. Esta novela no es tan buena como la pintan.

Take a crack at. Probar, intentar.
Ex. I'm going to take a crack at fixing my car. Voy a intentar arreglar el coche.

Ver: Nut, A hard nut to crack.

CRAZY

Be crazy about. Estar loco por.
Ex. Victor's crazy about her. Víctor está loco por ella.

CREAM

The cream of the crop. La flor y nata; lo mejor.
Ex. He's very smart: the cream of the crop. Es muy elegante: la flor y nata.

CREDIT

Be a credit to. Hacer honor a.
Ex. He is a credit to his country. Hace honor a su país.

Give a person credit for. Conceder a alguien el mérito de.
Ex. You don't give me credit for what I've done. No concedes mérito a lo que he hecho.

CREEP

The creeps. Escalofríos; carne de gallina.
Ex. She gives me the creeps when I see her driving. Me dan escalofríos cuando la veo conducir.

CROP

Ver: Cream, The cream of the crop.

CROSS

Be as cross as two sticks. Estar que bota uno.
Ex. The teacher is as cross as two sticks. El profe está que bota.

Be a cross between. Ser un cruce de.
Ex. This dog is a cross between terrier and bulldog. Este perro es un cruce de terrier y bull dog.

Cross my heart and hope to die. Que me muera si miento.
Ex. I'm telling the truth, cross my heart and hope to die! ¡Digo la verdad, que me muera si miento!

Cross one's fingers. Cruzar los dedos.
Ex. Good luck in your exam and cross your fingers! ¡Buena suerte en el examen y cruza los dedos!

Cross one's legs. Cruzar las piernas.
Ex. Cross your legs. Cruza las piernas.

Cross one's mind. Ocurrírsele a uno.
Ex. It crossed my mind that a trip to Paris might be a good idea. Se me ocurrió que un viaje a París pudiera ser una buena idea.

Cross one's path. Cruzársele a uno por el camino.
Ex. Don't cross my path in the future. No te cruces por mi camino en el futuro.

Cross oneself. Hacer la señal de la cruz.
Ex. Catholics cross themselves when they enter a church. Los católicos hacen la señal de la cruz cuando entran en una iglesia.

Cross out. Tachar.
Ex. Cross his name out of the list. Tacha su nombre de la lista.

Ver: Dot, Dot one's i's and cross one's t's.

CROW

As the crow flies. En línea recta.
Ex. He lives three miles away as the crow flies. Vive a tres millas de aquí en línea recta.

Eat crow. Tragárselas uno; admitir un error.
Ex. If I'm right he'll have to eat crow. Si tengo razón tendrá que tragárselas.

CROWD

Follow the crowd. Seguir, imitar a la gente; hacer lo que hacen los demás.
Ex. You can't always follow the crowd. No puedes siempre imitar lo que hacen los demás.

CRY

Cry one's eyes out. Llorar a mares.
Ex. He's crying his eyes out. Está llorando a mares.

Cry to heaven. Clamar al cielo.
Ex. You can cry to heaven all you like! ¡Puedes clamar al cielo todo lo que quieras!

Cry wolf. Gritar que viene el lobo.
Ex. He cried wolf too many times! ¡Gritó que viene el lobo demasiadas veces!

For crying out loud! ¡Por el amor de Dios!
Ex. For crying out loud, stop that! ¡Por el amor de Dios, deja de hacer eso!

Have a good cry. Desahogarse llorando.
Ex. Let her have a good cry! ¡Deja que se desahogue llorando!

Ver: Murder, Cry blue murder.

CUFF

Do something off the cuff. Improvisar algo.
Ex. He did it off the cuff. Lo improvisó.

On the cuff. Fiado, a crédito.
Ex. He bought it on the cuff. Lo compró a crédito.

CUP

Be one's cup of tea. Lo que más le gusta a uno; irle a uno algo.
Ex. A fat paycheck is my cup of tea! ¡Tener un sueldazo es lo que más me gusta!
Ex. Going to work early on Sunday is not my cup of tea! ¡Ir a trabajar temprano el domingo no me va!

CURIOSITY

Ver: Cat, Curiosity killed the cat.

CURTAINS

Ver: Draw, Draw the curtains.

CUT

Be cut out for. Servir para.
Ex. I'm not cut out for this job. Yo no sirvo para este trabajo.

Cut and dried. De rutina, familiar.
Ex. This is a cut and dried task. Esto es un trabajo de rutina.

Cut corners. Cortar gastos.
Ex. The economic situation forces us to cut corners. La situación económica nos obliga a cortar gastos.

Cut from the same cloth. Cortado por el mismo patrón.
Ex. Joe and Peter are two of a kind; they are cut from the same cloth. Pepe y Pedro son tal para cual; están cortados por el mismo patrón.

Cut in. Interrumpir.
Ex. Sorry for cutting in! ¡Disculpe que interrumpa!

Cut it out! ¡Corta el rollo!
Ex. Come on, cut it out! ¡Venga, corta el rollo!

Cut no ice with. No hacer mella.
Ex. What she said cut no ice with me. Lo que dijo no hizo mella en mí.

Cut to the quick. Herir en lo más íntimo.
Ex. Her insults cut him to the quick. Sus insultos le hirieron en lo más íntimo.

Ver: Expense, Cut expenses.

D

DAB
A dab of. Una pizca de.
Ex. I'll add a dab of butter to the rice. Añadiré una pizca de mantequilla al arroz.

DAGGERS
Look daggers at someone. Lanzar mirada asesina; matar con la mirada.
Ex. She looks daggers at Victor. Ella mata a Víctor con la mirada.

DAMN
Be damned. Vaya por Dios. ¡Que me ahorquen si..!
Ex. Well, I'll be damned! ¡Vaya por Dios!
Ex. I'll be damned if I go! ¡Que me ahorquen si voy!

Damn it! ¡Maldita sea!
Ex. Damn it, go away! ¡Maldita sea, vete!

Do one's damnedest. Hacer todo lo posible.
Ex. I'll do my damnedest to finish on time. Haré todo lo posible para terminar a tiempo.

Not to be worth a damn. No valer un comino.
Ex. Your new book is not worth a damn. Tu nuevo libro no vale un comino.

Not to give a damn. No importar un bledo.
Ex. I don't give a damn about Victor. Víctor no me importa un bledo.

DANCE
Dance attendance on. Hacer el caldo gordo, hacer la pelota.
Ex. I don't think it's a good idea to dance attendance on the boss. No creo que sea buena idea hacerle la pelota al jefe.

Dance to the music. Bailar al son que tocan.
Ex. I hate to dance to the music! ¡Me revienta bailar al son que tocan!

DANGER
Be in danger. Estar en peligro.
Ex. If you are in danger, let me know. Si estás en peligro dímelo.

Be out of danger. Estar fuera de peligro.
Ex. He has been very ill but is out of danger now. Ha estado muy enfermo pero ya está fuera de peligro.

There's no danger. No hay cuidado.
Ex. There's no danger in making a mistake. No hay cuidado de cometer un error.

DARE
How dare you! ¡Cómo te atreves!
Ex. How dare you come late to class! ¡Cómo te atreves a llegar tarde a clase!

DARK
After dark. Después del anochecer.
Ex. They came after dark. Vinieron después del anochecer.

Be in the dark. Ignorar; estar a dos velas.
Ex. I'm in the dark as to what he is going to do. Ignoro lo que va a hacer.

Grow dark. Anochecer.
Ex. It's growing dark. Está anocheciendo.

Things look rather dark. Las cosas parecen ponerse feas.
Ex. Things look rather dark at home. Las cosas están un poco feas en casa.

Ver: Leap, Leap in the dark.

DARN
Not to give a darn. No importar un pimiento, un comino, un rábano.
Ex. I don't give a darn whether she comes or not. No me importa un rábano que venga o deje de venir.

Not to know a darn thing. No saber ni jota.
Ex. You don't know a darn thing about cars! ¡No sabes ni jota de coches!

DASH
Dash one's hopes to the ground. Dejar a uno con un palmo de narices.
Ex. The boss dashed my hopes to the ground! ¡El jefe me dejó con un palmo de narices!

Dash out. Salir pitando.
Ex. He took the money and dashed out. Agarró el dinero y salió pitando.

DATE
At an early date. En fecha próxima.
Ex. We'll visit your office at an early date. Visitaremos sus oficinas en fecha próxima.

Be out of date. Estar pasado de moda; anticuado.
Ex. My suit is out of date. Mi traje está anticuado.

Be up to date. Estar al corriente, al día.
Ex. I always keep my accounts up to date. Llevo mis cuentas al día.

Date from. Datar de.
Ex. This building dates from the nineteenth century. Este edificio data del siglo diecinueve.

Have a date with. Tener una cita con; quedar con
Ex. I have a date tonight. He quedado para esta noche.

Make a date with. Concertar una cita con.
Ex. I've made a date with Mary. He concertado una cita con María.

To date. Hasta la fecha.
Ex. To date I've heard nothing from them. Hasta la fecha no he sabido nada de ellos.

What's the date today? ¿Qué día es hoy?
Ex. Go ask him what's the date today! ¡Ve y pregúntale qué día es hoy!

DAWN
Ver: Crack, At the crack of dawn.

DAY
A day off. Día libre.
Ex. Tomorrow is my day off. Mañana es mi día libre.

All day long. Todo el santo día.
Ex. He sits in front of the TV set all day long. Se sienta delante del televisor todo el santo día.

Day after day. Día tras día.
Ex. I work hard day after day and I'm tired. Trabajo mucho día tras día y estoy cansado.

Day and night. Día y noche.
Ex. He works day and night. Trabaja día y noche.

Day by day. Día a día.
Ex. His English improves day by day. Su inglés mejora día a día.

Day in, day out. Día tras día.
Ex. Victor complains day in, day out. Víctor se queja día tras día.

From day to day. Día a día.
Ex. One can see her improvement from day to day. Se ve su mejoría día a día.

Good day. Buenas.
Ex. Goodbye and good day! ¡Adiós y buenas!

In this day and age. En los tiempos que corren.
Ex. In this day and age we must all try to speak languages. En los tiempos que corren todos debemos hablar idiomas.

In this day and age. Hoy en día.
Ex. Jobs are hard to find in this day and age. Es difícil encontrar empleo hoy en día.

Live from day to day. Vivir al día.
Ex. They have little money and they must live from day to day. Tienen poco dinero y deben vivir al día.

Make someone's day. Alegrar el día.
Ex. Thank you! You've made my day! ¡Gracias! ¡Me has alegrado el día!

Not to give the time of day. No dar ni los buenos días; no hacer caso.
Ex. He's so stingy he won't even give the time of day. Es tan tacaño que no da ni los buenos días.

Not to know the time of day. No tener ni puta idea.
Ex. Victor doesn't know the time of day. Víctor no tiene ni puta idea.

Once a day. Una vez al día.
Ex. I eat only once a day. Como sólo una vez al día.

One of these days. Uno de estos días.
Ex. I'll see you one of these days. Te veré uno de estos días.

One's days numbered. Los días contados.
Ex. His days are numbered as President. Tiene los días contados como presidente.

That will be the day. Eso está por ver.
Ex. He says he's going to start working hard. That will be the day! Dice que va a empezar a trabajar mucho. ¡Eso está por ver!

To one's dying day. Hasta el fin de los días de uno.
Ex. I'll remember what you have done to me to my dying day. Recordaré lo que me has hecho hasta el fin de mis días.

Ver: Carry, Carry the day.
Ver: Early, Early in the day.
Ver: Every, Every other day.

DAYLIGHT
In broad daylight. A pleno día.
Ex. It happened in broad daylight. Ocurrió a pleno día.

Scare the daylights out of. Pegar, dar a uno un susto de muerte.
Ex. You scared the daylights out of me! ¡Me has dado un susto de muerte!

DAYTIME
In the daytime. De día.
Ex. Victor sleeps in the daytime. Víctor duerme de día.

DEAD
Be dead set against. Estar en contra de, oponerse a.
Ex. My father is dead set against my going to London. Mi padre se opone a que vaya a Londres.

Be dead to the world. Estar curda.
Ex. Victor's been drinking again. Now he's in his room, dead to the world. Víctor ha estado bebiendo. Ahora está curda en su cuarto.

Be more dead than alive. Estar más muerto que vivo.
Ex. I had a hard time: I was more dead than alive. Las pasé canutas. Estaba más muerto que vivo.

Dead men tell no tales. Los muertos no hablan.
Ex. They say that dead men tell no tales. Dicen que los muertos no hablan.

Dead tired. Muerto de cansancio.
Ex. I can't go to the movies because I'm dead tired. No puedo ir al cine porque estoy muerto de cansancio.

Go dead. Dejar de funcionar; acabarse.
Ex. The battery's gone dead. La batería se ha acabado.

The dead. Los muertos.
Ex. We must honor the dead. Debemos honrar a los muertos.

The dead of night. En el profundo silencio de la noche.
Ex. I heard a scream in the dead of night. Oí un grito en el profundo silencio de la noche.

The dead of winter. En pleno invierno.
Ex. I went camping in the dead of winter. Fui de acampada en pleno invierno.

To be dead as a doornail. Estar muerto y requetemuerto.
Ex. He's dead as a doornail. Está muerto y requetemuerto.

Ver: Broke, Be dead, broke.

DEAF
Deaf as a post. Sordo como una tapia.
Ex. Victor's deaf as a post. Víctor es sordo como una tapia.

Ver: Ear, Turn a deaf ear to.

DEAL
A good deal. Mucho.
Ex. He spent a good deal of money in New York. Gastó mucho dinero en Nueva York.

A good deal. Un buen negocio, un buen trato.
Ex. For twenty dollars it's a good deal. Por veinte dólares es un buen negocio.

A great deal of. Muchísimo.
Ex. He's got a great deal of money. Tiene muchísimo dinero.

Deal a blow. Asestar un golpe.
Ex. The boss dealt Victor a blow. El jefe asestó un golpe a Víctor.

Deal with. Ocuparse de.
Ex. I'll deal with it. Yo me ocuparé de ello.

It's a deal! ¡Trato hecho!
Ex. It's a deal, I'll pay you tomorrow. Trato hecho; te pagaré mañana.

DEAR
Be a dear. Ser bueno, un cielo.
Ex. Be a dear and do me a favor. Sé bueno y hazme un favor.

Be dear to. Ser apreciado, ser querido.
Ex. My hobbies are very dear to me. Mis aficiones me son muy queridas.

Dear me! ¡Válgame Dios!
Ex. Dear me! The things you say! ¡Válgame Dios! ¡Qué cosas dices!

DEATH
Be a matter of life and death. Ser cosa de vida o muerte.
Ex. This job is a matter of life and death for me. Este empleo es cosa de vida o muerte para mí.

Be scared to death. Estar muerto de miedo.
Ex. I don't want to go! I'm scared to death! ¡No quiero ir! ¡Estoy muerto de miedo!

Be the death of. Matar (a disgustos).
Ex. You are going to be the death of me! ¡Me vas a matar!

Pale as death. Blanco como la pared.
Ex. The poor man was pale as death. El pobre hombre estaba blanco como la pared.

Put to death. Sacrificar, matar.
Ex. That animal must be put to death; it's suffering! Hay que sacrificar a ese animal; está sufriendo.

Scare someone to death. Dar un susto de muerte a alguien.
Ex. You scared me to death! ¡Me has dado un susto de muerte!

To death. Muerto de.
Ex. I am tired to death. Estoy muerto de cansancio.

Ver: Beat, Beat to death.
Ver: Bleed, Bleed to death.

DEBT
Be deep in debt. Estar lleno de deudas.
Ex. I'm deep in debt. Estoy lleno de deudas.

Be in debt. Tener deudas.
Ex. I must make money because I'm in debt. Tengo que ganar dinero porque tengo deudas.

Be in debt with someone. Tener una deuda con alguien.
Ex. I'm in debt with him because he's done me many favors. Estoy en deuda con él porque me ha hecho muchos favores.

Out of debt. Libre de deudas.
Ex. I'm finally out of debt. Por fin estoy libre de deudas.

Pay off a debt. Pagar una deuda.
Ex. I want to pay off all my debts. Quiero pagar todas mis deudas.

Run into debt. Contraer deudas.
Ex. Let me tell you something: never run into debt! Deja que te diga una cosa: ¡no contraigas deudas nunca!

DECLINE
Decline to. Negarse a.
Ex. He declined to go. Se negó a ir.

DEEP
Deep down. En el fondo.
Ex. Deep down he is a good boy. En el fondo es un buen chico.

Deep in. Estar hasta el cuello de.
Ex. I'm deep in work right now. Estoy hasta el cuello de trabajo ahora mismo.

In a deep sleep. En un sueño profundo.
Ex. Quiet, the baby is in a deep sleep. Silencio, el niño está profundamente dormido.

In deep mourning. De riguroso luto.
Ex. He is in deep mourning. Está de luto riguroso.

Ver: Debt, Be in deep debt.
Ver: Devil, Between the devil and the deep blue sea.
Ver: End, Go off the deep end.

DEFENSE
Come to someone's defense. Salir en defensa de alguien.
Ex. Victor always comes to her defense. Víctor siempre sale en defensa de ella.

DEFERENCE
In deference to. Por respeto a.
Ex. I'm doing this in deference to you. Lo hago por respeto a usted.

DEGREE
By degrees. Gradualmente, poco a poco.
*Ex. He is getting thinner by degrees. Está
adelgazando poco a poco.*

To a certain degree. Hasta cierto punto.
*Ex. To a certain degree you are quite right. Hasta
cierto punto tienes razón.*

To a high degree. En alto grado.
*Ex. He loves his country to a high degree. Ama a su
país en alto grado.*

DELIVER
Deliver letters, the mail. Repartir cartas, la
correspondencia.
*Ex. The mailmen refused to deliver the mail. Los
carteros se negaron a repartir la correspondencia.*

Ver: Address, Deliver an address.

DEMAND
Be in demand. Estar solicitado.
*Ex. Victor is very much in demand as a teacher.
Víctor está muy solicitado como profesor.*

DEPEND
Depend on. Depender de.
*Ex. That will depend on the market. Eso dependerá
del mercado.*

DEPOSIT
Deposit a coin. Introducir (echar) una
moneda.
*Ex. To phone you must deposit two coins. Para
telefonear debes echar dos monedas.*

DEPTH
In depth. En profundidad.
*Ex. I have studied geography in depth. He estudiado
geografía en profundidad.*

DESCEND
Descend to. Rebajarse a.
*Ex. I refuse to descend to your kind of language.
Me niego a rebajarme a tus palabras.*

DESIRE
Leave something (a lot) to be desired.
Dejar mucho que desear.
*Ex. Your behavior leaves something to be desired. Tu
comportamiento deja mucho que desear.*

DETAILS
Go into details. Entrar en detalles.
*Ex. I refuse to go into details. Me niego a entrar en
detalles.*

DEUCE
What the deuce! ¡Qué demonios!
*Ex. What the deuce are you doing? ¿Qué demonios
estás haciendo?*

Where the deuce... ¿Dónde demonios...?
*Ex. Where the deuce are you? ¿Dónde demonios
estás?*

DEVIL
**Between the devil and the deep (blue)
sea**. Entre la espada y la pared
*Ex. In this matter I am between the devil and the
deep sea. En este asunto me encuentro entre la
espada y la pared.*

Go to the devil. Irse al carajo, al infierno.
*Ex. This business is going to the devil. Este negocio
se va al carajo.*

Run like the devil. Correr como alma que
lleva el diablo.
*Ex. He runs like the devil. Corre como alma que
lleva el diablo.*

DICE
No dice! ¡De eso nada!
*Ex. No dice! I don't want to go! ¡De eso nada! ¡No
quiero ir!*

DIE
Die with one's boots on. Morir al pie del
cañón.
*Ex. Poor Victor died with his boots on! ¡El pobre
Víctor murió al pie del cañón!*

Never say die! ¡Nunca te rindas!
*Ex. Don't give up hope! Never say die! ¡No pierdas
la esperanza! ¡Nunca te rindas!*

The die is cast. La suerte está echada.
*Ex. There's no going back: the die is cast!
No podemos volvernos atrás: la suerte está
echada.*

Ver: Cross, Cross my heart and hope
to die.

DIET
Go on a diet. Ponerse a régimen.
*Ex. I'm going on a diet tomorrow! ¡Mañana me
pondré a régimen!*

DIFFERENCE
Make no difference. No importar.
*Ex. It makes no difference at all. No importa en
absoluto.*

What difference does it make? ¿Qué más da?
Ex. What difference does it make if he doesn't come? ¿Qué más da si no viene?

DIFFICULTY
Be in difficulties. Estar en apuros.
Ex. We must help him because he's in difficulties. Debemos ayudarle porque está en apuros.

With great difficulty. A duras penas.
Ex. I can hear you with great difficulty. A duras penas te puedo oír.

DIG
A dig in the ribs. Un codazo.
Ex. Give her a dig in the ribs if she starts drinking too much. Dale un codazo si empieza a beber demasiado.

Make digs. Lanzar, soltar pullas, indirectas.
Ex. He's always making digs about his salary. Siempre está soltando pullas sobre su sueldo.

DIM
Take a dim view of. No parecer bien.
Ex. I take a dim view of drinking in public. No me parece bien que se beba en público.

DINT
By dint of. A fuerza de; a pulso.
Ex. He got the promotion by dint of hard work. Consiguió el ascenso a pulso.

DIP
Dip into one's purse. Echar mano a la cartera; gastar dinero.
Ex. I'll dip into my purse if you don't have enough. Echaré mano a la cartera si no tienes bastante.

DIRECT
Direct someone to. Indicar dónde.
Ex. Can you direct me to a church? ¿Me puede indicar dónde hay una iglesia?

DIRECTIONS
Follow directions. Seguir instrucciones.
Ex. To open box, follow directions. Para abrir la caja, seguir instrucciones.

DIRT
Be dirt cheap. Muy barato; tirado.
Ex. Handcrafts are dirt cheap in Africa. La artesanía está tirada en África.

Hit the dirt. Echarse al suelo.
Ex. Everybody hit the dirt! ¡Todo el mundo al suelo!

DIRTY
Dirty old man. Viejo verde.
Ex. No, Victor's not a dirty old man! No, Víctor no es un viejo verde.

Do someone's dirty work. Hacer el trabajo sucio de alguien.
Ex. Victor wants Delfín to do his dirty work. Víctor quiere que Delfín le haga el trabajo sucio.

DISCOUNT
Buy at a discount. Comprar con descuento, a precio rebajado.
Ex. I bought the book at a discount. Compré el libro a precio rebajado.

DISMAL
Be a dismal failure. Ser un fracaso total.
Ex. Victor's a dismal failure. Víctor en un fracaso total.

DISPOSAL
Have at one's disposal. Tener a disposición de uno; disponer de.
Ex. Do you have a car at your disposal? ¿Dispones de coche?

DISREPAIR
Fall into disrepair. Deteriorarse.
Ex. The car has fallen into disrepair for lack of use. El coche se ha deteriorado por falta de uso.

DISTANCE
From a distance. Desde lejos.
Ex. I saw him from a distance. Le vi desde lejos.

In the distance. A lo lejos.
Ex. I can see a house in the distance. Veo una casa a lo lejos.

Keep one's distance. Guardar las distancias.
Ex. It's important to keep your distance with your employees. Es importante guardar las distancias con los empleados.

DIVE
Dive for. Lanzarse hacia, sobre.
Ex. He dived for the phone! ¡Se lanzó sobre el teléfono!

DO
Do harm. Hacer daño.
Ex. Work will do you no harm. El trabajo no te hará daño.

Do nothing. No hacer nada.
Ex. You are doing nothing all day. Estás todo el día sin hacer nada.

Do one a world of good. Ir (venir) de perlas, sentar a las mil maravillas.
Ex. A vacation will do her a world of good. Unas vacaciones le sentarán a las mil maravillas.

Do one's best. Hacer lo mejor posible, hacer todo lo posible.
Ex. Don't worry, I'll do my best! ¡No te preocupes, haré todo lo posible!

Do the dishes. Fregar los platos.
Ex. I'll do the dishes today. Yo fregaré los platos hoy.

Do the trick. Servir.
Ex. That will do the trick. Eso servirá.

Do time. Pasar una temporada entre rejas.
Ex. He did time for robbery. Pasó una temporada entre rejas por robo.

Do without. Pasarse sin; prescindir de.
Ex. I can't do without you, Susan. No puedo pasar sin ti, Susana.

Have to do with. Tener que ver con.
Ex. I have nothing to do with him. No tengo nada que ver con él.

I could do with... No me vendría mal...
Ex. I could do with a cup of coffee. No me vendría mal una taza de café.

Never put off till tomorrow what you can do today. No dejes para mañana lo que puedas hacer hoy.
Ex. Do it now! Remember: never put off till tomorrow what you can do today. ¡Hazlo ahora! Recuerda: no dejes para mañana lo que puedas hacer hoy.

That won't do! Eso no sirve, no vale.
Ex. I'm sorry but that won't do! ¡Lo siento pero eso no sirve!

When in Rome do as the Romans do! ¡Donde fueres, haz lo que vieres!
Ex. You know, when in Rome do as the Romans do! ¡Ya sabes, donde fueres, haz lo que vieres!

Ver: Favor, Do a favor.
Ver: Honor, Do the honors
Ver: Justice, Do justice

DOG
Barking dogs seldom bite. Perro que ladra no muerde.
Ex. Victor is always threatening but barking dogs seldom bite! Víctor está siempre amenazando pero perro que ladra no muerde

Dead dogs do not bite. Muerto el perro se acabó la rabia.
Ex. As we all know, dead dogs don't bite! ¡Como ya sabemos, muerto el perro se acabó la rabia!

Every dog has his day. Todos tenemos una buena racha a veces.
Ex. You've had problems but every dog has his day sometime! ¡Has tenido problemas pero todos tenemos una buena racha a veces!

Go to the dogs. Irse a la porra, al carajo.
Ex. All my efforts are going to the dogs! ¡Todos mis esfuerzos se van al carajo!

Lead a dog's life. Llevar una vida de perros.
Ex. My friend leads a dog's life. Mi amigo lleva una vida de perros.

Let sleeping dogs lie. Dejar las cosas como están; lo mejor es no meneallo.
Ex. Do nothing. It's better to let sleeping dogs lie. No hagas nada. Es mejor dejar las cosas como están.

To rain cats and dogs. Llover a cántaros.
Ex. It's raining cats and dogs! ¡Está lloviendo a cántaros!

Walk the dog. Sacar a pasear al perro.
Ex. Why do I have to walk the dog? ¿Por qué tengo que sacar a pasear al perro?

Ver: Luck, Be a lucky dog.

DOLLAR
Look like a million dollars. Tener muy buen aspecto.
Ex. You look like a million dollars! ¡Tienes muy buen aspecto!

DOMESTIC
Domestic flight. Vuelo nacional.
Ex. This is a domestic flight. Éste es un vuelo nacional.

Domestic wine. Vino del país.
Ex. I drink domestic wine. Bebo vino del país.

DONE
Be done for. Estar acabado, muerto.
Ex. When he fell I knew he was done for. Cuando cayó sabía que estaba acabado.

DOOR

Behind closed doors. A puerta cerrada.
Ex. We'll discuss this matter behind closed doors. Discutiremos este asunto a puerta cerrada.

From door to door. De puerta en puerta.
Ex. I sell pencils from door to door. Vendo lápices de puerta en puerta.

Knock on the door. Llamar a la puerta.
Ex. Someone's knocking on the door. Alguien llama a la puerta.

Show a person the door. Poner a alguien de patitas en la calle.
Ex. Show Victor the door! ¡Pon a Víctor de patitas en la calle!

Slam the door in someone's face. Darle a uno con la puerta en las narices.
Ex. Slam the door in his face! ¡Dale con la puerta en las narices!

DOT

Dot one's i's and cross one's t's. Poner los puntos sobre las íes.
Ex. We must dot our i's and cross our t's! ¡Debemos poner los puntos sobre las íes!

On the dot. A la hora, en punto.
Ex. Please come at five on the dot! Por favor, ven a las cinco en punto.

DOUBLE

On the double. En el acto, ya, ahora mismo.
Ex. Bring the book on the double! ¡Trae el libro ya!

See double. Ver doble.
Ex. I see double. I must be drunk! Veo doble. ¡Debo estar borracho!

DOUBT

Give someone the benefit of the doubt. Darle a alguien el beneficio de la duda.
Ex. Ok., I'll give you the benefit of the doubt. Vale, te daré el beneficio de la duda.

No doubt. Sin duda.
Ex. No doubt he is an intelligent man. Sin duda es un hombre inteligente.

There can be no doubt. No cabe duda que.
Ex. There can be no doubt that something is wrong. No cabe duda que hay algo mal.

To have doubts about. Dudar de.
Ex. I have doubts about his honesty. Dudo de su honradez.

When in doubt... En caso de duda...
Ex. When in doubt check the dictionary. En caso de duda consultar el diccionario.

Ver: Beyond, Beyond doubt.

DOWN

Be down on one's luck. Tener una racha de mala suerte.
Ex. Recently he's been down on his luck. Últimamente ha tenido una mala racha.

Come down in the world. Venir a menos.
Ex. Victor has come down in the world. Víctor ha venido a menos.

Down in the mouth. Alicaído, cariacontecido.
Ex. Victor's down in the mouth today. Víctor se siente alicaído hoy.

Ups and downs. Altibajos.
Ex. The ups and downs of life. Los altibajos de la vida.

Ver: Back, Back down.
Ver: Dumps, Be down in the dumps.
Ver: Earth, Down-to-earth.

DOZEN

Dozens of times. Miles de veces.
Ex. I've told you dozens of times. Te lo he dicho miles de veces.

Ver: Baker, Baker's dozen.

DRAG

Drag one's feet. Hacerse el remolón.
Ex. Don't drag your feet on the job. No te hagas el remolón en el trabajo.

Drag through the mud. Poner como un trapo.
Ex. Politicians drag each other through the mud. Los políticos se ponen como un trapo.

DRAIN

Go down the drain. Irse al garete.
Ex. All my efforts have gone down the drain! ¡Todos mis esfuerzos se han ido al garete!

DRAW

Draw lots. Echar a suertes.
Ex. We drew lots to see who had to pay. Echamos a suertes quién tenía que pagar.

Draw the curtains. Correr las cortinas.
Ex. Please, draw the curtains! ¡Por favor, corre las cortinas!

DREAM
Not to dream of. No soñar con.
Ex. Don't dream of going! ¡No sueñes con ir!

DRESS
Dressed up to the nines. Estar de tiros largos, hecho un brazo de mar.
Ex. She's dressed up to the nines. Está hecha un brazo de mar.

DRESSED
Ver: Kill, Dressed to kill.

DRIED
Ver: Cut, Cut and dried.

DRINK
Drink like a fish. Beber como una cuba.
Ex. Victor drinks like a fish. Víctor bebe como una cuba.

Have a drink. Tomar un trago.
Ex. Let's have a drink. Tomemos un trago.

Take to drinking. Darse a la bebida.
Ex. When he lost his job he took to drinking. Cuando perdió el empleo se dio a la bebida.

DROP
A drop in the bucket. Poca cosa, nada.
Ex. With the expenses he has, 100 dollars is a drop in the bucket. Con los gastos que tiene, 100 dólares no es nada.

At the drop of a hat. Así por las buenas, en cualquier momento.
Ex. I cannot go to New York at the drop of a hat! ¡No puedo ir a Nueva York así por las buenas!

Drop a hint. Dejar caer una indirecta.
Ex. I know he wants to go because he dropped a hint. Sé que quiere ir porque dejó caer una indirecta.

Drop a line. Escribir unas líneas.
Ex. Drop me a line when you arrive in New York. Escríbeme unas líneas cuando llegues a Nueva York.

Drop a subject. Cambiar de tema.
Ex. Let's drop the subject, please! ¡Cambiemos de tema, por favor!

Drop in. Visitar, dejarse caer.
Ex. Smith dropped in to see us last night. Smith nos vino a visitar anoche.

Drop on one's knees. Ponerse de rodillas.
Ex. He dropped to his knees and begged me to go. Se puso de rodillas y me rogó que fuese.

Drop one's eyes. Bajar la mirada.
Ex. When I talk to him about the money he owes me, he drops his eyes. Cuando le hablo del dinero que me debe baja la mirada.

DRY
Not to be dry behind the ears. Ser un mocoso, niñato; no haber salido del cascarón todavía.
Ex. Victor's not dry behind the ears! ¡Víctor no ha salido del cascarón todavía!

DUCK
Duck out. Escabullirse.
Ex. He ducked out when he heard us coming. Se escabulló cuando nos oyó llegar.

DUE
Fall due. Vencer.
Ex. When does this bill fall due? ¿Cuando vence esta factura?

In due time. A su debido tiempo.
Ex. I'll do it in due time. Lo haré a su debido tiempo.

Ver: Course, In due course.

DUMB
Play dumb. Hacerse el sueco.
Ex. Don't play dumb with me! ¡No te hagas el sueco conmigo!

DUMPS
Be down in the dumps. Estar triste, alicaído.
Ex. Victor is down in the dumps again. Víctor está triste otra vez.

DUST
Bite the dust. Morder el polvo.
Ex. In the shoot out the Sheriff bit the dust. En el tiroteo el sherif mordió el polvo.

DUTY
Do one's duty. Cumplir con su deber.
Ex. You must do your duty. Debes cumplir con tu deber.

On duty. De servicio.
Ex. I'm on duty tonight. Estoy de servicio esta noche.

DYING
Be dying to. Morirse por.
Ex. I'm dying to see her. Me muero por verla.

E

EACH
Each one must look out for himself. Cada uno debe salvarse como pueda.
Ex. Each one look out for himself! ¡Sálvese quien pueda!

Each time. Cada vez.
Ex. Each time I see him I get sick. Cada vez que le veo me pongo enfermo.

EAR
Be all ears. Ser todo oídos.
Ex. Keep talking, I'm all ears! Sigue hablando, soy todo oídos.

By ear. De oído.
Ex. I play the piano by ear. Toco el piano de oído.

Fall on deaf ears. Caer en oídos sordos; caer en saco roto.
Ex. My words fell on deaf ears. Mis palabras cayeron en saco roto.

Go in one ear and out the other. Entrar por un oído y salir por el otro.
Ex. What I said to him went in one ear and out the other. Lo que le dije le entró por un oído y le salió por el otro.

Have an ear for. Tener oído para.
Ex. I don't have an ear for music. No tengo oído para la música.

In (into) one's ear. Al oído.
Ex. Tell me in my ear. Dímelo al oído.

Keep an ear to the ground. Estar alerta.
Ex. Keep an ear to the ground and let me know what happens. Esté alerta y dígame lo que pasa.

Play it by ear. Improvisar, hacer sobre la marcha.
Ex. As we know nothing of this we'll play it by ear. Como no sabemos nada de esto, improvisaremos sobre la marcha.

Prick up one's ears. Aguzar el oído.
Ex. Prick up your ears and listen hard! ¡Aguza el oído y escucha con atención!

Turn a deaf ear to. Hacer oídos sordos, no prestar atención.
Ex. They turned a deaf ear to my request. Hicieron oídos sordos a mi petición.

Up to one's ears. Estar hasta aquí.
Ex. I'm up to my ears in work. Estoy hasta aquí de trabajo.

Whisper in the ear. Cuchichear, susurrar al oído.
Ex. She whispered sweet nothings in my ear. Me susurró palabras tiernas al oído.

Ver: Dry, Not to be dry behind the ears.

EARLY
Be early. Llegar temprano.
Ex. You are early today. Has llegado temprano hoy.

Early bird. Madrugador.
Ex. Helen is an early bird; she's up at six in the morning. Elena es muy madrugadora; está en pie a las seis de la mañana.

Early in the day. A primera hora del día.
Ex. I usually have breakfast early in the day. Suelo desayunar a primera hora del día.

Early riser. Madrugador.
Ex. I'm an early riser. Soy madrugador.

Early to bed, early to rise makes a man healthy, wealthy and wise. Al que madruga, Dios le ayuda.
Ex. I get up early because early to bed, early to rise makes a man healthy, wealthy and wise. Me levanto temprano porque al que madruga, Dios le ayuda.

Ver: Bird, The early bird catches the worm.

EARN
Earn money. Ganar dinero.
Ex. Victor earns a lot of money. Víctor gana mucho dinero.

Earn one's living. Ganarse la vida.
Ex. I earn my living working. Me gano la vida trabajando.

Ver: Bread, Earn one's bread.

EARNEST
Be in earnest. Hablar en serio.
Ex. I'm in earnest! ¡Hablo en serio!

EARTH
Come down to earth. Volver a la realidad.
Ex. His father will make him come down to earth. Su padre le hará volver a la realidad.

Down-to-earth. Práctico.
Ex. He has a down-to-earth attitude towards business. Tiene una actitud práctica para los negocios.

Move heaven and earth. Mover cielo y tierra.
Ex. I'll move heaven and earth to find her. Moveré cielo y tierra para encontrarla.

Why on earth...? ¿Por qué demonios, diablos...?
Ex. Why on earth didn't you say so? ¿Por qué diablos no lo has dicho?

EASE
Lead a life of ease. Llevar una vida regalada.
Ex. Victor leads a life of ease. Víctor lleva una vida regalada.

Put someone at ease. Tranquilizar a alguien.
Ex. Let me put you at ease! ¡Deje que le tranquilice!

With ease. Con facilidad.
Ex. He swims with ease. Nada con facilidad.

Ver: At, Be at ease.
Ver: Feel, Feel at ease.
Ver: Ill, Be ill at ease.

EASY
Be on easy street. Vivir como Dios.
Ex. Victor is on easy street! ¡Víctor vive como Dios!

Easy come, easy go. Con la misma facilidad que se obtiene (el dinero), se va; los dineros del sacristán, cantando vienen y cantando van.
Ex. I lost my fortune. Easy come, easy go! Perdí mi fortuna. Igual que lo gané, lo perdí.

Easy-going. Tranquilo, sosegado.
Ex. Victor has an easy-going personality. Víctor tiene una personalidad tranquila.

Go easy. No te pases.
Ex. Go easy on the wine! ¡No te pases con el vino!

Take it easy. ¡Tranquilo! ¡Tómalo con calma!
Ex. Don't get angry! Take it easy! ¡No te enfades! ¡Tranquilo!

Take things easy. Tomarse las cosas con calma.
Ex. Take things easy! ¡Tómalo con calma!

Ver: Come, Come easy to one.

EAT
Eat breakfast, lunch, supper. Desayunar, almorzar, cenar.
Ex. I eat breakfast early. Desayuno temprano.

Eat dirt. Tragárselas uno.
Ex. He's going to eat dirt! ¡Se las va a tragar!

Eat like a horse. Comer como un descosido, como un cerdo.
Ex. Victor eats like a horse. Víctor come como un descosido.

Eat one's fill. Hartarse.
Ex. I ate my fill of cake. Me harté de pastel.

Eat one's heart out. Sufrir amargamente.
Ex. She's eating her heart out because he left her. Sufre amargamente porque le ha dejado.

Eat one's words. Comerse, tragarse las palabras.
Ex. You are going to have to eat your words! ¡Te vas a tener que tragar esas palabras!

Eat out of house and home. Comerse a uno por las patas; Comer como un descosido.
Ex. Victor in going to eat us out of house and home. Víctor se nos come por las patas.

We eat to live but we do not live to eat. Comemos para vivir, no vivimos para comer.
Ex. Never eat too much. Remember that we eat to live but we do not live to eat. Nunca comas demasiado. Recuerda que comemos para vivir; no vivimos para comer.

EDGE
Be on edge. Estar en ascuas.
Ex. He's been on edge all day. Ha estado en ascuas todo el día.

Set one's nerves on edge. Poner los nervios de punta.
Ex. Victor sets my nerves on edge. Víctor me pone los nervios de punta.

Set one's teeth on edge. Irritar, poner histérico.
Ex. Victor sets my teeth on edge. Víctor me pone histérico.

EDGEWISE
Ver: Get, Get in a word edgewise.

EFFECT
Go into effect. Entrar en vigor.
Ex. When does the new law go into effect? ¿Cuándo entra en vigor la nueva ley?

Personal effects. Efectos personales.
Ex. Are these your personal effects? ¿Son éstos sus efectos personales?

Special effects. Efectos especiales.
Ex. In this film the special effects are terrific. En esta película los efectos especiales son estupendos.

Take effect. Hacer efecto.
Ex. The medicine is taking effect. La medicina está haciendo efecto.

To no effect. Sin resultado alguno.
Ex. I gave him the medicine but to no effect. Le di la medicina pero sin resultado alguno.

EGG
Egg on. Animar, azuzar, pinchar.
Ex. His wife egged him on to ask for a raise. Su mujer le animó para que pidiese un aumento.

To put all one's eggs in one basket. Jugarse todo a una sola carta.
Ex. Don't put all your eggs in one basket! ¡No te lo juegues todo a una sola carta!

ELBOW
Bend an (the) elbow. Empinar el codo.
Ex. He was fired because he bends the elbow. Le despidieron porque empina el codo.

Elbow one's way. Abrirse camino a codazos.
Ex. Victor elbowed his way through the crowd. Víctor se abrió camino a codazos entre la multitud.

Rub elbows with. Codearse con.
Ex. He rubs elbows with important people. Se codea con gente importante.

ELEMENT
Be in one's element. Estar en su elemento.
Ex. At parties I'm not in my element. En las fiestas no estoy en mi elemento.

ELEVENTH
Eleventh hour. En el último momento.
Ex. He made an eleventh hour change of plans. Hizo un cambio de planes en el último momento.

ELSE
Or else. Si no.
Ex. Come early or else we'll start without you. Ven temprano si no comenzaremos sin ti.

EMERGENCY
In an emergency. En caso de emergencia.
Ex. Keep the rope; we can use it in an emergency. Guarda la cuerda; la podemos utilizar en caso de emergencia.

EMPTY
Empty promises. Promesas vanas.
Ex. I'm tired of your empty promises. Estoy cansado de tus promesas vanas.

Ver: Stomach, On an empty stomach.

ENCLOSED
Enclosed. Adjunto.
Ex. Enclosed you will find a check. Adjunto le remito un talón.

END
And that's the end of it! ¡Sanseacabó!
Ex. You eat your breakfast and that's the end of it! ¡Te tomas el desayuno y sanseacabó!

At the other end. Al otro extremo.
Ex. He lives at the other end of town. Vive al otro extremo de la ciudad.

End up. Acabar.
Ex. If you keep on in business you're going to end up in jail. Si continúas con los negocios vas a acabar en la cárcel.

Gain one's ends. Lograr uno su propósito.
Ex. Peter has been pestering me all day but he won't gain his ends. Pedro me ha estado dando la tabarra todo el día pero no logrará su propósito.

Go off the deep end. Cabrearse, subirse por las paredes.
Ex. He'll go off the deep end when he hears about it. Se cabreará cuando lo oiga.

In the end. A la larga.
Ex. I know you are not happy now but in the end it will be better for you. Sé que ahora no estás contento pero a la larga será mejor para ti.

Loose ends. Cabos sueltos.
Ex.The contract is good but there are a few loose ends to take care of. El contrato está bien pero hay unos cabos sueltos por atar.

Make ends meet. Arreglárselas uno con el dinero que tiene.
Ex. With the money I have I can't make ends meet. Con el dinero que tengo no puedo arreglármelas.

No end of. Un sin fin de.
Ex. We have had no end of troubles since we bought the car. Hemos tenido un sin fin de problemas desde que compramos el coche.

On end. Derecho, de pie, de punta.
Ex. My hair stood on end when I heard the news. Se me pusieron los pelos de punta al oír la noticia.

On end. Sin parar.
Ex. It snowed for days on end. Nevó sin parar durante días.

Put an end to. Poner fin a.
Ex. I'm going to put an end to your problems. Voy a poner fin a tus problemas.

Stand on end. Ponerse de punta.
Ex.When I saw the car accident my hair stood on end. Cuando vi el accidente de coche se me pusieron los pelos de punta.

The end justifies the means. El fin justifica los medios.
Ex. It's not true; the end doesn't justify the means. No es verdad; el fin no justifica los medios.

Ver: All, All's well that ends well.

ENGAGE
Be engaged. Estar comprometido, estar prometido a.
Ex. I'm engaged to Victor. Estoy prometida a Víctor.

Be engaged in. Dedicarse a.
Ex. He has been engaged in business for years. Hace años que se dedica a los negocios.

ENGLISH
In plain English. En cristiano, con claridad, claramente.
Ex. I'm going to tell it to you in plain English. Te lo voy a decir en cristiano.

Pidgeon English. Inglés macarrónico.
Ex. He speaks pidgeon English. Habla un inglés macarrónico.

ENJOY
Enjoy good health. Disfrutar de buena salud.
Ex. It's wonderful to enjoy good health! ¡Es maravilloso disfrutar de buena salud!

Enjoy oneself. Disfrutar, divertirse.
Ex. Enjoy yourself at the party! ¡Diviértete en la fiesta!

ENOUGH
Be enough. Ser suficiente, bastante.
Ex. I think that's enough for today. Creo que es suficiente por hoy.

Enough and to spare. Para parar un tren.
Ex. We have plenty of beer; enough and to spare. Tenemos mucha cerveza; para parar un tren.

Enough is enough. Basta y sobra; ya está bien.
Ex. Enough is enough of that! ¡Basta y sobra con eso!

Enough of that! ¡Basta! ¡Ya está bien!
Ex. Enough of that! Out! ¡Basta ya! ¡Fuera!

Enough to go around. Bastante para todos.
Ex. There's enough beer to go around. Hay bastante cerveza para todos.

Have had enough. Tener más que de sobra.
Ex. I have had enough of this nonsense! He tenido más que de sobra de tanta bobada.

More than enough. Más que suficiente.
Ex. I think we have more than enough. Creo que tenemos más que suficiente.

Oddly enough. Lo curioso es que.
Ex. Oddly enough he came on time. Lo curioso es que llegó a su hora.

Sure enough. Mira por dónde.
Ex. And sure enough he came on time. Y mira por dónde llegó a su hora.

ENTER
Enter a contest. Participar en un concurso.
Ex. Victor's sister wants to enter a beauty contest. La hermana de Víctor quiere participar en un concurso de belleza.

Enter one's head. Ocurrírsele a uno; metérsele a uno en la cabeza.
Ex. It has entered my head to learn Russian. Se me ha ocurrido estudiar ruso.

Enter one's mind. Ocurrírsele a uno.
Ex. It has entered my mind to go to London for a few days. Se me ha ocurrido ir a Londres unos días.

ENTERTAIN
Entertain the hope. Tener la esperanza.
Ex. She entertains the hope of marrying Peter. Tiene la esperanza de casarse con Pedro.

ENTITLED
Be entitled to. Tener derecho a.
Ex. I am entitled to the prize. Tengo derecho al premio.

EPOCH
Be epoch-making. Hacer época.
Ex. It was an epoch-making concert! ¡Fue un concierto que hizo época!

EQUAL
Feel equal to. Sentirse con ánimos para.
Ex. I don't feel equal to the trip. No me siento con ánimos para el viaje.

Ver: Occasion, Be equal to the occasion.

ERRAND
Go on an errand. Hacer un recado.
Ex. I'm going on an errand. I'll be back at five. Voy a hacer un recado. Volveré a las cinco.

Run an errand. Hacer recados.
Ex. I hate to run errands. Me crispa hacer recados.

ERROR
Fall into the error of. Caer en el error de.
Ex. She fell into the error again. Cayó en el error otra vez.

ESCAPE
Nothing escapes you. No se escapa nada.
Ex. You are pretty smart. Nothing escapes you! Eres bastante listo. ¡No se te escapa nada!

Ver: Narrow, Have a narrow escape.

ESSENCE
In essence. Esencialmente.
Ex. In essence he said nothing. Esencialmente no dijo nada.

ESTIMATE
Make an estimate. Hacer un presupuesto.
Ex. The plumber made us an estimate. El fontanero nos hizo un presupuesto.

EVEN
Be even. Estar igualados.
Ex. The two teams were almost even. Los dos equipos estaban casi igualados.

Break (be) even. Quedarse (estar) en paz; cubrir gastos.
Ex. If you give me two dollars we are even. Si me das dos dólares estamos en paz.

Break even. Quedarse sin ganar ni perder.
Ex. I gambled all night but I broke even. Jugué toda la noche pero ni gané ni perdí.

Even surface. Superficie lisa.
Ex. Is the surface even? ¿Está la superficie lisa?

Even though. Aunque, a pesar de.
Ex. I left her even though I am madly in love with her. La dejé a pesar de estar locamente enamorado de ella.

Get even. Vengarse, pagárselas a uno.
Ex. I'll get even with you! ¡Me las pagarás!

Get even with. Desquitarse, vengarse.
Ex. I'll get even with him! ¡Me desquitaré con él!

Not even. Ni siquiera.
Ex. Not even you can do it! ¡Ni siquiera tú lo puedes hacer!

EVENT
At all events. De todos modos.
Ex. At all events, we can't go. De todos modos no podemos ir.

In any event. En todo caso, en cualquier caso.
Ex. I don't know whether I'll get the job but I'll pay you back in any event. No sé si conseguiré el empleo pero te devolveré el dinero en cualquier caso.

In the event of. En caso de.
Ex. In the event of an accident notify his mother. En caso de accidente notifiquen a su madre.

EVER
Ever since. Desde que.
Ex. He has changed ever since he came to Madrid. Ha cambiado desde que llegó a Madrid.

For ever and a day. Para siempre jamás.
Ex. Victor says he'll love you for ever and a day. Víctor dice que te querrá para siempre jamás.

For ever and ever. Para siempre.
Ex. I'll love you for ever and ever! ¡Te querré siempre!

Hardly ever. Casi nunca.
Ex. I hardly ever go to the movies. Apenas voy al cine.

Why did you ever... ¿Por qué demonios...?
Ex. Why did you ever buy that car? ¿Por qué demonios compraste ese coche?

EVERY
Every bit. Todo.
Ex. Victor is every bit a gentleman. Víctor es todo un caballero.

Every now and then. De vez en cuando.
Ex. Every now and then I like to take a nap. De vez en cuando me gusta hacer una siesta.

Every once in a while. De vez en cuando.
Ex. Every once in a while I go shopping. De vez en cuando voy de compras.

Every other day. Día sí, día no: días alternos.
Ex. I come to class every other day. Vengo a clase en días alternos.

Every right. Toda la razón.
Ex. You had every right to refuse. Tenías toda la razón para negarte.

Every time. Cada vez.
Ex. Every time I see you I go nuts! ¡Cada vez que te veo me vuelvo loco!

EVERYDAY
Everyday shoes. Zapatos de batalla, de diario.
Ex. These are my everyday shoes. Éstos son mis zapatos de diario.

EVERYTHING
Be everything to one. Serlo todo para uno.
Ex. She's everything to me. Lo es todo para mí.

EVIDENCE
Show evidence. Presentar señales de.
Ex. The body showed evidence of violence. El cuerpo presentaba señales de violencia.

EVIL
Ver: Good, Return good for evil.

EXAM
Pass an exam. Aprobar un examen.
Ex. Did you pass the exam? ¿Aprobaste el examen?

EXAMINATION
Ver: Fail, Fail an examination.

EXAMPLE
Follow the example of. Seguir el ejemplo de.
Ex. You must follow your sister's example. Debes seguir el ejemplo de tu hermana.

For example. Por ejemplo.
Ex. For example, what do you like? Por ejemplo, ¿qué te gusta?

Set a good example. Dar buen ejemplo.
Ex. Victor, you must set a good example! Víctor, debes dar buen ejemplo.

Without example. Sin precedente.
Ex. Your behaviour is without example! ¡Su comportamiento no tiene precedente!

EXCEPT
Except for. Aparte de.
Ex. Except for that stain on his shirt he looks all right. Aparte de la mancha en la camisa, tiene buen aspecto.

EXCEPTION
Take exception to. Oponerse a.
Ex. I must take exception to what you said. Debo oponerme a lo que dijo usted.

Ver: Rule, The exception proves the rule.

EXCESS
Be in excess of. Exceder.
Ex. The use of water is in excess of supply. El consumo del agua excede la oferta.

EXCHANGE
Exchange greetings. Cambiar, intercambiar saludos.
Ex. We simply exchanged greetings. Simplemente intercambiamos saludos.

Exchange words. Cruzar palabras.
Ex. We only exchanged a few words. Sólo cruzamos un par de palabras.

In exchange for. A cambio de.
Ex. I'll give you this in exchange for that. Te daré esto a cambio de eso.

Ver: Rate, Rate of exchange.

EXCITING
Exciting. Emocionante.
Ex. It's an exciting film. Es una película emocionante.

EXCUSE
A poor excuse. No ser excusa.
Ex. The traffic is a poor excuse for coming late. El tráfico no es excusa para llegar tarde.

EXCUSED
Be excused. Retirarse.
Ex. May I be excused? ¿Puedo retirarme?

EXERT
Exert oneself. Esforzarse.
Ex. You'll have to exert yourself to pass the exam. Tendrás que esforzarte para aprobar el examen.

EXPECTING
Be expecting. Estar embarazada, encinta.
Ex. Victor's wife is expecting. La mujer de Víctor está embarazada.

EXPENSE
At one's expense. A costa de uno.
Ex. They are laughing at my expense. Se ríen a costa mía.

Cut expenses. Cortar gastos.
Ex. Dear, we must cut expenses! ¡Cariño, debemos cortar gastos!

Go to (the) expense. Meterse en gastos.
Ex. I don't want to go to the expense of buying a new suit. No quiero meterme en el gasto de comprar un traje nuevo.

Laugh at someone's expense. Reírse a costa de uno.
Ex. They all laughed at my expense! ¡Todos se rieron a costa mía!

Meet expenses. Hacer frente a los gastos.
Ex. How can you meet expenses with your salary? ¿Cómo puedes hacer frente a los gastos con tu sueldo?

Spare no expense. No escatimar gastos.
Ex. He'll spare no expense for his daughter's wedding. No escatimará gastos con la boda de su hija.

EXPERIENCE
Experience is the best teacher. La experiencia es el mejor maestro.
Ex. Don't forget: experience is the best teacher! ¡No olvides: la experiencia es el mejor maestro!

EXPLODE
Explode with laughter. Echarse a reír.
Ex. They exploded with laughter when I entered. Se echaron a reír cuando entré.

EXPRESS
Express oneself. Expresarse.
Ex. I don't express myself well in English. No me expreso bien en inglés.

EXTENT
To a certain extent. Hasta cierto punto.
Ex. To a certain extent he is a good man. Hasta cierto punto es un buen hombre.

To a lesser extent. En menor grado.
Ex. Coal is used now to a lesser extent. El carbón se usa ahora en menor grado.

To some extent. Hasta un punto.
Ex. To what extent? ¿Hasta qué punto?

To the extent of. Hasta el punto de.
Ex. He went to the extent of insulting him. Llegó hasta el punto de insultarle.

To the full extent of the word. En todo el sentido de la palabra.
Ex. He is a gentleman to the full extent of the word. Es un caballero en todo el sentido de la palabra.

EXTRA
Extra expenses. Gastos extraordinarios.
Ex. I have a lot of extra expenses this month. Tengo muchos gastos extraordinarios este mes.

EXTREME
Go from one extreme to another. Ir de un extremo a otro.
Ex. Victor's always going from one extreme to another. Víctor siempre va de un extremo a otro.

Go to extremes. Exagerar.
Ex. Please, no need to go to extremes! ¡Por favor, no hay que exagerar!

EYE

An eye for an eye, a tooth for a tooth. Ojo por ojo, diente por diente.
Ex. The Bible says, an eye for an eye, a tooth for a tooth. La Biblia dice: ojo por ojo, diente por diente.

Catch one's eye. Llamar (atraer) la atención.
Ex. Her red dress caught my eye. Su vestido rojo me llamó la atención.

Eye up and down. Mirar de hito en hito.
Ex. He eyed her up and down. La miró de hito en hito.

Have an eye for. Buen gusto.
Ex. Victor has an eye for women. Víctor tiene buen gusto para las mujeres.

Have eyes for. Tener ojos para.
Ex. Victor has eyes only for her. Víctor sólo tiene ojos para ella.

His eyes are bigger than his stomach. Come por los ojos.
Ex. Victor's eyes are bigger than his stomach! ¡Víctor come por los ojos!

Keep an eye on. Vigilar; echar una ojeada a.
Ex. Keep an eye on my car, will you, Lorraine? Vigila el coche, ¿quieres, Lorraine?

Make eyes. Timarse.
Ex. That old man is making eyes at her. Ese viejo se está timando con ella.

Open someone's eyes. Abrirle los ojos a uno.
Ex. I tried to open his eyes but he's very much in love. Intenté abrirle los ojos pero está muy enamorado.

Roll one's eyes. Poner los ojos en blanco.
Ex. He rolled his eyes and said nothing. Puso los ojos en blanco y no dijo nada.

Ruin one's eyes. Estropearse uno los ojos.
Ex. Stop reading! You are going to ruin your eyes! ¡Deja de leer! ¡Te vas a estropear los ojos!

See eye to eye. Estar de acuerdo.
Ex. We don't see eye to eye on many things. No estamos de acuerdo en muchas cosas.

Set eyes on. Echar la vista encima.
Ex. When I set eyes on her I knew she was for me. Cuando le eché la vista encima supe que era para mí.

With an eye to, on. Con miras a.
Ex. I'm saving with an eye to early retirement. Ahorro con miras a una jubilación anticipada.

With the naked eye. A simple vista.
Ex. I can see it with the naked eye. Lo veo a simple vista.

Without batting an eye. Sin pestañear; sin parpadear; sin dudarlo un momento.
Ex. Without even batting an eye he fired me! ¡Me despidió sin tan siquiera pestañear!

Ver: Apple, The apple of someone's eye.
Ver: Cry, Cry one's eyes out.
Ver: Glad, Give someone the glad eye.
Ver: Lay, Lay eyes on.
Ver: Light, Be the light of one's eyes.
Ver: Ring, Have rings under one's eyes.

F

FACE
Face down. Boca abajo.
Ex. You must sleep face down. Debes dormir boca abajo.

Face the music. Hacer frente a los hechos; dar la cara.
Ex. You'll have to face the music for what you've done! Tendrás que dar la cara por lo que has hecho.

Face to face. Cara a cara.
Ex. The other day we met him face to face. El otro día nos vimos cara a cara.

In the face of. En vista de; en presencia de.
Ex. In the face of the evidence he had to confess. A la vista de la evidencia tuvo que confesar.

Keep a straight face. Poner cara seria; contener la risa.
Ex. I was hardly able to keep a straight face. Casi no podía contener la risa.

Laugh in one's face. Reírse en las barbas de uno.
Ex. He laughed in my face! ¡Se ha reído en mis barbas!

Lose face. Quedar mal.
Ex. I don't want to lose face with my teacher. No quiero quedar mal con mi profesor.

Make (pull) a long face. Poner cara larga.
Ex. When I'm late she pulls a long face! ¡Cuando llego tarde pone cara larga!

Make faces. Hacer muecas, poner caras.
Ex. Don't make faces! ¡No pongas caras!

On the face of it. A primera vista; en vista de lo cual.
Ex. On the face of it, I've decided not to buy the car. En vista de lo cual, he decidido no comprar el coche.

Save face. Salvar las apariencias.
Ex. I had to lie in order to save face. Tuve que mentir para salvar las apariencias.

Show one's face. Asomar la cara.
Ex. I hope he doesn't show his face around here again. Espero que no asome la cara por aquí otra vez.

Tell it to someone's face. Decirlo a la cara de uno.
Ex. I told him to his face. Se lo dije a la cara.

Ver: Door, Slam the door in someone's face.

FACT
As a matter of fact. Por cierto (que).
Ex. As a matter of fact I did go. Por cierto que sí que fui.

In fact. De hecho.
Ex. In fact he is an honest man. De hecho es un hombre honrado.

In point of fact. En realidad, a decir verdad.
Ex. In point of fact that's what we did. En realidad eso es lo que hicimos.

The facts of life. Las cosas de la vida.
Ex. Such are the facts of life! ¡Así son las cosas de la vida!

FAIL
Fail an examination. Suspender un examen.
Ex. I've failed mathematics again. He suspendido matemáticas otra vez.

Fail to do. No hacer.
Ex. You failed to do what you had to do. No hiciste lo que tenías que hacer.

Without fail. Sin falta.
Ex. Come at eight without fail. Ven a las ocho sin falta.

FAILURE
Heart failure. Ataque al corazón.
Ex. He died of heart failure. Murió de un ataque al corazón.

FAIR
Fair and square. Honrado, sin trampas.
Ex. This is my offer, fair and square. Ésta es mi oferta honrada y sin trampas.

Give fair warning. Advertir de antemano.
Ex. I'm giving you fair warning: we work hard here. Te advierto de antemano que aquí trabajamos duro.

Not be fair. No haber derecho.
Ex. It's not fair! ¡No hay derecho!

Play fair. Jugar limpio.
Ex. We must always play fair. Debemos siempre jugar limpio.

FAITH
In bad faith. De mala fe.
Ex. She didn't do it in bad faith. No lo hizo de mala fe.

In good faith. De buena fe.
Ex. They acted in good faith. Actuaron de buena fe.

FALL
Fall asleep. Dormirse.
Ex. They fell asleep near the river. Se durmieron cerca del río.

Fall due. Vencer.
Ex. This bill falls due on Monday. Este recibo vence el lunes.

Fall for. Enamorarse.
Ex. Victor fell for her the minute he saw her. Víctor se enamoró de ella tan pronto la vio.

Fall for. Picar; picar el anzuelo.
Ex. I was told I would become rich and I fell for it. Me dijeron que me haría rico y piqué.

Fall in love. Enamorarse.
Ex. It seems they fell in love yesterday. Parece ser que se enamoraron ayer.

Fall into the habit of. Adquirir la costumbre de.
Ex. In the army he fell into the habit of smoking. En el ejército adquirió la costumbre de fumar.

Fall into the hands of. Caer en (las) manos de.
Ex. He fell into the hands of the police. Cayó en manos de la policía.

Fall prey to. Ser presa de.
Ex. She fell prey to bad company. Fue víctima de malas compañías.

Fall sick. Caer enfermo.
Ex. He fell sick last week. Cayó enfermo la semana pasada.

Fall to one's lot. Caerle a uno en suerte.
Ex. It has fallen to my lot to raise my brothers. Me ha caído en suerte educar a mis hermanos.

Fall to pieces. Caerse a pedazos.
Ex. This car is ready to fall to pieces. Este coche se cae a pedazos.

Ride for a fall. Pegársela uno.
Ex. In this business you are running for a fall. En este asunto te la vas a pegar.

Ver: Apart, Fall apart.
Ver: Clutches, Fall into the clutches of.
Ver: Ear, Fall on deaf ears.
Ver: Error, Fall into the error of.
Ver: Flat, Fall flat.

FALSE
Under false pretenses. Con artimañas, engaños.
Ex. He got the job under false pretenses. Consiguió el empleo con engaños.

FAMILIAR
Be familiar. Ser conocido.
Ex. His face is familiar! ¡Su cara me es conocida!

Be familiar with. Estar familiarizado con, conocer.
Ex. I'm not familiar with your city. No conozco su ciudad.

FAMILY
Be from a good family. Ser de buena familia.
Ex. Victor is from a very good New York family. Víctor es de una buena familia neoyorquina.

Run in the family. Ser de familia.
Ex. His bad temper runs in the family. Su mala leche es de familia.

FANCY

Fancy meeting you here. Qué casualidad encontrarte aquí.
Ex. Victor, fancy meeting you here! ¡Víctor, qué casualidad encontrarte aquí!

Fancy oneself. Dárselas de.
Ex. He fancies himself a good actor. Se las da de buen actor.

Take a fancy to. Coger cariño; encariñarse con.
Ex. Victor has taken a fancy to her. Víctor se ha encariñado con ella.

FAR

As far as. Hasta.
Ex. We will go as far as the church. Iremos hasta la iglesia.

As far as one is concerned. Por lo que a uno respecta.
Ex. As far as I am concerned you may go tomorrow. Por lo que a mí respecta, puedes ir mañana.

As far as one knows. Que uno sepa.
Ex. As far as I know she is single. Que yo sepa es soltera.

Be far from. Estar lejos de, distar mucho de.
Ex. He is far from being rich. Dista mucho de ser rico.

By far. En mucho, por mucho, por amplio margen.
Ex. He is by far the tallest here. Es el más alto aquí por amplio margen

Carry far. Llevar lejos.
Ex. That's carrying things a bit too far. Eso es llevar las cosas un poco lejos.

Far and wide. Por todas partes.
Ex. He is known far and wide. Le conocen por todas partes.

Far better. Mucho mejor.
Ex. This is far better than that. Esto es mucho mejor que eso.

Far from it. Muy al contrario.
Ex. I don't hate you. Far from it! No te odio. ¡Muy al contrario!

Far into. Hasta muy entrado.
Ex. He works far into the night. Trabaja hasta muy entrada la noche.

Go too far. Ir demasiado lejos.
Ex. Calling your own father names is going too far! ¡Sacarle motes a tu propio padre es ir demasiado lejos!

How far? ¿A qué distancia...?
Ex. How far is York from London? ¿A qué distancia está York de Londres?

So far. Por ahora, hasta ahora.
Ex. How many letters have we received so far? ¿Cuántas cartas hemos recibido hasta ahora?

So far, so good. Por ahora todo bien.
Ex. How's business? So far, so good. ¿Cómo va el negocio? Por ahora bien.

Ver: Between, Few and far between.

FASHION

After a fashion. Más o menos; en cierto modo; algo; hasta cierto punto.
Ex. He speaks Spanish after a fashion. Habla castellano hasta cierto punto.

Come into fashion. Ponerse de moda.
Ex. Do you think blue will come into fashion again? ¿Cree que el azul se pondrá de moda otra vez?

In fashion. En boga.
Ex. Blue is very much in fashion this year. El azul está muy en boga este año.

FAST

Be fast asleep. Estar profundamente dormido.
Ex. The baby is fast asleep now! ¡El niño está profundamente dormido ahora!

Live fast. Vivir deprisa, a lo loco.
Ex. Peter lives fast now that he is divorced. Pedro vive a lo loco ahora que está divorciado.

Make it fast. Darse aire, darse prisa.
Ex. Give me lunch and make it fast! ¡Dame el almuerzo y date aire!

Play fast and loose with. Burlarse de; estar en un tira y afloja.
Ex. Victor's playing fast and loose with Mary. Víctor se está burlando de María.

Pull a fast one on someone. Hacer una cabronada.
Ex. He pulled a fast one on me! ¡Me hizo una cabronada!

FAT
Get fat. Engordar.
Ex. You are getting fat. Estás engordando.

FATHER
Like father, like son. De tal palo tal astilla.
Ex. They are two of a kind: like father, like son. Son tal para cual: de tal palo tal astilla.

FAULT
At fault. Culpable.
Ex. You are at fault, as usual. Eres culpable, como siempre.

Find fault with. Criticar; sacar faltas a.
Ex. He is always finding fault with his wife. Siempre está sacándole faltas a su mujer.

FAVOR
Be in favor of. Ser partidario de.
Ex. I am in favor of socialized medicine. Soy partidario de la medicina estatal.

Do a favor. Hacer un favor.
Ex. Will you do me a favor? ¿Quiere usted hacerme un favor?

FEAR
Fear the worst. Esperar lo peor.
Ex. I'm sorry, Victor, but I fear the worst! ¡Lo siento, Víctor, pero espero lo peor!

For fear of. Por miedo a.
Ex. I studied a lot for fear of failing the exam. Estudié mucho por miedo a suspender el examen.

Never fear! ¡No temas! ¡Quién dijo miedo!
Ex. Never fear, I'm here! ¡No temas, aquí me tienes!

FEAST
Feast one's eyes on. Regalarse la vista con.
Ex. I feasted my eyes on the cakes! ¡Me regalé la vista con los pasteles!

FEATHER
Ver: Bird, Birds of a feather flock together.

FEED
Another mouth to feed. Otra boca que alimentar.
Ex. They just had another baby; another mouth to feed. Acaban de tener otro niño; otra boca que alimentar.

Be fed up with. Estar harto de.
Ex. I'm fed up with you! ¡Estoy harto de ti!

Be off one's feed. Estar desganado.
Ex. Victor seems to be off his feed today. Víctor parece desganado hoy

Feed one's face. Hacer por la vida, comer.
Ex. I'm going to feed my face. Voy a hacer por la vida.

FEEL
Feel at ease. Sentirse cómodo.
Ex. I don't feel at ease with my boss. No me siento cómodo con mi jefe.

Feel cheap. Avergonzarse; hacer sentir mal.
Ex. My relatives always make me feel cheap just because I never buy them any presents. Mis parientes siempre me hacen avergonzarme simplemente porque nunca les compro regalos.

Feel hungry. Tener hambre.
Ex. I don't know what's wrong with me but I always feel hungry. No sé qué me pasa pero siempre tengo hambre.

Feel like. Tener ganas de.
Ex. We felt like going to the movies. Teníamos ganas de ir al cine.

Feel sorry. Arrepentirse.
Ex. If you don't study you'll be sorry some day! ¡Si no estudias te arrepentirás algún día!

Feel sorry for. Sentir (tener) lástima de.
Ex. I feel sorry for him. Le tengo lástima.

Feel sure that... Estar seguro de que...
Ex. I feel sure that I love you. Estoy seguro de que te quiero.

Feel the need. Sentir la necesidad, apetecer.
Ex. I feel the need of a drink. Siento necesidad de un trago.

Get the feel of it. Coger el tranquillo a algo.
Ex. Let me do it now. I think I'm getting the feel of it. Deja que ahora lo haga yo. Creo que le he cogido el tranquillo.

Hurt someone's feelings. Herir los sentimientos de alguien.
Ex. I think you hurt her feelings! ¡Creo que le has herido los sentimientos!

Not to feel quite oneself. No encontrarse uno bien; no estar católico uno.
Ex. I don't feel quite myself today. No me encuentro muy católico hoy.

FEELING
Have the feeling that. Tener la impresión de que.
Ex. I have the feeling that he likes you. Tengo la impresión de que le gustas.

Ver: Funny, Have a funny feeling.

FEET
Be on one's feet. Ponerse bueno, ponerse bien.
Ex. You'll be on your feet again soon! ¡Te pondrás bueno pronto!

Stand on one's own two feet. Valerse por uno mismo.
Ex. You are old enough to stand on your own two feet. Eres lo suficientemente mayor como para valerte por ti mismo

Ver: Drag, Drag one's feet.

FENCE
Be on the fence. Estar entre dos aguas.
Ex. He doesn't know what he'll do; he's on the fence. No sabe qué hará; está entre dos aguas.

FEW
Few and far between. Muy pocos.
Ex. Gas stations in Mongolia are few and far between. Hay poquísimas gasolineras en Mongolia.

Quite a few. Bastantes.
Ex. There were quite a few people at the party. Había bastante gente en la fiesta.

The chosen few. Los elegidos.
Ex. I was one of the chosen few. Yo fui uno de los elegidos.

FIDDLE
Fiddle around. Perder el tiempo.
Ex. You fiddle around too much. Pierdes el tiempo demasiado.

Fit as a fiddle. En forma, sanísimo.
Ex. I'm fit as a fiddle. Estoy en forma.

Play second fiddle. Hacer de segundón.
Ex. I refuse to play second fiddle to you! ¡Me niego a hacer de segundón de usted!

FIELD
Play the field. Tantear el terreno.
Ex. I think you should play the field before accepting his offer. Creo que debes tantear el terreno antes de aceptar su oferta.

FIEND
Work like a fiend. Trabajar como un loco.
Ex. He works like a fiend. Trabaja como un loco.

FIFTY
Go fifty-fifty. Ir a medias.
Ex. We'll go fifty-fifty. Iremos a medias.

FIGHT
Pick a fight with. Meterse con; buscar camorra (pelea) con.
Ex. Don't try to pick a fight with Victor. No trates de meterte con Víctor.

Put up a fight. Oponer resistencia.
Ex. The enemy put up a good fight. El enemigo opuso mucha resistencia.

FIGURE
Be good at figures. Saber de cuentas.
Ex. Ask Victor, he is good at figures! ¡Pregúntale a Víctor que sabe de cuentas!

Figure on. Contar con.
Ex. I didn't figure on that. Con eso no contaba.

Figure out. Resolver; hacer cuentas.
Ex. I'm trying to figure this problem out. Estoy tratando de resolver este problema.

Keep one's figure. Conservar, mantener el tipo, la figura.
Ex. María keeps her figure very well. Mary conserva el tipo muy bien.

FILL
Fill in. Sustituir, hacer de suplente.
Ex. I am filling in for Victor who's on vacation. Estoy sustituyendo a Víctor que está de vacaciones.

Fill out. Rellenar (formulario, impreso).
Ex. Fill this form out, please. Rellene este impreso, por favor.

Fill someone in. Informar, poner al tanto, orientar a alguien.
Ex. It was a very difficult meeting but Victor will fill you in tomorrow. Fue una reunión muy difícil pero Víctor te pondrá al corriente mañana.

Fill the bill. Resolver la papeleta.
Ex. That dictionary will fill the bill. Ese diccionario nos resolverá la papeleta.

Ver: Eat, Eat one's fill.

FIND
Find oneself. Encontrarse.
Ex. I found myself lost. Me encontré perdido.

Find out. Averiguar.
Ex. I'll find out her name. Averiguaré su nombre.

Ver: Answer, Find the answer.
Ver: Fault, Find fault with.

FINE
A fine thing to say. Vaya cosa que dices.
Ex. That's a fine thing to say, Victor! ¡Vaya cosa que dices, Víctor!

One fine day. Un buen día.
Ex. One find day he lost his fortune. Un buen día perdió su fortuna.

FINGER
Have a finger in the pie. Estar metido en el ajo.
Ex. Victor has a finger in the pie, don't you think? Víctor está metido en el ajo, ¿no crees?

Have someone around one's little finger. Tener a alguien metido en un puño.
Ex. Victor's wife has him around her little finger. La mujer de Víctor le tiene metido en un puño.

Keep one's fingers crossed. Encender una vela a un santo (para que otorgue algo).
Ex. Take the exam and keep your fingers crossed! ¡Toma el examen y enciéndele una vela a San Judas!

Not to lift a finger. No mover un dedo.
Ex. He didn't lift a finger to help me. No movió un dedo para ayudarme.

Put one's finger on it. Poner el dedo en la llaga.
Ex. He put his finger on it when he mentioned the mistake. Puso el dedo en la llaga cuando mencionó el error.

Put the finger on someone. Delatar a alguien.
Ex. Victor put the finger on me. Víctor me delató.

Slip through one's fingers. Escapársele a uno de las manos.
Ex. It slipped through my fingers. Se me escapó de las manos.

Ver: Burn, Burn one's fingers.

FINISH
Be finished with. Terminar con.
Ex. I'm finished with her. He terminado con ella.

FINISHING
Put the finishing touch(es). Darle el toque final.
Ex. Let me put the finishing touches! ¡Deja que le dé el toque final!

FIRE
Be between two fires. Estar entre la espada y la pared.
Ex. I don't know who's side to take; I'm between two fires. No sé por quién tomar partido; estoy entre la espada y la pared.

Be under fire. Ser atacado, presionado.
Ex. My boss is under fire. A mi jefe le están presionando.

Fire away! ¡Dispara!
Ex. You want to ask me questions? Fire away! ¿Quieren hacerme preguntas? ¡Disparen!

Fire questions at. Bombardear con preguntas.
Ex. They fired questions at me. Me bombardearon con preguntas.

Go through fire and water. Pasar las de Caín.
Ex. I had to go through fire and water to get the job. Pasé las de Caín para conseguir el puesto.

Light the fire. Hacer fuego.
Ex. We must light a fire before dark. Debemos hacer fuego antes del anochecer.

Out of the fire and into the frying pan. Ir por lana y salir trasquilado.
Ex. I'm worse off now: out of the fire and into the frying pan. Estoy peor ahora: fui por lana y salí trasquilado.

Play with fire. Jugar con fuego.
Ex. Victor, you are playing with fire. Better be careful! Víctor, estás jugando con fuego. ¡Ve con cuidado!

Set fire to. Prender fuego.
Ex. He set fire to the house. Prendió fuego a la casa.

Set on fire. Prender fuego.
Ex. Who set the house on fire? ¿Quién prendió fuego a la casa?

There's no smoke without fire. Cuando el río suena, agua lleva.
Ex. There must be something to it: there's no smoke without fire. Algo debe haber: cuando el río suena, agua lleva.

Ver: Burn, A burnt child dreads the fire.
Ver: Irons, To have many irons in the fire.

FIRST
At first. Al principio.
Ex. At first I didn't know what to do. Al principio no sabía qué hacer.

At first sight. A primera (simple) vista.
Ex. He is better than he appears at first sight. Es mejor de lo que parece a simple vista.

Be the first to. Ser el primero en.
Ex. I want to be the first to congratulate you! ¡Quiero ser el primero en felicitarte!

First and foremost. Antes de nada.
Ex. First and foremost, let's talk about money. Antes de nada hablemos de dinero.

First come, first served. El primero que llega, el primero que se lo lleva.
Ex. Hurry up because first come, first served. Date prisa porque el primero que llega, el primero que se lo lleva.

First thing. Lo primero.
Ex. I'll do this first thing in the morning. Lo haré lo primero por la mañana.

In the first place. En primer lugar.
Ex. There are many reasons why I can't go. In the first place because I'm busy. Hay muchas razones por las cuales no puedo ir. En primer lugar porque estoy ocupado.

Not to know the first thing about. No saber nada de.
Ex. Sorry but you don't know the first thing about grammar. Lo siento pero no sabes nada de gramática.

That's the first thing I've heard about it. Es la primera noticia que tengo.
Ex. He got married? That's the first thing I've heard about it. ¿Se ha casado? ¡Es la primera noticia que tengo!

Ver: Glance, At first glance.

FISH
Drink like a fish. Beber como una cuba.
Ex. My brother drinks like a fish. Mi hermano bebe como una cuba.

FISHING
It's good fishing in troubled waters. A río revuelto, ganancia de pescadores.
Ex. Better if they fight: it's good fishing in troubled waters. Mejor si pelean: a río revuelto, ganancia de pescadores.

FIST
Ver: Hand, Hand over fist.

FIT
Be a perfect fit. Encajar perfectamente.
Ex. This painting is a perfect fit in this room. Este cuadro encaja perfectamente en esta habitación.

Be fit to be tied. Estar para que lo aten.
Ex. Victor's fit to be tied! ¡Víctor está para que lo aten!

By fits and starts. A trompicones, a golpes.
Ex. He works by fits and starts. Trabaja a trompicones.

Fit in. Caber, encajar.
Ex. I don't fit here. Aquí no encajo yo.

Have a fit. Darle a uno un patatús.
Ex. She had a fit when she heard the news. Le dio un patatús cuando oyó la noticia.

Not fit to eat. Incomible.
Ex. This chicken is not fit to eat. Este pollo está incomible.

See fit. Juzgar, creer conveniente.
Ex. The boss has seen it fit to change the schedule. El jefe ha creído conveniente cambiar el horario.

Ver: Cap, If the cap fits, wear it!
Ver: Glove, Fit like a glove.
Ver: Think, Think fit.

FIVE
Give, (slip) someone five. Chocar esos cinco.
Ex. Hello, Peter, give me five. Hola, Pedro, choca esos cinco.

FIX
Be in a fix. Estar en un aprieto.
Ex. I'm in a fix and I need help. Estoy en un aprieto y necesito ayuda.

Be in a tight fix. Estar en un aprieto.
Ex. Victor is in a tight fix. Víctor está en un aprieto.

Fix a flat. Arreglar un pinchazo.
Ex. I must have this flat fixed. Tienen que arreglarme este pinchazo.

FLAME
Go up in flames. Incendiarse, quemarse.
Ex. The house went up in flames. La casa se incendió.

Pour oil on the flames. Echar leña al fuego.
Ex. Keep quiet. Don't pour oil on the flames. Cállate. No eches leña al fuego.

FLAT
Fall flat. Caer mal; no tener éxito.
Ex. My invention fell flat. Mi invento no tuvo éxito.

Have a flat nose. Ser chato, tener la nariz chata.
Ex. Victor has a flat nose. Víctor es chato.

In ten minutes flat. En diez minutos justos.
Ex. I'll do it in ten minutes flat. Lo haré en diez minutos justos.

Ver: Fix, Fix a flat.

FLATTER
Don't flatter yourself. No te hagas ilusiones.
Ex. Of course I don't love you! Don't flatter yourself! ¡Claro que no te quiero! ¡No te hagas ilusiones!

You flatter me. Favor que me hace.
Ex. Pretty? You flatter me, Victor! ¿Guapa? ¡Favor que me haces, Víctor!

FLEA
Ver: Harm, Harm a flea.

FLESH
One's own flesh and blood. Carne de mi carne.
Ex. Victor's my own flesh and blood. Víctor es carne de mi carne.

Ver: Go, Go the way of all flesh.

FLIGHT
Put to flight. Poner en fuga.
Ex. We were able to put the enemy to flight. Pudimos poner al enemigo en fuga.

FLIP
Flip one's lid. Darle a uno un ataque; volverse majareta.
Ex. Victor flipped his lid when he saw his wife dancing with Peter. A Víctor le dio un ataque cuando vio a su mujer bailando con Pedro.

FLOG
Flog a dead horse. Duro que duro; machacar; ser agua pasada.
Ex. Don't mention that any more! You are flogging a dead horse! ¡No hables ya más de eso! ¡Es agua pasada!

FLOP
Be a flop. Ser un fracaso.
Ex. His idea was a flop. Su idea fue un fracaso.

FLY
Die like flies. Morir como moscas.
Ex. They all died like flies. Murieron todos como moscas.

Fly a kite. Irse a hacer puñetas; irse a paseo.
Ex. Go fly a kite! ¡Vete a hacer puñetas!

Fly-by-night. De chicha y nabo.
Ex. It's a fly-by-night Corporation. Es una empresa de chicha y nabo.

Fly into a rage. Montar en cólera.
Ex. He flew into a rage. Montó en cólera.

Fly off the handle. Perder los estribos.
Ex. Don't fly off the handle. No pierdas los estribos.

On the fly. En marcha.
Ex. I caught the train on the fly. Cogí el tren en marcha.

Send flying. Echar a rodar.
Ex. Victor sent everything flying. Víctor lo echó todo a rodar.

Ver: Temper, Fly into a temper.

FLYING
With flying colors. Salir airoso.
Ex. I passed the exam with flying colors. Salí airoso del examen.

FOLD
Fold one's arms. Cruzar los brazos.
Ex. The man folded his arms. El hombre cruzó los brazos.

Fold up. Fracasar.
Ex. That company folded up last month. Esa empresa fracasó el mes pasado.

FOLLOW
As follows. Como sigue, así.
Ex. You must act as follows. Debes actuar así.

FOOTSTEP
Follow in the footsteps of. Seguir los pasos de.
Ex. Victor is in jail. He is following his father's footsteps! Víctor está en la cárcel. ¡Sigue los pasos de su padre!

Follow in someone's footsteps. Seguir los pasos de alguien.
Ex. She follows her mother's footsteps. Sigue los pasos de su madre.

Follow one's nose. Seguir los instintos de uno.
Ex. When you don't know what to do follow your nose. Cuando no sepas qué hacer, sigue tus instintos.

Follow suit. Imitar, hacer lo que hacen.
Ex. You start and I'll follow suit. Tú empiezas y yo te sigo.

Follow the herd. Ser mono de imitación.
Ex. He follows the herd all the time. Es un mono de imitación.

Ver: Directions, Follow directions.
Ver: Example, Follow the example of.

FOOL
Be nobody's fool. No tener uno un pelo de tonto.
Ex. Victor's nobody's fool. Víctor no tiene un pelo de tonto.

Fool around. Gastar bromas, bromear; perder el tiempo.
Ex. He is always fooling around the office. Siempre está perdiendo el tiempo en la oficina.

Fool with. Jugar con.
Ex. Don't fool with the washing machine! ¡No juegues con la lavadora!

Make a fool of oneself. Ponerse en ridículo.
Ex. You made a fool of yourself. Te has puesto en ridículo.

Say a foolish thing. Decir una tontería.
Ex. I said a foolish thing. Dije una tontería.

There's no fool like an old fool. No hay bobo como un viejo bobo.
Ex. Victor's grandfather wants to get married. There' no fool like an old fool. El abuelo de Víctor se quiere casar. No hay bobo como un viejo bobo.

Ver: Act, Act the fool.
Ver: Make, Make a fool of.

FOOT
My foot! ¡Y un bledo!
Ex. Work overtime? My foot! ¿Trabajar horas extraordinarias? ¡Y un bledo!

Put one's foot down. Imponerse.
Ex. You must put your foot down at home. Debes imponerte en casa.

Put one's foot in it. Meter la pata.
Ex. I think I put my foot in it. Creo que metí la pata.

Start on the wrong foot. Comenzar con mal pie.
Ex. We started on the wrong foot. Comenzamos con mal pie.

Sweep someone off his feet. Hacer a uno perder la cabeza.
Ex. Victor swept María off her feet! ¡Víctor le hizo perder la cabeza a María!

Ver: Bill, Foot the bill.
Ver: Get, Get off on the wrong foot.
Ver: Grave, Have one foot in the grave.

FOOTING
Be on a friendly footing. Tener relaciones amistosas; tener amistad.
Ex. Victor and John are on a friendly footing. Víctor y Juan tienen amistad.

Be on an equal footing. Tener relación de igualdad.
Ex. Victor and John are on an equal footing. Víctor y John tienen una relación de igualdad.

FOR
As for. En cuanto a.
Ex. William, shut up! As for you, Victor, you are fired! Guillermo, ¡cállate! En cuanto a ti, Víctor, ¡quedas despedido!

For or against. A favor o en contra.
Ex. Are you for or against? ¿Estás a favor o en contra?

Ver: Asking, For the asking.

FORBID
Ver: God, God forbid.

FORCE
By force. A la fuerza.
Ex. I was brought here by force! ¡Me trajeron aquí a la fuerza!

By force of. A fuerza de.
Ex. I do it by force of habit. Lo hago a fuerza de hábito.

Force oneself. Esforzarse.
Ex. I had to force myself to remain silent. Tuve que esforzarme para permanecer callado.

FORGET
Forget all about it. Olvidarse por completo.
Ex. I'm sorry about your birthday but I forgot all about it! ¡Siento lo de tu cumpleaños pero es que me olvidé por completo!

Forget it! ¡Déjalo!
Ex. If you can't find it, forget it! ¡Si no lo encuentras, déjalo!

FORM
Form a line. Hacer cola.
Ex. The women formed a line to buy fish. Las mujeres hacían cola para comprar pescado.

FORTH
Ver: And, And so forth.
Ver: Back, Back and forth.

FORTUNE
Cost a fortune. Costar un ojo de la cara.
Ex. The present cost me a fortune. El regalo me costó un ojo de la cara.

Make a fortune. Ganar una fortuna.
Ex. He made a fortune in America. Ganó una fortuna en América.

Try one's fortune. Probar fortuna.
Ex. He tried his fortune in his father's business. Probó fortuna en el negocio de su padre.

FORWARD
Look forward to. Esperar con ansiedad, ilusión.
Ex. I'm looking forward to Sunday. Espero el domingo con ilusión.

FOUL
Have a foul mouth. Ser un malhablado.
Ex. Victor has a foul mouth. Víctor es un malhablado.

FOUR
On all fours. A gatas.
Ex. He was on all fours. Iba a gatas.

FOX
Cunning as a fox. Astuto como un zorro.
Ex. Paul is cunning as a fox. Pablo es astuto como un zorro

FRAME
Frame of mind. Estado de ánimo.
Ex. Considering my frame of mind, you'd better leave me alone. Considerando mi estado de ánimo, será mejor que me dejes solo

FREE
Feel free to. Tener absoluta libertad.
Ex. Feel free to do what you want here. Tienes absoluta libertad para hacer lo que quieras aquí.

For free. Gratis.
Ex. I got this for free. Conseguí esto gratis.

Free and easy. Despreocupado; ahí me las den todas.
Ex. He has a free and easy attitude. Tiene una actitud de ahí me las den todas.

Land of the Free. Los Estados Unidos.
Ex. He lives in the Land of the Free. Vive en los Estados Unidos.

Set free. Liberar, soltar.
Ex. Set the bird free. Suelta al pájaro.

FREEZE
Freeze one's blood in one's veins. Helársele a uno la sangre en las venas.
Ex. My blood froze in my veins. Se me heló la sangre en las venas.

Freeze to death. Morirse de frío.
Ex. We are going to freeze to death here. Vamos a morirnos de frío aquí.

FRESH
As fresh as paint. Fresco como una lechuga.
Ex. This is as fresh as paint. Esto está fresco como una lechuga.

Make a fresh start. Empezar de nuevo.
Ex. Victor and Mary have decided to make a fresh start. Víctor y María han decidido empezar de nuevo.

FRIEND
Be close, fast friends. Ser amigos íntimos.
Ex. Victor and John are close friends. Víctor y Juan son amigos íntimos.

Make friends. Hacer amistades.
Ex. I don't make friends easily. No hago amistades con facilidad.

Make friends with. Hacerse amigos.
Ex. I made friends with Peter in the army. Me hice amigo de Peter en el ejército.

FRO
To and fro. De aquí para allá.
Ex. I went to and fro this morning. Fui de aquí para allá esta mañana.

FRONT
In front of. Delante de.
Ex. Who was in front of you? ¿Quién estaba delante de ti?

FRYING
Ver: Fire, Out of the fire and into the frying pan.

FULL
Ver: Bean, Be full of beans.
Ver: Care, Be full of care.
Ver: Hand, Have one's hand full.
Ver: Pay, Pay in full.
Ver: Shit, Be full of shit.

FUN
In (for) fun. De broma.
Ex. I did it in fun. Lo hice de broma.

Make fun of. Burlarse de.
Ex. Don't make fun of Victor. No te burles de Víctor.

Poke fun at. Burlarse de.
Ex. Don't poke fun at poor Victor. No te burles del pobre Víctor.

FUNERAL
The funeral is not worth the candle. Vale más el collar que el perro.
Ex. You spent two thousand dollars to paint the car? The funeral isn't worth the candle. ¿Pagaste dos mil dólares para pintar el coche? Vale más el collar que el perro.

FUNNY
Find something funny. Hacerle gracia a uno.
Ex. Do you find that funny? ¿Te hace gracia eso?

Have a funny feeling. Tener el presentimiento; darle a uno que.
Ex. I have a funny feeling she is not going to pay. Tengo el presentimiento de que no va a pagar.

FUSE
Blow a fuse. Cruzársele a uno los cables.
Ex. Victor blew a fuse at the meeting. A Víctor se le cruzaron los cables en la reunión.

FUSS
Make a fuss about. Armar follón.
Ex. He'll make a fuss about this, I'm sure. Estoy seguro de que armará follón por esto.

FUTURE
In the near future. En un futuro próximo.
Ex. We are thinking on visiting New York in the near future. Pensamos visitar Nueva York en un futuro próximo.

To have a future. Tener futuro.
Ex. He has a great future in politics. Tiene un gran futuro en la política

G

GAB
Have the gift of gab. Tener labia, pico de oro.
Ex. Victor has the gift of gab. Víctor tiene mucha labia.

GAIN
A watch gains. El reloj adelanta.
Ex. My watch gains five minutes a day. Mi reloj adelanta cinco minutos al día.

Gain. Mejorar.
Ex. The doctor says I'm gaining rapidly. El médico dice que mejoro con rapidez.

Gain ground. Ganar terreno.
Ex. They gained ground on us. Nos ganaron terreno.

Gain speed. Ganar velocidad, acelerar.
Ex. The car is gaining speed. El coche está acelerando.

Gain weight. Aumentar de peso, engordar.
Ex. I have gained a lot of weight in a week. He engordado mucho en una semana.

Nothing ventured, nothing gained. El que no se arriesga no cruza la mar.
Ex. Try it. Nothing ventured, nothing gained. Inténtalo. El que no se arriesga no cruza la mar.

The gains. Las ganancias.
Ex. I've lost all my gains. He perdido todas mis ganancias.

Ver: End, Gain one's end.

GAME
Be in this game. En este asunto, negocio.
Ex. How long have you been in this game? ¿Cuánto tiempo hace que estás metido en este negocio?

Game of chance. Juego de azar.
Ex. I don't like games of chance. No me gustan los juegos de azar.

Give the game away. Descubrir las cartas de uno.
Ex. Please try not to give the game away at the meeting. Por favor, trata de no descubrir las cartas en la reunión.

Play a good game of poker. Jugar bien al poker.
Ex. Victor plays a good game of poker. Víctor juega bien al poker.

Play someone's game. Hacerle el juego a alguien.
Ex. Don't play his game! ¡No le hagas el juego!

The game is up. Se acabó el juego.
Ex. The inspector said to the criminal: "The game is up!" El inspector dijo al criminal: "¡Se acabó el juego!"

GARDEN
Lead up the garden path. Tentar, engañar.
Ex. He's trying to lead you up the garden path. Está tratando de engañarte.

GAS
Pass gas. Soltar, tirarse ventosidades.
Ex. Peter burps and passes gas all the time. Pedro eructa y suelta ventosidades siempre.

Step on the gas. Pisar el acelerador, darse prisa.
Ex. Step on the gas; we are late! ¡Pisa el acelerador que llegamos tarde!

GASP
Be at one's last gasp. Estar en las últimas.
Ex. Victor's at his last gasp. Víctor está en las últimas.

GATE
Ver: Give, Give someone the gate.

GATHER
Gather. Deducir, suponer.
Ex. I gather you need money. Deduzco que usted necesita dinero.

GEAR
Get one's gear. Liar el petate, los bártulos.
Ex. Get your gear! ¡Coge los bártulos!

In high gear. A toda marcha.
Ex. They were going in high gear. Iban a toda marcha.

Out of gear. No pitar; estropeado.
Ex. The elevator's out of gear. El ascensor no pita.

GENERAL
In general. En general; por regla general.
Ex. In general, of course, people are rather lazy. En general, naturalmente, la gente es bastante vaga.

GENEROUS
Be generous with. Ser espléndido con.
Ex. He is very generous with his money. Es muy espléndido con su dinero.

GENTLE
Ver: Lamb, Be as gentle as a lamb.

GESTURE
An empty gesture. Pura formalidad.
Ex. His visit was an empty gesture. Su visita fue pura formalidad.

GET
Be getting on sixty. Estar acercándose a los sesenta.
Ex. My brother is getting on seventy. Mi hermano se está acercando a los setenta.

Get across. Hacerse comprender.
Ex. How can I get across to him? ¿Cómo le puedo hacer comprender?

Get ahead. Salir adelante; tener éxito.
Ex. He has problems but he'll get ahead. Tiene problemas pero saldrá adelante.

Get along. Componérselas uno.
Ex. We'll get along somehow. Nos las compondremos de alguna manera.

Get along with. Llevarse bien con.
Ex. Mary and Priscilla don't get along. María y Priscilla no se llevan bien.

Get away. Marcharse, escaparse, irse.
Ex. I don't know if I'll be able to get away this week end. No sé si podré marcharme este fin de semana.

Get away with. Salirse uno con la suya.
Ex. Don't let her get away with it simply because she cries! No le dejes que se salga con la suya sólo porque llora.

Get away with murder. Hacer uno su santa voluntad.
Ex. Victor gets away with murder in the office. Víctor hace su santa voluntad en la oficina.

Get back. Volver.
Ex. She got back at five. Volvió a las cinco.

Get by. Ir tirando.
Ex. We get by with my salary. Vamos tirando con mi sueldo.

Get by. Pasar.
Ex. May I get by, please? ¿Puedo pasar, por favor?

Get fired. Ser despedido.
Ex. You'll get fired if you don't work. Te despedirán si no trabajas.

Get going. Ponerse en marcha, irse.
Ex. Get going or you'll be late. Ponte en marcha o llegarás tarde.

Get in. Llegar (tren, autobús).
Ex. At what time does the train get in? ¿A qué hora llega el tren?

Get in a word edgewise. Meter baza.
Ex. Victor's so talkative I couldn't get a word in edgewise. Víctor es tan hablador que no pude meter baza.

Get in touch with. Ponerse en contacto.
Ex. When you arrive in Paris get in touch with my brother. Cuando llegues a París ponte en contacto con mi hermano.

Get into one's head. Metérsele a uno en la cabeza.
Ex. He has gotten it into his head to marry Alice. Se le ha metido en la cabeza casarse con Alicia.

Get nowhere. No lograr nada.
Ex. We'll get nowhere this way. Así no lograremos nada.

Get off. Apearse, bajarse.
Ex. I'm getting off at the next stop. Me apeo en la próxima parada.

Get off. Quitarse.
Ex. I must get my shoes off! ¡Tengo que quitarme los zapatos!

Get off on the wrong foot. Empezar mal.
Ex. I think you've gotten off on the wrong foot here! ¡Me parece que has empezado mal aquí!

Get off someone's back. Dejar de incordiar.
Ex. Get off my back, will you? Deja de incordiar, ¿quieres?

Get old. Hacerse viejo.
Ex. I'm getting old. Me estoy haciendo viejo.

Get on. Subir.
Ex. Get on the train. Sube al tren.

Get on one's nerves. Crisparle a uno los nervios.
Ex. You get on my nerves! ¡Me crispas los nervios!

Get out of. Sacar de.
Ex. How much did you get out of that business? ¿Cuánto sacaste de ese negocio?

Get over. Curarse, pasársele a uno algo.
Ex. You will get over it! ¡Ya se te pasará!

Get ready. Prepararse.
Ex. Get ready, it's almost nine. Prepárate que son casi las nueve.

Get something into one's head. Metérsele a uno algo en la cabeza.
Ex. He's gotten it into his head to become a doctor. Se le ha metido en la cabeza hacerse médico.

Get the better of someone. Salir ganando.
Ex. I got the better of him in the deal. Salí ganando en el trato.

Get the idea. Comprender el asunto.
Ex. Do you get the idea? ¿Comprendes el asunto?

Get through. Terminar.
Ex. I'll get through late. Terminaré tarde.

Get to be. Llegar a ser.
Ex. They got to be very good friends. Llegaron a ser buenos amigos.

Get together. Reunirse.
Ex. We'll get together one of these days. Nos reuniremos uno de estos días.

Get up. Levantarse.
Ex. Get up and go. Levántate y vete.

Get-up-and-go. Energía y entusiasmo.
Ex. He doesn't have the get-up-and-go needed for this job. No tiene la energía y entusiasmo necesarios para esta tarea.

Ver: Along, Get along with.
Ver: Angry, Get, make angry.
Ver: Even, Get even.
Ver: Feel, Get the feel of it.

GHOST
Give up the ghost. Dar el último suspiro.
Ex. The man gave up the ghost in peace. El hombre dio su último suspiro en paz.

Not to have the ghost of a chance. No tener ni la más mínima posibilidad.
Ex. Victor doesn't have the ghost of a chance of getting the job. Víctor no tiene la más mínima posibilidad de conseguir el empleo.

GIANT
A giant mistake. Un error gigantesco.
Ex. You made a giant mistake. Cometiste un error gigantesco.

GIFT
Have a gift for. Tener dotes para.
Ex. He has a gift for music. Tiene dotes para la música.

I wouldn't have it as a gift. Ni regalado.
Ex. I wouldn't have it as a gift. No lo querría ni regalado.

Not to look a gift horse in the mouth.
A caballo regalado no le mires el diente.
Ex. The car your father has bought for you is very old but don't look a gift horse in the mouth. El coche que tu padre te ha comprado es muy antiguo pero a caballo regalado no le mires el diente.

Ver: Gab, Have the gift of gab.

GIVE
Give a cry. Dar un grito.
Ex. When she saw Victor, she gave a cry. Cuando vio a Víctor, dio un grito.

Give a hand. Echar una mano.
Ex. Give me a hand. Échame una mano.

Give away. Regalar.
Ex. I gave all my books away. Regalé todos mis libros.

Give back. Devolver.
Ex. If you lend me the book I'll give it back tomorrow. Si me prestas el libro te lo devolveré mañana.

Give birth. Dar a luz.
Ex. She gave birth to a baby girl. Dio a luz una niña.

Give in. Ceder; dar el brazo a torcer.
Ex. Victor is very stubborn and won't give in. Víctor es muy testarudo y no da su brazo a torcer.

Give notice. Presentar la dimisión; renunciar; despedir de un empleo.
Ex. He gave notice last week. Presentó la dimisión la semana pasada.

Give off smell. Despedir olor.
Ex. The corpse gives off a bad smell. El cadáver despide mal olor.

Give oneself airs. Darse aires.
Ex. He gives himself airs. He thinks he's great! Se da aires. ¡Cree que es maravilloso!

Give oneself away. Ponerse en evidencia.
Ex. Stop talking because you are giving yourself away! ¡Para de hablar porque te estás poniendo en evidencia!

Give out. Repartir.
Ex. They are giving out candy at the corner store. Están repartiendo caramelos en la tienda de la esquina.

Give rein to. Dar rienda suelta.
Ex. She gave rein to her grief. Dio rienda suelta a su pena.

Give rise to. Dar ocasión.
Ex. You must not give rise to doubts on their part. No debes darles ocasión de que duden.

Give someone his due. Reconocer (los méritos de alguien).
Ex. I must give him his due for trying. Debo reconocer que lo intentó.

Give someone one's attention. Prestar atención a alguien.
Ex. Will you give me your attention, please? ¿Quieres prestarme atención, por favor?

Give someone the gate. Darle a uno la patada.
Ex. When Mary met the rich man she gave Victor the gate. Cuando María conoció al millonario le dio la patada a Víctor.

Give the slip. Dar esquinazo.
Ex. She gave Victor the slip. Ella le dio esquinazo a Víctor.

Give to understand. Dar a entender.
Ex. She gave me to understand that her father was Spanish. Me dio a entender que su padre era español.

Give up. Dejar, abandonar.
Ex. I'm going to give up my job. Voy a dejar mi empleo.

Give up. Darse por vencido, rendirse.
Ex. I gave up without fighting. Me di por vencido sin pelear.

Give up on. Dejar por imposible.
Ex. I gave up on Susan a long time ago! Dejé a Susana por imposible hace mucho tiempo.

Given name. Nombre de pila.
Ex. What's your given name? ¿Cuál es tu nombre de pila?

Given to. Dado a.
Ex. He is much given to work. Es muy dado al trabajo.

Not to give a damn. No importarle a uno un bledo.
Ex. I don't give a damn about the boss. El jefe no me importa un bledo.

The rubber band gives. La goma da de sí.
Ex. The rubber band gives until it breaks. La goma da de sí hasta que se rompe.

Ver: Ghost, Give up the ghost.

GIVER
Ver: Indian, Indian giver.

GLAD
Be glad. Estar contento, alegrarse.
Ex. I am glad you came. Me alegra que hayas venido.

Give someone the glad eye. Echar los tejos.
Ex. I think that guy's giving you the glad eye. Creo que ese tío te está echando los tejos.

GLANCE
At a glance. De un vistazo; a primera vista.
Ex. At a glance you can see this is well made. A primera vista se ve que está bien hecho.

At first glance. A primera vista.
Ex. At first glance it looks broken. A primera vista parece roto.

Ver: Cast, Cast a glance.

GLITTER
All that glitters is not gold. No es oro todo lo que reluce.
Ex. He seems okay but all that glitters is not gold. Parece buena persona pero no es oro todo lo que reluce.

GLOOMY
Be gloomy. Estar triste.
Ex. Why are you so gloomy? ¿Por qué estás tan triste?

GLORY
Be in one's glory. Estar uno en la gloria.
Ex. After the victory he's in his glory. Después de la victoria está en la gloria.

GLOVE
Be hand and glove. Ser uña y carne.
Ex. Victor and John are hand and glove. Víctor y Juan son uña y carne.

Fit like a glove. Sentar como un guante.
Ex. That dress fits like a glove. Ese vestido te sienta como un guante.

GLOVES
Handle with kid gloves. Tratar con guantes.
Ex. Victor is so difficult you must handle him with kid gloves. Víctor es tan difícil que debes tratarle con guantes.

GO
Anything goes. Todo vale.
Ex. In this house anything goes! ¡En esta casa todo vale!

As things go. Tal como están las cosas; según van las cosas.
Ex. As things go, I think we should stop for today. Tal como van las cosas creo que deberíamos parar por hoy.

Be going strong. Estar todavía en activo.
Ex. My father's still going strong. Mi padre todavía sigue en activo.

Be gone. Acabarse.
Ex. All the pears are gone. Se han acabado las peras.

Be gone. Desaparecer; irse.
Ex. My headache is gone! ¡Se me ha ido el dolor de cabeza!

Be on the go. Ser un terremoto.
Ex. Victor is always on the go! ¡Víctor es un terremoto!

From the word "go". Desde el principio.
Ex. I know this project was going to fail from the word "go". Sabía desde el principio que el proyecto iba a fracasar.

Go. Funcionar.
Ex. This car won't go. Este coche no funciona.

Go by. Ser conocido por.
Ex. He goes by a false name. Se lo conoce por un nombre falso.

Go fifty-fifty. Ir a medias.
Ex. In our business we'll go fifty-fifty. En nuestro negocio iremos a medias.

Go from bad to worse. Ir de mal en peor.
Ex. My finances are going from bad to worse. Mis finanzas van de mal en peor.

Go hungry. Pasar hambre.
Ex. I don't want you to go hungry. No quiero que pases hambre.

Go in for. Gustar, tener afición.
Ex. Do you go in for sports? ¿Te gusta el deporte?

Go into. Sacar.
Ex. Why go into that now? ¿Por qué sacar eso ahora?

Go into effect. Entrar en vigor.
Ex. The new law will go into effect tomorrow. La nueva ley entrará en vigor mañana.

Go it alone. Ir por su cuenta; hacerlo solo, sin ayuda.
Ex. I'll go it alone. Lo haré solo.

Go mad. Volverse loco.
Ex. I'm going mad here! ¡Me estoy volviendo loco aquí!

Go off. Explotar; resultar.
Ex. The bomb didn't go off. La bomba no explotó.

Go on. Continuar.
Ex. Go on talking, please. Continúe hablando, por favor.

Go out. Salir.
Ex. I'm going out tonight. Salgo esta noche.

Go out of one's way. Tomarse la molestia.
Ex. He went out of his way to help me. Se tomó la molestia de ayudarme.

Go over. Revisar.
Ex. Go over these papers, please. Por favor, revisa estos papeles.

Go places. Tener éxito.
Ex. I hear Peter is going places now. Tengo entendido que Pedro está teniendo éxito ahora.

Go slow. Atrasarse.
Ex. My watch goes slow. Mi reloj se atrasa.

Go the way of all flesh. Pasar a mejor vida.
Ex. Victor went the way of all flesh. Víctor pasó a mejor vida.

Go the whole hog. Liarse la manta a la cabeza; ir a por todas.
Ex. I went the whole hog and bought a house for her birthday. Me lié la manta a la cabeza y le compré una casa para su cumpleaños.

Go through. Pasar (dificultades), sufrir.
Ex. I've had to go through a lot in life. He tenido que pasar por mucho en la vida.

Go to one's head. Subírsele a uno a la cabeza.
Ex. Success went to his head. El éxito se le subió a la cabeza.

Go to pieces. Derrumbarse moralmente.
Ex. When he lost his job he went to pieces. Cuando perdió el empleo se derrumbó.

Go under. Fracasar.
Ex. His company went under last year. Su empresa fracasó el año pasado.

Go up in smoke. Esfumarse.
Ex. All our projects went up in smoke. Todos nuestros proyectos se esfumaron.

Go with. Salir con; juntarse con.
Ex. Victor is going with a waitress. Víctor sale con una camarera.

Go with. Hacer juego con.
Ex. That tie doesn't go with your suit. Esa corbata no hace juego con el traje.

Go without. Pasarse sin.
Ex. I can't go without coffee. No puedo pasarme sin café.

Go without saying. Ni que decir tiene.
Ex. It goes without saying that Mr. Smith is an honest man. Ni que decir tiene que el Sr. Smith es un hombre honrado.

Have a lot of go. Tener mucha energía.
Ex. He has a lot of go. Tiene mucha energía.

It's no go! No pita; no funciona.
Ex. I'm sorry but it's no go! ¡Lo siento pero no pita!

Let go. Soltar.
Ex. Let go of my tie! ¡Suéltame la corbata!

Let oneself go. Dejarse, abandonarse.
Ex. He let himself go. Se dejó ir.

Ver: Above, Not to go above.
Ver: Across, Go across.
Ver: After, Go after.
Ver: Away, Go away.
Ver: Far, Go too far.

GOD
For God's sake. Por el amor de Dios.
Ex. For God's sake, don't do that! ¡Por el amor de Dios, no hagas eso!

God forbid. Dios no lo quiera.
Ex. If you have an accident, God forbid, phone right away! Si tienes un accidente, Dios no lo quiera, telefonea enseguida.

God helps those who help themselves. Dios ayuda a quien se ayuda.
Ex. Work hard. Remember that God helps those who help themselves. Trabaja mucho. Recuerda que Dios ayuda a los que se ayudan.

God only knows. Sólo Dios sabe.
Ex. Only God knows how much I have suffered! ¡Sólo Dios sabe cuánto he sufrido!

God willing. Dios mediante.
Ex. God willing, I'll be back next year. Volveré el año que viene, Dios mediante.

Oh, my God! ¡Dios mío!
Ex. Oh, my God! What happened? ¡Dios mío! ¿Qué pasó?

Ver: Act, Act of God.
Ver: Keep, God keep you.

GOING
Ver: Get, Get going.

GOLD
Have a heart of gold. Tener un corazón de oro.
Ex. Victor has a heart of gold. Víctor tiene un corazón de oro.

Ver: Glitter, All that glitters is not gold.

GOOD
All in good time. Todo a su debido tiempo.
Ex. Be patient; all in good time. Paciencia; todo a su debido tiempo.

As good as. Casi.
Ex. This is as good as finished. Esto está casi terminado.

As good as. Prácticamente.
Ex. This is as good as done. Esto está prácticamente hecho.

Be good at. Tener talento para.
Ex. I'm good at teaching. Tengo talento para la enseñanza.

Be no good for. No servir para.
Ex. This pen is no good for writing. Esta pluma no sirve para escribir.

Be so good as to. Tener la bondad de.
Ex. Will you be so good as to mail this letter for me? ¿Tendría la bondad de echarme esta carta al correo?

Come to no good. Acabar mal.
Ex. I know Victor will come to no good. Sé que Víctor acabará mal.

Do good. Hacer el bien.
Ex. I like to do good. Me gusta hacer el bien.

For good. De una; definitivamente; para siempre.
Ex. Victor left for good. Víctor se marchó para siempre.

Good and. Bien; muy.
Ex. This whiskey is good and strong. Este whisky es muy fuerte.

Good for you! ¡Me alegro por ti!
Ex. You got married? Good for you! ¿Te casaste? ¡Me alegro por ti!

Have a good day! ¡Que usted lo pase bien!
Ex. Have a good day, sir! ¡Que usted lo pase bien, caballero!

Have it good. Vérselas gordas.
Ex. You've never had it so good! ¡Nunca te las has visto tan gordas!

How good of you. Qué amable de su parte.
Ex. How good of you to come! ¡Qué amable de su parte haber venido!

Make good. Tener éxito; cumplir.
Ex. I am sure he will make his promise good. Estoy seguro que cumplirá su promesa.

Make good. Tener éxito en la vida.
Ex. Victor made good. Víctor tuvo éxito.

Return good for evil. Hacer bien por mal.
Ex. Victor is a good man; he always returns good for evil. Víctor es un buen hombre; siempre hace bien por mal.

Smell good. Oler bien.
Ex. The soup smells good. La sopa huele bien.

What good will it do? ¿De qué servirá?
Ex. What good will it do if we go early? ¿De qué servirá si llegamos temprano?

Ver: Do, Do one a world of good.
Ver: Far, So far, so good.

GOODNESS
For goodness sake. Por el amor de Dios.
Ex. For goodness sake, don't do that! ¡Por el amor de Dios, no hagas eso!

Thank goodness. Gracias a Dios.
Ex. Thank goodness you are here! ¡Gracias a Dios que estás aquí!

GOOF
Goof off. Vaguear, no dar golpe.
Ex. He's goofing off in the office. No da golpe en la oficina.

GOOSE
To kill the goose that lay the golden eggs. Matar a la gallina de los huevos de oro.
Ex. Don't kill the goose that lays the golden eggs. No mates a la gallina de los huevos de oro.

GORGE
Gorge oneself. Darse un atracón.
Ex. I gorged myself on candy. Me di un atracón de caramelos.

GRAB
Be up for grabs. Libre para el primero que llegue.
Ex. This job is up for grabs. Este empleo es para el primero que llegue.

Grab. Parecer.
Ex. How does that grab you? ¿Qué te parece eso?

GRACE
By the grace of God. Por la gracia de Dios.
Ex. King of Whitishland by the grace of God. Rey de Whitishland por la gracia de Dios.

GRADE
Make the grade. Tener éxito.
Ex. If you study you'll make the grade. Si estudias tendrás éxito.

GRAIN
A grain of truth. Una pizca de verdad.
Ex. There isn't a grain of truth in what he says. No hay ni pizca de verdad en lo que dice.

Take with a grain of salt. Aceptar, admitir algo con reservas.
Ex. You must take what he says with a grain of salt. Debes aceptar con reservas lo que dice.

Ver: Against, Against the grain.

GRANT
Take for granted. Dar por hecho, dar por sentado.
Ex. Don't take it for granted. No lo des por hecho.

GRAPEVINE
The grapevine. Radio macuto.
Ex. I heard it on the grapevine. Me enteré por radio macuto.

GRASP
Beyond one's grasp. Ser incomprensible para uno.
Ex. What he said was beyond my grasp. Lo que dijo me fue incomprensible.

GRASS
Hear the grass grow. Tener oído de tísico.
Ex. Keep it down! The boss can hear the grass grow! ¡Baja la voz! ¡El jefe tiene oído de tísico!

Let the grass grow under one's feet. Dormirse en los laureles; estar mano sobre mano.
Ex. In this business you can't let the grass grow under your feet. En este negocio no puedes dormirte en los laureles.

GRAVE
Have one foot in the grave. Tener una pata en la tumba.
Ex. Victor's grandfather has one foot in the grave. El abuelo de Víctor tiene una pata en la tumba.

GRAVEYARD
Ver: Quiet, Quiet as a graveyard.

GREASE
Ver: Palm, Grease the palm.

GREEK
Be something Greek to someone. Ser chino, incomprensible.
Ex. This book is Greek to me! ¡Este libro es chino para mí!

GREETING
Ver: Exchange, Exchange greetings.

GREY
Ver: Cat, At night all cats are grey.

GRIND
The daily grind. La rutina cotidiana.
Ex. I hate the daily grind. Aborrezco la rutina cotidiana.

Ver: Ax, Have an ax to grind.

GRINDSTONE
Keep one's nose to the grindstone. Trabajar como un negro.
Ex. He keeps his nose to the grindstone! ¡Trabaja como un negro!

GRIP
Come to grips with. Afrontar.
Ex. We must come to grips with this problem. Tenemos que afrontar este problema.

Get a grip of oneself. Contenerse, tranquilizarse.
Ex. Get a grip of yourself! ¡Contente!

GROSS
By the gross. Al por mayor.
Ex. How much is this by the gross? ¿A cuánto sale esto al por mayor?

GROUND

Give ground. Ceder, retroceder.
Ex. When you discuss the deal with him don't give ground. Cuando discutas el trato con él, no cedas.

Hold one's ground. Mantenerse firme.
Ex. It's important for us to hold our ground at the meeting. Es importante que nos mantengamos firmes en la reunión.

Ver: Ear, Keep an ear to the ground.

GROW

Grow a beard. Dejarse barba.
Ex. I think I'm going to grow a beard. Creo que voy a dejarme barba.

Grow out of. Quedarse algo pequeño (por crecimiento).
Ex. Peter's grown out of his shirt. A Pedro se le ha quedado pequeña la camisa.

Not to grow on trees. No lo regalan.
Ex. Money doesn't grow on trees. El dinero no lo regalan.

GRUDGE

Bear a grudge. Tenérsela jurada a alguien.
Ex. She bears a grudge against me. Me la tiene jurada.

GUARANTEE

Be guaranteed. Estar garantizado.
Ex. This car is not guaranteed. Este coche no está garantizado.

GUARD

Be off one's guard. Estar desprevenido.
Ex. I didn't know what to say because I was caught off guard. No supe qué decir porque me cogieron desprevenido.

Be on guard. Estar en guardia.
Ex. I'm always on guard just in case. Siempre estoy en guardia por si acaso.

Stand guard. Montar guardia.
Ex. Stand guard in case they come. Monta guardia por si vienen.

GUESS

Take a guess. Adivinar.
Ex. Where's the money? Take a guess! ¿Dónde está el dinero? ¡Adivina!

GUILT

Guilty conscience. Remordimiento de conciencia.
Ex. I have a guilty conscience. Tengo remordimiento de conciencia.

GUN

Son of a gun. Hijo de la gran... Bretaña.
Ex. He's a son of a gun. Es un hijo de la gran Bretaña.

Stick to one's guns. Mantenerse uno en sus trece.
Ex. Stick to your guns or else they'll take advantage of you. Manténte en tus trece que si no se aprovecharán de ti.

To give in the gun. Acelerar; poner en marcha.
Ex. Come on, give it the gun. Venga, acelera.

GUT

To hate someone's guts. Tener tirria, odio a alguien.
Ex. I hate your guts! ¡Te odio!

H

HABIT
Be in the habit of. Soler, acostumbrar.
Ex. I am in the habit of reading in bed. Suelo leer en la cama.

Get into the habit of. Coger el hábito de.
Ex. At school he got into the habit of smoking. En el colegio cogió el hábito de fumar.

Kick the habit. Dejar un hábito, vicio.
Ex. You must kick the smoking habit. Tienes que dejar el vicio de fumar.

Ver: Fall, Fall into the habit of.

HAD
Be had. Ser engañado, timado.
Ex. You've been had! ¡Te han engañado!

HAIL
Hail from. Ser de, venir de.
Ex. Where does he hail from? ¿De dónde es?

HAIR
By a hair. Por un pelo.
Ex. He missed me by a hair. No me dio por un pelo.

Get in one's hair. Irritar, molestar, incordiar.
Ex. My nephew gets in my hair. Mi sobrino me irrita.

Make one's hair stand on end. Ponérsele a uno los pelos de punta.
Ex. When I saw the fall my hair stood on end. Cuando vi la caída se me pusieron los pelos de punta.

Not to touch a hair on someone's head. No tocarle a uno un pelo.
Ex. I haven't touched a hair on her head! ¡No le he tocado un pelo!

Split hairs. Hilar fino.
Ex. Victor always splits hairs over money matters. Víctor siempre hila fino en cuestiones de dinero.

Within a hair. Por un pelo.
Ex. We were within a hair of getting hit by the car. No nos atropelló el coche por un pelo.

HALF
By half. Demasiado, un pelín demasiado.
Ex. Victor is too clever by half! ¡Víctor es un pelín demasiado listo!

Go halves. Ir a medias.
Ex. We can go halves. Podemos ir a medias.

Half a loaf is better than no bread. Pan duro, más vale duro que ninguno.
Ex. They paid little but half a loaf is better than no bread. Pagaron poco pero pan duro, más vale duro que ninguno.

Half an hour. Media hora.
Ex. I'll be back in half an hour. Volveré en media hora.

Half done. A medias, medio hecho.
Ex. It's half done. Está medio hecho.

Half fare. Media tarifa, medio billete.
Ex. Children pay half fare. Los niños pagan media tarifa.

Half price. Mitad de precio.
Ex. I bought it for half price. Lo compré a mitad de precio.

Half-baked. A medio hacer; poco pensado, poco práctico.
Ex. Don't come over to me with half-baked ideas. No me vengas con ideas poco prácticas.

In half. Por la mitad.
Ex. Cut this in half. Corta esto por la mitad.

Meet someone half way. Hacer concesiones para llegar a un acuerdo.
Ex. I'm ready to meet you half way on this question. Estoy dispuesto a hacer concesiones en esta cuestión.

Not half bad. Nada mal.
Ex. This is not half bad. Esto no está nada mal.

Ver: Better, The better half.

HALT
Come to a halt. Pararse, interrumpirse.
Ex. The work came to a halt. Se interrumpió el trabajo.

HALVES
Do something by halves. Hacer las cosas a medias.
Ex. I don't do things by halves. No hago las cosas a medias.

HAMMER
Hammer something into someone's head. Meterle a uno algo en la cabeza.
Ex. I'm going to hammmer it into your head. Te lo voy a meter en la cabeza.

HAND
Ask for someone's hand. Pedir la mano de alguien (en matrimonio).
Ex. Victor's coming to ask for my sister's hand. Víctor viene a pedir la mano de mi hermana.

Be an old hand. Ser un experto; tener mucha experiencia.
Ex. Victor's an old hand at fixing cars. Víctor es un experto arreglando coches.

Be handed down. Pasar de unos a otros, de mayores a menores.
Ex. These traditions have been handed down in my family for years. Hace años que estas tradiciones pasan de unos a otros en mi familia.

Be in good hands. Estar en buenas manos.
Ex. With Victor you are in good hands. Con Víctor estás en buenas manos.

Bite the hand that feeds you. Ser un desagradecido.
Ex. Victor, you bite the hand that feeds you! ¡Víctor, eres un desagradecido!

By hand. A mano.
Ex. My shoes were made by hand. Mis zapatos están hechos a mano.

Change hands. Cambiar de dueño.
Ex. This shop has changed hands several times this year. Esta tienda ha cambiado de dueño varias veces este año.

Clap hands. Dar palmas, aplaudir.
Ex. Let's clap hands. Demos palmas.

First hand. De primera mano; nuevo.
Ex. I bought the car first hand. Compré el coche de primera mano.

Get (give) a big hand. Recibir (dar) una gran ovación, caluroso aplauso.
Ex. When he finished singing we gave him a big hand. Cuando terminó de cantar le dimos una gran ovación.

Get out of hand. Desmadrarse, desmandarse, pasarse, descontrolarse.
Ex. My students got out of hand. Mis alumnos se desmadraron.
Ex. Government spending is getting out of hand. El gasto público está descontrolado.

Get (have) the upper hand. Llevar las de ganar; salir ganando; tener dominio sobre.
Ex. I got the upper hand at first. Al principio llevaba yo las de ganar.

Go hand in hand with. Ir parejo con; corresponder con.
Ex. My idea goes hand in hand with yours. Mi idea va pareja con la tuya.

Hand in. Entregar.
Ex. I handed in the documents yesterday. Entregué los documentos ayer.

Hand in hand. De la mano.
Ex. I've seen them walking hand in hand. Los he visto paseando de la mano.

Hand out. Distribuir.
Ex. Hand out the food among the poor. Distribuye los alimentos entre los pobres.

Hand over. Entregar, dar.
Ex. Hand over all your money and don't move. Entregue todo su dinero y no se mueva.

Hand over fist. A puñados, a manos llenas.
Ex. Victor is making money hand over fist. Víctor gana dinero a manos llenas.

Hands off! ¡No tocar!
Ex. Hands off my girlfriend! ¡No toques a mi novia!

Have a hand in something. Tener algo que ver con.
Ex. Did you have a hand in this project? ¿Ha tenido algo que ver en este proyecto?

Have one's hands full. Estar atareadísimo, ocupadísimo.
Ex. My wife has her hands full with the children. Mi mujer está atareadísima con los niños.

Have time on one's hands. Tener tiempo de sobra.
Ex. I have plenty of time on my hands. Tengo tiempo de sobra.

In hand. Controlado, dominado.
Ex. The situation is well in hand. La situación está controlada.

Lend a hand. Echar una mano.
Ex. Will you lend me a hand? ¿Quieres echarme una mano?

Live hand to mouth. Vivir a salto de mata.
Ex. The peasants are forced to live a hand to mouth existence. Los agricultores se ven obligados a vivir a salto de mata.

On hand. A mano, disponible.
Ex. Luckily he was on hand to help. Afortunadamente estaba a mano para ayudar.

On the other hand. Por otra parte.
Ex. He types well but, on the other hand, he speaks no English. Escribe a máquina bien pero, por otra parte, no habla nada de inglés.

On the right-hand side. A la derecha, a mano derecha.
Ex. You'll find the book on the right-hand side. Encontrarás el libro a mano derecha.

Secondhand. De segunda mano.
Ex. I've bought a beautiful secondhand car. He comprado un coche maravilloso de segunda mano.

Shake hands with. Dar la mano.
Ex. Shake hands with Mr. Roberts! ¡Dale la mano al Sr. Roberts!

Take something off someone's hands. Quitar de encima; deshacerse de; quitar de las manos.
Ex. Please, take this problem off my hands. Por favor, deshazme de este problema.

Ex. The product is so good people are taking it off his hands. El producto es tan bueno que la gente se lo quita de las manos.

Wait hand and foot. Tratar a cuerpo de rey.
Ex. Mary waits on Victor hand and foot. María trata a Víctor a cuerpo de rey.

Wash one's hands of. Lavarse las manos.
Ex. I wash my hands of the whole thing! ¡Yo me lavo las manos de todo el asunto!

You've got to hand it to him. Ser digno de admiración.
Ex. You've got to hand it to Peter: he's brilliant! Pedro es digno de admiración: es brillante.

Ver: Bird, A bird in the hand is worth two in the bush.
Ver: Fall, Fall into the hands of.
Ver: Give, Give a hand.
Ver: Hold, Hold hands.

HANDLE
Handle a product. Trabajar un producto.
Ex. We don't handle that brand of toothpaste. No trabajamos esa marca de dentífrico.

Ver: Gloves, Handle with kid gloves.

HANDY
Be handy at. Ser hábil con; ser un manitas.
Ex. He is very handy at repairing things. Es un manitas arreglando cosas.

Come in handy. Venir de perlas.
Ex. The money she gave us will come in handy. El dinero que nos dio nos vendrá de perlas.

HANG
Hang on. Agarrarse.
Ex. You must hang on to that job no matter what! ¡Debes agarrarte a ese empleo pase lo que pase!

Hang on someone's words. Estar pendiente de las palabras de alguien.
Ex. She hangs on his words. Está pendiente de sus palabras.

HAPPEN
Happen to. Por casualidad...
Ex. Do you happen to have a thousand dollars? ¿Por casualidad tiene usted mil dólares?

No matter what happens. Pase lo que pase.
Ex. No matter what happens I'll be true to you! ¡Pase lo que pase te seré fiel!

HAPPY
Be as happy as a lark (king). Estar más alegre que unas pascuas.
Ex. Victor's as happy as a lark today! ¡Hoy Víctor está más alegre que unas pascuas!

Happy-go-lucky. Viva la virgen.
Ex. Victor has a happy-go-lucky attitude towards work. Víctor tiene una actitud de viva la virgen en el trabajo.

HARD
Be hard of hearing. Ser duro de oído.
Ex. My boss is a bit hard of hearing. Mi jefe es un poco duro de oído.

Be hard to deal with. Ser de trato difícil.
Ex. Victor's a hard person to deal with. Víctor es una persona difícil de tratar.

Be hard up for money. Estar sin blanca.
Ex. I'm always hard up for money by the end of the month. Estoy siempre sin blanca a fin de mes.

Be hard-headed. Cabezón, cabeza dura, cabezota.
Ex. My son is a hard-headed boy who always gets what he wants. Mi hijo es un cabezón que siempre tiene lo que quiere.

Hard luck. Mala pata.
Ex. I've had a lot of hard luck lately. He tenido muy mala pata últimamente.

Hard-and-fast. Riguroso, estricto.
Ex. We have one hard-and-fast rule here: No smoking! Tenemos una regla estricta aquí: ¡Prohibido fumar!

Hard-boiled. Severo, estricto.
Ex. My teacher is very hard-boiled. Mi profesor es muy estricto.

Make it hard for someone. Ponérselo difícil a alguien.
Ex. You are making it very hard for me. Me lo estás poniendo muy difícil.

Rain hard. Diluviar, llover a cántaros.
Ex. It's raining hard today! ¡Está diluviando hoy!
Take it hard. Tomarlo a pecho.
Ex. He took it very hard. Lo tomó muy a pecho.

Try hard. Esforzarse.
Ex. You must try harder if you want to succeed. Debes esforzarte más si quieres tener éxito.

HARM
Harm a flea. Matar una mosca.
Ex. Victor wouldn't harm a flea. Víctor no mataría una mosca.

HARP
Harp on. Machacar sobre.
Ex. He's always harping on the same subject. Siempre está machacando sobre el mismo tema.

HAS
A has-been. Persona que "ha sido" (rica, famosa, etc.), pero que ya no; estar acabado.
Ex. That boxer is a has-been. Ese boxeador está acabado.

HASTE
Ver: In, In haste.

HAT
Keep it under one's hat. Tenerlo uno callado.
Ex. He kept it under his hat! ¡Lo tenía muy callado!

Pass the hat. Hacer una colecta.
Ex. Pass the hat to get money for the present. Haz una colecta para conseguir dinero para el regalo.

Talk through one's hat. Decir bobadas; no saber lo que se dice.
Ex. You are talking through your hat. No sabes lo que te dices.

Ver: Drop, At the drop of a hat.

HATCHET
Ver: Bury, Bury the hatchet.

HAUL
In (over) the long haul. A la larga.
Ex. This is bad but over the long haul it'll be better. Esto es malo pero a la larga mejorará.

HAVE
Have a baby. Tener un niño.
Ex. My sister had a baby yesterday. Mi hermana tuvo un niño ayer.

Have been had. Ser engañado, estafado.
Ex. Victor, you've been had! ¡Víctor, te han engañado!

Have in mind. Tener pensado, tener intención de.
Ex. I had in mind to go. Tenía pensado ir.

Have it good. Estar bien.
Ex. You've never had it so good. Nunca has estado tan bien.

Have it in for. Tenérsela jurada a alguien.
Ex. The boss has it in for Victor. El jefe se la tiene jurada a Víctor.

Have it out with someone. Poner las cosas claras con alguien.
Ex. I'll have it out with him when he comes. Pondré las cosas claras con él cuando venga.

Have it your way! ¡Tú ganas!
Ex. I don't think you are right but have it your way! ¡No creo que tengas razón pero tú ganas!

Have to do with. Tener que ver con.
Ex. I'll have nothing to do with that man. No quiero tener nada que ver con ese tío.

Let someone have it. Arrear a uno.
Ex. I'm going to let him have it in the kisser! ¡Le voy a arrear una en los morros!

Ver: Ear, Have an ear for.

HAY
Hit the hay. Acostarse.
Ex. It's late; I'm going to hit the hay. Es tarde; voy a acostarme.

Make hay while the sun shines.
Aprovechar la buena racha.
Ex. Okay, Victor, make hay while the sun shines! ¡Venga, Víctor, aprovecha la buena racha!

HAYWIRE
Go haywire. Perder la chaveta, volverse loco.
Ex. Victor's gone haywire! ¡Víctor ha perdido la chaveta!

HEAD
A head. Por cabeza.
Ex. We paid ten dollars a head. Pagamos diez dólares por cabeza.

Be head-over-heels in love. Estar perdidamente enamorado, loco por.
Ex. Victor's head-over-heels in love with her. Víctor está perdidamente enamorado de ella.

Be out of one's head. Estar chalado.
Ex. That man's out of his head. Ese hombre está chalado.

Come to a head. Llegar a un punto crucial, a una encrucijada.
Ex. Things have come to a head between us. Las cosas han llegado a un punto crucial entre nosotros.

Go off one's head. Enloquecer.
Ex. He went off his head after working here two years. Enloqueció tras trabajar aquí dos años.

Go to one's head. Subírsele a la cabeza de uno.
Ex. Don't tell her she's pretty or it'll go to her head. No le digas que es bonita o se le subirá a la cabeza.

Have a head on one's shoulders. Tener la cabeza sentada.
Ex. Victor's son has a head on his shoulders and can be trusted. El hijo de Víctor tiene la cabeza sentada y puede confiarse en él.

Head first. De cabeza.
Ex. I dived head first. Me zambullí de cabeza.

Head for. Ir en dirección de, camino de.
Ex. We are heading for Paris. Vamos camino de París.

Head off. Interceptar.
Ex. Mr. Dillon said we could head the robbers off at the pass. El Sr. Dillon dijo que podríamos interceptar a los bandidos en el paso.

Head-on. De frente, de cabeza.
Ex. The cars collided head-on. Los coches chocaron de frente.

Hit the nail on the head. Dar en el clavo.
Ex. You hit the nail on the head: I'm broke! ¡Diste en el clavo: no tengo una perra!

Keep one's head. Mantener la calma.
Ex. Try to keep your head. Trata de mantener la calma.

Laugh one's head off. Desternillarse de risa.
Ex. They laughed their heads off when they saw Victor. Se desternillaron de risa cuando vieron a Víctor.

Lose one's head. Perder la cabeza.
Ex. Victor lost his head and beat her. Víctor perdió la cabeza y la molió a palos.

Not to make head or tail of. No sacarle punta a; entender.
Ex. I can't make head or tail of what he's saying. No le puedo sacar punta a lo que dice.

Put heads together. Trabajar juntos.
Ex. If we put our heads together we can solve this problem. Si trabajamos juntos podemos resolver el problema.

Put out of one's head. Quitárselo uno de la cabeza.
Ex. Can't you put it out of your head? ¿No te lo puedes quitar de la cabeza?

Scream one's head off. Desgañitarse.
Ex. Don't make me scream my head off. No hagas que me desgañite.

Talk one's head off. Hablar por los codos.
Ex. Victor talks his head off. Víctor habla por los codos.

Talk over someone's head. Hablar de manera incomprensible para uno.
Ex. He talks over my head. Habla de manera incomprensible para mí.

Two heads are better than one. Dos pueden hacer más que uno.
Ex. Help me, please, two heads are better than one. Ayúdame, por favor; dos pueden más que uno.

Ver: Get, Get into one's head.
Ver: Lump, Lump in the head.
Ver: Take, Take into one's head.

HEALTH
Ver: Bill, A clean bill of health.
Ver: Enjoy, Enjoy good health.

HEAP
In a heap. Amontonado.
Ex. He left his clothes in a heap. Dejó la ropa amontonada.

HEAR
Hear from. Saber de.
Ex. Have you heard from Victor? ¿Has sabido de Víctor?

I won't hear of it. No quiero ni oír hablar de eso.
Ex. Stop. I won't hear of it! ¡Alto! ¡No quiero ni oír hablar de eso!

HEART
At heart. En el fondo.
Ex. At heart you know I'm right. En el fondo sabes que tengo razón.

Break someone's heart. Destrozar a alguien el corazón.
Ex. She broke my heart. Me destrozó el corazón.

By heart. De memoria.
Ex. I know the lesson by heart. Sé la lección de memoria.

Die of a broken heart. Morir de pesar, de pena.
Ex. They say he died of a broken heart. Dicen que murió de pena.

Get to the heart of the matter. Llegar al fondo de la cuestión.
Ex. Shall we get to the heart of the matter? ¿Llegamos al fondo de la cuestión?

Have heart trouble. Estar enfermo del corazón; tener "algo" del corazón.
Ex. The doctor told me I have heart trouble. El médico me ha dicho que tengo algo del corazón.

Have one's heart in one's mouth. Estar en ascuas.
Ex. He's got his heart in his mouth. Está en ascuas.

Have one's heart set on. Ansiar, anhelar.
Ex. I have my heart set on becoming a doctor. Ansío hacerme médico.

Heart and soul. Con toda el alma, con ahinco.
Ex. He is working heart and soul on the new project. Trabaja con ahinco en el nuevo proyecto.

Heart-to-heart. Confidencialmente, con franqueza.
Ex. I had a heart to heart talk with my wife. Tuve una conversación franca con mi mujer.

In one's heart. En el fondo.
Ex. In your heart you know I'm right. En el fondo sabes que tengo razón.

In one's heart of hearts. En lo más íntimo del ser de uno.
Ex. In your hearts of hearts you still love her! ¡En lo más íntimo de tu ser todavía la quieres!

Lose heart. Descorazonarse; desanimarse.
Ex. Be brave and don't lose heart. Sé valiente y no te desanimes.

Not have one's heart in it. No poner interés.
Ex. Your heart's not in it. No pones interés.

One's heart sinks. Caérsele a uno el alma a los pies.
Ex. When I saw how she was living, my heart sank! ¡Cuando vi cómo vivía se me cayó el alma a los pies!

Take something to heart. Tomarse algo a pecho.
Ex. Don't take it to heart! ¡No te lo tomes a pecho!

The heart of the matter. El meollo de la cuestión.
Ex. This is the heart of the matter. Éste es el meollo de la cuestión.

With a heavy heart. Con pesar.
Ex. I accept your resignation with a heavy heart! ¡Acepto su dimisión con pesar!

Ver: After, After one's own heart.
Ver: Content, To one's heart content.
Ver: Eat, Eat one's heart out.
Ver: Failure, Heart failure.
Ver: Gold, Have a heart of gold.

HEARTY
A hearty meal. Comilona.
Ex. We had a hearty meal after work. Nos dimos una comilona después del trabajo.

Be hale and hearty. Estar sano y fuerte.
Ex. Victor's hale and hearty. Víctor está sano y fuerte.

HEAT
Be in heat. Estar en celo.
Ex. That animal is in heat. Ese animal está en celo.

Put the heat on. Apretar las clavijas.
Ex. I'm going to put the heat on him. Le voy a apretar las clavijas.

HEAVEN
Be in seventh heaven. Estar en la gloria.
Ex. I'm in seventh heaven here in New York. Estoy en la gloria aquí en Nueva York.

For heaven's sake. Por amor del cielo, de Dios.
Ex. For heaven's sake, don't go! ¡Por el amor del cielo, no vayas!

Move heaven and earth. Remover cielo y tierra.
Ex. I'll move heaven and earth to find a job for you. Removeré cielo y tierra para encontrarte empleo.

Thank heaven. Gracias a Dios.
Ex. Thank heaven he is not here. Gracias a Dios que no está aquí.
Ver: Cry, Cry to heaven.

HEAVY
Heavy... Muy...
Ex. He is a heavy drinker. Es muy bebedor.

HEED
Take heed. Prestar atención.
Ex. Take heed to my words! ¡Presta atención a mis palabras!

HEEL
Be head-over-heels in love. Estar locamente enamorado de.
Ex. Victor's head-over-heels in love with her. Víctor está locamente enamorado de ella.

Be down at the heels. Ser un derrotado.
Ex. Victor's down at the heels. Víctor es un derrotado.

Have by the heels. Tener a uno en un puño.
Ex. I have Victor by the heels. Tengo a Víctor en un puño.

On the heels of. Pisando los talones, inmediatamente después, como resultado de.
Ex. His illness came on the heels of the car accident. Su enfermedad vino como resultado del accidente de coche.

Take to one's heels. Tomar las de Villadiego.
Ex. After he got the money he took to his heels. Después de coger el dinero tomó las de Villadiego.

Ver: Cool, Cool one's heels.

HEIGHT
The height of. El colmo de.
Ex. What you are saying is the height of stupidity! ¡Lo que dices es el colmo de la estupidez!

HELL
Come hell or high water. Contra viento y marea.
Ex. I'm going to New York come hell or high water. Voy a Nueva York contra viento y marea.

Do something for the hell of it. Hacer algo por hacerlo, por pasar el rato.
Ex. I broke the jar for the hell of it. Rompí el jarro por romperlo.

Get the hell out. Al cuerno.
Ex. Get the hell out of here! ¡Vete al cuerno!

Go something to hell. Irse algo al carajo.
Ex. This business is going to hell! ¡Este negocio se va al carajo!

Go through hell. Pasar un mal trago.
Ex. I know you've been through hell. Sé que has pasado un mal trago.

Go to hell. Irse al infierno.
Ex. Go to hell! ¡Vete al infierno!

Like hell. Que se las pela uno.
Ex. Victor works like hell! ¡Víctor trabaja que se las pela!

Raise hell. Armar follón.
Ex. The boss will raise hell when he sees this! ¡El jefe armará follón cuando vea esto!

What the hell! ¡Qué diablos!
Ex. What the hell do you want? ¿Qué diablos quieres?

HELP
Be of (great) help. Ser de (gran) ayuda.
Ex. You were of great help to me. Me fuiste de gran ayuda.

Help oneself. Servirse uno mismo.
Ex. If you are hungry, help yourself to a sandwich. Si tienes hambre, sírvete tú mismo un bocadillo.

It can't be helped. No puede evitarse.
Ex. It broke; it couldn't be helped. Se rompió; no pudo evitarse.

Not to help it. No poder evitarlo.
Ex. I love you; I can't help it! Te quiero; ¡no puedo evitarlo!

So help me God! ¡Que Dios me castigue..!
Ex. I'm telling the truth, so help me God! ¡Que Dios me castigue si no digo la verdad!

Ver: God, God helps those who help themselves.

HERE
Here and now. Ahora mismo, ya, en el acto.
Ex. Let's discuss it here and now. Discutámoslo ya.

Here and there. Por todas partes.
Ex. You can find good houses here and there in Madrid. Se pueden encontrar buenas casas por todas partes en Madrid.

Here goes. Ahí va.
Ex. Here goes the ball! ¡Ahí va la pelota!

Here you are. Toma.
Ex. Here you are, five dollars. Toma, cinco dólares.

Neither here nor there. Ni va ni viene, no venir a cuento.
Ex. That's neither here nor there. Eso no viene a cuento.

HIDE
Have a thick hide. Tener la cara muy dura.
Ex. Victor's got a thick hide! ¡Víctor tiene la cara muy dura!

Play hide and seek. Jugar al escondite.
Ex. Don't play hide and seek with me. No juegues al escondite conmigo.

Save one's hide. Salvar el pellejo.
Ex. I'm going to try to save my hide before the police come. Voy a tratar de salvar el pellejo antes de que llegue la policía.

Tan someone's hide. Darle a uno una zurra.
Ex. I'm going to tan his hide. Le voy a dar una buena zurra.

HIGH
Be high time. Ya ser hora de.
Ex. It's very late! It's high time you came! ¡Es muy tarde! ¡Ya era hora de que llegases!

Have a high opinion of. Tener buena opinión de.
Ex. In spite of everything I have a high opinion of my boss. A pesar de todo tengo muy buena opinión de mi jefe.

High and dry. Plantado.
Ex. Victor was left high and dry! ¡Dejaron plantado a Víctor!

High and low. Por todas partes.
Ex. I looked high and low for it but couldn't find it. Lo busqué por todas partes pero no pude encontrarlo.

HILL
As old as the hills. Más viejo que Matusalén.
Ex. This building is as old as the hills. Este edificio es más viejo que Matusalén.

Be over the hill. Estar de capa caída.
Ex. That actress is over the hill. Esa actriz está de capa caída.

HINT
Take a hint. Darse cuenta de una indirecta.
Ex. He didn't take the hint. No se dio cuenta de la indirecta.

Ver: Drop, Drop a hint.

HIT
Hit home. Llegar al alma.
Ex. What I said to him hit home. Lo que le dije le llegó al alma.

Hit it off. Entenderse bien.
Ex. We hit it off right away. Nos entendimos en seguida.

Hit on. Ocurrírsele a uno.
Ex. When did you hit on the idea? ¿Cuándo se te ocurrió la idea?

Hit one like a ton of bricks. Sentar como un tiro.
Ex. The news hit me like a ton of bricks. La noticia me sentó como un tiro.

Hit or miss. Descuidadamente.
Ex. He has a hit or miss way of doing things! ¡Tiene una manera descuidada de hacer las cosas!

Hit the ceiling. Poner el grito en el cielo.
Ex. When Victor saw the restaurant bill he hit the ceiling. Cuando Víctor vio la cuenta del restaurante puso el grito en el cielo.

Hit the hay. Acostarse, meterse en la cama.
Ex. It's very late! I'm going to hit the hay. ¡Es muy tarde! Voy a acostarme.

Hit the mark. Dar en el blanco.
Ex. The boss was very pleased with my idea. I hit the mark. El jefe quedó encantado con mi idea. Di en el blanco.

Hit the spot. Sentar, venir de maravilla.
Ex. This soup hit the spot! ¡Esta sopa me ha venido de maravilla!

Ver: Belt, Hit below the belt.
Ver: Head, Hit the nail on the head.

HOG
Ver: Go, Go the whole hog.

HOLD
Be left holding the bag. Cargar con el muerto.
Ex. He left without paying and left me holding the bag. Se marchó sin pagar y me dejó que cargara con el muerto.

Get hold of. Agarrar, pescar.
Ex. When I get hold of him I'll ask him for the money. En cuanto le agarre le pediré el dinero.

Hold hands. Cogerse de las manos.
Ex. Don't hold hands in public. No os cojáis de la mano en público.

Hold it! ¡Aguanta el carro!
Ex. Hold it! Say no more! ¡Aguanta el carro! No digas más!

Hold on. Aguantar.
Ex. Hold on, I'm coming. Aguanta que voy.

Hold on to. Agarrarse.
Ex. I'm going to hold on to my job as long as I can. Voy a agarrarme a mi puesto de trabajo hasta que pueda.

Hold one's breath. Contener la respiración.
Ex. Don't hold your breath! ¡No contengas la respiración!

Hold one's head high. Llevar la frente muy alta.
Ex. I can hold my head very high because I'm an honest man. Puedo llevar la frente muy alta porque soy un hombre honrado.

Hold one's horses. Aguantar el carro, esperar.
Ex. Hold your horses! ¡Aguanta el carro!

Hold one's tongue. Permanecer callado, tener la boca cerrada.
Ex. No matter what he says, hold your tongue! ¡Diga lo que diga, mantén la boca cerrada!

Hold still. Estarse quieto.
Ex. Hold still while I cut your hair. Estate quieto mientras te corto el pelo.

Hold up. Atracar.
Ex. The bank has been held up. Han atracado el banco.

Not to hold a candle to. No poderse comparar con.
Ex. You can't hold a candle to Victor. No te puedes comparar con Víctor.

Not to hold water. No tener base, no tener consistencia.
Ex. Your theory won't hold water. Tu teoría no tiene base.

Ver: Back, Hold back.

Ver: Bag, Be left holding the bag.

HOLE
Be in the hole. Estar entrampado.
Ex. We are two million in the hole. Estamos entrampados por dos millones.

Burn a hole in one's pocket. Tener un agujero en el bolsillo.
Ex. That money is burning a hole in Victor's pocket. Como tiene un agujero en el bolsillo, Víctor se gastará ese dinero.

Need like a hole in the head. Necesitar algo como una patada en los cojones; hacer tanta falta como los perros en misa.
Ex. I need a car like a hole in the head. Necesito coche como una patada en los cojones.

Pick holes. Encontrar defectos, faltas.
Ex. He's forever picking holes in my projects. Siempre les encuentra defectos a mis proyectos.

HOME
At home. En casa.
Ex. She is at home right now. Está en casa ahora.

Be at home. Estar en casa.
Ex. I'll be at home all day. Estaré en casa todo el día.

Nothing to write home about. Nada del otro jueves.
Ex. This is nothing to write home about. Esto no es nada del otro jueves.

HONEST
Honest as the day is long. Honrado a carta cabal.
Ex. Joe is honest as the day is long. Pepe es honrado a carta cabal.

HONOR
Do the honors. Hacer los honores.
Ex. I'll do the honors at the party. Haré los honores en la fiesta.

In honor of. En honor de.
Ex. This party is in your honor. La fiesta es en tu honor.

On my honor! ¡Palabra de honor!
Ex. I'll come at eight! On my honor! ¡Vendré a las ocho! ¡Palabra de honor!

Regard as an honor. Tener a honra; considerar una honra.
Ex. I regard your visit as an honor. Considero tu visita una honra.

HOOK
By hook or by crook. Como sea.
Ex. I'll get the money from him by hook or by crook. Le sacaré el dinero como sea.

Get hooked on. Engancharse a.
Ex. He's hooked on drugs. Está enganchado a la droga.

HOOKY
Play hooky. Hacer novillos, no ir al colegio.
Ex. Tom played hooky yesterday. Tomás hizo novillos ayer.

HOOT
Not be worth a hoot. No valer un pimiento.
Ex. Your ideas are not worth a hoot! ¡Tus ideas no valen un pimiento!

Not to care (give) a hoot. No importar un rábano; traer al fresco.
Ex. I don't give a hoot whether you come or go. Me trae al fresco que vengas o que vayas.

HOPE
Hope against all hope. Aferrarse a la posibilidad.
Ex. I hope against all hope that nothing will happen. Me aferro a la posibilidad de que no pase nada.

Ver: Dash, Dash one's hopes to the ground.
Ver: Pin, Pin one's hopes on.

HOPELESS
Be a hopeless case. Ser un caso perdido.
Ex. Peter's really a hopeless case. Pedro es verdaderamente un caso perdido.

HORN
Blow one's own horn. No tener abuela.
Ex. Victor praises himself all the time; he is always blowing his own horn. Víctor se alaba mucho; no tiene abuela.

Blow the horn. Tocar la bocina, el claxon.
Ex. Don't blow the horn so much. No toques la bocina tanto.

Ver: Bull, Take the bull by the horns.

HORSE
Horse sense. Sentido común.
Ex. She has plenty of horse sense! ¡Tiene mucho sentido común!

Out of (straight from) the horse's mouth. De buena tinta.
Ex. I got the information out of the horse's mouth. Sé la información de buena tinta.

That's a horse of a different color. Eso es harina de otro costal.
Ex. That's different; that's a horse of a different color. Eso es diferente; eso es harina de otro costal.

Work like a horse. Trabajar como un chino, un enano.
Ex. He's working like a horse on his new project. Trabaja como un enano en su nuevo proyecto.

Ver: Cart, To put the cart before the horse.
Ver: Gift, Don't look a gift horse in the mouth.

HOT
Be in hot water. Estar metido en líos.
Ex. Now I'm in hot water with the teacher because of you. Ahora estoy metido en líos con el profesor por culpa tuya.

Feel hot. Tener calor.
Ex. I feel very hot! ¡Tengo mucho calor!

Hot under the collar. Más corrido que una mona; echar chispas.
Ex. Victor left hot under the collar. Víctor se marchó más corrido que una mona.

Make it hot for. Ponerlo difícil.
Ex. The new manager is making it very hot for Victor! ¡El nuevo gerente se lo está poniendo muy difícil a Víctor!

Not so hot. No muy bueno.
Ex. We saw the film but it wasn't so hot. Vimos la película pero no era muy buena.

Ver: Iron, To strike while the iron is hot.

HOUR
Hours on end. Horas enteras, muertas.
Ex. I spent hours on end to write this. Me pasé las horas muertas para escribir esto.

Keep late hours. Trasnochar; acostarse tarde.
Ex. I'm tired because I keep late hours. Estoy cansado porque trasnocho.

Small hours. Muy de madrugada (entre la una y las tres).
Ex. The phone rang in the small hours. El teléfono sonó muy de madrugada.

Work long hours. Trabajar muchas horas.
Ex. I work long hours at the office. Trabajo muchas horas en la oficina.

Ver: Eleventh, Eleventh hour.

HOUSE
Keep house. Llevar una casa.
Ex. To keep house is a difficult task. Llevar una casa es tarea difícil.

On the house. La casa paga.
Ex. The drinks are on the house. Estas copas las paga la casa.

HOW
How come? ¿Cómo es que...?
Ex. How come you are late? ¿Cómo es que llegas tarde?

Ver: About, How about?

HUE
Hue and cry. Gritos, alboroto.
Ex. What's the hue and cry about? ¿A qué viene tanto alboroto?

HUNCH
Have a hunch. Tener una corazonada, presentimiento.
Ex. I have a hunch he's not going to come. Tengo el presentimiento que no va a venir.

HUNGER
Hunger is the best sauce. La mejor salsa es el hambre.
Ex. This is very good! Hunger is really the best sauce! ¡Esto está buenísimo! ¡Verdaderamente la mejor salsa es el hambre.

HUNGRY
Be hungry. Tener hambre.
Ex. Are you hungry? ¿Tienes hambre?

Ver: Feel, Feel hungry.
Ver: Go, Go hungry.

HURRY
Hurry up. Darse prisa.
Ex. Hurry up, we are late! ¡Date prisa que llegamos tarde!

In a hurry. Rápidamente.
Ex. Do it in a hurry. Hazlo rápidamente.

What's the hurry? ¿Qué prisa hay?; ¿Qué prisa tienes?
Ex. What's your hurry? ¿Qué prisa tienes?

HURT
Get hurt. Lastimarse.
Ex. You are going to get hurt. Te vas a lastimar.

Not to hurt. No hacer daño; no venir mal.
Ex. It doesn't hurt to study once in a while. No hace daño estudiar de vez en cuando.

Ver: Feel, Hurt someone's feelings.

HUSTLE
Hustle and bustle. Vida ajetreada.
Ex. The hustle and bustle of the city is killing me. La vida ajetreada de la ciudad me mata.

I

ICE

Break the ice. Romper el hielo.
*Ex. I always try to break the ice telling jokes.
Trato siempre de romper el hielo contando
chistes.*

Cut no ice. Traer al fresco.
*Ex. What he does or says cuts no ice with me. Lo
que hace o dice me trae al fresco.*

Put on ice. Posponer, postergar.
*Ex. Let's put your plan on ice for a while.
Posterguemos tu plan durante algún tiempo.*

Skate on thin ice. Correr riesgo.
*Ex. Be careful; you are skating on thin ice. Cuidado;
corres un riesgo.*

IDEA

Give one an idea about. Dar una idea de.
*Ex. This document will give you an idea about the
problem. Este documento te dará una idea del
problema.*

Not to have the faintest idea. No tener la
más mínima idea.
*Ex. I haven't the faintest idea of what happened to
him. No tengo la más mínima idea de lo que le
pasó.*

What's the big idea? ¿Qué es lo que llevas
entre manos?
*Ex. Why are you here? What's the big idea?
¿Por qué estás aquí? ¿Qué llevas entre
manos?*

IDLE

At idle moments. A ratos perdidos.
*Ex. He is writing a novel at idle moments. Está
escribiendo una novela a ratos perdidos.*

IDLENESS

Idleness is the root of all evils. La ociosidad
es la madre de todos los vicios.
*Ex. Keep busy! Idleness is the root of evils.
¡Manténte ocupado! La ociosidad es la madre de
todos los vicios.*

IF

Ver: Act, Act as if.

IGNORANT

Be ignorant. Ignorar, no estar al tanto
de.
*Ex. He's ignorant of our plans. No está al tanto de
nuestros planes.*

Be ignorant of. Ignorar, no saber.
*Ex. He is ignorant of our internal problems. Ignora
nuestros problemas internos.*

ILL

Be ill at ease. No estar a gusto.
*Ex. Víctor is ill at ease in his new home. Víctor no
se encuentra a gusto en su nueva casa.*

Fall ill. Caer enfermo.
Ex. He fell ill. Cayó enfermo.

Ill omen. Mal presagio.
*Ex. That black cat is an ill omen. Ese gato negro es
un mal presagio.*

Speak ill of someone. Hablar mal de alguien.
*Ex. He speaks ill of everybody. Habla mal de todo el
mundo.*

Take it ill. Tomarlo a mal.
*Ex. Don't take it ill but your hair is a bit dirty.
No lo tomes a mal pero tienes el pelo un poco
sucio.*

IMAGE
The very image of. El vivo retrato de.
Ex. He is the very image of his father. Es el vivo retrato de su padre.

IMAGINE
I can just imagine! ¡Me figuro...!
Ex. I can just imagine what he said! ¡Me puedo figurar lo que dijo!

IMMATERIAL
Be immaterial to one. Ser indiferente.
Ex. That information is immaterial. Esa información me es indiferente.

IMPORTANCE
Ver: Attach, Attach importance to.

IMPOSE
Impose on. Molestar, abusar.
Ex. I hope I'm not imposing on you. Espero no molestarle.

IMPOSSIBLE
Do the impossible. Hacer lo imposible.
Ex. I'll do the impossible to marry her! ¡Haré lo imposible por casarme con ella!

IMPRESSION
Be under the impression. Tener la impresión de.
Ex. I was under the impression you were in London. Tenía la impresión de que estabas en Londres.

Make a good impression. Causar buena impresión.
Ex. Try to make a good impression on him. Trata de causarle buena impresión.

IMPROVE
Improve one's time. Aprovechar el tiempo.
Ex. Improve your time, my boy! ¡Aprovecha el tiempo, hijo mío!

IMPULSE
Act on impulse. Tener un pronto.
Ex. When I bought the dress I acted on impulse. Cuando compré el vestido fue por un pronto.

IN
Be in. Estar.
Ex. Is Mr. Jones in? ¿Está el Sr. Jones?

Be in and out. Estar entrando y saliendo.
Ex. He is always in and out of the office. Está siempre entrando y saliendo de la oficina.

Be in for. Estar expuesto a, meterse en.
Ex. If you talk to him you are in for a fight. Si le hablas te expones a una pelea.

Be in on. Ser parte; estar confabulado.
Ex. You are in on it with him. Estás confabulado con él.

Come in. Pasar.
Ex. Come in, please. Pase usted, por favor.

Have it in for someone. Tener ojeriza a alguien.
Ex. Victor has it in for his brother-in-law! ¡Víctor le tiene ojeriza a su cuñado!

In all. En total.
Ex. We were ten in all. Éramos diez en total.

In haste. Deprisa, apresuradamente.
Ex. I made mistakes in the letter because I wrote it in haste. Cometí errores en la carta porque la escribí apresuradamente.

Know the ins and outs. Conocer los vericuetos.
Ex. I know the ins and outs of the city quite well. Me conozco los vericuetos de la ciudad bastante bien.

INCH
Be within an inch. Estar a punto de.
Ex. He was within an inch of hitting me with his car. Estuvo a punto de atropellarme con su coche.

Every inch. Hasta los tuétanos.
Ex. He is every inch a teacher. Es profesor hasta los tuétanos.

Every inch a man. Nada menos que todo un hombre.
Ex. Victor is every inch a man. Víctor es nada menos que todo un hombre.

Give him an inch and he'll take a yard. Se le da un dedo y se toma la mano.
Ex. Give Victor an inch and he'll take a yard. Dale un dedo a Víctor y se tomará la mano.

Inch along. Ir a paso de tortuga, a paso lento.
Ex. There was heavy traffic and we had to inch along. Había mucho tráfico y tuvimos que ir a paso de tortuga.

INCREASE
Be on the increase. Ir en aumento.
Ex. Crime is on the increase. El crimen va en aumento.

INDIAN
Indian giver. Persona que quita lo que ha dado o regalado.
Ex. Victor is an Indian giver. Víctor me quitó lo que me había dado.

INDULGE
Indulge. Consentir.
Ex. You indulge your children too much. Les consientes demasiado a tus hijos.

INFORM
Keep someone informed. Mantener informado.
Ex. Keep me informed. Manténgame informado.

INFORMAL
Informal. De confianza, informal, amistoso.
Ex. We had an informal chat. Tuvimos una charla amistosa.

INFORMATION
A piece of information. Un dato.
Ex. I have here an important piece of information. Tengo aquí un dato importante.

INITIATIVE
Take the initiative. Tomar la iniciativa.
Ex. In chess you must always take the initiative. En el ajedrez siempre debes tomar la iniciativa.

INSIDE
Inside of. Dentro de.
Ex. I'll be back inside of an hour. Volveré dentro de una hora.

Inside of. En menos de.
Ex. This will be done inside of ten minutes. Esto se hará en menos de diez minutos.

Inside out. Al revés, del revés.
Ex. I always put my socks on inside out. Siempre me pongo los calcetines del revés.

INSIST
Insist on. Insistir en.
Ex. I insist on doing it myself. Insisto en hacerlo yo solo.

INSTANCE
For instance. Por ejemplo.
Ex. I like plenty of things; for instance, I like books. Hay muchas cosas que me gustan; por ejemplo, me gustan los libros.

In the first instance. En primer lugar.
Ex. In the first instance I can't go but even if I could, I wouldn't. En primer lugar no puedo ir, pero aunque pudiese no iría.

INSTANT
The instant. En el momento que.
Ex. The instant I saw him I knew we had trouble. En el momento que le vi supe que teníamos problemas.

INSURANCE
Carry insurance. Tener asegurado.
Ex. Do you carry insurance on your car? ¿Tienes el coche asegurado?

INTEND
Be intended for. Ser para.
Ex. This job is intended for women only. Este empleo es sólo para mujeres.

INTENT
Be intent on. Estar resuelto a.
Ex. I am intent on seeing her. Estoy resuelto a verla.

To all intents and purposes. A todos los efectos.
Ex. To all intents and purposes they are married. Están casados a todos los efectos.

INTEREST
Be interested in. Estar interesado en.
Ex. I'm interested in phonetics. Estoy interesado en la fonética.

Take an interest in. Tomar interés en.
Ex. He took an interest in my case. Se interesó por mi caso.

INTERFERE
Interfere with. Estorbar, impedir.
Ex. I hope you will not interfere with my work. Espero que no estorbe usted mi trabajo.

INTRODUCE
Introduce evidence. Presentar pruebas.
Ex. He introduced evidence before the court. Presentó pruebas ante el tribunal.

INTRODUCTION
Letter of introduction. Carta de presentación.
Ex. Do you have a letter of introduction? ¿Tiene usted carta de presentación?

IRON
Iron out. Resolver.
Ex. Let's iron out a few problems! Resolvamos unos cuantos problemas.

To strike while the iron is hot. A hierro caliente, batir de repente.

IRONS
To have many irons in the fire. Tener
mucha carne en el asador.
*Ex. Victor has many irons in the fire. Víctor tiene
mucha carne en el asador.*

ISSUE
Make an issue of. Hacer un problema de.
*Ex. You are trying to make an issue of your divorce.
Tratas de hacer un problema de tu divorcio.*

Take issue with. Disentir, estar en desacuerdo con.
*Ex. I must take issue with what you said. Debo
disentir con lo que usted dijo.*

Without issue. Sin descendencia,
sin hijos.
*Ex. Victor died without issue. Víctor murió sin
descendencia.*

ITCH
Be itching to. Tener unas ganas
locas de.
*Ex. I'm itching to start! ¡Tengo unas ganas locas de
empezar!*

Have an itch. Tener unas ganas locas de.
*Ex. I have an itch to go to Paris. Tengo unas ganas
locas de ir a París.*

ITSELF
Itself. En persona; personificado.
*Ex. He is honesty itself. Es la honradez
personificada.*

J

JACK
Before you can say Jack Robinson. En un santiamén.
Ex. I'll type the letter for you before you can say Jack Robinson. Te pasaré la carta a máquina en un santiamén.

Jack of all trades, master of none.
Aprendiz de mucho, maestro de nada.
Ex. Victor is a Jack of all trades, master of none. Víctor es aprendiz de mucho, maestro de nada.

JACKASS
Feel like a jackass. Sentirse como un bobo.
Ex. Every time I talk to my boss I feel like a jackass. Cada vez que hablo con mi jefe me siento como un bobo.

JACKPOT
Hit the jackpot. Tocarle a uno el gordo.
Ex. I hit the jackpot finally. Por fin me tocó el gordo.

JAM
Be in a jam. Estar en un aprieto, metido en un lío.
Ex. I'm in a jam with the police. Estoy metido en un lío con la policía.

Jam on the breaks. Dar un frenazo.
Ex. He jammed on the breaks. Dio un frenazo.

JIFFY
In a jiffy. En un periquete, en un santiamén.
Ex. I'll be back in a jiffy. Volveré en un periquete.

JIG
The jig is up. Se acabó lo que se daba.
Ex. I'm afraid the jig is up, Victor. Me temo que se acabó lo que se daba, Víctor.

JITTERS
Give the jitters. Poner nervioso.
Ex. That man gives me the jitters. Ese hombre me pone nervioso.

JOB
A steady job. Un trabajo fijo.
Ex. Does your husband have a steady job? ¿Tiene tu marido trabajo fijo?

Be out of a job. Estar sin empleo.
Ex. Victor is out of a job right now. Víctor está sin empleo ahora.

By the job. A destajo.
Ex. We work by the job. Trabajamos a destajo.

Lie down on the job. No dar golpe.
Ex. If you continue lying down on the job you are going to lose it. Si continúas sin dar golpe vas a perder el empleo.

JOIN
Join forces with. Unir fuerzas.
Ex. If we want to succeed we must join forces. Si queremos tener éxito debemos unir fuerzas.

Join hands. Cogerse de la mano.
Ex. Let us all join hands. Cojámonos todos de la mano.

Join in. A...
Ex. Everybody join in the dancing! ¡Todos a bailar!

Join the armed forces. Alistarse en las fuerzas armadas.
Ex. Victor joined the armed forces last week. Víctor se alistó en las fuerzas armadas la semana pasada.

JOKE
All joking aside. Bromas aparte.
Ex. All joking aside, I think we should hurry.
Bromas aparte, creo que deberíamos darnos prisa.

Be joking. Estar de broma.
Ex. Are you joking? ¿Estás de broma?

Play a joke on. Gastar una broma a alguien.
Ex. We played a joke on the boss but he didn't like
it. Le gastamos una broma al jefe pero no le gustó.

Say something as a joke. Decir algo en
broma.
Ex. I said it as a joke. Lo dije en broma.

Ver: Take, Take a joke.

JONESES
Ver: Keep, Keep up with the Joneses.

JUDGEMENT
In one's judgement. En la opinión de uno.
Ex. In my judgment he is a good candidate for
President. En mi opinión es un buen candidato para
presidente.

Pass judgement. Juzgar.
Ex. I don't pass judgement quickly. No juzgo a la
ligera.

JUMP
Be always on the jump. Estar siempre de
aquí para allá.
Ex. That poor man is always on the jump. Ese pobre
hombre está siempre de aquí para allá.

Be on the jump. Estar siempre ajetreado.
Ex. Victor's always on the jump. Víctor está siempre
ajetreado.

Jump down someone's throat. Ponerse
borde con alguien.
Ex. Suddenly he jumped down my throat. De
repente se puso borde conmigo.

Jump the gun. Precipitarse.
Ex. Don't jump the gun and listen. No te precipites
y escucha.

Jump the light. Saltarse el semáforo.
Ex. Don't jump the light, please, it's very dangerous!
¡No te saltes el semáforo, por favor, que es muy
peligroso!

JUST
Just as. Como.
Ex. Just as you please. Como usted guste.

Just as I thought. Me lo figuraba.
Ex. They got married just as I thought. Me lo
figuraba: se casaron.

Just beyond. Justo más allá de.
Ex. You'll find it just beyond that building. Lo
encontrarás un poco más allá de ese edificio.

Just now. Ahora mismo, en este preciso instante.
Ex. I can't go because I'm busy just now. No puedo
ir porque en este preciso instante estoy ocupado.

That's just it! ¡Precisamente!
Ex. That's right! That's just it! ¡Exacto! ¡Precisamente!

JUSTICE
Do justice. Apreciar; hacer justicia.
Ex. This photograph doesn't do you justice! ¡Esta
foto no le hace justicia a usted!

JUSTIFY
Ver: End, The end justifies the means.

K

KEEN

Be keen. Ser perspicaz.
Ex. She's a very keen person. Es una persona muy perspicaz.

Be keen about. Estar entusiasmado.
Ex. I'm very keen about the new project. Estoy muy entusiasmado con el nuevo proyecto.

Have a keen appetite. Tener buen apetito.
Ex. Victor has a keen appetite. Víctor tiene buen apetito.

KEEP

Earn one's keep. Ganarse la vida; sufragarse uno sus gastos.
Ex. If you want to stay here you must earn your keep. Si quieres quedarte aquí debes sufragarte tus gastos.

God keep you. Dios te guarde.
Ex. God keep you, Victor. Que Dios te guarde, Víctor.

In keeping with. Corresponder a.
Ex. His actions are in keeping with the instructions he has. Su actuación corresponde a las instrucciones que tiene.

Keep an eye on. Vigilar, echar una ojeada.
Ex. Please keep an eye on my sister while I'm in New York. Por favor vigila a mi hermana mientras esté yo en Nueva York.

Keep at arm's length. Mantener las distancias.
Ex. You must keep Victor at arm's length. Debes mantener las distancias con Víctor.

Keep company. Ir con; asociarse con.
Ex. He keeps the company of criminals. Va con criminales.

Keep cool. Tener, mantener la calma.
Ex. Keep cool, please! ¡Ten calma, por favor!

Keep in stock. Tener en existencias.
Ex. We don't keep this kind of paper in stock. No tenemos este tipo de papel en existencias.

Keep in touch with. Mantenerse (estar) en contacto con.
Ex. Keep in touch, please! ¡Manténte en contacto!

Keep on. Seguir, continuar.
Ex. Keep on talking. Continúe hablando.

Keep one waiting. Hacer esperar a uno.
Ex. He kept me waiting for an hour. Me hizo esperar una hora.

Keep one's ear to the ground. Estar atento a lo que pasa.
Ex. I know what's what because I keep an ear to the ground. Sé lo que pasa porque estoy atento.

Keep one's head. Mantener la calma.
Ex. Speak slowly and keep your head. Habla despacio y mantén la calma.

Keep one's temper. No enfadarse, no perder los estribos.
Ex. I'm trying to keep my temper but it's very difficult. Trato de no perder los estribos pero es muy difícil.

Keep one's word. Cumplir la palabra.
Ex. Victor always keeps his word. Víctor siempre cumple su palabra.

Keep out of. No meterse, entrometerse en.
Ex. Keep out of this argument! ¡No te metas en esta discusión!

Keep posted. Mantener informado.
Ex. I'll phone you daily to keep you posted on what happens here. Le telefonearé a diario para mantenerle informado de lo que pasa aquí.

Keep something to oneself. Guardar, mantener el secreto.
Ex. Don't tell anybody; just keep it to yourself. No se lo digas a nadie; guárdate el secreto.

Keep still. Estarse quieto.
Ex. Please, keep still! ¡Por favor, estáte quieto!

Keep tab. Llevar la cuenta.
Ex. I keep tab of all my expenses. Llevo la cuenta de todos mis gastos.

Keep up. Mantener; continuar.
Ex. Keep up the good work! ¡Continúa haciendo un buen trabajo!

Keep up with. Llevar el ritmo, la marcha.
Ex. I cannot keep up with you; you walk too fast! No puedo seguir tu marcha; ¡andas demasiado deprisa!

Keep up with the Joneses. Copiar el género de vida de los vecinos.
Ex. Victor's trying to keep up with the Joneses. Víctor trata de copiar a los vecinos.

Out of keeping with. En desacuerdo con; no concordar.
Ex. What you are saying is out of keeping with your report. Lo que dice usted no concuerda con su informe.

Play for keeps. Jugar de veras.
Ex. Are we playing for keeps? ¿Jugamos de veras?

Ver: Ear, Keep an ear to the ground.

KETTLE
A pretty kettle of fish. Menudo lío.
Ex. We've gotten into a pretty kettle of fish! ¡En menudo lío nos hemos metido!

KEY
Be all keyed up. Estar nervioso, hecho un manojo de nervios.
Ex. I'm all keyed up today. Estoy hecho un manojo de nervios hoy.

Off key. Desafinar.
Ex. She's singing off key. Está desafinando.

KICK
For kicks. Por gusto; para divertirse.
Ex. Those kids break windows just for kicks. Esos chavales rompen ventanas para divertirse.

Get a kick out of. Pasarlo en grande con.
Ex. I get a kick out of soccer. Lo paso en grande con el fútbol.

Kick a habit. Dejar un vicio.
Ex. I know smoking is bad but I can't kick the habit. Sé que fumar es malo pero no puedo dejar el vicio.

Kick the bucket. Estirar la pata.
Ex. He finally kicked the bucket. Finalmente, estiró la pata.

KID
Kid oneself. Hacerse ilusiones.
Ex. Don't kid yourself. She won't come! No te hagas ilusiones. Ella no vendrá.

KILL
Be dressed to kill. Hecho un brazo de mar, de tiros largos.
Ex. This evening Susan is dressed to kill. Susana va hecha un brazo de mar esta noche.

Kill time. Matar el tiempo, pasar el rato.
Ex. How do you kill time during vacation? ¿Cómo matas el tiempo durante las vacaciones?

Ver: Bird, Kill two birds with one stone

KILLING
Make a killing. Enriquecerse de pronto; dar el "pelotazo".
Ex. He made a killing in the stock market. Se enriqueció en la bolsa.

KILTER
Be out of kilter. No funcionar, no pitar.
Ex. The washing machine is out of kilter. La lavadora no pita.

KIND
All kinds of. Toda clase de.
Ex. He has all kinds of problems. Tiene toda clase de problemas.

Be kind enough. Tener la bondad de.
Ex. Be kind enough to send me the books. Tenga la bondad de mandarme los libros.

Be so kind as to. Tener la amabilidad de.
Ex. Will you be so kind as to send me the books?
¿Tendrá usted la amabilidad de mandarme los
libros?

Kind of. Bastante, un poco.
Ex. She is kind of pretty. Es bastante guapa.

Pay in kind. Pagar en especie.
Ex. Victor pays his employees in kind. Víctor les
paga a sus empleados en especie.

Two of a kind. Tal para cual; estar cortado por
el mismo patrón.
Ex. Mary and Peter are two of a kind. María y Pedro
son tal para cual.

What kind of? ¿Qué clase?; ¿Qué tipo de?
Ex. What kind of man is he? ¿Qué clase de hombre
es?

KINDNESS
Have the kindness to. Tener la bondad de.
Ex. Have the kindness to mail this letter for me.
Tenga la bondad de echar esta carta al correo por
mí.

KITE
Go fly a kite. Irse a paseo.
Ex. Go fly a kite, Victor! ¡Vete a paseo, Víctor!

KNACK
Get the knack of. Cogerle el tranquillo a.
Ex. You'll get the knack of it soon. Le cogerás el
tranquillo enseguida.

KNOCK
Knock off. Terminar de (trabajar,
estudiar, etc).
Ex. I'm knocking off early today. Hoy voy a
terminar temprano.

Knock oneself out. Matarse a trabajar.
Ex. Susan knocked herself out working for Victor.
Susan se mató a trabajar para Víctor.

Knock someone down with a feather.
Dejar a uno patitieso.
Ex. After hearing the news you could have knocked
me down with a feather. Al oír la noticia me quedé
patitieso.

KNOCKOUT
Be a knockout. Una preciosidad; una mujer
de bandera.
Ex. Susan is a real knockout. Susana es una
verdadera preciosidad.

KNOT
Tie a knot. Hacer un nudo.
Ex. Can you tie a knot? ¿Sabes hacer un nudo?

Tie oneself in knots. Armarse un lío, hacerse
un lío.
Ex. I tied myself in knots. Me hice un lío.

KNOW
Be in the know. Sabérselas todas; estar en el ajo.
Ex. Victor is in the know. Víctor está en el ajo.

Know a thing or two about. Saber algo;
tener idea.
Ex. I know a thing or two about teaching. Sé algo
sobre la enseñanza.

Know all the tricks. Sabérselas todas.
Ex. He knows all the tricks in this business. Se las
sabe todas en este negocio.

Know best. Saber lo que conviene.
Ex. Leave it to me; I know best. Déjamelo a mí; yo
sé lo que más conviene.

Know the ropes. Saber la rutina; sabérselas todas.
Ex. It'll take you a few weeks to know the ropes in
the office. Te llevará unas semanas saber la rutina
en la oficina.

Know what's what. Saber que dos y dos son
cuatro.
Ex. I'm going to teach him to know what's what.
Le voy a enseñar que sepa que dos y dos son
cuatro.

Know where the shoe pinches. Saber uno
dónde le aprieta el zapato.
Ex. Victor knows where the shoe pinches! ¡Víctor
sabe dónde le aprieta el zapato!

Not that I know of. No, que yo sepa.
Ex. Is Victor working? Not that I know of. ¿Trabaja
Víctor? No, que yo sepa.

Not to know what to make of someone.
No saber qué pensar de una persona.
Ex. I don't know what to make of Victor. No sé qué
pensar de Víctor.

**Not to know whether one stands on one's
head or on one's heels**. No saber uno a qué
atenerse; no saber de qué va.
Ex. Victor doesn't know whether he stands on his
head or on his heels. Víctor no sabe de qué va.

Ver: Far, As far as one knows.

KNOWLEDGE
Be a matter of common knowledge. Ser
notorio.
*Ex. It's a matter of common knowledge that
they don't get along. Es notorio que no se llevan
bien.*

Knowledge is power. Saber es poder; el saber
no ocupa lugar.
*Ex. Study hard: knowledge is power. Estudia mucho:
el saber no ocupa lugar.*

To my knowledge. Que yo sepa.
*Ex. To my knowledge he is a good man. Que yo sepa
es un buen hombre.*

To the best of my knowledge. Que yo sepa.
*Ex. To the best of my knowledge he is still
unemployed. Que yo sepa todavía está sin empleo.*

Without my knowledge. Sin mi consentimiento.
*Ex. She got married without my knowledge. Se casó
sin mi consentimiento.*

L

LABOR
Be in labor. Estar de parto.
Ex. Victor's wife is in labor. La mujer de Víctor está de parto.

Labor of love. Trabajo de amor, primoroso.
Ex. This embroidery is a true labor of love. Este bordado es un trabajo primoroso.

Labor under difficulties. Trabajar en condiciones difíciles.
Ex. We are laboring under great difficulties. Trabajamos en condiciones muy difíciles.

LACK
Be lacking. Faltar.
Ex. Nothing was lacking to make her happy. No faltó de nada para hacerla feliz.

For lack of. Por falta de.
Ex. For lack of time I must sleep little. Por falta de tiempo tengo que dormir poco.

LADY
Lady of the house. Dueña de la casa.
Ex. The lady of the house is not in. La dueña de la casa no está.

LAID
Laid up. En cama, enfermo.
Ex. Victor has been laid up for a week. Víctor ha estado enfermo en cama durante una semana.

LAMB
Be as gentle as a lamb. Ser como un corderito.
Ex. That dog is as gentle as a lamb. Ese perro es como un corderito.

LAME
Lame excuses. Malas disculpas.
Ex. His excuse for not coming was a lame one. Su disculpa por no venir fue mala.

LANCE
Break a lance for. Romper una lanza por.
Ex. I broke a lance for the new project at the general meeting. He roto una lanza por el nuevo proyecto en la reunión general.

LAND
Land on. Caer de.
Ex. He landed on his head. Cayó de cabeza.

LARGE
At large. En general.
Ex. People at large are not interested in economics. La gente en general no está interesada en la economía.

By and large. Por lo general.
Ex. By and large, Spaniards like bullfighting. Por lo general a los españoles les gustan los toros.

The public at large. El público en general.
Ex. The public at large doesn't like politicians. Al público en general no le gustan los políticos.

Ver: Life, As large as life.

LAST
As a last resort. Como último recurso.
Ex. As a last resort I can look for a job. Como último recurso puedo buscarme empleo.

At last. Por fin.
Ex. At last he came. Por fin vino.

At long last. Por fin.
Ex. At long last he is coming. Por fin va a venir.

Last but not least. El último pero no por eso el menos importante.
Ex. And last but not least, my father who... Y el último pero no el menos importante, mi padre que...

Last but one. El penúltimo.
Ex. The 30th is the last day but one. El 30 es el penúltimo día.

Stick to your last. Zapatero, a tus zapatos.
Ex. Shoemaker, stick to your last. Zapatero, a tus zapatos.

The last thing. Lo último.
Ex. The last thing he told me before leaving was that he loves you. Lo último que me dijo antes de marcharse es que te quiere.

The night before last. Anteanoche.
Ex. I saw him the night before last. Le vi anteanoche.

This can't last. Esto no puede continuar.
Ex. I'm sorry but this can't last. Lo siento pero esto no puede continuar.

To the last. Hasta el fin.
Ex. They fought to the last. Lucharon hasta el fin.

LATE
At the latest. A más tardar; como muy tarde.
Ex. Come Friday at the latest. Como muy tarde ven el viernes.

Be late. Llegar tarde.
Ex. I am going to be late. Voy a llegar tarde.

Be the latest thing. Ser el último grito.
Ex. Hats are the latest thing for women. Los sombreros son el último grito para las mujeres.

Of late. Últimamente.
Ex. He has been ill of late. Ha estado enfermo últimamente.

Stay up late. Acostarse tarde.
Ex. I stayed up late last night. Me acosté tarde anoche.

LAUGH
Die laughing. Morirse de risa.
Ex. He almost died laughing. Casi se muere de risa.

For laughs. Para divertirse, para carcajearse.
Ex. We did it for laughs. Lo hicimos para divertirnos.

He laughs best who laughs last. El último ríe mejor.
Ex. He thinks he fooled us but he laughs best who laughs last. Cree que nos ha engañado pero el último ríe mejor.

It's no laughing matter. No es cosa de risa.
Ex. Missing the train is no laughing matter. Perder el tren no es cosa de risa.

Laugh up one's sleeve. Reírse uno para su capote.
Ex. He was laughing up his sleeve. Se reía para su capote.

The laugh is on you. Se han burlado, reído de ti.
Ex. I'm afraid the laugh is on you! Me temo que se han reído de ti.

Ver: Expense, Laugh at someone's expense.
Ver: Face, Laugh in one's face.

LAUGHTER
Ver: Roar, Roar with laughter.

LAURELS
Rest on one's laurels. Dormirse en los laureles.
Ex. Don't rest on your laurels and keep studying. No te duermas en los laureles y continúa estudiando.

LAW
By law. Según la ley.
Ex. By law you have to pay. Según la ley, tienes que pagar.

Every law has a loophole. Hecha la ley, hecha la trampa.
Ex. You know that every law has a loophole. Ya sabes que hecha la ley, hecha la trampa.

Keep law and order. Mantener el orden, la paz.
Ex. The police keep law and order. La policía mantiene el orden.

Law and order. Orden público.
Ex. We must keep law and order. Debemos mantener el orden público.

Take the law into one's own hands.
Tomarse la justicia por su mano.
Ex. Don't kill him. You can't take the law into your own hands. No le mates. No puedes tomarte la justicia por tu mano.

LAY

Be laid up. Guardar cama.
Ex. Victor's been laid up for a week. Víctor hace una semana que guarda cama.

Lay an egg. Poner un huevo.
Ex. A hen lays eggs. Una gallina pone huevos.

Lay aside. Ahorrar; apartar.
Ex. I've laid aside some money. He ahorrado algún dinero.
Ex. I would like to lay aside a few toys. Quisiera apartar unos juguetes.

Lay down one's arms. Deponer las armas.
Ex. The enemy refuses to lay down their arms. El enemigo se niega a deponer las armas.

Lay eyes on. Echar la vista encima.
Ex. I laid eyes on them at the party. Les eché la vista encima en la fiesta.

Lay great store upon. Confiar mucho en.
Ex. He lays great store in his children's help. Confía mucho en la ayuda de sus hijos.

Lay it on thick. Dorar la píldora.
Ex. The boss is pleased because Victor lays it on thick! El jefe está contento porque Víctor le dora la píldora bien.

Lay off. Despedir temporalmente.
Ex. He was laid off last week. Le despidieron temporalmente la semana pasada.

LEAD

Follow the lead of. Seguir el ejemplo de.
Ex. Let's follow his lead. Sigamos su ejemplo.

Lead a happy life. Llevar una vida feliz.
Ex. He leads a happy (comfortable, good) life. Lleva una vida feliz (cómoda, buena).

Lead someone by the hand. Llevar a uno de la mano.
Ex. I'll lead him by the hand. Yo le llevaré de la mano.

Lead someone by the nose. Llevar a alguien de la nariz.
Ex. His wife leads him by the nose. Su mujer le lleva de la nariz.

Lead the way. Ir por delante.
Ex. Lead the way, please. Vaya usted por delante, por favor.

Take the lead. Tomar la delantera, la iniciativa.
Ex. My horse took the lead close to the finishing line. Mi caballo tomó la delantera cerca de la meta.

Ver: Ease, Lead a life of ease.
Ver: Garden, Leap up the garden path.

LEAF

Leaf through a newspaper. Hojear un periódico.
Ex. I'm leafing through the newspaper. Estoy hojeando el periódico.

Turn over a new leaf. Empezar una nueva vida.
Ex. Forget what's happened and turn over a new leaf. Olvida lo pasado y empieza una nueva vida.

LEAK

Leak. Filtrarse.
Ex. Don't mention this information or it will leak out. No menciones esta información o se filtrará.

LEAN

Lean over backwards. Hacer lo imposible.
Ex. I have leaned over backwards to please him. He hecho lo imposible para complacerle.

LEAP

By leaps and bounds. A saltos; a pasos agigantados.
Ex. He is growing by leaps and bounds. Está creciendo a pasos agigantados.

Leap in the dark. Salto en el vacío.
Ex. His new business venture is a leap in the dark. Su nueva aventura comercial es un salto en el vacío.

Ver: Look, Look before you leap.

LEARN

Learn the hard way. Aprender a golpes, a lo bruto.
Ex. Don't worry, your son will learn the hard way. No te preocupes, tu hijo aprenderá a lo bruto.

LEASE

A new lease on life. Nueva oportunidad para vivir.
Ex. Doctors told me that living by the sea would give me a new lease on life. Los médicos me dijeron que vivir junto al mar me daría una nueva oportunidad.

LEAST

At least. Por lo menos.
Ex. You should at least pay me half. Por lo menos deberías pagarme la mitad.

Least said, soonest mended. En boca cerrada no enran moscas.
Ex. Try not to talk too much. Least said, soonest mended. Trata de no hablar demasiado. En boca cerrada no entran moscas.

Not in the least. De ninguna manera.
Ex. I don't want it; not in the least! No lo quiero; ¡de ninguna manera!

The least. Lo menos.
Ex. This is the least you can do for me. Es lo menos que puedes hacer por mí.

To say the least. Lo menos que se puede decir.
Ex. He is a thief, to say the least. Lo menos que se puede decir es que es un ladrón.

LEATHER
Be as tough as leather. Ser más duro que la suela de un zapato.
Ex. My steak is as tough as leather. El filete está más duro que la suela de un zapato.

LEAVE
Be on leave. Estar de permiso.
Ex. Victor is not in the office. He is on leave. Víctor no está en la oficina. Está de permiso.

French leave. Despedirse a la francesa.
Ex. Victor took French leave. Víctor se despidió a la francesa.

Leave alone. Dejar en paz, tranquilo.
Ex. Leave him alone; he is studying. Déjalo tranquilo que está estudiando.

Leave cold. Ni fu ni fa.
Ex. What he is trying to do leaves me cold. Lo que trata de hacer, a mí ni fu ni fa.

Leave in the lurch. Dejar a uno colgado.
Ex. When I needed help they left me in the lurch. Cuando necesitaba ayuda me dejaron colgado.

Leave it at that! ¡Dejémoslo estar así!
Ex. Let's not argue; leave it at that! ¡No discutamos; dejémoslo estar así!

Leave it to me! ¡Déjamelo (hacer) a mí!
Ex. It's not difficult; leave it to me! No es difícil; ¡déjamelo a mí!

Leave no stone unturned. No escatimar esfuerzos.
Ex. Leave no stone unturned and find it! ¡No escatimes esfuerzos y encuéntralo!

Leave out in the cold. Dejar colgado.
Ex. He left me out in the cold. Me dejó colgado.

Leave out. Omitir.
Ex. Don't leave my name out, please. Por favor, no omitas mi nombre.

Leave word. Dejar dicho.
Ex. He left word he was not coming. Dejó dicho que no venía.

Take leave (of). Despedirse (de).
Ex. I must take my leave now. Debo despedirme ahora.

Take leave of one's senses. Perder la razón.
Ex. You have taken leave of your senses, Victor! ¡Has perdido la razón, Víctor!

LECTURE
Give a lecture. Reprender, sermonear.
Ex. My father gave me a lecture yesterday. Mi padre me dio un sermón ayer.

LEECH
Cling like a leech. Agarrarse como una sanguijuela, lapa.
Ex. She clings to you like a leech. Se agarra a ti como una sanguijuela.

LEFT
On the left. A mano izquierda.
Ex. You'll find it on the left. Lo encontrarás a mano izquierda.

LEG
Be all legs. Ser un larguirucho.
Ex. Victor's all legs. Víctor es un larguirucho.

Leg it. Ir a pie.
Ex. Come, let's leg it. Venga, vayamos a pie.

Not to have a leg to stand on. No tener dónde agarrarse.
Ex. His arguments don't have a leg to stand on. Sus argumentos no tienen dónde agarrarse.

Pull one's leg. Tomar el pelo a alguien.
Ex. Victor's always pulling my leg. Víctor siempre me está tomando el pelo.

Shake a leg. Darse prisa, arrear.
Ex. Shake a leg or we'll be late! ¡Arrea o llegaremos tarde!

Stretch one's legs. Estirar las piernas.
Ex. Let's stretch our legs before supper. Estiremos las piernas antes de la cena.

LEISURE
At one's leisure. Cuando uno tenga tiempo; cuando venga en gana.
Ex. Do it at your leisure. Hazlo cuando tengas tiempo.

LEND
Lend a hand. Echar una mano.
Ex. Will you lend me a hand? ¿Quieres echarme una mano?

Lend an ear. Prestar atención.
Ex. Please, lend me an ear! ¡Por favor, préstenme atención!

Lend color. Dar color.
Ex. These paintings will lend color to the room. Estos cuadros darán color a la habitación.

Lend itself to. Prestarse.
Ex. Your words lend themselves to misunderstandings. Tus palabras se prestan a malos entendidos.

LENGTH
At arm's length. A una prudente distancia.
Ex. Try to keep Victor at arm's length. Trata de mantener a Víctor a una prudente distancia.

At great length. En detalle.
Ex. He explained the problem at great length. Explicó el problema en detalle.

At length. Al fin.
Ex. At length they all came. Al fin vinieron todos.

LESS
In less than no time. En un periquete.
Ex. I'll be there in less than no time. Estaré ahí en un periquete.

Less and less. Cada vez menos.
Ex. The patient is eating less and less. El paciente come cada vez menos.

No less. Nada menos.
Ex. She is the president's wife, no less. Es la mujer del presidente, nada menos.

None the less. No obstante.
Ex. I have little money but I'll pay none the less. Tengo poco dinero pero no obstante pagaré.

Nothing less. Menos que.
Ex. I'll accept nothing less than full payment. No aceptaré menos que el pago completo.

LET
Let alone. Dejar en paz.
Ex. Please let him alone. Por favor, déjale en paz.

Let bygones be bygones. Lo pasado, pasado está; olvidemos el pasado; pelillos a la mar.
Ex. Come on, kiss her and let bygones be bygones! ¡Venga, dale un beso y pelillos a la mar!

Let George do it! ¡Que lo haga Perico el de los palotes!
Ex. I don't want to do it. Let George do it! No quiero hacerlo. ¡Que lo haga Perico el de los palotes!

Let go at that. Dejarlo así, tal cual.
Ex. I understand, let it go at that. Comprendo, déjalo así.

Let one know. Hacer saber.
Ex. Let me know what happens. Hazme saber lo que pase.

Let oneself go. Dejarse, descuidar el aspecto.
Ex. After her divorce she let herself go. Después del divorcio descuidó mucho su aspecto.

Let up. Cesar, parar; escampar.
Ex. The rain let up at seven. La lluvia cesó a las siete.

Let well enough alone. Dejar las cosas como están.
Ex. Let's not argue: let well enough alone! No discutamos: ¡dejemos las cosas como están!

LETTER
A man of letters. Literato.
Ex. Victor is a man of letters. Víctor es literato.

Keep to the letter. Seguir al pie de la letra.
Ex. You must keep to the letter of the law. Debe usted seguir la ley al pie de la letra.

Mail a letter. Echar una carta al correo.
Ex. Will you mail this letter for me? ¿Quieres echarme esta carta al correo?

Ver: Introduction, Letter of introduction.

LEVEL
On the level. De verdad, de veras, en serio.
Ex. I'm poor; on the level. Soy pobre; de veras.

One's level best. Lo mejor posible.
Ex. I know you'll do your level best. Sé que lo harás lo mejor posible.

LIBERTY
Take (great) liberties. Tomarse (grandes) libertades.
Ex. Don't take liberties with me! ¡No se tome libertades conmigo!

LICK
Lick one's fingers. Chuparse los dedos.
Ex. The chicken's so good you are going to lick your fingers. El pollo está tan bueno que te vas a chupar los dedos.

Lick someone's shoes. Hacer la pelota.
Ex. Victor licks the boss's shoes. Víctor le hace la pelota al jefe.

LID
Ver: Flip, Flip one's lid.

LIE
A white lie. Una mentirijilla.
Ex. I only told her a white lie. Yo sólo le dije una mentirijilla.

Catch someone in a lie. Pescar a alguien en una mentira.
Ex. I caught him in a lie. Le pesqué mintiendo.

Give the lie to. Demostrar algo; acusar de mentiroso.
Ex. Come on time and give your boss the lie. Llega a tu hora y demuéstrale al jefe que puedes hacerlo.

Lie down. Echarse.
Ex. I'm going to lie down a little. Voy a echarme un rato.

Lie down on the job. Gandulear en el trabajo.
Ex. Don't lie down on the job or you'll get fired. No hagas el gandul en el trabajo o te despedirán.

Take lying down. Sin rechistar, sin protestar.
Ex. I'm not going to take what you did lying down, you know. No voy a aceptar lo que hiciste sin rechistar ¿sabes?

Tell a lie. Decir mentiras, mentir.
Ex. He told me a lie. Me dijo una mentira.

LIFE
A cat has nine lives. Un gato tiene siete vidas.
Ex. In English a cat has nine lives. En castellano un gato tiene siete vidas.

As large as life. De tamaño natural.
Ex. He's bought a bed as large as life! ¡Ha comprado una cama de tamaño natural!

Be in the prime of life. Estar en la flor de la vida.
Ex. She's only forty. She's in the prime of life. Sólo tiene cuarenta años. Está en la flor de la vida.

Have the time of your life. Pasarlo a lo grande.
Ex. I had the time of my life in London. Lo pasé a lo grande en Londres.

Matter of life or death. Cuestión de vida o muerte.
Ex. It's not very important; it's not a question of life or death. No es muy importante; no es cuestión de vida o muerte.

Not on your life. Ni soñarlo.
Ex. I won't go! Not on your life! ¡No iré! ¡Ni soñarlo!

Take one's own life. Suicidarse; quitarse la vida.
Ex. It's not a good idea to take your own life. No es buena idea suicidarse.

Where there's life there's hope. Mientras hay vida hay esperanza.
Ex. You'll be all right, Victor; where there's life, there's hope. Te pondrás bien, Víctor; donde hay vida hay esperanza.

Ver: Fact, The facts of life.
Ver: Live, Live a double life.
Ver: Regular, Live a regular life.

LIFT
Ver: Finger, Not to lift a finger.

LIGHT
Against the light. Al trasluz.
Ex. Look at this bill against the light. Mira este billete al trasluz.

Be the light of one's eyes. Ser el ojito derecho de.
Ex. She's the light of my eyes. Es mi ojito derecho.

In the light of. En vista de.
Ex. In the light of the new evidence, we must postpone the trial. En vista de la nueva evidencia presentada, debemos posponer el juicio.

Make light of. No tomarse algo en serio.
Ex. Victor makes light of everything. Víctor no se toma nada en serio.

See something in a different light. Ver con otros ojos.
Ex. Now I see it in a different light. Ahora lo veo con otros ojos.

Ver: Fire, Light the fire.

LIKE
And the like. Y cosas por el estilo.
Ex. I need pens, paper, clips and the like. Necesito plumas, papel, clips y cosas por el estilo.

Be like. Ser propio de.
Ex. It's not like her to be so late. No es propio de ella llegar tan tarde.

Just like that. Así como así, así porque sí.
Ex. I'm not going to believe you just like that! No voy a creerte así porque sí.

Like hell. Una porra.
Ex. Like hell I'm going to pay. Y una porra voy a pagar yo.

Like it or lump it. Lo tomas o lo dejas.
Ex. You decide: like it or lump it. Tú decides: lo tomas o lo dejas.

Likes and dislikes. Gustos y aversiones; gustos personales.
Ex. We all have our likes and dislikes. Todos tenemos nuestros gustos personales.

Not be like... No ser propio de...
Ex. It's not like him to do that. No es propio de él hacer eso.

Nothing like it. Nada parecido.
Ex. I've never seen anything like it. Nunca he visto nada parecido.

See the like(s) of. Ver cosa parecida, igual.
Ex. Did you ever see the like(s) of it? ¿Has visto alguna vez cosa parecida?

Take a liking to. Cobrarle simpatía a alguien.
Ex. I've taken a liking to your brother. Le he cobrado simpatía a tu hermano.

The likes of you. Gente como usted.
Ex. I've never seen the likes of you! ¡Nunca he visto gente como usted!

LIKELY
A likely story! ¡Menudo cuento!
Ex. A likely story he told us! ¡Menudo cuento nos largó!

Be likely to. Ser probable.
Ex. He is likely to come. Es probable que venga.

LIMB
Be out on a limb. Estar con el culo al aire.
Ex. He's out on a limb; he lost his job. Está con el culo al aire; ha perdido el empleo.

LIMIT
Be the limit. Ser el colmo.
Ex. That girl is the limit! ¡Esa chica es el colmo!

The sky's the limit. No hay límite.
Ex. The sky's the limit to what you can do! ¡No hay límite a lo que puedes hacer!

There be a limit. Tener límite.
Ex. There's a limit for everything. Todo tiene un límite.

This is the limit. Esto se pasa de la raya.
Ex. Victor, this is the limit! ¡Víctor, esto es pasarse de la raya!

To the limit. Hasta más no poder.
Ex. He worked to the limit. Trabajó hasta más no poder.

LINE
Along these lines. De esta manera, así.
Ex. He kept on talking along these lines for half an hour. Continuó hablando de esta manera durante media hora.

Along this line. En estos términos.
Ex. He insulted me and kept along this line for a few minutes. Me insultó y continuó en estos términos durante unos minutos.

Be out of line. Pasarse de la raya.
Ex. You are out of line! ¡Te pasas de la raya!

Drop a line. Escribir unas letras.
Ex. Drop me a line when you arrive. Escríbeme unas letras cuando llegues.

Hold the line. No colgar el teléfono.
Ex. Hold the line, please. No cuelgue, por favor.

In line with. De acuerdo con.
Ex. These orders are in line with our policy. Estas órdenes están de acuerdo con nuestra política.

Learn one's lines. Aprenderse el papel.
Ex. Will you have time to learn your lines for tomorrow? ¿Tendrás tiempo de aprenderte el papel para mañana?

Line one's pockets. Forrarse los bolsillos.
Ex. Victor lined his pockets with this deal. Víctor se forró los bolsillos con este negocio.

Read between the lines. Leer entre líneas.
Ex. I'm trying to read between the lines. Trato de leer entre líneas.

Stand in line. Hacer cola.
Ex. We must stand in line for the bread. Tenemos que hacer cola para el pan.

Ver: Form, Form a line.

LINEN
Wash one's dirty linen in public. Sacar trapos sucios a relucir.
Ex. Let's not wash our dirty linen in public! ¡No saquemos trapos sucios a relucir!

LION
Receive (get) the lion's share. Recibir la parte del león.
Ex. My boss always gets the lion's share. Mi jefe siempre recibe la parte del león.

LIP
Keep a stiff upper lip. Ser más tieso que un ajo, mantener el tipo.
Ex. Victor keeps a stiff upper lip. Víctor es más tieso que un ajo.

Pay lip service to. Llevar la corriente.
Ex. Victor pays lip service to the boss. Víctor le lleva la corriente al jefe.

LISTEN
Listen to. Hacer caso.
Ex. Listen to what your father says. Haz caso a tu padre.

Listen to reason. Atender a razones.
Ex. He won't listen to reason. Se niega a atender a razones.

LISTENER
Listeners seldom hear good of themselves. Quien escucha, su mal oye.
Ex. Don't eavesdrop! Listeners seldom hear good of themselves! ¡No escuches! ¡El que escucha, su mal oye!

LITTLE
A little is better than none. Más vale poco que nada.
Ex. I need more but a little is better than none. Necesito más pero más vale poco que nada.

A little while. Un ratito.
Ex. I'm going to stay a little while longer. Voy a quedarme un ratito más.

Little by little. Poco a poco.
*Ex. Do it little by little.
Hazlo poco a poco.*

Make little of. No dar demasiada importancia; tomar a guasa.
Ex. Victor makes little of my problems. Víctor no da importancia a mis problemas.

The little ones. Los pequeños; los peques; los niños.
Ex. Where are the little ones? ¿Dónde están los peques?

LIVE
For a living. Para vivir.
Ex. He works for a living. Trabaja para vivir.

Live a double life. Llevar una doble vida.
Ex. My teacher lives a double life. Mi profesor lleva una doble vida.

Live and learn. Vivir para ver.
Ex. He got married? Well, live and learn! ¿Se ha casado? Vaya, vivir para ver.

Live and let live. Dejar vivir.
Ex. Do what you want. Live and let live! ¡Haz lo que quieras pero deja vivir!

Live from hand to mouth. Vivir a salto de mata.
Ex. They are living from hand to mouth. Están viviendo a salto de mata.

Live not to eat but eat to live. No vivas para comer, come para vivir.
Ex. Remember: live not to eat but eat to live. Recuerda: no vivas para comer, come para vivir.

Live on air. Vivir del aire.
*Ex. I can't live on air!
¡No puedo vivir del aire!*

Live up to. Cumplir.
Ex. You must live up to your word. Debes cumplir tu palabra.

Way of living. Manera de vivir.
Ex. His way of living is very shocking. Su manera de vivir es muy chocante.

Ver: Fast, Live fast

LOAD
Get a load of this. Agárrate; escucha esto.
Ex. Get a load of this, he said he was tired!
¡Agárrate, dijo que estaba cansado!

Take a load off one's mind. Quitar un peso
de encima.
Ex. You get a load off my mind! ¡Me quitas un peso
de encima!

Ver: Take, Take the load off one's feet.

LOAF
Ver: Half, Half a loaf is better than no
bread.

LOCK
Lock, stock and barrel. Absolutamente todo;
completamente.
Ex. He took everything, lock, stock and barrel. Se lo
llevó absolutamente todo.

Under lock and key. Cerrado a cal y
canto.
Ex. I keep my money under lock and key. Guardo mi
dinero cerrado a cal y canto.

LODGE
Lodge a complaint. Presentar una queja.
Ex. He lodged a complaint with the dean. Presentó
una queja al decano.

LOG
Sleep like a log. Dormir como un tronco.
Ex. I've slept like a log! ¡He dormido como un tronco!

LONG
At long last. Por fin.
Ex. At long last he decided to pay us a visit. Por fin
decidió hacernos una visita.

In the long run. A la larga.
Ex. In the long run you'll understand that your job
is a good one. A la larga comprenderás que tu
empleo es bueno.

Long in the tooth. Hecho un carcamal.
Ex. Victor's father's long in the tooth. El padre de
Víctor está hecho un carcamal.

Long live..! ¡Viva...!
Ex. Long live the king! ¡Viva el rey!

Not by a long shot. De eso nada; ni lo
sueñes.
Ex. They want me to pay? Not by a long shot!
¿Quieren que pague? ¡Que ni lo sueñen!

So long. Adiós; hasta la vista.
Ex. So long! Until tomorrow! ¡Adiós! ¡Hasta mañana!

Take long. Llevar tiempo.
Ex. This is going to take long. Esto va a llevar
tiempo.

The long and the short of it. El resumen; el
meollo; el fondo de la cuestión.
Ex. The long and the short of it is that Mary has
left me. El fondo de la cuestión es que María me ha
dejado.

LOOK
Look before you leap. Andar con pies de
plomo.
Ex. You must act carefully and look before you leap.
Debes actuar con cautela y andar con pies de plomo.

Look daggers at. Lanzar una mirada asesina.
Ex. He looked daggers at me. Me lanzó una mirada
asesina.

Look for a needle in a haystack. Buscar
una aguja en un pajar.
Ex. You won't find it. That's like looking for a
needle in a haystack. No lo encontrarás. Es como
buscar una aguja en un pajar.

Look forward to. Esperar con impaciencia.
Ex. I'm looking forward to his coming. Espero su
llegada con impaciencia.

Look one's best. Arreglarse bien.
Ex. You must look your best for the wedding. Debes
arreglarte bien para la boda.

Look out for. Estar atento a.
Ex. Look out for center doors! ¡Atentos a las puertas
centrales!

Look who's talking. Mira quien habla.
Ex. Look who's talking! ¡Mira quien habla!

Ver: Each, Each one must look out for himself.

LOOP
Loop the loop. Rizar el rizo.
Ex. You are looping the loop, pal! ¡Estás rizando el
rizo, colega!

LOOPHOLE
Ver: Law, Every law has a loophole.

LOOSE
Loose change. Suelto, calderilla.
Ex. Do you have any loose change? ¿Tienes suelto?

Set loose. Soltar.
Ex. Who set the dog loose?
¿Quién soltó al perro?

LORD
Lord it over someone. Mangonear, mandar.
Ex. He likes to lord it over everyone. Le gusta
mangonear a todos.

LOSE
Lose heart. Desanimarse.
Ex. Don't lose heart. Everything will be all right. No
te desanimes. Todo saldrá bien.

Lose one's mind. Volverse loco.
Ex. Society is making me lose my mind. La sociedad
me está volviendo loco.

Lose one's temper. Enfadarse.
Ex. He loses his temper easily. Se enfada con
facilidad.

Lose one's tongue. Quedarse sin lengua.
Ex. Why don't you say something? Have you lost
your tongue? ¿Por qué no dices algo? ¿Te has
quedado sin lengua?

Lose sight of. Perder de vista.
Ex. I lost sight of him years ago. Hace años que le
perdí de vista.

Lose time. Perder (el) tiempo.
Ex. There's no time to lose. No hay tiempo que
perder.

Lose track of. Perder la pista (de).
Ex. I lost track of him years ago. Hace años que le
perdí la pista.

Lost in thought. Absorto en sus
pensamientos.
Ex. I'm sorry, I was lost in thought. What were you
saying? Lo siento, estaba absorto en mis
pensamientos. ¿Qué decías?

LOSS
At a loss. Con pérdida.
Ex. I'm selling my house at a loss. Vendo mi casa
con pérdidas.

Be at a loss. No saber, no encontrar.
Ex. I am at a loss as to what to do with him. No sé
qué hacer con él.

Your loss! ¡Tú te lo pierdes!
Ex. If you don't want to come it's your loss! ¡Si no
quieres venir tú te lo pierdes!

LOST
Lost to. En otro mundo.
Ex. He is lost to the world. Está en otro mundo.

LOT
A lot better. Muchísimo mejor.
Ex. I feel a lot better today. Me siento muchísimo
mejor hoy.

Ver: Fall, Fall to one's lot.

LOTTERY
Win the lottery. Tocarle a uno la lotería.
Ex. I want to win the lottery! ¡Quiero que me toque
la lotería!

LOVE
Be in love with. Estar enamorado de.
Ex. Peter is in love with Mary. Pedro está
enamorado de María.

Love is blind. El amor es ciego.
Ex. They got married? I guess love is blind. ¿Se han
casado? Supongo que el amor es ciego.

Make love. Hacer el amor.
Ex. Make love not war. Hacer el amor, no la guerra.

Not for love or money. Por nada del
mundo.
Ex. I wouldn't do it for love or money. No lo haría
por nada del mundo.

Send one's love. Mandar cariñosos
recuerdos.
Ex. Your aunt sends her love. Tu tía te manda
cariñosos recuerdos.

LOW
Be in low spirits. Estar deprimido.
Ex. He's in low spirits. Está deprimido.

Low opinion. Mala opinión.
Ex. We all have a low opinión of him. Todos
tenemos una mala opinión de él.

LUCK
Be a lucky dog. Ser un tío de suerte.
Ex. Victor, you are a lucky dog. Víctor, eres un tío de
suerte.

Be down on one's luck. Tener mala pata.
Ex. We are down on our luck today. Tenemos mala
pata hoy.

Be in luck. Estar de suerte.
Ex. We are in luck today! ¡Estamos de suerte hoy!

Be lucky. Tener suerte.
Ex. I'm lucky. Tengo suerte.

Better luck tomorrow. Mañana será otro día.
Ex. We couldn't find it. Better luck tomorrow. No pudimos encontrarlo. Mañana será otro día.

Push one's luck. Arriesgarse; tentar la suerte.
Ex. Don't push your luck! ¡No tientes la suerte!

Ver: Stroke, A stroke of luck.

LUMP
Lump in the throat. Nudo en la garganta.
Ex. When I talk to her I get a lump in my throat. Cuando hablo con ella se me hace un nudo en la garganta.

Lump on the head. Chichón.
Ex. Look at the lump on my head! ¡Mira el chichón que tengo en la cabeza!

LURCH
Ver: Leave, Leave in the lurch.

M

MAD
A mad thing. Una locura.
Ex. That is a mad thing to do. Es una locura hacer eso.

Be mad about. Estar loco por.
Ex. He is mad about her. Está loco por ella.

Be mad as a hatter. Estar como un cencerro.
Ex. Victor is mad as a hatter. Víctor está como un cencerro.

Drive someone mad. Volver a alguien loco.
Ex. Victor's driving her mad. Víctor la está volviendo loca.

Get mad. Enfadarse.
Ex. Don't get mad, please. No te enfades, por favor.

Go mad. Volverse loco.
Ex. I think Victor is going mad. Creo que Víctor se está volviendo loco.

Like mad. Como loco.
Ex. He is working like mad. Está trabajando como (un) loco.

Make mad. Poner furioso, enfadar.
Ex. Don't make me mad. No me enfades.

MADE
You've got it made. Tenerlo fácil.
Ex. No problems! You've got it made! ¡No hay problemas! ¡Lo tienes fácil!

MAID
An old maid. Una solterona.
Ex. The two old maids died last week. Las dos solteronas murieron la semana pasada.

MAIL
Ver: Letter, Mail a letter.

MAIN
In the main. Considerándolo todo.
Ex. In the main this would be the way to do it. Considerándolo todo, ésta sería la manera de hacerlo.

In the main. En general.
Ex. I agree with you in the main. En general estoy de acuerdo con usted.

MAJORITY
The great majority. La mayor parte de la gente; la mayoría.
Ex. The great majority will vote Republican. La mayor parte de la gente votará a los Republicanos.

The majority. La mayoría.
Ex. The majority of people don't know what they want. La mayoría de la gente no sabe lo que quiere.

MAKE
Made known. Dar a conocer.
Ex. The new law was made known last week. Dieron a conocer la nueva ley la semana pasada.

Make a fool of. Poner en ridículo.
Ex. You are trying to make a fool of me and I will not put up with it! ¡Tratas de ponerme en ridículo y no lo tolero!

Make a habit of. Tener por costumbre.
Ex. He has made a habit of smoking in bed. Tiene por costumbre fumar en la cama.

Make a hit. Dar el golpe, causar buena impresión.
Ex. She made a hit with her new dress at the party. Dio el golpe en la fiesta con su nuevo vestido.

Make a living. Ganarse la vida.
Ex. It's difficult to make a living nowadays. Hoy en día es difícil ganarse la vida.

Make a record. Establecer un récord.
Ex. He made a new world record. Estableció un nuevo récord mundial.

Make a scene. Dar un espectáculo.
Ex. My wife is very jealous and she is always making scenes in public. Mi mujer es muy celosa y siempre está dando espectáculos en público.

Make a success of. Tener, conseguir éxito.
Ex. Victor's trying to make a success of his life. Víctor trata de tener éxito en la vida.

Make a wish. Pedir un deseo.
Ex. When you see a falling star, make a wish. Cuando veas una estrella fugaz, pide un deseo.

Make-believe. Fingir; de mentiras.
Ex. This is make-believe money. Esto es dinero de mentiras (para jugar).

Make believe. Fingir.
Ex. He makes believe he is poor. Finge que es pobre.

Make certain. Asegurarse.
Ex. You must make certain the light is off. Debes asegurarte de que la luz está apagada.

Make clear. Poner en claro; decir claramente.
Ex. Make it clear to him. Díselo con claridad.

Make faces. Poner caras.
Ex. Don't make faces! ¡No pongas caras!

Make fun of. Burlarse de.
Ex. Don't make fun of me! ¡No te burles de mí!

Make no difference. No importar.
Ex. It makes no difference if you don't know it. No importa si no lo sabes.

Make of. Sacar; pensar.
Ex. What do you make of this letter? ¿Qué piensas de esta carta?

Make off with. Largarse con, llevarse.
Ex. The thief made off with my car. El ladrón se largó con mi coche.

Make oneself sick. Ponerse enfermo.
Ex. Don't eat so much! You are going to make yourself sick! ¡No comas tanto! ¡Te vas a poner enfermo!

Make peace. Hacer la paz; hacer las paces.
Ex. The two countries have made peace finally. Los dos países han hecho la paz por fin.

Make room for. Hacer sitio.
Ex. Make room for me; I'm coming also! ¡Hazme sitio que yo también voy!

Make sense. Tener sentido.
Ex. That doesn't make sense. Eso no tiene sentido.

Make sure. Asegurarse.
Ex. Make sure he understands what we want. Asegúrate de que entiende lo que queremos.

Make time. Hacer tiempo.
Ex. I'm just making time. Estoy haciendo tiempo.

Make up one's mind. Decidirse; resolverse; determinarse.
Ex. Make up you mind! Which one do you want? ¡Decídete! ¿Cuál quieres?

Make use of. Hacer uso de.
Ex. May I make use of the toilet? ¿Puedo hacer uso del water?

What time do you make it? ¿Qué hora es?
Ex. What time do you make it? Ten o'clock. ¿Qué hora es? Las diez.

Ver: Meet, Make ends meet.

MAKING
In the making. En proceso, en preparación.
Ex. The new dictionary is still in the making. El nuevo diccionario está todavía en preparación.

MAN
Be man and wife. Ser marido y mujer.
Ex. Peter and Mary are man and wife. Pedro y María son marido y mujer.

Be man enough. Ser lo suficientemente hombre.
Ex. Are you man enough to fire him? ¿Eres lo suficientemente hombre como para despedirle?

Man proposes and God disposes. El hombre propone y Dios dispone.
Ex. As you well know, man proposes and God disposes! ¡Como tú bien sabes: el hombre propone y Dios dispone!

No man is indispensable. Nadie es indispensable.
Ex. You can go if you please: no man is indispensable. Puedes irte si quieres: nadie es indispensable.

The man on the street. El hombre de la calle.
Ex. The man on the street is not interested in politics. El hombre de la calle no está interesado en política.

To be someone's man. Contar con alguien.
Ex. If you need help, I am your man. Si necesitas ayuda, puedes contar conmigo.

MANAGE
Manage to. Ingeniárselas para.
Ex. He managed to escape. Se las ingenió para escapar.

Manage to get along. Arreglárselas uno.
Ex. Are you rich? No, but I manage to get along. ¿Eres rico? No, pero me las arreglo.

MANNER
A manner of speaking. Por así decir.
Ex. In a manner of speaking he is clever. Es listo por así decirlo.

Bad manners. Falta de educación.
Ex. It's bad manners to speak with your mouth full. Es falta de educación hablar con la boca llena.

MANY
A good many. Muchos.
Ex. We expect a good many people at the opening. Esperamos a mucha gente en la inauguración.

A great many. Muchísimos.
Ex. A great many people come to Spain every year. Muchísima gente viene a España todos los años.

As many as. Tantos como.
Ex. I have as many problems as you. Tengo tantos problemas como tú.

Many a time. Muchas veces, a menudo.
Ex. Many a time I sit here doing nothing. Muchas veces me siento aquí sin hacer nada.

Too many. Demasiados.
Ex. I have too many problems. Tengo demasiados problemas.

MAP
Disappear from the map. Desaparecer del mapa.
Ex. He disappeared from the map. Desapareció del mapa.

Wipe off the map. Quitar, borrar del mapa.
Ex. I'm going to wipe you off the map. Te voy a quitar (borrar) del mapa.

MARINE
Tell it to the marines! ¡Eso se lo cuentas a tu tía!
Ex. I don't believe it! Go tell it to the marines! No me lo creo. ¡Eso se lo cuentas a tu tía!

MARK
Hit the mark. Dar en el blanco.
Ex. He always hits the mark. Siempre da en el blanco.

On your mark; get set; go! ¡Preparados, listos, ya!

MARKET
Be in the market for. Andar buscando.
Ex. I am in the market for a good house. Ando buscando una buena casa.

Bear the market. Jugar a la baja (en bolsa).
Ex. I suggest you bear the market. Te aconsejo que juegues a la baja.

Lose one's market. Perder la clientela.
Ex. He lost his market. Perdió la clientela.

Play the market. Jugar a la bolsa.
Ex. I don't play the market. No juego a la bolsa.

Put on the market. Poner a la venta.
Ex. He's put his house on the market. Ha puesto su casa en venta.

MARROW
Chilled to the marrow. Helado hasta los tuétanos, huesos.
Ex. I'm chilled to the marrow. Estoy helado hasta los huesos.

MARRY
Get married. Casarse.
Ex. Are you getting married? ¿Te casas?

MASK
Throw off the mask. Quitarse la máscara, la careta.
Ex. He threw off the mask finally and started giving orders. Se quitó la máscara finalmente y empezó a dar órdenes.

MASS
Say mass. Decir misa.
Ex. The priest will say mass at nine. El cura dirá misa a las nueve.

MAST
Ver: Before, Before the mast.

MASTER
Be one's own master. Ser independiente.
Ex. I'm my own master. Soy independiente.

MATCH
Be a good match. Ser un buen partido.
Ex. I think Victor's a good match for my sister-in-law. Creo que Víctor es un buen partido para mi cuñada.

Be no match for. No ser rival.
Ex. He is no match for you. No es rival para ti.

Meet one's match. Encontrar uno la horma de su zapato.
Ex. With Peter, Victor has met his match. Con Pedro, Víctor ha encontrado la horma de su zapato.

MATTER
As a matter of fact. En realidad, por cierto.
Ex. As a matter of fact he told me he was going to Australia. En realidad me dijo que se iba a Australia.

Go into the matter. Entrar en materia.
Ex. Let's go into the matter. Entremos en materia.

In a matter of. En cuestión de.
Ex. I'll be done in a matter of minutes. Terminaré en cuestión de unos minutos.

Make matters worse. Poner las cosas peor.
Ex. Your insults made matters worse. Tus insultos pusieron las cosas peor.

Matter of course. Habitualmente, por norma.
Ex. I am always on time as a matter of course. Llego siempre a la hora por norma.

No matter how... Por muy (mucho)...
Ex. No matter how much I study, I always fail. Por mucho que estudio, siempre suspendo.

What's the matter? ¿Qué ocurre?
Ex. You are crying. What's the matter? Estás llorando. ¿Qué ocurre?

McCOY
The real McCoy. El de verdad, el genuino.
Ex. This is the pen I wanted. The real McCoy! Ésta es la pluma que quería. ¡La genuina!

MEAN
By means of. Por medio de.
Ex. We can see by means of electricity. Podemos ver por medio de la electricidad.

Live beyond one's means. Vivir por encima de las posibilidades de uno.
Ex. He lives beyond his means. Vive por encima de sus posibilidades.

Mean business. Hablar en serio.
Ex. Victor means business. Víctor habla en serio.

Mean well. Tener buenas intenciones.
Ex. Victor means well. Víctor tiene buenas intenciones.

MEANS
A man of means. Un hombre de posibles, pudiente.
Ex. He wants his daughter to marry a man of means. Quiere que su hija se case con un hombre pudiente.

By all means. Desde luego, claro, sin falta.
Ex. Buy the house, by all means. Desde luego, compra la casa.

By no means. De ningún modo.
Ex. By no means will I accept the invitation. De ningún modo aceptaré la invitación.

The end justifies the means. El fin justifica los medios.
Ex. It's not true that the end justifies the means. No es cierto que el fin justifique los medios.

MEASURE
Beyond measure. Excesivamente, sin límite.
Ex. He spends money beyond measure. Gasta dinero sin límite.

For good measure. De regalo, de propina.
Ex. And one more spoonful for good measure. Y una cucharada más de regalo.

In great measure. En gran parte.
Ex. In great measure it was your own fault. En gran medida fue culpa tuya.

Made to measure. Hecho a la medida.
Ex. This suit was made to measure. Este traje fue hecho a la medida.

Take measures. Tomar medidas.
Ex. The government must take measures against unemployment. El gobierno debe tomar medidas contra el paro.

MEDICINE
Take one's medicine. Recibir su merecido.
Ex. Victor took his medicine from the boss. Víctor recibió su merecido del jefe.

MEDIUM

Happy medium. Término medio ideal.
Ex. We have reached a happy medium in our conversations. Hemos llegado a un término medio ideal en nuestras conversaciones.

MEET

Meet with an accident. Tener un accidente.
Ex. They met with an accident on their way home. Tuvieron un accidente camino de casa.

There's more to it than meets the eye. Haber gato encerrado; ser más de lo que parece.
Ex. There's more to this deal than meets the eye. Hay gato encerrado en este negocio.

Till we meet again. Hasta la próxima.
Ex. Goodbye, till we meet again! ¡Adiós, hasta la próxima!

Ver: Expenses, Meet expenses.

MELT

Melt in one's mouth. Derretirse en la boca.
Ex. This chocolate melts in your mouth, not in your hands. Este chocolate se derrite en la boca, no en las manos.

MEMORY

Commit to memory. Aprender de memoria.
Ex. You must commit the password to memory! ¡Debes aprenderte la contraseña de memoria!

From memory. De memoria.
Ex. I quote from memory. Cito de memoria.

In memory of. En memoria de.
Ex. This is in memory of the dead. Esto es en memoria de los muertos.

MEND

Mend one's ways. Reformarse.
Ex. You must mend your ways. Debes reformarte.

MENTION

Don't mention it! ¡No hay de qué!
Ex. Thank you! Don't mention it! ¡Gracias! ¡No hay de qué!

Not to mention. Y no hablemos de; sin contar; además de.
Ex. Peter and Mary were there, not to mention Victor, Steve, Bill, Jack... Pedro y María estaban allí además de Víctor, Esteban, Guillermo, Jacobo...

MERCY

Be at the mercy of. Estar a merced de.
Ex. We are at their mercy. Estamos a merced suya.

Have mercy on. Tener piedad de.
Ex. Have mercy on me! ¡Tenga piedad de mí!

MESS

Get into a (fine) mess. Meterse en un (buen) lío.
Ex. I've gotten into a fine mess! ¡Me he metido en un buen lío!

Make a mess. Poner perdido, ensuciar, echar a perder.
Ex. You've made a mess in the kitchen. Has puesto la cocina perdida.

MESSAGE

Get the message. Enterarse; darse por enterado.
Ex. I don't want you here; get the message? No te quiero aquí, ¿te enteras?

Take a message. Dar un recado.
Ex. Can I take a message? ¿Quiere darme un recado?

MIDDLE

Be in the middle of nowhere. Estar en el quinto pino.
Ex. We are in the middle of nowhere. Estamos en el quinto pino.

In the middle of. A mediados de.
Ex. In the middle of the week. A mediados de semana.

MIDNIGHT

Ver: Oil, Burn the midnight oil.

MIDST

In the midst of. En medio de; entre.
Ex. I hate to be in the midst of people. Me disgusta estar entre la gente.

MIGHT

With all one's might. Con todas las fuerzas de uno.
Ex. I'll try with all my might. Lo intentaré con todas mis fuerzas.

With might and main. A más no poder.
Ex. We are going to do it with might and main. Lo haremos a más no poder.

MILL

Go through the mill. Pasarlas negras, canutas; pasar las de Caín.
Ex. I've gone through the mill in jail! ¡Las he pasado canutas en la cárcel!

Put through the mill. Hacérselas pasar negras a alguien; hacerle pasar a uno las de Caín.
Ex. They've put me through the mill in that office! ¡Me las han hecho pasar negras en esa oficina!

MIND
Be in one's right mind. Estar uno en su sano juicio.
Ex. Are you in your right mind? ¿Estás en tu sano juicio?

Be of sound mind. Estar uno en su sano juicio.
Ex. He is of sound mind. Está en su sano juicio.

Change one's mind. Cambiar de opinión, de parecer.
Ex. I hope you will change your mind. Espero que cambies de opinión.

Give someone a piece of one's mind. Cantarle a uno las cuarenta.
Ex. I'm going to give Victor a piece of my mind. Le voy a cantar a Víctor las cuarenta.

Keep in mind. Tener presente.
Ex. Keep in mind that you have a date tonight. Ten presente que tienes una cita esta noche.

Mind one's P's and Q's. Ir con mucho ojo.
Ex. Mind your P's and Q's. Ve con mucho ojo.
Ex. You've got to mind your p's and q's in your new job. Tienes que ir con mucho ojo en tu nuevo trabajo.

Never mind. No se preocupe, no se moleste; déjalo.
Ex. Never mind, I'll do it myself. No te preocupes (déjalo), lo haré yo mismo.

Presence of mind. Presencia de ánimo.
Ex. One must have presence of mind when walking the streets at night. Hay que tener presencia de ánimo cuando se pasean las calles por la noche.

Read someone's mind. Leer el pensamiento a alguien.
Ex. I can read your mind. Te puedo leer el pensamiento.

Slip one's mind. Olvidarse; írsele a uno de la cabeza.
Ex. I'm sorry but it slipped my mind. Lo siento pero se me fue de la cabeza.

To my mind. A mi parecer.
Ex. To my mind this job can't be done. A mi parecer este trabajo no se puede hacer.

Ver: Enter, Enter one's mind.
Ver: Frame, Frame of mind.
Ver: Have, Have in mind.
Ver: Make, Make up one's mind.

MINUS
A minus quantity. Un cero a la izquierda.
Ex. Victor is a minus quantity. Víctor es un cero a la izquierda.

MINUTE
At the last minute. A última hora; en el último minuto.
Ex. At the last minute they decided not to go. A última hora decidieron no ir.

Last minute. De última hora.
Ex. Last minute news. Noticias de última hora.

The minute... Tan pronto...
Ex. The minute I saw her I fell in love. Tan pronto la vi, me enamoré.

This very minute. En este mismo instante.
Ex. Come here this very minute. Ven aquí este mismo instante.

Up to the minute. Al día; de última hora.
Ex. Up to the minute news. Noticias de última hora.

MISS
Be missing. Faltar; estar desaparecido.
Ex. He was missing in action. Estuvo desaparecido en combate.

Miss the point. No comprender de qué se trata.
Ex. You miss the point. No comprendes de qué se trata.

MISSING
Be missing. Faltar.
Ex. Five dollars are missing here. Aquí faltan cinco dólares.

MISTAKE
By mistake. Sin querer; por equivocación.
Ex. I did it by mistake. Lo hice sin querer.

Make a mistake. Cometer un error, equivocarse.
Ex. You made a mistake. Te equivocaste.

Make no mistake about it. Con toda seguridad, sin duda.
Ex. You are going to fail this subject and make no mistake about it! ¡Vas a suspender esta asignatura sin lugar a dudas!

MISTAKEN
Be mistaken. Estar equivocado.
Ex. I'm afraid you are mistaken. Me temo que está usted equivocado.

MIX
Be all mixed up. Estar hecho un lío.
Ex. This is very difficult and I'm all mixed up. Esto es muy difícil y estoy hecho un lío.

Be mixed up in. Tener algo que ver.
Ex. Are you mixed up with those guys? ¿Tienes algo que ver con esos tipos?

Get mixed up. Mezclarse, juntarse.
Ex. Don't get mixed up with those two. No te juntes con esos dos.

Mix well. Hacer buenas migas.
Ex. Those two don't mix well. Esos dos no hacen buenas migas.

MOMENT
At a moment's notice. En cualquier momento.
Ex. I can go at a moment's notice. Puedo ir en cualquier momento.

At the moment. Por ahora.
Ex. I can't help you at the moment. No te puedo ayudar por ahora.

For the moment. Por el momento.
Ex. I need nothing for the moment. No necesito nada por el momento.

MONEY
Money doesn't grow on trees. El dinero no lo regalan.
Ex. You think that money grows on trees! ¡Crees que el dinero lo regalan!

Money makes money. El dinero llama al dinero.
Ex. He is getting richer every day. Money makes money! Se está haciendo cada día más rico: el dinero llama al dinero.

Money talks. Poderoso caballero es Don Dinero.
Ex. It is said that money talks. Se dice que poderoso caballero es Don Dinero.

Your money or your life. La bolsa o la vida.
Ex. And he said: "Your money or your life!" Y dijo: "¡La bolsa o la vida!"

Ver: Beg, Beg for money.
Ver: Time, Time is money.

MOON
Once in a blue moon. De uvas a peras.
Ex. Once in a blue moon he comes to see me. Viene a verme de uvas a peras.

MOP
Mop and mow. Hacer muecas, poner caras.
Ex. Why do you mop and mow so much? ¿Por qué pones caras?

Mop the floor with. Dejar hecho un trapo.
Ex. The boss mopped the floor with me! ¡El jefe me dejó como un trapo!

MORE
More or less. Más o menos.
Ex. What he told you was more or less true. Lo que te dijo era más o menos cierto.

No more, no less. Ni más, ni menos.
Ex. I'll pay five, no more, no less. Pagaré cinco; ni más, ni menos.

Once more. Una vez más, otra vez.
Ex. I'm sorry but you'll have to do it once more. Lo siento pero tendrás que hacerlo una vez más.

The more one has the more one wants. Cuanto más tiene uno más quiere.
Ex. He is too much; the more he has, the more he wants. Es demasiado; cuanto más tiene, más quiere.

The more the merrier. Cuantos más (seamos), mejor.
Ex. Bring your friends. The more the merrier. Trae a tus amigos. Cuantos más seamos, mejor.

What is more. Lo que es más; además.
Ex. And what is more, I love her! ¡Y lo que es más, la quiero!

MORNING
The morning after. A la mañana siguiente.
Ex. The morning after, she was gone. A la mañana siguiente se había largado.

MOSS
Ver: Stone, A rolling stone gathers no moss.

MOST
At most. A lo sumo.
Ex. At most I'll give you five dollars for the book. A lo sumo te doy cinco dólares por el libro.

For the most part. En la mayor parte.
Ex. For the most part I agree. En la mayor parte estoy de acuerdo.

Make the most of. Aprovechar.
Ex. Make the most of your opportunities. Aprovéchate de las oportunidades.

MOTIVE
With the best of motives. Con las mejores intenciones.
Ex. I know you've done it with the best of motives. Sé que lo has hecho con las mejores intenciones.

MOUTH
By word of mouth. De palabra.
Ex. I got the news by word of mouth. Recibí la noticia de palabra.

Down in the mouth. Abatido; alicaído.
Ex. Victor is down in the mouth today. Víctor está alicaído hoy.

From mouth to mouth. De boca en boca.
Ex. The information passed from mouth to mouth. La información pasó de boca en boca.

Make one's mouth water. Hacer la boca agua.
Ex. That cake makes my mouth water. Ese pastel me hace la boca agua.

Not to open one's mouth. No abrir la boca.
Ex. Don't open your mouth while I'm talking! ¡No abras la boca mientras estoy hablando!

Shoot off one's mouth. Irse de la lengua.
Ex. Why did you have to shoot off your mouth about the party? ¿Por qué tuviste que irte de la lengua acerca de la fiesta?

Take the words out of someone's mouth. Quitarle a uno las palabras de la boca.
Ex. You've taken the words out of my mouth! ¡Me has quitado las palabras de la boca!

Ver: Foul, Have a foul mouth.
Ver: Roof, Roof of the mouth.
Ver: Shoot, Shoot one's mouth

MOVE
Not to make a move. No moverse.
Ex. Don't make a move! ¡No te muevas!

To be one's move. Ser el turno de uno; tocarle jugar a uno.
Ex. It's your move! ¡Te toca jugar a ti!

Ver: Earth, Move heaven and earth.

MUCH
So much the better. Tanto mejor.
Ex. So much the better if he doesn't want to come. Tanto mejor si no quiere venir.

MUD
Clear as mud. Claro como el chocolate.
Ex. Is it clear? Yeah, clear as mud! ¿Está claro? ¡Sí, claro como el chocolate!

Ver: Stick, Stick in the mud.

MUM
Keep mum. No decir esta boca es mía.
Ex. I did all the talking. He kept mum. Yo hablé solo. El no dijo esta boca es mía.

Mum's the word. Chitón; no decir ni pío; ni una palabra.
Ex. Don't mention this to anybody. Mum's the word. No le digas esto a nadie. Ni una palabra.

MURDER
Cry blue (bloody) murder. Poner el grito en el cielo.
Ex. He is going to cry blue murder! ¡Va a poner el grito en el cielo!

To murder the King's English. Patear el inglés.
Ex. Victor's Spanish is very good but he murders the King's English. El castellano que habla Víctor es bueno pero patea el inglés.

Ver: Get, Get away with murder.

MUSIC
Face the music. Aguantar el chaparrón.
Ex. He took his father's car and had to face the music later. Se llevó el coche de su padre y tuvo que aguantar el chaparrón después.

MUST
Be a must. Ser una necesidad, esencial.
Ex. Fax machines are a must nowadays. El fax es esencial hoy en día.

MYSELF
By myself. Solo.
Ex. I'll go by myself. Iré solo.

N

NAIL
Bite one's nails. Comerse las uñas.
Ex. Don't bite your nails, please. No te comas las uñas, por favor.

Hit the nail on the head. Dar en el clavo.
Ex. You know, you hit the nail on the head yesterday. ¿Sabes?, ayer diste en el clavo.

NAME
Answer to the name of. Responder al nombre de.
Ex. He answers to the name of Victor. Responde al nombre de Víctor.

Be named after. Llamarse lo mismo que.
Ex. I am named after my father. Me llamo como mi padre.

Go by the name of. Ser conocido por el nombre de.
Ex. In Spain he goes by the name of Pedro. En España se le conoce por el nombre de Pedro.

In name only. Sólo de nombre.
Ex. I'm president in name only. Soy presidente sólo de nombre.

In one's name. En nombre de uno.
Ex. He will visit you in my name. Te visitará en mi nombre.

In the name of. En nombre de.
Ex. In the name of the law. En nombre de la ley.

Know by name. Conocer de nombre.
Ex. I only know him by name. Sólo le conozco de nombre.

Make a name for oneself. Hacerse un nombre, hacerse famoso.
Ex. You can make a name for yourself if you write good books. Puedes hacerte famoso si escribes buenos libros.

Name the day. Elige el día.
Ex. I'll go any time. Name the day. Iré en cualquier momento. Elige el día.

NAP
Against the nap. A contrapelo.
Ex. Don't go against the nap! ¡No vayas a contrapelo!

Catch someone napping. Coger a uno desprevenido.
Ex. We caught Victor napping. Cogimos a Víctor desprevenido.

Take a nap. Tomar una siesta.
Ex. I normally take a nap after lunch. Suelo tomar una siesta después del almuerzo.

NARROW
Have a narrow escape. Escapar por los pelos.
Ex. We had a narrow escape! ¡Escapamos por los pelos!

Narrow down. Reducirse.
Ex. The whole problem narrows down to this: are you coming or not? Todo el problema se reduce a esto: ¿vienes o no?

Narrow minded. Estrecho de mollera.
Ex. Some people are narrow minded. Algunos son estrechos de mollera.

NASTY
Nasty business. Un asunto feo.
Ex. I don't know what to do; it's a nasty business. No sé qué hacer; es un asunto feo.

Nasty weather. Tiempo de perros.
Ex. We have nasty weather. Tenemos un tiempo de perros.

Turn nasty. Ponerse borde.
Ex. He turned nasty when I asked for the money. Se puso borde cuando le pedí el dinero.

NATURE
By nature. Por naturaleza.
Ex. He is lazy by nature. Es perezoso por naturaleza.

NAUGHT
Come to naught. Reducirse a nada, frustrarse algo.
Ex. His efforts came to naught. Sus esfuerzos se redujeron a nada.

NEAR
Be near at hand. Estar cercano.
Ex. The day of judgment is near at hand! ¡El día del juicio está cercano!

Come near to doing something. Estar a punto de hacer algo.
Ex. I came near to buying that book. Estuve a punto de comprar ese libro.

Ver: Future, In the near future.

NECESSARY
If necessary. Si es necesario, si es preciso.
Ex. If necessary phone me. Si es necesario me telefoneas.

NECESSITY
Make a virtue of necessity. Hacer de necesidad virtud.
Ex. They make a virtue of necessity. Hacen de la necesidad una virtud.

Necessity is the mother of invention. La necesidad es la madre de la invención.
Ex. He'll survive because necessity is the mother of invention. Sobrevivirá porque la necesidad es la madre de la invención.

Necessity knows no law. La necesidad no sabe de leyes.
Ex. Be careful with them because necessity knows no law. Cuidado con ésos porque la necesidad no sabe de leyes.

NECK
Be on someone's neck. Estar encima de uno.
Ex. The boss is always on my neck. El jefe siempre está encima de mí.

Break one's neck. Romper(se) la crisma.
Ex. Be careful, you are going to break your neck. Cuidado, te vas a romper la crisma.

Risk one's neck. Arriesgar el pellejo.
Ex. We must risk our neck if we want to get it. Debemos arriesgar el pellejo si queremos conseguirlo.

Up to one's neck. Hasta el cuello.
Ex. We are up to our neck in work. Estamos hasta el cuello de trabajo.

Win by a neck. Ganar por una cabeza, por poco.
Ex. My horse won by a neck. Mi caballo ganó por una cabeza.

Wring someone's neck. Retorcer el pescuezo a alguien.
Ex. I'm going to wring his neck! ¡Le voy a retorcer el pescuezo!

NEED
A crying need. Necesitar como el pan que uno se come; haber gran necesidad, demanda de.
Ex. There's a crying need for good teachers. Hay gran necesidad de buenos profesores.

A friend in need is a friend indeed. A los amigos se les conoce en la adversidad.
Ex. Thank you, Victor; a friend in need is a friend indeed. Gracias, Víctor; a los amigos se les conoce en la adversidad.

Be in need of. Tener necesidad de, necesitar.
Ex. I am in need of love. Necesito cariño.

If need be. Si fuese necesario, si no hay más remedio.
Ex. I'll go myself if need be. Iré si no hay más remedio.

In case of need. En caso de necesidad.
Ex. In case of need call Victor. En caso de necesidad llama a Víctor.

Ver: Feel, Feel the need.

NEEDLE
Be on pins and needles. Estar nervioso, hecho un manojo de nervios.
Ex. I'm on pins and needles. Estoy hecho un manojo de nervios.

Be sharp as a needle. Más listo que el hambre.
Ex. James is sharp as a needle. Jaime es más listo que el hambre.

Ver: Look, Look for a needle in a haystack.

NEGATIVE
In the negative. Negativamente.
Ex. He answered in the negative. Contestó negativamente.

NERVE
Be a bundle of nerves. Estar hecho un manojo de nervios.
Ex. That child is a bundle of nerves. Ese niño es un manojo de nervios.

Get on one's nerves. Sacar de quicio.
Ex. He gets on my nerves. Me saca de quicio.

Have a nerve. Tener mucha cara.
Ex. He's got a lot of nerve. Tiene mucha cara.

Have nerves of steel. Tener nervios de acero.
Ex. Victor has nerves of steel. Víctor tiene nervios de acero.

Lose one's nerve. Acojonarse, amilanarse.
Ex. Victor lost his nerve! ¡Víctor se acojonó!

Ver: Edge, Set one's nerves on edge.

NEVER
Never before. Jamás.
Ex. Never before had I seen such a thing! ¡Jamás había visto cosa igual!

Never even. Ni siquiera.
Ex. He never even answered the phone. Ni siquiera contestó al teléfono.

Never is a long time. No digas de este agua no beberé.
Ex. Victor, never is a long time! ¡Víctor, no digas de este agua no beberé!

You are never too old to learn. Uno nunca es demasiado viejo para aprender.
Ex. Come on, you are never too old to learn. Venga, uno nunca es demasiado viejo para aprender.

NEW
As good as new. Como nuevo.
Ex. The house is as good as new. La casa está como nueva.

Be new to. Ser algo nuevo.
Ex. Well, that's new to me! ¡Vaya, eso es nuevo!

What's new? ¿Qué hay de nuevo?
Ex. What's new, Victor? ¿Qué hay de nuevo, Víctor?

NEWS
Break the news. Dar la noticia.
Ex. I'll break the news to my parents tonight. Les daré la noticia a mis padres está noche.

No news is good news. Es una buena noticia no tener noticias.
Ex. We haven't heard from him but no news, good news! ¡No hemos sabido de él pero es buena noticia no tener noticias!

NEXT
Be next to impossible. Ser punto menos que imposible.
Ex. What you are asking is next to impossible. Lo que pides es punto menos que imposible.

Come next. Ser el siguiente.
Ex. Who comes next? ¿Quién es el siguiente?

Cost next to nothing. Costar casi nada, muy poco.
Ex. The house cost me next to nothing. La casa me costó casi nada.

Next door. Al lado.
Ex. She lives next door. Vive al lado.

Next of kin. Parientes cercanos.
Ex. Do you have next of kin in this city? ¿Tiene usted parientes cercanos en esta ciudad?

What next. ¿Y ahora qué?
Ex. Here we are in Paris. What next? Aquí estamos en París. ¿Y ahora qué?

NICE
Nice and early. Muy temprano, tempranito.
Ex. I see you got up nice and early this morning! ¡Veo que te has levantado muy temprano está mañana!

NICK
In the nick of time. En el instante preciso.
Ex. You've come in the nick of time. Llegas en el instante preciso.

NIGHT
All night long. Toda la noche.
Ex. I read all night long. Estuve leyendo toda la noche.

Pass the night. Pasar la noche.
Ex. We passed the night in a park. Pasamos la noche en un parque.

Ver: Last, The night before last.

NINE
Dressed up to the nines. De punta en blanco.
Ex. He was dressed up to the nines. Iba de punta en blanco.

NOISE
Make (a) noise. Hacer ruido.
Ex. Don't make a noise! ¡No hagas ruido!

Make a noise in the world. Tener éxito en la vida.
Ex. I'm sure your son is going to make a noise in the world. Estoy seguro que tu hijo va a tener éxito en la vida. ˪

NONE
None the less. Sin embargo.
Ex. He is mean but I love him none the less. Es un malvado pero le quiero.

NOSE
As plain as the nose in your face. Más claro que el agua.
Ex. This is as plain as the nose in your face. Esto está más claro que el agua.

Blow one's nose. Sonarse las narices.
Ex. May I use your handkerchief to blow my nose? ¿Puedo usar tu pañuelo para sonarme?

Have a nose for. Tener olfato para.
Ex. He has a nose for business. Tiene olfato para los negocios.

On the nose. Exacto; al céntimo.
Ex. Your accounts are on the nose. Tus cuentas están al céntimo.

Pay through the nose. Pagar un ojo de la cara.
Ex. I paid through the nose for my car. Pagué un ojo de la cara por el coche.

Pick one's nose. Hurgarse la nariz.
Ex. Don't pick your nose! ¡No te hurgues la nariz!

See no further than one's nose. No ver más allá de las narices de uno.
Ex. Susan sees no further than her nose. Susana no ve más allá de sus narices.

Stick one's nose into. Meter las narices en.
Ex. Don't stick your nose in my business! ¡No metas las narices en mis asuntos!

Turn up one's nose at. Mirar, considerar con desprecio.
Ex. You shouldn't turn your nose up at him. No deberías considerarle con desprecio.

Under the nose of. En las barbas de, en presencia de.
Ex. The book was stolen under his very nose. Le robaron el libro en sus mismas barbas.

Ver: Follow, Follow one's nose.

NOTE
Compare notes. Intercambiar opiniones, pareceres.
Ex. We'll compare notes after the meeting Intercambiaremos opiniones después de la reunión.

Make a note of. Tomar nota de.
Ex. Take note of this. Toma nota de esto.

Take notes. Tomar notas, apuntes.
Ex. I take lots of notes in class. Tomo muchos apuntes en clase.

NOTHING
For nothing. Gratis.
Ex. I got it for nothing. Lo conseguí gratis.

Nothing of the kind. De eso nada.
Ex. You'll do nothing of the kind! ¡De hacer eso nada!

Nothing to speak of. Nada de particular.
Ex. What happened? Nothing to speak of! ¿Qué pasó? ¡Nada de particular!

Ver: Come, come to nothing.
Ver: Venture, nothing ventured, nothing gained.

NOTICE
Escape one's notice. Pasar inadvertido, pasársele a uno.
Ex. That escaped my notice. Eso me pasó inadvertido.

Serve notice. Hacer saber, dejar patente.
Ex. He served notice of his intentions. Hizo saber sus intenciones.

Until further notice. Hasta nuevo aviso.
Ex. Do nothing until further notice. No haga nada hasta nuevo aviso.

NOW
From now on. De ahora en adelante.
Ex. From now on try to be on time. De ahora en adelante trata de llegar a tu hora.

Just now. Hace un momento, instante.
Ex. He was here just now. Estaba aquí hace un momento.

Now and again. De vez en cuando: de vez en vez.
Ex. Now and again I go for a walk. De vez en cuando voy a dar una vuelta.

Now and then. De vez en cuando.
Ex. Now and then I drink a glass of beer. De vez en cuando bebo una cerveza.

Now then... Ahora bien...
Ex. Now then, if you want to work you must bring a letter of recommendation. Ahora bien, si quiere trabajar debe traer una carta de recomendación.

Till now. Hasta ahora.
Ex. We've had no trouble till now. No hemos tenido problemas hasta ahora.

Ver: By, By now.

NOWHERE
Get nowhere. No llegar a ninguna parte.
Ex. You will get nowhere working here. No llegarás a ninguna parte trabajando aquí.

Have nowhere to turn. No tener donde ir.
Ex. I have nowhere to turn. No tengo donde ir.

NUISANCE
Make a nuisance of oneself. Ponerse pesado.
Ex. Don't make a nuisance of yourself! ¡No te pongas pesado!

What a nuisance. Qué fastidio.
Ex. What a nuisance to have an exam tomorrow! ¡Qué fastidio tener un examen mañana!

NUMBER
A number of. Varios.
Ex. He has a number of cars. Tiene varios coches.

A number of times. Varias veces; con frecuencia.
Ex. I visited her a number of times but she was out. La visité varias veces pero estaba fuera.

Have one's days numbered. Tener los días contados.
Ex. Your days are numbered. Tienes los días contados.

To look out for number one. Mirar uno por sí mismo.
Ex. I must look out for number one. Debo mirar por mí mismo.

NUT
A hard nut to crack. Hueso duro de roer.
Ex. Your client is going to prove a hard nut to crack. Tu cliente va a resultar un hueso duro de roer.

Go nuts. Volverse loco.
Ex. I'm going nuts here! ¡Aquí me estoy volviendo loco!

O

OATH
Take an oath. Prestar juramento.
Ex. The new Minister took the oath of office yesterday. El nuevo Ministro prestó juramento de su cargo ayer.

OBJECT
An object lesson. Una lección práctica; lección de cosas.
Ex. I'm going to teach him an object lesson. Le voy a enseñar una lección práctica.

OBJECTION
Have no objection to. No tener inconveniente en.
Ex. I have no objections to his coming. No tengo inconveniente en que venga.

Have objections. Tener algo que objetar.
Ex. Do you have any objections? ¿Tiene algo que objetar?

OBLIGATION
Be under an obligation to. Tener la obligación, responsabilidad de.
Ex. I have an obligation to finish by five. Tengo la obligación de terminar para las cinco.

Discharge one's obligations. Cumplir con las obligaciones de uno.
Ex. You must discharge your obligations if you want to get paid. Tienes que cumplir con tus obligaciones si quieres que te paguen.

OBLIGE
Be obliged to. Tener que, verse forzado a.
Ex. I am obliged to be here from four to six. Tengo que estar aquí de cuatro a seis.

I would be much obliged to you if... Le quedaría muy reconocido si...
Ex. I would be much obliged to you if you lent me a hand. Le quedaría muy reconocido si me echase una mano.

Much obliged. Muy agradecido.
Ex. I'm much obliged to you. Le estoy muy agradecido.

OBSERVATION
Keep under observation. Tener bajo, en observación.
Ex. The doctors are keeping him under observation. Los médicos le tienen bajo observación.

Make an observation. Hacer una observación.
Ex. May I make an observation? ¿Puedo hacer una observación?

OBSERVE
Observe the rules. Cumplir las reglas.
Ex. We must observe the rules. Tenemos que cumplir la reglas.

OCCASION
Be equal to the occasion. Estar a la altura de las circunstancias.
Ex. Victor was not equal to the occasion. Víctor no estuvo a la altura de las circunstancias.

Be the occasion. Ser motivo de.
Ex. His success was the occasion for a celebration. Su éxito fue motivo de celebración.

ODD
At odd moments. En ratos libres.
Ex. He writes the book at odd moments. Escribe el libro en ratos libres.

How odd. Qué extraño.
Ex. How odd Victor's not here! ¡Qué extraño que Víctor no esté aquí!

Oddly enough. Por extraño que parezca.
Ex. Oddly enough they are married! ¡Por extraño que parezca están casados!

Odds and ends. Trastos, cosillas.
Ex. I've bought a few odds and ends for the house. He comprado unas cosillas para la casa.

ODDS
Be at odds with. Estar de punta con.
Ex. Peter and his partner are at odds. Pedro y su socio están de punta.

OFF
Be all off. No haber trato, quedar todo en suspenso.
Ex. It's all off! ¡No hay trato!

Be better off. Estar mejor.
Ex. You'll be better off without her. Estarás mejor sin ella.

Be well off. Ser acomodado.
Ex. That family is well off. Ésa es una familia acomodada.

Have an off day. Tener un mal día.
Ex. Sometimes we all have an off day! ¡A veces todos tenemos un mal día!

Off and on. De vez en cuando.
Ex. He works off and on. Trabaja de vez en cuando.

Off-color. Verde (cuento, chiste).
Ex. Don't tell the children off-color jokes! ¡No les cuentes a los niños chistes verdes!

Off with you. Fuera; lárgate.
Ex. Off with you! ¡Lárgate!

Way off. Muy lejos.
Ex. His house is way off. Su casa está muy lejos.

OFFENSE
Give offense. Ofender.
Ex. I didn't mean to give offense. No quería ofender.

Take offense. Ofenderse.
Ex. I'm sorry you took offense at what I said. Siento que se ofendiese por lo que dije.

OFFENSIVE
Take the offensive. Tomar la ofensiva.
Ex. In chess you must always take the offensive. En el ajedrez debes siempre tomar la ofensiva.

OFFER
Offer an opinion. Aventurar una opinión.
Ex. May I offer an opinion? ¿Puedo aventurar una opinión?

Offer resistance. Ofrecer resistencia.
Ex. The enemy offered resistance. El enemigo ofreció resistencia.

OFTEN
Every so often. De vez en cuando.
Ex. Every so often I have a beer. De vez en cuando me tomo una cerveza.

OIL
Burn the midnight oil. Quemarse las cejas (estudiando, trabajando).
Ex. If you want to pass the exam you'll have to burn the midnight oil. Si quieres aprobar el examen tendrás que quemarte las cejas estudiando.

Pour oil on the flames. Echar leña al fuego.
Ex. Don't pour oil on the flames. No eches leña al fuego.

To pour oil on troubled waters. Apaciguar, calmar los ánimos.
Ex. If you buy her a present you'll pour oil on troubled waters. Si le compras un regalo le apaciguarás los ánimos.

OLD
Any old time. En cualquier momento.
Ex. Come visit me any old time. Ven a visitarme en cualquier momento.

Till one is old and grey. Hasta el fin de los días de uno.
Ex. He'll remember this till he's old and grey. Lo recordará hasta el fin de sus días.

OMEN
Ver: Ill, Ill omen.

ON
Be on. Estar en marcha, funcionando, encendido.
Ex. Is the radio on? ¿Está encendida la radio?

On and on. Sin cesar, sin parar.
Ex. If you let him he'll talk on and on. Si le dejas hablará sin cesar.

On credit. Al fiado, a plazos.
Ex. If I can, I'll buy the house on credit. Si puedo compraré la casa a plazos.

On foot. A pie.
Ex. Let's go on foot; we need the exercise. Vayamos a pie; necesitamos ejercicio.

On the outside. Por fuera.
Ex. On the outside the house looks okay. Por fuera la casa tiene buen aspecto.

ONCE
All at once. Súbitamente.
Ex. All at once he turned around. Súbitamente dio media vuelta.

At once. Enseguida; inmediatamente.
Ex. Come here at once! ¡Ven aquí inmediatamente!

For once. Por una vez.
Ex. Be good for once. Sé bueno por una vez.

For this once. Por esta vez.
Ex. I'll forgive you for this once. Te perdono por esta vez.

Once and for all. Ya de una (vez por todas).
Ex. You must stop coming here once and for all! ¡Tienes que dejar de venir aquí ya de una vez!

Once bit twice shy. El gato escaldado del agua fría huye.
Ex. I'm sorry but once bit twice shy! ¡Lo siento pero el gato escaldado del agua fría huye!

Once in a blue moon. De Pascuas a Ramos.
Ex. This usually happens only once in a blue moon. Esto normalmente ocurre sólo de Pascuas a Ramos.

Once in a while. De vez en cuando.
Ex. We go downtown once in a while. Vamos al centro de vez en cuando.

Once or twice. Una o dos veces.
Ex. I've seen him once or twice. Se le ha visto una o dos veces.

Once too often. Con demasiada frecuencia.
Ex. This happened once too often. Esto ocurrió con demasiada frecuencia.

Once upon a time... Érase una vez...
Ex. Once upon a time there were three bears... Érase una vez tres osos...

Ver: Every, Every once in a while.

ONE
Be someone's one and only. Ser el único.
Ex. He is my one and only love. Es mi único amor.

Have had one too many. Llevar un trago de más.
Ex. He's had one too many. Lleva un trago de más.

I for one. Yo por lo menos.
Ex. I for one enjoy studying. Yo por lo menos disfruto estudiando.

One at a time. De uno en uno.
Ex. Take these pills one at a time. Toma estas pastillas de una en una.

One by one. Uno a uno.
Ex. They entered one by one. Entraron uno a uno.

The one and only. El único.
Ex. He is the one and only teacher I've had. Es el único profesor que he tenido.

ONLY
Only child. Hijo único.
Ex. Are you an only child? ¿Eres hijo único?

Only yesterday. Ayer mismo.
Ex. Why, I saw her only yesterday! ¡Pero si la vi ayer mismo!

OPEN
An open secret. Un secreto a voces.
Ex. It was an open secret that she was pregnant. Era un secreto a voces que estaba embarazada.

Be open. Ser franco.
Ex. Can't you be more open? ¿No puede ser más franco?

Be open to suggestions. Aceptar sugerencias.
Ex. I am open to suggestions. Acepto sugerencias.

In the open. Al aire libre, al raso.
Ex. I'm going to sleep in the open tonight. Voy a dormir al raso esta noche.

OPENING
Fill an opening. Cubrir una vacante.
Ex. We have two openings to fill. Tenemos dos vacantes por cubrir.

OPERATE
Operate on. Operar.
Ex. We are going to have to operate on you. Tendremos que operarle a usted.

OPERATION
Go into operation. Comenzar a funcionar.
Ex. Our business will go into operation next week. Nuestro negocio comenzará a funcionar la semana que viene.

OPINION

Be a matter of opinion. Ser cuestión de pareceres.
Ex. What you are saying is a matter of opinion. Lo que dice usted es cuestión de pareceres.

OPTION

Have no option but. No tener otra alternativa.
Ex. I have no option but to fire him. No tengo otra alternativa más que despedirle.

ORDER

Be in order. Estar en regla.
Ex. All your papers are in order. Todos tus documentos están en regla.

Be out of order. Estropeado, averiado.
Ex. The elevator is out of order. El ascensor está estropeado.

In order of appearance. Por orden de aparición.
Ex. The actors' names are shown in order of appearance. Los nombres de los actores están por orden de aparición.

In order to. Para.
Ex. I study in order to learn. Estudio para aprender.

Keep order. Mantener el orden.
Ex. The security guard is trying to keep order. El guardia jurado trata de mantener el orden.

Order around. Dar órdenes.
Ex. I don't like you to order me around. No me gusta que me des órdenes.

Out of order. Averiado, descompuesto, no funciona.
Ex. The elevator is out of order. El ascensor no funciona.

To the order of. A la orden de.
Ex. Pay to the order of Victor Victorius. Páguese a la orden de Víctor Victorius.

ORDINARY

Out of the ordinary. Fuera de lo común.
Ex. Victor is a man out of the ordinary. Víctor es un hombre fuera de lo común.

OUT

Be out of it. No dar una.
Ex. Victor has been making mistakes for a week; he is out of it. Hace una semana que Víctor está cometiendo errores; no da una.

Be out of place. Fuera de lugar.
Ex. Your question is out of place. Tu pregunta está fuera de lugar.

Out-and-out. Un perfecto...
Ex. You are an out-and-out thief. Eres un perfecto ladrón.

Out of the question. Imposible, fuera de lugar.
Ex. Your request is out of the question. Su petición está fuera de lugar.

Out of the way. Apartado, lejos.
Ex. His house is a little out of the way. Su casa está un poco apartada.

Out of work. Parado, desempleado, sin trabajo.
Ex. I am out of work right now. En este momento estoy parado.

Out with it! ¡Suéltalo! ¡Dilo!
Ex. Come on, out with it! ¡Venga, dilo!

Run out of. Acabarse, agotarse, quedarse sin.
Ex. The corner store has run out of sugar. La tienda de la esquina se ha quedado sin azúcar.

Ver: Cash, Be out of cash.

OVER

Be over. Terminar.
Ex. When the film's over we'll leave. Cuando termine la película nos iremos.

Over again. De nuevo, otra vez.
Ex. This is a real mess! Do it over again! ¡Esto es una porquería! ¡Hazlo otra vez!

Over and above. Por encima; mucho más.
Ex. I've spent over and above what you have given me. Me he gastado mucho más de lo que me has dado.

Over and over. Una y otra vez.
Ex. I told you over and over not to cross the street! ¡Te dije una y otra vez que no cruzases la calle!

Over here. Por aquí.
Ex. It's over here. Está por aquí.

Over there. Por allí.
Ex. My house is over there. Mi casa está por allí.

Ver: All, all over.

OVERBOARD
Go overboard. Pasarse.
Ex. I think you've gone overboard with the drinks! ¡Creo que te has pasado con las bebidas!

OWN
Be on one's own. Arreglárselas uno solo.
Ex. From now on you are on your own. De ahora en adelante te las arreglas solo.

Come into one's own. Reconocer la valía de uno.
Ex. He's finally como into his own. Por fin se le reconoce su valía.

P

P
Ver: Mind, Mind one's p's and q's.

PACE
At a slow pace. A paso lento, con lentitud.
Ex. You read at a very slow pace. Lees a paso muy lento.

At a snail's pace. A paso de tortuga.
Ex. We are moving at a snail's pace! ¡Nos movemos a paso de tortuga!

Keep pace with. Seguir el ritmo; seguir la marcha.
Ex. I can't keep pace with him. No puedo seguirle el ritmo.

Pace the floor. Pasearse de arriba abajo.
Ex. He is pacing the floor because he's nervous. Se pasea por la habitación porque está nervioso.

Put through one's paces. Poner a uno a prueba.
Ex. I'm going to put him through his paces. Le voy a poner a prueba.

Set the pace. Imponer la marcha, imponer el ritmo.
Ex. You set the pace! ¡Tú impones la marcha!

PACK
Be packed. Estar abarrotado.
Ex. The subway is always packed. El metro está siempre abarrotado.

Pack up. Hacer las maletas.
Ex. I'm going to pack up now. Voy a hacer las maletas ahora.

Packed like sardines. Como sardinas.
Ex. We were packed like sardines in the train. Íbamos como sardinas en el tren.

PACKING
Send someone packing. Largar a uno con viento fresco.
Ex. I sent my secretary packing because she was getting fresh. Largué a mi secretaria con viento fresco porque se estaba pasando.

PADDLE
Paddle one's own canoe. Bastarse uno a sí mismo.
Ex. Don't worry about me: I can paddle my own canoe. No te preocupes por mí; me basto a mí mismo.

PAIN
Be a pain in the neck. Ser un pesado, coñazo, pelmazo.
Ex. Peter's a pain in the neck! ¡Pedro es un pesado!

Be in pain. Tener dolor, doler; sufrir
Ex. Are you in pain? ¿Te duele?

Go to great pains to. Hacer grandes esfuerzos.
Ex. I went to great pains to read the book. Hice grandes esfuerzos para leer el libro.

It pains me to... Me apena; me duele...
Ex. It pains me to tell you that you are fired. Me apena decirle que está usted despedido.

Take pains. Esmerarse.
Ex. We take pains in doing things well. Nos esmeramos en hacer las cosas bien.

PAINT
Paint the town red. Correrse una juerga, ir de juerga.
Ex. Tonight we are going to paint the town red. Esta noche vamos de juerga.

PAIR
Pair off. Emparejar; juntarse en parejas.
Ex. The dancers paired off for the tango. Los bailarines se emparejaron para bailar el tango.

PALE
Outside the pale of. Fuera de los límites de.
Ex. This is outside the pale of my knowledge. Esto está fuera de los límites de mis conocimientos.

PALM
Carry (off) the palm. Llevarse la palma.
Ex. Victor's cake carried the palm at the contest. La tarta de Víctor se llevó la palma en el concurso.

Grease the palm. Untar la mano, sobornar.
Ex. If you want a building permit, you must grease the Mayor's palm. Si quieres un permiso de obra debes untarle la mano al alcalde.

Have an itching palm. Ser un pesetero.
Ex. It's said that Scots have an itching palm. Se dice que los escoceses son peseteros.

Have in the palm of one's hand. Tener en la palma de la mano.
Ex. The boss has the Company in the palm of his hand. El jefe tiene a la empresa en la palma de la mano.

PAN
Pan out well. Dar buen resultado.
Ex. I'm sure my ideas will pan out well. Estoy seguro de que mis ideas darán resultado.

PAPER
On paper. En teoría.
Ex. Your plan looks good on paper. Tu plan parece bueno en teoría.

PAR
Not to feel up to par. No sentirse bien; estar en baja forma.
Ex. I don't feel up to par after eight hours in the office. No me siento bien después de ocho horas en la oficina.

PARCEL
Parcel out. Repartir.
Ex. How are we going to parcel this out? ¿Cómo vamos a repartir esto?

PARDON
I beg your pardon! ¡Dispense usted!
Ex. I beg your pardon. Who are you? Dispense, ¿quién es usted?

PART
Do one's part. Cumplir con la obligación de uno.
Ex. I'll do my part as best I can. Cumpliré con mi obligación tan bien como pueda.

For my part. Por mi parte.
Ex. For my part I'll do all I can. Por mi parte haré todo lo que pueda.

For the most part. Por lo general.
Ex. For the most part the climate in Spain is good. Por lo general el clima de España es bueno.

In part. En parte.
Ex. In part he's right. En parte tiene razón.

Look the part. Tener aspecto.
Ex. He's the President? He doesn't look the part! ¿Es el Presidente? ¡No tiene aspecto!

Part by part. Pieza por pieza.
Ex. I'll check the motor part by part. Comprobaré el motor pieza por pieza.

Part one's hair. Hacerse la raya.
Ex. How do you part your hair? ¿Cómo te haces la raya?

Part with. Desprenderse de; abandonar.
Ex. He will not part with his piano. No quiere desprenderse de su piano.

Take part. Participar, tomar parte.
Ex. I didn't want to take part in your argument with Victor. No quería tomar parte en tu discusión con Víctor.

PARTIAL
Be partial to. Tener debilidad por.
Ex. He is partial to blondes. Tiene debilidad por las rubias.

PARTICULAR
Go into particulars. Entrar en pormenores.
Ex. He refused to go into particulars. Se negó a entrar en pormenores.

In this particular case. En este caso concreto.
Ex. In this particular case you are wrong. En este caso concreto estás equivocado.

PARTY
Be a party to. Ser partícipe de.
Ex. I don't want to be a party to a crime. No quiero ser partícipe de un crimen.

Throw a party. Dar una fiesta.
Ex. Mary is throwing a party for her sister. María va a dar una fiesta para su hermana.

PASS
Come to pass. Suceder.
Ex. And it came to pass that a child was born in Bethlehem. Y sucedió que nació un niño en Belén.

In passing. De pasada.
Ex. I saw it in passing. Lo vi de pasada.

Let pass. Pasar por alto.
Ex. I didn't like what he said but I let it pass. No me agradó lo que dijo pero lo pasé por alto.

Make a pass at. Hacer proposiciones.
Ex. The boss made a pass at her. El jefe le hizo proposiciones.

Pass away. Fallecer.
Ex. My uncle passed away in 1983. Mi tío falleció en 1983.

Pass each other. Cruzarse.
Ex. We passed each other on the street. Nos cruzamos en la calle.

Pass oneself off as. Hacerse pasar por.
Ex. He passed himself off as a general. Se hizo pasar por general.

Pass out. Desmayarse.
Ex. When she heard the news she passed out. Cuando oyó la noticia se desmayó.

Pass over in silence. Pasar en silencio, hacer caso omiso.
Ex. My remarks were passed over in silence. Hicieron caso omiso de mis observaciones.

Pass up. Pasar por alto, de largo.
Ex. Don't pass up that opportunity. No pases por alto esa oportunidad.

With the passing of time. Andando el tiempo.
Ex. With the passing of time he'll change. Andando el tiempo cambiará.

Ver: Exam, Pass an exam.

PAST
Be past fifty. Pasar de los cincuenta.
Ex. I think Victor's past fifty. Creo que Víctor pasa de los cincuenta.

Be past five o'clock. Ser más de las cinco.
Ex. What time is it? It's past ten o'clock. ¿Qué hora es? Son más de las diez.

In the past. Antes, antaño.
Ex. Life was quite different in the past. La vida era muy diferente antes.

Past belief. Increíble.
Ex. What you are telling me is past belief. Lo que me cuentas es increíble.

Put it past someone. Creer capaz.
Ex. I wouldn't put it past him to take the money! Yo le creo muy capaz de coger el dinero!

PAT
Know, (have down) pat. Saber al dedillo, perfectamente.
Ex. I know my English verbs pat. Me sé los verbos ingleses al dedillo.

Stand pat. Mantenerse uno en sus trece.
Ex. No matter what, stand pat. Pase lo que pase, manténte en tus trece.

PATCH
Patch things up. Hacer las paces, arreglarse.
Ex. I'm going to try to patch things up with my wife. Voy a tratar de arreglarme con mi mujer.

PATIENCE
Have no patience with. No tener paciencia con.
Ex. The teacher has no patience with idiots. El profesor no tiene paciencia con los idiotas.

PATIENT
Be patient with. Tener paciencia con.
Ex. We must all be patient with our children. Todos tenemos que tener paciencia con nuestros hijos.

PAVE
Pave the way for. Preparar el terreno a.
Ex. This dictionary will pave the way to better ones. Este diccionario preparará el terreno para otros mejores.

PAY
In the pay of. Al servicio de.
Ex. He is in the pay of the enemy. Está al servicio del enemigo.

Paid up. Pagado.
Ex. All my bills are paid up. Todas mis facturas están pagadas.

Pay a visit. Hacer una visita.
Ex. Pay me a visit any time. Hágame una visita cuando quiera.

Pay attention to. Prestar atención.
Ex. Pay attention to what I am going to say. Presta atención a lo que voy a decir.

Pay back. Devolver.
Ex. You must pay me back the money you owe me. Tienes que devolverme el dinero que me debes.

Pay in full. Pagar toda la cantidad.
Ex. Are you going to pay in full? ¿Va usted a pagar toda la cantidad?

Pay on account. Pagar a cuenta.
Ex. He paid two hundred on account. Pagó doscientas a cuenta.

Pay one's way. Pagar lo de uno.
Ex. I'll pay my way! ¡Yo me pagaré lo mío!

Pay raise (rise). Aumento de sueldo.
Ex. I need a pay raise. Necesito un aumento de sueldo.

Pay through the nose. Pagarlo caro, con creces.
Ex. I'm going to make him pay through the nose. Le voy a hacérselo pagar caro.

The devil to pay. Pasarlas canutas; organizarse la de Dios es Cristo.
Ex. If we don't finish by ten o'clock there will be the devil to pay. Si no terminamos para las diez se va a armar la de Dios es Cristo.

Ver: Lip, Pay lip service to.

PAYMENT
Make the payments. Hacer los pagos.
Ex. I didn't buy a house because I couln't make the payments. No compré una casa porque no podía hacer los pagos.

PAYROLL
Add to the payroll. Poner en nómina.
Ex. We'll add his name to the payroll. Le pondremos en nómina.

PEACE
Ver: Quiet, Peace and quiet.

PEANUT
For peanuts. Por dos reales.
Ex. I bought my house for peanuts. Compré mi casa por dos reales.

PEEL
Keep one's eyes peeled. Estar ojo avizor.
Ex. I keep my eyes peeled in case I see something fishy. Estoy ojo avizor por si veo algo sospechoso.

PEEP
At the peep of day. Al despuntar el día.
Ex. I saw Victor leaving town at the peep of day. Vi a Víctor cuando se marchaba de la ciudad al despuntar el día.

Not a peep out of you. No digas ni pío.
Ex. Shut up! Not a peep out of you! ¡Cállate! ¡No digas ni pío!

PEG
Take down a peg or two. Bajar los humos.
Ex. I'm going to take him down a peg or two. Voy a bajarle los humos.

PELL-MELL
Run pell-mell. Salir pitando.
Ex. Victor ran pell-mell to the bank. Víctor salió pitando al banco.

PENANCE
Do penance. Hacer penitencia.
Ex. I must do penance for my sins. Debo hacer penitencia por mis pecados.

PENNY
A penny for your thoughts. Dime en qué estás pensando.
Ex. A penny for your thoughts, Susan. Dime en qué estás pensando, Susana.

Not to have a penny to one's name. No tener ni gorda.
Ex. I cannot pay simply because I don't have a penny to my name. No puedo pagar simplemente porque no tengo ni gorda.

Penny wise, pound foolish. Ahorrar el chocolate del loro.
Ex. Susan is penny wise, pound foolish. Susana ahorra el chocolate del loro.

PERSON
In person. En persona.
Ex. I'll take this to him in person. Se lo llevaré yo en persona.

PERSONAL
Become personal. Hacer alusiones personales.
Ex. Victor, please, don't become personal. Víctor, por favor, no hagas alusiones personales.

PET
Pet name. Nombre cariñoso.
Ex. He always calls his wife pet names like "honey", "sugar". Siempre llama a su mujer con nombres cariñosos como: "cariño", "cielo".

PICK
Be picky. Ser muy melindroso.
Ex. Victor is very picky. Víctor es muy melindroso.

Pick one's nose. Hurgarse la nariz.
Ex. Don't pick your nose in public! ¡No te hurgues la nariz en público!

Pick pockets. Hurgar en los bolsillos de alguien.
Ex. My wife is always picking my pockets. Mi mujer está siempre hurgando en mis bolsillos.

PICKLE
Get into a pickle. Meterse en un berenjenal.
Ex. I didn't know I was getting into a pickle when I took the job! ¡No sabía en qué berenjenal me metía cuando acepté el empleo!

PICTURE
Come into the picture. Aparecer en escena; entrar en acción.
Ex. And when do I come into the picture? ¿Y cuando entro yo en acción?

Have one's picture taken. Hacerse una foto.
Ex. I must have my picture taken! Tengo que hacerme una foto.

Ver: Take, Take pictures.

PIECE
Ver: Mind, Give someone a piece of one's mind.

PIG
Buy a pig in a poke. Comprar algo a ciegas.
Ex. Don't ever buy a pig in a poke. Nunca compres nada a ciegas.

Make a pig of oneself. Comer como un cerdo.
Ex. Above all don't make a pig of yourself at the party. Sobre todo no comas como un cerdo en la fiesta.

Ver: Eat, Eat like a horse.

PILLOW
Take council with one's pillow. Aconsejarse con la almohada.
Ex. Take council with your pillow and give me an answer tomorrow. Aconséjate con la almohada y dame una respuesta mañana.

PIN
Pin one's hopes on. Cifrar, poner las esperanzas en.
Ex. I was pinning my hopes on winning first prize. Tenía puestas todas mis esperanzas en ganar el primer premio.

Ver: Needles, Be on pins and needles.

PINCH
In a pinch. En caso de necesidad.
Ex. In a pinch I'll dip into my savings. En caso de necesidad echaré mano de mis ahorros.

Ver: Know, Know where the shoe pinches.

PIPE
Put that in your pipe and smoke it! ¡Chúpate ésa!
Ex. Victor, put that in your pipe and smoke it! ¡Chúpate ésa, Víctor!

PITY
For pity's sake! ¡Por caridad!
Ex. For pity's sake, Victor, don't do that! ¡Por caridad, Víctor, no hagas eso!

Take pity on. Apiadarse de.
Ex. Take pity on me! ¡Apiádate de mí!

What a pity! ¡Qué lástima!
Ex. What a pity you don't know New York! ¡Qué lástima que no conozcas Nueva York!

PLACE
Have a place for everything and put everything in its place. Un lugar para cada cosa y cada cosa en su lugar.
Ex. My son, in life have a place for everything, and put everything in its place. Hijo mío, en la vida ten un lugar para cada cosa y cada cosa en su lugar.

I can't place him. No le recuerdo; su cara no me suena.
Ex. Victor? I'm sorry but I can't place him! ¿Víctor? No logro recordarle.

In place of. En lugar de.
Ex. I'll go in his place. Iré en su lugar.

In the first place. En primer lugar.
Ex. Why have I failed you? In the first place because you never come to class. ¿Por qué le he suspendido? En primer lugar porque no asiste nunca a clase.

Keep one in his place. Tener a alguien a raya.
Ex. I'll keep him in his place! ¡Le tendré a raya!

Know one's place. Saber uno su lugar; ser respetuoso.
Ex. Victor's a good boy and knows his place. Víctor es un buen chico y sabe su lugar.

Out of place. Fuera de lugar; impropio.
Ex. That remark is out of place. Esa observación está fuera de lugar.

Put someome in his place. Poner a alguien en su sitio.
Ex. Victor is getting out of hand; we'll have to put him in his place. Víctor se está pasando; tendremos que ponerle en su sitio.

Take place. Ocurrir.
Ex. The accident took place on Elm street. El accidente ocurrió en la calle Elm.

Take someone's place. Ocupar el lugar de.
Ex. Take my place in the game. Ocupa mi lugar en la partida.

PLAIN
In plain sight. A la vista de todos.
Ex. He took his pants off in plain sight. Se quitó los pantalones a la vista de todos.

Ver: English, In plain English.
Ver: Nose, As plain as the nose on your face.

PLAY
Give full play to. Dar rienda suelta a.
Ex. He gave full play to his emotions. Dio rienda suelta a sus emociones.

Play fair. Jugar limpio.
Ex. He doesn't play fair. No juega limpio.

Play hard to get. Hacerse de rogar; hacerse el interesante.
Ex. Susan is very pretty and she likes to play hard to get. Susana es muy guapa y se hace la interesante.

Play on words. Juego de palabras.
Ex. That was a nice play on words. Eso ha sido un bonito juego de palabras.

Play out to. Hacer la pelota.
Ex. Peter plays out to his boss. Pedro le hace la pelota al jefe.

Play the fool. Hacer el tonto.
Ex. Victor likes to play the fool. A Víctor le gusta hacer el tonto.

Play up to. Adular, dar coba.
Ex. Did you notice how she plays up to Victor? ¿Has notado cómo le da coba a Víctor?

Ver: Ear, Play it by ear.
Ver: Fast, Play fast and loose with.
Ver: Fire, Play with fire.
Ver: Keep, Play for keeps.

PLEAD
Plead guilty. Declararse culpable.
Ex. He pleaded guilty. Se declaró culpable.

Plead ignorance. Alegar ignorancia.
Ex. We all know you knew, so you can't plead ignorance. Todas sabemos que lo sabías así que no puedes alegar ignorancia.

PLEASE
Be easy to please. Ser fácil de complaccr.
Ex. He is easy to please. Es fácil de complacer.

Be hard to please. Ser difícil de complacer.
Ex. Victor is very hard to please. Víctor es muy difícil de complacer.

PLEASURE
Take pleasure in. Ser un placer.
Ex. I take pleasure in introducing Mr. Smith. Es un placer presentar al Sr. Smith.

What is your pleasure? ¿Qué se le ofrece?
Ex. What is your pleasure, Victor? ¿Qué se te ofrece, Víctor?

PLUG
Pull the plug. Tirar de la manta.
Ex. When I pull the plug this business is going to go to pot! ¡Cuando tire de la manta este negocio se irá al cuerno!

PLUNGE
Take the plunge. Dar el paso decisivo; lanzarse al matrimonio; .
Ex. Susan and Victor took the plunge last week. Susana y Víctor se lanzaron al matrimonio la semana pasada.

Take the plunge. Liarse la manta a la cabeza.
Ex. They finally took the plunge and opened a store on Fifth Avenue. Se liaron la manta a la cabeza por fin y abieron una tienda en la Quinta Avenida.

POCKET
Have in one's pocket. Tener a alguien en el bolsillo.
Ex. She's got him in her pocket. Lo tiene metido en el bolsillo.

Pay something out of one's own pocket.
Pagar algo del propio bolsillo de uno.
*Ex. I paid for the lamp out of my own pocket. Pagué
la lámpara de mi propio bolsillo.*

Ver: Line, Line one's pockets.

POINT
Be at the point of death. Estar al borde de la
muerte.
*Ex. I was at the point of death, believe it or not.
Estuve al borde de la muerte, aunque no lo creas.*

Be beside the point. No venir a cuento.
*Ex. What you are saying is fine but it's beside the
point. Lo que dices está bien pero no viene a cuento.*

Come to the point. Ir al grano.
*Ex. I don't understand. Will you please come to the
point? No comprendo. ¿Quiere usted ir al grano?*

Get to the point. Ir al grano.
Ex. Get to the point! ¡Al grano!

On the point of. A punto de.
*Ex. I was on the point of leaving when the phone rang.
Estaba a punto de salir cuando sonó el teléfono.*

Point of view. Punto de vista.
*Ex. My point of view is different. Mi punto de vista
es diferente.*

See the point. Ver el sentido.
Ex. I don't see the point in going. No veo el sentido de ir.

Speak to the point. Ir al grano.
*Ex. I don't understand. Will you please speak to the
point? No comprendo. ¿Quiere usted ir al grano?*

Win on points. Ganar por puntos.
*Ex. The boxer won on points. El boxeador ganó por
puntos.*

Ver: Miss, Miss the point.
Ver: Fact, In point of fact.

POKE
Poke fun at. Burlarse de.
Ex. Don't poke fun at Victor. No te burles de Víctor.

Poke one's nose into. Meter las narices en,
entrometerse en.
*Ex. Don't poke your nose into my affairs. No metas
las narices en mis asuntos.*

POKER
Ver: Game, Play a good game of poker.

POLL
Take a poll. Hacer una encuesta.
*Ex. I am going to take a poll among my students.
Voy a hacer una encuesta entre mis alumnos.*

POOR
Poor as a church mouse. Más pobre que una
rata.
*Ex. Victor's poor as a church mouse. Víctor es pobre
como una rata.*

Poor thing. Pobrecito.
*Ex. Oh, poor thing, what happened? Ay, pobrecito,
¿qué te ha pasado?*

POP
Pop the question. Declararse.
*Ex. During supper Peter popped the question to
Susan. Durante la cena Pedro se declaró a Susana.*

POSITION
Be in a position to. Estar en situación de.
*Ex. I am not in a position to help you. No estoy en
situación de ayudarte.*

POSSESSION
Take possession of. Tomar posesión de.
*Ex. He took possession of his new office yesterday.
Tomó posesión de su nuevo despacho ayer.*

POSSIBLE
Render possible. Hacer posible.
*Ex. It was rendered possible by his efforts and help.
Fue posible por sus esfuerzos y ayuda.*

POSSUM
Play possum. Hacerse el muerto.
*Ex. The animal played possum. El animal se hizo el
muerto.*

POUR
Ver: Flame, Pour oil on the flames.

POWER
The powers that be. Los que mandan; las
autoridades.
*Ex. The powers that be have decided to raise
taxes. Los que mandan han decidido subir los
impuestos.*

Ver: Knowledge, Knowledge is power.

PRACTICE
Be out of practice. No estar en forma; haber
perdido la costumbre.
*Ex. Okay, I'll play but I'm out of practice. Vale,
jugaré pero no estoy en forma.*

In practice. En la práctica.
Ex. In practice this is quite simple. En la práctica esto es bastante simple.

Keep in practice. Mantener la práctica.
Ex. I type daily because I want to keep in practice. Escribo a máquina todos los días porque quiero mantener la práctica.

Practice makes perfect. La perfección nace de la práctica.
Ex. Repeat the verbs! Practice makes perfect! ¡Repite los verbos! ¡La perfección nace de la práctica!

Practice what one preaches. Predicar con el ejemplo.
Ex. Victor, practice what you preach. Víctor, predica con el ejemplo.

PRAISE
Praise to the skies. Poner por las nubes.
Ex. Her teachers praise her to the skies. Sus profesores la ponen por las nubes.

PRAYER
Say one's prayers. Rezar las oraciones.
Ex. Victor, did you say your prayers? Víctor, ¿has rezado las oraciones?

PREFERENCE
Give preference to. Dar prioridad a.
Ex. They give preference to old people. Dan prioridad a los viejos.

PREPARE
Be prepared to. Estar dispuesto.
Ex. Are you prepared to study hard? ¿Estás dispuesto a estudiar mucho?

PRESENT
At present. Ahora, en este momento.
Ex. At present we don't have the book you want. En este momento no tenemos el libro que desea.

At the present time. En la actualidad.
Ex. At the present time we have nothing in stock. En la actualidad no tenemos nada en almacén.

For the present. Por ahora.
Ex. Let's wait for the present. Por ahora esperemos.

Present address. Dirección actual; de ahora.
Ex. What's your present address? ¿Qué dirección tienes ahora?

PRESS
Be pressed for. Estar escaso de.
Ex. Are you pressed for time? ¿Andas escaso de tiempo?

Press one's point. Insistir en el punto de vista de uno.
Ex. I understand; you need not press your point. Entiendo; no es necesario que insista.

PRETEND
Pretend to be a good friend. Fingir ser un buen amigo.
Ex. Peter pretends to be a good friend but he is not. Pedro finge ser un buen amigo pero no lo es.

PRETENSE
Under false pretenses. Con artimañas.
Ex. He got the job under false pretenses. Consiguió el empleo con artimañas.

PREVENTION
Prevention is better than cure. Es mejor prevenir que lamentar.
Ex. Take care of yourself: prevention is better than cure! ¡Cuídate: es mejor prevenir que lamentar!

PRICE
At any price. A cualquier precio.
Ex. We must close that deal at any price. Debemos cerrar el trato a cualquier precio.

PRICK
Ver: Ear, Prick up one's ears.

PRIDE
Take pride in. Estar orgulloso de.
Ex. He takes pride in his work. Está orgulloso de su trabajo.

PRIME
Ver: Life, Be in the prime of life.

PRINT
Out of print. Agotado (libros).
Ex. The first edition is out of print. Se ha agotado la primera edición.

PRIVACY
Have privacy. Tener intimidad.
Ex. I need privacy. Necesito tener intimidad.

PRIVATE
To talk in private. Hablar en privado.
Ex. May I talk to you in private? ¿Puedo hablarle en privado?

PRIZE
Take the prize. Llevarse el premio.
Ex. I took first prize. Me llevé el primer premio.

PROCESS
Be in the process. Estar.
Ex. This wound is in the process of healing. Esta herida se está curando.

In the process of time. Andando el tiempo.
Ex. In the process of time we all learn what's truly important. Andando el tiempo todos aprendemos lo que es verdaderamente importante.

PROGRESS
Make progress. Avanzar.
Ex. Am I making progress in English? ¿Estoy avanzando en inglés?

PROOF
Put to the proof. Poner a prueba.
Ex. We are putting the new drug to the proof. Estamos poniendo a prueba el nuevo fármaco.

PROPORTION
Be out of proportion. Fuera de toda proporción.
Ex. The money he is asking for the house is out of proportion. Lo que pide por la casa está fuera de toda proporción.

In proportion to. A medida de.
Ex. Victor spends money in proportion to his needs. Víctor gasta dinero a medida de sus necesidades.

PROSPECT
In prospect. En perspectiva.
Ex. Any job in prospect? ¿Algún empleo en perspectiva?

PROVE
Prove to be. Resultar ser.
Ex. It proved to be a lousy car. Resultó ser un coche malísimo.

PULL
Have pull with. Tener influencias.
Ex. He has pull with the Mayor. Tiene influencia con el alcalde.

Pull oneself together. Calmarse, controlarse.
Ex. There is no need to cry. Pull yourself together and let's go. No hay por qué llorar. Cálmate y vámonos.

PUMP
Pump for information. Sonsacar información.
Ex. They tried to pump me for information. Intentaron sonsacarme información.

PURPOSE
On purpose. Adrede.
Ex. You did it on purpose. Lo hiciste adrede.

Serve one's purpose. Servir para el caso.
Ex. This table is too small but it will serve my purpose. Esta mesa es demasiado pequeña pero servirá para el caso.

Ver: Sole, For the sole purpose of.

PURPOSES
Ver: Intent, To all intents and purposes.

PUSHOVER
Be a pushover. Estar chupado; ser pan comido.
Ex. This is a pushover! ¡Esto está chupado!

PUT
Never put off till tomorrow what you can do today. No dejes para mañana lo que puedas hacer hoy.
Ex. Don't procrastinate. Never put off till tomorrow what you can do today. No pospongas. No dejes para mañana lo que puedas hacer hoy.

Put a word in. Hablarle a alguien de uno.
Ex. When you talk to the boss put a word in for me. Cuando charles con el jefe háblale de mí.

Put an end to. Poner fin a.
Ex. His marriage will put an end to his unhappiness. Su matrimonio pondrá fin a su infelicidad.

Put in order. Poner en orden.
Ex. Let's put our affairs in order. Pongamos nuestros asuntos en orden.

Put in writing. Ponerlo por escrito.
Ex. I like your offer but, please, put it in writing. Me gusta su oferta pero, por favor, póngala por escrito.

Put off. Posponer.
Ex. I'm going to put off my vacation. Voy a posponer mis vacaciones.

Put on. Aumentar, añadir.
Ex. You've put on a few pounds. Has aumentado unos quilos.

Put one's shoulder to the wheel. Arrimar el hombro.
Ex. Let's all put our shoulder to the wheel. Arrimemos todos el hombro.

Put oneself out. Molestarse, incomodarse.
Ex. Don't put yourself out for me. No se incomode por mí.

Put the finishing touches. Dar el toque final.
Ex. When are you going to put the finishing touches to the house? ¿Cuándo vas a dar el toque final a la casa?

Put them up. ¡Arriba las manos!
Ex. The robber said: "Put them up!" El ladrón dijo: "¡Arriba las manos!"

Put to bed. Acostar.
Ex. I'm going to put the children to bed. Voy a acostar a los niños.

Put two and two together. Caer en la cuenta.
Ex. Do you think he'll put two and two together? ¿Crees que caerá en la cuenta?

Put up for sale. Poner a la venta.
Ex. He has put the house up for sale. Ha puesto la casa en venta.

Put up with. Aguantar.
Ex. I can't put up with my boss. No puedo aguantar a mi jefe.

Stay put. Quedarse en su sitio.
Ex. Don't move! Stay put! ¡No te muevas! ¡Quédate en tu sitio!

Ver: Ease, Put someone at ease.
Ver: Egg, Put all one's eggs in one basket.

Q

QUALMS
Have qualms about. Pelos en la lengua, duda, inquietud.
Ex. I have no qualms about telling him he must pay. No tengo pelos en la lengua para decirle que debe pagar.

QUARREL
Quarrel with. No tener queja de.
Ex. I have no quarrel with the way things are done here. No tengo queja de la manera de hacer las cosas aquí.

QUARTER
From all quarters. De todas partes.
Ex. We are getting complaints from all quarters. Recibimos quejas de todas partes.

QUESTION
Be out of the question. Imposible, impensable.
Ex. Your request is out of the question. Su petición es imposible.

Be beyond question. Fuera de duda; ser indiscutible.
Ex. His integrity is beyond question. Su integridad está fuera de duda.

Beside the question. No venir al caso.
Ex. What you are saying is beside the question. Lo que dices no viene al caso.

Without question. Indiscutiblemente.
Ex. He'll pay tomorrow without question. Indiscutiblemente pagará mañana.

QUIET
Keep, be quiet. Callarse; no hacer ruido.
Ex. Keep quiet! ¡No hagas ruido!

Peace and quiet. Paz y tranquilidad.
Ex. I need peace and quiet. Necesito paz y tranquilidad.

Quiet as a graveyard. Más silencioso que una tumba.
Ex. This place is quiet as a graveyard. Este sitio es más silencioso que una tumba.

QUIT
Quit it! ¡Basta!
Ex. Quit it, Victor! ¡Basta ya, Víctor!

QUITE
Quite a few. Bastantes.
Ex. I am sorry but you have made quite a few mistakes in your exam. Lo siento pero ha cometido usted bastantes errores en su examen.

QUITS
Be quits. Estar en paz, desquitados.
Ex. There, five dollars and we are quits. Toma, cinco dólares y estamos en paz.

Call it quits. Dejarlo estar.
Ex. I'd rather call it quits than argue with him. Prefiero dejarlo estar a discutir con él.

QUOTE
Quote. Mencionar; citar.
Ex. May I quote your name at the meeting? ¿Puedo mencionar su nombre en la reunión?

R

RACK
Rack one's brains. Devanarse los sesos.
*Ex. I racked my brain but I couldn't solve the
problem. Me devané los sesos pero no pude resolver
el problema.*

RADIO
On the radio. Por la radio.
Ex. I heard it on the radio. Lo oí por la radio.

RAG
Chew the rag. Estar de palique.
Ex. They are chewing the rag. Están de palique.

In rags. Hecho un andrajoso.
Ex. He was in rags. Iba hecho un andrajoso.

RAGE
Ver: Fly, Fly into a rage.

RAIL
By rail. Por ferrocarril.
Ex. Send this by rail. Mande esto por ferrocarril.

RAIN
It never rains but it pours. Las desgracias
nunca vienen solas.
*Ex. You are right, it never rains but it pours. Tienes
razón, las desgracias nunca vienen solas.*

Ver: Hard, Rain hard.

RAISE
Get a raise. Conseguir aumento de sueldo.
Ex. I got a raise! ¡Me han aumentado el sueldo!

Raise a row. Armar jaleo.
*Ex. He raised a row in the bar. Armó jaleo
en el bar.*

Raise an army. Reclutar.
*Ex. They have raised a large army. Han reclutado
un gran ejército.*

Raise an objection. Poner reparos.
*Ex. He is always raising objections at the general
meeting. Siempre pone reparos en la reunión
general.*

Raise money. Recaudar dinero.
*Ex. How much money have you raised? ¿Cuánto
dinero has recaudado?*

Raise one's hand. Levantar la mano.
*Ex. If you want any more, raise your hand. Si
quieren más, levanten la mano.*

Raise one's voice. Levantar la voz.
*Ex. Don't raise your voice here. No levantes la voz
aquí.*

Raise the flag. Izar la bandera.
*Ex. The captain raised the flag. El capitán izó la
bandera.*

Ver: Cain, Raise cain.

RAKE
Rake it in. Forrarse.
*Ex. His new shop is doing well and he is raking
it in. Su nueva tienda le va bien y se está
forrando.*

RAM
Ram something down someone's throat.
Hacerle tragar a uno algo.
*Ex. The boss rammed his new timetable down
everybody's throat. El jefe les hizo tragar a todos el
nuevo horario.*

RANGE
At close range. A quemarropa.
Ex. He fired at close range. Disparó a quemarropa.

Be within range. Estar a tiro.
Ex. Shoot when the tiger is within range. Dispara cuando el tigre esté a tiro.

Price range. Gama de precios.
Ex. We have a low price range. Tenemos una gama de precios baja.

Range from ... to. Ir de ... a.
Ex. Prices range from 100 to 200 pesetas. Los precios van de 100 a 200 pesetas.

RANSOM
Be worth a king's ransom. Valer un Potosí.
Ex. This is worth a king's ransom. Esto vale un Potosí.

RAP
Take the rap. Echar la culpa; cargársela; pagar el pato.
Ex. I stole the money and Victor took the rap. Yo robé el dinero y a Víctor le echaron la culpa.

RAT
Ver: Smell, Smell a rat.

RATE
At any rate. En todo caso.
Ex. He is coming soon. At any rate, that's what he said. Vendrá pronto. En todo caso, eso es lo que dijo.

At the rate of. A razón de.
Ex. I am paid at the rate of five thousand dollars a month. Me pagan a razón de cinco mil dólares al mes.

At this rate. A este paso.
Ex. At this rate we'll never get there. A este paso nunca llegaremos.

First-rate. De primera.
Ex. He is a first-rate actor. Es un actor de primera.

Rate of exchange. Cambio.
Ex. What's the rate of exchange? ¿A cómo está el cambio?

RAW
Raw material. Materia prima.
Ex. We need raw materials. Necesitamos materias primas.

REACH
Out of reach. Fuera del alcance de.
Ex. Is the bottle out of the children's reach? ¿Está la botella fuera del alcance de los niños?

REACTION
Gut reaction. Reacción intuitiva.
Ex. In difficult situations I always trust my gut reaction. En situaciones difíciles siempre confío en mi reacción intuitiva.

READ
Read between the lines. Leer entre líneas.
Ex. To understand the letter properly one must read between the lines. Para entender la carta bien hay que leer entre líneas.

Ver: Mind, Read someone's mind.

READY
Be ready to. Dispuesto a.
Ex. Are you ready to help me? ¿Estás dispuesto a ayudarme?

Get ready. Prepararse.
Ex. Are you getting ready? ¿Te estás preparando?

Make ready. Preparar.
Ex. Make everything ready for the party. Prepáralo todo para la fiesta.

REAL
For real. De veras, de verdad.
Ex. Is this for real? ¿Es esto de veras?

REALIZE
Realize. Darse cuenta; cumplir.
Ex. I didn't realize you wanted to go also. No me di cuenta de que tú también querías ir.

Realize. Obtener.
Ex. He has realized a good profit. Ha obtenido un buen beneficio.

REASON
Bring to reason. Hacer entrar en razón.
Ex. After much arguing we brought him to reason. Después de mucha discusión le hicimos entrar en razón.

For no reason. Sin motivo.
Ex. She left for no reason at all. Se marchó sin motivo alguno.

Listen to reason. Ser razonable.
Ex. Please listen to reason! ¡Por favor, sé razonable!

Lose one's reason. Perder la razón.
Ex. I'm going to lose my reason! ¡Voy a perder la razón!

Stand to reason. Ser lógico.
Ex. It stands to reason that if we work you must pay us. Es lógico que si trabajamos debe usted pagarnos.

The reason why. Por qué razón.
Ex. I don't understand the reason why you didn't come. No entiendo por qué no vino usted.

RECEIPT
Acknowledge receipt of. Acusar recibo de.
Ex. We acknowledge receipt of your letter... Acusamos recibo de su carta...

Be in receipt of. Obrar en poder de.
Ex. We are in receipt of your letter. Obra en nuestro poder su carta.

RECKON
Reckon with. Contar con.
Ex. She didn't reckon with her father's opposition. No contó con la oposición de su padre.

RECKONING
By my reckoning. Según mis cálculos.
Ex. By my reckoning we must be near. Según mis cálculos debemos estar cerca.

RECONCILE
Become reconciled. Resignarse.
Ex. I've become reconciled to my fate. Me he resignado con mi destino.

RECORD
Be a matter of record. Cosa sabida, del dominio público.
Ex. His business difficulties are a matter of record. Sus dificultades comerciales son del dominio público.

Go on record. Hacer constar.
Ex. I want my opposition to go on record. Quiero que se haga constar mi oposición.

RED
Be in the red. Estar en números rojos.
Ex. We are in the red again! ¡Estamos en números rojos otra vez!

Go red. Ponerse colorado.
Ex. He goes red whenever you mention Susan. Se pone colorado cuando mencionas a Susana.

See red. Echar chispas.
Ex. He'll see red when he gets the bill! ¡Echará chispas cuando reciba la factura!

REDUCE
Be reduced to. Verse obligado.
Ex. I was reduced to begging on the streets. Me vi obligado a pedir por la calle.

REFER
Refer to. Hablar de.
Ex. Are you refering to Peter? ¿Hablas de Pedro?

REFERENCE
In reference to. Con referencia a.
Ex. In reference to your letter... Con referencia a su carta...

REFRAIN
Refrain from. Evitar.
Ex. You must refrain from watching so much TV. Debes evitar ver tanta televisión.

REFUSAL
To have the right of first refusal. Tener primera opción.
Ex. It's written in the contract that I have the right of first refusal. Está escrito en el contrato que yo tengo la primera opción.

REGARD
Have no regard for. No tener respeto a.
Ex. You have no regard for women. No les tienes respeto a las mujeres.

With due regard. Sin menoscabo de.
Ex. With due regard to his rights. Sin menoscabo de sus derechos.

With (in) regard to. Con respecto a.
Ex. With regard to the checking account, how is it? Con respecto a la cuenta corriente, ¿cómo va?

REGRET
Send regrets. Excusarse.
Ex. I must send my regrets for not attending the wedding. Debo excusarme por no asistir a la boda.

REGULAR
Live a regular life. Llevar una vida metódica.
Ex. Since he got married Victor lives a very regular life. Desde que se casó, Víctor lleva una vida muy metódica.

RELATED
Be related. Estar emparentado, ser pariente de.
Ex. He is related to my wife's uncle. Está emparentado con el tío de mi mujer.

RELATION
Have no relation to. No tener que ver con.
Ex. This letter has no relation to what we where saying before. Esta carta no tiene que ver con lo que decíamos antes.

In relation to. En relación a.
Ex. I want to talk to you in relation to your new project. Quiero que hablemos en relación al nuevo proyecto.

RELY
Rely on. Contar con.
Ex. I was relying on the inheritance! ¡Contaba con la herencia!

REMEMBER
Remember me to... Recuerdos a...
Ex. Remember me to your father. Recuerdos a tu padre.

To remember something till the end of time. Recordar algo el resto de la vida de uno.
Ex. I'll remember this till the end of time. Recordaré esto el resto de mi vida.

REMIND
Remind one. Recordarle a uno.
Ex. Remind me to send her flowers. Recuérdame que le mande flores.

That reminds me! ¡Ahora que me acuerdo..!
Ex. That reminds me, where's my wallet? Ahora que me acuerdo, ¿dónde está mi cartera?

REMOVE
Remove a name from a list. Quitar, tachar un nombre de una lista.
Ex. Please, remove my name from the list. Por favor, tache mi nombre de la lista.

RENDER
Render accounts. Rendir cuentas.
Ex. We must render accounts at the end of the year. Debemos rendir cuentas a fin de año.

Render assistance. Prestar ayuda.
Ex. You have rendered a very valuable assistance. Has prestado una buena ayuda.

REPEAT
Repeat oneself. Repetirse.
Ex. You are repeating yourself. Te estás repitiendo.

REPORT
It's reported. Se comenta.
Ex. It's reported that he is about to be released from jail. Se comenta que está a punto de que le suelten de la cárcel.

Report to the police. Denunciar a la policía.
Ex. I'm going to report him to the police. Voy a denunciarle a la policía.

REPUTE
Reputed to be. Ser considerado.
Ex. He's reputed to be the best doctor in Spain. Está considerado el mejor médico de España.

REQUEST
At the request of. A petición de.
Ex. I am phoning at the request of a friend. Llamo a petición de un amigo.

RESCUE
Come to the rescue. Acudir en auxilio de.
Ex. If she needs help I'll come to the rescue. Si necesita ayuda acudiré en su auxilio.

RESORT
As a last resort. Como último recurso.
Ex. As a last resort we can always work. Como último recurso siempre podemos trabajar.

Resort to. Recurrir a.
Ex. We must resort to different tactics. Debemos recurrir a tácticas diferentes.

RESPECT
In many respects. En muchos aspectos, puntos.
Ex. I agree with him in many respects. Estoy de acuerdo con él en muchos puntos.

In what respect. En qué sentido.
Ex. In what respect is this difficult? ¿En qué sentido es esto difícil?

Pay one's respects. Presentar los respetos.
Ex. Please pay my respects to your dear wife. Por favor, presenta mis respetos a tu querida esposa.

With respect to. Con respecto a.
Ex. With respect to our conversation, please wait until tomorrow. Con respecto a nuestra conversación, por favor espere hasta mañana.

RESPONSIBLE
Be responsible for. Ser la causa de.
Ex. His methods were responsible for the raise in sales. Sus métodos fueron la causa del aumento en las ventas.

REST
Let the matter rest. Dejarlo así; olvidarse del tema.
Ex. Don't go on; let the matter rest. No sigas, deja el tema.

Put at rest. Tranquilizar.
Ex. Let me put your mind at rest. Deje que le tranquilice.

Rest assured that... Esté seguro de que...
Ex. Rest assured that I will do a good job. Esté seguro de que haré un buen trabajo.

Rest on. Apoyar.
Ex. Rest your head on my shoulder. Apoya la cabeza en mi hombro.

RESULT
As a result of. Como resultado de.
Ex. As a result of your work we have lost our best customer. Como resultado de tu trabajo hemos perdido a nuestro mejor cliente.

RETIRE
Ver: Shell, Retire into one's shell.

RETREAT
Beat a retreat. Emprender la retirada.
Ex. After an hour of fighting they beat a retreat. Después de luchar una hora emprendieron la retirada.

RETURN
By return mail. A vuelta de correo.
Ex. Please answer by return mail. Por favor conteste a vuelta de correo.

RHYME
Without rhyme or reason. Sin ton ni son.
Ex. He speaks without rhyme or reason. Habla sin ton ni son.

RID
Get rid of. Deshacerse de.
Ex. Get rid of him and come back. Deshazte de él y vuelve.

RIGHT
All right! ¡Muy bien!
Ex. All right, I'll go! ¡Muy bien, iré!

Be in the right. Tener la razón.
Ex. He is in the right, you know! Tiene la razón, ¿sabes?

Be right. Tener razón.
Ex. You are always right. Siempre tienes razón.

Get it right. Entender bien.
Ex. Did I get it right? ¿He entendido bien?

Right and left. A diestro y siniestro.
Ex. He spends money right and left. Gasta dinero a diestro y siniestro.

Right away. Inmediatamente.
Ex. Come back right away. Vuelve inmediatamente.

Right now. En este momento.
Ex. Right now I'm busy. En este momento estoy ocupado.

RING
Give someone a ring. Dar un telefonazo.
Ex. Give me a ring tomorrow. Dame un telefonazo mañana.

Have rings under one's eyes. Tener ojeras.
Ex. Poor Martha! She has rings under her eyes! ¡Pobre Marta! ¡Tiene ojeras!

Ring a bell. Recordarle a uno algo.
Ex. That rings a bell! ¡Eso me recuerda algo!

RISE
Give rise to. Dar origen a, originar.
Ex. Her remarks gave rise to rumors. Sus declaraciones dieron origen a rumores.

Rise to the occasion. Ponerse a la altura de las circunstancias.
Ex. He tried hard but couldn't rise to the occasion. Lo intentó mucho pero no pudo ponerse a la altura de las circunstancias.

Ver: Early, Early riser.

RISK
Take a risk. Arriesgarse.
Ex. I'm sorry but I can't take a risk! ¡Lo siento pero no puedo arriesgarme!

Ver: Neck, Risk one's neck.

RIVER
Ver: Sell, Sell down the river.

ROAD
Hit the road. Salir a la carretera, ponerse en marcha.
Ex. Come on, let's hit the road! ¡Venga, pongámonos en marcha!

ROAR
Roar with laughter. Morirse de risa.
Ex. They all roared with laughter. Todos se morían de risa.

ROCK
Be on the rocks. Irse a pique.
Ex. His marriage is on the rocks. Su matrimonio se va a pique.

ROCKER
Be off one's rocker. Faltarle a uno un tornillo; estar chalado.
Ex. Victor's off his rocker. Víctor está chalado.

ROLL
Call the roll. Pasar lista.
Ex. The teacher calls the roll every day. El profesor pasa lista todos los días.

Roll up one's sleeves. Arremangarse.
Ex. Let's roll up our sleeves and get to work. Arremanguémonos y pongámonos a trabajar.

To roll in money. Estar "forrao".
Ex. He is rolling in money. Está forrao.

ROME
Rome was not built in a day. No se conquistó Zamora en una hora.
Ex. It takes time; Rome was not built in a day! ¡Lleva tiempo! No se conquistó Zamora en una hora.

When in Rome do as the Romans do. Donde fueres, haz lo que vieres.
Ex. It's different here. When in Rome do as the Romans do! ¡Aquí es diferente! Donde fueres, haz lo que vieres.

ROOF
Raise the roof. Armar la de San Quintín.
Ex. Your father is going to raise the roof, you'll see! Tu padre va a armar la de San Quintín, ya verás.

Roof of the mouth. Paladar.
Ex. How did you burn the roof of your mouth? ¿Cómo te quemaste el paladar?

ROOM
Make room for. Hacer sitio.
Ex. Make room for me in the car. Hacedme sitio en el coche.

Room and board. Pensión completa.
Ex. How much is room and board? ¿Cuánto es la pensión completa?

ROOT
By the roots. De cuajo; de raíz.
Ex. He is pulling his hair by the roots. Se está arrancando el pelo de raíz.

ROPE
Know the ropes. Saber; estar al tanto, sabérselas todas.
Ex. Victor knows the ropes in the office. Víctor se las sabe todas en la oficina.

ROSE
Bed of roses. Lecho de rosas.
Ex. My life is no bed of roses! ¡Mi vida no es un lecho de rosas!

ROUGH
Rough it. Ir de acampada.
Ex. We roughed it last summer. Fuimos de acampada el verano pasado.

Roughly speaking. Aproximadamente; a bulto.
Ex. We'll need two million roughly speaking. Necesitaremos aproximadamente dos millones.

ROUND
All year round. Todo el año.
Ex. I study all year round. Estudio todo el año.

Make the rounds. Hacer visitas; hacer las estaciones, la ronda.
Ex. Make the rounds before accepting his offer. Haz otras visitas antes de aceptar su oferta.

ROW
In a row. Seguidos.
Ex. She had three drinks in a row. Se tomó tres copas seguidas.

Ver: Raise, Raise a row.

RUB
Rub something in. Restregar una cosa a alguien.
Ex. I know you work hard; you don't have to rub it in! Ya sé que trabajas mucho; ¡no tienes que restregarlo tanto!

Rub the wrong way. Iritar; caer gordo.
Ex. Dwight rubs me the wrong way. Dwight me cae gordo.

Ver: Elbows, Rub elbows with.

RUIN
Be ruined. Arruinado.
Ex. He was ruined last year. Se arruinó el año pasado.

RULE
As a rule. Por regla general.
Ex. As a rule he is always on time. Por regla general siempre llega a su hora.

Rule out. Excluir.
Ex. We must rule out that possibility. Tenemos que excluir esa posibilidad.

The exception proves the rule. La excepción prueba la regla.
Ex. This is different but remember that the exception proves the rule. Esto es diferente pero recuerda que la excepción prueba la regla.

There's no rule without an exception. No hay regla sin excepción.
Ex. This is different but remember that there's no rule without an exception. Es diferente pero recuerda que no hay regla sin excepción.

RUN
Run a temperature. Tener fiebre.
Ex. Is he running a temperature? ¿Tiene fiebre?

Run around with. Salir con.
Ex. He is running around with a blonde. Sale con una rubia.

Run away. Escaparse; fugarse.
Ex. Peter ran away from home. Pedro se fugó de casa.

Run in the family. Ser cosa de familia.
Ex. His big nose runs in the family. Su narizota es cosa de familia.

Run its course. Seguir su curso.
Ex. Let the illness run its course. Deja que la enfermedad siga su curso.

Run out on. Dejar, abandonar.
Ex. Alison ran out on me. Alison me abandonó.

Run short. Andar escaso de.
Ex. We are running short of paper. Andamos escasos de papel.

Run the risk. Correr el riesgo.
Ex. Don't run any risks! ¡No corras ningún riesgo!

Ver: Long, In the long run.

RUT
Be in a rut. Estar metido en una rutina.
Ex. I'm in a rut in this business. Estoy metido en una rutina desagradable con este negocio.

S

SACK
Get the sack. Despedir, echar.
Ex. He got the sack last week. Le echaron la semana pasada.

Give someone the sack. Dar la patada.
Ex. He was given the sack yesterday. Le dieron la patada ayer.

Hit the sack. Irse a dormir; irse al catre.
Ex. I'm going to hit the sack early today. Voy a acostarme pronto hoy.

SAD
Make sad. Entristecerse.
Ex. It makes me sad to see you begging. Me entristece verte pedir.

SADDLE
Be saddled with. Cargar con.
Ex. I'm saddled with five workers in my store. Tengo que cargar con cinco empleados en mi tienda.

SAFE
Be on the safe side. Para mayor seguridad.
Ex. To be on the safe side let me take my car. Para mayor seguridad deja que coja mi coche.

Be safe to say. Poder decir sin temor a equivocarse.
Ex. I think it's safe to say that the economy is improving. Creo que podemos decir sin temor a equivocarnos que la economía está mejorando.

Safe and sound. Sano y salvo.
Ex. We reached New York safe and sound. Llegamos a Nueva York sanos y salvos.

SAID
It's easier said than done. Es fácil decirlo.
Ex. Why don't I just quit my job? It's easier said than done! ¿Por qué no dejo mi empleo? ¡Es fácil decirlo!

SAKE
For one's sake. Por alguien.
Ex. Do it for my sake! ¡Hazlo por mí!

For your sake. Por tu bien.
Ex. Don't complain because I'm doing it for your sake. No te quejes porque lo hago por tu bien.

SALT
To take with a grain of salt. Aceptar con reservas (cum grano salis).
Ex. I'll take what you are saying with a grain of salt. Acepto lo que me dice con reservas.

SAME
Be all the same. Dar lo mismo.
Ex. It's all the same to me. A mí me da lo mismo.

Be the same old story. Ser el mismo cantar de siempre.
Ex. Victor's always with the same old story. Víctor siempre está con el mismo cantar.

One and the same. El mismo.
Ex. Dr. Jekyll and Mr. Hyde were one and the same person. El Dr. Jekyll y el señor Hyde eran una misma persona.

Same here. Yo también; lo mismo digo.
Ex. She wants a coke. Same here. Ella quiere coca cola. Yo también.

SATISFACTION
To the satisfaction of. A la satisfacción de uno.
Ex. The job will be done to your satisfaction. El trabajo se hará a su satisfacción.

SATISFIED
Be satisfied. Estar satisfecho, convencido.
Ex. I'm not satisfied that he is an honest man. No estoy convencido de que sea un hombre honrado.

SAVE
Save one's breath. Ahorrar palabras.
Ex. Save your breath: I already know about it. Ahórrate las palabras que ya lo sé.

Save oneself the trouble. Ahorrarse la molestia.
Ex. Save yourself the trouble, please. Ahórrate la molestia, por favor.

SAW
Ver: Wood, Saw wood.

SAY
Go without saying. Ni que decir tiene.
Ex. It goes without saying that we will win the elections. Ni que decir tiene que ganaremos las elecciones.

Have no say in the matter. No tener ni voz ni voto.
Ex. You have no say in the matter. No tienes ni voz ni voto en el asunto
.
Have the say. Tener la última palabra.
Ex. As you are a minor your father has the say. Como eres menor tu padre tiene la última palabra.

Have to say for oneself. Contarse.
Ex. What do you have to say for yourself? ¿Qué te cuentas?

No sooner said than done. Dicho y hecho.
Ex. Victor's very quick: no longer said than done. Víctor es rápido: dicho y hecho.

Say nothing of. Y no hablar de.
Ex. The mother is terrible, to say nothing of the father. La madre es terrible y no hablemos del padre.

Say the word. Dar la orden.
Ex. I'm ready; just say the word. Estoy preparado; simplemente da la orden.

Which is not to say. Lo cual no quiere decir.
Ex. Which is not to say he should stop trying. Lo cual no quiere decir que deba dejar de intentarlo.

Ver: Least, To say the least.

SAYING
As the saying goes. Como dice el refrán.
Ex. Let's call a spade, a spade, as the saying goes! ¡Llamemos al pan, pan y al vino, vino como dice el refrán!

SCALE
On a large scale. En gran escala.
Ex. They are going to do business on a large scale. Van a hacer negocios a gran escala.

SCANDAL
Give rise to scandal. Causar, dar pie a escándalo.
Ex. Her divorce gave rise to scandal in the community. Su divorcio causó escándalo en la vecindad.

SCARE
Be scared stiff. Estar muerto de miedo.
Ex. During the fire I was scared stiff. Durante el incendio estaba muerto de miedo.

SCENE
Be on the scene. Estar presente.
Ex. Who was on the scene? ¿Quienes estuvieron presentes?

Ver: Make, Make a scene.

SCHOOL
Of the old school. A la antigua, de la antigua usanza.
Ex. He is a gentleman of the old school. Es un caballero a la antigua usanza.

SCOPE
Be within the scope of. Estar dentro de los límites de.
Ex. Is this within the scope of our rights? ¿Está esto dentro de los límites de nuestros derechos?

SCORE
Know the score. Saber de qué va.
Ex. Ask Victor; he knows the score. Pregúntale a Víctor que él sabe de qué va.

Settle the (a) score. Ajustar cuentas.
Ex. I'll settle the score with them. Ajustaré cuentas con ellos.

SCRAPE
Scrape together. Reunir, juntar.
Ex. I've scraped some money together. He reunido algún dinero.

SCRATCH
From scratch. Desde cero.
Ex. We'll have to start from scratch. Tendremos que empezar desde cero.

SCREAM
Be a scream. Ser la monda.
Ex. You are a scream. Eres la monda.

SCREW
Have a screw loose. Faltarle a uno un tornillo; estar grillao.
Ex. Victor has a screw loose. A Víctor le falta un tornillo.

Put the screws on. Apretar los tornillos, las clavijas a alguien.
Ex. As he refuses to pay we'll have to put the screws on him. Como se niega a pagar tendremos que apretarle los tornillos.

SCRUPLE
Be without scruples. Ser sin escrúpulos.
Ex. Victor is a man without scruples. Víctor es un hombre sin escrúpulos.

SEA
Be at sea. Estar confuso.
Ex. What he said left me at sea. Lo que dijo me dejó confuso.

The seven seas. Esos, por esos, mares de Dios.
Ex. He sailed across the seven seas. Navegó por esos mares de Dios.

SEARCH
In search of. En busca de.
Ex. He went in search of his brother. Fue en busca de su hermano.

Search me! ¡A mí que me registren!
Ex. What do I know! Search me! ¡Yo qué sé! ¡A mí que me registren!

SEAT
Seat. Aforo.
Ex. The theater seats 500 people. El teatro tiene un aforo de 500 personas.

Take a seat. Tomar asiento.
Ex. Please, take a seat. Por favor, tome usted asiento.

The seat of one's pants. El culo del pantalón.
Ex. You have a tear in the seat of your pants. Tienes un siete en el culo del pantalón.

SECOND
Second rate. De segunda categoría.
Ex. He is a second rate player. Es un jugador de segunda categoría.

SECRET
Keep a secret. Guardar un secreto.
Ex. Can you keep a secret? ¿Sabes guardar un secreto?

SECTION
Section of town. Barrio.
Ex. I live in this section of town. Vivo en este barrio.

SEE
I see. Ya.
Ex. You can't come? I see. ¿No puedes venir? Ya.

Remain to be seen. Estar por ver.
Ex. That remains to be seen. Eso está por ver.

See someone off. Ir a despedir a alguien.
Ex. I'm going to the station to see Victor off. Voy a la estación a despedir a Víctor.

See the light. Comprender por fin.
Ex. After two hours of arguing he finally saw the light. Después de dos horas de disputas lo comprendió por fin.

See to. Encargarse.
Ex. The job will be done; I'll see to it. El trabajo se hará; yo me encargo de ello.

See you later. Hasta luego; hasta la vista.
Ex. Okay, see you later. Vale, hasta la vista.

Seeing is believing. Ver es creer.
Ex. You don't believe it? Look, seeing is believing! ¿No te lo crees? ¡Mira, ver es creer!

SEEK
Sought after. Solicitado.
Ex. This job is much sought after. Este empleo está muy solicitado.

SEEM
It seems that. Parece ser que.
Ex. It seems he has been fired. Parece ser que le han despedido.

SELL
Sell down the river. Traicionar; dar una puñalada trapera.
Ex. Victor sold me down the river! ¡Víctor me dio una puñalada trapera!

Sell out. Traicionar.
Ex. You sold me out to the boss! ¡Me traicionaste al jefe!

SEND
Send for. Llamar.
Ex. I'll send for you one of these days. Te llamaré uno de estos días.

Send packing. Echar con cajas destempladas.
Ex. I sent him packing! ¡Le eché con cajas destempladas!

SENIOR
Senior (Sr.). Padre.
Ex. William Smith, Sr. Guillermo Smith, padre.

To be senior. Llevar en años, ser mayor que.
Ex. Mr. Smith is five years my senior. El Sr. Smith es cinco años mayor que yo.

SENSE
Come to one's senses. Atender a razones.
Ex. Lets' hope he comes to his senses. Esperemos que atienda a razones.

In a sense. En cierto sentido.
Ex. In a sense it's a good idea to save. En cierto sentido ahorrar es buena idea.

Ver: Make, Make sense.

SEPARATE
Be separated. Estar separado.
Ex. They are separated. Están separados.

SERVE
Serve someone right. Tenérselo uno merecido, merecérselo.
Ex. You failed the exam? It serves you right for not studying! ¿Suspendiste el examen? ¡Te lo tienes merecido por no estudiar!

SERVICE
Be of service. Ser útil.
Ex. Can I be of service to you? ¿Puedo serle útil en algo?

SET
Set an example. Dar un ejemplo.
Ex. You must set an example. Tienes que dar ejemplo.

Set words to. Poner letra a.
Ex. I'll set words to this music. Pondré letra a esta música.

Ver: Example, Set a good example.

SETTLE
Settle claims. Satisfacer reclamaciones.
Ex. My claim was settled. Mi reclamación fue satisfecha.

Settle down. Estarse quieto, tranquilo.
Ex. Tell that kid to settle down. Dile a ese chaval que se esté quieto.

Settle down. Sentar cabeza.
Ex. He'll settle down eventually. Ya sentará cabeza finalmente.

Settle down to work. Ponerse a trabajar.
Ex. Let's settle down to work! ¡Pongámonos a trabajar!

Ver: Account, Settle accounts.

SEVENS
Ver: Six, At sixes and sevens.

SHADOW
Be a shadow of what one was. No ser ni sombra de lo que se era.
Ex. Victor is a shadow of what he was last year! ¡Víctor no es ni sombra de lo que era el año pasado!

Be reduced to a shadow. Estar convertido en un cadáver.
Ex. Poor Victor is reduced to a shadow! What a shame! ¡El pobre Víctor está hecho un cadáver! ¡Qué pena!

Shadow someone. Seguir a alguien.
Ex. I've been shadowed all day. Me han seguido todo el día.

SHAKE
Shake in one's boots. Temblar de miedo.
Ex. Look, he's shaking in his boots! ¡Mira, está temblando de miedo!

Shake like a leaf. Tiritar de miedo.
Ex. He is shaking like a leaf. Está tiritando de miedo.

Shake off. Desprenderse, quitarse de encima.
Ex. I shook him off finally. Por fin me lo quité de encima.

SHAME
Be a shame. Lástima.
Ex. It's a shame you couldn't come! ¡Es una lástima que no pudieses venir!

Bring shame to. Deshonrar.
*Ex. You have brought shame upon your family!
¡Has deshonrado a tu familia!*

Shame on you! ¡Debería darte vergüenza!
*Ex. Why did you hit your father? Shame on you! ¿Por
qué has pegado a tu padre? ¡Debería darte vergüenza!*

SHAPE
Be in (good, bad) shape. Estar en (buena,
mala) forma.
Ex. Victor's in bad shape. Víctor está en mala forma.

SHARE
Go shares. Ir a medias.
*Ex. In this new business we can go shares. En este
nuevo negocio podemos ir a medias.*

SHAVE
Have a close shave. Salvarse por un pelo.
*Ex. You had a close shave there! ¡Te has salvado por
un pelo!*

SHEEP
Black sheep. Oveja negra.
*Ex. My brother Victor is the black sheep of the
family. Mi hermano Víctor es la oveja negra de la
familia.*

Cast sheep's eyes at. Mirar con arrobo.
*Ex. Victor casts sheep's eyes at Mary. Víctor mira a
María con arrobo.*

SHEET
Ver: Three, Be three sheets to the wind.

SHELL
Retire into one's shell. Meterse uno en su
concha.
*Ex. When he is mad he retires into his shell for
days. Cuando se enfada se mete en su concha
durante días.*

SHIP
Ship water. Embarcar agua.
*Ex. Captain, we are shipping water. ¡Capitán,
estamos embarcando agua!*

SHIRT
Keep one's shirt on. Tranquilizarse; estar
tranquilo.
*Ex. I'm telling you to keep your shirt on! ¡Te digo
que te tranquilices!*

SHIT
Be full of shit. No saber uno lo que se pesca.
Ex. Victor's full of shit. Víctor no sabe lo que se pesca.

SHOCK
Be shocked. Escandalizarse.
*Ex. She was shocked at the film. Se escandalizó con
la película.*

Be shocked at. Escandalizarse por.
*Ex. They were all shocked at their divorce. Se
escandalizaron todos con su divorcio.*

SHOE
Be in someone else's shoes. Estar en el
pellejo de alguien.
*Ex. I wouldn't like to be in his shoes. No me
gustaría estar en su pellejo.*

SHOOT
Shoot one's mouth. Irse de la lengua.
*Ex. Watch it and don't shoot your mouth! ¡Ojo y no
te vayas de la lengua!*

Shoot the works. Tirar la casa por la
ventana.
*Ex. Victor is planning on shooting the works for the
wedding. Víctor tiene planeado tirar la casa por la
ventana para la boda.*

Shoot up. Dar un estirón.
*Ex. That boy has shot up fast in the last year!
¡Qué estirón ha dado ese chico en este último año!*

SHOP
Talk shop. Hablar de los negocios de uno.
*Ex. Let's not talk shop for once! ¡No hablemos de
negocios por esta vez!*

SHOT
Be a good shot. Tener buena puntería.
*Ex. The sheriff is a good shot. El sheriff tiene buena
puntería.*

Call the shots. Llevar la voz cantante.
Ex. I call the shots here! ¡Aquí llevo la voz cantante yo!

Ver: Long, Not by a long shot.

SHOULDER
Straight from the shoulder. Sin rodeos,
cara a cara, a bocajarro.
*Ex. I'm telling you straight from the shoulder. Te lo
digo sin rodeos.*

SHOUT
Shout from the rooftops. Dar tres cuartos al
pregonero.
*Ex. Shut up! There's no need to shout it from the
rooftops! ¡Cállate! ¡No hay necesidad de darle tres
cuartos al pregonero!*

SHOVE
Shove off. Marcharse, largarse.
Ex. Shove off! ¡Lárgate!

SHOW
Make a show. Dar un espectáculo.
Ex. Victor made an awful show of himself at the wedding! ¡Víctor dio un espectáculo en la boda!

Show off. Presumir, darse humos, darse pote.
Ex. He is always showing off. Siempre está presumiendo.

SHRED
Tear to shreds. Hacer pedazos, jirones.
Ex. She tore her dress to shreds. Se hizo el vestido jirones.

SHRINK
Shrink into onself. Meterse uno en sí mismo.
Ex. When he gets mad he shrinks into himself. Cuando se enfada se encierra en sí mismo.

SHRUG
Shrug one's shoulders. Encogerse de hombros.
Ex. He just shrugged his shoulders. Simplemente se encogió de hombros.

SHY
Once bitten, twice shy. Una vez y no más, Santo Tomás.
Ex. I don't want any dealings with him. Once bitten, twice shy! No quiero tratos con él. Una vez y no más, Santo Tomás.

SICK
Be sick. Estar enfermo.
Ex. I'm very sick. Estoy muy enfermo.

Be sick and tired of. Harto de, hasta las narices.
Ex. I'm sick and tired of you! ¡Estoy harto de ti!

Be sick of. Estar aburrido de, harto.
Ex. I'm sick of studying! ¡Estoy aburrido de estudiar!

Look sick. Tener mala cara.
Ex. You look sick today. Hoy tienes mala cara.

Ver: Fall, Fall sick.

SIDE
On all sides. Por todas partes.
Ex. You'll find opposition on all sides. Encontrarás oposición por todas partes.

On one's father's side. Por parte de padre; en la familia del padre.
Ex. On my father's side there are two doctors. En la familia de mi padre hay dos médicos.

On the side. Extra.
Ex. He works on the side. Tiene un trabajo extra.

Split one's sides. Desternillarse de risa.
Ex. Don't you split your sides with his funny jokes? ¿No te desternillas de risa con sus chistes graciosos?

Take sides. Tomar partido.
Ex. When your parents argue, don't take sides. Cuando tus padres discuten, no tomes partido.

The right side and the wrong side. La cara y el revés.
Ex. This is the right side of the material and this is the wrong side. Ésta es la cara de la tela y éste es el revés.

SIGH
Breathe a sigh of. Dar un suspiro de.
Ex. He gave a sigh of relief. Dio un suspiro de alivio.

SIGHT
Be a sight for sore eyes. Alegrar la vista.
Ex. She is very pretty; she is a sight for sore eyes. Es muy guapa; alegra la vista.

By sight. De vista.
Ex. I know him by sight. Lo conozco de vista.

Catch sight of. Llegar a ver.
Ex. I caught sight of him when the train was coming in. Llegué a verlo cuando entraba el tren.

Know by sight. Conocer de vista.
Ex. I only know him by sight. Sólo le conozco de vista.

Lose sight of. Perder de vista.
Ex. I lost sight of him many years ago. Lo perdí de vista hace muchos años.

Not to stand the sight of someone. No poder ver ni en pintura.
Ex. I can't stand the sight of Victor. No puedo ver a Víctor ni en pintura.

Out of sight, out of mind. Ojos que no ven, corazón que no llora.
Ex. Susan left? Out of sight, out of mind! ¿Se ha ido Susana? ¡Pues ojos que no ven, corazón que no llora!

Sight unseen. Con los ojos cerrados, sin haberlo visto.
Ex. I bought the house sight unseen. Compré la casa sin haberla visto.

SILENCE
Silence gives consent. El que calla otorga.
Ex. He said nothing. Silence gives consent, I guess. No dijo nada. El que calla, otorga, supongo.

SILENT
Be silent. Callarse.
Ex. Be silent! ¡Cállate!

Remain silent. Guardar silencio.
Ex. Please, remain silent during mass. Por favor, guarda silencio durante la misa.

SILK
Ver: Smooth, Smooth as silk.

SILVER
Every cloud has a silver lining. No hay mal que por bien no venga.
Ex. As the saying goes, every cloud has a silver lining. Como reza el dicho, no hay mal que por bien no venga.

SIMMER
Simmer down. Calmarse.
Ex. Please, simmer down. Por favor, cálmate.

SINK
Sink one's teeth into. Clavarle el diente a.
Ex. I can't wait to sink my teeth into the turkey! ¡No puedo esperar a clavarle el diente al pavo!

SIT
Sit well. Sentar bien.
Ex. His words didn't sit well with me. Sus palabras no me sentaron bien.

SITTING
At one sitting. De una sentada.
Ex. He ate a five-kilogram steak at one sitting. Se comió un filete de cinco kilos de una sentada.

SIX
At sixes and sevens. Hecho un lío, patas arriba, en desorden.
Ex. His room is at sixes and sevens. Su habitación está patas arriba.

SKID
Be on the skids. Ir de culo, irse a pique.
Ex. Bob's business is on the skids. El negocio de Roberto se va a pique.

SKIN
Be nothing but skin and bones. Estar en los huesos.
Ex. Your wife is nothing but skin and bones. Tu mujer está en los huesos.

By the skin of one's teeth. Por un pelo.
Ex. I made it to the airport on time by the skin of my teeth. Llegué al aeropuerto a tiempo por un pelo.

Save one's skin. Salvar el pellejo.
Ex. Let's run and save our skin. Corramos y salvemos el pellejo.

SKY
Out of a clear (blue) sky. De buenas a primeras.
Ex. He asked her to go to the party out of a clear sky. Le pidió que fuese a la fiesta así de buenas a primeras.

Praise to the skies. Poner por las nubes.
Ex. She praised Victor to the skies. Puso a Víctor por las nubes.

SLEEP
Get some sleep. Dormir un poco.
Ex. We must get some sleep. Debemos dormir un poco.

Go to sleep. Dormirse.
Ex. My foot has gone to sleep. Se me ha dormido el pie.

Put to sleep. Dormir.
Ex. I'm going to put the baby to sleep. Voy a dormir al niño.

Sleep it off. Dormir la mona.
Ex. Go and sleep it off! ¡Vete a dormir la mona!

Sleep on it. Consultar con la almohada.
Ex. I think before you accept you should sleep on it. Creo que antes de aceptar deberías consultar con la almohada.

Sleep soundly. Dormir a pierna suelta.
Ex. The baby sleeps soundly. El niño duerme a pierna suelta.

Sleep tight! ¡Que sueñes con los angelitos!
Ex. Good night and sleep tight! ¡Buenas noches y que sueñes con los angelitos!

Slip off to sleep. Quedarse dormido.
Ex. Grandfather has slipped of to sleep. El abuelo se ha quedado dormido.

Ver: Fall, Fall a sleep.
Ver: Log, Sleep like a log.

SLEEVE
Ver: Ace, Have an ace up one's sleeve.
Ver: Laugh, Laugh up one's sleeve.
Ver: Roll, Roll up one's sleeves.

SLIDE
Let things slide. Dejar correr las cosas.
Ex. We can't take action, so let things slide. No podemos actuar, así que dejémoslo correr.

SLIP
A slip on a man, girl. Muy poquita cosa.
Ex. Mary is a slip of a girl. María es muy poquita cosa.

Be slipping. Estar perdiendo facultades.
Ex. You've made many mistakes; you are slipping! Has cometido muchos errores; ¡estás perdiendo facultades!

Slip out of joint. Dislocarse.
Ex. The doctor says that my arm has slipped out of joint. El médico dice que se me ha dislocado el brazo.

Ver: Mind, Slip one's mind.
Ver: Tongue, Make a slip of the tongue.

SLOW
Be slow. Atrasarse.
Ex. My watch is an hour slow. Mi reloj está atrasado una hora.

SMALL
Small change. Suelto, calderilla.
Ex. I'm sorry but I don't have any small change. Lo siento pero no llevo suelto.

Small hours. Las tantas de la noche.
Ex. He came in in the small hours. Llegó a las tantas.

SMELL
Smell a rat. Haber gato encerrado.
Ex. I smell a rat in this deal. Hay gato encerrado en este asunto.

SMOKE
Have a smoke. Echar un cigarro.
Ex. Let's have a smoke. Echemos un cigarro.

There's no smoke without fire. Cuando el río suena, agua lleva.
Ex. It's rumored he's ruined and there's no smoke without fire. Se dice que está arruinado y cuando el río suena, agua lleva.

Ver: Go, Go up in smoke.

SMOOTH
Smooth as silk. Como la seda.
Ex. She is smooth as silk. Es como la seda.

SNAIL
Ver: Pace, At a snail's pace.

SNAP
Be a snap. Ser fácil, ser coser y cantar.
Ex. That job's a snap! ¡Esa tarea es fácil!

Make snappy. Darse prisa.
Ex. Make it snappy, we haven't got all day! ¡Date prisa que no tenemos todo el día!

Snap out of. Espabilarse, ponerse bien.
Ex. Snap out of it! ¡Espabílate!

SNEEZE
Not to be sneezed at. No ser moco de pavo; no ser una bagatela; ser cosa digna de consideración.
Ex. His fortune is nothing to sneeze at! ¡Su fortuna no es moco de pavo!

SO
How so? ¿Y eso?
Ex. He is getting married? How so? ¿Se casa? ¿Y eso?

I told you so! ¡Ya te lo dije!
Ex. You fell? I told you so! ¿Te caíste? ¡Te lo dije!

Is that so? ¿De veras?
Ex. You are not coming? Is that so? ¿No vienes? ¿De veras?

It so happens. Da la casualidad.
Ex. It so happens that I am a doctor! ¡Da la casualidad que soy médico!

Or so. O cosa así, alrededor de, más o menos.
Ex. I need a hundred or so. Necesito cien o cosa así.

So, so. Así, así.
Ex. I feel so, so. Me siento así, así.

So that. A fin de que.
Ex. I bought the dress so that you could go to the party. Compré el vestido a fin de que pudieras ir a la fiesta.

So what? ¿Y qué?
Ex. So what if your father is rich? ¿Y qué si tu padre es rico?

So-called. Supuesto.
Ex. The so-called doctor killed the patient. El supuesto médico mató al paciente.

SOB
Sob story. Historia triste; drama.
Ex. The old woman tried to get money with her sob story. La vieja trataba de sacar dinero con su historia triste.

SOFT
Be soft on. Ser condescendiente con.
Ex. The judge is soft on criminals. El juez es condescendiente con los criminales.

SOIL
Get soiled. Enguarrarse.
Ex. Don't get your suit soiled. No te enguarres el traje.

SOLE
For the sole purpose of. Con el exclusivo fin de.
Ex. I came for the sole purpose of seeing you. Vine con el exclusivo fin de verte.

SOME
To some extent. Hasta cierto punto.
Ex. To some extent he is right. Hasta cierto punto tiene razón.

SON
Ver: Gun, Son of a gun.

SONG
For a song. Por nada; por dos perras.
Ex. I bought the house for a song. Compré la casa por dos perras.

SOON
As soon as possible. Cuanto antes.
Ex. Return the book as soon as possible. Devuelve el libro cuanto antes.

Had sooner. Preferir.
Ex. I had sooner go than stay. Prefiero ir a quedarme.

Sooner or later. Tarde o temprano.
Ex. He'll come sooner or later. Tarde o temprano vendrá.

The sooner the better. Cuanto antes mejor.
Ex. The sooner we finish the better. Cuanto antes terminemos, mejor.

Ver: After, Soon after.

SORE
Be sore. Doler.
Ex. I'm sore all over! ¡Me duele todo!

Be sore at. Estar cabreado con.

Ex. Are you sore at me? ¿Estás cabreado conmigo?

Get sore. Ofenderse, enfadarse.
Ex. Don't get sore! ¡No te enfades!

SORRY
Be sorry for. Arrepentirse.
Ex. You'll be sorry! ¡Te arrepentirás!

Ver: Feel, Feel sorry for.

SORT
Be out of sorts. Estar de mal humor; indispuesto.
Ex. Victor is out of sorts today. Víctor está de mal humor hoy.

Nothing of the sort. De eso nada; nada de eso.
Ex. You will do nothing of the sort! ¡No harás nada de eso!

Sort of. Algo.
Ex. This is sort of difficult. Esto es algo difícil.

SOUGHT
Much sought after. Muy solicitado.
Ex. He is a good doctor and is much sought after. Es un buen médico y está muy solicitado.

SOUL
Ver: Heart, Heart and soul.

SOUND
Ver: Mind, Be of sound mind.

SOW
He who sows the wind reaps the whirlwind.
El que siembra vientos recoge tempestades.
Ex. He who sows the wind reaps the whirlwind. El que siembra vientos recoge tempestades.

SPADE
To call a spade a spade. Llamar al pan, pan, y al vino, vino.
Ex. Victor doesn't mince words and he calls a spade, a spade. Víctor no se anda con rodeos y llama al pan, pan, y al vino, vino.

SPARE
Spare someone's feelings. No herir los sentimientos de alguien.
Ex. I wanted to spare her feelings. No quería herir sus sentimientos.

SPARE
Spare time. Ratos libres, ratos de ocio.
Ex. I've written the novel in my spare time. He escrito una novela en mis ratos de ocio.

SPEAK
Be on speaking terms. Hablarse.
Ex. We are not on speaking terms. No nos hablamos.

It speaks for itself. Hablar por sí mismo, por sí solo.
Ex. The painting speaks for itself, don't you think? El cuadro habla por sí mismo, ¿no crees?

Ver: Ill, Speak ill of someone.

SPEAKING
Ver: Manner, A manner of speaking.

SPEECH
Make a speech. Dar un discurso.
Ex. Victor made a wonderful speech. Víctor dio un discurso maravilloso.

SPELL
Cast a spell on. Hechizar.
Ex. She has cast a spell on Victor. Ha hechizado a Víctor.

How do you spell...? ¿Cómo se escribe...?
Ex. How do you spell "witch"? ¿Cómo se escribe "witch"?

SPICK
Spick and span. Como una patena, como los chorros del oro.
Ex. Her house is always spick and span. Su casa está siempre como los chorros del oro.

SPILL
No use crying over spilt milk. A mal tiempo, buena cara.
Ex. So you've been fired! There's no use crying over spilt milk! ¡Te han despedido! ¡Pues a mal tiempo, buena cara!

SPIN
Go for a spin. Dar un paseíto.
Ex. Shall we go for a spin? ¿Qué te parece si vamos a dar un paseíto?

SPIRIT
In a friendly spirit. De una manera amistosa.
Ex. I'm saying this to you in a friendly spirit. Le digo esto a usted de una manera amistosa.

Keep up one's spirits. No desalentarse.
Ex. Keep up your spirits; everything will turn out all right. No te desalientes; todo saldrá bien.

The poor in spirit. Los pobres de espíritu.
Ex. The poor in spirit will see God. Los pobres de espíritu verán a Dios.

Ver: Low, Be in low spirits.

SPITE
In spite of. A pesar de.
Ex. In spite of all his efforts he failed the exam. A pesar de todos sus esfuerzos suspendió el examen.

SPLASH
Make a splash. Causar una fuerte impresión.
Ex. Susan has made a splash on Victor. Susana le ha causado una fuerte impresión a Víctor.

SPLIT
In a split second. En una fracción de segundo.
Ex. I'll do it in a split second. Lo haré en una fracción de segundo.

Ver: Hair, Split hairs.

SPOIL
Spoil one's fun. Estropear la fiesta a uno.
Ex. The neighbors spoilt our fun. Los vecinos nos estropearon la fiesta.

SPONGE
Throw in the sponge. Tirar la toalla.
Ex. Keep on fighting. Don't throw in the sponge. ¡Sigue luchando! ¡No tires la toalla!

SPORT
Be a good sport. Ser un buen chico.
Ex. He's a good sport. Es un buen chico.

SPOT
On the spot. En el acto, inmediatamente.
Ex. He was fired on the spot. Le despidieron en el acto.

Put someone on the spot. Poner a alguien en un aprieto.
Ex. You put me on the spot there! ¡Me has puesto en un aprieto!

Weak spot. Punto débil.
Ex. Women are his weak spot. Las mujeres son su punto débil.

SPOTLIGHT
Be in the spotlight. Estar en el candelero.
Ex. She loves to be in the spotlight. Le encanta estar en el candelero.

SPREE
Go on a spree. Irse de juerga.
Ex. Susan and Victor have gone on a spree! ¡Susana y Víctor se han ido de juerga!

SPRING
Spring to one's feet. Ponerse de pie de un salto.
Ex. When Victor saw her coming in, he sprang to his feet. Cuando Víctor la vio entrar se puso de pie de un salto.

SPUR
On the spur of the moment. Sin más; sin pensarlo; de pronto.
Ex. I decided to go on the spur of the moment. De pronto decidí ir.

SQUEEZE
Put the squeeze on someone. Ponerle a uno las peras a cuarto.
Ex. We are going to have to put the squeeze on that guy. Vamos a tener que ponerle las peras a cuarto al tío ése.

STACK
Be well stacked. Estar maciza.
Ex. Susan is well stacked. Susana está maciza.

STAKE
Be at stake. Estar en juego.
Ex. My reputation is at stake. Mi reputación está en juego.

Die at the stake. Morir en la hoguera.
Ex. Did you know that Miguel Servet died at the stake? ¿Sabías que Miguel Servet murió en la hoguera?

Have a stake in. Tener intereses, participación en.
Ex. I have a stake in my brother's new business. Tengo participación en el nuevo negocio de mi hermano.

Pull up stakes. Marcharse; levantar la casa.
Ex. They pulled up stakes and went to Philadelphia. Levantaron la casa y se marcharon a Filadelfia.

STALL
Stall for time. Tratar de ganar tiempo.
Ex. You are stalling for time. Tratas de ganar tiempo.

STAND
As things stand. Tal como están las cosas.
Ex. As things stand I think we shouldn't see each other again. Tal como están las cosas, creo que no deberíamos vernos más.

Of long standing. Que dura mucho.
Ex. Their friendship is of long standing. Su amistad ha durado mucho.

Stand a chance. Tener posibilidades.
Ex. Do you think I stand a chance with her? ¿Crees que tengo posibilidades con ella?

Stand in the way. Obstruir el paso; cruzarse en el camino.
Ex. Don't ever stand in my way! ¡Nunca te cruces en mi camino!

Stand on one's own feet. Valerse uno por sí mismo.
Ex. When are you going to stand on your own feet? ¿Cuando vas a valerte por ti mismo?

Stand someone in good stead. Ser siempre útil.
Ex. A college education will stand you in good stead. Una carrera universitaria te será siempre útil.

Stand someone up. Dejar a alguien plantado; dar plantón.
Ex. Susan stood me up! ¡Susana me dio plantón!

Stand to reason. Ser lógico.
Ex. It stands to reason that drinking is bad for the liver. Es lógico que la bebida sea mala para el hígado.

Stand with folded arms. Estar con los brazos cruzados.
Ex. Don't stand there with folded arms and come to help. No te quedes ahí con los brazos cruzados y ven a ayudar.

Ver: End, Stand on end.
Ver: Feet, Stand on one's own two feet.
Ver: Sight, Not to stand the sight of someone.

START
Give someone a start. Darle un susto a uno.
Ex. You gave me quite a start! ¡Menudo susto me has dado!

Ver: Fresk, Make a fresh start.

STATE
Lie in state. Estar de cuerpo presente.
Ex. Dwight is lying in state. Dwight está de cuerpo presente.

STAY
Be here to stay. No hay quién lo mueva.
Ex. Victor is here to stay! ¡A Víctor no hay quien lo mueva de aquí!

Staying power. Capacidad de aguante.
Ex. I have a lot of staying power. Tengo mucha capacidad de aguante.

Ver Late, Stay up late.

STEAD
Ver: Stand, Stand someone in good stead.

STEADY
Go steady with. Salir juntos.
Ex. Susan and Victor are going steady. Susana y Víctor salen juntos.

Steady oneself. Mantener el equilibrio.
Ex. Try and steady yourself! ¡Trata de mantener el equilibrio!

STEAL
Be a steal. Ser una verdadera ganga.
Ex. That car is a steal for two hundred dollars. Ese coche es una ganga por doscientos dólares.

He that (who) steals a pin, will steal a pound. Quien hace un cesto, hace ciento.
Ex. Victor has taken a book already and you know that he that steals a pin, will steal a pound. Víctor ya se ha llevado un libro y ya sabes que quien hace un cesto, hace ciento.

STEP
Be a step in the right direction. Ser un paso acertado.
Ex. Changing jobs was a step in the right direction for him. El cambio de empleo ha sido un paso acertado para él.

Step by step. Paso a paso.
Ex. Let's do this step by step. Hagamos esto paso a paso.

Step on it! ¡Acelera!
Ex. Step on it! He's right behind us! ¡Acelera! ¡Está justo detrás de nosotros!

Take steps. Tomar medidas.
Ex. I am going to take steps to see him in jail. Voy a tomar medidas para verle en la cárcel.

Watch one's step. Ir con cuidado.
Ex. Whatever we do, we must watch our step. Hagamos lo que hagamos, debemos ir con cuidado.

Ver: Gas, Step on the gas.

STICK
I stick! ¡Me planto!
Ex. I don't want any more cards. I stick! No quiero más cartas. ¡Me planto!

Stick around. Quedarse; no irse.
Ex. Stick around! There's going to be a party! ¡Quédate! ¡Va a haber una fiesta!

Stick in the mud. Un carroza, un anticuado.
Ex. My father is old fashioned and a stick in the mud. Mi padre está anticuado y es un carroza.

Stick together. Mantenerse unidos.
Ex. We must all stick together. Todos debemos mantenernos unidos.

Stick one's neck out. Arriesgarse.
Ex. I don't think I'll stick my neck out for you. No creo que me arriesgue por ti.

Ver: Nose, Stick one's nose into.

STIR
Create a stir. Causar sensación.
Ex. Her dress created quite a stir. Su vestido causó una gran sensación.

STITCH
A stitch in time saves nine. Un remiendo a tiempo ahorra ciento.
Ex. Remember that a stitch in time saves nine. Recuerda que un remiendo a tiempo ahorra ciento.

In stitches. Partirse de risa.
Ex. It was so funny! We were all in stitches! ¡Era tan gracioso que nos partíamos de risa!

Not have a stitch to wear. No tener nada que ponerse.
Ex. I haven't got a stitch to wear! ¡No tengo nada que ponerme!

STOCK
Take stock of. Hacer inventario.
Ex. We must take stock of our sales. Debemos hacer inventario de nuestras ventas.

STOMACH
Have a strong stomach. Tener mucho estómago.
Ex. One must have a strong stomach to put up with him! ¡Hay que tener estómago para aguantarlo!

On an empty stomach. Con el estómago vacío, en ayunas.
Ex. Don't exercise on an empty stomach. No hagas ejercicio en ayunas.

To turn one's stomach. Revolvérsele a uno el estómago.
Ex. To watch him eat turns my stomach. Verle comer me revuelve el estómago.

Ver: Eye, His eyes are bigger than his stomach.

STONE
A rolling stone gathers no moss. Piedra movediza, nunca moho la cobija.

Stone's throw. A tiro de piedra.
Ex. My house is a stone's throw from here. Mi casa está a tiro de piedra de aquí.

Ver: leave, Leave no stone unturned.

STOP
Stop at nothing. No pararse ante nada.
Ex. He will stop at nothing to get his way. No parará ante nada para conseguir lo que quiere.

Put a stop to. Poner fin a.
Ex. We must put a stop to this situation. Debemos poner fin a esta situación.

STORE
Have in store. Tener reservado.
Ex. I have something in store for him. Le tengo algo reservado.

STORM
After a storm comes a calm. Después de la tormenta viene la calma.
Ex. He's quiet now. After a storm comes a calm. Está tranquilo ahora. Después de la tormenta viene la calma.

STORY
As the story goes. Según se dice, se cuenta.
Ex. As the story goes, he left his wife and three children many years ago. Según se dice, dejó a su mujer y a sus tres hijos hace muchos años.

Be a long story. Ser largo de contar.
Ex. It's a long story! ¡Es largo de contar!

Tell the whole story. Contarlo todo.
Ex. He told the police the whole story. Se lo contó todo a la policía.

To make a long story short. En resumidas cuentas.
Ex. To make a long story short: they got married after all. En resumidas cuentas: se casaron después de todo.

Ver: Same, Be the same old story.

STRAIGHT
Get something straight. Poner las cosas claras.
Ex. Let's get something straight: I don't need you. Pongamos las cosas claras: no te necesito.

STRAW
Be the last straw. Ser el acabóse, el colmo.
Ex. That's the last straw! Get out!¡Esto es el acabóse! ¡Fuera!

STREAM
Go with the stream. Ir con la corriente.
Ex. It's best to go with the stream. Lo mejor es ir con la corriente.

STREET
Ver: Easy, Be on easy street.

STRETCH
At a stretch. De un tirón.
Ex. Victor can run four kilometers at a stretch. Víctor puede correr cuatro kilómetros de un tirón.

STRIDE
Make strides. Hacer progresos.
Ex. Victor is making great strides in his job. Víctor está haciendo grandes progresos en su empleo.

Take in (one's) stride. Tomar a su aire.
Ex. He takes things in stride. Se toma las cosas a su aire.

STRIKE
Go on strike. Ir a la huelga.
Ex. They voted to go on strike. Votaron ir a la huelga.

Have two strikes against one. Meter la pata dos veces.
Ex. You have two strikes against you! ¡Ya has metido la pata dos veces!

Ver: Iron, Strike while the iron is hot.

STRING
A string of. Una ristra de.
Ex. He has a string of college degrees. Tiene una ristra de títulos universitarios.

Have on a string. Tener a uno atado corto.
Ex. Susan has Victor on a string! ¡Susana tiene a Víctor atado muy corto!

Pull strings. Echar mano de; valerse de influencias.
Ex. He pulled strings and got the job. Echó mano de influencias y consiguió el empleo.

STROKE
A stroke of luck. Un golpe de suerte.
Ex. It was a stroke of luck to get this contract! ¡Fue un golpe de suerte conseguir este contrato!

Little strokes fell great oaks. Poco a poco hila la vieja el copo.
Ex. Take it easy! Little strokes fell great oaks! ¡Despacio! ¡Poco a poco hila la vieja el copo!

STRONG
Be going strong. Estar, ir estupendamente.
Ex. He's ninety but still going strong. Tiene noventa años pero está estupendamente.

STYLE
In style. A lo grande.
Ex. The count likes to live in style. Al conde le gusta vivir a lo grande.

SUBSCRIBE
Subscribe for. Suscribirse a.
Ex. I've subscribed for that journal. Me he suscrito a esa revista.

SUCCESS
Ver: Box, Box-office success.
Ver: Make, Make a success of.

SUCH
Such is life. Así es la vida.
Ex. What can we do? Such is life! ¿Qué podemos hacer? ¡Así es la vida!

SUN
Ver: Bask, Bask in the sun.

SUPPLY
Be in short supply. Andar escaso, escasear.
Ex. Good teachers are in short supply. Los buenos profesores escasean.

SUPPORT
In support of. En apoyo de.
Ex. I'm writing in support of the new university. Escribo en apoyo de la nueva universidad.

SUPPOSE
Be supposed to. Deber de; se supone que.
Ex. You are supposed to go to New York Friday. Se supone que debes ir a Nueva York el viernes.

SURE
A sure thing. Cosa segura.
Ex. The contract is a sure thing. El contrato es cosa segura.

And sure enough... Y efectivamente...
Ex. And sure enough, there she was! Y efectivamente, ahí estaba ella!

For sure. Con seguridad.
Ex. We'll come tomorrow for sure. Vendremos mañana con seguridad.

Make sure. Asegurarse.
Ex. Make sure the check is good. Asegúrate de que el talón es bueno.

Ver: Make, Make sure.

SURPRISE
Ver: Take, Take by surprise.

SWALLOW
One swallow does not make a summer. Una golondrina no hace verano.
Ex. They say that a swallow does not make a summer. Dicen que una golondrina no hace verano.

SWEAR
Swear like a trooper. Soltar tacos.
Ex. Your father swears like a trooper! ¡Tu padre suelta muchos tacos!

SWEAT
By the sweat of one's brow. Con el sudor de la frente.
Ex. I've made a lot of money with the sweat of my brow! ¡He ganado mucho dinero con el sudor de mi frente!

SWEEP
Sweep under the carpet. Echar tierra al asunto; escurrir el bulto.
Ex. The Director is trying to sweep the scandal under the carpet. El director trata de echar tierra al escándalo.

SWEET
Have a sweet tooth. Ser goloso.
Ex. Robert has a sweet tooth. Roberto es muy goloso.

SWIM
Go for a swim. Ir a nadar.
Ex. Let's go for a swim. Vamos a nadar.

T

TAB
Pick the tab. Correr con los gastos; pagar la cuenta.
Ex. I'll pick the tab so eat all you want. Yo pago la cuenta, así que come todo lo que quieras.

TABLE
At table. Durante la comida.
Ex. He told me at table! ¡Me lo dijo durante la comida!

Clear the table. Quitar la mesa.
Ex. It is my turn again to clear the table? ¿Me toca a mí otra vez quitar la mesa?

Set the table. Poner la mesa.
Ex. It's your turn to set the table. Te toca a ti poner la mesa.

TAIL
Turn tail. Poner pies en polvorosa.
Ex. When my dog started barking yours turned tail! ¡Cuando mi perro comenzó a ladrar, el tuyo puso pies en polvorosa!

With one's tail between one's legs. Con el rabo entre piernas.
Ex. When I told him, he left with his tail between his legs. Cuando se lo dije se marchó con el rabo entre piernas.

TAKE
Be taken aback. Quedarse con la boca abierta, sorprendido.
Ex. We were taken aback when we heard the price of the house. Nos quedamos con la boca abierta cuando oímos el precio de la casa.

Be taken in. Ser engañado.
Ex. I was taken in by the salesman. Me engañó el vendedor.

Be taken with (by). Estar gratamente sorprendido con (por).
Ex. I was taken with her beauty. Quedé gratamente sorprendido con su belleza.

I take it... Supongo que...
Ex. I take it you have money to pay! ¡Supongo que tienes dinero para pagar!

Take a break. Tomar un descanso, un respiro.
Ex. It's ten o'clock. Time to take a break. Son las diez. Es hora de tomar un descanso.

Take a joke. Aguantar una broma.
Ex. She can't take a joke. No sabe aguantar una broma.

Take a leap. Dar un salto.
Ex. He took a leap forward. Dio un salto hacia adelante.

Take a seat. Tomar asiento.
Ex. Please, take a seat! ¡Por favor, tome asiento!

Take a walk. Dar un paseo.
Ex. Let's take a walk. Demos un paseo.

Take advantage of. Aprovechar.
Ex. You should take advantage of the public library. Deberías aprovechar la biblioteca pública.

Take after. Parecerse.
Ex. He takes after his father. Se parece a su padre.

Take by surprise. Coger por sorpresa.
Ex. His departure took me by surprise. Su partida me cogió por sorpresa.

Take charge of. Encargarse de.
Ex. I'll take charge of the office. Yo me encargo de la oficina.

Take checks. Aceptar talones.
Ex. They don't take checks here. Aquí no aceptan talones.

Take for. Tomar.
Ex. Who do you take me for? ¿Por quién me tomas?

Take for granted. Dar por sentado.
Ex. I took it for granted she was coming. Di por sentado que ella iba a venir.

Take into one's head. Metérsele a uno en la cabeza.
Ex. Victor has taken it into his head to move to Philadelphia. Se le ha metido en la cabeza a Víctor mudarse a Filadelfia.

Take it. Soportarlo.
Ex. I don't think I can take it any more! ¡No creo que pueda soportarlo más!

Take it easy. Tomarlo con calma, a su aire.
Ex. Take it easy, everything will be all right. Tómatelo con calma que todo se arreglará.

Take it easy! ¡Hasta más ver!
Ex. Okay, take it easy! Vale, ¡hasta más ver!

Take it or leave it. Lo tomas o lo dejas.
Ex. You decide: take it or leave it. Tú decides: lo tomas o lo dejas.

Take it out on someone. Culpar; tomarla con alguien.
Ex. Don't take it out on me! ¡No la tomes conmigo!

Take liberties with. Tomarse libertades.
Ex. He tried to take liberties with her but she stopped him. Trató de tomarse libertades pero ella le paró los pies.

Take offense. Ofenderse, tomarlo a mal.
Ex. Don't take offense at what I'm saying. No tomes a mal lo que te digo.

Take one's own life. Suicidarse.
Ex. It is not true that he took his own life. No es cierto que se suicidase.

Take one's time. Tomarlo, hacerlo con calma.
Ex. Take your time! We are not in a hurry! ¡Hazlo con calma! ¡No tenemos prisa!

Take pictures. Tomar fotos.
Ex. Why are you taking so many pictures? ¿Por qué tomas tantas fotos?

Take root. Echar raíces.
Ex. He has taken root in New York. Ha echado raíces en Nueva York.

Take sick. Ponerse enfermo.
Ex. He took sick and had to stay in bed. Se puso enfermo y tuvo que quedarse en cama.

Take someone for. Tomar a uno por.
Ex. Who do you take me for? ¿Por quién me tomas?

Take something lying down. Aguantar algo por las buenas.
Ex. I'm not going to take his insults lying down! ¡No voy a aguantar sus insultos así por las buenas!

Take the air. Tomar viento, irse a paseo.
Ex. I told him to take the air! ¡Le dije que se fuese a paseo!

Take the cake. Ser el mejor; llevarse el premio, la palma.
Ex. The paintings were good but Peter's took the cake. Los cuadros eran buenos pero el de Pedro se llevó el premio.

Take the load off one's feet. Descansar las piernas.
Ex. Take the load off your feet and have a cup of coffee. Descansa las piernas y tómate un café.

Take the wind out of someone's sails. Cortarle a uno las alas; quitar humos.
Ex. I'll take the wind out of his sails when he comes back! ¡Le voy a cortar las alas cuando vuelva!

Taking all things together. Considerándolo todo; en conjunto.
Ex. Taking all things together, I think the house is cheap. Considerándolo todo creo que la casa es barata.

Ver: Account, Take account of stock
Ver: Account: Take into account
Ver: Easy, Take it easy.
Ver: Exception, Take exception to.
Ver: Offense, Take offense.
Ver: Stride, Take in one's stride.

TALE
An old wives' tale. Cuentos de viejas.
Ex. Don't pay attention to old wives' tales. No prestes atención a cuentos de viejas.

TALK

Be the talk of the town. Ser la comidilla del barrio.
Ex. Susan and her sister are the talk of the town. Susana y su hermana son la comidilla del barrio.

Now you are talking. Así se habla.
Ex. You are paying for the dinner? Now you are talking! ¿Pagas la cena? ¡Así se habla!

Talk big. Fanfarronear.
Ex. Dwight is always talking big. Dwight está siempre fanfarroneando.

Talk for the sake of talking. Hablar por hablar.
Ex. Now you are just talking for the sake of talking. Ahora estás hablando simplemente por hablar.

Talk sense into. Hacer entrar en razón.
Ex. See if you can talk sense into him. A ver si tú le puedes hacer entrar en razón.

Talk turkey. Hablar claro, con franqueza.
Ex. He really talked turkey at the meeting! ¡Habló claro en la reunión!

Ver: Hat, Talk through one's hat.
Ver: Head, Talk one's head off.
Ver: Shop, Talk shop.

TASTE

Give someone a taste of his own medicine. Pagar a alguien con la misma moneda.
Ex. I'm going to give him a taste of his own medicine. Le voy a pagar con la misma moneda.

In poor (bad) taste. De mal gusto.
Ex. What you've just said is in bad taste. Lo que acaba usted de decir es de mal gusto.

Lose one's taste for. Perder el gusto por.
Ex. I've lost my taste for work! ¡Le he perdido el gusto al trabajo!

TEACHER

Ver: Experience, Experience is the best teacher.

TEAR

Ver: Shred, Tear to shreds.

TEARS

Crocodile tears. Lágrimas de cocodrilo.
Ex. She shed crocodile tears when she heard Victor was ill. Derramó lágrimas de cocodrilo cuando le dijeron que Víctor estaba enfermo.

TEETH

Armed to the teeth. Armado hasta los dientes.
Ex. Rambo was armed to the teeth! ¡Rambo iba armado hasta los dientes!

Get one's teeth into. Profundizar en algo, familiarizarse con algo.
Ex. When you get your teeth into English Grammar you'll like it. Cuando profundices en la gramática inglesa te gustará.

Ver: Edge, Set one's teeth on edge.

TELL

One can never tell. Nunca se sabe.
Ex. Drive carefully. You can never tell! Conduce bien. ¡Nunca se sabe!

Tell on someone. Chivarse, contar algo de otro.
Ex. Jack broke the jar and his sister told on him. Jack rompió el tarro y su hermana se chivó.

Tell tales. Ir con cuentos, contar chismes.
Ex. Victor likes to tell tales about his friends. A Víctor le gusta contar chismes de sus amigos.

You are telling me. Y tú que lo digas; a mí me lo vas a contar.
Ex. You are telling me he is a nasty fellow! ¡Y tú que lo digas que es un malasombra!

TEMPER

Fly into a temper. Montar en cólera.
Ex. The director flew into a temper and fired his secretary. El director montó en cólera y despidió a la secretaria.

Ver: Keep, Keep one's temper.

TEMPERATURE

Ver: Run, Run a temperature.

TEND

Tend to. Atender.
Ex. Tend to your studies and don't talk so much! ¡Atiende a tus estudios y no hables tanto!

TERM

Be on good terms. Estar en buenas relaciones con; estar a bien.
Ex. I'm on good terms with my landlord. Estoy en buenas relaciones con mi casero.

Come to terms. Llegar a un acuerdo.
Ex. There's a possibility we may come to terms with him. Existe la posibilidad de que lleguemos a un acuerdo con él.

Not on any terms. Bajo ningún concepto.
Ex. I'll never go back on any terms. No volveré bajo ningún concepto.

TEST
Put to the test. Poner a prueba.
Ex. Put me to the test! ¡Ponme a prueba!

TETHER
Be at the end of one's tether. No saber ya qué hacer.
Ex. I'm jobless; my wife is in the hospital; I'm at the end of my tether! Estoy parado; mi mujer está en el hospital; ¡ya no sé qué hacer!

THANK
Thanks to. Gracias a.
Ex. I'm alive thanks to my doctor. Estoy vivo gracias a mi médico.

To thank one's lucky stars. Dar gracias.
Ex. You can thank your lucky stars you were not hurt. Puedes dar gracias por no haberte hecho daño.

THEN
By then. Para entonces.
Ex. Phone me tomorrow; I think I'll know by then. Telefonéame mañana; creo que lo sabré para entonces.

Now and then. De vez en cuando.
Ex. Now and then I study. De vez en cuando estudio.

THICK
Be as thin as a lath. Estar flaco como un palillo.
Ex. Victor's girlfriend is as thin as a lath. La novia de Víctor está más flaca que un palillo.

Be thick with someone. Ser carne y uña.
Ex. Peter has been thick with Robert for years. Hace años que Pedro y Roberto son carne y uña.

Through thick and thin. Pase lo que pase, contra viento y marea.
Ex. Don't worry, I'll stay with you through thick and thin. No te preocupes, estaré contigo pase lo que pase.

THING
As things are. Tal como están las cosas.
Ex. As things are, I'd rather go. Tal como están las cosas, prefiero irme.

How's things? ¿Qué hay?
Ex. How's things, Victor? ¿Qué hay, Víctor?

Just the thing. Lo justo, lo apropiado, lo que se lleva.
Ex. Long skirts were just the thing last year. La falda larga era lo que se llevaba el año pasado.

My things. Mis cosas.
Ex. Where are my things? ¿Dónde están mis cosas?

See things. Ver visiones.
Ex. When she came in I thought I was seeing things. Cuando entró creí que veía visiones.

THINK
Think a lot of. Tener buena opinión de.
Ex. He thinks a lot of you. Tiene buena opinión de ti.

Think fit. Considerar apropiado.
Ex. He thought it fit to come late. Consideró apropiado llegar tarde.

Think twice about. Pensárselo dos veces.
Ex. If I were you I would think twice before accepting the job. Si yo fuese tú me lo pensaría dos veces antes de aceptar el empleo.

THOUGHT
Give thought to. Considerar.
Ex. I'll give the matter some thought. Consideraré el asunto.

Have thoughts of. Tener pensado.
Ex. I have thoughts of going back to the university. Tengo pensado volver a la universidad.

On second thought. Pensándolo bien.
Ex. On second thought I don't think I'll go. Pensándolo bien no creo que vaya.

THREAD
Lose the thread of. Perder el hilo de.
Ex. I've lost the thread of what I was saying. He perdido el hilo de lo que decía.

THREE
To be three sheets to the wind. Estar borracho, merluza.
Ex. Don't give him any more to drink; he's already three sheets to the wind! No le des más de beber que ya está merluza.

THROAT
Thrust something down someone's throat. Meter a uno algo por las narices.
Ex. She thrust her cake down my throat! ¡Me metió el pastel por las narices!

Ver: Lump, Lump in the throat.

THROUGH
Be through. Terminar.
Ex. I'll be through at five. Terminaré a las cinco.

Through and through. Empedernido, hasta la médula, completamente.
Ex. John is an anarchist through and through. Juan es anarquista hasta la médula.

THROW
Throw a fit. Dar un patatús; armar la de San Quintín.
Ex. Peter will throw a fit when he sees what you have done. ¡A Pedro le va a dar un patatús cuando vea lo que has hecho!

Throw cold water on. Echar un jarro de agua fría.
Ex. He threw cold water on my ideas. Echó un jarro de agua fría a mis ideas.

Ver: Towel, Throw in the towel.

THUMB
Be all thumbs. Ser un manazas.
Ex. Men are all thumbs in the kitchen. Los hombres son unos manazas en la cocina.

Under one's thumb. Metido en un puño.
Ex. His wife has him under her thumb. Su mujer le tiene metido en un puño.

TICKLE
Be tickled pink. Estar encantado.
Ex. My mother was tickled pink when I told her the news. Mi madre estaba encantada cuando le di la noticia.

Tickled to death. Muy contento.
Ex. You'll be tickled to death with your birthday present. Estarás contentísimo con tu regalo de cumpleaños.

TIDE
Tide over. Arreglárselas.
Ex. Two hundred dollars will tide him over till the end of the month. Con doscientos dólares se las arreglará hasta fin de mes.

TIE
Be tied down. Estar esclavizados.
Ex. She is tied down with the children and can't study. Está esclavizada con los niños y no puede estudiar.

Be tied up. Estar ocupado.
Ex. I'm tied up right now; come back later. Estoy ocupado ahora; ven más tarde.

Play off a tie. Jugar un partido de desempate.
Ex. The tie will be played off tomorrow. Jugarán el partido de desempate mañana.

Tie in with. Estar relacionado.
Ex. This ties in with what you were saying earlier. Esto está relacionado con lo que decías antes.

Ver: Knot, Tie a knot.

TIED
Tied to someone's apron strings. Estar atado a las faldas de.
Ex. Victor's tied to his mother's apron strings. Víctor está atado a las faldas de su madre.

TIGHT
Be (get) tight. Estar borracho; emborracharse.
Ex. I get tight on a glass of beer. Me emborracho con un vaso de cerveza.

Be tight. Ser tacaño.
Ex. The rich are very tight with their money. Los ricos son muy tacaños con su dinero.

Hold on tight. Agarrarse bien.
Ex. Hold on tight! ¡Agárrate bien!

Tight on. Estar justo.
Ex. These shoes are tight on me. Estos zapatos me están justos.

TIME
Ahead of time. Antes de tiempo, antes de hora.
Ex. He came ahead of time. Vino antes de hora.

All in good time. Todo a su debido tiempo.
Ex. Don't be so impatient. All in good time! No seas tan impaciente. ¡Todo a su debido tiempo!

At the same time. Al mismo tiempo.
Ex. He is a good man but very difficult at the same time. Es buena persona pero al mismo tiempo difícil.

Be high time that. Ya ser hora de que.
Ex. It's high time you came. I've been waiting for an hour. Ya era hora de que llegases. Hace una hora que espero.

Be behind the times. Estar, ser anticuado.
Ex. My daughters think I'm behind the times! ¡Mis hijas creen que estoy anticuado!

Closing time. Hora de cerrar.
Ex. Everybody out. It's closing time. Todos fuera. Es hora de cerrar.

For the time being. Por ahora, mientras tanto.
Ex. For the time being I'm staying in a hotel. Por ahora vivo en un hotel.

Have no time for. No aguantar.
Ex. I have no time for his complaints! ¡No aguanto sus quejas!

Have time on one's hands. Tener tiempo libre.
Ex. Since her children left she has a lot of time on her hands. Desde que los chicos se fueron tiene mucho tiempo libre.

Have a good time. Divertirse.
Ex. We had a good time at the party. Nos divertimos en la fiesta.

His time has come. Le ha llegado la hora.
Ex. He is very ill and I'm afraid his time has come. Está muy enfermo y me temo que le ha llegado la hora.

In no time at all. En un periquete; en un santiamén.
Ex. Wait here; I'll be back in no time at all. Espera aquí; volveré en un periquete.

In due time. A su debido tiempo.
Ex. I'll talk to him in due time. Le hablaré a su debido tiempo.

In time. A tiempo.
Ex. I arrived in time to see Peter before he left. Llegué a tiempo para ver a Pedro antes de que se marchase.

On time. A la hora en punto.
Ex. You must hurry if you want to arrive on time. Debes darte prisa si quieres llegar a la hora.

One at a time. De uno en uno; uno cada vez.
Ex. I will talk to them one at a time. Hablaré con ellos de uno en uno.

One thing at a time. Cada cosa a su tiempo.
Ex. Don't rush things! One thing at a time! ¡No fuerces las cosas! ¡Cada cosa a su tiempo!

Take one's time. Tomarse el tiempo que uno quiera.
Ex. Take your time; it's still early. Tómate el tiempo que quieras; todavía es temprano.

There's no time to lose. No hay tiempo que perder.
Ex. Let's go; there's no time to lose. Vámonos; no hay tiempo que perder.

Time and time again. Muchas veces una y otra vez.
Ex. Time and time again I've told you to be careful. Muchas veces te he dicho que fueses con cuidado.

Time flies. El tiempo vuela.
Ex. I'm fifty five today! Time flies! ¡Hoy cumplo cincuenta y cinco! ¡El tiempo vuela!

Time is money. El tiempo es oro.
Ex. Be quick, time is money. Rápido, el tiempo es oro.

Time will tell. El tiempo lo dirá.
Ex. I think I'm right but time will tell. Creo que tengo razón, pero el tiempo lo dirá.

Ver: At. At that time.
Ver: Less, In less than no time.
Ver: Life, Have the time of your life.
Ver: Remember, To remember something till the end of time.

TIP
Have on the tip of one's tongue. Tenerlo en la punta de la lengua.
Ex. I have the word on the tip of my tongue! ¡Tengo la palabra en la punta de la lengua!

TISSUE
A tissue of lies. Una sarta de mentiras.
Ex. That's nothing but a tissue of lies! ¡Eso no es más que una sarta de mentiras!

TOE
Be on one's toes. Estar alerta.
Ex. You must be on your toes at all times. Debes estar alerta en todo momento.

TOGETHER
Ver: Take, Taking all things together.

TOIL
Toil with a will. Trabajar con ahínco.
Ex. He is toiling with a will. Trabaja con ahínco

TOKEN
As a token of. Como prueba de, en prenda de.
Ex. I give you this present as a token of friendship.
Te doy este regalo en prenda de amistad.

In token of. En prenda de.
Ex. Take this in token of my love. Acepta esto en
prenda de mi amor.

TOM
Every Tom, Dick and Harry. Cualquier hijo
de vecino, cualquiera.
Ex. I don't want to dress like every Tom, Dick and
Harry. No quiero vestir como cualquier hijo de
vecino.

TONGUE
Be in the tip of one's tongue. Tenerlo en la
punta de la lengua.
Ex. Her name is on the tip of my tongue. Tengo su
nombre en la punta de la lengua.

Have a long tongue. Tener una lengua muy
larga.
Ex. Victor's wife has a long tongue. La mujer de
Víctor tiene la lengua muy larga.

Hold one's tongue. Callarse.
Ex. Hold your tongue when I'm talking. Cállate
cuando yo hablo.

Make a slip of the tongue. Cometer un error
verbal (lapsus linguae).
Ex. I called her Susan instead of Mary!
What a terrible slip of the tongue!¡La llamé
Susana en vez de María! ¡Qué error verbal más
terrible!

Stick one's tongue out at someone. Sacarle
la lengua a alguien.
Ex. Don't stick your tongue out at me! ¡No me
saques la lengua!

Tongue in cheek. Irónicamente; con pitorreo;
con recochineo.
Ex. She said it tongue in cheek! ¡Lo dijo con
recochineo!

Tongue twister. Trabalenguas.
Ex. She sells seashells by the seaside is a tongue
twister. Un tigre, dos tigres, tres tigres es un
trabalenguas.

TOOTH
Fight tooth and nail. Luchar a brazo partido.
Ex. They fought tooth and nail but they lost the battle.
Lucharon a brazo partido pero perdieron la batalla.

Ver: Eye, An eye for an eye, a tooth for a tooth.
Ver: Long, Long in the tooth.
Ver: Have a sweet tooth.

TOP
At the top of one's voice. A grito pelado.
Ex. He insulted me at the top of his voice. Me
insultó a grito pelado.

Sleep like a top. Dormir como una marmota.
Ex. I slept like a top last night! ¡Anoche dormí como
una marmota!

Ver: Blow, Blow one's top

TOPS
Be tops. Ser el mejor.
Ex. You are tops! ¡Eres el mejor!

TOSS
Toss a coin. Lanzar una moneda a cara o cruz.
Ex. Toss a coin to see who pays. Lanza una moneda
a cara o cruz a ver quién paga.

Toss and turn. Dar vueltas en la cama.
Ex. I've been tossing and turning in bed all night.
He estado dando vueltas en la cama toda
la noche.

TOUCH
Be out of touch with. No estar en contacto
con.
Ex. Peter and I have been out of touch with each
other since 1993. Pedro y yo no estamos en contacto
desde 1993.

Be touched. Estar tocado.
Ex. Pay no attention; he's a little touched. No
prestes atención; está un poco tocado.

Finishing touch(es). Último toque.
Ex. It needs the finishing touches. Necesita el último
toque.

Lose one's touch. Perder el toque.
Ex. I was good at plants but I've lost my touch. Se
me daban bien las plantas pero he perdido el toque.

Make a touch. Dar un sablazo.
Ex. He tried to make a touch but I refused him.
Intentó darme un sablazo pero le dije que no.

Stay in touch. Estar en contacto.
Ex. We must stay in touch. Debemos estar en contacto.

TOUGH
Ver: Leather, As tough as leather.

TOUR
Make a tour. Hacer una gira.
Ex. We made a tour of India last year. Hicimos una gira por la India el año pasado.

TOW
Take in tow. Llevar arrastrando.
Ex. We went to the cinema but had to take your brother in tow. Fuimos al cine pero tuvimos que llevar arrastrando a tu hermano.

TOWEL
Throw in the towel. Tirar la esponja; rendirse.
Ex. After two hours of fighting he threw in the towel. Después de dos horas de pelea arrojó la esponja.

TOWN
Be out of town. Estar fuera de la ciudad.
Ex. My brother is out of town. Mi hermano está fuera de la ciudad.

Be the talk of the town. Ser la comidilla del barrio.
Ex. Mary is the talk of the town. María es la comidilla del barrio.

Do the town. Ir de juerga, de parranda.
Ex. Let's do the town tonight. Vayamos de parranda esta noche.

Paint the town red. Ir de juerga.
Ex. Let's paint the town red. Vamos de juerga.

TOY
Toy with an idea. Considerar; darle vueltas a una idea.
Ex. He is toying with the idea of going to Paris. Está considerando la idea de ir a París.

TRACK
Be on the right track. Ir por buen camino.
Ex. This is not correct but you are on the right track. Esto no es correcto pero vas por buen camino.

Have a one-track mind. Pensar sólo en una cosa; tener una obsesión.
Ex. He is always talking about women; he has a one-track mind. Siempre habla de mujeres; sólo piensa en una cosa.

Jump the track. Descarrilar.
Ex. The train jumped the track in Pittsburgh. El tren descarriló en Pittsburgh.

Keep track of. Seguir la pista.
Ex. Since he left I haven't kept track of Victor. Desde que se marchó no le he seguido la pista a Víctor.

The beaten track (path). Camino trillado.
Ex. We must get off the beaten track. Debemos salir del camino trillado.

TRADE
By trade. De oficio.
Ex. He is a carpenter by trade. Es carpintero de oficio.

Trade in a car. Entregar un coche al comprar otro.
Ex. I traded my car in when I bought the Mercedes. Di mi coche de entrada cuando compré el Mercedes.

TRAFFIC
Traffic jam. Atasco de tráfico.
Ex. I was caught in a traffic jam. Me cogió el atasco.

TRAP
Fall into a trap. Caer en la (una) trampa.
Ex. The enemy fell into the trap. El enemigo cayó en la trampa.

Shut one's trap. Cerrar el pico.
Ex. Shut your trap! ¡Cierra el pico!

TREAT
Treat like dirt. Tratar a patadas.
Ex. She just treated me like dirt! ¡Simplemente me trató a patadas!

TREE
A tree is known by its fruit. Se conoce a un árbol por su fruto.
Ex. Victor has made many mistakes and, as they say, a tree is known by its fruit. Víctor ha cometido muchos errores y, como dicen, a un árbol se le conoce por su fruto.

Ver: Bark, Bark up the wrong tree.

TRICK
Do the trick. Venir al pelo.
Ex. I think that your idea will do the trick. Creo que tu idea nos vendrá al pelo.

Know all the tricks. Sabérselas todas.
Ex. You can't fool him; he knows all the tricks. No puedes engañarle; se las sabe todas.

Play a trick on someone. Hacerle a alguien una jugarreta.
Ex. He played a trick on me and left town. Me hizo una jugarreta y se marchó de la ciudad.

TRIP
Trip someone up. Hacerle la zancadilla a alguien.
Ex. If you trip me up you'll pay for it, I promise. Si me haces la zancadilla las pagarás, te lo prometo.

TROUBLE
Be in trouble. Estar en un aprieto.
Ex. Are you in trouble? ¿Estás en un aprieto?

Be worth the trouble. Valer la pena.
Ex. It's worth the trouble to visit the Prado. Vale la pena visitar el Prado.

Get oneself into trouble. Meterse en líos.
Ex. Don't get yourself into trouble. No te metas en líos.

Ver: Save, Save oneself the trouble.

TRUANT
Play truant. Hacer novillos.
Ex. David played truant today. David hizo novillos hoy.

TRUE
True to life. Como la vida misma.
Ex. This story is true to life. Esta historia es como la vida misma.

TRUST
Trust in God and keep your powder dry.
A Dios rogando y con el mazo dando.
Ex. Be prepared for everything: Trust in God but keep your powder dry! Estate preparado para todo: a Dios rogando y con el mazo dando.

TRUTH
Establish the truth. Demostrar la verdad.
Ex. It's going to be difficult to establish the truth. Va a ser difícil demostrar la verdad.

Tell the truth. Decir la verdad.
Ex. Tell me the truth! ¡Dime la verdad!

The naked truth. La pura verdad.
Ex. I didn't do it and that's the naked truth. No lo hice y es la pura verdad.

TRY
Try someone's patience. Tentar la paciencia de.
Ex. Stop that; you are trying my patience! Deja eso; me estás tentando la paciencia.

Ver: Fortune, Try one's fortune.

TUNE
Call the tune. Llevar la voz cantante.
Ex. Don't do anything until I tell you. I call the tune here. No hagáis nada hasta que os lo diga. El que lleva la voz cantante aquí soy yo.

To the tune of one hundred dollars. La friolera de cien dólares.
Ex. I had to pay to the tune of one hundred dollars. Tuve que pagar la friolera de cien dólares.

Tune in a station. Sintonizar una estación.
Ex. Tune in a local station. Sintoniza una estación local.

TURN
At every turn. Por todas partes.
Ex. I find opposition at every turn. Encuentro oposición por todas partes.

It's my turn. Me toca a mí.
Ex. It's my turn to play. Me toca a mí jugar.

Take a turn for the better. Mejorar.
Ex. It's taking a turn for the better. Está mejorando.

Take a turn for the worse. Empeorar las cosas.
Ex. Things seem to be taking a turn for the worse. Las cosas parecen estar empeorando.

Take turns. Alternarse; turnarse.
Ex. During the trip, Sandy and I took turns driving. Durante el vieje, Sandy y yo nos turnamos al volante.

Turn one's back on someone. Darle (volverle) la espalda a alguien.
Ex. When I lost my fortune all my friends turned their backs on me. Cuando perdí mi fortuna, todos mis amigos me volvieron la espalda.

Turn the scale. Inclinar la balanza.
Ex. His money turned the scale in my favor. Su dinero inclinó la balanza a mi favor.

Turn in. Acostarse.
Ex. I'm tired. I'm going to turn in. Estoy cansado. Voy a acostarme.

Ver: Ear, Turn a deaf ear to.
Ver: Leaf, Turn over a new leaf.
Ver: Nowhere, Have nowhere to turn.
Ver: Stomach, Turn one's stomach.

TWO
Ver: Kind, Two of a kind.

U

UGLY
Ugly as a sin. Más feo que un pecado.
Ex. Victor is ugly as a sin. Víctor es más feo que un pecado.

UNAWARES
Take unawares. Coger desprevenido.
Ex. I was caught unawares. Me cogieron desprevenido.

UNCLE
Holler (say, cry) uncle. Cantar la gallina; rendirse.
Ex. Holler uncle or I'll beat you up! ¡Canta la gallina o te zurro!

UNDER
Be under an obligation to. Tener obligaciones.
Ex. I am under an obligation to help my family. Tengo la obligación de ayudar a mi familia.

Give money under the table. Dar dinero negro; sobornar.
Ex. He gave him the money under the table. Le dio dinero negro.

Ver: circunstances, Under the circunstances.

UNDERSTAND
Be understood. Sobrentenderse.
Ex. It's understood this is free! ¡Se sobreentiende que esto es gratis!

Come to an understanding. Llegar a un acuerdo.
Ex. We have come to an understanding. Hemos llegado a un acuerdo.

Make one understand. Hacer entender.
Ex. Make him understand how important this is! ¡Hazle entender lo importante que es esto!

Make oneself understood. Hacerse entender.
Ex. I can make myself understood in French. Me puedo hacer entender en francés.

On the understanding that. A condición de que.
Ex. I accept your offer on the understanding that you will pay on Friday. Acepto su oferta a condición de que pague el viernes.

UNEASY
Make uneasy. Inquietar.
Ex. His attitude makes me uneasy. Su actitud me inquieta.

UNFIT
Be unfit. No servir para.
Ex. You are unfit to work here! ¡No sirves para trabajar aquí!

UP
Be up to no good. No tener (llevar) buenas intenciones.
Ex. When I saw him at the bank I knew he was up to no good. Cuando le vi en el banco sabía que no llevaba buenas intenciones.

Move up in the world. Prosperar.
Ex. I see you've moved up in the world. Veo que has prosperado.

On the up-and-up. En auge.
Ex. My business in on the up-and-up. Mi negocio está en auge.

Run up against. Darse de cara con.
Ex. He ran up against lots of trouble. Se dio de cara contra muchas dificultades.

Run up against. Enfrentarse con.
Ex. You don't know who you are running up against. No sabes con quién te enfrentas.

Stay up all night. Pasarse la noche en vela, levantado.
Ex. I stayed up all night typing the book. Estuve levantado toda la noche pasando el libro a máquina.

The time is up. Se acabó el tiempo.
Ex. Víctor, your time is up! ¡Victor, se te acabó el tiempo!

The upper crust. La crema de la sociedad.
Ex. The upper crust like to summer in Monaco. A la crema de la sociedad le gusta veranear en Mónaco.

The ups and downs of life. Los altibajos de la vida.
Ex. You must be ready to take the ups and downs of life. Debes estar preparado para aceptar los altibajos de la vida.

Turn up. Aparecer.
Ex. He turned up late. Apareció tarde.

Up a tree. Desorientado; hecho un lío.
Ex. I was left up a tree when I lost my job. Me quedé desorientado cuando perdí el empleo.

Up the street. Calle arriba.
Ex. She lives up the street. Vive calle arriba.

Up to. Capaz de hacer.
Ex. Do you think he is up to the job? ¿Crees que es capaz de hacer la tarea?

What's up? ¿Qué pasa? ¿Qué hay?
Ex. Hello, what's up? Hola, ¿qué pasa?

Ver: Date, Be up to date.

UPSET
Ver: Apple, Upset the applecart.

UPTAKE
Slow on the uptake. De entendederas lentas.
Ex. Victor is slow on the uptake. Víctor es lento de entendederas.

USE
Be of no use. Ser inútil.
Ex. It's no use; you can't convince me. Es inútil; no me vas a convencer.

Be used to. Estar acostumbrado a.
Ex. I am used to working late. Estoy acostumbrado a trabajar hasta tarde.

Have no use for. No interesar, no servirle a uno.
Ex. I have no use for his complaints. Sus quejas no me interesan.

USUAL
As (per) usual. Como siempre.
Ex. He is late as usual. Llega tarde como siempre.

UTMOST
Do one's utmost. Hacer todo lo posible; lo imposible.
Ex. I have done my utmost. He hecho todo lo posible.

V

VAIN
In vain. En vano.
Ex. We begged him to come with us but it was in vain. Le suplicamos que viniese con nosotros pero fue en vano.

VARIETY
For the sake of variety. Por cambiar; para variar.
Ex. I'm wearing red socks for the sake of variety. Llevo calcetines rojos para variar.

VENTURE
Nothing ventured, nothing gained. El que no se arriesga no cruza la mar.
Ex. Try it! Nothing ventured, nothing gained! ¡Inténtalo! ¡El que no se arriesga no cruza la mar!

VERBOSE
Be verbose. Tener verborrea.
Ex. Victor is a very verbose man. Víctor es un hombre de mucha verborrea.

VERBUM
Verbum sat sapienti est. (Lat.) A word to the wise is enough. A buen entendedor pocas palabras bastan.

VERGE
Be on the verge of. Estar a punto de.
Ex. I was on the verge of accepting the offer but I changed my mind. Estuve a punto de aceptar la oferta pero cambié de opinión.

On the verge of. Al borde de.
Ex. He is on the verge of financial disaster. Está al borde de la ruina.

VICIOUS
Vicious circle. Círculo vicioso.
Ex. My life is like a vicious circle. Mi vida es como un círculo vicioso.

VIEW
In my view. En mi opinión.
Ex. In my view we should not leave so early. En mi opinión no deberíamos marcharnos tan temprano.

In view of. En vista de.
Ex. In view of his attitude, I give up. En vista de su actitud, me rindo.

Keep in view. Tener presente.
Ex. We must keep in view his ideas on the subject. Debemos tener presente sus ideas sobre el tema.

Take a dim view of something. Tener mala opinión de algo.
Ex. She takes a dim view of my friends. Tiene mala opinión de mis amigos.

With a view to. Con vistas a.
Ex. I sold my house with a view to buying an apartment. Vendí mi casa con vistas a comprarme un piso.

VIRTUE
By virtue of. En virtud de.
Ex. He got the job by virtue of your letter of recommendation. Consiguió el empleo en virtud de tu carta de recomendación.

VOICE
Lower one's voice. Bajar la voz.
Ex. Please, lower your voice; my uncle is sick. Por favor, baja la voz; mi tío está enfermo.

W

WAG
Wag one's tongue. Irse de la lengua.
Ex. Don't wag your tongue among your friends about the project. No te vayas de la lengua con tus amigos sobre el proyecto.

WAGON
Go on the wagon. Dejar la bebida.
Ex. This time I'm serious about going on the wagon. Esta vez va en serio lo de dejar la bebida.

WAIT
Wait and see. Ya verás; espera y verás.
Ex. I'll talk to him tomorrow, you wait and see! Hablaré con él mañana, ¡espera y verás!

Ver: Hand, Wait hand and foot.
Ver: Keep, Keep one waiting.

WAKE
In the wake of. A raíz de.
Ex. He left the country in the wake of his divorce. Salió del país a raíz de su divorcio.

WALK
Be a walking dictionary. Ser un diccionario ambulante.
Ex. Victor knows so many words that he is a walking dictionary. Víctor sabe tantas palabras que es un diccionario ambulante.

Go for a walk. Ir a dar un paseo.
Ex. I'm going for a walk. Voy a dar un paseo.

In all walks of life. En todas las profesiones, actividades.
Ex. You'll find honest people in all walks of life. Encontrarás a gente honrada en todas las profesiones.

Long walk. Caminata.
Ex. It's a long walk to the center of town. Hay una buena caminata hasta el centro de la ciudad.

Walk away with. Robar.
Ex. Victor walked away with my wallet. Víctor me robó la cartera.

Walk out on. Abandonar.
Ex. Her husband has walked out on her. Su marido la ha abandonado.

Walk in one's sleep. Hacer el (ser) sonámbulo.
Ex. Peter walks in his sleep. Pedro es sonámbulo.

Walk off with. Largarse con.
Ex. He walked off with my coat. Se largó con mi abrigo.

Walk the streets. Hacer la carrera.
Ex. Mary was arrested for walking the streets. María fue detenida por hacer la carrera.

WALL
Drive up the wall. Volver tarumba.
Ex. He's driving me up the wall. Me está volviendo tarumba.

Off the wall. Loco, majareta.
Ex. Poor Victor is off the wall. El pobre Víctor está majareta.

Ver: Writing, See the writing on the wall.

WANE
Be on the wane. Estar de capa caída.
Ex. That company is on the wane. Esa empresa va de capa caída.

WANTED
Be wanted by the police. Estar reclamado por la policía.
Ex. Victor is not wanted by the police. A Víctor no le reclama la policía.

WARNING
Ver: Fair, Give fair warning.

WASH
Wash one's hands. Lavarse las manos.
Ex. I don't want to know about the money. I wash my hands completely. No quiero saber nada del dinero. Me lavo las manos completamente.

Ver: Linen, Wash one's dirty linen in public.

WASHED
Be all washed up. Estar acabado.
Ex. I lost all my money and my business. I'm all washed up! Perdí mi dinero y el negocio. ¡Estoy acabado!

WASHOUT
Be a washout. Ser un fracaso.
Ex. As a businessman he is a real washout. Como hombre de negocios es un perfecto fracaso.

WASTE
A waste of. Pérdida de, malgaste de, gasto inútil de.
Ex. It's a waste of time to do this. Es una pérdida de tiempo hacer esto.

Go to waste. Echarse a perder.
Ex. Don't let food go to waste. No dejes que se eche a perder comida.

Waste one's breath. Perder tiempo discutiendo.
Ex. Don't waste your breath with him! ¡No pierdas el tiempo discutiendo con él!

WATCH
Set one's watch. Poner el reloj en hora.
Ex. Set your watch. Pon el reloj en hora.

Watch out for oneself. Cuidar de uno mismo.
Ex. Don't worry! I'll watch out for myself! ¡No te preocupes! ¡Me cuidaré!

Watch out for. Tener cuidado con.
Ex. Watch out for Victor! ¡Cuidado con Víctor!

WATER
A lot of water has gone under the bridge. Han pasado muchas cosas.

Ex. A lot of water has gone under the bridge since we parted company. Han pasado muchas cosas desde que nos separamos.

Be in deep water. Tener problemas; estar con el agua hasta el cuello.
Ex. He is in deep water with his wife. Tiene problemas con su mujer.

Get oneself into hot water. Meterse en líos, en un berenjenal.
Ex. You got yourself in hot water for cheating in the exam. Te has metido en un lío por copiar en el examen.

Keep one's head above water. Mantenerse a flote.
Ex. In order to keep our head above water we must cut expenses. Para mantenernos a flote debemos cortar gastos.

Like water. Como si fuese agua.
Ex. He spends money like water. Se gasta el dinero como si fuese agua.

Water down. Aguar; bautizar (vino).
Ex. This good French wine has been watered down! ¡Han bautizado este buen vino francés!

Ver: Fire, Go through fire and water.
Ver: Mouth, Make one's mouth water.

WAY
Be in the way. Estorbar.
Ex. Am I in your way? ¿Te estorbo?

By the way. A propósito.
Ex. By the way, who are you? A propósito, ¿quién eres?

Find a way out. Encontrar una salida.
Ex. Perhaps we can find a way out of the problem. Quizá encontremos una salida al problema.

Have it both ways. Tenerlo todo.
Ex. He wants money and a long vacation but he can't have it both ways. Quiere dinero y unas largas vacaciones pero no lo puede tener todo.

In a way. En cierta manera; hasta cierto punto.
Ex. In a way, you are right. En cierta manera, tienes razón.

Some way or other. De alguna manera.
Ex. I'll find a solution some way or other. Encontraré la solución de alguna manera.

Ways and means. Medios.
Ex. We must discuss the ways and means to make your plan work. Debemos discutir los medios para poner tu plan en acción.

Ver: Live, Way of living.
Ver: Mend, Mend one's ways.
Ver: Stand, Stand in the way.

WEATHER
Make heavy weather of. Hacer un problema de.
Ex. Victor makes heavy weather of any task. Víctor hace un problema de cualquier tarea.

To be under the weather. Sentirse mal, bajo de ánimo.
Ex. I don't feel like going; I'm a bit under the weather. No tengo ganas de ir; me siento mal.

Wind and weather permitting. Si el tiempo no lo impide.
Ex. We'll be on our way at five, wind and weather permitting. Nos pondremos en marcha a las cinco, si el tiempo no lo impide.

Ver: Nasty, Nasty weather.

WEDDING
Shotgun wedding. Casarse por el sindicato de las prisas.
Ex. Theirs was a shotgun wedding. Se casaron por el sindicato de las prisas.

WEEK
A week of Sundays. Mucho tiempo, una eternidad, un siglo.
Ex. This is going to take a week of Sundays. Esto va a llevar una eternidad.

WEIGHT
Put on weight. Engordar.
Ex. I'm putting on weight. Estoy engordando.

WELL
Leave well enough alone. Dejar las cosas como están.
Ex. Forget it! Let's leave well enough alone! ¡Olvídalo! ¡Dejemos las cosas como están!

Well over. Más de.
Ex. We spent well over one million. Gastamos más de un millón.

WHAT
And what not. Y demás.
Ex. He will promise you houses, money, cars and what not to marry you! ¡Te prometerá casas, dinero, coches y demás para casarse contigo!

What's in it for me? ¿Y qué saco yo de eso?
Ex. I'll sign the contract but what's in it for me? Firmaré el contrato pero ¿y qué saco yo?

Ver: Know, Know what's what.

What with. Considerando.
Ex. What with inflation, unemployment, etc. a man can't sleep at night! ¡Considerando la inflación, el paro, etc. uno no puede dormir por la noche!

WHEEL
Véase: Put, Put one's shoulder to the wheel.

WHERE
Where there is a will, there is a way. Querer es poder.
Ex. You can do it! Where there is a will, there is a way! ¡Puedes hacerlo! ¡Querer es poder!

WHILE
Be worth one's while. Valerle la pena a uno.
Ex. It will be worth your while to study a bit more. Te valdrá la pena que estudies un poquito más.

Ver: Little, A little while.

WHISTLE
Blow the whistle on someone. Dar el chivatazo; chivarse de alguien.
Ex. She blew the whistle on him. Ella se chivó de él.

Whistle in the dark. Quien canta, su mal espanta.
Ex. Victor's whistling in the dark because he is scared stiff. Víctor canta porque el que canta, su mal espanta.

WHITE
A white elephant. Cosa difícil de vender; un muerto.
Ex. That big home is a white elephant. Ese caserón es un muerto.

White collar worker. Oficinista; administrativo.
Ex. White collar workers make less than blue collar workers. Los administrativos ganan menos que los obreros.

Ver: Lie, A white lie.

WHOLE
On the whole. En general; considerándolo todo.
Ex. On the whole he is doing well. En general le va bien.

Whole lot. Gran cantidad.
Ex. We are going to need a whole lot of money to pay for this. Vamos a necesitar una gran cantidad de dinero para pagar esto.

WHY
The whys and wherefores. El cómo y el porqué.
Ex. Victor wants to know the whys and wherefores of our decision. Víctor quiere saber el cómo y el porqué de nuestra decisión.

WIFE
Ver: World, All the world and his wife.

WILD
Wild goose chase. Mandar a alguien de la Ceca a la Meca.
Ex. They've sent us on a wild goose chase. Nos han mandado de la Ceca a la Meca.

WILL
Do something of one's own free will. Hacer algo por propia voluntad.
Ex. If I go to Paris I'll do it of my own free will. Si voy a París lo haré por propia voluntad.

With a will. Con gran voluntad, con ganas.
Ex. He is studying with a will. Está estudiando con ganas.

WIN
Ver: Neck, Win by a neck.
Ver: Point, Win on points.

WIND
Get wind of something. Olerse algo; enterarse de algo.
Ex. I got wind of the problem in the office. Me olí el asunto en la oficina.

WING
Take someone under one's wing. Proteger.
Ex. I'll take him under my wing, don't worry. Yo le protegeré, no te preocupes.

WINK
Not to get a wink of sleep. No pegar ojo.
Ex. I didn't get a wink of sleep last night. No pegué ojo anoche.

Quick as a wink. Rápido como el rayo.
Ex. Quick as a wink he took the money and was gone! ¡Rápido como el rayo cogió el dinero y desapareció!

WIPE
Wipe the slate clean. Borrón y cuenta nueva.
Ex. Let's wipe the slate clean and start all over again. Comencemos de nuevo, hagamos borrón y cuenta nueva.

Ver: Map, Wipe off the map.

WISE
Get wise to. Caer en la cuenta; percatarse; olerse.
Ex. He got wise to our plans. Se olió nuestros planes.

WISH
Ver: Make, Make a wish.

WIT
Be at one's wits' end. No saber ya qué hacer.
Ex. I've tried everything! I'm at my wits' end! ¡Lo he intentado todo! ¡Ya no sé qué hacer!

WONDER
No wonder. No me sorprende.
Ex. No wonder he is ill; he drinks too much! No me sorprende que esté enfermo; ¡bebe demasiado!

Work wonders. Hacer maravillas.
Ex. Susan works wonders with Victor's small salary. Susana hace maravillas con el sueldecillo de Víctor.

WOOD
Saw wood. Estar en los brazos de Morfeo; chafar la oreja.
Ex. John is in bed sawing wood. Juan está en la cama en brazos de Morfeo.

WOOL
Dyed-in-the-wool. Cabezota; intransigente.
Ex. He is a dyed-in-the wool teacher. Es un profesor intransigente.

Pull the wool over someone's eyes. Dar gato por liebre.
Ex. The salesman certainly pulled the wool over his eyes. El vendedor sí que le dio gato por liebre.

WORD
A word to the wise is enough. A buen entendedor con pocas palabras bastan.
Ex. I have nothing else to say. A word to the wise is enough! No tengo nada más que decir. ¡A buen entendedor, con pocas palabras bastan!

By word of mouth. De palabra, de boca en boca.
Ex. The news spread by word of mouth. La noticia se difundió de palabra.

Have a way with words. Tener mucha labia.
Ex. Does he have a way with words! ¡Qué labia tiene!

Have words with. Tener unas palabras con.
Ex. I have had words with Peter about the payments. He tenido unas palabras con Pedro acerca de los pagos.

In other words. En otras palabras.
Ex. Come or go. In other words, do what you like! Ven o vete. En otras palabras, ¡haz lo que quieras!

Not to be able to put two words together. No saber expresarse.
Ex. I don't think he'll get the job because he can't put two words together. No creo que consiga el empleo porque no sabe expresarse.

Not to mince words. No tener pelos en la lengua.
Ex. The professor did not mince words with me! ¡El profesor no tuvo pelos en la lengua conmigo!

Put in a good word for. Recomendar; hablar bien de.
Ex. Put in a good word for me at the office. Háblales bien de mí en la oficina.

Word for word. Palabra por palabra.
Ex. Tell me what he said word for word. Dime lo que dijo palabra por palabra.

Ver: Eat, Eat one's words.
Ver: Keep, Keep one's word.
Ver: Say, Say the word.

WORK
Give one the works. Darle a uno para el pelo.
Ex. When I see Victor I'm going to give him the works. Cuando vea a Víctor le voy a dar para el pelo.

Out of work. Parado; desempleado.
Ex. Victor has been out of work for a year. Hace un año que Víctor está parado.

Shoot the works. Tirar la casa por la ventana.
Ex. Let's shoot the works! ¡Tiremos la casa por la ventana!

Work miracles. Hacer milagros.
Ex. With your salary I cannot work miracles! ¡Con tu sueldo no puedo hacer milagros!

Work wonders. Hacer maravillas.
Ex. My wife works wonders with my small salary! ¡Mi mujer hace maravillas con mi sueldecillo!

Ver: Horse, Work like a horse.

WORLD
All over the world. Por todo el mundo.
Ex. Don Quijote is known all over the world. Al Quijote se le conoce por todo el mundo.

All the world and his wife. Hasta el gato.
Ex. All the world and his wife were invited. Invitaron hasta al gato.

Be on top of the world. Estar en la gloria.
Ex. Since he got married he's been on top of the world. Desde que se casó está en la gloria.

For all the world. Completamente; hasta el último detalle.
Ex. He looks for all the world like his twin brother. Se parece a su hermano gemelo hasta el último detalle.

For the world. Por nada del mundo.
Ex. I wouldn't do it for the world. No lo haría por nada del mundo.

Give the world to. Dar la mano derecha por.
Ex. I would give the world to see her well. Daría mi mano derecha por verla bien.

Half the world. Medio mundo.
Ex. Half the world was there. Estaba allí medio mundo.

It's a small world. El mundo es un pañuelo.
Ex. Hello, Peter, fancy meeting you here; it's a small world. Hola, Pedro, mira que encontrarte aquí; el mundo es un pañuelo.

Out of this world. De rechupete; estupendo.
Ex. The party was out of this world. La fiesta fue de rechupete.

WORM
Worm something out of someone. Sonsacar; tirar de la lengua a alguien.
Ex. I wormed the information out of him. Le sonsaqué la información.

WORRY
Worry oneself to death. Estar preocupadísimo
Ex. You should have phoned. I worried myself to death! Deberías haber telefoneado. ¡Estaba preocupadísimo!

WORSE
For better or for worse. Para bien o para mal.
Ex. I'll take the job for better or for worse. Aceptaré el empleo para bien o para mal.

WORST

Get the worst of it. Llevar la peor parte.
Ex. When I argue with Susan I get the worst of it. Cuando discuto con Susana me llevo la peor parte.

If worst comes to worst. En el peor de los casos; a una mala.
Ex. If worst comes to worst we'll sell the house. En el peor de los casos venderemos la casa.

WORTH

Be worthwhile. Ser provechoso; valer la pena.
Ex. It is not worthwhile. Eso no vale la pena.

Ver: Hoot, Not be worth a hoot.

WOULD

Would-be. Futuro; aspirante.
Ex. There's a would be author waiting. Hay un aspirante a autor esperando.

Would rather. Preferir.
Ex. I would rather eat a sandwich. Preferiría tomar un bocadillo.

WRECK

Be a wreck. Estar hecho un asco.
Ex. Victor's grandmother is a wreck. La abuela de Víctor está hecha un asco.

WRING

Wring someone's neck. Retorcerle el pescuezo a alguien.
Ex. I'm going to wring your neck! ¡Te voy a retorcer el pescuezo!

WRIST

Have someone wrapped around one's wrist. Tener a alguien metido en un puño.
Ex. I've got my husband wrapped around my wrist. Tengo a mi marido metido en un puño.

WRITE

Write down. Anotar.
Ex. Write this down. Anota esto.

Ver: Home, Nothing to write home about.

WRITING

Put something in writing. Dar (poner) algo por escrito.
Ex. I don't trust you so please put it in writing. No confío en usted así que démelo por escrito.

See the writing on the wall. Verle las orejas al lobo.
Ex. I think he has finally seen the writing on the wall. Creo que por fin le ha visto las orejas al lobo.

WRONG

Be in the wrong. Estar equivocado.
Ex. I admit I was in the wrong. Admito que estaba equivocado.

Be wrong. Estar equivocado.
Ex. You are always wrong! ¡Siempre estás equivocado!

Be wrong with. Pasar.
Ex. What's wrong with you? ¿Qué te pasa?

Do something wrong. Hacer algo mal.
Ex. What did I do wrong? ¿Qué he hecho mal?

Get somebody wrong. Interpretar mal.
Ex. Don't get me wrong; I wasn't trying to offend you. No me interpretes mal; no trataba de ofenderte.

Go wrong. Equivocarse; estropearse; ir por mal camino.
Ex. Children go wrong. Los hijos van por mal camino.
Ex. Where did we go wrong? ¿Dónde nos equivocamos?
Ex. Their plans went wrong. Sus planes se estropearon.

Say the wrong thing. Meter la pata.
Ex. I'm afraid I said the wrong thing at the meeting! ¡Me temo que he metido la pata en la reunión!

Take something the wrong way. Interpretar (tomar a) mal.
Ex. You always take what I say the wrong way! ¡Siempre interpretas mal lo que digo!

Wrong side of the tracks. Barriobajero; de clase baja.
Ex. He comes from the wrong side of the tracks. Es un barriobajero.

Y

YARN

Spin a yarn. Largar, soltar el rollo, dar la tabarra.
Ex. Dwight just loves to spin a yarn. A Dwight le encanta soltar el rollo.

Year in, year out. Todos los años, cada año.
Ex. We go to Atlantic City on vacation year in, year out. Vamos a Atlantic City de vacaciones todos los años.

YET

As yet. Hasta ahora; hasta la fecha.
Ex. As yet we know nothing. Hasta la fecha no sabemos nada.

CASTELLANO - INGLÉS
SPANISH - ENGLISH

A

A gusto de uno. According to someone's taste, to someone's satisfaction.
Ej. Me compro la ropa a mi gusto. I buy clothes according to my taste.

A hurtadillas. On the sly, stealthily.
Ej. Se marcharon a hurtadillas. They left on the sly.

A Juan. From John.
Ej. Este reloj se lo compré a Juan. I bought this watch from John.

A menos que. Unless
Ej. Vendré temprano a menos que no pueda. I'll come early unless I'm unable to.

A no ser que. If...not; unless.
Ej. Le pagaré a no ser que no esté. I'll pay him unless he's not there.

A oscuras. In the dark.
Ej. Me gusta dormir a oscuras. I like to sleep in the dark.

A pesar de. In spite of.
Ej. No te preocupes. Iremos a pesar de la lluvia. Don't worry. We'll go in spite of the rain.

A pie. On foot.
Ej. Fuimos a pie. We went on foot.

A que... I bet (you)...
Ej. ¡A que no sabes cuánto dinero tengo en el bolsillo! I bet you don't know how much money I have in my pocket!

A que... I bet...
Ej. ¡A que te puedo! I bet I can lick you!

A sabiendas. Knowingly, on purpose.

Ej. Lo has hecho a sabiendas. You've done it on purpose.

A sangre y fuego. By fire and sword.
Ej. Entraron en la ciudad a sangre y fuego. They stormed the city by fire and sword.

Paso a paso. Step by step.
Ej. El trabajo debe hacerse paso a paso. The task must be done step by step.

ABAJO

Boca abajo. Face down.
Ej. No duermas boca abajo, es malo. Don't sleep face down, it's bad for you.

Calle abajo. Down the street.
Ej. Víctor vive calle abajo. Victor lives down the street.

Cuesta abajo. Downhill.
Ej. Cuesta abajo emplea la primera marcha. Use lower gear downhill.

De abajo. Lower, below.
Ej. Los pisos de abajo son más calurosos en verano. The lower floors are hotter in the summer.

De arriba abajo. From top to bottom, from head to foot.
Ej. Le miró de arriba abajo. He looked at him from head to foot.

Desde abajo. From below.
Ej. Desde aquí abajo la cima de la montaña parece nevada. From below here the top of the mountain seems covered with snow.

Echar abajo. To demolish, knock down, tear down.
Ej. Echaron el muro abajo en un par de horas. The wall was torn down in a couple of hours.

Hacia abajo. Downwards.
Ej. Vamos hacia abajo. We are going downwards.

Más abajo. Further down.
Ej. Debemos ir más abajo. We must go further down.

Por abajo. At, around the bottom; down.
Ej. El tacón está gastado por abajo. The heel is worn out around the bottom.

Venirse abajo. To come to pieces, to fall apart, to break down.
Ej. Se vino abajo y confesó el crimen. He broke down and confessed his crime.

ABANDONADO
Tener abandonado. Not to take interest in.
Ej. Tiene los estudios muy abandonados. He takes absolutely no interest in his studies.

ABARCAR
Quien mucho abarca, poco aprieta. To bite off more than one can chew.
Ej. Como sabes, quien mucho abarca poco aprieta. As you know, don't bite off more than you can chew.

ABASTO
No dar abasto. Not to be able to cope, manage.
Ej. Tenemos tanto trabajo que no damos abasto. We've got so much work that we can't cope.

ABIERTO
See: Par, Abierto de par en par.

ABISMAL
Una diferencia abismal. A world of difference.
Ej. Pasar de 200 a 2000 dólares es una diferencia abismal. To go from 200 to 2000 dollars makes a world of difference.

ABISMO
Estar al borde del abismo. Be on the brink of disaster.
Ej. Nuestro negocio está al borde del abismo. Our business is on the brink of disaster.

Haber un abismo. Be worlds apart.
Ej. Media un abismo entre ellos. They are worlds apart.

ABOBADO
Quedarse abobado. Be (left) speechless, agape.
Ej. ¡Cuando la vi me quedé abobado! When I saw her I was speechless.

ABOCADO
Abocado al fracaso. Doomed, bound to fail.

Ej. Tus planes están abocados al fracaso. Your plans are doomed to fail.

ABOCHORNADO
Estar abochornado. Shamed, shamefaced.
Ej. Estaba abochornado por lo que había hecho. He was shamefaced for what he had done.

ABOGADO
Abogado de oficio. Court-appointed lawyer.
Ej. Como es pobre tendrá abogado de oficio. As he's poor he'll have a court-appointed lawyer.

Abogado de pobres. Poor man's lawyer.
Ej. Siempre ataca la injusticia; es un abogado de pobres. He's forever attacking injustice. He's a poor man's lawyer.

ABONAR
Abonar en cuenta. To credit to the account of.
Ej. Abonen esa catidad en mi cuenta. Credit that amount to my account.

ABRAZO
See: Dar, Dar un abrazo.

ABREVIAR
¡Abrevia que tengo prisa! To make short; hurry up.
Ej. Abrevia que tengo prisa. Make it short. I've got to go.

Para abreviar. To cut (make) a long story short.
Ej. Bueno, pues para abreviar: finalmente se casaron. Well, to make a long story short: they finally got married.

ABRIL
En abril, aguas mil. April showers bring May flowers.
Ej. Ya sabes: en abril, aguas mil. You know: April showers bring May flowers.

ABRILES
Tener quince abriles. To be fifteen summers.
Ej. Es una joven de quizá veinte abriles. She's a youth, perhaps twenty summers.

ABRIR
Abrir el apetito. To whet one's appetite.
Ej. Ese pastel me abre el apetito. That cake whets my appetite.

Abrir los ojos. To open one's eyes.
Ej. Está muy enamorado pero su madre le ha abierto los ojos. He's very much in love but his mother has opened his eyes.

Abrirse camino. Make one's way; crowd through.
Ej. Se abrió camino entre los corredores. He crowded through the runners.

Abrirse con alguien. To confide in someone; to level with someone.
Ej. Se abrió conmigo y me lo contó todo. He leveled with me and told me all.

Abrirse paso. To make way, to crowd through.
Ej. Es difícil abrirse paso entre tanta gente. It's difficult to crowd through so many people.

En un abrir y cerrar de ojos. In the blink of an eye.
Ej. La comida desapareció en un abrir y cerrar de ojos. The food disappeared in the blink of an eye.

ABSOLUTO
En absoluto. Not at all.
Ej. Eso no me gusta en absoluto. I don't like that at all.

ABUELA
No tener abuela. To blow one's own horn.
Ej. Víctor no tiene abuela. Victor blows his own horn.

ABUNDANCIA
Nadar en la abundancia. Be on easy street; roll in money.
Ej. Desde que se casó nada en la abundancia. Since he got married he's been living on easy street.

ABUNDAR
Lo que abunda no daña. One can't have too much of a good thing.
Ej. Ya sabes, lo que abunda no daña. You know, one can never have too much of a good thing.

ABURRIMIENTO
¡Qué aburrimiento! How boring!
Ej. ¡Qué aburrimiento! ¡Vámonos! How boring! Let's go!

ABURRIR
Aburrirse como una ostra. To get or be bored stiff.
Ej. Me aburrí como una ostra en la fiesta. I was bored stiff at the party.

ABUSO
Abuso de confianza. Breach of confidence.
Ej. Lo que has hecho es un abuso de confianza. What you've done is a breach of confidence.

ACÁ
¿De cuando acá...? Since when...?
Ej. ¿De cuando acá te gusta el helado? Since when do you like ice cream?

ACABADO
Acabado de. Fresh out of.
Ej. Pan acabado de hacer. Bread fresh out of the oven.

ACABAR
Acabar bien. Have a happy ending.
Ej. ¿Acaba bien la película? Does the film have a happy ending?

Acabar con. To put an end to.
Ej. Tenemos que acabar con esta situación. We must put an end to this situation.

Acabar con. To use up.
Ej. Han acabado con mi paciencia. They've used up my patience!

Acabar de. To have just + pp.
Ej. Acabo de llegar. I've just arrived.

Acabar por. To end up (by).
Ej. Acabaré por despedirle. I'll end up firing him.

Acabarse. To run out of.
Ej. Se me ha acabado la paciencia. I've run out of patience.

El cuento de nunca acabar. A never-ending story.
Ej. Trabajar y trabajar. Es el cuento de nunca acabar. Work and more work. It's a never-ending story.

¡Sanseacabó! That's all there is to it; that's the end of it.
Ej. Cerremos el trato y sanseacabó. Let's close the deal and that's the end of it.

Se acabó lo que se daba. That's it; that's all there's to it!
Ej. Pagaremos y se acabó lo que se daba. We'll pay and that's it.

¡Y se acabó! And that's that! And that's the end of it!
Ej. Tienes que hacer lo que te dicen y se acabó. You must do what you are told and that's the end of it!

ACABÓSE
¡Esto es el acabóse! This is the limit, the last straw!
Ej. Esto es el acabóse; Jacobo se ha llevado el coche. This is the last straw: Jacob has taken the car.

ACAMPADA
Ir de acampada. Go camping.
Ej. Vamos de acampada el domingo. We are going camping on Sunday.

ACASO
Por si acaso. Just in case.
Ej. Ven pronto por si acaso. Come early just in case.

ACATARRADO
Estar acatarrado. Have a cold.
Ej. Estoy acatarrado. I have a cold.

ACCIÓN
Acción de gracias. Thanksgiving.
Ej. El día de acción de gracias es una fiesta americana. Thanksgiving Day is an American holiday.

Ponerse en acción. Go into action.
Ej. Debemos ponernos en acción enseguida. We must go into action right away.

Una mala acción. A bad turn; an evil deed.
Ej. Robar es una mala acción. Stealing is an evil deed.

ACEITE
See: Balsa, Como una balsa de aceite.

ACELERAR
Acelerar el paso. To quicken one's step.
Ej. Si no aceleramos el paso llegaremos tarde. If we don't quicken our step we'll be late.

ACELGA
See: Cara, Cara de acelga.

ACEPTACIÓN
Tener poca aceptación. Have little success.
Ej. Nuestro invento ha tenido poca aceptación. Our invention has had little success.

ACERTAR
Acertar a. To happen to.
Ej. Acertó a pasar una niña. A girl happened to go by.

Acertar con, a. To find.
Ej. Buscó el libro pero no acertó a encontrarlo. He looked for the book but couldn't find it.

ACLAMACIÓN
Por aclamación. Unanimously.
Ej. Le hicieron presidente por aclamación. He was made president unanimously.

ACOGIDA
Tener buena acogida. To be well-received.
Ej. Su libro tuvo una buena acogida. His book was well-received.

ACOMPAÑAR
Acompañar a casa. To walk home.
Ej. Me acompañó a casa. He walked me home.

Acompañar en el sentimiento. One's condolences.
Ej. Le acompaño en el sentimiento. My condolences.

Acompañar hasta la puerta. See someone to the door.
Ej. Acompaña al Sr. Smith hasta la puerta. See Mr. Smith to the door.

ACONSEJARSE
Aconsejarse con la almohada. To sleep on it; to take council with one's pillow.
Ej. Antes de decidirte, aconséjate con la almohada. Before deciding, sleep on it.

ACOPIO
Hacer acopio de. Store, hoard.
Ej. La gente está haciendo acopio de comida. People are hoarding food.

ACORDARSE
¡Si mal no me acuerdo! If I remember right, correctly.
Ej. Si mal no me acuerdo me debes dinero. If I remember right, you owe me money.

ACOSTADO
Estar acostado. To be lying down.
Ej. Tu padre está acostado. Your father's lying down.

ACOSTARSE
Acostarse con. To sleep with.
Ej. Juana se acuesta con todos. Jane sleeps with everyone.

See: Gallina, Acostarse con las gallinas.

ACOSTUMBRADO
Ser lo acostumbrado. Be the custom.
Ej. El diez por cien de propina es lo acostumbrado aquí. A ten-percent tip is the custom here.

ACTA
Levantar acta. To draw up an affidavit.
Ej. El notario levantó acta de lo que habíamos dicho. The notary drew up an affidavit of what we had said.

ACTO
Acto seguido... Immediately, right away.
Ej. Colgó el teléfono y acto seguido salió. He hung up the phone and left right away.

En el acto. Right away, at once.
Ej. Lo haré en el acto. I'll do it right away.

Hacer acto de presencia. Put in an appearance.
Ej. No hicieron acto de presencia en la boda. They didn't put in an appearance at the wedding.

ACTUALIDAD
En la actualidad. At present; nowadays.
Ej. En la actualidad los impuestos son más altos. At present taxes are higher.

Perder actualidad. To go out of fashion; not to be in.
Ej. Los videojuegos han perdido actualidad. Video games are not in anymore.

Ser de gran actualidad. To be the center of attention, the talk of the town.
Ej. La reina de Inglaterra es de gran actualidad estos días. The queen of England is the center of attention these days.

ACUDIR
No saber dónde acudir. Not to know where to turn.
Ej. Tengo problemas y no sé dónde acudir. I have problems and I don't know where to turn.

ACUERDO
De acuerdo. Of the same opinion.
Ej. Estamos de acuerdo. We are of the same opinion.

De común acuerdo. By common agreement, consent.
Ej. Montamos el negocio de común acuerdo. We both set up the business by common agreement.

Estar de acuerdo. To agree.
Ej. Estamos de acuerdo. We agree.

Llegar a un acuerdo. To come to, reach an agreement.
Ej. Llegaron a un acuerdo en pocas horas. They reached an agreement in a few hours.

Vivir en perfecto acuerdo. To live in perfect harmony.
Ej. Susana y Francisco viven en perfecto acuerdo. Susan and Frank live in perfect harmony.

ADELANTADO
Por adelantado. In advance.
Ej. Tiene usted que pagar por adelantado. You must pay in advance.

ADELANTAR
Adelantarse. To beat someone to it.
Ej. Quise pagar la cuenta pero Pedro se adelantó. I wanted to pay the bill but Peter beat me to it.

ADELANTE
¡Adelante! Come in!
Ej. ¡Adelante, por favor! Come in, please!

De aquí en adelante. Henceforth; from now on.
Ej. De aquí en adelante las cosas van a cambiar. Henceforth things are going to change.

De hoy en adelante. From now on; as of today.
Ej. De hoy en adelante comenzaremos a las ocho. As of today we'll start at eight.

En adelante. From now on.
Ej. En adelante deberá usted ser más cuidadoso. From now on you'll have to be more careful.

Más adelante. Later, in the future.
Ej. Me pondré en contacto con usted más adelante. I'll get in touch with you later.

Salir adelante. To come out well; to make it.
Ej. Es joven y tiene dificultades pero saldrá adelante. He's young and has problems but he'll make it.

ADEMÁN
Hacer ademán de. To make as if to.
Ej. Hizo ademán de sacar la cartera. He made as if he were going to take out his wallet.

ADEMÁS
Además de. In addition to, besides.
Ej. Además de café tomaré un helado. Besides coffee I'll have an ice cream.

ADENTRO
Para sus adentros. To oneself; to mutter.
Ej. Habla para sus adentros. He mutters to himself.

Puertas adentro. Indoors; in private.
Ej. Resolvieron el problema puertas adentro. They solved the problem in private.

ADIVINAR
Adivinar el pensamiento a alguien. Read someone's mind.
Ej. Dime lo que quieres porque no puedo adivinar tu pensamiento. Tell me what you want because I can't read your mind.

ADQUIRIR
Poder adquisitivo. Purchasing power.
Ej. El poder adquisitivo siempre es el mismo. Our purchasing power is always the same.

AFICIÓN
Tener afición por. Be fond of.
Ej. Mi hermana tiene afición por la música. My sister is fond of music.

AFICIONADO
Ser aficionado a. To be fond of.
Ej. Es muy aficionado a la música. He is very fond of music.

AFLOJAR
Aflojar la pasta. To ante up, pay up, cough up.
Ej. No seas roña y afloja la pasta. Don't be a cheapskate and cough up the dough.

AGALLAS
Tener agallas. To have (the) guts; grit.
Ej. No tiene agallas para pegarme. He has no guts to hit me.

AGARRAR (SE)
Agarrar fuerte. Hold tight.
Ej. ¡Agárralo fuerte! Hold it tight!

Agarrarse con alguien. To pick a fight with someone.
Ej. No le hagas caso. Quiere agarrarse con alguien. Pay no attention to him. He just wants to pick a fight.

Agarrarse de un clavo ardiendo. To catch (grasp, clutch) at a straw.
Ej. Cuando discutimos Víctor se agarra a un clavo ardiendo. When we argue Victor catches at a straw.

Agarrarse de un pelo. To grasp at a hair.
Ej. Es muy listo y se agarra a un pelo cuando se le acusa de algo. He is very clever and grasps at a hair when accused of something.

AGITADO
Llevar una vida muy agitada. Lead a hectic life.
Ej. Mi hermana lleva una vida muy agitada. My sister leads a very hectic life.

AGOSTO.
Hacer uno su agosto. To make a killing.
Ej. Hizo su agosto vendiendo casas. He made a killing selling homes.

AGOTAR
Agotar la paciencia. To tire one's patience; to try someone's patience.
Ej. Me agotas la paciencia. You are trying my patience.

AGRADECER
See: Alma, Agradecer en el alma.

AGUA
A pan y agua. On bread and water.
Ej. El prisionero estaba a pan y agua. The prisoner was on bread and water.

Agua corriente. Running water.
Ej. ¿Tienen agua corriente en el pueblo? Is there running water in the village?

Agua dulce. Fresh water.
Ej. Para beber necesitamos agua dulce. We need fresh water to drink.

Aguas negras. Sewage water.
Ej. Los vecinos riegan el jardín con aguas negras. My neighbors water the garden with sewage water.

Con el agua a la cintura. With water up to the waist.
Ej. Estamos con el agua a la cintura. We are with water up to our waist.

Estar con el agua al cuello. To be in deep water.
Ej. Estamos con el agua al cuello de tantas deudas. With so many debts we are in deep water.

Estar entre dos aguas. To be on the fence.
Ej. No sé qué hacer. Estoy entre dos aguas. I don't know what to do. I'm on the fence.

Hacer agua. Seep water.
Ej. Esta barca hace agua. This boat seeps water.

Hacérsele a uno la boca agua. To make one's mouth water.
Ej. Ese pastel me hace la boca agua. That cake makes my mouth water.

¡Hombre al agua! Man overboard!
Ej. El capitán gritó: ¡Hombre al agua! The captain shouted: Man overboard!

Más claro que el agua. Crystal clear.
Ej. Está más claro que el agua que tengo razón. It's crystal clear I'm right.

See: Borrajas, Agua de borrajas.

AGUANIEVE
Caer aguanieve. To sleet.
Ej. Está cayendo aguanieve. It's sleeting.

AGUANTAR
Aguantar carros y carretas. To put up with everything.
Ej. Ramón es paciente. Aguanta carros y carretas. Ray's very patient. He puts up with everything.

AGUANTE
Tener mucho aguante. To be patient.
Ej. Carlos tiene mucho aguante con los niños. Charles is very patient with children.

AGUARDAR
See: Turno, Aguardar turno.

AGÜERO
Ave de mal agüero. Bad omen; bad news.
Ej. Ese amigo tuyo es ave de mal agüero. That friend of yours is bad news.

AGUJA
Buscar una aguja en un pajar. To look for a needle in a haystack.
Ej. Buscarle en Nueva York es como buscar una aguja en un pajar. To look for him in New York is like looking for a needle in a haystack.

AGUZAR
Aguzar el ingenio. To sharpen one's wits.
Ej. Con su sueldo tiene que aguzar el ingenio. With his salary he has to sharpen his wits.

Aguzar el oído. To prick up one's ears.
Ej. Aguza el oído por si les oyes. Prick up your ears in case you hear them.

Aguzar la vista. To strain one's eyes.
Ej. Si aguzas la vista lo veras. If you strain your eyes you'll see it.

Aguzar las orejas, el oído. To prick up one's ears.
Ej. Aguza el oído por si vienen. Prick up your ears in case they come.

AHÍ
De ahí que. Hence, therefore, that's why.
Ej. Pedro está en el paro; de ahí que no gaste dinero. Peter is unemployed, therefore he spends no money.

Por ahí. That way; around there.
Ej. Vaya por ahí. Go that way.

AHOGAR
Ahogarse en un vaso de agua. To make a mountain out of a molehill.
Ej. Víctor se ahoga en un vaso de agua. Victor makes a mountain out of a molehill.

AHORA
Ahora bien. Now then.
Ej. No lo sé. Ahora bien, puedo informarme. I don't know. Now then, I can check.

Ahora mismo. Right away, at once.
Ej. Escriba la carta ahora mismo. Write the letter right away.

De ahora en adelante. From now on.
Ej. De ahora en adelante te haré caso. I'll pay attention to you from now on.

Hasta ahora. So far.
Ej. Hasta ahora todo va bien. So far everything's OK.

¡Hasta ahora! So long!
Ej. ¡Hasta hora! So long!

Por ahora. For the time being, for the present.
Ej. Por ahora dos es bastante. For the time being two is enough.

Volver ahora. Be back in a minute.
Ej. Ahora vuelvo. I'll be back in a minute.

AHORCAR
¡Que me ahorquen si..! Hang me if I..!
Ej. ¡Que me ahorquen si no le cobro! Hang me if I don't collect from him!

AIRE
¡Aire! Get! Get out! Get going!
Ej. ¡Aire! ¡No te quiero ver por aquí! Get going! I don't want to see you around here!

Aire de suficiencia. To be stuck up.
Ej. ¡Mira que aire de suficiencia tiene Víctor! Look at Victor, he's stuck up!

Al aire libre. In the open; in the open air.
Ej. Le gusta dormir al aire libre. He likes to sleep in the open.

Beber los aires, los vientos por... To be madly in love with...
Ej. Pedro bebe los vientos por la mujer del vecino. Peter is madly in love with his neighbor's wife.

Darse aire. To hurry up, get going.
Ej. ¡Date aire que no tenemos todo el día! Hurry up. We don't have all day.

Darse aires de grandeza. To show off.
Ej. ¡Le gusta darse aires de grandeza! He likes to show off!

Darse uno aires. To put on airs.
Ej. Como es rico se da muchos aires. As he is rich he puts on airs.

Dejar en el aire una cosa. To be up in the air.
Ej. Han dejado el problema en el aire. They've left that question up in the air.

Estar con el culo al aire. Skate on thin ice; hang by a thread.
Ej. Desde que perdí el empleo estoy con el culo al aire. Since I lost my job I've been skating on thin ice.

Estar en el aire. To be in the air, in suspense.
Ej. El asunto está todavía en el aire. The deal is still up in the air.

Estar en el aire. Anybody's guess; pending.
Ej. El título de la película todavía está en el aire. The title of the film is still anybody's guess.

Hablar al aire. Empty, idle talk; hot air
Ej. Eso es como hablar al aire. That's idle talk.

Ir uno a su aire. Go one's own way.
Ej. No le hagas caso por que él va a su aire. Pay no attention to him because he goes his own way.

Mudar de aires. To move; to be on the move.
Ej. Pienso mudar de aires el año que viene. I'm thinking of moving next year.

Tener un aire a. To look like.
Ej. Tiene un aire a su padre que asusta. His looking so much like his father is frightening.

Tomar el aire. To take some fresh air; to take the air.
Ej. Me gusta tomar el aire después de la cena. I like to take some fresh air after supper.

Tomar uno algo a su aire. In (one's) stride.
Ej. Se toma las cosas a su aire. He takes things in stride.

Vivir del aire. Live on air.
Ej. No se puede vivir del aire. One can't live on air.

AIROSO
Salir airoso. With flying colors; come out a winner.
Ej. Salí airoso del examen. I passed the exam with flying colors.

AJO
Estar en el ajo. Be in the know, be in on it.
Ej. Sí, Pedro está también en el ajo. Yes, Peter is also in on it.

Más tieso que un ajo. Stuck up; to keep a stiff upper lip.
Ej. Tu padre es más tieso que un ajo. Your father is stuck up.

AJUSTAR
Ajustar cuentas. Settle accounts, a score.
Ej. Tengo que ajustar cuentas con Víctor. I have to settle a score with Victor.

AL
Al salir. On, upon.
Ej. Le vimos al salir del restaurante. We saw him on leaving the restaurant.

ALA
Ahuecar el ala. To beat it; go away.
Ej. ¡Ahueca el ala! Beat it!

Cortar las alas. To clip someone's wings.
Ej. Habrá que cortarle las alas a Víctor. We'll have to clip Victor's wings.

Cortar las alas a alguien. To clip someone's wings.
Ej. Tendremos que cortarle las alas a ése. We'll have to clip that guy's wings.

Dar alas a alguien. To encourage someone.
Ej. ¡No le des alas a Víctor! Don't encourage Victor!

Esconder la cabeza bajo el ala. To bury one's head in the sand.
Ej. ¡No escondas la cabeza bajo el ala! Don't bury your head in the sand!

ALARDE
Hacer alarde de. To show off; make a show of.
Ej. Le gusta hacer alarde de su dinero. He likes to show off his money.

ALARGAR
Los días se alargan. The days grow longer.
Ej. Desde enero los días se alargan. As of January days grow longer.

ALBUR
Correr un albur. Run a risk.
Ej. Corremos un albur al prestarle dinero. We run a risk lending him money.

ALCANCE
Dar alcance. To catch up with.
Ej. Si aumentamos la velocidad les daremos alcance. If we speed up we'll catch up with them.

De cortos alcances. Dimwit; halfwit.
Ej. Pedro es un chico de pocos alcances. Pete's a dimwit.

Estar a mi alcance. To be within my possibilities, means.
Ej. Ese coche no está a mi alcance. That car is not within my means.

Fuera del alcance de. Out of reach.
Ej. Los indios están ya fuera de nuestro alcance. The Indians are out of our reach.

Tener o estar al alcance de la mano. To be within hand's reach.
Ej. Tengo una fortuna al alcance de la mano. I've got a fortune within the reach of my hand.

ALCORNOQUE
See: Pedazo, Pedazo de alcornoque.

ALDABAS
Tener aldabas. To have pull, influence.
Ej. Pérez es un hombre de muchas aldabas. Pérez has a lot of pull.

Tener buenas aldabas. To have influence, clout.
Ej. López tiene buenas aldabas en el Ayuntamiento. Lopez has clout in City Hall.

ALEGRAR
Alegrar el día. To make one's day.
Ej. ¡Qué buena noticia! ¡Me has alegrado el día! What good news! You have made my day!

Alegrar la vista. Be a sight for sore eyes.
Ej. Es tan guapa que alegra la vista. She is so pretty she is a sight for sore eyes.

¡Me alegro! I'm glad, happy.
Ej. ¡Me alegro que hayas aprobado el examen! I'm glad you've passed the exam.

ALEGRE
Estar un poco alegre. To be a bit tipsy.
Ej. Hoy Pedro anda un poco alegre. Peter's a bit tipsy today.

ALERO
Estar una cosa en el alero. Not a sure thing.
Ej. Tu empleo todavía está en el alero. Your job is not a sure thing yet.

ALERTA
Estar alerta. To be on the lookout; to keep one's eyes peeled.
Ej. Tenemos que estar alerta siempre. We must always keep our eyes peeled.

ALFILER
No caber ni un alfiler. Full to the brim; crowded; packed.
Ej. No cabía ni un alfiler en el teatro. The theater was packed.

ALGO
Algo de. Some, any.
Ej. ¿Tienes algo de dinero? Do you huve any money?

Algo es algo. Something is better than nothing.
Ej. Es poco dinero, pero algo es algo. It's little money but something is better than nothing.

Algo por el estilo. Something of the sort.
Ej. Ha dicho que no iba a venir, o algo por el estilo. He said he wasn't going to come or something of the sort.

Por algo. For some reason.
Ej. Si no viene es por algo. If he isn't coming it's for some reason.

Por algo será. There must be a reason for it.
Ej. Si dice que no puede pagar por algo será. If he says he can't pay, there must be a reason for it.

Servir para algo. To be useful, good for.
Ej. ¿Para qué sirve esto? What's this good for?

ALGUNO
¿Alguna cosa más? Anything else?
Ej. ¿Quieres alguna cosa más? Do you want anything else?

Alguna que otra vez. Now and then.
Ej. Bebo alguna que otra vez. I drink now and then.

Alguna vez. Ever.
Ej. ¿Me has visto bailar alguna vez? Have you ever seen me dance?

Algunas veces. Sometimes.
Ej. Algunas veces me siento triste. Sometimes I feel blue.

Algunos. Some people.
Ej. Algunos comen como cerdos. Some people eat like pigs.

ALICAÍDO
Estar alicaído. Down in the mouth, moody, depressed.
Ej. Hoy Víctor está alicaído. Victor is down in the mouth today.

ALIENTO
Dar aliento. To encourage.
Ej. Tus palabras me dan mucho aliento. Your words encourage me a lot.

Sin aliento. Breathless, panting.
Ej. Llegó sin aliento. He got here breathless.

ALLÁ
Allá él (tú, ellos...) To be one's problem.
Ej. Allá él si no quiere venir. It's his problem if he doesn't want to come.

Más allá. Farther, beyond.
Ej. La casa está más allá de las montañas. The house is beyond the mountains.

ALMA
Agradecer en el alma. To thank from the bottom of one's heart.
Ej. Te lo agradezco en el alma. I thank you from the bottom of my heart.

Alma de cántaro. A good Joe.
Ej. Víctor es un alma de cántaro. Victor's a good Joe.

Alma de Dios. A good man; a good Joe.
Ej. ¿Dónde va usted, alma de Dios? Where are you going, my good man?

Alma en pena. Ghost, spook.
Ej. He visto un alma en pena. I've seen a ghost.

Amigo del alma. Bosom friend.
Ej. Víctor es mi amigo del alma. Victor is my bosom friend.

Caérsele a uno el alma a los pies. Te be disappointed; to be let down.
Ej. Cuando me enteré se me cayó el alma a los pies. When I heard about it I was very disappointed.

Como alma que lleva el diablo. Run for dear life; run like hell.
Ej. Corría como alma que lleva el diablo. He ran for dear life.

Con toda el alma. With one's heart and soul.
Ej. ¡Lo odio con toda el alma! I hate him with all my heart and soul.

¡... de mi alma! My dear...
Ej. ¡Hijo de mi alma! My dear child! ¡Mi alma! My dear!
Ej. ¡Mi alma! ¿Dónde has estado? My dear, where have you been?

Entregar el alma a Dios. To give up the ghost.
Ej. Ayer el cura entregó el alma a Dios. The priest gave up the ghost yesterday.

Llegar al alma. To hit home.
Ej. Lo que le dijiste le llegó al alma. What you said to him hit home.

Lo siento en el alma. I'm terribly sorry.
Ej. Lo siento en el alma. I'm terribly sorry.

No haber ni un alma. Not a soul; nobody.
Ej. No había ni un alma. There wasn't a soul.

No poder uno con su alma. To be dead tired.
Ej. Hoy no puedo con mi alma. I'm dead tired today.

Partir el alma a alguien. To break someone's heart.
Ej. Cuando se casó con Víctor me partió el alma. When she married Victor she broke my heart.

Sentirlo en el alma. To be deeply sorry.
Ej. ¡Siento en el alma que te vayas! I'm deeply sorry you are leaving!

ALMOHADA
See: Aconsejarse, Aconsejarse con la almohada.
See: Consultar, Consultar con la almohada.

ALPARGATA
A golpe de alpargata. On foot; to go on shank's mare.
Ej. Iremos a golpe de alpargata. We'll go on foot.

ALREDEDOR
Alrededor de. About.
Ej. Había alrededor de quince personas. There were about fifteen people.

ALTA
Dar de alta. To discharge a patient.
Ej. Los médicos le dieron de alta el jueves. He was discharged from the hospital on Thursday.

Darse de alta. To register, join; to become a member; to sign up.
Ej. Se dio de alta en el partido en 1920. He joined the party in 1920.

ALTAR
Llevar al altar. To marry someone, to lead to the altar.
Ej. Cuando se quedó embarazada, Víctor la llevó al altar. When she got pregnant Victor married her.

ALTO
A altas horas de la noche. Late at night; the small or wee hours.
Ej. Regresó a altas horas de la noche. He came late at night.

¡Alto ahí! Stop there!
Ej. ¡Alto ahí! ¡No se mueva! Stop there! Don't move!

¡Alto el fuego! Cease fire!
Ej. ¡Alto el fuego! Cease fire!

Celebrar por todo lo alto. Celebrate in style.
Ej. Vamos a celebrar la boda por todo lo alto. We are going to celebrate the wedding in style.

Hacer alto. To stop, make a stop.
Ej. Camino de Valencia hicimos alto para almorzar. On our way to Valencia we stopped for lunch.

Hacer un alto. To stop.
Ej. Hicimos un alto en el camino. We made a stop on the way.

Pasar por alto. To overlook, forget, not to consider.
Ej. Pasaré por alto lo que ha dicho usted. I'll overlook what you've just said.

Tirando por alto. At most.
Ej. Tirando por alto no pagues más de doscientas. Don't pay over two hundred at most.

ALTURA
A estas alturas. At this point; at this stage of the game.
Ej. A estas alturas es difícil aprender. At this stage of the game it's difficult to learn.

Estar a la altura de las circunstancias. Be equal to the occasion; be up to the challenge.
Ej. Me temo que no estuvo usted a la altura de las circunstancias. I'm afraid you were not equal to the occasion.

No estar a la altura de uno. Not to measure up to.
Ej. Mi jefe no está a mi altura. My boss doesn't measure up to me.

ALUDIDO
No darse por aludido. To pretend not to hear.
Ej. Le dije muchas cosas pero no se dio por aludido. I said many things to him but he pretended not to hear.

See: Dar, Darse por aludido.

ALUSIÓN
See: Hacer, Hacer alusión.

ALZAR
Alzarse en armas. To rise in arms.
Ej. Los nativos se alzaron en armas. The natives rose in arms.

AMA
Ama de llaves. Housekeeper.
Ej. Le presento a mi ama de llaves. May I introduce my housekeeper?

AMANECER
Al amanecer. At daybreak.
Ej. Saldremos al amanecer. We'll leave at daybreak.

No por mucho madrugar amanece más temprano. An early start is not enough.
Ej. No por mucho madrugar amanece más temprano. An early start is not enough.

AMARGAR
See: Dulce, A nadie le amarga un dulce.
See: Calle, Calle de la amargura

AMBULANTE
Ser un diccionario ambulante. To be a walking dictionary.
Ej. Víctor sabe tantas palabras que es un verdadero diccionario ambulante. Victor knows so many words that he is a true walking dictionary.

AMIGO
Amigo del alma. Close friend; bosom friend; bosom buddy.
Ej. Víctor es mi amigo del alma. Victor is my bosom friend.

Amigo íntimo. Bosom friend.
Ej. Víctor y yo somos amigos íntimos. Victor and me are bosom friends.

Ser amigo de. To be fond of.
Ej. Juan no es amigo de bromas. John is not fond of jokes.

Ser muy amigos. Be very good friends.
Ej. Víctor y Carlos son muy amigos. Victor and Charles are very good friends.

See: Común, Amigos comunes.

AMISTAD
Hacer amistad(es). To make friends.
Ej. No hago amistades con facilidad. I don't make friends easily.

AMOR
Al amor de la lumbre. By the fireplace, fireside.
Ej. Sentémonos al amor de la lumbre. Let's sit by the fireplace.

Amor con amor se paga. Love is rewarded by love.
Ej. Ya sabes: el amor con amor se paga. You know: love is rewarded by love.

Amor propio. Self love; conceitedness.
Ej. Juan tiene mucho amor propio. John's very conceited.

De mil amores. Willingly; ready and willing; without asking.
Ej. Lo haré de mil amores. I'll do it willingly.

Hacer el amor. To make love.
Ej. Están haciendo el amor en el parque. They are making love in the park.

Por amor al arte. For the sake of.
Ej. Trabajo por amor al arte. I work for the sake of working.

¡Por amor de Dios! For God's sake!
Ej. Por amor de Dios, ¿qué haces? For God's sake, what are you doing?

Por el amor de Dios. For God's sake.
Ej.¡Por el amor de Dios, deje de pegarle! For God's sake, stop beating him.

AMPLIO
En el más amplio sentido de la palabra.
In the broadest sense of the word.
Ej. Es honrado en el más amplio sentido de la palabra. He is honest in the broadest sense of the word.

ANCHAS
A mis (sus, etc.) anchas. At ease; comfortable; at home.

Ej. Estoy a mis anchas en este despacho. I'm at ease in this office.

ANCHO
Quedarse tan ancho. Not to care a straw, not to give a damn.
Ej. Hoy no vino a trabajar y se quedó tan ancho. Today he didn't come to work and he doesn't give a damn.

Tener la manga ancha. To be tolerant, lenient.
Ej. Tienes la manga muy ancha con tu hijo. You are too lenient with your boy.

ANDA
¡Anda ya! Get away! Come on!
Ej. ¡Anda ya! Get away!

ANDADAS
Volver a las andadas. To be at one's old tricks again.
Ej. John ha vuelto a las andadas. John's back at his old tricks again.

ANDANA
Llamarse andana. To go back on one's word.
Ej. ¡Y luego no te llames andana! And don't go back on your word later!

ANDAR
¡Andando! Let's go! Let's get going!
Ej. ¡Andando que llegamos tarde! Let's get going; we are late!

Andar cerca. To come close.
Ej. No le diste en el ojo, pero anduviste cerca. You didn't hit him in the eye but you came close!

Andando el tiempo. In the course of time; in time.
Ej. Si comes chocolate, andando el tiempo tendrás caries. If you eat chocolate, in time you'll have cavities.

Andar de acá para allá. To go to and fro, up and down.
Ej. Estoy cansado de andar de aquí para allá. I'm tired of going up and down.

Andar de boca en boca. To be on everyone's tongue.
Ej. Su divorcio anda de boca en boca. His divorce is on everyone's tongue.

Andar mal de dinero. To be hard up for money.
Ej. Ando mal de dinero. I'm hard up for money.

Andarse, irse por las ramas. To beat around the bush.
Ej. No te andes por las ramas y dime lo que pasó. Don't beat around the bush and tell me what happened.

Ande yo caliente y ríase la gente. Comfort is better than pride.
Ej. No me importa lo que digan; ande yo caliente y ríase la gente. I don't care what they say: comfort is better than pride.

Todo se andará. All in good time.
Ej. ¡Ten paciencia que todo se andará! Be patient, all in good time!

See: Ramas, Andarse por las ramas.

ANDAS
Llevar en andas. To pamper; to give the red carpet treatment.
Ej. Mi marido me lleva en andas. My husband pampers me.

ANILLO
Caérsele a uno los anillos. To stoop below one's dignity; loose social standing.
Ej. No se te caerán los anillos si me ayudas a barrer. You won't lose social standing if you help me sweep the floor.

Venir como anillo al dedo. To come in handy; do the trick.
Ej. El dinero me vino como anillo al dedo. The money came in handy.

ÁNIMO
Con ánimo de. With the intention of.
Ej. Vino con ánimo de pedirme dinero. He came with the intention of asking me for money.

Dar ánimos. To cheer up; to encourage.
Ej. Cuando estoy decaído me gusta que me den ánimos. When I'm down in the mouth I like to be cheered up.

Estado de ánimo. Frame of mind, mood.
Ej. Mi estado de ánimo no me permite reírme. My frame of mind doesn't let me laugh.

No estar de ánimo para... Not to feel like...; not to be in the mood for.
Ej. No estoy de ánimos para fiestas. I'm not in the mood for parties.

ANÍS
See: Grano, No ser grano de anís una cosa.

ANORMAL
Una situación anormal. An irregular situation.
Ej. La empresa pasa por una situación anormal. The company is going through an irregular situation.

ANTELACIÓN
Con un mes de antelación. With a month's notice.
Ej. Dígamelo con un mes de antelación. Tell me with a month's notice.

ANTES
Antes. In the past.
Ej. Antes las cosas eran diferentes. Things were different in the past.

ANTICIPADO
Por anticipado. In advance.
Ej. Por ser amigo de Paco tuve que pagar por anticipado. I had to pay in advance because I'm Frank's friend.

ANTICIPO
Pedir un anticipo. To ask for an advance.
Ej. Tengo que pedir un anticipo. I must ask for an advance.

ANTIGUO
Chapado a la antigua. Old fashioned.
Ej. Mi jefe es un hombre chapado a la antigua. My boss is an old fashioned man.

ANTIPÁTICO
Ser antipático alguien. Not to like a person.
Ej. Víctor me es antipático. I don't like Victor.

ANTOJO
Al antojo de uno. As one pleases.
Ej. Juan trabaja a su antojo. John works as he pleases.

ANZUELO
Picar el anzuelo. To take the bait; to be gyped
Ej. Le mintieron y se tragó el anzuelo. They lied to him and he took the bait.

Tragarse el anzuelo. To swallow hook, line and sinker.
Ej. ¡Pobre hombre! ¡Se tragó el anzuelo! Poor man! He swallowed hook, line and sinker!

AÑO
Año bisiesto. Leap year.
Ej. ¿Es 1994 año bisiesto? Is 1994 a leap year?

Año en curso. Current year.
Ej. El año en curso es 1999. The current year is 1999.

Año nuevo. New year.
Ej. ¡Feliz año nuevo! Happy New Year!

El año de la nana. Years ago.
Ej. Compré este traje el año de la nana. I bought this suit years ago.

El año pasado. Last year.
Ej. Vimos la película el año pasado. We saw the film last year.

El año que viene. Next year.
Ej. Iré a USA el año que viene. I'll go to the US next year.

Entrado en años. Advanced in years.
Ej. Es un hombre entrado en años. He's advanced in years.

Estar de buen año. To look healthy and plump.
Ej. Desde que volvió de vacaciones Loli está de buen año. Since Loli got back from her vacation she looks pleasantly plump.

Hace años. A long time ago, years ago.
Ej. Vi la película hace años. I saw the film years ago.

Quitarle años a uno. To take years off someone.
Ej. Ese corte de pelo te quita años de encima. That haircut takes years off you.

Quitarse uno años. To lie about one's age.
Ej. Margarita se quita años. Margaret lies about her age.

Todo el año. All the year round.
Ej. Trabajamos todo el año. We work all year round.

APAGAR
Apaga y vámonos. Let's call it a day; how absurd, etc.
Ej. Si continúas hablando así ¡apaga y vámonos! If you keep on talking like that, let's call it a day!

APAÑADO
Estar, ir apañado. To be in for a surprise.
Ej. Si crees que te voy a pagar, estás apañado. If you think I'm going to pay you, you are in for a surprise.

APARENTAR
No aparentar la edad. Not to look one's age.
Ej. Víctor no aparenta la edad que tiene. Victor doesn't look his age.

APARIENCIAS
Guardar las apariencias. To keep up appearances.
Ej. Ante todo debemos guardar las apariencias. Above all we must keep up appearances.

Salvar las apariencias. To save face.
Ej. ¡Ante todo debemos salvar las apariencias! Above all we must save face!

APARTARSE
See: Lado, Apartarse a un lado.

APARTE
Aparte de eso. Apart from that; besides that.
Ej. Aparte de eso quiero tres cosas más. Besides that I want three more things.

Ser caso aparte. To be completely different.
Ej. El problema de Víctor es caso aparte. Victor's problem is completely different.

APEARSE
Apearse del burro. To get off one's high horse.
Ej. ¡No seas terco y apéate del burro! Don't be pigheaded and get off your high horse!

APETITO
Tener mucho apetito. To be very hungry.
Ej. Tengo mucho apetito hoy. I'm very hungry today.

See: Abrir, Abrir el apetito.

APORREAR
Aporrear el piano. To bang on the piano.
Ej. ¿Quién está aporreando el piano? Who's banging on the piano?

APOSTAR
Apostarse lo que uno quiera. To bet someone anything.
Ej. Te apuesto lo que quieras a que tengo razón. I bet you anything I'm right.

Apuesto a que. I bet...
Ej. Apuesto a que llegas tarde. I bet you are going to be late.

APRECIAR
Tener aprecio a algo o alguien. To be fond of something or someone.
Ej. Le tengo mucho aprecio a Juan. I'm very fond of John.

APRENDER
Aprender de memoria. To learn by rote.
Ej. Los verbos irregulares debes aprenderlos de memoria. You must learn the irregular verbs by rote.

APRENDIZ
See: Maestro, Aprendiz de todo, maestro de
nada.

APRETAR(SE)
Apretarse el cinturón. To tighten one's belt.
*Ej. Como tenemos poco dinero tendremos que
apretarnos el cinturón. As we have little money
we'll have to tighten our belt.*

Quien mucho abarca poco aprieta. Grasp
all, lose most.
*Ej. No trates de hacer tanto; quien mucho abarca,
poco aprieta. Don't try to do so much; grasp all, lose
most.*

See: Clavija, Apretar las clavijas.

APRETÓN
Un apretón de manos. Give a handshake;
shake hands.
*Ej. Se dieron un apretón de manos. They shook
hands.*

APRIETO
Poner a alguien en un aprieto. To put
someone on the spot.
*Ej. Me pusiste en un aprieto delante de todos. You
put me on the spot in front of everybody.*

Sacar de un aprieto. To help someone out of
a jam.
*Ej. Mi tío me ha sacado de un aprieto. My uncle has
gotten me out of a jam.*

APROVECHAR(SE)
Aprovecharse de. To take advantage of.
*Ej. No te aproveches de mí. Don't take advantage
of me.*

See: Ocasión, Aprovechar la ocasión.

APURO
Estar en apuros. Be in difficulties, in a tight
spot.
*Ej. Su familia está en apuros. His family is in
difficulties.*

AQUÍ
Aquí arriba. Up here.
Ej. Estoy aquí arriba. I'm up here.

De aquí para allá. Up and down; all around;
all over.
*Ej. He estado yendo de aquí para allá todo el día.
I've been running up and down all day.*

Por aquí. Around here; this way.
Ej. Venga Ud. por aquí. Come this way.

ARDER
Estar que arde. To be fuming.
Ej. Víctor está que arde. Victor is fuming.

La cosa está que arde. Things are pretty hot.
*Ej. No vayas por casa que la cosa está que arde.
Don't go home; things are pretty hot there.*

ARENA
See: Cal, Una de cal y otra de arena.

ARMA
Arma de dos filos. Double-edged; cuts both
ways.
*Ej. Esa pregunta es un arma de dos filos. That
question cuts both ways.*

See: Fuego, Arma de fuego.

ARMAR
Armar jaleo. To pick a fight, make a racket.
*Ej. ¡No armes jaleo durante el almuerzo! Don't pick
fights at lunch time!*

Armar la de San Quintín. To raise hell; to
hit the ceiling.
*Ej. Va a armar la de San Quintín cuando se entere.
He's going to hit the ceiling when he finds out.*

Armar líos. To make a mess; to mix things up;
raise trouble.
*Ej. Allá donde va arma líos. Wherever he goes he
makes a mess of things.*

Armar un escándalo. To kick up a fuss; to
start a row.
*Ej. Armó un gran escándalo en la zapatería. He
kicked up a big fuss at the shoestore.*

Armarse de paciencia. To be patient.
*Ej. Para hablar con Pedro hay que armarse de
paciencia. You have to be patient when talking to
Peter.*

Armarse de valor. To pluck up courage.
Ej. ¡Ármate de valor! Pluck up courage!

See: Bronca, Armar bronca.
See: Padre, Armar el lío padre.

ARMAS
Ser de armas tomar. To be a trouble maker; a
tough customer.
Ej. Juan es de armas tomar. John's a tough customer.

ARO
Pasar por el aro. Give in grudgingly; yield, budge.
Ej. Mi mujer siempre me hace pasar por el aro.
I must always yield to my wife's whims.

ARRANCAR
See: Raíz, Arrancar de raíz.

ARRASTRE
Estar para el arrastre. To be a wreck, in bad shape.
Ej. Desde que se puso enfermo está para el arrastre.
Since he got sick he's been a wreck.

ARREAR
¡Arrea! Gee whiz! Good grief!
Ej. ¡Arrea! ¡Esto es difícil! Gee whiz! This is difficult!

ARREGLAR
Arreglárselas (para, con). To manage (to, with).
Ej. A ver si te las puedes arreglar con ese dinero. Let's see if you can manage with that money.

ARREGLO
Con arreglo a. According to.
Ej. Hazlo con arreglo a las instrucciones del cliente. Do it according to the client's orders.

No tener arreglo. Be hopeless.
Ej. ¡Víctor no tiene arreglo! Victor's hopeless!

ARRENDAR
See: Ganancia, No arrendar la ganancia.

ARRIBA
Boca arriba. Face up.
Ej. Está tumbado boca arriba. He's lying face up.

Cuesta arriba. Uphill; steep; stiff; hard; difficult.
Ej. Me resulta muy cuesta arriba ir a trabajar. I find it hard to go to work.

De arriba abajo. From head to foot.
Ej. Me miró de arriba abajo. He looked at me from head to foot.

Desde arriba. From above; from up there.
Ej. Desde arriba se ve Madrid. You can see Madrid from up there.

Patas arriba. Upside down; at sixes and sevens; on one's back.
Ej. Todo está patas arriba. Everything is upside down.

Vivir arriba. To live upstairs.
Ej. Carlos vive arriba. Charles lives upstairs.

ARRIESGARSE
See: Mar, Quien no se arriesga no cruza la mar.

ARRIMAR
Arrimar el hombro. Put one's shoulder to the wheel.
Ej. ¡Arrima el hombro! Put your shoulder to the wheel!

ARRUGAR
See: Frente, Arrugar la frente.

ARTE
Artes y oficios. Arts and crafts.
Ej. Víctor estudia artes y oficios. Victor is studying arts and crafts.

El arte por el arte. Art for art's sake.
Ej. No estoy de acuerdo con la teoría del arte por el arte. I don't agree with the theory of art for art's sake.

Malas artes. Evil means, doings.
Ej. Lo consiguió con malas artes. He got it with evil means.

No tener arte ni parte. To have nothing to do with.
Ej. Yo no tengo ni arte ni parte en ese asunto. I have nothing to do with that business.

Por arte de birlibirloque. Out of the blue; by magic.
Ej. Se creen que las cosas se arreglan por arte de birlibirloque. They think things are fixed by magic.

Por arte de magia. By magic, out of the blue.
Ej. Apareció por arte de magia. He appeared as if by magic.

ARTÍCULO
Artículo de primera necesidad. A staple; basic commodities; consumer goods.
Ej. El pan era antaño un artículo de primera necesidad. Bread was a staple years ago.

AS
Tener (guardar) un as en la manga. To have an ace up one's sleeve.
Ej. Creo que guarda un as en la manga. I think he has an ace up his sleeve.

ASADOR
See: Carne, Poner uno toda la carne en el asador.

ASCENDER
Ascender a. To amount to.
Ej. Los daños ascienden a 2000 dólares. The damages amount to $2000.

ASCO
Dar asco. Be disgusting, sickening; make one sick.
Ej. ¡Me das asco! You make me sick!

Estar (poner, ir) hecho un asco. Unkempt; a mess; at sixes and sevens.
Ej. Esta habitación está hecha un asco. This room is a mess.

Estar hecho un asco. To be filthy, messy, unkempt; look a sight, a mess.
Ej. Ese chico va hecho un asco. That boy looks a sight.

Hacer ascos. To be snooty; to turn up one's nose at.
Ej. Siempre le hace ascos a la comida. He's for ever turning his nose up at the food.

ASCUA
Arrimar el ascua a la sardina de uno. To look after number one.
Ej. Yo siempre arrimo el ascua a mi sardina. I always look after number one.

Estar en (sobre) ascuas. To be on tenterhooks.
Ej. Dime lo que pasó porque estoy en ascuas. Tell me what happened because I'm on tenterhooks.

ASEGURAR
Asegurarse. To make sure.
Ej. Asegúrate de que la puerta está cerrada. Make sure the door is closed.

ASÍ
Así, así. So, so.
Ej. Estoy así, así. I'm so, so.

Así como así. Somehow, any old way.
Ej. No hagas las cosas así como así. Don't do things any old way.

Así o asá. Any old way.
Ej. Hazlo así o asá. Do it any old way.

Así porque sí. Without reason, for no reason, just like that, just because.
Ej. Dejó de venir así porque sí. She stopped coming just like that.

Así que. As soon as.
Ej. Así que llegues a Nueva York, escríbeme. As soon as you reach N.Y. write to me.

Así sea. Amen; so be it.
Ej. Así sea si no se quieren casar. So be it if they don't want to get married.

Así y todo... Even so, nevertheless.
Ej. Así y todo la casa nos costó mucho dinero. Even so, the house cost us a lot of money.

Aún así. Nevertheless.
Ej. Hace buen día pero aún así no sé si iré. It's a fine day but nevertheless I don't know whether I'll go.

Tanto es así... So much so...
Ej. Era barato; tanto es así que lo compré. It was cheap; so much so that I bought it.

Y así sucesivamente. And so forth.
Ej. Primero, segundo, tercero y así sucesivamente. First, second, third and so forth.

ASIENTO
No calentar uno el asiento. Not to be able to hold on to a job for long.
Ej. No ha tenido tiempo de calentar el asiento en ese empleo. He has not been able to hold on to that job very long.

Ser culo de mal asiento. To be fidgety, impatient.
Ej. ¡Víctor es culo de mal asiento! Victor's very impatient!

ASOMAR
Asomarse a la ventana. To lean out of the window.
Ej. No te asomes a la ventana. Don't lean out of the window.

ASOMO
Ni por asomo. Not by a long shot; not at all.
Ej. No te voy a dar el dinero ni por asomo. Not by a long shot am I going to give you the money!

ASPAVIENTO
Hacer aspavientos. To kick up a fuss.
Ej. ¡No hagas aspavientos sólo porque te pido un favor! Don't kick up a fuss just because I ask you for a favor.

ASUNTO
Ir al asunto. To get down to business.
Ej. ¡Vamos al asunto! Let's get down to business!

See: Mano, Tener muchos asuntos entre manos.

ATAJO
No hay atajo sin trabajo. There's no convenience without inconvenience.
Ej. Recuerda que no hay atajo sin trabajo. Remember there's no convenience without inconvenience.

ATAR
Atar cabos. To put two and two together.
Ej. He estado atando cabos y ya sé por qué me han llamado. I've been putting two and two together and I know now why I've been called.

Atar de pies y manos. To tie hand and foot.
Ej. Los ladrones nos ataron de pies y manos. The thieves tied us hand and foot.

Atarse los zapatos. To tie one's shoelaces.
Ej. ¡Átate los zapatos! Tie your shoelaces!

Estar loco de atar. Be as mad as a hatter.
Ej. ¡Estás loco de atar! You are as mad as a hatter!

Tener atado en corto. Have on a string.
Ej. Susana tiene a Víctor atado en corto. Susan has Victor on a String.

See: Mano, Estar atado de pies y manos.
See: Perro, No atar los perros con longanizas.

ATENCIÓN
Llamar la atención. To call down, reprimand; scold.
Ej. Tendré que llamarle la atención cuando venga. I'll have to reprimand him when he comes.

Llamar la atención. To attract attention; to call attention to oneself.
Ej. A ése le gusta llamar la atención. That guy likes to call attention to himself.

Prestar atención. To pay attention.
Ej. ¡Presta atención! Pay attention!

ATENDER
See: Razón, Atender a razones.

ATIZAR
See: Fuego, Atizar el fuego.

ATOLLADERO
Estar en un atolladero. To be in a fix, in a tight spot.
Ej. Juan está en un atolladero. John's in a fix.

ATRACÓN
Darse un atracón. To gorge oneself; to pig out; to stuff oneself.
Ej. En la boda nos dimos un gran atracón. We pigged out at the wedding party.

ATRAGANTADO
Tener atragantado a alguien. To rub the wrong way.
Ej. Tengo atragantado a Víctor. Victor rubs me the wrong way.

ATRAVESADO
Tener a alguien atravesado. To rub the wrong way.
Ej. Tengo a Víctor atravesado. Victor rubs me the wrong way.

ATRÁS
Marcha atrás. To back up.
Ej. Da marcha atrás con cuidado. Back the car up carefully.

Quedarse atrás. To fall behind, to stay behind.
Ej. Se ha quedado atrás porque es cojo. He's fallen behind because he's lame.

ATROCIDAD
¡Qué atrocidad! What a terrible thing! How terrible!
Ej. ¿Un millón? ¡Qué atrocidad! One million? How terrible!

AVE
Ave de paso. Bird of passage; fly-by-night.
Ej. Ese tipo es ave de paso. That guy is a bird of passage.

See: Agüero, Ave de mal agüero.

AVESTRUZ
Hacer el avestruz. To pretend not to know.
Ej. No hagas el avestruz. Don't pretend you don't know.

AVISO
Hasta nuevo aviso. Until further notice.
Ej. No hagan nada hasta nuevo aviso. Do nothing until further notice.

Sin previo aviso. Without notice.
Ej. Dejó el empleo sin previo aviso. He left his job without notice.

Sobre aviso. On the alert.
Ej. Ya están todos sobre aviso. They are all on the alert.

AY
Estar en un ay. To be on tenterhooks, to worry oneself sick.

Ej. Cuando sales de noche estoy en un ay. When you go out nights I'm on tenterhooks.

¡Ay! Ouch!
Ej. ¡Ay, duele mucho! Ouch, it hurts!

AYUDA
See: Prestar, Prestar ayuda.

AYUNAS
En ayunas. On an empty stomach.
Ej. No corras en ayunas. Don't run on an empty stomach.

Quedarse o estar en ayunas. Not to get the point; to miss the point.

Ej. Escuché atentamente pero me quedé en ayunas. I listened carefully but I didn't get the point.

AZAR
Al azar. At random.
Ej. Elegí tres al azar. I chose three at random.

Los azares de la vida. The ups and downs of life.
Ej. Son los azares de la vida. It's the ups and downs of life.

AZOTAINA
Dar una azotaina a alguien. To paddle; spank someone.
Ej. El maestro le ha dado una azotaina. The teacher has paddled him.

B

BABA
Caérsele a uno la baba. To dote over someone; to be overjoyed.
Ej. Se le cae la baba con su nieto. He dotes over his grandchild.

BABIA
Estar en Babia. Absent-minded; daydreaming; in a brown study.
Ej. No hace caso porque siempre está en Babia. He pays no attention because he is daydreaming.

BACALAO
Cortar el bacalao. To cut the cards; to call the shots.
Ej. Aquí yo soy el que corta el bacalao. I cut the cards here.

BADANA
Zurrarle a uno la badana. To tan someone's hide; a good licking.
Ej. Si continúa hablando así le van a zurrar la badana bien. If he keeps talking like that they are going to tan his hide plenty.

BAILAR
See: Feo, Tocarle a uno bailar con las más fea.
See: Peonza, Bailar como una peonza.

BAJA
Dar de baja. To drop out, to resign.
Ej. Se dio de baja del partido en 1990. He resigned from the party in 1990.

Jugar a la baja. To bear the market.
Ej. En la bolsa siempre juega a la baja. He always bears the stockmarket.

BAJAR
Bajar los humos a alguien. To cut someone down to size.
Ej. A ése le voy a bajar los humos yo. I'm going to cut that guy down to size.

Bajarse de las nubes. To come down to earth.
Ej. ¡Tienes que bajarte de las nubes! You must come down to earth!

BAJINES
Decir por los bajines. To say under one's breath.
Ej. Me lo ha dicho por los bajines. He's told me under his breath.

BAJO
Bajo la lluvia. In the rain.
Ej. Le gusta bailar bajo la lluvia. He likes to dance in the rain.

Bajo mano. Under the table, secretly.
Ej. Le dio el dinero bajo mano. He gave him the money under the table.

Bajo pena de muerte. On pain of death.
Ej. Prohibido fumar bajo pena de muerte. No smoking on pain of death.

Hablar bajo. Speak quietly, softly.
Ej. Por favor, habla bajo. Please, speak softly.

Por lo bajo. Under one's breath.
Ej. Lo ha dicho por lo bajo. He said it under his breath.

BALA
A prueba de bala. Bulletproof.
Ej. Esta chaqueta es a prueba de bala. This jacket is bulletproof.

Salir como una bala. To shoot out.
Ej. Salió de la habitación como una bala. He shot out of the room.

Un bala perdida. A good-for-nothing; rogue; bad lot.
Ej. Su hijo ha resultado ser un bala perdida. His son has turned out to be a good-for-nothing.

BALDE
De balde. Free, gratis, for nothing.
Ej. Quieres las cosas de balde. You want things for nothing.

En balde. In vain.
Ej. He trabajado en balde. I've worked in vain.

BALSA
Como una balsa de aceite. Very quiet.
Ej. La reunión fue como una balsa de aceite. The meeting was very quiet.

BANCA
Hacer saltar la banca. To break the bank.
Ej. Mi amigo hizo saltar la banca en Monte Carlo. My friend broke the bank in Monte Carlo.

BANDA
Cerrarse en banda. To stick to one's guns.
Ej. ¡Ciérrate en banda y no des tu brazo a torcer! Stick to your guns and don't give in!

BANDEJA
Poner algo en bandeja. On a plate; on a silver platter.
Ej. Me lo han puesto en bandeja de plata. They have given it to me on a plate.

Servir en bandeja de plata. To pamper someone; to make it easy for someone.
Ej. ¡Se lo has servido en bandeja de plata! You've made it very easy for him!

BANDERA
Con banderas desplegadas. With flying colors.
Ej. El ejército entró con banderas desplegadas. The army entered with flying colors.

BARAJA
Jugar con dos barajas. To double-cross; to dupe.
Ej. Ojo con ése que juega con dos barajas. Watch that guy; he's a double-crosser.

BARATO
Lo barato es caro. Cheap things are dearest.
Ej. Sí, es barato pero recuerda que lo barato es caro. Yes, it's cheap but bear in mind that cheap things are dearest.

BARBA
Barba cerrada. Thick beard.
Ej. Víctor tiene barba cerrada. Victor has a thick beard.

Dios da barbas a quien no tiene quijada. Opportunities come to those who don't need them.
Ej. ¡Dios da barbas a quien no tiene quijada! Opportunity comes to those who don't need it.

En las barbas de uno. Under one's very nose.
Ej. Me robaron el coche en mis barbas. They stole my car under my very nose.

Por barba. Per head; apiece.
Ej. Pagamos dos dólares por barba. We paid two dollars per head.

BARBARIDAD
Costar una barbaridad. To cost a fortune.
Ej. Este traje me ha costado una barbaridad. This suit has cost a fortune.

Decir barbaridades. To talk nonsense; to exaggerate.
Ej. ¡No digas barbaridades! Don't talk nonsense!

BARRAS
Sin pararse en barras. Without thinking it twice.
Ej. Me despidió del empleo sin pararse en barras. He fired me from the job without thinking it twice.

BARRIO
Irse al otro barrio. Kick the bucket; pass on; buy the farm.
Ej. El profesor de historia se fue al otro barrio la semana pasada. The history professor kicked the bucket last week.

Mandar a alguien al otro barrio. To send someone to kingdom come.
Ej. ¡Te voy a mandar al otro barrio! I'm going to send you to kingdom come!

See: Comidilla, Ser la comidilla del barrio.

BARTOLA
Tumbarse (tirarse) a la bartola. To lie back without a care in the world.
Ej. No trabaja y está tumbado a la bartola todo el día. He doesn't work and lies around all day.

BÁRTULOS
Liar los bártulos. To pack up one's belongings.
Ej. Lía los bártulos que nos vamos. Pack your belongings because we are leaving.

Preparar los bártulos. To pack up; to get the gear.
Ej. Prepara los bártulos que nos vamos. Pack up; we are leaving.

BARULLO
Armar barullo. Kick up a fuss; make a fuss.
Ej. ¡No armes tanto barullo! Don't kick up such a fuss!

BASE
A base de. As basic ingredients; made of.
Ej. El pastel se hace a base de harina y azúcar. This cake is made of flour and sugar.

A base de. By + gerund.
Ej. He aprobado el examen a base de estudiar. I've passed the exam by studying.

BASILISCO
Estar hecho un basilisco. To be hopping mad.
Ej. Tu padre está hecho un basilisco esta mañana. Your father is hopping mad this morning.

BASTAR
Bastarse uno a sí mismo. To be self-sufficient.
Ej. No necesito ayuda. Me basto a mí mismo. I need no help. I'm self-sufficient.

BASTIDORES
Entre bastidores. Behind the scenes.
Ej. Tú habla y yo permaneceré entre bastidores. You do the talking and I'll stay behind the scenes.

BATALLA
De batalla. For everyday use.
Ej. Estos zapatos son de batalla. These shoes are for everyday use.

See: Frente, Frente de batalla.

BATIENTE
Reírse a mandíbula batiente. To laugh one's head off.
Ej. Se rieron a mandíbula batiente. They laughed their heads off.

BATIR
A hierro caliente, batir de repente. Strike while the iron is hot.
Ej. Hay que decidir ahora: a hierro caliente, batir de repente. We must decide now: strike while the iron is hot.

Batir palmas. To clap (one's) hands; to clap.
Ej. ¿Por qué estás batiendo palmas? Why are you clapping hands?

Batirse en retirada. To beat a retreat.
Ej. El enemigo se batió en retirada. The enemy beat a retreat.

BATUECAS
Estar uno en las batuecas. To be in the clouds.
Ej. Desde que se casó parece que está en las batuecas. Since he got married he seems to be in the clouds.

BATUTA
Llevar la batuta. To be in charge; to be in command.
Ej. Le gusta llevar la batuta. He likes to be in command.

BAZA
Meter baza. Butt in.
Ej. Mete baza siempre. He always butts in.

No poder meter baza. Not to be able to get a word in edgewise.
Ej. Hablaba tanto que no pude meter baza. He was talking so much I couldn't get a word in edgewise.

BEBER
Beber a la salud de. To drink to the health of.
Ej. Bebamos a la salud del jefe. Let's drink to our boss's health.

Beber los vientos por. To long for; to be in love with.
Ej. Bebe los vientos por ella. He's madly in love with her.

BEMOLES
Tener (muchos) bemoles. To be something else.
Ej. Su actitud tiene bemoles. His attitude is something else.

BENDECIR
Bendecir la mesa. To say grace.
Ej. Por favor, bendice la mesa. Please, say grace.

BENDICIÓN
Ser una bendición. To be a blessing.
Ej. Este empleo es una bendición. This job is a blessing.

BENDITO
Dormir como un bendito. To sleep like a baby.
Ej. Anoche dormí como un bendito. Last night I slept like a baby.

Ser un bendito. To be a good Joe.
Ej. Víctor es un bendito. Victor is a good Joe.

BENEFICIOS
See: Pingües, Pingües beneficios.

BERENJENAL
Meterse en un berenjenal. To get into a fine mess.
Ej. ¡Te has metido en un buen berenjenal! You've gotten into a fine mess!

BESOS
Comerse a uno a besos. To shower one with kisses.
Ej. Me comieron a besos. I was showered with kisses.

BICHO
Picarle a uno un bicho. Something eats someone.
Ej. ¿Qué bicho te ha picado? What's eating you?

Ser un bicho raro. To be a screwball, an oddball.
Ej. Mi casero es un bicho raro. My landlord is an oddball.

Todo bicho viviente. Every living soul.
Ej. Ahora todo bicho viviente habla inglés. Now every living soul speaks English.

Un mal bicho. A mean person; a tough customer
Ej. Víctor es un mal bicho. Victor is a mean guy.

BIEN
Ahora bien. Now then.
Ej. Ahora bien ¿lo tomas o lo dejas? Now then, do you take it or leave it?

Estar bien. To be good-looking.
Ej. Tu novia está muy bien. Your girlfriend is very good-looking.

Estarle a uno bien empleado. To serve someone right.
Ej. Te está bien empleado por llegar tarde. It serves you right for being late.

Ir bien. To be doing well.
Ej. Mi negocio va bien. My business is doing well.

Más bien. Somewhat, rather.
Ej. Es más bien alto. He's somewhat tall.

No bien. As soon as; no sooner.
Ej. No bien había entrado que se sentó. As soon as he had entered he sat down.

No hay mal que por bien no venga. Every cloud has a silver lining.
Ej. No hay mal que por bien no venga. Every cloud has a silver lining.

Para bien o para mal. For better or for worse.
Ej. Estamos casados, para bien o para mal. We are married, for better or for worse.

Pasarlo bien. To have a good time.
Ej. Lo pasamos muy bien en Nueva York. We had a good time in New York.

¡Qué bien! Wonderful! Great!
Ej. ¡Qué bien! Wonderful!

Si bien. Though, while.
Ej. Si bien le comprendo...While I understand you ...

Tener a bien. Be kind enough.
Ej. Tuvo a bien ofrecernos su casa. He was kind enough to offer us his home.

¡Y bien! Well, so...
Ej. Y bien, ¿qué paso? Well, so what happened?

¡Ya está bien! That's enough! Enough is enough!
Ej. ¡Ya está bien de tanto ruido! Enough is enough of so much noise!

¡Ya está bien por hoy! Let's call it a day!
Ej. ¡Vamos a casa, ya está bien por hoy! Let's go home; let's call it a day!

BIENES
Bienes gananciales. In marriage, joint ownership of property.
Ej. Lo que tenemos mi mujer y yo son bienes gananciales. What my wife and I have is joint ownership.

Bienes raíces. Real estate
Ej. Tiene su dinero invertido en bienes raíces. He has his money invested in real estate.

BIENVENIDA
Dar la bienvenida. To bid welcome; to welcome.
Ej. Le doy la bienvenida. I bid you welcome.

BILLETE
Billete de ida y vuelta. Round-trip ticket.
Ej. Hemos comprado un billete de ida y vuelta.
We've bought a round-trip ticket.

BIRLIBIRLOQUE
Por arte de birlibirloque. Out of the blue,
just like that.
Ej. Ha desaparecido por arte de birlibirloque. It's
gone just like that.

BLANCA
Estar sin blanca. To be flat broke.
Ej. Estoy sin blanca. I'm flat broke.

BLANCO
Blanco como la pared. As white as a sheet.
Ej. Estaba blanco como la pared. He was as white
as a sheet.

Dar en el blanco. To hit the bull's eye; to hit
the nail on the head.
Ej. Cuando compré la casa di en el blanco. When I
bought the house I hit the nail on the head.

De punta en blanco. Dressed up to the nines.
Ej. ¡Va de punta en blanco! He's dressed to the nines!

Quedarse en blanco. One's mind goes blank.
Ej. Durante el examen me quedé en blanco. During
the exam my mind went blank.

Ser el blanco de todas las miradas. To be
the center of attention.
Ej. ¡Es guapísima! ¡Es el blanco de todas las miradas!
She's very beautiful. She's the center of attention!

BLEDO
No importar un bledo. Not to care a fig; not
to care a damn.
Ej. Que vengas o no, no me importa un bledo. I
don't care a fig whether you come or not.

No valer un bledo. Not to be worth a penny.
Ej. Tu coche no vale un bledo. Your car's not worth
a penny.

BÓBILIS
Bóbilis. For free.
Ej. ¡Ha conseguido la casa bóbilis! He got the house
for free!

BOBO
Sentirse como un bobo. Feel like a jackass.
Ej. Cuando hablo con mi jefe me siento como un
bobo. When I talk to my boss I feel like a jackass.

BOCA
A bocajarro. Point blank.
Ej. Se lo dije a bocajarro. I told her point blank.

A pedir de boca. To one's heart's desire.
Ej. Todo me va a pedir de boca. Everything's turning
out to my heart's desire.

Cerrar la boca. To shut one's mouth.
Ej. ¡Cierra la boca! Shut your mouth!

Con el bocado en la boca. Rush.
Ej. Se ha tenido que ir con el bocado en la boca. He
has had to rush out.

De boca en boca. The talk of the town.
Ej. Sus amores van de boca en boca. His love affairs
are the talk of the town.

Decir uno lo que se le viene a la boca. To
say whatever comes to mind.
Ej. No digas lo primero que te viene a la boca. Don't
say whatever comes to your mind.

Dejar a alguien con la boca abierta. To leave
someone open-mouthed, astonished, gaping.
Ej. Sus palabras me dejaron con la boca abierta. His
words left me open-mouthed.

Dejar mal sabor de boca. To leave a bad
taste in one's mouth.
Ej. La experiencia me dejó mal sabor de boca. The
experience left a bad taste in my mouth.

El que tiene boca se equivoca. Anyone can
make a mistake.
Ej. Lo siento pero el que tiene boca se equivoca. I'm
sorry but anyone can make a mistake.

En boca cerrada no entran moscas. Silence
is golden. Least said, soonest mended.
Ej. ¡Silencio! ¡En boca cerrada no entran moscas!
Quiet! Silence is golden!

Hablar por boca de otro. To mouth
someone else's words.
Ej. Laura habla por boca de Víctor. Laura mouths
Victor's words.

Hacer boca. To whet the appetite.
Ej. Tomemos unas patatas fritas para hacer boca.
Let's have some French fried potatoes to whet the
appetite.

Írsele la boca a uno. To spill the beans; let
the cat out of the bag.
Ej. Paco se fue de la boca. Frank spilled the beans.

Meterse en la boca del lobo. To go into the lion's den.
Ej. ¡No te metas en la boca del lobo! Don't go into the lion's den!

No decir esta boca es mía. To be mum; not to say boo.
Ej. Durante una hora no dijo esta boca es mía. He was mum for an hour.

Oscuro como boca de lobo. Pitch black.
Ej. La noche era oscura como boca de lobo. The night was pitch black.

Quedarse con la boca abierta. To be taken aback.
Ej. Nos quedamos con la boca abierta al oír la noticia. We were taken aback by the news.

Quitárselo a uno de la boca. To take the words out of someone's mouth.
Ej. Tienes razón. Me lo has quitado de la boca. You are right. You've taken the words out of my mouth.

Tapar la boca a. To silence someone.
Ej. ¡A ése hay que taparle la boca con dinero! That guy must be silenced with money.

See: Abajo, Boca abajo.
See: Agua, Hacérsele a uno la boca agua.
See: Andar, Andar de boca en boca.
See: Arriba, Boca arriba.
See: Pedir, Salir a pedir de boca.

BOCAJARRO
A bocajarro. Point-blank.
Ej. Víctor disparó a bocajarro. Victor fired point-blank.

BOCHORNO
Pasar un bochorno. To have a hard time; feel embarrassed.
Ej. ¡Pasé un bochorno cuando se me cayó la taza! I felt so embarrassed when I dropped the cup!

BOFE
Echar el bofe. To pant; to rush.
Ej. Llegó echando el bofe. He arrived panting.

BOFETÓN
See: Dar, Dar un bofetón.
See: Pegar, Pegar un bofetón.

BOGA
Estar en boga. To be fashionable, in.
Ej. El pelo corto está en boga. Short hair is in.

BOLA
Decir bolas. To lie.
Ej. Dice muchas bolas. He lies a lot.

En bolas. In the raw, in one's birthday suit, naked.
Ej. Le vi en bolas. I saw him in his birthday suit.

No dar pie con bola. Not to do anything right, be off the beam.
Ej. ¡Víctor, no das pie con bola! Victor, you do nothing right!

BOLLO
See: Horno, No estar el horno para bollos.

BOLOS
Jugar a los bolos. To bowl; go bowling.
Ej. ¿Vamos a jugar a los bolos esta noche? Shall we go bowling tonight?

BOLSILLO
Meterse a uno en el bolsillo. To have someone around the finger.
Ej. Me he metido al jefe en el bolsillo. I have the boss around my finger.

Rascarse uno el bolsillo. To cough up money; pay.
Ej. Si quieres comer tienes que rascarte el bolsillo. If you wish to eat you'll have to cough up some money.

Tener a uno en el bolsillo. To have someone in the bag.
Ej. Víctor tiene a Susana en el bolsillo. Victor has Susan in the bag.

BOMBA
A prueba de bombas. Bombproof.
Ej. Se hizo una casa a prueba de bombas. He built a bombproof house.

Caer como una bomba. To fall like a bombshell.
Ej. La noticia cayó como una bomba. The news fell like a bombshell.

Estar echando bombas. Piping hot.
Ej. El radiador está echando bombas. The radiator is piping hot.

Pasarlo bomba. To have a good time.
Ej. Lo pasamos bomba ayer. We had a good time yesterday.

Una noticia bomba. Shattering news.
Ej. ¡Tengo una noticia bomba! I have shattering news!

BOMBO

Dar bombo. To drum up.
Ej. Los periódicos han dado mucho bombo a su nuevo libro. Newspapers have drummed up his new book.

Darse bombo. To put on airs; to show off.
Ej. Habla de sus riquezas. Le gusta darse bombo. He talks about his wealth. He likes to put on airs.

Tener la cabeza como un bombo. To have a splitting headache.
Ej. ¡No grites que tengo la cabeza como un bombo! Don't shout; I have a splitting headache.

BONDAD

Tener la bondad de. To be so kind as to.
Ej. Tenga la bondad de enseñarme el libro. Be so kind as to show me the book.

BOQUEADA

Dar la última boqueada. To give one's dying gasp.
Ej. El pez ha dado la última boqueada. The fish has given its dying gasp.

BOQUILLA

De boquilla. Not to mean it; just to say something.
Ej. Eso lo dices de boquilla. You are just saying that!

BORDA

Tirar por la borda. To throw overboard.
Ej. Tiraron el proyecto por la borda. They threw the project overboard.

BORRAJAS

Agua de borrajas. End up in smoke.
Ej. Todo el proyecto quedó en agua de borrajas. The whole project ended up in smoke.

BORRAR

See: Memoria, Borrarse de la memoria.

BORRÓN

Hacer borrón y cuenta nueva. To turn over a new leaf; to start from scratch; to clean a new slate.
Ej. Hagamos borrón y cuenta nueva. Let's start from scratch.

BOTAR

Estar que bota. To be hopping mad.
Ej. El profesor está que bota. The teacher is hopping mad.

BOTAS

Ponerse las botas. To eat a lot.
Ej. María se puso las botas en el banquete. Mary ate a lot at the banquet.

BOTE

Dar un bote. To jump.
Ej. Cuando le vio dio un bote. When she saw him she jumped.

Estar de bote en bote. To be chockful; full to the brim, packed..
Ej. El teatro estaba de bote en bote. The theater was packed.

Tener en el bote. Have in the bag; be in the bag.
Ej. El contrato está en el bote. The contract is in the bag.

BOTERO

See: Caldera, Las calderas de Pedro Botero.

BOTICA

Haber (tener) de todo como en botica. Everything under the sun.
Ej. Aquí tenemos de todo como en botica. Here we have everything under the sun.

BRAVATA

Decir bravatas. To talk big.
Ej. Le gusta decir bravatas delante de los amigos. He likes to talk big in front of friends.

BRAZO

A brazo partido. Hand-to-hand.
Ej. Lucharon a brazo partido. They fought hand -to-hand.

Con los brazos abiertos. With open arms.
Ej. Le recibieron con los brazos abiertos. They welcomed him with open arms.

Con los brazos cruzados. Stand with folded arms.
Ej. No te quedes ahí con los brazos cruzados y ayuda. Don't stand there with folded arms and help.

Cruzarse de brazos. To do nothing.
Ej. Está todo el día cruzado de brazos. He does nothing all day.

Del brazo. Arm in arm.
Ej. Iban del brazo. They were walking arm in arm.

Estar en brazos de. To be in someone's arms.
Ej. La vi en brazos de Víctor. I saw her in Victor's arms.

Estar en los brazos de Morfeo. To saw wood.
Ej. Juan está en brazos de Morfeo. John is sawing wood.

No dar su brazo a torcer. Not to give in; to stick to one's guns.
Ej. Es un cabezón y no quiere dar su brazo a torcer. He's pigheaded and won't give in.

Ser el brazo derecho. To be the right-hand man.
Ej. Juan es mi brazo derecho. John is my righ-hand man.

See: Cruzar, Cruzado de brazos.

BRECHA
Estar siempre en la brecha. Work oneself to the bone.
Ej. Víctor siempre está en la brecha trabajando. Victor works himself to the bone.

BRETE
Poner a alguien en un brete. To put someone on the spot.
Ej. Su pregunta me puso en un brete. His question put me on the spot.

BREVA
No caerá esa breva. No such luck.
Ej. No aprobaré el examen. ¡No caerá esa breva! I won't pass the exam. No such luck!

BREVE
En breve. Soon.
Ej. Vendrá en breve. He'll come soon.

BRIDA
A toda brida. At top speed.
Ej. Vamos a toda brida. Let's go at top speed.

BRILLO
Sacar brillo. To polish.
Ej. Voy a sacar brillo a la plata. I'm going to polish the silver.

BRINCO
En dos brincos. In an instant.
Ej. Esto lo hago yo en dos brincos. I can do this in an instant.

BROCHA
Pintor de brocha gorda. House painter.
Ej. Se casó con un pintor de brocha gorda. She married a house painter.

BROMA
Broma pesada. Practical joke.
Ej. No me gustan las bromas pesadas. I don't care for practical jokes.

Decir en broma. To say in fun.
Ej. Lo he dicho en broma. I've said it in fun.

Dejarse de bromas. Quit kidding.
Ej. Déjate de bromas y dime lo que pasó. Quit kidding at tell me what happened.

Estar de broma. To be in a joking mood.
Ej. Víctor está de broma. Victor is in a joking mood.

Gastar una broma. To play a joke.
Ej. Me gastó una broma. He played a joke on me.

Tomar a (en) broma. To take as a joke.
Ej. Lo tomó a broma. He took it as a joke.

BRONCA
Armar bronca. To pick a quarrel, start a fight.
Ej. No armes bronca en la tienda. Don't start a fight in the store.

Echar a alguien una bronca. Give someone a good talking to.
Ej. ¡Le voy a echar una bronca cuando venga! I'm going to give him a good talking to when he comes back.

Ligar bronce. To get a suntan.
Ej. Victor está en la playa ligando bronce. Victor is at the beach getting a suntan.

BRUCES
Caer de bruces. To fall face down.
Ej. Cayó de bruces en la calle. He fell face down on the street.

BUCHE
Hacer buches. To weep, whine, pucker.
Ej. Cuando la reñí se puso a hacer buches. When I scolded her she puckered.

BUENA(S)
Buena se armó. All hell broke loose.
Ej. ¡Buena se armó cuando se lo dije! When I told him all hell broke loose!

De buenas a primeras. All of a sudden.
Ej. De buenas a primeras me dijo que se iba. All of a sudden he told me he was leaving.

Estar de buenas. To be in a good mood.
Ej. El jefe está de buenas hoy. The boss is in a good mood today.

Librarse de una buena. To get off scot-free.
Ej. ¡Se libró de una buena! He got off scot-free!

Por las buenas. Willingly.
Ej. Me dio el dinero por las buenas. He gave me the money willingly.

See: Mal, Por las buenas o por las malas.

BUENAMENTE
Hacer uno lo que buenamente puede. To do just what one can.
Ej. Haz lo que buenamente puedas. Just do what you can.

BUENO
El bueno de. Good old.
Ej. Vamos a visitar al bueno de Víctor. Let's visit good old Victor.

Lo bueno es... The funny thing is...
Ej. ¡Lo bueno es que no tengo dinero para pagar! The funny thing is that I have no money to pay!

¡Pues estamos buenos! Some mess we are in!
Ej. ¿No funciona el coche? ¡Pues estamos buenos! The car doesn't work? Some mess we are in!

BUFA
Estar que bufa. To be hopping mad.
Ej. El jefe está que bufa. The boss is hopping mad.

BULLA
Meter bulla. To make a racket.
Ej. ¡No metas tanta bulla! Don't make such a racket!

BULTO
A bulto. As a whole; guess; rough guess.
Ej. A bulto, deben de haber veinte. I guess there must be twenty.

Escurrir el bulto. To pass the buck, the hot potato.

Ej. Siempre que puede escurre el bulto en la oficina. In the office he always passes the buck whenever he can.

Ser de bulto. To be clear.
Ej. Es de bulto que todos tenemos que ayudar. It's clear we all have to help.

BURLA
Burlas aparte. All joking aside.
Ej. Burlas aparte, ¿vienes o no? All joking aside, are you coming or not?

Hacer burla. To make fun; make a mockery of.
Ej. ¿Me estás haciendo burla? Are you making fun of me?

BURRA
¡Éramos pocos y parió la burra! That was all we needed.
Ej. ¡Otra desgracia! ¡Éramos pocos y parió la burra! Another misfortune! That's what we needed!

BURRO
No ver tres en un burro. To be as blind as a bat.
Ej. Víctor no ve tres en un burro. Victor is as blind as a bat.

See: Apearse, Apearse del burro.

BUSCA
En busca de. In search of.
Ej. Vamos en busca de la felicidad. We are going in search of happiness.

BUSCAR
Buscar los tres pies al gato. To pick a quarrel, fight; to nitpick.
Ej. Siempre le estás buscando los tres pies al gato. You are always trying to pick a fight.

C

CABAL
A carta cabal. In every respect; through and through; as the day is long.
Ej. Es honrado a carta cabal. He is honest as the day is long.

CABALES
No estar en sus cabales. Not to be in one's right mind.
Ej. Víctor no está en sus cabales. Victor is not in his right mind.

CABALLO
A caballo entre. Halfway between.
Ej. A caballo entre esto y aquello. Halfway between this and that.

A caballo regalado no le mires el diente.
Don't look a gift horse in the mouth.
Ej. El coche es malo pero a caballo regalado no le mires el diente. The car's no good but don't look a gift horse in the mouth.

A mata caballo. At breakneck speed.
Ej. Hemos venido a mata caballo. We've come at a breakneck speed.

Un caballo blanco. An angel, financial backer.
Ej. ¡He encontrado un caballo blanco que lo pagará todo! I've found a financial backer who will pay all.

CABER
Dentro de lo que cabe. All things considered.
Ej. Dentro de lo que cabe estamos bien. All things considered we are all right.

No caber duda. There is no doubt.
Ej. No cabe duda que es una buena persona. There's no doubt she's a fine person.

No caber en sí. To be happy, overjoyed.
Ej. No cabe en sí de contento. He is very happy.

See: Alfiler, No caber ni un alfiler.

CABEZA
Cabeza de chorlito. Featherbrain.
Ej. Tengo un hermano cabeza de chorlito. I have a featherbrained brother.

Cabeza de familia. Head of the family.
Ej. Mi padre es el cabeza de familia. My father is the head of the family.

Cabeza de turco. Scapegoat.
Ej. Soy el cabeza de turco de la oficina. I'm the scapegoat in the office.

Cabeza loca. Harebrained person.
Ej. Susana es una cabeza loca. Susan is harebrained.

De cabeza. Head first.
Ej. Se tiró al agua de cabeza. He plunged into the water head first.

De cabeza. By heart.
Ej. Lo sé de cabeza. I know it by heart.

Dolor de cabeza. Headache.
Ej. Tengo un terrible dolor de cabeza. I've got a terrible headache.

Escarmentar por cabeza ajena. To learn from someone else's mistakes.
Ej. ¡Escarmienta por cabeza ajena! Learn from someone else's mistakes!

Estar a la cabeza. To be at the head of, leading.
Ej. Mi caballo está a la cabeza. My horse is leading.

Estar tocado (de la cabeza). To be nuts.
Ej. No le hagas caso; está tocado. Pay no attention to him; he's nuts.

Ganar o perder por una cabeza. To win or lose by a neck.
Ej. Mi caballo ganó por una cabeza. My horse won by a neck.

Írsele a uno la cabeza. To go off one's head.
Ej. ¡Se me ha ido de la cabeza! It went off my head!

Levantar cabeza. To get over, to recover.
Ej. Después del accidente no levantó cabeza. He didn't recover after the accident.

Meter a uno algo en la cabeza. To put something into someone's head.
Ej. Esa idea se la ha metido su mujer en la cabeza. His wife has put that idea into his head.

Metérsele a uno en la cabeza. To get it into one's head.
Ej. Se le ha metido en la cabeza estudiar derecho. He's gotten it into his head to study law.

Perder la cabeza. To lose one's head.
Ej. Él nunca pierde la cabeza. He never loses his head.

Quitar a uno algo de la cabeza. To get someone to change his mind; to put out of one's head.
Ej. No le puedo quitar esa idea de la cabeza. I can't get him to change his mind.

Romperse uno la cabeza. To rack one's brain.
Ej. ¡No te rompas la cabeza más! Don't rack your brain any more!

Sentar la cabeza. To settle down (emotionally).
Ej. ¿Cuando vas a sentar la cabeza? When are you going to settle down?

Tener una buena cabeza para. To have a good head for.
Ej. Tiene una buena cabeza para los números. He's got a good head for figures.

See: Bombo, Tener la cabeza como un bombo.
See: Calentarse, Calentarse la cabeza.
See: Mano, Llevarse las manos a la cabeza.

CABEZADA
Dar cabezadas. To nod off.
Ej. Está dando cabezadas delante del televisor. He's nodding off watching TV.

Dar una cabezada. Take a short nap, a snooze.
Ej. Voy a dar una cabezada. I'm going to take a snooze.

CABIDA
Dar cabida a. To make room for.
Ej. No podemos dar cabida a más. We can't make room for more.

CABO
Al cabo. In (at) the end; finally.
Ej. Al cabo decidimos no ir. In the end we decided not to go.

Al fin y al cabo. At last; after all.
Ej. Es malo pero es tu marido al fin y al cabo. He's mean but he's your husband after all.

De cabo a rabo. From head to tail; through and through; cover to cover
Ej. He leído el libro de cabo a rabo. I've read the book from cover to cover.

Llevar a cabo. To carry out.
Ej. Llevaron a cabo el proyecto. They carried out the plan.

See: Atar, Atar cabos.

CABRA
La cabra tira al monte. A leopard never changes his spots.
Ej. Siempre será el mismo; la cabra tira el monte. He'll always be the same; a leopard never changes his spots.

See: Loco, Estar más loco que una cabra.

CABRIOLAS
Hacer cabriolas. To leap, prance, horse around.
Ej. A ese niño le gusta hacer cabriolas. That child likes to horse around.

CACHONDEO
Tomar algo a cachondeo. To take as a joke.
Ej. Víctor se lo toma todo a cachondeo. Victor takes everything as a joke.

CADA
Cada cual. Every one.
Ej. Cada cual tiene sus problemas. Everyone has his own problems.

Cada uno. Each one.
Ej. Cada uno pagará cien dólares. Each one will pay one hundred dollars.

Cada vez más. More and more.
Ej. Come cada vez más. He eats more and more.

Cada vez que. Every time that.
Ej. Cada vez que viene me trae un regalo. He brings me a present every time he comes.

CAER
Ahora caigo. Now I get it.
Ej. Ah, sí, ahora caigo. Oh, yes, now I get it.

Al caer la noche. At nightfall.
Ej. Llegaron al caer la noche. They came at nightfall.

Caer bien. To fit.
Ej. ¿Me cae bien esta falda? Does this skirt fit me?

Caer bien. Please, like; take a liking to.
Ej. Pedro me ha caído bien. I've taken a liking to Peter.

Caer en cama. To fall sick.
Ej. Cayó en cama hace unos días. He fell sick a few days ago.

Caer en desgracia. To fall into disgrace.
Ej. ¡Ha caído en desgracia! He's fallen into disgrace!

Caer en gracia. To find pleasing, to be to one's liking.
Ej. Susana le ha caído en gracia al jefe. The boss has taken a liking to Susan.

Caer en la cuenta. To catch on.
Ej. ¡Ahora caigo en la cuenta! Now I'm catching on!

Caer en la trampa. To fall into the trap.
Ej. ¡Hemos caído en la trampa! We have fallen into the trap!

Caer enfermo. To fall sick.
Ej. ¿Sabías que Víctor ha caído enfermo? Did you know that Victor has fallen sick?

Caer mal a uno. Not to fit, suit; to dislike; not to be to one's liking.
Ej. Juan me cae mal. I dislike John.

Caer por su propio peso. To be self-evident.
Ej. La idea cae por su propio peso. The idea is self-evident.

Dejar caer. To drop.
Ej. ¡No dejes caer el jarrón! Don't drop the vase!

Dejarse caer. To drop in.
Ej. ¡A ver cuando te dejas caer por casa! See if you drop in my home sometime!

Estar al caer. To be about to come; expect someone any minute.
Ej. Jacobo está al caer. We expect Jack any minute.

No caérsele a uno los anillos. Make one's reputation suffer.
Ej. ¡No se te caerán los anillos si lavas los platos! Your reputation won't suffer if you do the dishes!

No tener donde caerse muerto. To be down and out, destitute.
Ej. Tu novio no tiene donde caerse muerto. Your boyfriend is down and out.

See: Bruces, Caer de bruces.
See: Redondo, Caer redondo.

CAÍN
Pasar las de Caín. To go through the mill; go through hell; go through fire and high water.
Ej. ¡He pasado las de Caín en Nueva York! I've gone through hell in New York!

CAJÓN
Ser de cajón. To be self evident, to go without saying.
Ej. Es de cajón que no podemos gastar tanto. It goes without saying we can't spend so much.

CAL
Una de cal y otra de arena. Six of one and half a dozen of the other.
Ej. Víctor da una de cal y otra de arena. Victor gives six of one and half a dozen of the other.

CALABAZA
Dar calabazas. To jilt someone.
Ej. Su novia le dio calabazas. His girlfriend jilted him.

CALARSE
Calarse hasta los huesos. To get soaked, dripping wet.
Ej. Llueve mucho y me he calado hasta los huesos. It's raining a lot and I'm soaking wet.

CALCETA
Hacer calceta. To knit.
Ej. Susana está haciendo calceta. Susan is knitting.

CALDERA
Las calderas de Pedro Botero. Hell.
Ej. ¡Vas a ir a las calderas de Pedro Botero! You are going to end up in hell.

CALENTAR
Calentarse la cabeza. To rack one's brains.
Ej.¡No te calientes la cabeza tanto! Don't rack your brains so!

Calentarse los sesos. To rack one's brains.
Ej. ¡No te calientes los sesos tanto! Don't rack your brains so!

CALIDAD
En calidad de. In the capacity of; as.
Ej. Le hablo en calidad de padre. I'm speaking to you as a father.

CALIENTE
Caliente de cascos. Hot-headed, hot-tempered.
Ej. Mi hermano es muy caliente de cascos. My brother is very hot-headed.

En caliente. While it's hot.
Ej. Cerremos el trato en caliente! Let's close the deal while it's hot.

Estar caliente. To be horny, in heat.
Ej. ¡Susana parece que está caliente! Susan seems to be horny!

See: Andar, Ande yo caliente y ríase la gente.

CALLADA
Dar la callada por la respuesta. Not to answer a question.
Ej. A mi pregunta, dio la callada por la respuesta. He didn't answer my question.

CALLANDO
See: Chita, A la chita callando.

CALLAR
Al buen callar llaman Sancho. Silence is golden.
Ej. Recuerda que al buen callar llaman Sancho. Remember that silence is golden.

Callarse el pico. To shut one's trap.
Ej. ¡Calla el pico! Shut your trap!

Quien calla otorga. Silence gives consent.
Ej. No ha dicho nada. Quien calla otorga. He's said nothing. Silence gives consent.

Tener algo muy callado. Keep something to oneself.
Ej. ¡Te lo tenías muy callado! You've kept it to yourself!

CALLE
Calle de la amargura. Hard time(s).
Ej. Petra me lleva por la calle de la amargura. Petra is giving me a very hard time.

Echar a alguien a la calle. To throw someone out.
Ej. Me han echado a la calle. I've been thrown out.

Echar a la calle. To throw out, to fire.
Ej. Le tuve que echar a la calle. I had to throw him out.

Hacer la calle. Walk the streets (a streetwalker).
Ej. Susana hace la calle. Susan walks the streets.

Quedarse en la calle. To be left penniless.
Ej. Cuando fracasó su negocio, se quedó en la calle. When his business failed he was left penniless.

See: Abajo, Calle abajo.

CALLEJÓN
See: Salida, Callejón sin salida.

CALMA
Con calma. Slowly, to take one's time.
Ej. Trabaja con mucha calma. When he works he takes his time.

Tomarlo con calma. Take it easy.
Ej. ¡Tómatelo con calma! Take it easy!

CALOR
Entrar en calor. To warm up.
Ej. Corre y entrarás en calor. Run and you'll warm up.

Hacer calor. To be hot.
Ej. Hoy hace mucho calor. It's very hot today.

Tener calor. Feel, be hot.
Ej. Abro la ventana porque tengo calor. I'm opening the window because I'm hot.

CALVO
Ni tanto ni tan calvo. Neither one extreme, nor the other.
Ej. No tienes que trabajar tanto ahora; ni tanto ni tan calvo. You don't have to work so hard now; neither one extreme, nor the other.

CAMA
Guardar cama. To be bedridden; be confined to bed.
Ej. Guarda cama desde que se cayó. He's been bedridden since he fell.

Hacer la cama. To make the bed.
Ej. Haz la cama antes de irte. Make the bed before you go.

See: Caer, Caer en cama.

CAMARÓN
Camarón que se duerme se lo lleva la corriente. Keep on your toes.
Ej. Trabaja porque camarón que se duerme se lo lleva la corriente. Work, you must keep on your toes.

CAMBIAR
Cambiar de idea. To change one's mind.
Ej. No voy. He cambiado de idea. I'm not going. I've changed my mind.

CAMBIO
A cambio de. In exchange for.
Ej. Le daré este sombrero a cambio de ése. I'll give you this hat in exchange for that one.

En cambio. On the other hand.
Ej. Víctor es bueno; en cambio su hermano no. Victor is good; on the other hand his brother isn't.

CAMINO
Cruzarse en el camino de alguien. To get in someone's way.
Ej. ¡Nunca te cruces en mi camino! Never get in my way!

De camino. On the way.
Ej. Nos viene de camino. It's on our way.

Estar en (de) camino. To be on one's way.
Ej. Roberto ya está de camino. Bob's already on his way.

Ir por buen camino. To be on the right track.
Ej. Creo que vamos por buen camino. I think we are on the right track.

Ponerse en camino. To get on the road, hit the road.
Ej. Nos pondremos en camino a las diez. We'll hit the road at ten.

Quedarse a medio camino. To stop half way.
Ej. Pararemos a medio camino. We'll stop half way.

See: Abrir, Abrirse camino.

CAMISA
Dejar a uno sin camisa. To take the shirt off someone's back; ruin someone
Ej. Mi socio me dejó sin camisa. My partner ruined me.

En mangas de camisa. In one's shirt sleeves.
Ej. No comas en mangas de camisa. Don't eat on your shirt sleeves.

Meterse en camisa de once varas. To stick one's nose in someone else's business; to meddle in other people's affairs.
Ej. No te metas en camisa de once varas. Don't stick your nose in other people's business.

CAMORRA
Armar camorra. To kick up a row.
Ej. Siempre que bebe arma camorra. Whenever he drinks he kicks up a row.

Buscar camorra. To look for trouble.
Ej. No busques camorra. Don't look for trouble.

CAMPANA
Echar las campanas al vuelo. To set the bells ringing.
Ej. Cuando cobró el dinero echó las campanas al vuelo. When he collected the money he set the bells ringing.

CAMPANILLA
Ser persona de muchas campanillas. A big shot, big wig.
Ej. El Duque de Tal es una persona de campanillas. The Duke of So and So is a big wig.

CAMPANTE
Quedarse tan campante. Not to bat an eyelid.
Ej. Dijo que no y se quedó tan campante. He said no without batting an eyelid.

CANA
Echar una cana al aire. Go on a spree; let one's hair down.
Ej. Esta noche voy a echar una cana al aire. Tonight I'm going to let my hair down.

CANAL
Abrir en canal. To slit open from head to foot.
Ej. Al pobre hombre le habían abierto en canal. The poor man had been slit open from head to foot.

CANDELERO
Estar en el candelero. To be in the limelight.
Ej. A Víctor le gusta estar en el candelero. Victor loves to be in the limelight.

CANINO
Tener un hambre canino. To be starved.
Ej. Tengo un hambre canino. I'm starved.

CANTANTE
Llevar la voz cantante. To call the shots.
Ej. Aquí llevo yo la voz cantante. I call the shots here.

CANTAR
Cantar de plano. To confess.
Ej. El detenido cantó de plano. The prisoner made a full confession.

Cantarlas claras. To tell it like it is.
Ej. No se anda con rodeos. Las canta claras. He doesn't beat around the bush. He tells it like it is.

Cantar las cuarenta. To tell someone off.
Ej. Si llegas tarde otra vez el jefe te va a cantar las cuarenta. If you are late again the boss is going to tell you off.

Ser otro cantar. To be a different, another story.
Ej. ¿Vas a pagar por fin? Eso ya es otro cantar. Are you finally going to pay? That's another story.

See: Gallo, En menos que canta un gallo.
See: Mal, El que canta su mal espanta.

CÁNTARO
Llover a cántaros. To rain cats and dogs.
Ej. Está lloviendo a cántaros. It's raining cats and dogs.

See: Alma, alma de cántaro.

CANTINELA
La misma cantinela de siempre. The same old song.
Ej. Siempre estás con la misma cantinela. You are always with the same old song.

CANTO
Al canto del gallo. At daybreak.
Ej. Saldremos al canto del gallo. We'll leave at daybreak.

Darse uno con un canto en los dientes. To thank one's lucky stars.
Ej. Si consigues el empleo te puedes dar con un canto en los dientes. If you get the job you can thank your lucky stars.

De canto. On edge, edgewise.
Ej. Trata de meterlo de canto. Try to push it in edgewise.

CAÑÓN
Estar al pie del cañón. Be ready for work.
Ej. Pablo está siempre al pie del cañón. Paul is always ready for work.

CAPA
Andar de capa caída. To be on the downgrade.
Ej. Andan de capa caída. They are on the downgrade.

De capa y espada. Old fashioned.
Ej. Es un caballero de capa y espada. He's an old-fashioned gentleman.

Defender a capa y espada. To back someone up all the way.
Ej. Te defenderé a capa y espada. I'll back you up all the way.

Hacer uno de su capa un sayo. To paddle one's own canoe.
Ej. Yo puedo hacer de mi capa un sayo. I can paddle my own canoe.

CAPAZ
Ser capaz de. Dare.
Ej. ¿Serías capaz de ir? Would you dare go?

CAPITÁN
See: Cuenta, Las cuentas del gran Capitán.

CAPOTE
Decir para el capote de uno. To whisper under one's breath; to mutter.
Ej. No he entendido porque lo ha dicho para su capote. I haven't understood because he was muttering.

Echar un capote. Lend a hand; come to someone's aid.
Ej. ¡Échame un capote en la reunión! Come to my aid in the meeting!

CARA
Asomar la cara. To show one's face.
Ej. Desde que se fue no ha asomado la cara por aquí. Since he left he hasn't shown his face around here.

Caérsele a uno la cara de vergüenza. To blush with shame; to be shamefaced.
Ej. Cuando me descubrió se me cayó la cara de vergüenza. When he found me out I blushed with shame.

Cara a cara. Face to face; to a person's face.
Ej. Se lo diré cara a cara. I'll tell him face to face.

Cara de acelga. Surly face.
Ej. El jefe tiene cara de acelga hoy. The boss has a surly face today.

Cara de perros. Long, unfriendly face sourpuss.
Ej. Tu suegra tiene cara de perros. Your mother-in-law is a sourpuss.

Cara o cruz. Heads or tails.
Ej. Cara, gano yo; cruz, pierdes tú. Heads, I win; tails, you lose.

Cruzar la cara a alguien. To slap someone's face.
Ej. Te voy a cruzar la cara. I'm going to slap your face.

Dar la cara. To face the music.
Ej. Tendré que dar la cara. I'll have to face the music.

De cara. Opposite, facing.
Ej. Ponlo de cara a la pared. Place it facing the wall.

Echar en cara. To reproach, throw in one's teeth.
Ej. Me ha echado en cara los favores que me ha hecho. He's thrown in my teeth the favors he's done me.

Plantar cara. To fight back; to stand up to.
Ej. Tienes que plantarle cara a tu jefe. You have to stand up to your boss.

Poner buena cara. To put a good face.
Ej. Pon buena cara cuando venga. Put a good face when he comes.

Poner cara larga. To pull (wear) a long face.
Ej. Ha puesto caras largas cuando le he dicho que no. He pulled a long face when I said no.

Sacar la cara por. To stick one's neck out for someone.
Ej. No quiero sacar la cara por Víctor otra vez. I don't want to stick my neck out for Victor again.

Tener cara de juez. Long, stern face; sourpuss.
Ej. Mi padre siempre tiene cara de juez. My father always has a long face.

Tener cara de pocos amigos. Unfriendly face.
Ej. Esa tía tiene cara de pocos amigos. That dame has an unfriendly face.

Tener cara de vaqueta. To have a lot of nerve.
Ej. Tu hermano tiene la cara de vaqueta. Your brother has a lot of nerve.

Tener cara de vinagre. To be a sourpuss.
Ej. Tiene cara de vinagre. She's a sourpuss.

Tener la cara dura. To have a nerve.
Ej. ¡Qué cara más dura tienes! What a nerve you have!

Tener mala cara. To look ill; not to look well.
Ej. Carlitos tiene mala cara hoy. Charlie looks ill today.

Verse las caras. To have it out with someone face to face.
Ej. Me voy a ver las caras con Víctor. I'm going to have it out face to face with Victor.

CARAJO
Irse al carajo. To go to the dogs.
Ej. Este negocio se va al carajo. This business is going to the dogs.

CARCAJADA
See: Soltar, Soltar una carcajada.

CARGADO
Cargado de espaldas. Stooped-shouldered.
Ej. Es calvo, cojo y cargado de espaldas. He is bald, lame and stooped-shouldered.

Estar cargado de. To have plenty of; to be loaded with.
Ej. Mi marido está cargado de dinero. My husband is loaded with money.

CARGAR
Cargar con. To take on.
Ej. Tuve que cargar con sus deudas. I had to take on his debts.

Cargar con el muerto. To be left holding the bag.
Ej. Se fueron sin pagar y tuve que cargar con el muerto. They left without paying and I was left holding the bag.

Cargar con el muerto. Take the blame; end up with the short end of the stick.
Ej. Siempre que algo va mal yo tengo que cargar con el muerto. When something goes wrong, I take the blame.

Cargar en cuenta. To charge to one's account.
Ej. Carguen esto en cuenta. Charge this to my account.

Cargársela uno. To get it.
Ej. Si continúas gritando te la vas a cargar. If you keep on shouting you are going to get it.

See: Mochuelo, Cargar a uno con el mochuelo.

CARGO
Hacerse cargo de. To understand.
Ej. Me hago cargo de lo que me dice usted. I understand what you are telling me.

CARIDAD
La caridad comienza por uno mismo. Charity begins at home.
Ej. Siempre digo lo mismo: la caridad comienza por uno mismo. I'm always saying it: charity begins at home.

CARNAVAL
See: Martes, Martes de carnaval.

CARNE
Carne de cañón. Cannon fodder.
Ej. La infantería es carne de cañón. Infantry is cannon fodder.

Carne de mi carne. My own flesh and blood.
Ej. Víctor es carne de mi carne. Victor is my own flesh and blood.

Echar carnes. To put on weight.
Ej. Cuando estoy de vacaciones echo carnes. I put on weight when I'm on holiday.

En carne viva. Raw, open wound.
Ej. Tiene el brazo en carne viva. He has an open wound in his arm.

Poner uno toda la carne en el asador. To put all the eggs in one basket; to go whole hog.
Ej. En este negocio hay que poner toda la carne en el asador. In this business you've got to go whole hog.

Ser uña y carne. To be hand and glove.
Ej. Víctor y Juan son uña y carne. Victor and John are hand and glove.

Tener carne de gallina. To have goose-pimples.
Ej. Mira, tengo carne de gallina. Look, I have goose-pimples.

CARPETAZO
Dar carpetazo. To shelve.
Ej. Dieron carpetazo al asunto. They shelved the matter.

CARRERA
A la carrera. Hastily.
Ej. ¡No lo hagas a la carrera! Don't do it hastily!

Dar carrera a. To put someone through college.
Ej. He dado carrera a mis tres hijos. I've put my three children through college.

De carrera. Career.
Ej. Es diplomático de carrera. He's a career diplomat.

No poder hacer carrera de uno. To make out.
Ej. No puedo hacer carrera de Víctor. I can make nothing out of Victor.

CARRERILLA
Saber algo de carrerilla. To know something by heart. To rattle off.
Ej. Me sé la poesía de carrerilla. I know the poem by heart.

CARRETERO
See: Fumar, Fumar como un carretero.

CARRILLO
Comer a dos carrillos. To gorge oneself; to pig out.
Ej. Tu hermana siempre come a dos carrillos. Your sister always pigs out.

CARRO
¡Para el carro! Hold your horses!
Ej. ¡Para el carro y no digas más! Hold your horses and say no more!

Tirar del carro. To put the shoulder to the wheel.
Ej. Todos tenemos que tirar del carro. We all have to put our shoulder to the wheel.

See: Aguantar, Aguantar carros y carretas.

CARTA
A carta cabal. Through and through; dyed in the wool; as the day is long.
Ej. Es honrado a carta cabal. He is honest as the day is long.

Carta de recomendación. Letter of recommendation.
Ej. Tengo varias cartas de recomendación. I have several letters of recommendation.

Echar una carta. To mail a letter.
Ej. Voy a echar esta carta. I'm going to mail this letter.

Enseñar las cartas. To show one's hand.
Ej. No enseñes las cartas. Don't show your hand.

Jugar a las cartas. To play cards.
Ej. ¿Quieres jugar a las cartas? Do you want to play cards?

Poner las cartas sobre la mesa. To put one's cards on the table.
Ej. Ha llegado la hora de poner las cartas sobre la mesa. The time has come to put our cards on the table.

Tomar cartas en el asunto. To take in hand.
Ej. Tomaré cartas en el asunto. I'll take the matter in hand.

See: Partida, Echar una partida de cartas

CARTILLA
Leerle a alguien la cartilla. Give someone a good talking-to.
Ej. Tengo que leerle la cartilla a Víctor. I must give Victor a good talking-to.

No saberse la cartilla. Not to know what it's all about.
Ej. Víctor no se sabe la cartilla. Victor doesn't know what it's all about.

CASA
Caérsele a uno la casa encima. To climb the walls.
Ej. Hace sólo dos días que está en cama y se le cae la casa encima. He's been in bed for two days only and he's climbing the walls.

Cambiar de casa. To move.
Ej. Vamos a cambiarnos de casa. We are going to move.

Echar la casa por la ventana. To blow one's money; to shoot the works.
Ej. Vamos a tirar la casa por la ventana para la boda. We are going to shoot the works for the wedding.

Empezar la casa por el tejado. To put the cart before the horse.
Ej. ¡No empieces la casa por el tejado! Don't put the cart before the horse!

La casa de tócame Roque. A mess of a household.
Ej. ¡Esto parece la casa de tócame Roque! This is a mess of a home!

Poner casa. To set up house.
Ej. Han puesto casa en Nueva York. They've set up house in New York.

Ser de la casa. To be like a member of the family, part of the family.
Ej. Víctor es de la casa. Victor's part of the family.

Ser muy de su casa. To be a homebody; a good homemaker.
Ej. La mujer de Juan es muy de su casa. John's wife is a good home maker.

CASARSE
No casarse con nadie. To get tied up with no one.
Ej. Yo no me caso con nadie. I won't get tied up with anyone.

CASCAJO
Estar hecho un cascajo. To be a wreck.
Ej. ¡Está usted hecho un cascajo! You are a wreck!

CÁSCARA
Ser de la cáscara amarga. To be gay, queer.
Ej. Creo que Víctor es de la cáscara amarga. I think Victor's gay.

CASCARÓN
No haber salido del cascarón. Not to be around the block yet; not dry behind the ears
Ej. Ese tipo no ha salido del cascarón todavía. That guy's not around the block yet.

CASCOS
Calentarse los cascos. To rack one's brains.
Ej. No te calientes los cascos. Don't rack your brain!

Ligero de cascos. Harebrained, scatterbrained.
Ej. Susana es muy ligera de cascos. Susan is harebrained.

CASILLAS
Sacar a uno de sus casillas. To drive someone crazy, nuts.
Ej. Víctor me saca de mis casillas. Victor drives me nuts.

Salirse uno de sus casillas. To fly off the handle.
Ej. Susana se sale de sus casillas con facilidad. Susan flies off the handle easily.

CASO
En caso que. In case.
Ej. En caso que necesite información, llámeme. Call me in case you need information.

En el peor de los casos. At best; at worst. If worst comes to worst.
Ej. En el peor de los casos podemos aceptar su oferta. At worst we can always accept their offer.
Ej. En el peor de los casos podemos vender el coche. If worst comes to worst we can always sell the car.

En tal caso. In such a case.
Ej. ¿No quieres ir? En tal caso iré solo. You don't want to come along? In that case I'll go alone.

En todo caso. In any case.
Ej. En todo caso haz lo que quieras. In any case do what you want.

Hablar al caso. To speak to the point.
Ej. Es importante que hablemos al caso. It's important that we speak to the point.

Hacer caso. To pay attention.
Ej. Hazme caso y estudia. Pay attention and study.

Hacer caso a. To give heed, to heed.
Ej. Haz caso a mis palabras. Heed my words.

Hacer caso omiso de. To pay no attention.
Ej. Hizo caso omiso a lo que le dije. He paid no attention to what I said.

No hacer al caso. To be besides the point.
Ej. Lo que usted dice no hace al caso. What you are saying is beside the point.

No venir al caso. To be beside the point.
Ej. Lo que dice usted no viene al caso. What you are saying is beside the point.

Poner por caso. For example.
Ej. Pues puedes casarte con mi hermano, pongo por caso. Well, you can marry my brother, for example.

Ser un caso perdido. To be a hopeless case.
Ej. ¡Mi hermano es un caso perdido! My brother is a hopeless case!

Verse en el caso de. To feel forced to.
Ej. Me vi en el caso de tener que ayudarle. I felt forced to help him.

CASTA
De casta le viene al galgo. Like father, like son.
Ej. ¡Es un idiota! ¡De casta le viene al galgo! He's an idiot. Like father, like son!

CASTAÑA
Sacar las castañas del fuego. To pull the chestnuts out of the fire.
Ej. ¡Siempre tengo que sacarte las castañas del fuego! I always have to pull the chestnuts out of the fire for you!

CASTAÑO
Pasarse de castaño oscuro. To overstep the limit; to be too much.
Ej. ¡Víctor, te pasas de castaño oscuro! Victor, you've overstepped the limit!

CASTIGAR
Castigar a alguien. To lower the boom on someone.
Ej. ¡Vamos a castigarle! Let's lower the boom on him!

CASTILLO
Hacer castillos en el aire. To build castles in Spain.
Ej. ¡No hagamos castillos en el aire! Let's not build castles in Spain!

CASUALIDAD
Por casualidad. By chance, by accident.
Ej. ¿Por casualidad le conoce usted? Do you know him by any chance?

See: Puro, De pura casualidad.

CATEGORÍA
De categoría. Of importance.
Ej. Es una mujer de categoría. She's a woman of importance.

CAUSA
A causa de. Because of.
Ej. He llegado tarde a causa de la lluvia. I'm late because of the rain.

Hacer causa común. To make common cause.
Ej. Hicieron causa común contra mí. They made common cause against me.

CAUSAR
See: Impresión, Causar buena impresión.

CAZA
Espantar uno la caza. To ruin prospects.
Ej. ¡Me has espantado la caza! You've ruined my prospects!

Levantar la caza. To give the game away.
Ej. ¡Tranquilo en la reunión y no levantes la caza! Easy at the meeting and don't give the game away!

CECA
De la Ceca a la Meca. To and fro; go on a wild goose chase.
Ej. Fuimos de la Ceca a la Meca y no lo encontramos. We went on a wild goose chase but couldn't find it.

CEDER
See: Paso, Ceder el paso.

CEJA
Hasta las cejas. Up to one's neck.
Ej. Estoy hasta las cejas de trabajo. I'm to my neck in work.

Tener a alguien entre ceja y ceja. To rub the wrong way.
Ej. Tengo a Víctor metido entre ceja y ceja. Victor rubs me the wrong way.

CELO
En celo. In rut, in heat.
Ej. Este animal está en celo. This animal is in heat.

CELOS
Dar celos. To make jealous.
Ej. Me da celos con Víctor. She makes me jealous with Victor.

CENAGAL
Estar metido en un cenagal. To be in a fix, in a tight spot.
Ej. En este negocio estamos metidos en un cenagal. In this business we are in a real fix.

CEÑIR
Ceñirse a. To stick to.
Ej. Cíñase a los hechos. Stick to the facts.

CEPA
De pura cepa. Real, authentic, the real MacCoy, through and through.
Ej. Es neoyorquino de pura cepa. He is a New Yorker through and through.

Saber de buena cepa. From the horse's mouth.
Ej. Sé lo de su desgracia de buena cepa. I know about his misfortune from the horse's mouth.

CERCA
Cerca de. About.
Ej. Había cerca de diez personas. There were about ten people.

De cerca. At close range, near.
Ej. Le disparó de cerca. He shot him at close range.

Por aquí cerca. Near here.
Ej. Vive por aquí cerca. He lives near here.

CERO
Comenzar desde cero. Start from scratch.
Ej. Ahora debemos comenzar desde cero. Now we must start from scratch.

Ser un cero a la izquierda. To be a nobody; a minus quantity.
Ej. En mi casa soy un cero a la izquierda. At home I'm a nobody.

CERRAR
Cerrar con llave. To lock (up).
Ej. Cierra con llave antes de marcharte. Lock up before going.

Cerrársele a uno todas las puertas. To have all avenues closed.
Ej. Tenemos todas las puertas cerradas. We have all avenues closed.

See: Piedra, Cerrar a piedra y lodo.

CERRO
Irse por los cerros de Úbeda. Talk through one's hat.
Ej. El suegro de Víctor se va por los cerros de Úbeda. Victor's father-in-law talks through his hat.

CESTO
Quien hace un cesto, hace ciento. He who steals a pin, will steal a pound.
Ej. Víctor ya se ha llevado un libro y ya sabes que el que hace un cesto, hace ciento. Victor has already taken a book and as you know, he who steals a pin, will steal a pound.

CHACOTA
Tomar a chacota. To take as a joke.
Ej. Lo tomé a chacota. I took it as a joke.

CHAPADO
See: Antiguo, Chapado a la antigua.

CHAPURREAR
Chapurrear. Speak a bit of.
Ej. Chapurrea el francés. He speaks a bit of French.

CHASCO
Darle a uno un chasco. To play a joke; to surprise someone.
Ej. Vaya chasco que le dimos. Some joke we played on him!

Llevarse un chasco. To be disappointed, frustrated.
Ej. Me llevé un chasco terrible. I was terribly disappointed.

CHAVETA
Perder la chaveta. To crack up.
Ej. Víctor está perdiendo la chaveta. Victor's cracking up.

CHICHA
De chicha y nabo. Fly-by-night; two-bit.
Ej. Trabajo en una empresa de chicha y nabo. I work in a fly-by-night Company.

Ni chicha ni limonada. Neither fish nor fowl.
Ej. ¡No es ni chicha ni limonada! It's neither fish nor fowl!

CHICHARRA
Hablar como una chicharra. To talk one's head off.
Ej. Pedro habla como una chicharra. Peter talks his head off.

CHINCHES
Morir como chinches. To die like flies.
Ej. Murieron como chinches. They died like flies.

CHINO
See: Cuento, Cuento chino.

CHIQUITAS
No andarse con chiquitas. To shoot from the hip.
Ej. Mi jefe no se anda con chiquitas. My boss shoots from the hip.

CHIRIPA
De chiripa. By a fluke; by sheer luck.
Ej. Lo ha hecho bien de chiripa. He's done it well by sheer luck.

CHISPAS
Echar chispas. To be furious; to fume.
Ej. Echaba chispas cuando lo descubrió. He was furious when he found out!

CHISTAR
Ni chistar. Not to say a word.
Ej. Ni chistó cuando nos vio. He didn't say a word when he saw us.

CHITA
A la chita callando. On the q.t.
Ej. Lo ha hecho a la chita callando. He's done it on the q.t.

See: Matar, Matar a la chita callando.

CHIVATAZO
Dar el chivatazo. To squeal, tell on someone, blow the whistle on someone.
Ej. Dio el chivatazo. She blew the whistle on him.

CHOCOLATE
See: Loro, El chocolate del loro.

CHORLITO
Cabeza de chorlito. Scatterbrain.
Ej. Eres un cabeza de chorlito. You are a scatterbrain.

CHUNGA
Tomar a chunga. To take as a joke.
Ej. Víctor se lo toma todo a chunga. Victor takes everything as a joke.

CHUPA
Poner a uno como chupa de dómine. To give someone a good going over.
Ej. A Víctor le han puesto como chupa de dómine. Victor has been given a good going over.

CHUPADO
Estar chupado. Be a pushover, a cinch.
Ej. Este trabajo está chupado. This job's a pushover.

CHUPAR
Chuparse el dedo. Not to be a sucker.
Ej. Yo no me chupo el dedo. I'm no sucker.

Para chuparse los dedos. Finger-licking good; lick one's fingers.
Ej. El pollo está para chuparse los dedos. The chicken's finger-licking good.

CIEGO
Más ciego que un topo. Blind as a bat.
Ej. Nuestro profesor es más ciego que un topo. Our teacher is blind as a bat.

CIELO
Bajado del cielo. Godsend.
Ej. ¡Esto viene como bajado del cielo! This is a godsend!

Caído del cielo. Be a godsend.
Ej. Tu ayuda llega como caída del cielo. Your help is a godsend.

Clamar al cielo. To cry out to heaven.
Ej. Este crimen clama venganza al cielo. This crime cries out to heaven for revenge.

Dormir al cielo raso. To sleep in the open.
Ej. Tuvimos que dormir al cielo raso. We had to sleep in the open.

Juntársele a uno cielo y tierra. To be in a real fix, in real trouble.
Ej. Desde que se casó a Víctor se le ha juntado el cielo y la tierra. Since he got married Victor is in a real fix.

Llovido del cielo. In the nick of time.
Ej. Nos llegó el dinero como llovido del cielo. The money reached us in the nick of time.

Poner el grito en el cielo. To raise the roof, to hit the ceiling.

Ej. Va a poner el grito en el cielo. He is going to hit the ceiling.

See: Mover, Mover cielo y tierra.

CIENCIA
A ciencia cierta. For sure; with certainty, for certain.
Ej. A ciencia cierta no lo sé. I don't know it for sure.

CIENTO
Por ciento. Percent.
Ej. Veinte por ciento. Twenty percent.

CIERNE
En cierne. In the offing.
Ej. El viaje está en cierne. The trip is in the offing.

CIERTO
Estar en lo cierto. To be right.
Ej. ¿Estoy en lo cierto? Am I right?

Por cierto. By the way.
Ej. Por cierto, ¿se casó tu hermana? By the way, did your sister get married?

Sí por cierto. As a matter of fact...
Ej. ¿Le has visto? Sí por cierto! Did you see him? As a matter of fact, I did.

CIMA
Dar cima a algo. To finish something.
Ej. Dimos cima al trabajo ayer. We finished the job yesterday.

CINCO
Chocar esos cinco. To give someone five.
Ej. Hola, Pedro, choca esos cinco. Hello, Peter, give me five.

CINTURA
Meter en cintura. To bring to heel.
Ej. Le voy a meter en cintura. I'm going to bring him to heel.

CINTURÓN
Apretarse el cinturón. To tighten one's belt.
Ej. Como tenemos poco dinero tenemos que apretarnos el cinturón. As we have little money we'll have to tighten our belt.

CÍRCULO
La cuadratura del círculo. The squaring of the circle.
Ej. Víctor ha encontrado la cuadratura del círculo. Victor has discovered the squaring of the circle.

CIRCUNSTANCIAS
En las actuales circunstancias. Under the present circumstances.
Ej. En las actuales circunstancias es mejor no hacer nada. Under the present circumstances it's better to do nothing

Estar a la altura de las circunstancias. To rise to the occasion.
Ej. Víctor no estuvo a la altura de las circunstancias. Victor did not rise to the occasion.

CIZAÑA
Meter cizaña. To sow discord; to needle someone.
Ej. ¡No metas cizaña! Don't needle them!

CLAMAR
See: Cielo, Clamar al cielo.

CLARO
A las claras. Be clear.
Ej. Se ve a las claras que es un sinvergüenza. It's clear he's a crook

Claro está que... Needless to say...
Ej. Claro está que lo haremos. Needless to say we'll do it.

Dejar en claro. To make clear.
Ej. Creo que lo he dejado todo en claro. I think I've made everything clear.

Más claro que el agua. Crystal clear.
Ej. Esto está más claro que el agua. This is crystal clear.

Poner las cosas claras. To call a spade a spade; to make things clear.
Ej. Tenemos que poner las cosas claras. We've got to make things clear.

See: Sacar, Sacar en claro.

CLASE
Toda clase de. All kinds of.
Ej. Venden toda clase de cosas. They sell all kinds of things.

CLAVIJA
Apretar las clavijas a. To put the screws on someone.
Ej. A ese tipo le tenemos que apretar las clavijas. We've got to put the screws on that guy.

CLAVO
Dar en el clavo. To hit the nail on the head.
Ej. Has dado en el clavo. You've hit the nail on the head.

See: Agarrarse, Agarrarse de un clavo ardiendo.

COBRAR
Cobrar afición. To become fond of.
Ej. El niño le ha cobrado afición a la lectura. The child has become fond of reading.

Cobrar fuerza. To get or become strong.
Ej. El movimiento feminista cobró fuerza en 1922. The feminist movement became strong in 1922.

COCER
See: Parte, En todas partes cuecen habas.

COCHE
Ir en el coche de San Fernando. To go on shank's mare, on foot.
Ej. ¡Vayamos en el coche de San Fernando! Let's go on foot!

CODO
Comerse los codos de hambre. To be starved; down-and-out.
Ej. ¡Me como los codos de hambre! I'm starved!

Empinar el codo. To bend the elbow; tip the bottle.
Ej. Tu abuelo empina el codo mucho. Your grandfather bends the elbow a bit much.

Estar metido hasta los codos en algo. To be up to one's neck in something.
Ej. Está metido hasta los codos en esa empresa. He is up to his neck in that project.

Hablar por los codos. To be an ear-bender, a chatterbox; talk nonstop.
Ej. La mujer de Víctor habla por los codos. Victor's wife is a chatterbox

COLA
A la cola. To get in line.
Ej. Tú ponte a la cola. You get in line.

Hacer cola. To stand in line.
Ej. Tenemos que hacer cola para comprar las entradas. We must stand in line in order to buy the tickets.

No pegar ni con cola. To fit, suit.
Ej. Esa corbata no te pega ni con cola. That tie doesn't suit you.

Traer cola. To make trouble.
Ej. Tu discusión con Pepe va a traer cola. Your argument with Joe is going to make trouble.

COLACIÓN
Sacar a colación. Make mention of; bring up.
Ej. No saques a colación lo del dinero. Don't bring up the business about the money.

COLADA
Hacer la colada. To do the laundry.
Ej. Hago la colada los viernes. I do the laundry on Fridays.

COLAR
Colarse en una cola. To jump the line.
Ej. Víctor siempre se cuela. Victor always jumps the line.

Estar colado por. To be head over heels in love.
Ej. Estoy colado por Susana. I'm head over heels in love with Susan.

No colar una cosa. Not to buy something, not to be convinced.
Ej. ¡Ésa no cuela, Víctor! I won't buy that, Victor!

COLEAR
Colear aún. Not to have heard the last of it yet.
Ej. El asunto aún colea. You haven't heard the last of it yet.

CÓLERA
Montar en cólera. To hit the ceiling, fly into a rage.
Ej. Si se entera tu padre va a montar en cólera. If your father finds out he's going to hit the ceiling.

COLETA
Cortarse la coleta. To quit, give up, call it quits.
Ej. Yo ya no escribo: me he cortado la coleta. I don't write any more: I quit.

Echarse algo al coleto. Swallow; put under one's belt.
Ej. Se echó al coleto dos tragos. He put two drinks under his belt.

COLGAR
Colgar los hábitos. To doff the cassock.
Ej. Víctor colgó los hábitos para casarse con Susana. Victor doffed the cassock in order to marry Susan.

COLLAR
Vale más el collar que el perro. The funeral is not worth the candle.
Ej. ¡No te gastes más dinero arreglando el coche porque vale más el collar que el perro! Don't spend any more money fixing that car of yours because the funeral is not worth the candle!

COLMO

¡Esto es el colmo! The limit, the last straw.
Ej. ¡Esto es el colmo; no aguanto más! This is the limit; I can't stand it anymore!

Para colmo. To top it all off.
Ej. Y para colmo me dijo que ya no me quería. And to top it all off she said she no longer loved me.

Ser el colmo de. Be the height of.
Ej. Lo que dices es el colmo de la estupidez. What you are saying is the height of stupidity.

COLOCAR

Colocar dinero. To invest money.
Ej. Voy a colocar dinero en bolsa. I'm going to invest money in stock.

Colocarse. To take a job; to get employment.
Ej. Se ha colocado en un banco. He's taken a job in a bank.

COLOR

Mudar uno de color. To blush.
Ej. Mudé de color al oír mi nombre. I blushed when I heard my name.

Perder el color. To grow pale.
Ej. Perdió el color al oír la noticia. He grew pale when he heard the news.

Ponerse de mil colores. Go red in the face.
Ej. Cuando le dije la verdad se le puso la cara de mil colores. When I told him the truth he got red in the face.

Sacarle a uno los colores a la cara. To make someone blush.
Ej. Me sacaron los colores a la cara. They made me blush.

Ver las cosas de color de rosa. To look at the world with rose-colored lenses.
Ej. Cuando bebe ve las cosas de color de rosa. When he drinks he sees the world with rose-colored lenses.

COLORADO

Ponerse colorado. To blush.
Ej. Se puso colorado cuando ella se lo dijo. He blushed when she told him.

COMBA

Saltar a la comba. To skip rope.
Ej. Salto a la comba todos los días. I skip rope daily.

COMEDIA

Hacer la comedia. To put on an act; to play up to.
Ej. María le hizo la comedia al jefe. Mary put on an act for the boss.

Hacer uno la comedia. To pretend, play up to.
Ej. Siempre le hace la comedia al jefe. He always plays up to the boss.

Comedia de enredo. Situation comedy.
Ej. Es una comedia de enredo muy divertida. It's a very funny situation comedy.

COMENZAR

See: Cero, Comenzar desde cero.

COMER

Comer a dos carrillos. To stuff oneself, to pig out.
Ej. Comí a dos carrillos en la cena. I stuffed myself at supper.

Comer por los ojos. The eyes are bigger than the stomach.
Ej. Víctor come por los ojos. Victor's eyes are bigger than his stomach.

Comerse a alguien con los ojos. To ogle someone.
Ej. Víctor se está comiendo a Susana con los ojos. Victor is ogling Susan.

Comerse a alguien vivo. To skin someone alive.
Ej. El profe estaba tan enfadado que casi me come vivo. The teacher was so angry he almost skinned me alive.

Dar de comer. To feed.
Ej. Voy a dar de comer a los perros. I'm going to feed the dogs.

No tener qué comer. To have nothing to eat.
Ej. No tenemos nada que comer. We have nothing to eat.

Ser de buen comer. To be a hearty eater.
Ej. Los españoles son de buen comer. Spaniards are hearty eaters.

Sin comerlo ni beberlo. Without having done anything to deserve it.
Ej. Sin comerlo ni beberlo me encontré sin empleo. Without having done anything to deserve it, I found myself jobless.

See: Codo, Comerse los codos de hambre.
See: Pata, Comérsele a uno por las patas.

COMIDILLA
Ser la comidilla del barrio. Be the talk of the town.
Ej. Susana y su hermana son la comidilla del barrio. Susan and her sister are the talk of the town.

COMIDO
Comido de polillas. Moth-eaten.
Ej. Este abrigo está comido de polillas. This overcoat is moth-eaten.

Lo comido por lo servido. Tit for tat.
Ej. Pues, mira, lo comido por lo servido. Well, look, tit for tat.

Sin haberlo comido ni bebido. Without having anything to do in the matter.
Ej. Sin haberlo comido ni bebido tuve que pagar yo. Without having had anything to do in the matter I had to pay.

COMINO
No importarle a uno un comino. Not to give a damn.
Ej. ¡No me importas un comino! I don't give a damn about you!

No valer un comino. Not to be worth a fig; worthless.
Ej. Tu trabajo no vale un comino. Your work is worthless.

COMO
Cómo es que... How come...
Ej. ¿Cómo es que no vienes? How come you are not coming?
Ej. ¿Cómo es que no te gusta el pollo? How come you don't like chicken?

¡Cómo no! Why not? Of course.
Ej. ¿Que si quiero ir? ¡Cómo no! Do I want to go? Of course!

¡Cómo no! Of course.
Ej. ¡Cómo no! ¡Pase, pase! Of course, do come in!

Como quien dice. So to speak.
Ej. Iré volando, como quien dice. I'll fly, so to speak.

Como sea. In any old way.
Ej. ¡Hazlo como sea! Do it in any old way!

El como y el cuando. The means and the opportunity.
Ej. Ahora necesitamos el como y el cuando. Now we need the means and the opportunity.

El como y el porqué. The whys and wherefores.
Ej. Víctor quiere saber el cómo y el porqué de nuestra decisión. Victor wants to know the whys and wherefores of our decision.

COMPAÑÍA
Hacer compañía. To keep company.
Ej. Por favor, hágame compañía. Please, keep me company.

COMPÁS
Al compás de. To the beat; to the tune of.
Ej. Tarareé esto al compás de la Quinta Sinfonía. Hum this to the tune of the Fifth Symphony.

Perder el compás. To lose step.
Ej. Cuando bailo siempre pierdo el compás. When I dance I always lose step.

COMPASIÓN
Tener compasión de. To feel sorry for.
Ej. Le tengo compasión a tu madre. I feel sorry for your mother.

COMPENSAR
Compensar. To be worth one's while.
Ej. No me compensa ir a Nueva York. It's not worth my while to go to New York.

COMPLEJO
Complejo de inferioridad. Inferiority complex.
Ej. Todos tenemos complejo de inferioridad. We all have an inferiority complex.

COMPLEXIÓN
De complexión gruesa. Stocky, stout.
Ej. Víctor es de complexión gruesa. Victor is a stout person.

COMPOSICIÓN
Hacer composición de lugar. To ponder.
Ej. Antes de aceptar debemos hacer composición de lugar. Before accepting we must ponder about it.

COMPRAR
See: Plazo, Comprar a plazos.

COMPRAS
Ir de compras. To go shopping.
Ej. Esta tarde vamos de compras. We are going shopping this afternoon

See: Salir, Salir de compras.

COMÚN
Amigos comunes. Mutual friends.

Ej. Tenemos amigos comunes en Filadelfia. We have mutual friends in Philadelphia.

De común acuerdo. By common consent.
Ej. Lo hicimos de común acuerdo. We did it by common consent.

El común de las gentes. The majority of the people, most people.
Ej. El común de las gentes quiere felicidad. Most people long for happiness.

Por lo común. As a rule of thumb, generally, usually.
Ej. Por lo común la gente come una vez al día. As a rule of thumb people eat once a day.

CON
Con que... So,...
Ej. ¿Con que te casas? So you are getting married?

Con tal de que... Provided that... as long as...
Ej. Acepto con tal de que pagues tú. I accept provided you pay.

Con todo. All in all.
Ej. Con todo hemos gastado mil pesetas. All in all we've spent one thousand pesetas.

CONCEPTO
Bajo ningún concepto. By no means.
Ej. No acepto el trato bajo ningún concepto. By no means do I accept the deal.

Formar un concepto. To form an idea of.
Ej. Me había formado un concepto diferente de él. I had formed a different idea about him.

CONCHA
Meterse uno en su concha. To withdraw into one's shell.
Ej. Cuando se enfada se mete en su concha. Whenever he gets angry he withdraws into his shell.

CONCIENCIA
En conciencia. In all conscience.
Ej. En conciencia no puedo hacerlo. In all conscience I can't do it.

Hecho a conciencia. Well done, made to a T.
Ej. Este traje está hecho a conciencia. This suit is well made.

Libertad de conciencia. Freedom of thought.
Ej. La constitución nos da libertad de conciencia. The constitution grants freedom of thought.

Persona sin conciencia. Heartless person.
Ej. Paco es una persona sin conciencia. Frank's a heartless person.

Tener la conciencia limpia. To have a clear conscience.
Ej. Tengo la conciencia muy limpia. I have a clear conscience.

CONCIERNE
En lo que a mí concierne. As far as I am concerned.
Ej. En lo que a mí concierne, puedes ir. As far as I am concerned, you may go.

CONDICIÓN
A condición de que... On condition that...
Ej. Te lo doy a condición de que pagues mañana. I'll give it to you on condition that you pay tomorrow.

Con la condición de que. On condition that.
Ej. Te invito a la boda con la condición de que vengas. I'll invite you to the wedding on condition that you come.

En condiciones. In good shape.
Ej. Necesito un coche en condiciones. I need a car in good shape.

Tener condiciones para. A gift for; knack for; talent for.
Ej. Tiene condiciones para la enseñanza. He has a talent for teaching.

See: Igualdad, En igualdad de condiciones.

CONDUCIR
Esto no conduce a nada. This leads us nowhere.
Ej. Esta discusión no conduce a nada. This argument is leading us nowhere.

CONDUCTA
Mejorar de conducta. To mend one's ways.
Ej. Paco ha mejorado de conducta. Frank's mended his ways.

CONDUCTO
Por conducto de. By means of, through.
Ej. Lo he sabido por conducto de Víctor. I've learnt about it through Victor.

CONFESAR
Confesar de plano. To make a clean breast of.
Ej. Y después confesó de plano. And after that he made a clean breast of it.

Confesar las culpas. To confess one's faults.
Ej. Quiere confesar sus culpas. He wants to confess his faults.

Confesarse a Dios. To confess to God.
Ej. Por lo que has hecho debes confesarte a Dios. For what you've done you must confess to God.

CONFIANZA
Abuso de confianza. Breach of faith, trust.
Ej. Lo que has hecho es un abuso de confianza. What you've done is a breach of trust.

De confianza. Informal.
Ej. Fue una reunión de confianza. It was an informal meeting.

Digno de confianza. Reliable.
Ej. Víctor es digno de toda confianza. Victor is a very reliable man.

En confianza. In confidence.
Ej. Te lo digo en confianza. I'm telling you in confidence.

Persona de confianza. Right-hand person.
Ej. David es mi hombre de confianza. Dave is my right-hand man.

Tener confianza con. To be on intimate terms with.
Ej. Tengo confianza con mi jefe. I'm on intimate terms with my boss.

Tener confianza en. To trust.
Ej. No tengo confianza en sus habilidades. I don't trust his abilities.

Tener confianza en uno mismo. To have self-confidence.
Ej. Tiene mucha confianza en sí mismo. He has a lot of self-confidence.

CONFIDENCIA
Hacer confidencias. To confide.
Ej. Me ha hecho unas confidencias. He has confided in me.

CONFORME
Conforme a. In line with.
Ej. Se ha impreso el libro conforme a sus instrucciones. The book has been printed in line with your instructions.

Estar conforme con. To be in agreement, to agree.
Ej. Estamos conformes con la petición. We agree with your request.

CONFORMIDAD
De conformidad con. In agreement with.
Ej. De conformidad con su petición... In agreement with your request...

CONFUNDIDO
Estar confundido. To be mistaken.
Ej. Está usted confundido. You are mistaken.

CONJUNTO
En conjunto. As a whole.
Ej. En conjunto la idea me parece bien. As a whole, the idea seems all right to me.

CONOCER
Conocer a alguien de nombre. To know someone by name.
Ej. Sólo le conozco de nombre. I only know him by name.

Conocer a alguien de vista. To know someone by sight.
Ej. Conozco a Víctor de vista. I know Victor by sight.

Dar a conocer. To make known.
Ej. El gobierno ha dado a conocer el presupuesto. The government has made the budget known.

See: Paño, Conocer el paño.

CONOCIDO
Conocido. Well-known.
Ej. Baroja es un escritor muy conocido. Baroja is a well-known writer.

CONOCIMIENTO
Poner en conocimiento de. To let know.
Ej. Lo pondré en conocimiento del juez. I'll let the judge know.

Tener conocimiento de algo. To be aware of something.
Ej. Tengo conocimiento de sus dificultades. I am aware of your difficulties.

CONSECUENCIA
Como consecuencia de. As a result of.
Ej. Como consecuencia del accidente cobró un millón. As a result of the accident he collected a million.

En consecuencia. Accordingly.
Ej. Tenemos que actuar en consecuencia. We have to act accordingly.

Sacar en consecuencia. To come to a conclusion.
Ej. ¿Qué sacaste en consecuencia? What conclusion did you come to?

CONSENTIR
Consentir en. To agree to.
Ej. No ha consentido en ayudarnos. He didn't agree to help us.

CONSERVA
En conserva. Canned.
Ej. No me gusta la carne en conserva. I don't care for canned meat.

CONSIDERACIÓN
Tomar, tener en consideración. To take into consideration.
Ej. Tendremos en consideración lo que ha dicho. We'll take into consideration what you've said.

CONSIGO
No tenerlas uno todas consigo. Not to be sure, to have second thoughts.
Ej. No las tengo todas conmigo con Víctor. I'm not sure about Victor.

CONSIGUIENTE
Por consiguiente. Therefore, consequently.
Ej. Ud. no ha estudiado, por consiguiente le suspendo. You have not studied, therefore I'm failing you.

CONSTANCIA
Dejar constancia. Put something on record.
Ej. Quiero dejar constancia de mi queja. I wish to put my complaint on record.

CONSTAR
Constarle a uno. Be evident to one; be certain that.
Ej. Me consta que Mara no te quiere. It's evident to me that Mara doesn't love you.

Hacer constar. To state.
Ej. Quiero hacer constar que no puedo pagar. I must state that I can't pay.

Que conste que. Let it be understood that.
Ej. Que conste que yo no lo he comprado. Let it be understood that I haven't bought it.

CONSULTA
Hacer una consulta. To ask for advice; consult a doctor.
Ej. Voy a hacerle una consulta al médico. I'm going to consult a doctor.

CONSULTAR
Consultar con la almohada. Sleep on it; take council with one's pillow.
Ej. Considera mi propuesta y consulta con la almohada. Think it over and sleep on it.

CONTACTO
Ponerse en contacto. To get in touch.
Ej. Ponte en contacto con él. Get in touch with him.

CONTADO
Al contado. Cash.
Ej. Pepe siempre paga al contado. Joe always pays cash.

CONTAGIAR
Contagiarse de una enfermedad. To catch a disease.
Ej. Creo que nos hemos contagiado de la enfermedad. I think we've caught the disease.

CONTAR
Contar con. To count on.
Ej. Cuenta conmigo. Count on me.

Contar por hecho. To consider something as good as done.
Ej. ¡Cuéntalo por hecho! Consider it as good as done!

(No) contar con uno. To count in, out.
Ej. No cuentes conmigo. Count me out.

¿Qué te cuentas? How is it going?
Ej. ¿Qué te cuentas, Pablo? How's it going, Paul?

See: Paso, cerrar, cortar el paso.

CONTEMPLACIONES
Sin contemplaciones. Without thinking twice.
Ej. El Sr. Thomson le despidió sin contemplaciones. Mr. Thomson fired him without thinking twice about it.

CONTENTO
No caber en sí de contento. To be as happy as a lark.
Ej. Pedro no cabe en sí de contento. Peter's as happy as a lark.

CONTRA
Contra viento y marea. Against all odds.
Ej. Consiguió lo que quería contra viento y marea. He got what he wanted against all odds.

En pro y en contra. For and against.
Ej. ¿Estás en pro o en contra? Are you for or against?

CONTRAER
Contraer deudas. To get into debt.
Ej. Víctor ha contraído muchas deudas. Victor has gotten into debt.

Contraer matrimonio. To marry, to get married.
Ej. Contrajeron matrimonio en Las Vegas. They got married in Las Vegas.

CONTRARIO
Al contrario. On the contrary.
Ej. No es un ladrón; al contrario, es una bellísima persona. He's no thief; on the contrary, he's a wonderful person.

De lo contrario. Otherwise.
Ej. Debemos salir a las seis; de lo contrario llegaremos tarde. We must leave at six, otherwise we'll be late.

Llevar la contraria. To disagree with; to contradict.
Ej. ¡No me lleves la contraria! Don't contradict me!

Por el contrario. On the contrary.
Ej. No te odio; por el contrario, te quiero. I don't hate you, on the contrary, I love you.

Todo lo contrario. Just the opposite.
Ej. He dicho todo lo contrario. I've said just the opposite.

CONTROL
Control sobre uno mismo. Self-control.
Ej. Debes tener control sobre ti mismo. You must have self-control.

CONVENIR
Convenirle a uno. To be to one's advantage.
Ej. No te conviene casarte con ella. It's not to your advantage to marry her.

CONVERSACIÓN
Dar conversación. To engage in conversation.
Ej. No le des conversación a ese tío. Don't engage that guy in conversation.

Trabar conversación. To strike, start a conversation.
Ej. Trabó conversación con un extraño. He started a conversation with a stranger.

COPA
Llevar una copa de más. To be a bit tipsy.
Ej. Víctor lleva una copa de más. Victor's a bit tipsy.

Tomar una copa. To have a drink.
Ej. Tomemos una copa. Let's have a drink.

COPETE
De alto copete. High-class.
Ej. Es gente de alto copete. They are high-class people.

COPIA
See: Sacar, Sacar copia.

COPLAS
Andar en coplas. To be the talk of the town.
Ej. ¡Somos el hazmerreír de la familia y andamos en coplas! We're the laughingstock of the family and the talk of the town.

CORAZÓN
Buen corazón. Kind, kind-hearted.
Ej. Pepe tiene buen corazón. Joe is very kind-hearted.

Con el corazón en la mano. With all one's heart.
Ej. Te lo digo con el corazón en la mano. I'm telling you with all my heart.

Darle a uno un vuelco el corazón. To have one's heart skip a beat.
Ej. ¡Cuando la vi me dio un vuelco el corazón! When I saw her my heart skipped a beat.

De corazón. From the bottom of one's heart.
Ej. Te lo digo de todo corazón. I say it from the bottom of my heart.

De todo corazón. Sincerely, from the bottom of one's heart.
Ej. Te lo digo de todo corazón. I'm saying this sincerely.

Hacer de tripas corazón. To pluck up courage.
Ej. Tuvimos que hacer de tripas corazón y continuar. We had to pluck up courage and keep going.

No caberle a uno el corazón en el pecho. To have a heart of gold.
Ej. Víctor tiene un corazón que no le cabe en el pecho. Victor has a heart of gold.

No tener corazón. To be heartless, cruel.
Ej. Tu jefe no tiene corazón. Your boss is heartless.

Tener el corazón en la boca. To have one's heart in one's mouth.
Ej. Le temo tanto que tengo el corazón en la boca. I fear him so much that I have my heart in my mouth.

Tener el corazón en vilo. Have one's heart in one's mouth.

Ej. He tenido el corazón en vilo todo el día. I've had my heart in my mouth all day.

See: Duro, Ser duro de corazón.

CORBATA
Con corbata. Wearing a necktie.
Ej. Tienes que venir con corbata. You must come wearing a tie.

CORO
Hacer coro. To agree with.
Ej. Pedro hace coro a todo lo que dice el jefe. Peter agrees with whatever the boss says.

CORONILLA
Estar uno hasta la coronilla. To be sick and tired of.
Ej. ¡Estoy hasta la coronilla de tus preguntas! I'm sick and tired of your questions!

Ir de coronilla. To run around in circles.
Ej. Paco me hace ir de coronilla. Frank makes me run around in circles.

CORREO
Echar al correo. To mail, to post.
Ej. ¿Quieres echarme esta carta al correo? Will you mail this letter for me, please?

CORRER
A todo correr. At full speed.
Ej. Iban a todo correr. They were driving at full speed.

Correr con los gastos. Foot the bill.
Ej. Yo corro con los gastos. I'll foot the bill.

Correr el rumor. To be rumored.
Ej. Corre el rumor de que se entienden. It's rumored they are having an affair.

Correr por cuenta de uno. To take care of; to foot a bill, to be on someone.
Ej. La cena corre de mi cuenta. Supper's on me!

Correr prisa. Be urgent.
Ej. Esto corre mucha prisa. This is very urgent.

See: Pelar, Correr que se las pela uno.

CORRIDO
De corrido. Nonstop, in a row, rattle off.
Ej. Dime la lista de los verbos irregulares de corrido. Rattle off the irregular verbs.

CORRIENTE
Contra corriente. Against the tide.

Ej. En la vida no se puede ir contra corriente. In life you can't go against the tide.

Corriente y moliente. Commonplace, run-of-the-mill.
Ej. Mi marido es un hombre corriente y moliente. Mine is a run-of-the-mill husband.

Dejarse llevar de la corriente. To drift with the tide.
Ej. Víctor se deja llevar de la corriente. Victor drifts with the tide.

Dejarse llevar por la corriente. To follow the crowd.
Ej. Déjate llevar por la corriente. Follow the crowd.

Estar al corriente. To be informed, to know, to be aware of.
Ej. Sí, estoy al corriente de sus problemas. Yes, I'm aware of your problems.

Estar al corriente de pago. To keep up one's payments.
Ej. Si estás al corriente de pago no tienes nada que temer. If you keep up your payments you have nothing to fear.

Ir contra corriente. To swim against the tide.
Ej. No es buena idea ir contracorriente. It's not a good idea to swim against the tide.

Seguir la corriente a alguien. To humor someone.
Ej. Hay que seguirle la corriente al abuelo. We must humor grandfather..

CORTA
A la corta o a la larga. Sooner or later.
Ej. Si no ahorras, a la corta o a la larga tendrás problemas. If you don't save, sooner or later you'll have problems.

CORTAR
Cortar con. Break up with.
Ej. He cortado con mi novio. I've broken up with my boyfriend.

Cortar el pelo. To have one's hair cut.
Ej. Voy a cortarme el pelo. I'm going to have my hair cut.

Cortar por el camino más corto. To take a short cut.
Ej. ¡Cortemos por el camino más corto! Let's take a short cut!

Cortar por lo sano. Take drastic measures.
Ej. Debemos cortar por lo sano ya. We must take drastic measures now.

CORTE
Hacer la corte. To court, to woo.
Ej. El jefe le hace la corte a la mujer del portero. The boss is wooing the doorman's wife.

See: Manga, Hacer un corte de manga.

CORTO
Corto de vista. Shortsighted, nearsighted.
Ej. No le he visto porque soy corto de vista. I didn't see you because I'm nearsighted.

See: Medio, Estar (andar) corto de medios.

COSA
Como quien no quiere la cosa. Pretend something doesn't concern one.
Ej. No respondió y se fue como quien no quiere la cosa. He didn't answer and left pretending it didn't concern him.

Como si tal cosa. As if nothing had happened.
Ej. Y se fue como si tal cosa. And he left as if nothing had happened.

Cosa de. About; more or less; some; a question of.
Ej. Será cosa de veinte minutos. It'll be a matter of some twenty minutes.

Cosa de ver. Worth seeing.
Ej. El museo es cosa de ver. The museum is worth seeing.

Cosa nunca vista. Something unheard of.
Ej. Hizo una cosa nunca vista. He did something unheard of.

Cosas de la vida. Those things happen.
Ej. ¡Qué le vamos a hacer! ¡Son cosas de la vida! What can we do? Those things happen!

Cosas de niños. Childish things.
Ej. Son cosas de niños. Those are childish things.

Hace cosa de. About.
Ej. Se ha ido hace cosa de diez minutos. He left about ten minutes ago.

Lo que son las cosas. Fancy that.
Ej. Lo que son las cosas: ahora se ha casado. Fancy that: now he gets married.

No sea cosa que... Lest, in case...
Ej. Lleva dinero no sea cosa que queramos comprar algo. Take some money in case we want to buy something.

No ser cosa del otro jueves. Nothing to write home about.
Ej. La fiesta no fue nada del otro jueves. The party was nothing to write home about.

No ser cosa del otro mundo. Nothing to write home about.
Ej. La novia de Víctor no es cosa del otro mundo. Victor's girlfriend is nothing to write home about.

No valer gran cosa. Not to be worth a nickle.
Ej. Ese piano no vale gran cosa. That piano is not worth a nickle.

¡Qué cosa (tan) más rara. How weird!
Ej. ¿Víctor no está? ¡Qué cosa más rara! Victor's not in? How weird!

Ser cosa de. To be a matter of.
Ej. Es cosa de unas horas. It's a matter of a few hours.

Ser cosa(s) de. To be someone's doings, pranks, ideas.
Ej. Esto es cosa de Pedro. This is Peter's doing.

Ser muy poquita cosa. Puny, little man, weakling, a slip of a man.
Ej. Tu marido es muy poquita cosa. Your husband is a weakling.

Ser otra cosa. Be different.
Ej. Ah, eso es otra cosa. Oh, that's different.

Una cosa mala. A freak.
Ej. ¡Pareces una cosa mala! You look like a freak!

COSER
Ser coser y cantar. To be a cinch, a piece of cake.
Ej. Eso es coser y cantar. That's a cinch.

COSQUILLAS
Buscarle las cosquillas a alguien. To pick on someone.
Ej. Víctor me busca las cosquillas. Víctor wants to pick on me.

Hacer cosquillas. To tickle.
Ej. ¡No me hagas cosquillas! Don't tickle me!

Tener cosquillas. To be ticklish.
Ej. Tengo muchas cosquillas. I'm very ticklish.

COSTA
A toda costa. At all costs.
Ej. Debemos llegar pronto a toda costa. We must get there early at all costs.

COSTAL
Eso es harina de otro costal. That's a horse of a different color.
Ej. Bueno, eso ya es harina de otro costal. Okay, that's a horse of a different color.

COSTAR
Costar caro. Pay dearly for it.
Ej. ¡Eso te va a costar caro! You are going to pay dearly for that!

Costar un ojo de la cara. To cost a pretty penny.
Ej. La sortija me costó un ojo de la cara. The ring cost me a pretty penny.

Cuesta trabajo creerlo. It's hard to believe.
Ej. ¡Cuesta mucho trabajo creerlo! It's very hard to believe!

See: Barbaridad, Costar una barbaridad.
See: Cuarto, Costar cuatro cuartos.

COSTILLA
Medirle a uno las costillas. To give someone a beating.
Ej. Su padre le midió las costillas. His father gave him a beating.

COSTUMBRE
Como de costumbre. As usual.
Ej. Víctor llega tarde como de costumbre. Victor is late as usual.

COTARRO
El amo del cotarro. The boss, the big man, the person who calls the shots.
Ej. Víctor es el amo del cotarro. Victor is the big boss.

COTO
Poner coto a. Put an end to, put a stop to; curtail.
Ej. Debemos poner coto a los gastos. We must put an end to our expenses.

COZ
Soltar uno una coz. To talk back, to answer back.
Ej. Cuando se le habla siempre suelta una coz. When you talk to him he always answers back.

CRECES
Pagar con creces. To pay plenty.
Ej. He pagado la casa con creces. I've paid plenty for the house.

CRÉDITO
No dar crédito a los ojos de uno. Not to believe one's eyes.
Ej. ¡Cuando le vi no daba crédito a mis ojos! When I saw him I couldn't believe my eyes!

CREDO
En un credo. In a jiffy.
Ej. ¡Lo haremos en un credo! We'll do it in a jiffy!

CRIAR
Cría cuervos y te sacarán los ojos. Don't lavish your gifts upon the ungrateful.
Ej. ¡Cría cuervos y te sacarán los ojos! Don't lavish gifts on the ungrateful!

CRISTO
Donde Cristo dio las tres voces. Out in the sticks, far away.
Ej. Víctor vive donde Cristo dio las tres voces. Victor lives out in the sticks.

Donde Cristo perdió el gorro. Where God lost his shoe.
Ej. Vive muy lejos; donde Cristo perdió el gorro. He lives far, where God lost his shoe.

Ni Cristo que lo fundó. Not by a long shot; no way.
Ej. ¡No le pago ni Cristo que lo fundó! I'm not paying! No way!

CRUDO
Está la cosa muy cruda. Things don't look too good.
Ej. Han despedido a mucha gente. Está la cosa muy cruda. Many people have been fired. Things don't look too good.

CRUZ
Cruz y raya. That's the end of it; that's that.
Ej. ¡Haz lo que quieras! ¡Y cruz y raya! Do as you wish! And that's the end of it!

En cruz. Crosswise.
Ej. Ponlos en cruz. Place them crosswise.

Hacerse cruces. Not to be able to believe.
Ej. ¡Me hago cruces del dinero que gana! I can't believe the money he makes!

CRUZAR
Cruzado de brazos. To dawdle, to loiter.
Ej. Mis empleados están siempre cruzados de brazos. My employees are always loitering.

Cruzar palabras con. To have words with, to argue with.
Ej. Lo han despedido por cruzar palabras con el jefe. He's been fired for arguing with the boss.

See: Camino, Cruzarse en el camino de alguien.
See: Cara, Cruzarle la cara a alguien.

CUADRATURA
See: Círculo, La cuadratura del círculo.

CUAL
Cada cual. Each one; everyone.
Ej. Cada cual tiene sus preocupaciones. Everyone has his own worries.

Por lo cual. For that reason; that's why.
Ej. No tengo dinero, por lo cual he decidido vender el coche. I have no money; for that reason I've decided to sell the car.

Tal cual. As is.
Ej. Déjalo tal cual. Leave it as it is.

Tal para cual. Two of a kind.
Ej. Susana y María son tal para cual. Susan and Mary are two of a kind.

CUALQUIERA
Un cualquiera. A nobody.
Ej. Víctor es un cualquiera. Victor's a nobody.

CUÁNDO
De cuando en cuando. From time to time.
Ej. De cuando en cuando fumo. I smoke from time to time.

¿De cuándo acá...? Since when...?
Ej. ¿De cuándo acá te gustan las rubias? Since when do you like blondes?

CUANTO
Cuanto antes. As soon as possible.
Ej. Hazlo cuanto antes. Do it as soon as possible.

Cuanto antes mejor. The sooner the better.
Ej. Cuanto antes hagamos esto mejor. The sooner we do this the better.

CUARENTA
See: Cantar, Cantar las cuarenta.

CUARTO
Costar cuatro cuartos. Two bits; a song; little money.
Ej. El coche me ha costado cuatro cuartos. I bought the car for a song.

De tres al cuarto. Two-bit.
Ej. Es un abogado de tres al cuarto. He's a two-bit lawyer.

Estar sin un cuarto. To be broke; hard up for money.
Ej. Estoy sin un cuarto. I'm hard up for money.

No tener uno un cuarto. Not to have a penny to one's name.
Ej. Víctor no tiene un cuarto. Victor doesn't have a penny to his name.

Tener cuartos. To be well-heeled.
Ej. La familia de Víctor tiene muchos cuartos. Victor's family is well-heeled.

See: Pregonero, Dar un cuarto al pregonero.

CUATRO
Más de cuatro. Quite a few.
Ej. ¡Más de cuatro quisieran estar en tus zapatos! Quite a few would like to be in your boots!

CUBERO
See: Ojo, A ojo de buen cubero.

CUCHILLO
Pasar a cuchillo. To put to the sword.
Ej. Pasaron a cuchillo a los prisioneros. The prisoners were put to the sword.

CUELLO
See: Agua, Estar con el agua al cuello.

CUENTA
A fin de cuentas. All things considered; after all.
Ej ¡A fin de cuentas, qué importa! What does it matter after all!

Abrir una cuenta. To open an account.
Ej. He abierto una cuenta en ese banco. I've opened an account in that bank.

Ajustar cuentas. To settle accounts.
Ej. Tenemos que ajustar cuentas. We must settle accounts.

Caer uno en la cuenta. To realize, understand, dawn on someone.

Ej. Cayó en la cuenta de que no tenía dinero para pagar. It dawned on him he had no money to pay.

Dar cuenta de una cosa. To finish off, destroy something.
Ej. Dieron cuenta de la cena en un periquete. They finished off dinner in a jiffy.

Darse cuenta de. To realize.
Ej. ¿Te das cuenta de la hora que es? Do you realized what time it is?

Echar cuentas. To work out the account; to make figures.
Ej. Antes de comprarlo tenemos que echar cuentas. Before we buy it we must make figures.

En resumidas cuentas. In short; to make a long story short.
Ej. En resumidas cuentas: me voy. In short: I'm leaving.

Las cuentas del Gran Capitán. Exorbitant and false accounts.
Ej. El contable nos ha presentado las cuentas del Gran Capitán. The accountant has tendered exorbitant and false accounts.

Llevar la cuenta de. To keep accounts.
Ej. ¿Llevas la cuenta de los gastos? Are you keeping account of the expenses?

No salir las cuentas. The accounts don't jibe.
Ej. ¡Lo siento pero no salen las cuentas! I'm sorry but the accounts don't jibe!

Pasar la cuenta. Give, send bill, invoice.
Ej. Páseme la cuenta cuando quiera. Send me the bill any time.

Perder la cuenta. To lose count.
Ej. ¡Me has hecho perder la cuenta! You've made me lose count!

Rendir cuentas de. To account for.
Ej. Debemos rendir cuentas del dinero. We must account for the money.

Tomar en cuenta. To take into account.
Ej. Debes tomar en cuenta el tiempo que necesitamos. You must take into account the time we need.

Trabajar por cuenta propia. To be self-employed.
Ej. Yo trabajo por mi cuenta. I'm self-employed.

Traer cuenta. Be profitable.
Ej. No trae cuenta trabajar tantas horas. It's not profitable to work so many hours.

Vivir a cuenta de otro. Live off someone.
Ej. Víctor quiere vivir a cuenta mía. Victor wants to live off me.

See: Correr, Correr algo a cuenta de uno.
See: Sacar, Sacar la cuenta.

CUENTO
Cuento chino. A cock-and-bull story.
Ej. No me lo creo. Es un cuento chino. I don't believe it. It's a cock-and-bull story.

Dejarse de cuentos. To stop beating around the bush.
Ej. Déjate de cuentos y dime lo que pasó. Stop beating around the bush and tell me what happened.

¡Déjate de cuentos! Come to the point!
Ej. ¡Déjate de cuentos y dímelo! Come to the point and tell me!

El cuento de nunca acabar. A never-ending story.
Ej. Esto es el cuento de nunca acabar. This is a never-ending story.

¡No me vengas con cuentos! Don't give me that song and dance!
Ej. ¡No me vengas con cuentos, Víctor! Don't give me that song and dance, Victor!

No venir a cuento. To be beside the point.
Ej. Lo que dice no viene a cuento. What you are saying is beside the point.

Traer a cuento. To mention.
Ej. Él trajo a cuento lo del dinero que le debemos. He mentioned the money we owe him.

CUERDA
Bajo cuerda. Secretly, under the table.
Ej. Le dio el dinero bajo cuerda. He gave him the money under the table.

Dar cuerda. To wind.
Ej. Ahora ya no damos cuerda a los relojes. Now we no longer wind watches.

Tener cuerda para rato. Spin a yarn.
Ej. Víctor tiene cuerda para rato cuando habla de sus hijos. Victor likes to spin a yarn about his children.

CUERNO
No valer un cuerno. To be worthless.
Ej. Tu libro no vale un cuerno. Your book is worthless.

Poner los cuernos. To be unfaithful, to two-time.
Ej. La mujer de Víctor le pone los cuernos. Víctor's wife is two-timing.

Saber a cuerno quemado. To feel like a kick in the pants.
Ej. Lo que has dicho me sabe a cuerno quemado. What you've just said feels like a kick in the pants.

CUEROS
En cueros. In the raw, stark-naked.
Ej. Cuando entré estaban los dos en cueros. When I came in the two of them were in the raw.

CUERPO
Cuerpo a cuerpo. Hand-to-hand.
Ej. Un combate cuerpo a cuerpo. A hand-to-hand combat.

Estar de cuerpo presente. To lie in state (a corpse).
Ej. Allí estaba Víctor de cuerpo presente. There was Victor lying in state.

Hacer de cuerpo. To have a bowel movement.
Ej. Ayer hice de cuerpo dos veces. I had two bowel movements yesterday

Ir a cuerpo. In one's shirt sleeves.
Ej. No salgas a cuerpo. Don't go out in your shirt sleeves.

Pedirle el cuerpo algo a alguien. To crave for something.
Ej. El cuerpo me pide ejercicio. I crave for exercise.

CUERVOS
See: Criar, Cría cuervos y te sacarán los ojos.

CUESTA
Cuesta de enero. January is the slowest month of the year.
Ej. Ya sabes que la cuesta de enero es terrible. You know that January is the slowest month of the year.

Llevar uno a cuestas. To carry on one's back.
Ej. No te puedo llevar a cuestas. I can't carry you on my back.

See: Abajo, Cuesta abajo.

CUESTIÓN
Ser cuestión de... To be a matter of...
Ej. Es cuestión de unos minutos. It's a matter of a few minutes.

CUIDADO
Andar con cuidado. To be careful.
Ej. Tienes que andar con cuidado con Víctor. You must be very careful with Victor.

Perder cuidado. Not to worry.
Ej. ¡Pierde cuidado que sé lo que hago! Don't worry, I know what I'm doing!

Tener cuidado. To be careful.
Ej. ¡Ten mucho cuidado! Be very careful!

CULATA
Salir el tiro por la culata. To backfire.
Ej. Su plan falló y le ha salido el tiro por la culata. His scheme failed and backfired on him.

CULO
Culo del pantalón. Seat of one's pants.
Ej. Tienes una siete en el culo del pantalón. You have a rip in the seat of your pants.

Ser culo de mal asiento. Fidgety, restless person.
Ej. Víctor se ha ido porque es culo de mal asiento. Víctor has left because he is a very restless person.

See: Aire, Estar con el culo al aire.

CULPA
Echar la culpa. To blame; to pin the blame on someone.
Ej. No me eches la culpa a mí. Don't pin the blame on me.

Por tu culpa... Because of you...
Ej. Por tu culpa no he aprobado el examen. I haven't passed the exam because of you.

Tener la culpa. To be to blame; to be someone's fault.
Ej. Yo siempre tengo la culpa. I am always to blame.

CUMPLIR
See: Deber, Cumplir con el deber de uno.

CURAR
Curar en salud. Avoid problems.
Ej. Es mejor cobrar de antemano y curarse en salud. It's better to collect beforehand and avoid problems.

D

DACA
Toma y daca. Give and take.
Ej. No me gusta este toma y daca. I don't like this give and take.

DADO
Dado a. Given to.
Ej. Es muy dado a las bromas. He is much given to playing jokes.

Dado que... Given that...
Ej. Dado que se conocen ustedes no les presentaré. Given that you know each other, I won't introduce you.

DAMOCLES
La espada de Damocles. Sword of Damocles.
Ej. Vivimos bajo la espada de Damocles. We live under Damocles' sword.

DAÑO
Hacer daño a alguien. To hurt someone.
Ej. No hagas daño a tu familia. Don't hurt your family.

Hacerle daño algo a uno. To be harmful, not to agree with one.
Ej. El vino me hace daño. Wine doesn't agree with me.

Hacerse daño. To get hurt, to hurt oneself.
Ej. Te vas a hacer daño. You are going to hurt yourself.

DAR
Ahí me las den todas. I don't give a damn.
Ej. Víctor adopta una actitud de ahí me las den todas. Victor takes an I don't give-a-damn attitude.

Dar a. Overlook, to face.
Ej. La ventana da a la calle. The window faces the street.

Dar a conocer. To make known.
Ej. Dio a conocer su opinión. He made his opinion known.

Dar con. To find.
Ej. No doy con la calle. I can't find the street.

Dar de palos. To beat up.
Ej. Le voy a dar de palos a Víctor. I'm going to beat Victor up.

Dar de sí. To stretch, to give.
Ej. Los pantalones han dado de sí. My pants have stretched.

Dar el golpe. To make a sensation, make a hit.
Ej. Vas a dar el golpe con ese coche. You'll make a hit with that car.

Dar guerra. To make trouble, make a fuss.
Ej. Esos niños dan mucha guerra. Those children make a lot of trouble.

Dar gusto. To please.
Ej. Dame gusto y estudia mucho. Please me and study a lot.

Dar la hora. To strike the hour.
Ej. El reloj de la catedral ha dado las tres. The Cathedral's clock has just struck three.

Dar la luz. Switch the light on.
Ej. Da la luz que no veo ni gota. Switch the light on; I can't see a damn thing.

Dar la mano. To shake hands.
Ej. Déle la mano al Sr. Martín. Shake hands with Mr. Martin.

Dar la razón. To agree.
Ej. Le doy a usted toda la razón. I entirely agree with you.

Dar las gracias. To thank.
Ej. Le doy las gracias por todo. I thank you for everything.

Dar los buenos días. To say good morning.
Ej. ¡No me has dado los buenos días! You didn't say good morning to me!

Dar para. Be enough.
Ej. Este dinero no da para vacaciones. This money isn't enough for a vacation.

Dar parte. To report.
Ej. Dieron parte a la policía. They reported it to the police.

Dar por. Take it into one's head.
Ej. Le ha dado por estudiar medicina. He's taken it into his head to study medicine.

Dar por bien empleado. To be worth the trouble (or expense, etc).
Ej. Doy por bien empleado el dinero que le he dado. The money I've given him was worth it.

Dar por hecho. To take for granted.
Ej. Dábamos por hecho que vendrías. We took it for granted that you would come.

Dar por muerto. Be given up for dead.
Ej. Se le dio por muerto en Vietnam. He was given up for dead in Vietnam.

Dar por seguro. To feel sure, to take for granted.
Ej. Doy por seguro que pagará. I feel sure he will pay.

Dar por sentado. Take for granted; assume; take it.
Ej. Doy por sentado que todos vendrán. I take it they will all come.

Dar prestado. To lend.
Ej. Me ha dado prestado un libro. He has lent me a book.

Dar que hablar. To cause criticism; to make people talk.
Ej. Eso dará mucho que hablar. That will cause a lot of criticism.

Dar que pensar. To make someone wonder.
Ej. Lo que hizo me dio que pensar. What he did made me wonder.

Dar recuerdos. To give regards.
Ej. Dale recuerdos de mi parte. Give him my regards.

Dar saltos. To jump.
Ej. Dio saltos de alegría. He jumped with joy.

Dar un abrazo. To hug, embrace.
Ej. Ven y dame un abrazo. Come and hug me.

Dar un bofetón. To slap someone's face.
Ej. Susana le dio un bofetón a Víctor. Susan slapped Victor's face.

Darle a uno algo. To be stricken with, come down with.
Ej. Le dio una anemia. He came down with anemia.

Darle a uno ganas de. To feel like.
Ej. Me dan ganas de abofetearte. I feel like slapping you.

Darse a conocer. To make a name for oneself.
Ej. Se va a dar a conocer con su nuevo invento. He is going to make a name for himself with his new invention.

Darse por aludido. To take it personally.
Ej. Con lo que has dicho, Víctor se ha dado por aludido. Victor has taken personally what you've said.

Darse por vencido. To give up.
Ej. Me doy por vencido. I give up.

Darse prisa. To hurry.
Ej. ¡Date prisa! Hurry up!

Dárselas uno de. To boast; show off; fancy oneself.
Ej. Se las da de guapo. He fancies himself handsome.

Dársele bien a uno. To come easy to one.
Ej. Se le dan bien los idiomas. Languages come easy to him.

Donde las dan, las toman. Sow evil, reap it.
Ej. Víctor, ya sabes: donde las dan, las toman. Victor, you know: sow evil, reap it.

No dar ni los buenos días. Not to give the time of day.
Ej. Pablo es muy tacaño. No da ni los buenos días. Paul's very stingy. He doesn't even give the time of day.

No darle a uno la gana. No to feel like; not to want to do something.
Ej. No me da la gana de ir. I don't want to go.

DEBER
Cumplir con el deber de uno. Do one's duty.
Ej. ¡Cumple con tu deber! Do your duty!

DEBILIDAD
Tener debilidad por. To be partial to; have a weakness for.
Ej. Víctor tiene debilidad por las rubias. Victor is partial to blondes.

DECADENCIA
Estar en decadencia. To be on the wane.
Ej. La moda italiana está en decadencia. Italian fashion is on the wane.

DECIR
Como quien dice. So to speak.
Ej. Se mata a trabajar, como quien dice. He works himself to the bone, so to speak.

Como si dijéramos. So to speak.
Ej. Están como si dijéramos casados. They are married so to speak.

Decir uno lo que se le viene a la boca. To say whatever comes to one's head.
Ej. Víctor siempre dice lo que le viene a la boca. Victor always says whatever comes to his head.

¡Digo yo! Says I!
Ej. Todos tenemos que ayudar, digo yo. We all have to help, says I.

El qué dirán. Gossip; what people will say.
Ej. No te preocupes del qué dirán. Don't worry about what people will say.

Es decir. That is to say.
Ej. Iremos a medias; es decir, al cincuenta por ciento. We'll go shares; that is to say, fifty-fifty.

No decir ni pío. Not to say a word; not to say boo.
Ej. Víctor no ha dicho ni pío. Victor has not said a word.

¡No me digas! You don't say!
Ej. ¿Ya tienes empleo? ¡No me digas! You've got a job? You don't say!

Querer decir. To mean.
Ej. ¿Qué quiere usted decir? What do you mean?

Según el decir general. By all accounts.
Ej. Según el decir general no es una persona honrada. By all accounts he's not an honest person.

Ser un decir. To be a manner of speaking.
Ej. ¡Hombre, es un decir! Well, it's a manner of speaking!

See: Bolas, Decir bolas.

DEDILLO
Saber al dedillo. Know backwards and forwards; to have down pat.
Ej. Me sé los verbos irregulares al dedillo. I know the irregular verbs backwards and forwards.

DEDO
Contar con los dedos. To count on one's fingers.
Ej. Puedo contar con los dedos de la mano las faltas que tengo. I can count on my fingers the errors I have.

Estar a dos dedos de. To be within an ace of.
Ej. Estuvo a dos dedos de ser atropellado. He was within an ace of being run over by a car.

No tener dos dedos de frente. Not to have sense enough to.
Ej. Hay que tener dos dedos de frente y guarecerse de la lluvia. You have to have sense enough to step out of the rain.

Poner el dedo en la llaga. To put one's finger on it.
Ej. Has puesto el dedo en la llaga. You've put your finger on it.

Señalar a uno con el dedo. To point someone out; to finger someone.
Ej. Es de mala educación señalar con el dedo. It's bad manners to point.

See: Chuparse, Chuparse el dedo.
See: Chuparse, Para chuparse los dedos

DEFENSA
Defensa propia. Self-defense
Ej. Lo hice en defensa propia. I did it in self-defense.

En legítima defensa. In self-defense.
Ej. Hirió al atacante en legítima defensa. She wounded the attacker in self-defense.

DEFINITIVA
En definitiva. In short.
Ej. En definitiva, se fue a Nueva York. In short: he went to New York.

DEJAR
Dejado de la mano de Dios. Godforsaken.
Ej. Es un país pobre, dejado de la mano de Dios. It's a poor, Godforsaken country.

Dejar caer. To drop.
Ej. ¡No dejes caer el jarrón! Don't drop the vase!

Dejar de. To stop, quit
Ej. Ha dejado de estudiar. He has stopped studying.

Dejar de existir. To pass away.
Ej. La emperatriz dejó de existir ayer. The Empress passed away yesterday.

Dejar dicho. To leave word.
Ej. Dejó dicho que no vendría. She left word that she wouldn't come.

Dejar en paz. To leave alone.
Ej. ¡Déjame en paz! Leave me alone!

Dejar escrito. To leave a note.
Ej. He dejado escrito lo que quiero. I've left a note with what I want.

Dejar plantado. To leave in the lurch. To jilt.
Ej. Susana ha dejado plantado a Víctor. Susan has left Victor en the lurch

Dejar sin efecto. To cancel.
Ej. Hemos dejado la factura sin efecto. We've canceled the invoice.

Dejarse caer. To drop in or by.
Ej. Déjate caer uno de estos días. Drop by one of these days.

Dejarse llevar por. Be influenced by.
Ej. No te dejes llevar por lo que la gente diga. Don't be influenced by what people say.

No dejar de. Not to fail to.
Ej. No dejes de visitar a Pepe. Don't fail to visit Joe.

See: Mano, Dejar de la mano.
See: Palabra, Dejar a uno con la palabra en la boca.

DELANTE
Tener toda una vida por delante. Have the whole life ahead of one.
Ej. Eres joven y tienes toda una vida por delante. You are young and have the whole life ahead of you.

DELANTERA
Tomar la delantera. To take the lead.
Ej. Víctor nos ha tomado la delantera. Victor has taken the lead.

DELIRIO
Con delirio. Madly, a lot.
Ej. Pepe quiere a María con delirio. Joe loves Mary madly.

DEMÁS
Los demás. The others.
Ej. Esperemos a los demás. Let's wait for the others.

Por lo demás. Aside from.
Ej. Tengo muchas deudas; por lo demás, estoy bien. I've got plenty of debts; aside from that I'm okay.

Todo lo demás. Everything else.
Ej. Todo lo demás no importa. Everything else does not matter.

DEMONIO
Tener uno el demonio en el cuerpo. To have the devil in one.
Ej. Esa tía tiene el demonio en el cuerpo. That dame has the devil in her.

DEMORAR
Demorar mucho. To take long.
Ej. ¿Demorará esto mucho? Will this take long?

DENTRO
Dentro de poco. Soon, in a little while.
Ej. Terminaremos dentro de poco. We'll be done in a little while.

Dentro de un mes. In a month's time.
Ej. Te veré dentro de un mes. I'll see you in a month's time.

Por dentro. On the inside.
Ej. Por dentro es muy grande. It's very big on the inside.

DEPÓSITO
En depósito. On deposit, on consignment.
Ej. Se lo dejo en depósito. I'll leave it on deposit.

DERECHA
De derechas. Conservative (politically).
Ej. Es de derechas. He is a conservative.

No hacer nada a derechas. Not to do things right.
Ej. ¡No haces nada a derechas! You do nothing right!

DERECHO
Del derecho. Right side out.
Ej. ¿Está el calcetín del derecho? Is the sock right side out?

Derechos de autor. Copyright, royalties.
Ej. Con los derechos de autor de su libro vive bien. He lives well with the royalties from his book.

Hecho y derecho. Full grown; grown-up.
Ej. Es un hombre hecho y derecho. He's a grown-up man now.

No haber derecho. Not to be fair, there ought to be a law.
Ej. ¡No hay derecho! There aught to be a law!

Ponerse derecho. To stand up straight.
Ej. ¡Ponte derecho! Stand up straight!

Todo derecho. Straight ahead.
Ej. Vaya todo derecho. Go straight ahead.

DESAGRAVIO
Hacer algo en desagravio de. To make amends for.
Ej. Este regalo es en desagravio por los insultos. This present is to make amends for the insults.

DESAHOGO
Vivir con desahogo. To be comfortably off.
Ej. Esa familia vive con desahogo. That family is comfortably off.

DESASTRE
Ser un desastre. Be hopeless.
Ej. ¡Eres un desastre! You are hopeless!

DESBANDARSE
A la desbandada. Every which way.
Fj. Salieron todos a la desbandada. They all took off every which way.

DESCABEZAR
Descabezar un sueño. To take forty winks; take a snooze, a nap.
Ej. Descabecé un sueñecito. I took forty winks.

DESCARO
Tener descaro. Have a nerve.
Ej. ¡Qué descaro tienes! What a nerve you have!

DESCONTADO
Dar por descontado. Take for granted.
Ej. Damos por descontado que pagará usted su parte. We take it for granted you will pay your share.

DESCOSIDO
Comer como un descosido. Eat out of house and home.
Ej. Juan come como un descosido. John is going to eat us out of house and home.

DESCUIDAR
Si me descuido... I almost...
Ej. ¡Si me descuido se lo digo! I almost told him!

DESCUIDO
En un descuido. When least expected.
Ej. En un descuido me cogió la cartera. When I least expected it he grabbed my wallet.

DESDE
Desde ahora. From now on.
Ej. Desde ahora seré bueno. From now on I'll be good.

Desde entonces. Since then.
Ej. Llegué en 1993 y desde entonces vivo en Madrid. I arrived in 1993 and since then I've been living in Madrid.

Desde hace. For.
Ej. Estudio inglés desde hace muchos años. I've been studying English for many years.

Desde luego. Of course.
Ej. Desde luego que iré. Of course, I'll go.

Desde que. Ever since.
Ej. Desde que te vi que no duermo. Ever since I saw you I haven't been able to sleep.

Desde un principio. From the beginning.
Ej. Desde el principio sabía lo que iba a ocurrir. From the beginning I knew what was going to happen.

DESEAR
Dejar mucho que desear. Leave a lot to be desired.
Ej. Su actitud deja mucho que desear. His attitude leaves a lot to be desired.

DESENGAÑO
Estar desengañado. To be disappointed.
Ej. ¡Estoy muy desengañada con los hombres! I'm very disappointed with men.

DESENTENDIDO
Hacerse el desentendido. To pretend (act as though one did) not to know, hear.
Ej. Cuando le hablas de trabajar se hace el desentendido. When you talk to him about work he pretends not to hear.

DESEOSO
Estar deseoso de. Be eager to.
Ej. Estoy deseoso de comenzar. I'm eager to start.

DESGANA
Con desgana. Unwillingly.
Ej. Lo hace con desgana. He's doing it unwillingly.

DESGANADO
Estar desganado. Have no appetite; be off
one's feed.
Ej. Hoy estoy desganado. I have no appetite today.

DESGRACIA
Las desgracias nunca vienen solas. It never
rains but it pours.
*Ej. Tienes razón, las desgracias nunca vienen solas.
You are right, it never rains but it pours.*

Por desgracia. Unfortunately.
Ej. Por desgracia no puedo. Unfortunately I can't.

DESGRACIADO
Un (pobre) desgraciado. A poor devil.
*Ej. Víctor es un pobre desgraciado. Victor's a poor
devil.*

DESHACERSE
Deshacerse de. To get rid of, to dispose of.
*Ej. ¿Cómo puedo deshacerme de Paco? How can I
get rif of Frank?*

Deshacerse en lágrimas. To burst into tears,
to weep.
*Ej. Cuando se enteró, se deshacía en lágrimas.
When she found out she burst into tears.*

DESMEJORADO
Estar desmejorado. To look sick.
Ej. ¡Estás muy desmejorado! You look sick!

DESOLLAR
Desollar vivo. To skin alive.
*Ej. Víctor, tu padre te va a desollar vivo. Victor, your
father's going to skin you alive.*

DESPEDIDO
Salir despedido. To be thrown out.
*Ej. Con la explosión el coche salió despedido. The
car was thrown out with the explosión.*

DESPEDIRSE
Despedirse a la francesa. To take French leave.
*Ej. Víctor se despidió a la francesa. Victor took
French leave.*

Despedirse de. To take leave of, say goodbye.
*Ej. ¿Te has despedido de tu hermano? Have yo said
goodbye to your brother?*

DESPEGAR
No despegar los labios. Keep mum; no to
open one's mouth.
*Ej. No he despegado los labios. I haven't opened my
mouth.*

DESPUÉS
Después de. After.
Ej. Iré después de comer. I'll go after lunch.

Después de todo. After all.
*Ej. No le pegues, después de todo es tu padre. Don't
beat him; after all, he's your father.*

DESTINO
Con destino. Bound for, going to.
*Ej. Voy con destino a Nueva York. I'm bound for
New York.*

DESVERGÜENZA
Tener la desvergüenza de. To have the nerve to.
*Ej. Tuvo la desvergüenza de venir. He had the nerve
to come.*

DESVIAR
Desviar la mirada. To look away.
*Ej. Cuando entré ella desvió la mirada. When I
came in she looked away.*

DEUDA
Estar en deuda con. To be indebted.
*Ej. Estamos en deuda con ellos. We are indebted to
them.*

See: Contraer, Contraer deudas.

DEVANARSE
Devanarse los sesos. To rack one's brain.
*Ej. Deja de devanarte los sesos y acepta la oferta.
Stop racking your brain and accept the offer.*

DEVOLVER
See: Menos, Devolver de menos.

DÍA
Al día. Per day, a day.
*Ej. Gana veinte dólares al día. He makes twenty
dollars a day.*

Al día. Up to date.
*Ej. Ponga la correspondencia al día. Bring the
correspondance up to date.*

Al día siguiente. The following day.
*Ej. Al día siguiente cambié de opinión. I changed
my mind the following day.*

Al otro día. The following day.
*Ej. Al otro día Víctor no estaba. The following day
Victor was gone.*

De día en día. From day to day.
Ej. Envejece de día en día. He grows old from day to day.

De hoy en 15 días. 15 days from today.
Ej. Lo haré de hoy en quince días. I'll do it fifteen days from today.

Día de asueto. Day off.
Ej. Hoy es nuestro día de asueto. Today is our day off.

Día entre semana. Weekday.
Ej. Lo haremos en un día entre semana. We'll do it on a weekday.

Día laborable. Work day.
Ej. Hay veinte días laborables en diciembre. There are twenty work days in December.

Día lectivo. School day.
Ej. Este mes tenemos diez días lectivos. This month we have ten school days.

El día menos pensado. When one least expects it; one of these days.
Ej. El día menos pensado me voy. I'll leave when you least expect it.

En pleno día. In plain daylight.
Ej. Atracaron el banco en pleno día. The bank was robbed in plain daylight.

Hoy en día. Nowadays.
Ej. Es difícil hacerse rico hoy en día. It's difficult to become rich nowadays.

No pasar los días por uno. Not to look a day older.
Ej. Susana, estás muy joven. No pasan los días por ti. Susan you look very young. You don't look a day older.

Tener los días contados. To have one's days numbered.
Ej. Tienes los días contados en esta empresa. Your days are numbered in this Company.

Todo el día. All day.
Ej. Estudié todo el día. I studied all day.

Todos los días. Every day.
Ej. Estudio todos los días. I study every day.

Un buen día. One fine day.
Ej. Y un buen día se marchó. And one fine day she left.

Un día sí y otro no. Every other day.
Ej. Tengo clase un día sí y otro no. I have class every other day.

Vivir al día. To live from hand to mouth.
Ej. Vivimos al día. We are living from hand to mouth.

DIABLO
Irse al diablo. Get lost; go to hell.
Ej. ¡Vete al diablo! Get lost!

Irse como alma que lleva el diablo. Tu run like the devil.
Ej. Se fue como alma que lleva el diablo. He ran like the devil.

¡Qué diablos! What the devil!
Ej. ¡Qué diablos, dame dos! What the devil, give me two!

See: Obra, Ser obra del diablo.

DIARIO
A diario. Daily.
Ej. Viene a verme a diario. She comes to see me daily.

De diario. Everyday use, usage.
Ej. Estos zapatos son de diario. These shoes are for everyday use.

DICHO
Del dicho al hecho hay un gran trecho. There's many a slip between the cup and the lip.
Ej. Del dicho al hecho hay un gran trecho. There's many a slip between the cup and the lip.

Lo dicho. What I said.
Ej. Lo dicho: ven a las cuatro. What I said: come at four.

DICHOSO
Dichosos los ojos. How nice to see you again.
Ej. Hola, Víctor, ¡dichosos los ojos! Hello, Victor, how nice to see you!

DIENTE
Hablar entre dientes. To mumble; mutter.
Ej. Siempre habla entre dientes. He's always muttering.

Poner los dientes largos a alguien. Make someone green with envy.
Ej. Le puse los diente largos cuando le hablé del viaje. I made him green with envy when I told him about the trip.

DIESTRA
A diestra y siniestra. Right and left.
Ej. Gasta dinero a diestra y siniestra. He spends money right and left.

DIFÍCIL
Ser difícil que. To be unlikely that.
Ej. Es difícil que venga. It is unlikely that she'll come.

DIGNO
Ser digno de admiración. Worthy of admiration.
Ej. Víctor es digno de admiración. Victor is worthy of admiration.

DILIGENCIA
Hacer una diligencia. To run an errand.
Ej. Voy a hacer una diligencia. I'm going to run an errand.

DIMES
Dimes y diretes. To carry tales; to argue.
Ej. Víctor siempre está con dimes y diretes. Victor is always carrying tales.

DINERO
Dinero contante y sonante. (Ready) cash.
Ej. Pagaré con dinero contante y sonante. I'll pay cash.

Dinero suelto. Small change, loose change.
Ej. Lo siento, no tengo suelto. I'm sorry but I don't have loose change.

See: Andar, Andar mal de dinero.
See: Hombre, Hombre de dinero.

DIOS
A Dios gracias. Thank God.
Ej. A Dios gracias ya he terminado. Thank God I'm through!

A Dios rogando y con el mazo dando. Pray to God and keep your powder dry.
Ej. A Dios rogando y con el mazo dando. Pray to God and keep your powder dry.

A la buena de Dios. Haphazardly; in any old way.
Ej. Pedro siempre hace las cosas a la buena de Dios. Peter always does things any old way.

Armarse la de Dios es Cristo. To start a big racket, row, uproar.
Ej. Armé la de Dios es Cristo en la tienda. I started a good racket at the store.

¡Bendito sea Dios! My God!
Ej. ¡Bendito sea Dios! ¿Qué has hecho? My God, what have you done!

Como Dios le da a uno a entender. To the best of one's ability.
Ej. He escrito la carta como Dios me ha dado a entender. I've written the letter to the best of my ability.

Como Dios manda. The way it should be done; to a T.
Ej. Lo hemos hecho como Dios manda. We've made it to a T.

Dios aprieta pero no ahoga. Don't give up hope.
Ej. No te preocupes que Dios aprieta pero no ahoga. Don't fret and don't give up hope.

Dios los cría y ellos se juntan. Birds of a feather flock together.
Ej. Dios los cría y ellos se juntan. Birds of a feather flock together.

Dios mediante. God willing.
Ej. Dios mediante te veré mañana a las cinco. God willing I'll see you tomorrow at five.

¡Dios mío! My God!
Ej. ¡Dios mío, qué lástima!. My God, what a pity!

Dios nos coja confesados. God help us.
Ej. ¡Dios nos coja confesados si el jefe se entera de lo que hemos hecho! God help us if the boss finds out what we have done!

Dios sabe... God only knows...
Ej. ¡Dios sabe lo que he sufrido! Only God knows how much I've suffered.

Dios y ayuda. To strain every nerve; spare no effort.
Ej. Nos costó Dios y ayuda terminar la tarea. We had to strain every nerve in order to finish the task.

Gracias a Dios. Thank God.
Ej. Gracias a Dios que hemos llegado. Thank God we got here.

¡Por Dios! For goodness' sake!
Ej. ¡Por Dios, qué haces! For goodness' sake, what are you doing?

¡Que venga Dios y que lo vea! God's my witness!
Ej. ¡Si miento que venga Dios y que lo vea! If I'm lying let God be my witness!

¡Vaya Ud. con Dios! Godspeed; God be with you.

Ej. ¡Vaya usted con Dios, Sr. Pérez! Godspeed to you, Mr. Pérez!

¡Válgame Dios! Good gracious me!
Ej. ¡Válgame Dios que hombre tan vulgar! Good gracious me, what a vulgar man.

See: Dejar, Dejado de la mano de Dios.
See: Ir, Ir con Dios.

DIRIGIR
Dirigir la palabra. To address someone; to talk to someone.
Ej. No me dirigió la palabra en toda la noche. She didn't talk to me all night.

Dirigirse a. To go towards.
Ej. Se dirigieron hacia el ascensor. They went towards the elevator.

DISCO
¡Cambia el disco! Change the tune!
Ej. ¡Venga, cambia el disco! Come on, change the tune!

DISCULPAR
Pedir disculpas. To apologize.
Ej. ¡Pídele disculpas a tu padre! Apologize to your father!

DISFRUTAR
Disfrutar de, (con). To enjoy.
Ej. Disfruto con mi trabajo. I enjoy my work.

DISGUSTO
A disgusto. Unwillingly.
Ej. Lo he hecho a disgusto. I've done it unwillingly.

Dar disgustos. To distress, upset.
Ej. ¡No des disgustos a tu madre! Don't distress your mother!

Estar a disgusto. To be, feel ill at ease, uncomfortable.
Ej. Estamos todos a disgusto en esta fiesta. We are all ill at ease at this party.

DISPARADO
Salir disparado. To beat it, to scoot.
Ej. Sal disparado que viene la poli. Scoot; the cops are coming!

DISPOSICIÓN
Estar en buena disposición. To be in a good frame of mind; to be willing.
Ej. Eduardo está en buena disposición para recibirle. Edward is in a good frame of mind to receive you.

DISPUTA
Sin disputa. Undoubtedly.
Ej. Sin disputa es el mejor. Undoubtedly he's the best.

DISTAR
Distar mucho de. Be far from.
Ej. Dista mucho de ser perfecto. He is far from perfect.

DOBLAR
Doblar la esquina. To turn the corner.
Ej. Eduardo acaba de doblar la esquina. Ed has just turned the corner.

DOCENA
Por docenas. By the dozen.
Ej. Se venden por docenas. They are sold by the dozen.

DOLOR
See: Cabeza, Dolor de cabeza.

DON
Tener el don de. To have a gift for.
Ej. Tiene el don de enfadarme. He has a gift for making me mad.

DÓNDE
¿Por dónde? Which way?
Ej. ¿Por dónde vamos? Which way shall we go?

Por donde. Wherever.
Ej. Por donde voy le veo. Wherever I go I see him.

DORAR
Dorar la píldora. To gild, sugar the pill; soften the blow; to butter someone up.
Ej. Para que comprásemos la casa nos doró la píldora con plazos. To get us to buy the house he gilded the pill offering easy terms.

DORMIR
Dormir a pierna suelta. To sleep like a log; sleep soundly.
Ej. Yo siempre duermo a pierna suelta. I always sleep like a log.

Dormir la mona. To sleep it off.
Ej. Has bebido demasiado. Vete a dormir la mona. You've had plenty to drink. Go and sleep it off.

Dormir la siesta. To take a nap.
Ej. Los españoles ya no duermen la siesta. Spaniards no longer take naps.

Dormirse en los laureles. To rest on one's laurels.
Ej. No te duermas en los laureles. Don't rest on your laurels.

Quedarse dormido. Slip off to sleep.
Ej. El abuelo se ha quedado dormido. Grandfather has slipped off to sleep.

See: Bendito, Dormir como un bendito.
See: Lirón, Dormir como un lirón.
See: Raso, Dormir al raso.

DOS
Como dos y dos son cuatro. As clear as daylight; as sure as death and taxes.
Ej. Está claro como dos y dos son cuatro. It's as clear as daylight.

En un dos por tres. In nothing flat.
Ej. Lo haremos en un dos por tres. We'll finish in nothing flat.

Entre los dos. Between you and me.
Ej. Que quede esto entre los dos. This is between you and me.

DRAMA
Hacer un drama de. To make a tragedy of.
Ej. ¡No hagas un drama de esta nimiedad! Don't make a tragedy of this trifle!

DUCHO
Ser ducho en. Be well versed in.
Ej. Es muy ducho en matemáticas. He is well versed in mathematics.

DUDA
Poner en duda. To doubt.
Ej. ¿Pones en duda mi palabra? Do you doubt my word?

Sin duda. Without doubt, doubtless.
Ej. Sin duda es un buen hombre. Without doubt, he is a good man.

DUEÑO
Dueño de sí mismo. Master of oneself.
Ej. Es un hombre dueño de sí mismo. He is a man who's master of himself.

Ser dueño de. To be the owner of.
Ej. Eduardo es el dueño de esta tienda. Ed is the owner of this shop.

Ser uno muy dueño de hacer una cosa. To be at liberty to do something.
Ej. Soy muy dueño de irme cuando quiera. I'm at liberty to go whenever I want to.

DULCE
A nadie le amarga un dulce. No one ever refuses a gift.
Ej. Acepté porque a nadie le amarga un dulce. I accepted because no one ever refuses a gift.

DURO
A duras penas. With great difficulty; hardly.
Ej. Terminamos el trabajo a duras penas. We finished the job with great difficulties.

Estar a las duras y a las maduras. To take the good along with the bad.
Ej. Tienes que estar a las duras y a las maduras. You must take the good along with the bad.

Ser duro con. To be hard on.
Ej. Es usted muy duro con sus alumnos. You are very hard on your pupils.

Ser duro de corazón. To be hardhearted.
Ej. Es un hombre duro de corazón. He's a hardhearted man.

Ser duro de oído. To be hard of hearing.
Ej. Tienes que chillar porque es duro de oído. You must shout because he's hard of hearing.

See: Pelar, Ser duro de pelar.

E

ECHAR
Como le echaron al mundo. Stark naked; in one's birthday suit.
Ej. Estaba como le echaron al mundo. He was stark naked.

Echar a (andar, correr). To take off (running).
Ej. Echaron a correr al ver al guardia. They took off running when they saw the police officer.

Echar (a) suertes. To draw lots.
Ej. ¡Echémoslo a suertes! Let's draw lots!

Echar a pique. To sink; to ruin.
Ej. Echaron a pique cinco barcos. They sank five ships.

Echar abajo. To demolish; ruin; reject.
Ej. Echaron la casa abajo el jueves. They demolished the house on Thursday.

Echar de comer. To feed animals.
Ej. Echa de comer a los perros. Feed the dogs.

Echar de menos. To miss.
Ej. Te echamos mucho de menos. We miss you a lot.

Echar el guante a. To lay hands on; lay gloves on.
Ej. La policía le echará el guante pronto. The police are going to lay hands on him soon.

Echar la llave. To lock.
Ej. Cuando entres echa la llave. When you come in lock the door.

Echar mano a. To grab, to reach for.
Ej. Echó mano a la cartera. He reached for his wallet.

Echar por tierra. To overthrow; to reject.
Ej. Echaron por tierra sus proyectos. They rejected his plans.

Echar un niño al mundo. To bring a baby into the world.
Ej. Es fácil echar un niño al mundo pero luego ¿quién lo cría? It's easy to bring a baby into the world but, who brings it up later?

Echar(se) a perder. To go bad, spoil, ruin.
Ej. La leche se echará a perder si la dejas ahí. The milk will go bad if you leave it standing there.

Echarlo todo a rodar. To ruin everything.
Ej. Lo han echado todo a rodar. They've ruined everything.

Echarse a dormir. To lie down to sleep.
Ej. Voy a echarme a dormir un rato. I'm going to lie down to sleep awhile.

Echarse a reír (llorar). Break out laughing; break down crying.
Ej. Se echaron a reír al verme. They broke out laughing when they saw me.
Ej. El niño se echó a llorar. The boy broke down crying.

Echarse atrás. To back out.
Ej. Cuento contigo; no te eches atrás. I'm counting on you; don't back out!

Echarse sobre. To fall upon.
Ej. Se echaron sobre la comida como lobos hambrientos. They fell upon the food like hungry wolves.

No echar en saco roto. To heed.
Ej. No eches en saco roto lo que te he dicho. Heed my words.

See: Puntapié, Echar a alguien a puntapiés.

EDAD
Llegar a la mayoría de edad. To come of age.
Ej. El año que viene llegarás a la mayoría de edad. Next year you'll come of age.

Mayor de edad. Of age.
Ej. ¿Eres mayor de edad? Are you of age?

Menor de edad. Under age.
Ej. Susana es menor de edad. Susan is under age.

EFECTO
A tal efecto. For that purpose.
Ej. Quiero pagarle, y a tal efecto he traído un talón. I want to pay and for that purpose I've brought a check.

En efecto. That's right; as a matter of fact.
Ej. En efecto, soy el propietario. That's right, I'm the owner.

Hacer efecto. To have an effect.
Ej. Lo que le di no le hizo efecto. What I gave him made no effect on him.

Surtir efecto. To have the desired effect.
Ej. Lo que dije surtió el efecto deseado. What I said had the desired effect.

EJEMPLO
Dar ejemplo. Set an example.
Ej. Tú tienes que dar ejemplo a los otros. You must set an example for the others.

Por ejemplo. For example, for instance.
Ej. ¿Verbos irregulares? Por ejemplo: ir. Irregular verbs? For example: to go.

Seguir el ejemplo de. To follow the example of.
Ej. Quiero seguir el ejemplo de mi padre. I wish to follow my father's example.

EJERCICIO
En ejercicio. Practicing.
Ej. Es abogado en ejercicio. He's a practicing lawyer.

Hacer ejercicio. To exercise.
Ej. Ud. debe hacer ejercicio todos los días. You must exercise daily.

ELEMENTO
Estar en su elemento. Be in one's element; feel right at home.
Ej. El profesor Smith está en su elemento en clase. Professor Smith feels right at home in class.

ELEVAR
Elevar a una potencia. To raise to a power.
Ej. Eleva ese número a la segunda potencia. Raise that number to the second power.

ELLO
Por ello. For that reason.
Ej. Me preocupas y por ello quiero ayudarte. You worry me and that's the reason why I want to help you.

EMBARAZADA
Dejar embarazada. Get someone pregnant.
Ej. Dejó embarazada a su mujer. He got his wife pregnant.

EMBARGO
Sin embargo. However.
Ej. Es alto, sin embargo su hermana es más alta. He's tall, however his sister is taller.

EMBUDO
La ley del embudo. One-sided law.
Ej. ¡Esto es la ley del embudo! This is a one-sided law!

EMPELLONES
Entrar a empellones. To push one's way in.
Ej. La gente entraba a empellones. People pushed their way in.

EMPEÑAR
Empeñarse en. To be bent on; be determined to.
Ej. Se empeñó en estudiar medicina. He was bent on studying medicine.

EMPEÑO
Casa de empeño. Pawnshop.
Ej. Hay una casa de empeño al lado. There's a pawnshop next door.

Con empeño. Eagerly.
Ej. Trabaja con mucho empeño. He works eagerly.

Tener empeño en. Wish for; be eager for; be bent on.
Ej. Tiene empeño en aprobar. He is eager to pass the exam.

See: Papeleta, Papeleta de empeño.

EMPINAR
Empinar el codo. To bend the elbow.
Ej. El profe de historia empina el codo cantidad. The history teacher bends the elbow plenty.

EMPLEADO
See: Bien, Estarle a uno bien empleado.

ENAMORAR
Enamorarse de. To fall in love with.
Ej. Susana se enamoró de Casimiro. Susan fell in love with Casimiro.

ENCAMINARSE
Ir bien encaminado. To be on the right track.
Ej. Por fin va bien encaminado en sus estudios. Finally he's on the right track in his studies.

ENCANTO
Ser un encanto. To be a dear.
Ej. ¡Víctor es un encanto! Victor is such a dear!

ENCARGAR
Encargar algo a alguien. To entrust someone with something.
Ej. Le he encargado que pinte la cocina. I've asked him to paint the kitchen walls.

ENCARGO
Hecho de encargo. Made to order.
Ej. Esto se hace de encargo. This is made to order.

Ni de encargo. Not by any stretch of the imagination.
Ej. No necesito coche ni de encargo. I don't need a car by any stretch of the imagination.

ENCARIÑAR
Encariñarse con. To become fond of.
Ej. Me he encariñado con el perrito. I've become fond of this little dog.

ENCERRONA
Hacer una encerrona. To corner someone; to gang up on someone.
Ej. El jefe y su secretaria me hicieron una encerrona The boss and his secretary cornered me in the office.

ENCIMA
Encima de. On, on top of.
Ej. La pluma está encima de la mesa. The pen is on the table.

Encima de... To boot, on top of...
Ej. Encima de feo es pobre. He is ugly and poor to boot.

Pasar por encima de alguien. To go over someone's head.
Ej. Si tienes una queja no pases por encima del jefe. If you have a complaint don't go over your boss's head.

Por encima. Superficially, hastily; to glance over.
Ej. Lo he leído por encima. I've glanced over it.

Por encima de. Above, over.
Ej. Está por encima de la casa. It's over the house.

Por encima de todo. Above all.
Ej. Por encima de todo no cometas errores. Above all don't make mistakes.

Quitar de encima. To rid of; to get rid of.
Ej.¡No puedo quitarme a Víctor de encima! I can't get rid of Victor!

Tener encima. To have on someone.
Ej. ¿Tienes dinero encima? Do you have any money on you?

Tirarse alguien a uno de encima. Get someone off one's back.
Ej. Habla con él y tíramelo de encima. Talk to him and get him off my back.

Vivir por encima de las posibilidades. Live beyond one's possibilities.
Ej. Jack vive por encima de sus posibilidades. Jack lives beyond his possibilities.

ENCOGERSE
Encogerse de hombros. To shrug one's shoulders.
Ej. En vez de contestar se encogió de hombros. Instead of answering he shrugged his shoulders.

ENCONTRAR
Encontrarse con. To come across.
Ej. Me encontré con Lope en el teatro. I ran across Lope in the theater.

ENCUENTRO
Encuentro amistoso. A friendly match.
Ej. Este partido de fútbol es un encuentro amistoso. This soccer game is a friendly match.

Salir al encuentro de. To go to meet.
Ej. Salieron al encuentro de los amigos. They went to meet their friends.

ENDE
Por ende. Consequently, therefore.
Ej. Me has dado tres, por ende me debes cuatro. You've given me three therefore you owe me four.

ENERO.
See: Cuesta, Cuesta de enero.

ENFRENTAR
Enfrentarse con la realidad. To face reality.
Ej. Para ser felices debemos enfrentarnos con la realidad. In order to be happy we must face reality.

ENFRENTE
De enfrente. Across the way.
Ej. Viven en la casa de enfrente. They live in the house across the way.

Enfrente de. Opposite.
Ej. El coche está enfrente del restaurante. The car is opposite the restaurant.

ENGAÑO
Llamarse uno a engaño. Cry foul.
Ej. Si aceptas no te llames a engaño luego. If you accept don't cry foul later.

ENGORDAR
Engordar. To put on weight.
Ej. He engordado mucho. I've put on a lot of weight.

ENHORABUENA
Dar la enhorabuena. To congratulate.
Ej. Como Carlos ha aprobado el examen debo darle la enhorabuena. As Charles has passed his exam I must congratulate him.

Estar de enhorabuena. To be glad; to be in luck.
Ej. Estamos de enhorabuena. We are in luck.

ENJUGAR
Enjugarse las lágrimas. To wipe away tears.
Ej. Enjúgate las lágrimas y olvídalo. Wipe your tears and forget him.

ENJUNDIA
Tema de mucha enjundia. Subject of importance; important matter.
Ej. Es un tema de mucha enjundia. This is an important matter.

ENMENDAR
See: Plana, Enmendar la plana.

ENREDAR
Enredarse con alguien. To get mixed up with someone.
Ej. Víctor está enredado con la mujer del vecino. Victor's mixed up with his neighbor's wife.

ENREDO
See: Comedia, Comedia de enredo.

ENTABLAR
Entablar juicio. To file a suit against.
Ej. Entabló juicio contra su mujer. He filed a suit against his wife.

ENTENDEDOR
A buen entendedor con pocas palabras bastan. A word to the wise is enough.
Ej. Se lo dije claramente y creo que a buen entendedor con pocas palabras bastan. I told him clearly and I think a word to the wise is enough.

ENTENDER
A mi entender. The way I see it...
Ej. A mi entender es mejor doblar a la izquierda. The way I see it it's better to turn left.

Dar a entender que. To give to understand that.
Ej. Manuela me dio a entender que no me quería. Manuela gave me to understand she doesn't love me.

Entender de. To be good at.
Ej. ¿Entiendes de coches? Are you good at cars?

Entenderse. To be understood.
Ej. Se entiende que debemos ser puntuales. It's understood we must be punctual.

Entenderse. To have an affair with.
Ej. Karla se entiende con el frutero. Karla is having an affair with the grocer.

See: Jota, No entender ni jota.

ENTENDIDO
Ser muy entendido en. To be skilled in.
Ej. Es muy entendido en la bolsa. He's very skilled in the stockmarket.

ENTERAR
Enterarse de. To find out about; to learn, to find out.
Ej. Tengo que enterarme de lo que pasó. I must find out what happened.
Ej. Me acabo de enterar de lo que pasó. I've just learned what happened.

ENTERO
Por entero. Completely.
Ej. Esto hay que hacerlo por entero. This must be done completely.

ENTONCES
En, (por) aquel entonces. At that time.
Ej. Ocurrió en 1890. En aquel entonces yo vivía en Sumatra. It happened in 1890. At that time I was living in Sumatra.

ENTRADA
De entrada. For starters.
Ej. De entrada queda usted despedida. For starters, you are fired.

Tener entradas. To have a receding hairline.
Ej. Ron se quedará calvo porque tiene muchas entradas. Ron will go bald because he has a receding hairline.

ENTRE
Entre manos. In hand.
Ej. Tengo un asunto entre manos. I've got a business deal in hand.

Entre tanto. In the meantime.
Ej. Yo lavo y entre tanto tú limpias. I wash and in the meantime you clean up.

ENTRESIJO
Tener muchos entresijos. Complicated and hard to figure out.
Ej. Este contrato tiene muchos entresijos. This contract is hard to figure out.

ENVIDIA
Tener envidia. To envy.
Ej. Víctor me tiene envidia. Victor envies me.

ÉPOCA
Hacer época. To be a landmark.
Ej. Mi invento hizo época. My invention was a landmark.

EQUIPAJE
Hacer el equipaje. To do the packing.
Ej. Tengo que hacer el equipaje. I have to do the packing.

EQUIVOCARSE
Equivocarse de número. Dial the wrong number.
Ej. Lo siento, se ha equivocado usted de número. Sorry, you have dialed the wrong number.

ERRAR
See: Golpe, Errar (fallar) el golpe.

ERRE
Erre que erre. Stubbornly, pigheadedly.
Ej. Le dije que no fuese pero él, erre que erre, se fue. I told him not to go but he pigheadedly went.

ERROR
Caer en un error. To make a mistake.
Ej. Hemos caído en un error. We have made a mistake.

Estar en un error. To be mistaken.
Ej. Está usted en un error. You are mistaken.

ÉSAS
No venir a uno con ésas. Come off it.
Ej. ¡A mí no me vengas con ésas! Come off it!

ESCALA
A gran escala. On a large scale.
Ej. Este proyecto hay que hacerlo a gran escala. This project has to be done on a large scale.

ESCALDAR
El gato escaldado del agua fría huye. Once bitten, twice shy; a burnt child dreads the fire.
Ej. No creo que lo intente porque gato escaldado del agua fría huye. I Don't think he'll try because a burnt child dreads the fire.

ESCÁNDALO
See: Armar, Armar un escándalo.

ESCAPATORIA
No tener escapatoria. To have no way out.
Ej. Debemos firmar. No tenemos escapatoria. We must sign. We have no way out.

ESCARMENTAR
See: Cabeza, Escarmentar por cabeza ajena.

ESCONDER
See: Ala, Esconder la cabeza bajo el ala.

ESCOTE
Pagar, ir (a) escote. To go Dutch.
Ej. Hoy pagamos a escote. Today we'll go Dutch.

ESCRIBIR
¿Cómo se escribe...? How do you spell?
Ej. ¿Cómo se escribe "taberna" en inglés? How do you spell "tavern" in Spanish?

Escribir a máquina. To type, to typewrite.
Ej. Mi padre no sabe escribir a máquina. My father can't type.

See: Letra, Escribir cuatro letras.

ESCRITO
Por escrito. In writing.
Ej. Démelo por escrito. Give it to me in writing.

ESCUCHAR
El que (quien) escucha su mal oye.
Listeners seldom hear good of themselves.
Ej. ¡No escuches! El que escucha su mal oye. Don't eavesdrop! Listeners seldom hear good of themselves.

ESCURRIR
Escurrir el bulto. Shift the blame.
Ej. Siempre que puede escurre el bulto. Whenever he can he shifts the blame on someone else.

ESE
Hacer eses. Stumble, wobble.
Ej. Salió de la taberna haciendo eses. He stumbled out of the tavern.

ESO
Eso mismo. The very thing, the same thing.
Ej. Eso mismo digo. I say exactly the same thing.

Por eso. For that reason.
Ej. Es tarde y por eso me quiero ir. It's late; that's the reason why I want to leave.

ESPADA
Estar entre la espada y la pared. To be between the devil and the deep blue see.
Ej. No sé qué hacer. Estoy entre la espada y la pared. I don't know what to do. I'm between the devil and the deep sea.

ESPALDA
A espaldas de. Behind one's back.
Ej. Hablan a mis espaldas. They talk behind my back.

Dar la espalda. To turn one's back to.
Ej. Todos mis amigos me han dado la espalda. All my friends have turned their back on me.

Volver la espalda a. To turn a cold shoulder to.
Ej. Cuando se casó volvió la espalda a todos. When she got married she turned a cold shoulder to everyone.

See: Cargado, Cargado de espaldas.

ESPÁRRAGOS
Andar, (ir o mandar) a freír espárragos. To go fly a kite, jump in the lake.
Ej. ¡Vete a freír espárragos! Go jump in the lake!

ESPECIE
En especie. In kind.
Ej. Le pagaré en especie. I'll pay you in kind.

ESPERA
Estar a la espera de. To be waiting for.
Ej. Estamos a la espera de noticias. We are waiting for news.

No tener espera. Of great urgency, urgent.
Ej. Este asunto no tiene espera. This business is very urgent.

No tener uno espera. To be impatient.
Ej. Este chico no tiene espera. This boy's very impatient.

ESPERANZA
Tener la esperanza de. To hope.
Ej. Tengo la esperanza de aprobar el examen. I hope to pass the exam.

ESPERAR
Esperar que no. To hope not.
Ej. Espero que no. I hope not.

Esperar que sí. To hope so.
Ej. Espero que sí. I hope so.

Esperar sentado. To sit tight.
Ej. Espera sentado a que venga. Sit tight and wait for him.

ESPINA
Dar algo mala espina a uno. Smell a rat; something fishy.
Ej. ¡Esto me da mala espina! I smell a rat here!

Sacarse la espina uno. To get even.
Ej. Me engañó pero 20 años después me saqué la espina. He cheated on me but twenty years later I got even.

ESPUMARAJO
Echar espumarajos por la boca. Spit fire.
Ej. Estaba gritando y echando espumarajos por la boca. He was shouting and spitting fire.

ESQUINA
See: Doblar, Doblar la esquina.

ESQUINAZO
Dar esquinazo a alguien. To give someone the slip.
Ej. Le seguimos pero nos dio esquinazo. We followed him but he gave us the slip.

ESTACADA
Dejar a uno en la estacada. To leave in the lurch.
Ej. Se fueron con el dinero y me dejaron en la estacada. They left with the money and left me in the lurch.

ESTADO
En buen estado. In good condition.
Ej. El coche está en buen estado. The car is in good condition.

ESTAR
Estar a. To cost.
Ej. ¿A cuanto está el pescado hoy? How much does fish cost today?

Estar a cinco de enero. To be the fifth of January.
Ej. ¿A cuántos estamos? A cinco de enero. What's the date? The fifth of January.

Estar a dos velas. To know nothing; to be broke.
Ej. Estamos a día quince y ya estoy a dos velas. This is the fifteenth today and I'm already broke.

Estar a la par. To be even.
Ej. Con dos más estamos a la par. With two more we are even.

Estar a la que salta. Jump at the opportunity.
Ej. Cuidado con Rafael que está a la que salta. Careful with Ralph because he jumps at any opportunity.

Estar a matar. To be bitter enemies.
Ej. Ted y su cuñado están a matar. Ted and his brother-in-law are bitter enemies.

Estar a oscuras. To be in the dark.
Ej. No sé nada de ese asunto. Estoy a oscuras. I know nothing about that matter. I'm in the dark.

Estar al caer. To be about to happen; to be about to come.
Ej. Son las cuatro. Susana está al caer. It's four o'clock. Susan won't be long now.

Estar bien. To be all right.
Ej. Está bien, iremos. All right, we'll go.

Estar bien con. Be on good terms with; good friends with.
Ej. Estoy a bien con el juez. I'm on good terms with the Judge.

Estar con (enfermedad). To have (illness).
Ej. Estoy con dolor de cabeza. I have a headache.

Estar con prisa(s). To be pressed for time.
Ej. María siempre está con prisas. Mary is always pressed for time.

Estar de. To act as; to fill in for.
Ej. Hoy María está de secretaria. Mary is filling in for the secretary today.

Estar de acuerdo. To agree.
Ej. No estoy de acuerdo con Ud. I don't agree with you.

Estar de más. To be unnecessary.
Ej. Lo que has dicho está de más. What you've said is unnecessary.

Estar de viaje. To be on a trip.
Ej. El Sr. Gómez está de viaje. Mr. Gómez is on a trip.

Estar en lo cierto. To be right.
Ej. Estás en lo cierto: son las tres. You are right: it's three o'clock.

Estar en todo. To have a finger in everything.
Ej. Mi mujer está en todo. My wife has a finger in everything.

Estar mano sobre mano. To idle the time; to loiter.
Ej. Has estado mano sobre mano todo el día. You've been loitering all day.

Estar por. To be in favor of.
Ej. Yo estaba por ir al cine pero ellos estaban por ir al teatro. I was in favor of going to the movies but they wanted to go to the theater.

Estar uno que bota. Hopping mad; fit to be tied.
Ej. El profesor está que bota hoy. The teacher's hopping mad today.

No estar para. Not to be in the mood for.
Ej. No estoy para bromas. I'm in no mood for jokes.

ESTIRAR
See: Pata, Estirar la pata.
See: Pierna, Estirar las piernas.

ESTIRÓN
Dar un estirón. To shoot up.
Ej. ¡Que estirón ha dado el chico en este último año! That boy has shot up fast in the last year!

ESTÓMAGO
Tener estómago. To have a strong stomach.
Ej. Hay que tener estómago para aguantarle. One must have a strong stomach to put up with him!

ESTRECHAR
Estrechar la mano. To shake hands.
Ej. Los japoneses no estrechan la mano. The Japanese do not shake hands.

ESTRELLA
Tener buena estrella. To be lucky.
Ej. Hay gente que tiene buena estrella. Some people are very lucky.

Ver las estrellas. To see stars.
Ej. Cuando me caí vi las estrellas. When I fell I saw stars.

ESTRIBOS
Perder los estribos. To lose one's head, to fly off the handle.
Ej. No pierdas los estribos cuando hables con él. Don't fly off the handle when you talk to him.

ETERNIDAD
Una eternidad. Ages.
Ej. Esperamos una eternidad. We waited for ages.

ETIQUETA
De etiqueta. Formal.
Ej. Es un baile de etiqueta. It's a formal dance.

EVIDENCIA
Poner en evidencia. To give someone away; give someone the lie.
Ej. Me puso en evidencia delante de todos. He gave me the lie in front of everybody.

EXPECTATIVA
Estar a la expectativa. To be on the lookout.
Ej. Estoy a la expectativa por si vienen. I'm on the lookout in case they come.

EXPENSAS
Estar a expensas de. To be at the expense of.
Ej. No quiero estar a expensas de tu mal humor. I don't want to be at the expense of your bad mood.

EXPERIMENTAR
Experimentar una mejoría. Make progress, get better.
Ej. El paciente experimenta una mejoría. The patient is getting better.

EXPLICAR
No explicarse. Not to understand.
Ej. No me explico lo que pasó. I can't understand what happened.

EXTENSIÓN
En toda la extensión de la palabra. To the full extent, in every sense of the word.
Ej. Es un imbécil en toda la extensión de la palabra. He is a jerk to the full extent of the word.

EXTRANJERO
En el extranjero. Abroad.
Ej. Ha vivido muchos años en el extranjero. He's lived abroad for many years.

EXTRAÑAR
Extrañarle a uno algo. To seem, be strange.
Ej. Me extraña que no haya llegado. It seems strange he hasn't arrived.

EXTREMO
Al extremo de. To the point of.
Ej. Es ingenuo hasta el extremo de ser tonto. He's naive to the point of being a fool.

En extremo. Extremely, exceedingly.
Ej. Es pobre en extremo. He's extremely poor.

Ir (pasar) de un extremo a otro. To go from one extreme to the other.
Ej. No exageres. Vas de un extremo a otro. Don't exaggerate. You go from one extreme to the other.

F

FA
See: Fu, Ni fu ni fa.

FACHA
Tener facha. To look a sight.
Ej. ¡Qué facha tienes! You look a sight!

FÁCIL
Ser fácil de. To be easy to.
Ej. Eso es fácil de hacer. That's easy to do.

Ser fácil que. To be likely.
Ej. Es fácil que venga el jueves. He's likely to come Thursday.

FACILIDAD
Con facilidad. With ease.
Ej. Habla inglés con facilidad. He speaks English with ease.

Dar facilidades. To make easy, help.
Ej. Me ha dado muchas facilidades. He's made it very easy for me.

Grandes facilidades. Easy terms.
Ej. Dan grandes facilidades. They offer easy terms.

Tener facilidad para. Have an aptitude for, a gift for.
Ej. Tiene facilidad para los idiomas. He has a gift for languages.

FACILITAR
Facilitar. To make easy.
Ej. Ese diccionario facilitará su trabajo. That dictionary will make your work easier.

FALDA
Gustarle a uno las faldas. Be a woman chaser, womanizer.
Ej. A Paco le gustan mucho las faldas. Frank's a womanizer.

FALDÓN
Agarrarse a los faldones de. To be tied to the apron strings.
Ej. Se agarra a los faldones de su mujer. He's tied to his wife's apron strings.

FALSO
Dar un paso en falso. Make a mistake, a blunder.
Ej. Creo que hemos dado un paso en falso. I think we have made a blunder.

FALTA
A falta de. For lack of.
Ej.A falta de té tomaremos café. We'll have coffee for lack of tea.

Echar en falta. To miss.
Ej. Tu padre echará en falta el dinero. Your father will miss the money.

Hacer falta. To be necessary.
Ej. Hace falta estudiar más. It's necessary to study more.

Hacer falta a uno. To need; to be in need of.
Ej. Me hace falta dinero. I need money.

Hacer falta como los perros en misa. To need like a hole in the head.
Ej. Las deudas se necesitan como los perros en misa. Debts are needed like a hole in the head.

No hacer falta que... There's no need...
Ej. No hace falta que vengas. There's no need for you to come.

Sacar faltas. To find fault with.
Ej. ¡Siempre me sacas faltas! You are always finding fault with me!

Ser una falta de educación. To be bad manners.
Ej. Vomitar en público es una falta de educación. Puking in public is a show of bad manners.

Sin falta. Without fail.
Ej. Ven a la fiesta sin falta. Come to the party without fail.

See: Pan, A falta de pan buenas son tortas.

FALTAR
¡No faltaba más! By all means!
Ej. Le invito, ¡no faltaba más! I invite you by all means!

No faltar de nada. Nothing is lacking.
Ej. No falta de nada para hacerla feliz. Nothing is lacking to make her happy.

Faltar. To miss.
Ej. Faltan dos libros. Two books are missing.

Faltar a clase. To miss, cut class.
Ej. Faltó a clase dos veces. He cut class twice.

Faltar a su palabra. To break one's word.
Ej. No falte usted a su palabra. Don't break your word.

Faltar a una cita. To miss an appointment or date.
Ej. Falté a la cita. I missed our appointment.

Faltar al respeto. To be disrespectful; to offend.
Ej. Tu hijo me ha faltado al respeto. Your son has offended me.

Faltar (minutos, etc.) para... To be (minutes, etc.) to...
Ej. Faltan cinco minutos para las dos. It's two minutes to two.

Faltar poco para que... Nearly, almost.
Ej. Faltó poco para que se cayese. He nearly fell.

FAMA
Tener fama de. To be known to be.
Ej. Tiene fama de rico. He is known to be rich.

Tener mala fama. To have a bad reputation.
Ej. Pérez tiene muy mala fama. Pérez has a bad reputation.

FAMILIA
Estar en familia. To make oneself at home; to feel at home.
Ej. No estés nervioso; estás en familia. Don't get nervous and make yourself at home.

Ser de buena familia. From a good family.
Ej. Se ha casado con un chico de buena familia. She married a man from a good family.

See: Cabeza, Cabeza de familia.

FAMILIARIZAR
Familiarizarse con. To acquaint onself with.
Ej. Debes familiarizarte con este manual. You must acquaint yourself with this handbook.

FAROL
Adelante con los faroles. Go ahead; come right in; keep it up.
Ej. ¡Bienvenidos! ¡Adelante con los faroles! Welcome! Come right in!

Marcarse, (echar) un farol. To bluff.
Ej. Siempre está marcándose faroles. He's always bluffing.

FARRA
Ir de farra. To paint the town red.
Ej. Esta noche vamos de farra. We are going to paint the town red tonight.

FASTIDIAR
Que se fastidie uno. That's his tough luck.
Ej. Si no puede ir, ¡que se fastidie! If he can't go, that's his tough luck!

FATIGA
No hay vida sin fatiga. There's no life without hardship.
Ej. No te quejes. Ya sabes que no hay vida sin fatiga. Don't gripe; you know there's no life without hardship.

Pasar fatigas. To have a hard time.
Ej. Pasaron muchas fatigas en Cuenca. They had a hard time in Cuenca.

FAVOR
A favor de. In favor of.
Ej. Estoy a favor de la compra. I'm in favor of the purchase.

A favor de. With.
Ej. Vamos a favor del viento. We are walking with the wind.

Hacer el favor de. To be good enough to.
Ej. Hazme el favor de venir. Be good enough to come.

Hacer favores. To do favors.
Ej. No me hagas favores. Don't do me any favors.

Por favor. Please.
Ej. Déme agua, por favor. Give me some water, please.

Tener a alguien o a algo de su favor. To have someone or something in one's favor.
Ej. Tenemos al general de nuestro favor. The general is in our favor.

FAVORECER
Favorecer. To flatter.
Ej. El azul te favorece. Blue flatters you.

FE
De buena fe. In good faith.
Ej. Lo he hecho de buena fe. I've done it in good faith.

De mala fe. In bad faith.
Ej. Lo hiciste de mala fe. You did it in bad faith.

Tener fe en. To believe in; to have faith in.
Ej. Tengo fe en ti. I believe in you.

FECHA
Hasta la fecha. To date, so far, up to now.
Ej. Hasta la fecha no hemos sabido nada de él. So far we've heard nothing from him.

¿Qué fecha es hoy? What's today's date?
Ej. ¿Sabes qué fecha es hoy? Do you know what's today' date?

FELIZ
Y vivieron felices y comieron perdices. And they lived happily ever after.
Ej. Y se casaron y vivieron felices y comieron perdices. And they got married and they lived happily ever after.

See: Final, Un final feliz.

FEO
Feo. Serious.
Ej. Es un asunto muy feo. It's a serious matter.

Hacerle un feo a alguien. To slight, offend someone.
Ej. No quiero hablarle porque me ha hecho un feo. I don't want to talk to him because he slighted me.

Más feo que Picio. As ugly as sin.
Ej. La mujer de mi amigo es más fea que Picio. My friend's wife is as ugly as sin.

Más feo que un pecado. As ugly as sin.
Ej. Antonio es más feo que un pecado. Anthony is as ugly as sin.

Tocarle a uno bailar con la más fea. To get the short end of the stick.
Ej. A mí siempre me toca bailar con la más fea. I always get the short end of the stick.

FESTIVO
Día festivo. Holiday.
Ej. Mañana es día festivo. Tomorrow's a holiday.

FIADO
Al fiado. To sell on credit.
Ej. En esa tienda no dan fiado. That store doesn't sell on credit.

Comprar al fiado. To buy on credit.
Ej. No me gusta comprar al fiado. I don't like to buy on credit.

¡No se fía! No credit!
Ej. ¡Hoy no se fía! No credit today!

FIADOR
Salir fiador de alguien. To bail someone out; vouch for.
Ej. Salí fiador de Andrés. I vouched for Andrew.

FIANZA
Bajo fianza. On bail.
Ej. Le han puesto en libertad bajo fianza. They've freed him on bail.

FIAR
Fiarse de. To trust.
Ej. No me fío de Nicanor. I don't trust Nicanor.

Ser de fiar. To be trustworthy.
Ej. Esa mujer no es de fiar. That woman is not trustworthy.

FIERA
Trabajar como una fiera. Work like a horse.
Ej. Dick trabaja como una fiera. Dick works like a horse.

FIESTA
Aguar la fiesta. To spoil the fun; to be a party-pooper, a wet blanket.
Ej. María nos aguó la fiesta. Mary spoilt our fun.

Estar de fiesta. To celebrate.
Ej. Estamos de fiesta porque viene Bob. We are celebrating Bob's coming.

No estar para fiestas. Not to be in the mood for jokes.
Ej. ¡Déjame tranquilo! ¡No estoy para fiestas! Let me alone! I'm in no mood for jokes.

¡Se acabó la fiesta! The party's over!
Ej. ¡Se acabó la fiesta! The party's over!

FIGURAR
Figurarse. To imagine.
Ej. Se figura que la vida es fácil. He imagines life is easy.

FIJAR
Fijar los ojos en. To set eyes on, to stare.
Ej. Roberto ha fijado los ojos en esa chica. Robert has set eyes on that girl.

Fijarse en. To notice; to pay attention to.
Ej. ¿Te has fijado en esa chica? Did you notice that girl?

¡Fíjate...! Imagine..!
Ej. ¡Imagínate lo que me dijo! Imagine what he said to me!

FIJO
A punto fijo. Exactly; for sure.
Ej. No lo sé a punto fijo. I don't know exactly.

De fijo. Surely.
Ej. Viene hoy de fijo. He will surely come today.

Hora fija. Set time, exact time.
Ej. Siempre comemos a una hora fija. We always eat at a set time.

Idea fija. Fixed idea.
Ej. Es hombre de ideas fijas. He's a man of fixed ideas.

Trabajo fijo. Steady job, employment.
Ej. Necesito un trabajo fijo. I need a steady job.

FILA
En fila. In line, in a row.
Ej. Están de pie en fila. They are standing in line.

Fila india. Single file; Indian file.
Ej. Los soldados marchaban en fila india. The soldiers marched in a single file.

Formar fila. To form into a line.
Ej. ¡Por favor, formen fila! Please, form into a line!

Ponerse en fila. To line up.
Ej. Poneos en fila. Line up.

Romper filas. To break ranks; to be dismissed.
Ej. ¡Rompan filas! Dismissed!

FILO
Al filo de la medianoche. On the stroke of midnight.
Ej. María llegó al filo de la medianoche. Mary came on the stroke of midnight.

Sacar filo. To sharpen.
Ej. Tengo que sacar filo a este cuchillo. I must sharpen this knife.

FILOSOFÍA
Tomarse algo con filosofía. To take something philosophically.
Ej. ¡Tómatelo con filosofía! Take it philosophically!

FIN
A fin de que. In order to; so that.
Ej. Se lo explico a fin de que lo sepa. I'm explaining so that you know.

A fines de. Late in.
Ej. A fines de semana. Late in the week.

Al fin. At last, finally.
Ej. Al fin terminamos la tarea. At last we finished the task.

Al fin y a la postre. After all's said and done.
Ej. Al fin y a la postre no es cosa de importancia. After all's said and done it's not that important.

Al fin y al cabo. After all.
Ej. Al fin y al cabo se casó. He got married after all.

En fin. So; in short.
Ej. En fin, vayámonos que ya es tarde. So, let's go; it's getting late.

Fin de semana. Weekend.
Ej. Ha sido un fin de semana terrible. It's been a horrible weekend.

Por fin. Finally.
Ej. Por fin hemos llegado. We have finally arrived.

Poner fin a. To put an end to.
Ej. Quiero poner fin a este matrimonio. I want to put an end to this marriage.

Sin fin. Endless, never ending.
Ej. Es una labor sin fin. It's an endless task.

Un sin fin de. No end of.
Ej. Esta carta tiene un sin fin de faltas. This letter has no end of mistakes.

FINAL
Al final de. At the end of.
Ej. Al final de la calle. At the end of the street.

Un final feliz. A happy ending.
Ej. La historia tiene un final feliz. The story has a happy ending.

Y punto final. Period.
Ej. No pago y punto final. I won't pay. Period.

FINO
Fino. Sheer.
Ej. Llevaba una blusa muy fina. She was wearing a sheer blouse.

Una persona muy fina. A polite, genteel, well-mannered person.
Ej. Es un hombre muy fino. He is a very genteel person.

FIRME
En firme. Firm.
Ej. Hicieron una oferta en firme. They made a firm offer.

¡Firmes! Attention!
Ej. El general gritó: "¡Firmes!". The general shouted: "Attention!".

Mantenerse firme. To stand firm.
Ej. Manténte firme y dile que no. Stand firm and say no.

Ponerse firme. To stand firm.
Ej. Con los hijos hay que ponerse firme. You must stand firm with your children.

FLACO
Hacerle a uno un flaco servicio. To pull a fast one on someone.
Ej. Me hizo un flaco servicio. He pulled a fast one on me.

Punto flaco. Weak spot.
Ej. Su punto flaco es la bebida. Drinking is his weak spot.

FLAGRANTE
En flagrante. Red-handed; in the act.
Ej. Le cogieron en flagrante delito. He was caught red-handed.

FLAQUEZA
See: Fuerza, Sacar fuerza de flaqueza.

FLOR
Estar en la flor de la edad. Bloom of youth.
Ej. La Srta. Terry está en la flor de la edad. Miss Terry is in the bloom of youth.

Estar en la flor de la vida. The prime of life.
Ej. No eres vieja. Estás en la flor de la vida. You are not old. You are in your prime.

Flor de un día. A flash in the pan.
Ej. Es flor de un día. She's a flash in the pan.

La flor y nata. The upper crust.
Ej. Pertenece a la flor y nata de Nueva York. He belongs to New York's upper crust.

FONDO
A fondo. Thoroughly, very well.
Ej. Le conozco muy a fondo. I know him well.

Andar mal de fondos. To be short of money.
Ej. Lo siento pero ando mal de fondos. I'm sorry but I'm short of money.

En el fondo. At bottom, at heart.
Ej. En el fondo es bueno. At heart he's good.

Los bajos fondos. The underworld; the red-light district.
Ej. Le gusta visitar los bajos fondos de la ciudad. He likes to visit the city's red-light district.

Tener buen fondo. To be goodhearted.
Ej. Susana tiene buen fondo. Susan is goodhearted.

Tener fondos. To have funds.
Ej. Tengo fondos suficientes para el negocio. I have enough funds for the business.

FORJAR
Forjarse ilusiones. To delude oneself; to have false hopes.
Ej. No te forjes ilusiones con ella. Don't have false hopes about her.

FORMA
Dar forma a. To shape, form.
Ej. Dale un poco más de forma. Shape it a bit more.

De forma que. So that, in such a way that.
Ej. Ponlo de forma que lo vea. Set it up so that I can see it.

En la debida forma. In the correct way.
Ej. Esto tiene que hacerse en la debida forma. This must be done the correct way.

Estar en buena forma. To be in good shape.
Ej. Víctor está en forma. Victor is in good shape.

No haber forma de. There is no way to.
Ej. No hay forma de convencerle. There's no way to convince him.

FORMAL
Ser persona formal. To be a reliable person.
Ej. Es un hombre muy formal. He's a very reliable person.

FÓRMULA
Es pura fórmula. It's mere formality.
Ej. Firme aquí. Es pura fórmula. Sign here. It's a mere formality.

FORRO
Ni por el forro. Not in the least; not in the slightest; not at all; not for the world.
Ej. Ni por el forro quiere trabajar. He doesn't want to work at all.

FORTUNA
Por fortuna. Luckily.
Ej. Por fortuna llego a tiempo. Luckily I'm on time.

Probar fortuna. To try one's luck.
Ej. Voy al Congo a probar fortuna. I'm going to the Congo to try my luck.

FORZADO
Trabajos forzados. Forced labor.
Ej. Le condenaron a tres años de trabajos forzados. He was sentenced to three years of forced labor.

FRACASO
See: Abocado, Abocado al fracaso.

FRANCESA
See: Despedirse, Despedirse a la francesa.

FRANCO
Ser franco. To be frank.
Ej. ¡Sé franco conmigo! Be frank!

FRANQUEZA
Con franqueza. Frankly.
Ej. Yo siempre hablo con franqueza. I always speak frankly.

FRASE
Frase hecha. Set expression; ready-made sentence.
Ej. Eso es una frase hecha. That's a set expression.

FREÍR
Freír a... To pester with...
Ej. Ese niño me fríe a preguntas. That child pesters me with questions.

FRENTE
Arrugar la frente. To knit one's brow, frown.
Ej. No arrugues la frente. Don't frown.

Con la frente muy alta. With the head held high; hold one's head high.
Ej. Puedes ir con la frente muy alta. You can go around with your head held very high.

En frente. Opposite.
Ej. Petra vive en frente de mi casa. Petra lives opposite my house.

Estar al frente de. To be in charge of.
Ej. Yo estoy al frente del negocio. I'm in charge of the business.

Frente a frente. Face to face; facing.
Ej. Su casa y la mía están frente a frente. His house and mine face each other.

Frente de batalla. Battlefront.
Ej. Aquí estuvo el frente de batalla. The battlefront was here.

Frente frío. Cold front.
Ej. Hay un frente frío de Siberia. There's a cold front from Siberia.

Frente por frente. Opposite.
Ej. Mi casa está frente por frente a la cárcel. My house is opposite the jailhouse.

Hacer frente a. To confront; to face.
Ej. Teníamos que hacer frente al problema. We had to face the problem.

See: Dedo, No tener dos dedos de frente.

FRESCO
Al fresco. In the open.
Ej. He dormido al fresco. I've slept in the open.

Quedarse tan fresco. Not to care less.
Ej. ¡Y se quedó tan fresco! He couldn't have cared less!

Ser un fresco. To be cheeky, nervy, fresh.
Ej. Ese tío es un fresco. That guy's got a lot of nerve.

Tomar el fresco. To get some fresh air.
Ej. Vamos a tomar el fresco. Let's go get some fresh air.

Traer al fresco. Not to give a hoot.
Ej. Haz lo que quieras; me trae al fresco. Do what you like; I don't give a hoot.

See: Lechuga, Ser más fresco que una lechuga.

FRÍO
Hacer frío. To be cold.
Ej. Hace mucho frío en Alaska. It's very cold in Alaska.

Quedarse frío. To be left speechless; flabbergasted.
Ej. Cuando me lo dijo me quedé frío. When she told me I was speechless.

Tener frío. To be cold.
Ej. Dame una manta porque tengo mucho frío. Give me a blanket because I'm very cold.

See: Frente, Frente frío.

FRITO
Estar frito. To be done in; tired.
Ej. Me voy a la cama porque estoy frito. I'm going to bed because I'm done in.

Quedarse frito. Out like a light; conked out.
Ej. Me metí en la cama y me quedé frito. I went to bed and was out like a light.

Traer a uno frito. To pester someone.
Ej. Petra me trae frito. Petra is always pestering me.

FRUTO
Sacar fruto a. To get profit from.
Ej. Le saca mucho fruto a la tienda. He gets a lot of profit from the store.

FU
Ni fu ni fa. It cuts no ice with me.
Ej. Lo que él pueda decir, a mí ni fu ni fa. Whatever he says cuts no ice with me.

FUEGO
A fuego lento. Simmer.
Ej. Cocer a fuego lento durante tres minutos. Simmer for three minutes.

A sangre y fuego. By fire and sword.
Ej. Entraron en el castillo a sangre y fuego. They stormed the castle by fire and sword.

Arma de fuego. Firearm.
Ej. No es bueno tener armas de fuego en casa. It's not a good idea to have firearms at home.

Atizar el fuego. To stir up trouble; to needle someone; pour oil on the flames.
Ej. A mi cuñada le gusta atizar el fuego entre mi mujer y yo. My sister-in-law likes to stir up trouble between my wife and me.

Hacer fuego. To make, light a fire.
Ej. Hicieron fuego porque hacía frío. They made a fire because it was cold.

Hacer fuego. To shoot at.
Ej. Los soldados hicieron fuego sobre la gente. The soldiers shot at the people.

Jugar con fuego. To play with fire.
Ej. No juegues con fuego. Don't play with fire.

Pegar fuego a. To set fire to.
Ej. Pegó fuego al coche. He set the car on fire.

Por el humo se sabe dónde está el fuego. Where there's smoke, there's fire.
Ej. ¡Por el humo se sabe dónde está el fuego! Where there is smoke there's fire.

See: Alto, ¡Alto el fuego!

FUERA
Desde fuera. From the outside.
Ej. Desde fuera lo verás mejor. From the outside you'll see it better.

Estar fuera. To be out.
Ej. Paco está fuera. Frank's out.

Estar fuera de casa. To be out.
Ej. ¿Paco? Está fuera de casa. Frank? He's out.

Estar fuera de sí. To be beside oneself.
Ej. Estaba fuera de sí de cólera. He was beside himself with anger.

Fuera de. Outside.
Ej. Eso está fuera de nuestra jurisdicción. That's outside our jurisdiction.

Por fuera. On the outside.
Ej. La casa es muy bonita por fuera. The house is very pretty on the outside.

FUERO
Fuero interno. At heart, deep down.
Ej. En mi fuero interno yo sabía que estaba robando. Deep down I knew I was stealing.

FUERZA

A fuerza de. By dint of.
Ej. Paco lo consiguió a fuerza de estudio. Frank got it by dint of hard study.

A la fuerza. By force, forcibly.
Ej. Trabajo a la fuerza. I am forced to work.

A viva fuerza. By bodily force.
Ej. Le metieron en el coche a viva fuerza. They got him in the car by bodily force.

Cobrar fuerzas. To renew one's strength.
Ej. Come y cobra fuerzas. Eat and renew your strength.

Fuerza mayor. Act of God.
Ej. Fue cosa de fuerza mayor. It was an act of God.

Por fuerza. By force, by necessity.
Ej. Tiene que venir por fuerza. He has to come by necessity.

Sacar fuerza de flaqueza. To make an effort.
Ej. Paco sacó fuerzas de flaqueza y terminó la carrera de dos millas. Frank made an effort and finished the two-mile race.

FUGA

Darse a la fuga. To escape, to flee, to get away.
Ej. Los prisioneros se dieron a la fuga. The prisoners escaped.

Poner en fuga. To put to flight.
Ej. La policía nos puso en fuga. The police put us to flight.

FULANO

Fulano de tal. John Doe; so and so.
Ej. Mándaselo a Fulano de Tal. Send it to John Doe.

Fulano, Zutano, Mengano. Tom, Dick and Harry.
Ej. Eso lo sabe hasta Fulano, Zutano y Mengano. Every Tom, Dick and Harry knows about it.

FUMAR

Fumar como un carretero. To smoke like a chimney.
Ej. Víctor fuma como un carretero. Victor smokes like a chimney.

FUNDAR

Fundarse en. To base one's opinons on.
Ej. Fundo mis conclusiones en mi experiencia. I base my conclusions on my experience.

FUNERALA

Tener un ojo a la funerala. To have a black eye.
Ej. Me peleé con Paco y tiene un ojo a la funerala. I had a fight with Frank and he's got a black eye.

FURIA

Ponerse hecho una furia. To fly into a rage.
Ej. El jefe se ha puesto hecho una furia. The boss has flown into a rage.

FUROR

Hacer furor. To be all the rage; to be a hit.
Ej. Ese novelista hace furor en Nueva York. That novelist is all the rage in New York.

FUSTE

De poco fuste. Of no importance.
Ej. Es persona de poco fuste. He's an unimportant person.

FUTURO

En el futuro. In the future.
Ej. En el futuro la gente vivirá más. In the future people will live longer.

G

GAFAR
Estar gafado. To be jinxed.
Ej. Este coche está gafado; siempre está roto. This car's jinxed; it's always broken down.

GAFE
Tener gafe. To be jinxed.
Ej. Cometo muchos errores. Creo que tengo gafe. I make many mistakes. I think I'm jinxed.

GAITA
Ser una gaita. To be for the birds, a drag.
Ej. Es una gaita esto de escribir cartas. This business of writing letters is for the birds.

GAJE
Ser gajes del oficio. Occupational hazards; part of the job.
Ej. ¡Son gajes del oficio! It's part of the job!

GALA
Hacer gala de. To take pride in; to boast of; to show off.
Ej. Hace gala de su riqueza. He boasts of his money.
Ej. Le gusta hacer gala de sus dotes lingüísticas. He likes to shows off his linguistic gifts.

Tener a gala. To be proud.
Ej. Tenía a gala ser profesor. He was proud of being a professor.

GALERÍA
Hablar para la galería. To play to the gallery.
Ej. ¡Siempre hablas para la galería! You are always playing to the gallery!

GALLINA
Acostarse con las gallinas. To go to bed with the chickens.

Ej. En verano me acuesto temprano, con las gallinas. In the summer I go to bed early, with the chickens.

Cantar la gallina. Holler, cry; say uncle.
Ej. ¡Canta la gallina o te zurro! Say uncle or I'll beat you up!

Estar como gallina en corral ajeno. To find oneself out of place.
Ej. En esta reunión estoy como gallina en corral ajeno. In this meeting I find myself out of place.

See: Carne, Tener carne de gallina.

GALLINITA
Jugar a la gallinita ciega. To play blind man's buff.
Ej. ¿Jugamos a la gallinita ciega? Shall we play blind man's buff?

GALLO
En menos que canta un gallo. In a jiffy.
Ej. Terminaremos en menos que canta un gallo. We'll be done in a jiffy.

Misa del gallo. Midnight mass.
Ej. El 24 de diciembre siempre voy a la misa de gallo. The 24 of December I always hear midnight mass.

Otro gallo nos cantaría. It would be a different story.
Ej. Otro gallo nos cantaría si estudiases un poco más. It would be a different story if you studied a bit more.

Ser el gallo del pueblo. To be the cock of the walk.
Ej. Víctor se cree el gallo del pueblo. Victor thinks he is the cock of the walk.

Tener un gallo en la garganta. To have a frog in the throat.
Ej. Ese cantante parece tener un gallo en la garganta. That singer seems to have a frog in his throat.

See: Canto, Al canto del gallo

GALOPE
A galope. In great haste, hurry.
Ej. ¡Vamos a galope! Let's hurry up!

A galope tendido. At full speed.
Ej. Los vaqueros iban a galope tendido. The cowboys galloped at full speed.

GANA
Darle a uno la (real) gana. To want to, feel like it; to choose to do something.
Ej. Lo hago porque me da la real gana. I'm doing it just because I want to.

De buena gana. Willingly.
Ej. De buena gana te prestaría el dinero pero... I would willingly lend you the money but. . .

De mala gana. Grudgingly, unwillingly.
Ej. Me prestó el dinero de mala gana. He lent me the money grudgingly.

No me da la gana. I don't want to; I don't choose to.
Ej. No me da la gana. I don't want to.

Tener ganas de. To feel like.
Ej. Tengo ganas de comer. I feel like eating.

See: Dar, No darle a uno la gana.

GANANCIA
No arrendar la ganancia. Not wish to be in someone's boots.
Ej. Si se casa con María no le arriendo la ganancia a Víctor. I wouldn't care to be in Victor's boots if he marries Mary.

GANAR
Ganar peso. To put on weight.
Ej. He ganado peso. I've put on weight.

Ganar tiempo. To save time.
Ej. Vístete mientras me afeito y así ganaremos tiempo. Dress while I shave and that way we'll save time.

Ganarse el pan. To earn one's daily bread.
Ej. Me gano el pan honradamente. I earn my daily bread honestly.

Ganarse el sustento. To earn one's daily bread, make a living.
Ej. Nos ganamos el sustento trabajando. We earn our living working.

Ganarse la vida. To earn one's living.
Ej. Se gana la vida limpiando casas. She earns her living cleaning homes.

See: Puntos, Ganar por puntos.
See: Zamora, No se ganó Zamora en una hora.

GANCHO
Echar a alguien el gancho. To trap someone.
Ej. Marga le ha echado el gancho a Paco. Marga has trapped Frank.

Tener gancho con. To have a way with.
Ej. Paco tiene gancho con las mujeres. Frank has a way with women.

GANSA
Una pasta gansa. A hefty sum.
Ej. He pagado una pasta gansa por este coche. I've paid a hefty sum for this car.

GANSO
Hablar por boca de ganso. To mouth someone's else's words.
Ej. Víctor habla por boca de ganso. Victor is mouthing somebody's else's words.

Hacer el ganso. To play the fool.
Ej. No hagas el ganso en la fiesta. Don't play the fool at the party.

GARBANZO
Ser el garbanzo negro de la familia. To be the black sheep of the family.
Ej. Víctor es el garbanzo negro de la familia. Victor's the black sheep of the family.

GARETE
Irse al garete. To go to the dogs; to go down the drain.
Ej. Todos mis planes se fueron al garete. All my plans went down the drain.

GÁRGARAS
Mandar a alguien a hacer gárgaras. To send someone to jump in the lake.
Ej. ¡Vete a hacer gárgaras! Go jump in the lake!

GARLITO
Caer en el garlito. To fall into the trap.
Ej. Paco ha caído en el garlito. Frank has fallen into the trap.

GARRA
Caer en las garras de. To fall into the clutches of.
Ej Hemos caído en las garras de tu suegra. We have fallen in your mother-in-law's clutches.

GAS
A todo gas. At full, top speed.
Ej. Vamos a todo gas. Let's go at top speed.

GASTAR
Gastar bromas pesadas. To play practical jokes.
Ej. Siempre está gastando bromas pesadas. He's always playing practical jokes.

Gastar una broma. To play a joke.
Ej. Me gusta gastar bromas a la gente. I like to play jokes on people.

GASTOS
Correr con los gastos. To foot the bill.
Ej. Yo corro con todos los gastos. I'll foot the bill.

Pagar los gastos. To pay the expenses.
Ej. Yo pago los gastos del hospital. I'll pay the hospital's expenses.

GATA
A gatas. On all fours.
Ej. ¿Por qué vas a gatas? Why are you on all fours?

GATO
Buscar los tres pies al gato. To look for trouble.
Ej. No le busques los tres pies al gato. Don't look for trouble.

Cuatro gatos. Few people; a handful of people.
Ej. Sólo habían cuatro gatos en el teatro. There were only two or three people in the theater.

Dar gato por liebre. Cheat; swindle; gyp; pull the wool over someone's eyes.
Ej. En esa tienda me dieron gato por liebre. I was gypped in that store.

De noche todos los gatos son pardos. At night all cats are grey.
Ej. De noche todos los gatos son pardos. At night all cats are grey.

Haber gato encerrado. Something fishy; to smell a rat.
Ej. Aquí hay gato encerrado. There's something fishy here.

Hasta el gato. All the world and his wife.
Ej. ¡Hasta el gato estaba en la boda! All the world and his wife was at the wedding.

Llevarse el gato al agua. Win; make it; bring home the bacon.
Ej. Todos lo intentaron pero yo me llevé el gato al agua. They all tried but I made it!

See: Escaldar, El gato escaldado del agua fría huye.

GAZNATE
Mojar (remojar) el gaznate. To wet one's whistle.
Ej. Vamos a remojar el gaznate en ese bar. Let's wet our whistle in that bar.

GENERAL
En general. In general.
Ej. En general el español es delgado. In general Spaniards are thin.

Por lo general. In general.
Ej. Por lo general comemos a las dos. In general we have lunch at two.

Por regla general. As a general rule.
Ej. Por regla general leo tres libros al año. As a general rule I read three books a year.

GÉNERO
El género humano. Mankind.
Ej. El género humano busca la felicidad. Mankind pursues happiness.

GENIAL
Genial. Brilliant.
Ej. Es una idea genial. It's a brilliant idea.

GENIO
Tener mal genio. A bad temper.
Ej. Tiene muy mal genio. She has a very bad temper.

GENTE
Gente baja. Lower class people.
Ej. Es gente baja. They are lower class people.

Gente bien. The well-to-do.
Ej. Los vecinos son gente bien. Our neighbors are well-to-do people.

Gente de bien. Respectable people.
Ej. Diles que somos gente de bien. Tell them we are respectable people.

Gente de mal vivir. Thugs; rabble;
Ej. Tus vecinos son gente de mal vivir. Your neighbors are rabble.

Gente de medio pelo. Middle class people.
Ej. La familia de tu mujer es gente de medio pelo. Your wife's family are middle class.

Gente de paz. Friend.
Ej. ¿Quién va? ¡Gente de paz! Who goes there? Friend!

Gente menuda. Children; small fry.
Ej. Para la gente menuda tenemos palomitas. There's popcorn for the small fry.

See: Común, El común de las gentes.

GENTILEZA
Por gentileza de. By courtesy of.
Ej. Este regalo es por gentileza de la casa. This present is courtesy of the house.

GESTO
Hacer gestos. To make faces, signs.
Ej. Hace gestos con las manos. He's making signs with his hands.

GLORIA
Estar en la gloria. To be in seventh heaven.
Ej. En la playa estoy en la gloria. At the beach I'm in seventh heaven.

Oler a gloria. To smell good.
Ej. Este pastel huele a gloria. This cake smells very good.

Saber a gloria. To taste great.
Ej. Este pastel sabe a gloria. This pie tastes great.

GOBIERNO
Mirar contra el gobierno. To be cross-eyed.
Ej. No sabía que María miraba contra el gobierno. I didn't know that Mary was cross-eyed.

Para su gobierno. For your information.
Ej. Les decimos a ustedes todo esto para su gobierno. We are saying all this to you for your information.

GOLPE
A golpes. By fits and starts; sporadically.
Ej. Hace las cosas a golpes. He does things by fits and starts.

Al primer golpe de vista. At first sight.
Ej. Al primer golpe de vista me pareció más gordo. At first sight he seemed fatter to me.

Dar golpes. To knock, pound, bang on.
Ej. Daba golpes en la puerta. He was banging on the door.

De golpe. All of a sudden.
Ej. Entró de golpe. All of a sudden she came in.

De golpe y porrazo. Suddenly, just like that.
Ej. De golpe y porrazo se marchó. He left suddenly.

De un golpe. At one stroke; one gulp.
Ej. Se bebió la cerveza de un golpe. He drank the beer in one gulp.

Errar (fallar) el golpe. To miss the mark.
Ej. Has errado el golpe. You've missed the mark.

Golpe de suerte. Lucky strike.
Ej. Conseguir el empleo ha sido un golpe de suerte. Getting this job has been a lucky strike.

Golpe de tos. Coughing spell.
Ej. Le dio un golpe de tos y se murió. He had a coughing spell and died.

Golpe de vista. Glance.
Ej. Al primer golpe de vista me enamoré. At first glance I fell in love with her.

Golpe mortal. Deathblow.
Ej. Fue un golpe mortal. It was a deathblow.

Golpe seco. Sharp blow.
Ej. Fue un golpe seco en la rodilla. It was a sharp blow in the knee.

No dar golpe. Not to do a piece of work.
Ej. No das golpe en la oficina. You don't do a piece of work in the office.

See: Dar, Dar el golpe

GORDA
Hacer la vista gorda. To overlook; to pretend not to see.
Ej. Hice la vista gorda con sus errores. I overlooked his mistakes.

Vérselas gordas. To have it good.
Ej. ¡Nunca te las has visto tan gordas! You've never had it so good!

GORDO
Caer gordo. To rub the wrong way.
Ej. Ese tío me cae gordo. That guy rubs me the wrong way.

Llevarse un susto gordo. To get a fright.
Ej. En el avión nos llevamos un susto gordo. We got a fright on the plane.

Pasar algo gordo. Something big.
Ej. Está pasando algo gordo en la oficina. Something big is happening at the office.

GORRA
Vivir de gorra. To freeload.
Ej. Vive de gorra. He's a freeloader.

GORRO
Estar hasta el gorro. Be fed up.
Ej. Estoy hasta el gorro de él. I'm fed up with him.

GOTA
Caer cuatro gotas. To rain a little.
Ej. Han caído cuatro gotas. It's rained a little.

Gota a gota. Drop by drop.
Ej. Se bebió la botella gota a gota. He drank the bottle drop by drop.

No ver ni gota. Can't see a damn thing.
Ej. Con estas gafas no veo ni gota. With these glasses I can't see a damn thing.

Ser como dos gotas de agua. To be the spitting image of. As like as two peas
Ej. Tu hermano y tú sois como dos gotas de agua. You are the spitting image of your brother.

Sudar la gota gorda. To sweat blood.
Ej. He tenido que sudar la gota gorda para ganarle. I've had to sweat blood to beat him.

GOTERAS
Estar lleno de goteras. To be full of aches and pains.
Ej. Ya soy viejo y estoy lleno de goteras. I'm old and full of aches and pains.

GOZAR
Gozar de. To enjoy, have.
Ej. Goza de muy buena salud. He is in very good health.

GOZO
Mi gozo en un pozo. All my hopes are gone.
Ej. Mi gozo en un pozo: no conseguí la beca. My hopes dashed to the floor: I didn't get the scholarship.

No caber en sí de gozo. To be beside oneself with joy.
Ej. Desde que consiguió la beca no cabe en sí de gozo. Since he got the scholarship he's beside himself with joy.

GRACIA
Caer en gracia. Take a liking to.
Ej. Paco le ha caído en gracia al profesor. The teacher has taken a liking to Frank.

¿Cuál es su gracia? What's your name?
Ej. ¿Cual es su gracia? What's your name?

Gracia. Joke.
Ej. No le ría sus gracias. Don't laugh at his jokes.

Hacer gracia. To be funny; to please.
Ej. Eso no me hace gracia. That's not funny.

¡Qué gracia! How funny!
Ej. ¡Qué gracia tienes! How funny you are!

Tener gracia. To be funny.
Ej. Ese chiste tiene mucha gracia. That joke's very funny.

GRACIAS
Dar gracias. To thank.
Ej. Puedes dar gracias a Dios que estás bien. You can thank God you are well.

Gracias a. Thanks to.
Ej. Me he roto la pierna gracias a ti. Thanks to you I've broken a leg.

GRADO
De grado o por fuerza. Willy-nilly.
Ej. Lo harás de grado o por fuerza. You'll do it willy-nilly

En alto grado. To a great extent.
Ej. Es difícil en alto grado. It's difficult to a great extent.

En sumo grado. Exceedingly.
Ej. Esto es difícil en sumo grado. This is exceedingly difficult.

Hasta tal grado. To such an extent.
Ej. No me gusta trabajar hasta tal grado. I don't like to work to such an extent.

GRAMÁTICA
Gramática parda. Cunning, shrewd; be smart as a whip; be on the ball.
Ej. Víctor sabe mucha gramática parda. Victor is smart as a whip.

GRANDE
A lo grande. In style.
Ej. Le gusta vivir a lo grande. He likes to live in style.

See: Facilidades, Grandes facilidades.

GRANO
Ir al grano. To come (get) to the point.
Ej. ¡Vayamos al grano! Let's get to the point!

No ser grano de anís una cosa. Not to be a trifle; not to be a laughing matter.
Ej. La cantidad que tuvimos que pagar no es grano de anís. The amount we had to pay is no laughing matter.

Sacar (apartar) el grano de la paja. To separate the wheat from the chaff.
Ej. Hay que sacar el grano de la paja. We must separate the wheat from the chaff.

GREÑA
Andar a la greña. Be at each other's throat.
Ej. Esos dos andan siempre a la greña. Those two are always at each other's throats.

GRIETAS
Tener grietas en las manos. To have chapped hands.
Ej. Tiene grietas en las manos. Her hands are chapped.

GRIMA
Dar grima. To make someone sick.
Ej. ¡Me das grima! You make me sick!

GRITO
A grito pelado. At the top of one's voice.
Ej. Como es sordo habla a grito pelado. As he is deaf he speaks at the top of his voice.

A voz en grito. At the top of one's voice.
Ej. Me lo dijo a voz en grito. He said it at the top of his voice.

Poner el grito en el cielo. To raise the roof; hit the ceiling.
Ej. Si se entera tu padre va a poner el grito en el cielo. If your father finds out he's going to hit the ceiling.

Ser el último grito de la moda. Be the latest fashion.
Ej. Los sombreros son el último grito en moda. Hats are the latest thing in fashion.

See: Pegar, Pegar un grito.

GRUESO
See: Complexión, De complexión gruesa.

GUAGUA
De guagua. To bum.
Ej. Fuma de guagua. He bums cigarettes.

GUANTE
Echar el guante a algo o a alguien. Lay the glove, hands on someone.
Ej. La policía le echó el guante por fin. The police laid a glove on him finally.

Estar como un guante. To fit like a glove.
Ej. Ese vestido te está como un guante. That dress fits like a glove.

GUARDAR
Guardar silencio. To keep silent.
Ej. Debes guardar silencio. You must keep silent.

Guardársela a uno. To pay for; bear a grudge.
Ej. A Paco se la guardo. Frank will pay for it.

See: Oro, Guardar como oro en paño.

GUARDIA
Estar en guardia. To be on guard.
Ej. Estoy siempre en guardia. I'm always on my guard.

GUASA
De guasa. Jokingly in jest; clowning.
Ej. Lo he dicho de guasa. I've said it jokingly.

GUERRA
Dar guerra. To cause trouble; to be a pain.
Ej. Ese niño da mucha guerra en casa. That child's a pain at home.

Estar en guerra. To be at war.
Ej. Este país está en guerra. This country is at war.

Guerra a muerte. War to the death.
Ej. Fue una guerra a muerte. It was a war to the death.

Guerra de nervios. War of nerves.
Ej. Entre los dos países hay una guerra de nervios. Between the two countries there's a war of nerves.

GUIÑAPO
Poner como un guiñapo. Scold; get chewed out; get a dressing down.
Ej. El jefe le puso como un guiñapo. He got a good dressing down from the boss.

GUISA
A guisa de. In the manner of; as; like.
Ej. Lleva una cacerola a guisa de sombrero. He's wearing a pot as a hat.

GUSANILLO
Matar el gusanillo. To take a shot of liquor on an empty stomach. Hair of the dog.
Ej. Vamos a matar el gusanillo en ese bar. Let's have a shot in that bar.

GUSTAR
See: Horror, Gustar horrores.
See: Montón, Gustar un montón.

GUSTO

A gusto de uno. According to one's taste.
Ej. Viste a su gusto. He dresses according to his taste.

Con mucho gusto. Willingly, with pleasure, gladly.
Ej. Lo haré con mucho gusto. I'll do it with pleasure.

Dar gusto a. To please.
Ej. Dame gusto y estudia. Please me and study.

Estar a gusto. To be at ease, comfortable.
Ej. Estoy muy a gusto contigo. I'm very much at ease with you.

Perder el gusto por. To lose taste for.
Ej. He perdido el gusto por la pelea. I've lost my taste for fighting.

Ser cosa de gusto. To be something else again.
Ej. ¡Tu hijo es cosa de gusto! Your son's something else again!

Tener el gusto de. To have the pleasure.
Ej. Tengo el gusto de informarle que... I have the pleasure to inform you that...

Tener mucho gusto en conocer a alguien. To be glad to meet someone.
Ej. Mucho gusto en conocerle. Glad to meet you.

Tomar el gusto a. To take a liking to.
Ej. Le ha tomado gusto a los estudios. He's taken a liking to his studies.

H

HABAS
En todas partes cuecen habas. It's everywhere the same.
Ej. En todas partes cuecen habas. It's everywhere the same.

HABER
Habérselas con. To have it out with.
Ej. Tendrá que habérselas conmigo si quiere despedirte. He will have to have it out with me if he wants to fire you

¡Habráse visto! Fancy that!
Ej. Habráse visto la cara que tiene! Fancy the gall he has!

Tener en el haber de uno. To have to one's credit.
Ej. Tienes doscientas pesetas en tu haber. You have two hundred pesetas to your credit.

HÁBITO
El hábito no hace al monje. Clothes don't make the man; the cowl does not make the monk.
Ej. Lo siento pero el hábito no hace al monje. I'm sorry but clothes don't make the man.

Tomar los hábitos. To become a priest (or nun).
Ej. Tomó los hábitos en 1915. He became a priest in 1915.

HABLA
Perder el habla. To be speechless; dumbstruck.
Ej. Perdió el habla al verla. When he saw her he was dumbstruck.

HABLADO
Bien hablado. Well-spoken.
Ej. El profesor es muy bien hablado. The teacher is well-spoken.

Malhablado. Ill-spoken; foulmouthed.
Ej. Paco es un malhablado. Frank is foulmouthed.

HABLAR
Hablar a tontas y a locas. To talk without rhyme or reason.
Ej. Jaime siempre habla a tontas y a locas. James always talks without rhyme or reason.

Hablar alto. To speak up.
Ej. Hable alto porque soy un poco sordo. Speak up because I'm a bit deaf.

Hablar claro. To speak frankly; to speak out.
Ej. Tienes que hablar claro con tu mujer. You must speak frankly with your wife.

Hablar como un papagayo. To be a chatterbox.
Ej. Víctor habla como un papagayo. Victor's a chatterbox.

Hablar en plata. To talk turkey.
Ej. Me habló en plata. He talked turkey to me.

Hablar por hablar. To be just talking.
Ej. No le haga caso; habla por hablar. Pay no attention to him; he's just talking.

Hablar por los codos. To be an earbender, a chatterbox.
Ej. Esa muchacha habla por los codos. That girl's a chatterbox.

No hablarse. Not to be on speaking terms.
Ej. Paco y yo no nos hablamos. Frank and I are not on speaking terms.

Quien mucho habla, mucho yerra. Silence is golden.
Ej. Recuerda que quien mucho habla, mucho yerra. Remember that silence is golden.

See: Chicharra, Hablar como una chicharra.
See: Dar, Dar que hablar.
See: Diente, Hablar entre dientes.
See: Pestes, Hablar pestes de alguien.

HACE
Desde hace. For.
Ej. Está en Madrid desde hace una semana. He's been in Madrid for a week.

HACER
Haberla hecho buena. To have made a fine mess.
Ej. ¡Por fin la hemos hecho buena! We have finally made a fine mess of it!

Hacer a uno una cosa. To do something to someone.
Ej. ¿ Que me has hecho? What have you done to me?

Hacer alusión. To mention, to mean.
Ej. Simplemente hago alusión a lo que dijo usted ayer. I'm just mentioning what you said yesterday.

Hacer amigos. To make friends.
Ej. Hago amigos con facilidad. I make friends easily.

Hacer daño. To hurt.
Ej. ¡Me haces daño! You are hurting me!

Hacer de menos. Look down on.
Ej. Todos me hacen de menos en la oficina. Everybody looks down on me in the office.

Hacer el favor. Please.
Ej. ¿Quiere hacerme el favor de decirme la hora? Will you please tell me the time?

Hacer el honor de. To do the honor of.
Ej. ¿Me hará usted el honor de acompañarme? Will you do me the honor of accompanying me?

Hacer el papel. To do its job.
Ej. No es un buen coche pero hace su papel. It's not a good car but it does its job.

Hacer gimnasia. To exercise.
Ej. Hago gimnasia por la mañana. I exercise in the morning.

Hacer la maleta. To pack one's suitcase, to pack up.
Ej. Haz la maleta. Pack your suitcase.

Hacer los honores. To play host (hostess).
Ej. Hizo los honores de la casa. She played hostess.

Hacer pedazos. To break into pieces.
Ej. El jarrón se hizo pedazos. The vase broke into pieces.

Hacer saber. To let know, to inform.
Ej. Hágame saber cuándo quiere ir. Let me know when you want to go.

Hacer señas. To make signs.
Ej. Me está haciendo señas. He's making signs to me.

Hacer un buen día. To be a nice day.
Ej. Hace un buen día hoy. It's a nice day today.

Hacer un paréntesis. To take a break.
Ej. Hagamos un paréntesis y tomemos un café. Let's take a coffee break.

Hacer uno de las suyas. To be up to one's old tricks.
Ej. Jaime está otra vez haciendo de las suyas. James is up to his old tricks again.

Hacerse amigos. To become friends.
Ej. Víctor y Pedro se han hecho amigos. Victor and Peter have become friends.

Hacerse con. To get hold of.
Ej. No he podido hacerme con ese libro. I've not been able to get hold of that book.

Hacerse (de) rogar. Play hard to get.
Ej. A María le gusta hacerse rogar. Mary likes to play hard to get.

Hacerse el dormido. To pretend to be sleeping.
Ej. Se hace el dormido. He pretends he's sleeping.

Hacerse el sueco. To play dumb.
Ej. Me hice el sueco y no pagué. I played dumb and I didn't pay.

Hacerse el tonto. To play dumb.
Ej. No te hagas el tonto. Don't play dumb.

Hacerse ilusiones. To fool oneself; to flatter oneself.
Ej. No nos hagamos ilusiones con ese alumno. Let's not fool ourselves about that student.
Ej. ¡No te quiero! ¡No te hagas ilusiones! I don't love you! Don't flatter yourself!

Hacerse tarde. To be gettng late.
Ej. Vámonos porque se hace tarde. Let's go because is getting late.

Más hace el que quiere que el que puede. Where there is a will there's a way.
Ej. Recuerda que más hace el que quiere que el que puede. Remember that where there is a will, there is a way.

No hay nada que hacer. There's nothing to be done.
Ej. Es demasiado tarde y no hay nada que hacer. It's too late and there's nothing to be done.

¡Que le vamos a hacer! What's there to be done; what can we do?
Ej. Lo hemos perdido todo. ¡Que le vamos a hacer! We have lost everything. What can we do?

Tener que hacer. To have something to do.
Ej. ¿Tienes algo que hacer? Do you have anything to do?

See: Alarde, Hacer alarde de.
See: Amor, Hacer el amor.
See: Burla, Hacer burla.
See: Calor, Hacer calor.
See: Caso, Hacer caso.
See: Furor, Hacer furor.
See: Gesto, Hacer gestos.
See: Medio, A medio hacer.
See: Méritos, Hacer méritos.
See: Pie, Hacer pie.

HACIA
Hacia atrás. Backwards.
Ej. No andes hacia atrás. Don't walk backwards.

HAMBRE
A buen hambre no hay pan duro. Hunger is the best sauce.
Ej. Deja que te diga: a buen hambre no hay pan duro. Let me tell you: hunger is the best sauce.

Entretener el hambre. To stave off hunger; to have a bite.
Ej. Tomemos un bocadillo para entretener el hambre. Let's have a sandwich to stave off hunger.

Matar de hambre. To starve.
Ej. En mi casa me matan de hambre. They are starving me at home.

Morir de hambre. To starve to death.
Ej. Los presos murieron de hambre. The prisoners starved to death.

Pasar hambre. To go hungry.
Ej. Paso hambre todos los días. I go hungry every day.

Ser más listo que el hambre. To be as sharp as a needle.
Ej. Jaime es más listo que el hambre. James is as sharp as a needle.

Tener hambre. To be hungry.
Ej. ¿Tienes hambre? Are you hungry?

See: Canino, Tener un hambre canino.
See: Codo, Comerse los codos de hambre.

HARINA
Ser harina de otro costal. To be a horse of a different color.
Ej. Ah, bueno, eso es harina de otro costal. Oh, well, that's a horse of a different color.

HARTAR
Estar harto de. To be fed up with.
Ej. Estoy harto de usted. I'm fed up with you!

Hartarse de. To gorge on.
Ej. Se hartaron de plátanos. They gorged on bananas.

HAY
No hay de qué. You are welcome; don't mention it.
Ej. Muchas gracias. No hay de qué. Thank you very much. You are welcome.

¿Qué hay? What's up?
Ej. Hola, Víctor ¿qué hay? Hello, Victor, what's up?

¿Qué hay de nuevo? What's new?
Ej. Hola, Víctor, ¿qué hay de nuevo? Hello, Victor, what's new?

HAZMERREÍR
Ser el hazmerreír. To be the laughingstock.
Ej. Eres el hazmerreír del barrio. You are the laughing stock of the neighborhood.

HEBRA
Pegar la hebra. To chew the rag; to chat a lot.
Ej. Mi secretaria y la tuya están siempre pegando la hebra. My secretary and yours are always chewing the rag.

HECHO
A lo hecho, pecho. Don't cry over spilt milk.
Ej. Recuerda: a lo hecho, pecho. Remember: don't cry over spilt milk.

De hecho. In fact.
Ej. Es rico; de hecho, es riquísimo. He is rich; in fact, he's exceedingly rich.

Hecho consumado. Accomplished fact.
Ej. Los hechos consumados no tienen remedio. Accomplished facts can't be helped.

Ser un hombre hecho y derecho. Mature and capable man; quite a man.
Ej. Ricardo es un hombre hecho y derecho. Richard is quite a man.

See: Dar, Dar por hecho

HELADO
Dejar helado. Flabbergasted; to shock.
Ej. Sus palabras me dejaron helado. I was flabbergasted at his words.

HERIDA
Remover la herida. To open up an old wound.
Ej. No le hables de eso; es remover una vieja herida. Don't talk about that; it's opening up an old wound.

HERIDO
Mal herido. Badly hurt.
Ej. El soldado está muy mal herido. The soldier is very badly hurt.

HIELO
Romper el hielo. To break the ice.
Ej. La invité a un helado para romper el hielo. I treated her to an ice cream in order to break the ice.

HIERBA
Y otras hierbas. And so on.
Ej. Aquí está don Marcelino Gómez de Avellaneda y otras hierbas. This is Mr. Marcelino Gómez de Avellaneda and so on.

HIERRO
Quien a hierro mata a hierro muere. He who lives by the sword shall die by the sword.
Ej. Recuerda: quien a hierro mata, a hierro muere. Remember: he who lives by the sword shall die by the sword.

Ser de hierro. To be tough (strong) as nails.
Ej. Paco ya está bien. Es de hierro. Frank is well already. He is tough as nails.

See: Batir, A hierro caliente, batir de repente.

HÍGADOS
Echar los hígados. To labor, strain.
Ej. Echa los hígados en el almacén. He labors a lot at the warehouse.

HIGO
No importarle a uno un higo. Not to care a fig.
Ej. No me importa un higo lo que pienses. I don't care a fig what you think.

HIGUERA
Estar en la higuera. To be in the clouds.
Ej. ¡Estás en la higuera! You are in the clouds!

HIJO
Hijo de papá. Daddy's boy.
Ej. Víctor es hijo de papá. Victor is daddy's boy.

Hijo único. Only child.
Ej. Soy hijo único. I'm an only child.

HILAR
Hilar delgado (fino). To slice thin.
Ej. Cuando habla hila muy fino. He slices very thin when he speaks.

HILO
Al hilo. Along the thread of cloth or grain of wood.
Ej. Corta la tela al hilo. Cut the cloth along the thread.

Colgar de un hilo. To hang by a thread.
Ej. Mi felicidad cuelga de un hilo. My happiness hangs by a thread.

Perder el hilo de conversación, pensamiento.
To lose the thread of a conversation.
Ej. Lo siento pero he perdido el hilo de la conversación. I'm sorry but I've lost the thread of the conversation.

Tener el corazón en un hilo. To have one's heart in one's mouth.
Ej. Cada vez que coge el coche tengo el corazón en un hilo. Every time he takes the car I have my heart in my mouth.

HINCAPIÉ
Hacer hincapié. To stress; to emphasize.
Ej. Quiero hacer hincapié en el asunto del dinero. I want to stress the matter of the money.

HINCAR
Hincarse de rodillas. To kneel down.
Ej. Se hincó de rodillas ante la vieja. He knelt down before the old woman.

HINCHAR
Hinchársele a uno las narices. To be sick of.
Ej. ¡Se me han hinchado las narices ya! I'm sick of it already!

HIPO
Que quita el hipo. Terrific; takes one's breath away.
Ej. Se ha comprado un coche que quita el hipo. He's bought a terrific car.

Tener hipo. To have hiccups.
Ej. Tengo hipo. I've got the hiccups.

HISTORIA
Dejarse de historias. To get down to brass tacks.
Ej. ¡Déjate de historias! Let's get down to brass tacks!

Pasar a la historia. To be a thing of the past; ancient history.
Ej. Nuestro amor pasó a la historia. Our love is a thing of the past.

Pasar a la historia. To go down in history.
Ej. Esto pasará a la historia. This will go down in history.

Ser historias. Old wive's tales.
Ej. Eso del mal de ojo son historias. That business about the evil eye is an old wives' tale.

HITO
Mirar de hito en hito. To stare.
Ej. Me miró de hito en hito. He stared at me.

HOCICO
Meter el hocico en. To stick one's nose in.
Ej. No metas el hocico en mis asuntos. Don't stick your nose in my business.

HOMBRE
¡Hombre! Man!
Ej. ¡Hombre! ¡Qué haces! What are you doing, man!

El hombre propone y Dios dispone. Man proposes and God disposes.
Ej. Ya sabes: el hombre propone y Dios dispone. You know: man proposes and God disposes.

Hombre de bien. Upright man; good man.
Ej. Paco es un hombre de bien. Frank is a good man.

Hombre de dinero. Man of means.
Ej. Paco es un hombre de dinero. Frank's a man of means.

Hombre de letras. Man of letters.
Ej. Oscar es un hombre de letras. Oscar is a man of letters.

Hombre de mundo. Man of the world.
Ej. Miguel es un hombre de mundo. Mike is a man of the world.

Hombre de negocios. Businessman.
Ej. Jaime es hombre de negocios. James is a businessman.

Hombre de paja. Straw man.
Ej. Víctor era el hombre de paja en el negocio. Victor acted as a straw man in the business.

Ser el hombre para... To be the man for...
Ej. Eres el hombre que necesitamos para este trabajo. You are the man we need for this job.

Ser hombre de palabra. To be a man of one's word.
Ej. Jaime es hombre de palabra. James is a man of his word.

Ser muy hombre. To be a he-man, a real man.
Ej. Teodoro es muy hombre. Ted is a real man.

See: Pelo, Hombre de pelo en pecho.
See: Pino, Ser un hombre como la copa de un pino.
See: Pro, Hombre de pro.
See: Provecho, Ser un hombre de provecho.

HOMBRO
Arrimar el hombro. To put one's shoulder to the wheel.
Ej. En esta familia todos debemos arrimar el hombro. All the members of this family must put their shoulders to the wheel

Llevar a hombros. To carry on one's shoulders.
Ej. Lo llevaremos en hombros. We'll carry it on our shoulders.

Mirar a alguien por encima del hombro. To look down on someone.
Ej. Me mira por encima del hombro. He looks down on me.

HONRA
¡A mucha honra! And I'm proud of it!
Ej. ¡Soy profesor y a mucha honra! I'm a professor and I'm proud of it!

Tener a mucha honra. To be very proud of.
Ej. Tengo a mucha honra ser pobre. I'm very proud of being poor.

HORA

A buena hora. In good time.
Ej. Has venido a buena hora. You've come in good time.

A buena hora... Late.
Ej. ¡A buena hora llegas! ¡Ya hemos terminado! You are late! We've finished!

A la hora. On time.
Ej. Debes llegar a la hora. You must come on time.

A primera hora de la mañana. Early, first thing in the morning.
Ej. Lo haré a primera hora de la mañana. I'll do it first thing in the morning.

A todas horas. At all hours.
Ej. Está cansado a todas horas. He's tired at all hours.

A última hora. At the last moment.
Ej. A última hora se salvó. At the last moment he was saved.

Dar hora. To make an appointment for.
Ej. El médico me dio hora para el martes. The doctor gave me an appointment for Tuesday.

De última hora. Latest; last minute.
Ej. Noticias de última hora. Last-minute news.

En buena hora. Luckily.
Ej. Lo compré en buena hora. Luckily I bought it.

En mala hora. Cursed be the day.
Ej. ¡En mala hora te conocí! Cursed be the day I met you!

Horas de oficina. Business hours.
Ej. Nuestras horas de oficina son de tres a cuatro. Our business hours are from three to four.

Horas muertas. Most of the time.
Ej. Se pasa las horas muertas leyendo. He spends most of his time reading.

Por horas. By the hour.
Ej. Me pagan por horas. I am paid by the hour.

Tener las horas contadas. One's days are counted.
Ej. Víctor tiene las horas contadas en la oficina. Victor's days are counted in the office.

See: Alto, A altas horas de la noche.
See: Dar, Dar la hora.
See: Primero, A primeras horas.

HORMA

Hallar, (encontrar) la horma de su zapato. To meet one's match.
Ej. Creo que he encontrado la horma de mi zapato. I guess I've met my match.

HORMIGA

Ser una hormiga. Be hardworking and thrifty.
Ej. Víctor es una hormiga. Victor is hard working and thrifty.

HORMIGUITA

Ser una hormiguita. To be thrifty.
Ej. Juan es una hormiguita. John is very thrifty.

HORNO

No estar el horno para bollos. Things are pretty hot.
Ej. No está el horno para bollos en casa. Things are pretty hot at home.

HORROR

Gustar horrores. To like an awful lot.
Ej. Los dulces me gustan horrores. I like sweets an awful lot.

Tener horror a. Dread.
Ej. Tengo horror al trabajo. I dread work.

HOY

Hoy por hoy. For the time being; at present.
Ej. Hoy por hoy no pienso cerrar el negocio. For the time being I'm not thinking of closing the business.

See: Adelante, De hoy en adelante.

HUELGA

Huelga de brazos caídos. Sit-down strike.
Ej. Tendremos una huelga de brazos caídos. We'll have a sit-down strike.

HUELLA

Dejar huella. Leave one's mark.
Ej. El profesor ha dejado huella. The professor has left his mark.

Seguir las huellas de. To follow the footsteps of.
Ej. Pedro sigue las huellas de su padre. Pete is following his father's footsteps.

HUESO

A otro perro con ese hueso. Tell it to the marines.
Ej. No me engañas. A otro perro con ese hueso. You can't fool me. Go tell it to the marines!

Estar en los huesos. To be nothing but skin and bones; very skinny.
Ej. Tu mujer está en los huesos. Your wife's nothing but skin and bones.

No dejar a uno hueso sano. To give someone a good licking, beating.
Ej. No te voy a dejar un hueso sano. I'm going to give you a good beating.

Ser hueso duro de roer. To be a hard nut to crack.
Ej. Mi jefe es un hueso duro de roer. My boss is a hard nut to crack.

Tener los huesos molidos. To be pooped out, exhausted.
Ej. Tengo los huesos molidos. I'm all pooped out.

See: Calarse, Calarse hasta los huesos.

HUMANO
Ser humano. To be humane.

Ej. Era una persona muy humana. He was a very humane person.

HUMO
Bajarle a uno los humos. To take someone down a peg.
Ej. Voy a bajarle los humos a Pedro. I'm going to take Peter down a peg.

See: Fuego, Por el humo se sabe donde está el fuego

HUMOR
See: Perro, Humor de perros.

HUMOS
Darse humos. To put on airs.
Ej. Como es rico se da muchos humos. As he is rich he puts on airs.

See: Bajar, Bajar los humos a alguien.

HURTADILLAS
A hurtadillas. Stealthily; on the q.t.
Ej. Se han marchado a hurtadillas. They left stealthily.

I

IDA
Billete de ida y vuelta. Round-trip ticket.
Ej. Déme un billete de ida y vuelta. Give me a round-trip ticket.

Idas y venidas. Comings and goings.
Ej. No sé nada de sus idas y venidas. I know nothing of his comings and goings.

IDEA
Cambiar de idea. Change one's mind.
Ej. He cambiado de idea y no voy. I've changed my mind and I'm not coming.

Hacerse a la idea. To get used to the idea.
Ej. Tenemos que hacernos a la idea. We must get used to the idea.

See: Fijo, Idea fija.

IGUAL
De igual a igual. As an equal to another.
Ej. Le hablo de igual a igual. I'm speaking to you as an equal to another.

Igual que. The same as.
Ej. Es igual que ayer. It's the same as yesterday.

Por igual. Evenly.
Ej. Extienda la sábana por igual. Spread the sheet evenly.

Serle a uno igual. To be all the same to one.
Ej. Me es igual lo que hagas. It's all the same to me what you do.

Sin igual. Matchless.
Ej. La sin igual Dulcinea. The matchless Dulcinea.

Todo me es igual. Everything's the same to me.
Ej. Ahora todo me es igual. Now everything is the same to me.

IGUALDAD
En igualdad de condiciones. On an equal footing.
Ej. Ahora estamos en igualdad de condiciones. Now we are on an equal footing.

IGUALMENTE
Igualmente. The same to you.
Ej. ¡Que lo pases bien! ¡Igualmente! Have a good time! The same to you!

ILUSIONAR
Ilusionarse con. To get thrilled.
Ej. Está muy ilusionada con su nueva casa. She's very thrilled with her new house.

ILUSIONES
Vivir de ilusiones. To bank on; to kid oneself.
Ej. El pobre Pedro vive de ilusiones. Poor Peter kids himself.

See: Forjar, Forjarse ilusiones.
See: Hacer, Hacerse ilusiones.

IMAGEN
La viva imagen de. The living image of.
Ej. Es la viva imagen de su padre. He's the living image of his father.

IMAGINAR
Imaginar. To suppose.
Ej. Imagino que vendrán hoy. I suppose they'll come today.

IMPORTANCIA
Dar importancia a. To attach importance to.
Ej. No des importancia a lo que dice. Don't attach much importance to what he says.

See: Restar, Restar, quitar importancia a.

IMPORTAR
Importarle a uno. To matter.
Ej. Lo que dice no me importa. What he says doesn't matter to me.

See: Bledo, No importar un bledo.
See: Higo, No importarle a uno un higo.
See: Pepino, Importarle a uno un pepino.
See: Pito, No importar un pito.

IMPOSIBLE
Hacer lo imposible. To do the utmost.
Ej. Haré lo imposible para complacerte. I'll do my utmost to please you.

IMPRESIÓN
Causar buena impresión. To be (pleasantly) impressed.
Ej. Me causó buena impresión lo que dijo. What he said impressed me.

IMPROVISO
Coger de improviso. To catch unawares.
Ej. El jefe nos cogió de improviso. The boss caught us unawares.

INCONVENIENTE
Poner inconvenientes. To raise objections.
Ej. Siempre pone inconvenientes. He's always raising objections.

Tener inconveniente. To mind.
Ej. ¿Tiene inconveniente en repetir lo que ha dicho? Would you mind repeating what you said?

INCUMBENCIA
Ser de la incumbencia de. Be within the province of; be someone's business.
Ej. Ese problema no es de mi incumbencia. That problem is none of my business.

INDICACIÓN
Por indicación de. At the suggestion of.
Ej. Vengo por indicación de su hermana. I've come at your sister's suggestion.

INDICADO
En el momento menos indicado. At the worst possible moment.
Ej. Me llamas en el momento menos indicado. You are phoning me at the worst possible moment.

INDIFERENTE
Hablar de cosas indiferentes. To speak about trifles.
Ej. En la reunión se ha hablado de cosas indiferentes. At the meeting they talked about trifles.

Serle a uno indiferente. To make no difference.
Ej. Eso me es indiferente. That makes no difference to me.

INDIRECTA
Lanzar una indirecta. To drop a hint.
Ej. Me ha lanzado una indirecta. He has dropped a hint.

INFERIORIDAD
Estar en inferioridad de condiciones. Be at a disadvantage.
Ej. Estamos en inferioridad de condiciones. We are at a disadvantage.

INFIERNO
En el quinto infierno. Out in the sticks; very far.
Ej. Su casa está en el quinto infierno. His house is out in the sticks.

Irse al infierno. To go to hell.
Ej. ¡Vete al infierno! Go to hell!

INFORMACIÓN
A título de información. For the record only; as a matter of record.
Ej. Lo digo a título de información. I say it as a matter of record only.

INGENIAR
Ingeniárselas para. To manage to.
Ej. Siempre se las ingenia para tener razón. He always manages to be right.

INGENIO
See: Aguzar, Aguzar el ingenio.

INICIATIVA
Tomar la iniciativa. To take the lead, the initiative.
Ej. Debes tomar la iniciativa tú. You must take the lead yourself.

INOPIA
Estar en la inopia. Be in the clouds.
Ej. ¡Estás en la inopia! You are in the clouds!

INCONSCIENTE
Ser un inconsciente. To be harebrained.
Ej. Mi hija es una inconsciente. My daughter is harebrained.

INRI
Y para más inri. Add insult to injury.
Ej. ¡Y para más inri me dijo que quedaba despedido! ¡And he added insult to injury by firing me!

INSTANCIA
En última instancia. In the last resort.
Ej. Pagaré en última instancia. I'll pay in the last resort.

INSTANTE
A cada instante. All the time.
Ej. Me hace preguntas a cada instante. She asks me questions all the time.

Al instante. Right away.
Ej. Lo haremos al instante. We'll do it right away.

En un instante. Soon; right away.
Ej. Estará aquí en un instante. She'll be here right away.

INTEMPERIE
A la intemperie. In the open (air).
Ej. La tropa durmió a la intemperie. The troops slept in the open.

INTENCIÓN
Con intención. On purpose.
Ej. Lo has hecho con intención. You've done it on purpose.

Con mala intención. On purpose.
Ej. ¡Lo has hecho con mala intención! You've done it on purpose!

Con segunda intención. With an ulterior motive.
Ej. Mencionó el viaje con segunda intención. He mentioned about the trip with an ulterior motive.

Tener la intención de. To mean.
Ej. Tenía la intención de decírselo. I meant to tell him.

Tener malas intenciones. To be malicious, mean no good.
Ej. Es un niño con muy malas intenciones. He's a very malicious boy.

INTERÉS
Intereses creados. Vested interests.
Ej. Todos tienen intereses creados. They all have vested interests.

Poner interés. To take an interest.
Ej. Ha puesto mucho interés. He has taken a lot of interest.

Por interés. For money.
Ej. Se casó con Paco por interés. Se married Frank for his money.

INTERMEDIO
Por intermedio de. Through
Ej. Compró la casa por intermedio de su tío. She bought the house through her uncle.

IR
¿De qué vas? What are you up to?
Ej. ¡Dime de qué vas! Tell me what you are up to!

Ir a más. Be on the increase.
Ej. El desempleo va a más. Unemployment is on the increase.

Ir con cuidado. To be careful.
Ej. Debemos ir con cuidado. We must be careful.

Ir con Dios. Godspeed.
Ej. ¡Adiós y vaya usted con Dios! Goodbye and Godspeed!

Ir con pies de plomo. Move (proceed) with caution.
Ej. En este asunto debemos ir con pies de plomo. In this matter we must proceed with great caution.

Ir con tiento. To be careful.
Ej. Vaya usted con tiento con esa gente. Be very careful with those people.

Ir demasiado lejos. To go too far.
Ej. Eso es ir demasiado lejos. That's going too far.

Ir sobre ruedas. Run like clockwork.
Ej. Nuestro proyecto va sobre ruedas. Our project is running like clockwork.

Ir tirando. To get along.
Ej. Con este dinero iremos tirando. With this money we'll get along.

Irle a uno bien. To be becoming
Ej. Esa camisa te va muy bien. That shirt is very becoming.

Irse a pique. To sink.
Ej. El barco se fue a pique. The ship sank.

Ni irle ni venirle a uno. That's neither here nor there.
Ej. A mí ni me va ni me viene. That's neither here nor there to me.

Ni me va ni me viene. It makes no difference to me.
Ej. A mí tus líos amorosos ni me van ni me vienen. Your love affairs make no difference to me.

¿Quién va? Who goes there?
Ej. El soldado gritó: ¿Quién va? The soldier shouted: Who goes there?

Sin ir más lejos. To take an obvious example; just.
Ej. Sin ir más lejos, el otro día me pidió más dinero. Just the other day he asked me for more money.

See: Coche, Ir en el coche de San Fernando.
See: Peor, Ir de mal en peor.

IZQUIERDA
Tener mano izquierda. To have a way with.
Ej. Susana tiene mano izquierda con los niños. Susan has a way with children.

See: Cero, Ser un cero a la izquierda.

IZQUIERDO
Levantarse con el pie izquierdo. To get up on the wrong side of the bed.
Ej. Lo siento pero hoy me he levantado con el pie izquierdo. I'm sorry but today I got up on the wrong side of the bed.

J

JALEO
See: Armar, Armar jaleo.

JAMÁS
Nunca jamás. Never again.
Ej. No iré otra vez. Nunca jamás. I won't go another time. Never again.

JAMÓN
Y un jamón. Don't you believe it.
Ej. ¿Quiere usted que trabaje más? ¡Y un jamón! You want me to work harder? Don't you believe it!

JAQUE
Jaque mate. Checkmate.
Ej. Jaque mate. Has perdido. Checkmate. You've lost.

Tener a uno en jaque. To have someone over a barrel.
Ej. Mi casero me tiene en jaque. My landlord has me over a barrel.

JARRA
En jarras. With arms akimbo.
Ej. Me lo dijo con los brazos en jarras. She told me with arms akimbo.

JAUJA
Estar en jauja. To be in seventh heaven.
Ej. ¡Estamos en jauja! We are in seventh heaven!

JESÚS
Jesús, María y José. Goodness gracious!
Ej. ¡Jesús, María y José qué coche! Goodness gracious, what a car!

JOTA
No entender ni jota. To understand nothing.
Ej. Lo siento, no entiendo ni jota. I'm sorry, I understand nothing.

No saber ni jota. Not to know beans about.
Ej. No sabes ni jota de matemáticas. You don't know beans about Math.

JUEGO
Hacer juego. To match.
Ej. Esa corbata hace juego con el traje. That tie matches the suit.

Juego de niños. Child's play.
Ej. Eso es tan fácil que es juego de niños. That's so easy it's really child's play.

Juego de palabras. Pun.
Ej. No me gustan los juegos de palabras. I don't like puns.

Juego sucio. Foul play.
Ej. Juegan sucio. They play foul.

No ser cosa de juego. To be no laughing matter.
Ej. Este asunto no es cosa de juego. This business is no laughing matter.

Poner en juego. To put at stake.
Ej. He puesto en juego mi reputación. I've put my reputation at stake.

JUEVES
See: Cosa, No ser cosa del otro jueves.

JUEZ
See: Cara, Tener cara de juez.

JUGAR
Jugar limpio. Fair play.
Ej. A todos nos gusta el juego limpio. We all like fair play.

Jugarse el todo por el todo. To stake or gamble all; to go all the way.
Ej. En este negocio nos hemos jugado el todo por el todo. In this business we have staked all we have.

See: Gallinita, Jugar a la gallinita ciega.
See: Ladrón, Jugar a policías y ladrones.
See: Pellejo, Jugarse el pellejo.

JUGO
Sacar jugo de (a). To get a lot out of.
Ej. Le has sacado mucho jugo a la tienda. You've gotten a lot out of the store.

JUICIO
Entablar juicio. To sue.
Ej. Entabló juicio contra el vecino. He sued his neighbor.

No estar en su sano juicio. To be insane, not to be in one's mind.
Ej. Esa profesora no está en su sano juicio. That teacher's insane.

Perder el juicio. To go out of one's mind.
Ej. Perdió el juicio y se suicidó. She lost her mind and committed suicide.

Poner en tela de juicio. To call into question; to question.
Ej. ¿Pone Ud. en tela de juicio lo que hago? Do you question what I do?

Quitar el juicio a alguien. To drive someone mad.
Ej. Mi mujer me ha quitado el juicio. My wife has driven me crazy.

See: Entablar, Entablar juicio.

JUNTO
Todos juntos. All together.
Ej. Iremos todos juntos. We'll go all together.

JURAR
Jurar como un carretero. To swear like a trooper.
Ej. Mi suegro jura como un carretero. My father-in-law swears like a trooper.

Tenérsela jurada a uno. To have it in for someone.
Ej. El jefe me la tiene jurada. The boss has it in for me.

See: Perjurar, Jurar y perjurar.

JUSTICIA
Tomarse la justicia por su mano. To take the law into one's own hands.
Ej. No podemos tomarnos la justicia por nuestra mano. We can't take the law into our own hands.

JUSTO
Estar justo. Fit tightly; be tight on.
Ej. Estos zapatos me están justos. These shoes are tight on me.

JUZGAR
A juzgar por. Judging by.
Ej. A juzgar por su cara ha aprobado el examen. Judging by his face he's passed the exam.

L

LABIA
Tener mucha labia. To have a way with words.
Ej. ¡Menuda labia tiene! Does he have a way with words!

LABIO
Cerrar los labios. To keep one's mouth shut.
Ej. Ten los labios cerrados. Keep your mouth shut.

Morderse los labios. To bite one's lips.
Ej. Se ha mordido los labios. He's bitten his lips.

No despegar los labios. Not to say a word.
Ej. ¡Yo no he despegado los labios! I haven't said a word!

Tener los labios sellados. To have one's lips sealed.
Ej. Mis labios están sellados. My lips are sealed.

See: Despegar, No despegar los labios.

LADO
Al lado de. Next to; at the side of.
Ej. Vive al lado mío. She lives next to me.

Al lado derecho. On the right side.
Ej. La tienda está al lado derecho de la casa. The store is on the right side of the house.

Apartarse a un lado. To get out of the way.
Ej. ¡Apártate a un lado! Get out of the way!

Dar de lado a alguien. To give someone the cold shoulder.
Ej. ¡Mis amigos me dan de lado! My friends give me the cold shoulder!

De lado. Sideways.
Ej. Lo podrás meter de lado. You'll be able to place it in sideways.

Dejar a un lado. Skip, leave aside, neglect.
Ej. Dejemos a un lado este asunto. Let's skip this matter.

El lado débil. The weak point.
Ej. La familia es el lado débil de Juan. His family is John's weak point.

Hacerse a un lado. To step aside.
Ej. Hazte a un lado; esta señora quiere pasar. Step aside; this lady wants through.

Ir cada uno por su lado. Part ways, part company, part from.
Ej. Discutieron y cada uno se fue por su lado. They argued and parted company.

Mirar de lado. To look askance at.
Ej. Juan mira de lado mis actividades. John looks askance at my activities.

Ponerse del lado de. To take sides with.
Ej. Cuando discutimos, Juan siempre se pone del lado de Pedro. When we argue, John always takes Peter's side.

Por todos lados. Everywhere; on all sides.
Ej. Se ven americanos por todas partes. Americans are seen everywhere.

Por un lado... On the one hand. . .
Ej. Por un lado parece bueno; por otro parece caro. On the one hand it looks good; on the other hand it seems expensive.

LADRÓN
Jugar a policías y ladrones. To play cops and robbers.
Ej. Los niños están jugando a policías y ladrones. The children are playing cops and robbers.

LÁGRIMA
Lágrimas de cocodrilo. Crocodile tears.
Ej. Llora lágrimas de cocodrilo. She's weeping crocodile tears.

Llorar a lágrima viva. To cry one's eyes out.
Ej. Susana lloraba a lágrima viva. Susan was crying her eyes out.

Saltársele a uno las lágrimas. Tears coming to one's eyes.
Ej. Se me saltaron las lágrimas. Tears came to my eyes.

See: Deshacerse, Deshacerse en lágrimas.
See: Enjugar, Enjugarse las lágrimas.

LANA
Ir por lana y salir trasquilado. Out the fire and into the frying pan.
Ej. Cuidado. No vayas a por lana y salgas trasquilado. Watch out; don't get out of the fire and into the frying pan.

LANCE
De lance. Second-hand.
Ej. Es una librería de lance. It's a second-hand bookstore.

LANZA
Romper una lanza por. To defend someone, something; break a lance for.
Ej. Margarita ha roto una lanza por ti. Margaret has defended you.

LARGA
A la larga. In the long run.
Ej. La paciencia es buena a la larga. Patience is good in the long run.

Dar largas a. To put off.
Ej. Por favor, no le des largas a este asunto. Please, don't put off this business.

LARGO
A lo largo. Lengthwise.
Ej. Córtalo a lo largo. Cut it lengthwise.

Hablar largo y tendido. To speak at great length.
Ej. Pedro y Roberto hablaron largo y tendido sobre el viaje. Peter and Robert spoke at great length about the trip.

¡Largo! Get out! Get going!
Ej. ¡Largo! ¡Fuera! Get going! Out!

¡Largo de aquí! Get out of here!
Ej. ¡Largo de aquí! ¡No quiero verte! Get out of here! I don't want to see you!

Pasar de largo. To pass right by.
Ej. Pasó de largo y no dijo nada. She passed right by me without saying a word.

LARGUIRUCHO
Ser un larguirucho. To be all legs.
Ej. Víctor es un larguirucho. Victor's all legs.

LÁSTIMA
Dar lástima. To pity; take pity on.
Ej. Pedro me da lástima. I pity Peter.

Estar hecho una lástima. To be a sorry sight.
Ej. Vi a Juan ayer y está hecho una lástima. I saw John yesterday; he's a sorry sight.

Tener lástima de. To feel sorry for.
Ej. Le presto dinero porque le tengo lástima. I lend him money because I feel sorry for him.

LATA
Dar la lata. To annoy; to bore; to pester.
Ej. ¡No me des la lata más! Don't annoy me anymore!

¡Qué lata! What a nuisance!
Ej. ¿No podemos ir al cine? ¡Qué lata! We can't go to the movies? What a nuisance!

LATÍN
Saber mucho latín. To be very shrewd.
Ej. Cuidado con Pedro que sabe mucho latín. Careful with Peter because he's very shrewd.

LAURELES
Dormirse en los laureles. To rest on one's laurels.
Ej. Ahora que tienes el empleo no te duermas en los laureles. Now that you have the job, don't rest on your laurels.

LAVAR(SE)
Lavar el cerebro. Brainwash.
Ej. Me parece que ésos te han lavado el cerebro. I think those people have brainwashed you.

See: Mano, Lavarse las manos uno.

LAZO
Caer en el lazo. To fall into the trap.
Ej. ¡Has caído en el lazo! You've fallen into the trap!

Lazos familiares. Family ties.
Ej. No puedo ir a Australia porque tengo muchos lazos familiares aquí. I can't go to Australia because I have many family ties here.

LECCIÓN
Dar una lección a alguien. To teach someone a lesson.
Ej. Le voy a dar una buena lección. I'm going to teach him a good lesson.

Servir de lección. To teach a lesson.
Ej. ¡Que te sirva de lección! Let this teach you a good lesson!

Tomar lecciones. To take lessons.
Ej. Toma lecciones de piano. She takes piano lessons.

LECHO
Lecho de rosas. Bed of roses.
Ej. Este empleo no es un lecho de rosas. This job is no bed of roses.

LECHUGA
Ser más fresco que una lechuga. As cold as brass; to have a lot of nerve.
Ej. Víctor es más fresco que una lechuga. Victor has a lot of nerve.

LEER
See: Pensamiento, Leerle el pensamiento a alguien.

LEGUA
A la legua. From afar, from a distance, stand out a mile.
Ej. Se ve a la legua que es un mentiroso. It stands out a mile he is a liar.

LEJOS
A lo lejos. In the distance.
Ej. Se ve la casa a lo lejos. You can see the house in the distance.

Desde lejos. From afar, from a distance.
Ej. Desde lejos se ve nuestra casa. You can see our house from a distance.

Lejos de. Far from.
Ej. Mi casa está muy lejos de aquí. My house is very far from here.

Llegar (ir) lejos. To go far.
Ej. Como trabaja mucho creo que Víctor llegará lejos. As he works hard, I think Victor will go far.

See: Ir, Ir demasiado lejos.

LENGUA
Hacerse lenguas de. To praise to the skies.
Ej. Todos se hacen lenguas de su belleza. Everybody praises her beauty to the skies.

Irse de la lengua. To let the cat out of the bag.
Ej. Como siempre, Víctor se fue de la lengua y lo contó todo. As usual, Victor let the cat out of the bag and told everything.

Irse uno de la lengua. To give oneself away.
Ej. Quería mentir pero se fue de la lengua. He wanted to lie but he gave himself away.

Lengua materna. Mother tongue.
Ej. El inglés es mi lengua materna. English is my mother tongue.

Llevar la lengua fuera. To pant.
Ej. Parece que ha venido corriendo porque lleva la lengua fuera. He must have been running because he's panting.

Malas lenguas. Gossips; busybodies.
Ej. Las malas lenguas dicen que no están casados. Gossips say they aren't married.

No morderse la lengua. Not to mince words; talk straight from the shoulder
Ej. Pedro no se muerde la lengua y dice las verdades. Peter doesn't mince words and tells it like it is.

Sacar la lengua a. To stick one's tongue out at.
Ej. Tu hijo me ha sacado la lengua. Your son has stuck his tongue out at me.

Tener una cosa en la punta de la lengua. To have something at the tip of one's tongue.
Ej. Tengo su nombre en la punta de la lengua. I have his name at the tip of my tongue.

Tirar de la lengua a uno. Get information; draw someone out; ferret out.
Ej. El jefe ha intentado tirarme de la lengua pero no le he dicho nada. The boss has tried to get information out of me but I've said nothing.

Trabársele a uno la lengua. To get tongue-tied.
Ej. Cuando quiero pronunciar su nombre se me traba la lengua. When I try to pronounce her name I get tongue-tied.

LEÑA
Dar leña. To beat someone up.
Ej. Le han dado leña. He's been beaten up.

Echar leña al fuego. To fan the flames; to pour oil on the flames; to make things worse.
Ej. Si le dices eso, echarás más leña al fuego. If you tell him that, you'll be fanning the flames.

Llevar leña al monte. To carry coals to Newcastle.
Ej. Eso es como llevar leña el monte. That's like carrying coals to Newcastle.

LEPE
Saber más que Lepe. To be shrewd and clever; be cunning as a fox.
Ej. Víctor sabe más que Lepe. Victor's shrewd and clever.

LETRA
Al pie de la letra. To the letter.
Ej. Hay que hacerlo al pie de la letra. It must be done to the letter.

Escribir cuatro letras. To drop a line.
Ej. Escríbeme cuatro letras cuando llegues. Drop me a line when you arrive.

Primeras letras. The three R's.
Ej. Ha estudiado las primeras letras. He's studied the three R's.

LEVANTAR
Levantar el vuelo. To take to flight; run away; fly the coop; flee.
Ej. No están. Han levantado el vuelo. They are gone. They've flown the coop.

See: Pie, Levantarse con el pie izquierdo.

LEY
Hecha la ley, hecha la trampa. Every law has a loophole.
Ej. Ya sabes que hecha la ley, hecha la trampa. You know that every law has a loophole.

Ley no escrita. Unwritten law.
Ej. Hay una ley no escrita que dice que no se puede hace eso. There's an unwritten law that says that can't be done.

See: Embudo, La ley del embudo.

LIAR
See: Petate, Liar el petate.

LIARSE
See: Manta, Liarse la manta a la cabeza.

LIBERTAD
Poner en libertad. To set free.
Ej. Pon al pájaro en libertad. Set the bird free.

Tomarse libertades. To take liberties.
Ej. No te tomes libertades conmigo. Don't take liberties with me.

LIBRAR
Librar. Have a day off.
Ej. Libro el viernes. I have Friday off.

Librarse de. To get rid of.
Ej. Me he librado de Víctor. I've gotten rid of Victor.

Librarse de buena. To have a close call.
Ej. Nos hemos librado de una buena. That was a close call.

Salir mal librado. To come out badly.
Ej. Vamos a salir mal librados de este asunto. We are going to come out badly in this business.

See: Buena, Librarse de una buena.

LIEBRE
See: Gato, Dar gato por liebre.

LIGERO
A la ligera. Lightly; superficially.
Ej. No tomes esto a la ligera. Don't take this lightly.

Ligero de cascos. Feather-brained.
Ej. Victoria es una chica ligera de cascos. Victoria is a featherr-brained girl.

Ligero de manos. Light-fingered.
Ej. Cuidado con Pedro que es muy ligero de manos. Careful with Peter because he is light-fingered.

Ligero de piernas. Light-footed.
Ej. Juan es muy ligero de piernas. John is very light-footed.

Ligero de ropa. Scantily clad, dressed.
Ej. Victoria siempre va muy ligera de ropa. Victoria is always scantily dressed.

LIMBO
Estar en el limbo. To be dreaming.
Ej. Estás en el limbo. You are dreaming.

LÍMITE
No tener límites. To know no limits.
Ej. Su ambición no tiene límites. His ambition knows no limits.

LIMONADA
See: Chicha, Ni chicha ni limonada.

LIMOSNA
See: Pedir, Pedir limosna.

LIMPIO
Dejar a uno limpio. To clean someone out.
*Ej. Lo perdí todo. Me dejaron limpio. I lost
everything. They cleaned me out.*

Limpio de polvo y paja. Net profit.
*Ej. Hemos ganado mil pesetas limpias de polvo y
paja. We've made one thousand pesetas net profit.*

Pasar a (poner en) limpio. To make a fair copy.
*Ej. Pásame esta carta a limpio. Make a fair copy of
this letter.*

Quedarse limpio. To be cleaned out, broke.
*Ej. Después de pagarlo todo me he quedado limpio.
After paying everything I'm broke.*

Sacar en limpio. Make sense out of.
*Ej. ¿Qué sacaste en limpio? What sense did you
make out of it?*

LINCE
Ser un lince. To be shrewd; good at.
*Ej. Es un lince en los negocios. He is good at
business.*

Tener ojos de lince. Be eagle-eyed.
Ej. Víctor tiene ojos de lince. Victor's eagle-eyed.

LINDO
De lo lindo. A great deal; a lot.
*Ej. Hemos disfrutado de lo lindo. We have enjoyed
ourselves a lot.*

LÍNEAS
Entre líneas. Between the lines.
*Ej. Leo entre líneas que no quiere pagar. I can read
between the lines she doesn't want to pay.*

LÍO
Armar un lío. To kick up a fuss
*Ej. Armó un buen lío en la tienda. He kicked up a
big fuss in the store.*

Hacer a alguien un lío. To mix someone up.
Ej. ¡Me has hecho un lío! You've mixed me up!

Hacerse uno un lío. To be all mixed up;
confused.
Ej. Estoy hecho un lío. I'm all mixed up.

Meterse en líos. Get into trouble.
Ej. ¡No te metas en líos! Don't get into trouble!

LIRÓN
Dormir como un lirón. Sleep like a log.
Ej. He dormido como un lirón. I've slept like a log.

LISTA
Estar listo. To be ready.
Ej. ¿Estás listo? Are you ready?

Pasar lista. To call the roll.
*Ej. El profesor pasa lista todo los días. The teacher
calls the roll daily.*

LISTO
Pasarse de listo. To be too clever by half.
Ej. Te pasas de listo. You are too clever by half.

See: Hambre, Ser más listo que el hambre.

LLAGA
Poner el dedo en la llaga. To put one's
finger on the sore spot.
*Ej. Has puesto el dedo en la llaga. You've put your
finger on it.*

LLAMADA
Llamada de socorro. Distress call.
*Ej. Hemos recibido una llamada de socorro. We
have received a distress call.*

LLAMAR(SE)
Llamar al orden. To call to order.
*Ej. Debemos llamar a los alumnos al orden.
We must call the students to order.*

Llamarse no sé qué. To be named something
or other.
*Ej. Se llama Carla no sé qué. Her name is Carla
something or other.*

LLAVE
Bajo llave. Under lock and key.
*Ej. Tiene todo su dinero bajo llave. He keeps all his
money under lock and key.*

Bajo siete llaves. Under lock and key.
*Ej. Guarda las cartas de amor bajo siete llaves. She
keeps her love letters under lock and key.*

See: Echar la llave.

LLEGAR
Llegar a entender. To get to understand.
*Ej. Creo que nunca llegaré a entenderte. I don't
think I'll ever get to understand you.*

Llegar a las manos. To come to blows.
*Ej. Pedro y Susana casi llegan a las manos. Peter
and Susan almost came to blows.*

Llegar a ser. Become.
Ej. Llegarás a ser rico. You'll become rich.

No llegarle a uno a la suela del zapato.
Not to be able to hold a candle to.
Ej. Víctor no te llega a la suela de los zapatos.
Victor can't hold a candle to you.

LLEVAR
Llevar a cabo. To succeed in, perform.
Ej. Para llevar a cabo este experimento necesitamos
un laboratorio. In order to succeed in this
experiment we need a laboratory.

Llevar la delantera. To be ahead.
Ej. Pablo nos lleva la delantera. Paul is ahead of us.

Llevar la mejor parte. To get the upper hand.
Ej. El capitán se ha llevado la mejor parte. The
captain got the upper hand.

Llevar las de perder. To be doomed.
Ej. En ese negocio llevas las de perder. You are
doomed in that business.

Llevar puesto. To wear.
Ej. ¿Qué vas a llevar puesto esta noche? What are
you going to wear tonight?

Llevarse bien con. To get along with.
Ej. No me llevo bien con Pablo. I don't get along
with Paul.

Llevarse mal con. Not to get on well with.
Ej. Pablo y Juana se llevan mal. Paul and Jane
don't get along.

Llevarse por delante. To run over; knock
dolwn; fush aside.
Ej. El coche se llevó por delante a tres transeúntes.
The car ran over three pedestrians.

LLORAR
El que no llora, no mama. Those who don't
ask, don't get.
Ej. Pídele un aumento. Ya sabes que el que no llora,
no mama. Ask him for a raise; you know that those
who don't ask, don't get.

LLOVER
A secas y sin llover. Just like that, without
warning.
Ej. Me despidieron de la noche a la mañana a secas
y sin llover. I was fired overnight, just like that.

Ha llovido mucho desde que. A lot of water
has gone under the bridge since.
Ej. Ha llovido mucho desde que te fuiste a Nueva
York. A lot of water has gone under the bridge since
you moved to New York.

Llover a cántaros. To rain cats and dogs.
Ej. Está lloviendo a cántaros. It's raining cats and
dogs.

Llovido del cielo. A godsend.
Ej. Esta cantidad de dinero ha sido como llovida del
cielo. This sum of money is a godsend.

See: Cántaros; llover a cántaros.
See: Cielo, Llovido de cielo.

LOBO
Muda el lobo los dientes y no las mientes.
A leopard never changes his spots.
Ej. No creo que Víctor haya cambiado. Muda el lobo
los dientes y no las mientes. I don't believe Victor
has changed. A leopard never changes his spots.

See: Boca, Meterse en la boca del lobo.

LOCO
A lo loco. Any old way; thoughtlessly.
Ej. Pablo hace las cosas a lo loco. Paul does things
any old way.

Estar loco de contento. To be mad with joy.
Ej. Susana está loca de contenta. Susan is mad with
joy.

Estar loco de remate. To be a raving maniac.
Ej. Mi profesor de inglés está loco de remate. My
English teacher is a raving maniac.

Estar loco por. To be crazy about.
Ej. Víctor está loco por la música. Victor is crazy
about music.

Estar más loco que una cabra. To be as
crazy as a March hare; off one's rocker.
Ej. ¿Quién dice que estoy más loco que una cabra?
Who says I am as crazy as a March hare?

Estar más loco que una regadera. To be as
crazy as a March hare.
Ej. Dicen que el profesor está más loco que una
regadera. It's said that our teacher is as crazy as a
March hare.

Hacerse el loco. To act dumb.
Ej. ¡No te hagas el loco! Don't act dumb!

See: Atar, Estar loco de atar.

LOCURA
Con locura. An awful lot; to distraction.
Ej. Me gusta el chocolate con locura. I like chocolate
an awful lot.

Ser una locura. To be crazy.
Ej. Comprar una casa ahora es una locura. To buy a house now is crazy.

LONGUIS
Hacerse el longuis. Pretend not to know what something's about.
Ej. No te hagas el longuis y paga. Don't pretend you don't know what this is about and pay!

LORO
El chocolate del loro. Penny wise, pound foolish.
Ej. Sí, ahorra el chocolate del loro. Yes, be penny wise and pound foolish.

LOTERÍA
Tocarle a uno la lotería. To win the lottery.
Ej. ¡Quiero que me toque la lotería! I want to win the lottery!

LUCHA
See: Cuerpo, Lucha cuerpo a cuerpo.

LUEGO
Desde luego. Of course.
Ej. Desde luego que acepto. Of course I accept.

Hasta luego. So long.
Ej. ¡Adiós, hasta luego! Goodbye and so long!

Luego que. As soon as.
Ej. Luego que terminemos la clase se lo diré. As soon as the class is over I'll tell him.

LUGAR
Dar lugar a. To cause.
Ej. Esto va a dar lugar a serios problemas. This is going to cause serious problems.

En lugar de. Instead of.
Ej. En lugar de diez dame veinte. Instead of ten, give me twenty.

En primer lugar. In the first place.
Ej. ¿Por qué? Pues en primer lugar porque no quiero. Why? Well, in the first place because I don't want to.

Fuera de lugar. Out of place.
Ej. Lo que dice usted está fuera de lugar. What you are saying is out of place.

See: Primer, En primer lugar.

LUJO
Permitirse uno el lujo de. Give oneself the pleasure of; to afford.
Ej. No puedo permitirme el lujo de no ir a la fiesta. I can't afford not to go to the party.

LUNA
Estar en la luna. To be draydreaming.
Ej. Pablo está siempre en la luna. Paul is always daydreaming.

Ladrar a la luna. To bark at the moon.
Ej. Es inútil. Es como ladrar a la luna. It's useless. It's like barking at the moon.

Luna de miel. Honeymoon.
Ej. Están en su luna de miel. They are on their honeymoon.

Pedir la luna. To ask for the moon.
Ej. Siempre está pidiendo la luna. She's always asking for the moon.

Quedarse a la luna de Valencia. To be disappointed.
Ej. Esperaba mucho de ellos pero me quedé a la luna de Valencia. I expected a lot from them but I was disappointed.

LUZ
A la luz de. In the light of.
Ej. A la luz de la evidencia lo tuvieron que soltar. In the light of evidence, he had to be set free.

A todas luces. Obviously.
Ej. Eso es a todas luces innecesario. That's obviously unnecessary.

Dar (sacar) a la luz. To publish.
Ej. Es un buen escritor que ha sacado a la luz varias novelas. He's a good writer who has published several novels.

Dar a luz. To deliver a baby; to give birth to.
Ej. Dio a luz a un niño. She gave birth to a baby boy.

Luz del día. Daylight.
Ej. Esto se aprecia mejor a la luz del día. This can be seen better in the daylight.

Ser persona de muchas luces. Intelligent person.
Ej. Juan es persona de muchas luces. John is a very intelligent person.

Ver la luz. To be born.
Ej. Este famoso escritor vio la luz en Sevilla. This famous writer was born in Seville

Ver uno la luz. To understand.
Ej. ¡Por fin has visto la luz! Finally you understand!

M

MACIZO
Estar maciza. To be well-stacked.
Ej. Susana está maciza. Susan is well-stacked.

MADERA
Tener madera de. To have the makings of.
Ej. Tiene madera de médico. He has the makings of a physician.

MADRE
¡Madre mía! Good heavens!
Ej. ¡Madre mía! ¡Qué coche! Good heavens! What a car!

Salirse de madre. Lose control of oneself.
Ej. Los chicos se han salido de madre. The boys have lost control of themselves.

MADRUGAR
Al que madruga, Dios le ayuda. The early bird catches the worm.
Ej. Levántate temprano. Al que madruga, Dios le ayuda. Rise early. The early bird catches the worm.

MAESTRO
Aprendiz de todo, maestro de nada. A Jack-of-all-trades.
Ej. Juan es un aprendiz de todo, maestro de nada. John is a Jack-of-all-trades.

MAGIA
See: Arte, Por arte de magia

MAL
De mal en peor. From bad to worse.
Ej. Esto va de mal en peor. This is going from bad to worse.

Del mal, el menos. The lesser of two evils.
Ej. Acepta la oferta; del mal, el menos. Accept his offer; it's the lesser of two evils.

Echar mal de ojo. To cast the evil eye.
Ej. Me ha echado mal de ojo. She's cast the evil eye on me.

El que canta su mal espanta. He who sings drives away his grief.
Ej. Canta porque el que canta, su mal espanta. Sing because he who sings drives away his grief.

Estar (a) mal con. To be on bad terms with.
Ej. No puedo decírselo porque estoy a mal con él. I can't tell him because I'm on bad terms with him.

Estar mal de dinero. To be badly in need of.
Ej. Estoy muy mal de dinero. I'm badly in need of money.

Mal hecho. Poorly done.
Ej. Este trabajo está mal hecho. This work is poorly done.

Mal que bien. Somehow; willy nilly.
Ej. Mal que bien, tenemos que trabajar juntos. We have to work together somehow.

No hay mal que por bien no venga. It's an ill wind that blows nobody good.
Ej. ¿No tienes empleo? Creo que no hay mal que por bien no venga. You have no job? I think it's an ill wind that blows nobody good.

Pasar un mal rato. To have a bad time.
Ej. He pasado un rato muy malo. I've had a bad time.

Por las buenas o por las malas. Whether you like it or not.
Ej. Dile que lo hará por las buenas o por las malas. Tell him he'll do it whether he likes it or not.

Tomar a mal. To take offense.
Ej. No tomes a mal lo que te digo. Don't take offense at what I'm telling you.

MALA
A una mala. If worst comes to worst.
Ej. A una mala siempre podemos vender el coche. If worst comes to worst we can always sell the car.

De mala manera. Rudely.
Ej. Contesta siempre de mala manera. He always answers rudely.

MALETA
Hacer la maleta. To pack up.
Ej. ¡Haz la maleta y vete! Pack up and go!

MALO
Lo malo es que... The trouble is. . .
Ej. Lo malo es que no tengo dinero. The trouble is that I have no money.

MALPARADO
Salir malparado. To end up with the short end of the stick.
Ej. Siempre que discuto con mi mujer salgo malparado. Whenever I argue with my wife I end up with the short end of the stick.

MALVA
Criar malvas. To be under the daisies.
Ej. Víctor está criando malvas en el cementerio. Victor is under the daisies in the cemetery.

MANCO
No ser uno manco. Not to be a sucker.
Ej. ¡No me engañes que no soy manco! Don't try to cheat me; I'm no sucker!

MANDADO
Bien mandado. Obedient.
Ej. Es un chico muy bien mandado. He's a very obedient boy.

MANDAR
Mandar a alguien a paseo. To tell someone to go fly a kite.
Ej. ¡Vete a paseo! Go fly a kite!

MANDO
Estar al mando. To be in command.
Ej. Estoy al mando de la tropa. I'm in command of the troops.

Tomar el mando. To take command.
Ej. Tendré que tomar el mando. I'll have to take command.

MANERA
De manera que. So
Ej. Ayer no estudié, de manera que debo hacerlo hoy. I didn't study yesterday, so I have to study today.

De ninguna manera. By no means.
Ej. De ninguna manera iré. By no means will I go.

De otra manera. In another way.
Ej. No lo sé explicar de otra manera. I can't explain it to you any other way.

De todas maneras. At any rate; in any case.
Ej. Iremos de todas maneras. We'll go in any case.

En cierta manera. In a way.
Ej. En cierta manera tiene usted razón. In a way you are right.

No hay manera. There's no way.
Ej. No hay manera de hacerlo. There's no way to do it.

Sobremanera. Exceedingly.
Ej. Es una cosa sobremanera difícil. It's an exceedingly difficult thing.

MANGA
En mangas de camisa. In one's shirt sleeves.
Ej. No salgas en mangas de camisa. Don't go out in your shirt sleeves.

Hacer mangas y capirotes. To do what one wishes.
Ej. Con mi dinero hago mangas y capirotes. I do what I wish with my money.

Hacer un corte de manga. To give someone the finger.
Ej. Mi alumno me hizo un corte de manga. My student gave me the finger.

Manga por hombro. A mess; at sixes and sevens.
Ej. En su habitación todo está manga por hombro. His room's a mess.

Ser más corto que la manga de un chaleco. To be bashful, shy.
Ej. No creo que Víctor venga a la fiesta porque es más corto que la manga de un chleco. I don´t think Victor will come to the party because he is very shy.

See: Ancho, Tener la manga ancha.

MANGO

Tener la sartén por el mango. To be in the driver's seat.
Ej. ¡No te preocupes que tengo la sartén por el mango! Don't worry because I'm in the driver's seat.

MANÍA

Tomar manía a alguien. To take a strong dislike to; to dislike.
Ej. Le he tomado manía a Pablo. I've taken a strong dislike to Pablo.

Tener manía a alguien. To have it in for someone.
Ej. El jefe me tiene manía. The boss has it in for me.

MANO

A mano. By hand.
Ej. Escribo las cartas a mano. I write my letters by hand.

A manos llenas. Hand over fist.
Ej. Gana dinero a manos llenas. He makes money hand over fist.

Bajo mano. Under the table, secretly.
Ej. Me dieron el dinero bajo mano. I was given the money under the table.

Coger a alguien con las manos en la masa. To catch someone red-handed, in the act.
Ej. Cogieron al ladrón con las manos en la masa. The thief was caught red-handed.

Con las manos vacías. Empty-handed.
Ej. Ha venido de la reunión con las manos vacías. He's come back from the meeting empty-handed.

Dar la mano. To shake hands.
Ej. Se dieron la mano. They shook hands.

De la mano. By the hand.
Ej. Llevaba a su mujer de la mano. He was leading his wife by the hand.

De mano en mano. From hand to hand.
Ej. El papel moneda va de mano en mano. Paper money goes from hand to hand.

De primera mano. First hand.
Ej. Lo he comprado de primera mano. I've bought it first hand.

De segunda mano. Second hand.
Ej. Lo he comprado de segunda mano. I've bought it second hand.

Dejar de la mano. Neglect.
Ej. No dejes este asunto de la mano. Don't neglect this matter.

Dejar en manos de uno. To leave in someone's hands.
Ej. Dejo el asunto en sus manos. I leave the matter in your hands.

Echar una mano. To lend a hand.
Ej. No puedo hacerlo. ¿Me echas una mano, por favor? I can't do it. Will you lend me a hand, please!

Ensuciarse las manos. Mess up with.
Ej. No quiero ensuciarme las manos con eso. I don't want to mess up with that.

Escrito a mano. Hand-written.
Ej. La nota está escrita a mano. It's a hand-written note.

Estar atado de pies y manos. To have one's hands tied.
Ej. No puedo hacer nada por usted; estoy atado de pies y manos. I can do nothing for you; my hands are tied.

Estar con una mano atrás y otra delante. To be down and out.
Ej. Desde que perdió el empleo está con una mano atrás y otra delante. Since he lost his job he's been down and out.

Estar dejado de la mano de Dios. To be forsaken by God.
Ej. Es un país pobre, dejado de la mano de Dios. It's a poor, God-forsaken country.

Estar en buenas manos. To be in good hands.
Ej. Confía en mí; estás en buenas manos. Trust me; you are in good hands.

Estar en la mano de uno. To be up to someone.
Ej. Está en tu mano hacerlo. It's up to you to do it.

Estrechar la mano. To shake hands.
Ej. Estréchale la mano al Sr. López. Shake hands with Mr. López.

Hecho a mano. Handmade.
Ej. Estos zapatos están hechos a mano. These shoes are handmade.

Ir de la mano. Go, walk hand in hand; holding hands.
Ej. He visto a Susana y Pablo paseando de la mano. I've seen Susan and Paul walking hand in hand.

Írsele a uno la mano. To slip the hand.
Ej. Se te fue la mano con la sal. You put too much salt in.

Lavarse las manos uno. To wash one's hands of.
Ej. Yo me lavo las manos de todo el asunto. I wash my hands of the whole thing.

Levantar la mano. To raise one's hand to.
Ej. ¡No me levantes la mano! Don't raise your hand to me!

Llevarse las manos a la cabeza. To throw one's hands to one's head.
Ej. Cuando vio mis notas, mi padre se llevó las manos a la cabeza. My father threw his hands to his head when he saw my grades.

Mano a mano. Hand in hand.
Ej. Lo hemos hecho todo Pedro y yo mano a mano. Peter and I have done it hand in hand.

Mano sobre mano. Idle.
Ej. Víctor ha estado mano sobre mano todo el día. Victor's been idle all day.

Manos a la obra. Get down to work.
Ej. ¡Manos a la obra! Let's get down to work!

Manos frías, corazón caliente. A cold hand, a warm heart.
Ej. Sí, tengo las manos frías pero manos frías, corazón caliente. Yes, I have cold hands but a cold hand, a warm heart.

Meter mano. To fondle. Feel someone up.
Ej. El jefe le metió mano a las piernas. The boss fondled her legs.

No saber uno lo que trae entre manos. Not to know what's what.
Ej. Víctor no sabe lo que se trae entre manos. Victor doesn't know what's what.

Pedir la mano. To ask for someone's hand.
Ej. Pedro me ha pedido la mano de mi hija. Peter has asked for my daughter's hand.

Ponerle a uno la mano encima. To lay hands on someone.
Ej. ¡No le pongas la mano encima! Don't lay hands on her!

Ponerse en manos de. To place oneself in someone's hands.
Ej. Ponte en manos de un buen médico. Place yourself in the hands of a good physician.

Quitar de las manos. Sell like hot cakes.
Ej. Esos pañuelos son tan bonitos que se los quitan de las manos. Those handkerchiefs are so pretty that they are selling like hot cakes.

Ser mano (naipes). Lead (card game).
Ej. Yo soy mano. My lead.

Ser mano de santo. Work wonders; sure cure; cureall.
Ej. Si tu marido está enfermo dale esta bebida que es mano de santo. If your husband is ill give him this drink which works wonders.

Si a mano viene. Perhaps, in such a case.
Ej. Si a mano viene iremos todos a la boda. Perhaps we'll all go to the wedding.

Tender a uno la (una) mano. To offer a hand.
Ej. Mi enemigo me ha tendido una mano. My enemy has offered a hand.

Tener en sus manos. To have in his hands.
Ej. Mi jefe me tiene en sus manos. My boss has me in his hands.

Tener la mano blanda con. To be easy on.
Ej. Tienes la mano muy blanda con tus hijos. You are too easy on your children.

Tener la mano larga. To be a ready-fisted person.
Ej. El profesor de inglés tiene la mano larga. Our English teacher is a ready-fisted person.

Tener mano con. To have infuence with.
Ej. Pablo tiene mucha mano con el alcalde. Paul has a lot of influence with the Mayor.

Tener muchos asuntos entre manos. To have many irons in the fire.
Ej. Es un hombre ocupado. Tiene muchos asuntos entre manos. He is a busy man. He's got many irons in the fire.

Traerse entre manos. Be up to something.
Ej. ¿Qué te traes entre manos? What are you up to?

Un apretón de manos. A handshake.
Ej. Un apretón de manos rápido. A curt handshake.

MANOJO
Ser un manojo de nervios. To be a bundle of nerves.
Ej. Ese chaval es un manojo de nervios. That kid is a bundle of nerves

MANTA

Liarse la manta a la cabeza. Take the plunge.
Ej. Pablo se lió la manta a la cabeza y compró la casa. Paul took the plunge and bought the house.

Tirar de la manta. Take the lid off; pull the plug.
Ej. Peter tiró de la manta y todos acabaron en la cárcel. Peter took the lid off and they all landed in jail.

MANTENER

Mantener a raya. To hold in check.
Ej. Trataré de mantenerlos a raya. I'll try to keep them in check.

Mantener una conversación. To keep up a conversation.
Ej. Me resulta difícil mantener una conversación con él. I find it hard to keep up a conversation with him.

Mantenerse a distancia. To keep one's distance.
Ej. Manténte a distancia. Keep your distance.

Mantenerse a flote. To keep one's head over water.
Ej. Tratamos de mantenernos a flote. We are trying to keep our heads over water.

Mantenerse al día. To keep abreast of.
Ej. Hay que mantenerse al día con las noticias. We must keep abreast of the news.

Mantenerse aparte. To keep aside, apart; to keep to oneself.
Ej. Cuando tus padres discutan, manténte aparte. When your parents argue, keep aside.

Mantenerse firme. To keep firm; to stick to one's guns.
Ej. Manténte firme y no pagues. Stick to your guns and don't pay.

MAÑA

Darse maña. To manage.
Ej. Se dio maña para encontrar trabajo. He managed to find a job.

Más vale maña que fuerza. Better brain than brawn.
Ej. Siempre he creído que más vale maña que fuerza. I've always thought that better brains than brawn.

MAÑANA

A la mañana siguiente. On the morning after.
Ej. Le hablé a la mañana siguiente. I spoke to him the morning after.

De la mañana. A. M.
Ej. Nos levantaremos a las cinco de la mañana. We'll get up at five a.m.

De mañana. Very early in the morning.
Ej. Saldremos muy de mañana. We'll leave very early in the morning.

¡Hasta mañana! See you tomorrow!
Ej. ¡Adiós! ¡Hasta mañana! Goodbye! See you tomorrow!

Mañana será otro día. Better luck tomorrow.
Ej. Hoy has perdido. Mañana será otro día. You've lost today. Better luck tomorrow.

Por la mañana. In the morning.
Ej. Iré por la mañana. I'll go in the morning.

MÁQUINA

A toda máquina. At full speed.
Ej. Iban a toda máquina. They were going at full speed.

MAR

A mares. By the bucketful; loads; cats and dogs.
Ej. Llovía a mares. It was raining cats and dogs.

Hacerse a la mar. To put out to sea.
Ej. Se hicieron a la mar ayer. They put out to sea yesterday.

La mar de. A lot, lots of, very.
Ej. Tiene la mar de cuadros en su casa. He has lots of paintings in his home.

Quien no se arriesga no cruza la mar. Nothing ventured, nothing gained.
Ej. ¡Hazlo! ¡Quien no se arriesga no cruza la mar! Do it! Nothing ventured, nothing gained!

MARAVILLA

Estar a las mil maravillas. To be in seventh heaven.
Ej. Aquí en España estoy a las mil maravillas. I'm in seventh heaven here in Spain.

Hacer maravillas. To perform wonders.
Ej. Mi hermana hace maravillas en la cocina. My sister performs wonders in the kitchen.

MARCA
De marca. Of quality.
Ej. Me gusta la ropa de marca. I like quality clothes.

De marca mayor. Outstanding, big.
Ej. Es un mentiroso de marca mayor. He's a big liar.

MARCHA
¡En marcha! Let's go!
Ej. ¡Venga! ¡En marcha! Come on! Let's go!

Poner en marcha. To start.
Ej. Ponga en marcha el coche. Start the car.

Sobre la marcha. As one goes along.
Ej. Corregiremos los defectos sobre la marcha. We'll correct defects as we go along.

MARCHAR
Marchar bien. To come along fine.
Ej. Esto marcha bien. This is coming along fine.

MAREAR
Marear a alguien. To bother someone.
Ej. ¡No me marees! Don't bother me!

MARGEN
Al margen de. Aside from.
Ej. Al margen de lo que he dicho, sí quiero colaborar. Aside from what I've said, I do want to cooperate.

Dar margen. To give an opportunity.
Ej. Déle margen para que responda. Give him an opportunity to answer.

Quedarse al margen. To be left out.
Ej. Quedé al margen de sus planes. I was left out of their plans.

MARIDO
Ser marido y mujer. To be man and wife.
Ej. Pedro y María son marido y mujer. Peter and Mary are man and wife.

MARRAS
De marras. In question.
Ej. La mujer de marras me pidió dinero. The woman in question begged me for money.

MARTES
Martes de carnaval. Shrove Tuesday.
Ej. Hoy es martes de carnaval. Today's Shrove Tuesday.

MÁS
A lo más. At most.
Ej. A lo más, costará dos pesetas. At most it will cost two pesetas.

A más tardar. At the latest.
Ej. A más tardar terminaremos a las cinco. We'll be done at five at the latest.

Como el que más. As much as anyone.
Ej. Yo trabajo como el que más. I work as much as anybody.

De más. Extra; too much.
Ej. Me dieron tres duros de más. I was given three duros too much.

Estar de más. To be unnecessary.
Ej. Está usted de más aquí. You are unnecessary here.

Más adelante. Later on.
Ej. Hablaremos más adelante. We'll talk later on.

Más allá. Farther on.
Ej. El pueblo está más allá. The village is farther on.

Más bien. Rather.
Ej. Llegaremos más bien tarde. We'll arrive rather late.

Más o menos. More or less.
Ej. Necesito seis o siete, más o menos. I need six or seven, more or less.

Más tarde o más temprano. Sooner or later.
Ej. Se sabrá más tarde o más temprano. It'll come out sooner or later.

Más vale tarde que nunca. Better late than never.
Ej. Sí, llegamos tarde pero más vale tarde que nunca. Yes, we are late but better late than never.

Ni más ni menos. No more, no less.
Ej. Págame lo que me debes; ni más ni menos. Pay me what you owe me; no more, no less.

Por más que. No matter how much.
Ej. Por más que grite Ud. nadie le oirá. No matter how much you shout, nobody will hear you.

Sin más ni más. Just like that; suddenly.
Ej. Y se fue sin más ni más. And he left just like that.

Más que nunca. More than ever.
Ej. Te quiero más que nunca. I love you more than ever.

Nada más que. Only.
Ej. No tengo nada más que mil dólares. I only have 1000 dollars.

MATAR

Estar a matar con. To be on bad terms with.
Ej. Paco y Chelo están a matar. Frank and Chelo are on bad terms.

Matar a la chita callando. To feather one's nest on the q. t.
Ej. Víctor las mata a la chita callando. Victor feather's his nest on the q. t.

Matar dos pájaros de un tiro. To kill two birds with one stone.
Ej. Si vamos juntos matamos dos pájaros de un tiro. If we go together we'll kill two birds with one stone.

Matar el tiempo. To kill time.
Ej. Mato el tiempo escribiendo diccionarios. I kill time writing dictionaries.

¡Que me maten si...! Strike me dead if... !
Ej. ¡Que me maten si miento! Strike me dead if I lie!

MATERIA

Entrar en materia. To get down to business.
Ej. No perdamos el tiempo. Entremos en materia. Let's not waste time. Let's get down to business.

MATRACA

Dar la matraca. To pester.
Ej. Víctor siempre me está dando la matraca. Victor is always pestering me.

MATRÍCULA

Matrícula abierta. Applications are being received.
Ej. Tenemos la matrícula abierta para los cursos de inglés. Applications are being received for our English courses.

MAYOR

Al por mayor. Wholesale.
Ej. Se vende al por mayor. This is sold wholesale.

La mayor parte de. Most of, the greater part of.
Ej. La mayor parte de la gente no quiere trabajar. Most people don't want to work.

Ser mayor de edad. To be of age.
Ej. ¿Es usted mayor de edad? Are you of age?

Ser palabras mayores. Important matter; nothing to sneeze at.
Ej. Un millón de dólares son palabras mayores. A million dollars is nothing to sneeze at.

MECHA

Aguantar mecha. To put up with.
Ej. Tenemos que aguantar mecha con el jefe. We have to put up with the boss.

MEDIA

A medias. Fifty-fifty.
Ej. Iremos a medias. We'll go fifty-fifty.

Hacer las cosas a medias. To do things by halves.
Ej. Yo no hago las cosas a medias. I don't do things by halves.

MEDIADO

A mediados de. Mid, middle of.
Ej. Mediados de mes, de semana, de año. Midmonth, midweek, midyear.

MEDIANTE

Dios mediante. God willing.
Ej. Iré el jueves, Dios mediante. God willing, I'll go Thursday.

MEDIDA

A la medida. To order; custom-made.
Ej. Un traje hecho a la medida. A custom-made suit.

A medida que. As.
Ej. A medida que se apunten, dígales lo que tienen que hacer. As they sign up tell them what they have to do.

Sin medida. Without moderation.
Ej. Come sin medida. She eats without moderation.

Tomar medidas. To take measures, steps.
Ej. Tomaremos medidas para que no ocurra más. We'll take steps so that it won't happen again.

MEDIO

A medio hacer. Half done.
Ej. Esto está a medio hacer. This is half done.

Estar (andar) corto de medios. To be short of funds.
Ej. No podemos comprarlo porque andamos cortos de medios. We can't buy it because we are short of funds.

Quitar de en medio. To get rid of.
Ej. ¡A ése hay que quitarle de enmedio! We must get rid of that guy!

Tomar los medios. To take steps.
Ej. Tome los medios necesarios para que no ocurra otra vez. Take the necessary steps so that it doesn't happen again.

MEDIR
Medir las palabras. To weigh one's words.
Ej. ¡Mide tus palabras! Weigh your words!

MEJOR
A lo mejor. Perhaps.
Ej. A lo mejor no viene. Perhaps she won't come.

El mejor postor. The highest bidder.
Ej. Lo venderé al mejor postor. I'll sell it to the highest bidder.

Es mejor prevenir que lamentar.
Prevention is better than cure.
Ej. Ve con cuidado; es mejor prevenir que lamentar. Be careful; prevention is better than cure.

Mejor dicho. Or rather, or better.
Ej. Iremos mañana, mejor dicho pasado mañana. We'll go tomorrow, or rather the day after tomorrow.

Mejor que. Rather than, instead of.
Ej. Mejor que comer, estudiemos. Instead of eating, let's study.

Mejor que mejor. So much the better; all the better.
Ej. Si paga, mejor que mejor. So much the better if he pays.

Tanto mejor. So much the better.
Ej. Tanto mejor si no vienes. So much the better if you don't come.

MELLA
Hacer mella. To have an effect.
Ej. Lo que le dije no le hizo mella. What I said to him had no effect on him.

MEMORABLE
Un día memorable. A red-letter day.
Ej. Fue un día memorable cuando Juan ganó el premio. It was a red-letter day when John won the prize.

MEMORIA
Borrarse de la memoria. To wipe from one's mind.
Ej. Se me ha borrado su nombre de la memoria. His name has been wiped off my mind.

De memoria. By heart.
Ej. Lo sé de memoria. I know it by heart.

Hacer memoria. To recall.
Ej. Haga Ud. memoria y díganos lo que pasó. Try to recall what happened.

Refrescar la memoria. To refresh one's memory.
Ej. ¿Quieres que te refresque la memoria? Do you want me to refresh your memory?

Saber de memoria. To know by heart; to know backwards.
Ej. Me sé la poesía de memoria. I know the poem by heart.

MENESTER
Ser menester. To be necessary.
Ej. Es menester que vayamos. We must go.

MENOR
Al por menor. At retail.
Ej. Vendemos sólo al por menor. We sell only at retail.

Los pormenores. The details.
Ej. Sáltate los pormenores y cuéntame lo que pasó. Skip the details and tell me what happened.

Ser menor de edad. To be under age.
Ej. ¿Eres menor de edad? Are you under age?

MENOS
A menos que. Unless.
Ej. Iremos a menos que nos llamen. We'll go unless they phone us.

Al menos. At least.
Ej. Al menos déme algo de dinero. At least give me some money.

Devolver de menos. To shortchange.
Ej. En esa tienda siempre me devuelven de menos. In that shop they always shortchange me.

Echar de menos. To miss.
Ej. Te echo mucho de menos. I miss you a lot.

Lo de menos es. The least of it.
Ej. Eso es lo de menos. That's the least of it.

Ni mucho menos. Far from it.
Ej. No es pobre, ni mucho menos. He is not poor, far from it.

No poder menos de. Not to be able to help.
Ej. No puedo menos de reírme. I can't help laughing.

Por lo menos. At least.
Ej. Por lo menos ganaremos algo de dinero. At least we'll make some money.

Venir a menos. To lose standing; to grow worse.
Ej. Esa familia ha venido a menos. That family has lost standing.

MENTIRA
Coger a uno en una mentira. To catch someone in a lie.
Ej. He cogido a tu hijo en una mentira. I've caught your son in a lie.

¡Mentira! That's a lie!
Ej. ¡No me lo creo! ¡Mentira! I don't believe it! That's a lie!

Parecer mentira. To seem impossible, unbelievable.
Ej. Parece mentira que trabaje tanto. It seems impossible that he works so hard.

MENUDO
A menudo. Often.
Ej. Voy a Nueva York a menudo. I go to New York often.

MERCED
Estar a merced de. To be at the mercy of.
Ej. Estamos a merced de sus caprichos. We are at the mercy of her whims.

MERECER
Merecer la pena. To be worth while.
Ej. Merece la pena considerarlo. It's worth while considering.

Tenerlo merecido. To deserve.
Ej. ¡Te lo tenías merecido! You deserved it!

MÉRITOS
Hacer méritos. To make oneself deserving of.
Ej. Hace méritos para que le asciendan. He makes himself deserving of a promotion.

MESA
A mesa y mantel. To live off someone.
Ej. Vive en mi casa a mesa y mantel. He's staying in my place living off me.

Estar de sobremesa. After-dinner chat.
Ej. Me gusta estar de sobremesa. I like after-dinner chats.

Levantarse de la mesa. To leave the table.
Ej. No te levantes de la mesa hasta que hayas terminado. Don't leave the table until you are finished.

Poner la mesa. To set the table.
Ej. Pon la mesa, por favor. Set the table, please.

Sentarse a la mesa. To sit at table.
Ej. Sentémonos a la mesa. Let's sit at table.

METER
Meter en vereda. To bring to heel.
Ej. Le voy a meter en vereda yo. I'll bring him to heel.

Meter miedo. To frighten.
Ej. Intentas meternos miedo. You are trying to frighten us.

Meter ruido. To make noise.
Ej. Mete mucho ruido con el tambor. He makes a lot of noise with his drum.

Meterse con. To pick on.
Ej. ¡No te metas conmigo! Don't pick on me!

Meterse en todo. To meddle; to stick one's nose into something.
Ej. No me agrada Víctor porque se mete en todo. I don't like Victor because he meddles in everything.

Meterse uno donde no le llaman. To stick one's nose in someone's else's business.
Ej. No te metas donde no te llaman. Don't stick your nose in someone's else's business.

Meterse uno en lo que no le importa. To stick one's nose in people's business.
Ej. No te metas donde no te importa. Don't stick your nose in people's business.

See: Cabeza: Metérsele a uno en la cabeza algo.

MIEDO
Miedo cerval. Dreadful fear.
Ej. Le tiene un miedo cerval a los exámenes. He has a dreadful fear of exams.

Pasarlo de miedo. To have a great time.
Ej. Lo pasamos de miedo en el cine. We had a great time at the movies.

Tener mucho miedo y poca vergüenza. Ought to be ashamed of yourself.
Ej. Víctor tiene mucho miedo y poca vergüenza. Victor ought to be ashamed of himself.

MIENTE
Caer en mientes. Come to one's mind.
Ej. He caído en mientes que me debes dinero. It has come my mind that you owe me money.

Traer a las mientes. Bring to mind; remind.
Ej. Eso me trae a las mientes que debo pagar esa factura. That reminds me that I must pay that bill.

MIENTRAS
Mientras no... Unless...
*Ej. Mientras no me pague no me iré. Unless you pay
me I won't go.*

Mientras tanto. In the meantime, meanwhile.
*Ej. Yo lavo los platos y mientras tanto trae las
patatas. I'll do the dishes and in the meantime get
the potatos.*

MIGA
Hacer buenas migas. To get on (along) well.
*Ej. Carlos y Pepe hacen buenas migas. Charles and
Joe get along well.*

Hacerse migas. To be smashed to bits.
*Ej. El espejo se hizo migas. The mirror was smashed
to bits.*

Tener miga una cosa. To be pithy; of great
pith and moment.
*Ej. Lo que nos contó tenía miga. What she told us
was pithy.*

MIL
A las treinta mil. Very late.
Ej. Vino a las treinta mil. He came very late.

Mil veces. A thousand times.
*Ej. Te lo he dicho mil veces. I've told you a
thousand times.*

MILAGRO
De milagro. To be a miracle.
Ej. Estoy vivo de milagro. It's a miracle I'm alive.

MIMO
Hacer mimos. To pamper.
*Ej. ¡No le hagas tantos mimos! Don't pamper him
so much!*

MINUTO
Al minuto. Right away.
Ej. Lo haré al minuto. I'll do it right away.

MIRA
Con miras a. With a view to.
*Ej. Lo hago con miras a comprarlo. I do it with a
view to buying it.*

Poner la mira en. To set one's eyes on.
*Ej. Le he puesto las miras a esa casa. I've set my
eyes on that house.*

MIRADA
Echar una mirada. To take a look, to cast a
glance.

*Ej. Voy a echarle una mirada a la biblioteca. I'm
going to take a look at the library.*

MIRAR
Bien mirado. Al things considered.
*Ej. Bien mirado, Víctor es una buena persona. All
things considered, Victor is a good man.*

De mírame y no me toques. Dainty,
sensitive, fragile, squeamish.
*Ej. Margarita es de mírame y no me toques.
Magaret's a very dainty and squeamish girl.*

Mirar de reojo. To look out of the corner of
one's eye.
*Ej. ¡Esa mujer me mira de reojo! That woman's
looking at me out of the corner of her eye.*

Mirar lo que hace uno. To be careful.
Ej. ¡Mira lo que haces! Be careful!

Mirar por. To look after.
Ej. Nadie mira por mí. Nobody looks after me.

Mirar quién habla. To look who's talking.
Ej. ¡Mira quién habla! Look who's talking.

MISA
No saber uno de la misa la mitad. Not to
know what something is about.
*Ej. No sabes de la misa la mitad. You don't know
what it's all about.*

MISERIA
Ganar una miseria. To earn next to nothing;
a pittance.
*Ej. Paco no se puede casar porque gana una miseria.
Frank can't get married because he earns next to
nothing.*

Pagar una miseria. To pay a pittance.
Ej. Me pagan una miseria. I'm paid a pittance.

MISMO
Aquí mismo. Right here.
*Ej. Nos veremos aquí mismo mañana. We'll meet
tomorrow right here.*

Darle a uno lo mismo. To be all the same to
one.
Ej. Me da lo mismo. It's all the same to me.

El mismo que viste y calza. Yours truly.

Eso mismo. That's what. . .
*Ej. Eso mismo le dijo. That's what he said
to him.*

MITAD
Cortar (partir) por la mitad. To cut in half.
Ej. Parte el queso por la mitad. Cut the cheese in half.

Partir por la mitad. To screw things up.
Ej. ¡Eso me parte por la mitad! That screws things up for me!

MOCHUELO
Cada mochuelo a su olivo. Everyone take his place.
Ej. ¡Venga, cada mochuelo a su olivo! Come on, everyone take his place!

Cargar uno con el mochuelo. To end with the short end of the stick.
Ej. ¡Yo siempre cargo con el mochuelo! I always get the short end of the stick.

MOCO
No ser moco de pavo. Not to be a trifle.
Ej. Un millón de dólares no es moco de pavo. A million dollars is no trifle.

MODA
Estar de moda. To be in fashion.
Ej. Los sombreros están de moda. Hats are in fashion.

Estar pasado de moda. To be out of style.
Ej. Los sombreros están pasados de moda. Hats are out of fashion.

Ir a la moda. To be fashionable.
Ej. A María le gusta ir a la moda. Mary is very fashionable.

MODO
A mi modo. My way.
Ej. Quiero hacerlo a mi modo. I want to do it my way.

Con buenos modos. Politely.
Ej. Se lo dije con buenos modos. I told her politely.

Con malos modos. Rudely.
Ej. Me lo dijo con malos modos. He told me rudely.

De este modo. This way, in this manner.
Ej. Es mejor hacerlo de este modo. I think it's better to do it this way.

De modo que. So.
Ej. ¿De modo que es Ud. americano? So you are an American?

De ningún modo. By no means.
Ej. Ud. no paga; de ningún modo. I won't let you pay; by no means

De todos modos. Anyhow.
Ej. De todos modos tengo que ir. I have to go anyhow.

Del mismo modo. Just as.
Ej. Del mismo modo que mañana, podemos ir hoy. Just as tomorrow, we can go today.

En cierto modo. To a certain extent.
Ej. En cierto modo tiene usted razón. To a certain extent you are right.

MOLESTIA
Ser una molestia. To be a bother.
Ej. No, no es una molestia. No, it's not a bother.

MOLESTO
Estar molesto con. To be upset with.
Ej. Creo que Paco está molesto contigo. I think Frank is upset with you.

MOLINO
Arremeter contra molinos de viento. To tilt at windmills.
Ej. ¡No arremetas contra molinos de viento! Don't tilt at windmills!

MOLLERA
Cerrado de mollera. Pigheaded.
Ej. Carlos es muy cerrado de mollera. Charles is pigheaded.

Duro de mollera. Slow on the uptake; dense.
Ej. Víctor es muy duro de mollera. Victor's dense.

MOMENTO
De momento. For the time being.
Ej. De momento no quiero más, gracias. I don't want any more for the time being, thanks.

De un momento a otro. Any time.
Ej. Los esperamos de un momento a otro. We are expecting them any time

Por el momento. For the time being.
Ej. Por el momento tengo bastante con dos. For the time being I have enough with two.

Por momentos. By the minute.
Ej. Mejora por momentos. He is getting better by the minute.

MONA
Aunque la mona se vista de seda, mona se queda. Clothes do not make the man; an ape's an ape, a varlet's a varlet, though they be clad in silk or scarlet.

Ej. Aunque la mona se vista de seda, mona se queda. Clothes don't make the man.

Coger una mona. To get drunk.
Ej. Creo que he cogido una mona. I think I'm drunk.

Dormir la mona. To sleep it off.
Ej. Estás borracho. Acuéstate a dormir la mona. You are drunk. Go to bed and sleep it off.

MONEDA
Pagar con la misma moneda. To pay one back in the same coin.
Ej. Le voy a pagar a ése con la misma moneda. I'm going to pay him back in the same coin.

MONO
Estar de monos. To be at odds with someone.
Ej. Víctor y Juana están de monos. Victor and Jane are at odds with each other.

Ser (un) mono de imitación. To be a copycat.
Ej. Eres un mono de imitación. You are a copycat.

MONTA
De poca monta. Of little account.
Ej. Es gente de poca monta. They are people of little account.

MONTAR
See; Cólera, Montar en cólera

MONTÓN
A montones. By heaps.
Ej. Tiene libros a montones. He has heaps of books.

Gustar un montón. To really like it.
Ej. Me gustas un montón. I really like you.

Ser del montón. Run-of-the-mill.
Ej. Es un profesor del montón. He is a run-of-the-mill teacher.

MOÑO
Estar hasta el moño. Be fed up.
Ej. Estoy hasta el moño de Víctor. I'm fed up with Victor.

MORADO
Ojo morado. A black eye.
Ej. Me ha puesto un ojo morado. He's given me a black eye.

MORAL
Levantar la moral. Raise someone's spirits.
Ej. Este regalo le levantará la moral. This present will raise his spirits.

MORIR
Estarse muriendo por. To be dying to.
Ej. Me muero por ir. I'm dying to go.

¡Muera! Down with!
Ej. ¡Muera el dictador! Down with the dictator!

MORO
No haber moros en la costa. The coast is clear.
Ej. Vamos, no hay moros en la costa. Let's go, the coast is clear.

MORRO
Estar de morros. To be at odds; not to be on speaking terms.
Ej. Mi mujer y yo estamos de morros. My wife and I are at odds.

Poner morros. To pout; to pull a long face.
Ej. ¿Por qué pones morros? Why are you pulling a long face?

Tener mucho morro. To have a lot of nerve.
Ej. Tienes mucho morro viniendo aquí después de lo que pasó. You have a lot of nerve coming here after what happened.

MOSCA
Aflojar (soltar) la mosca. To fork out, to ante up.
Ej. Todos tenemos que soltar la mosca para el regalo. We all have to ante up for the present.

Matar una mosca. Harm a flea.
Ej. Víctor es un buen chico y no mataría una mosca. Victor is a good boy and wouldn't harm a flea.

Por si las moscas. Just in case.
Ej. Trae dinero por si las moscas. Bring some money just in case.

MOSQUITA
Ser un mosquita muerta. Wily, crafty.
Ej. Víctor es un mosquita muerta. Victor's crafty.

MOTIVO
Con motivo de. On the occasion of.
Ej. Tenemos el día libre con motivo del cumpleaños del jefe. We have a day off on the occasion of our boss's birthday.

MOVER
Mover cielo y tierra. To move heaven and earth.
Ej. Moveré cielo y tierra para encontrarla. I'll move heaven and earth to find her.

MUCHO
Ni mucho menos. Not by any means.
Ej. No, no quiero; ni mucho menos. No, I don't want to; by no means.

Por mucho que. No matter how much...
Ej. Por mucho que llores no te lo pienso dar. No matter how much you cry I won't give it to you.

Sentirlo mucho. To be very sorry.
Ej. Lo siento mucho. I'm very sorry.

MUERTE
De mala muerte. Crummy, two-bit.
Ej. Vivo en una pensión de mala muerte. I'm staying in a crummy boarding house.

Estar a las puertas de la muerte. To be at death's door.
Ej. Me han dicho que Víctor está a las puertas de la muerte. I've been told that Victor's at death's door.

Hasta la muerte. To the bitter end.
Ej. Lucharé hasta la muerte. I'll fight to the bitter end.

MUERTO
Hacer cargar a uno con el muerto. To put the blame on someone; take the rap; pass the buck on to someone.
Ej. Me hacen cargar con el muerto siempre. They always put the blame on me.

Hacer el muerto. To float.
Ej. No se ha ahogado. Está haciendo el muerto en el agua. He hasn't drowned. He's floating in the water.

Hacerse el muerto. To play possum.
Ej. Ese animal se hace el muerto. That animal is playing possum.

Los muertos no hablan. Dead men tell no tales.
Ej. El gangster dice que los muertos no hablan. The gangster says that dead men tell no tales.

MUESTRA
Dar muestras de. To show signs of.
Ej. Daba muestras de locura. He showed signs of insanity.

Para muestra vale un botón. One example is enough.
Ej. Si no te lo crees, mira, para muestra vale un botón. If you don't believe it, look, one example is enough.

MUNDO
Desde que el mundo es mundo. Ever since the world began.
Ej. Pago impuestos desde que el mundo es mundo. I've been paying taxes ever since the world began.

No ser nada del otro mundo. Nothing to write home about.
Ej. Esta ciudad no es nada del otro mundo. This city is nothing to write home about.

Por nada del mundo. For the world.
Ej. No lo haría por nada del mundo. I wouldn't do it for the world.

Todo el mundo. Everybody.
Ej. Todo el mundo quiere ser feliz. Everybody wants to be happy.

Ver mundo. To travel; to see the world.
Ej. ¡Vamos a ver mundo! Let's go see the world!

MURGA
Dar la murga. To pester; to bother.
Ej. Me da la murga constantemente. He's always pestering me.

MUSARAÑAS
Pensar en las musarañas. Daydream.
Ej. Carlos está pensando en las musarañas. Charles is daydreaming.

MÚSICA
Irse con la música a otra parte. To get going.
Ej. Vete con la música a otra parte. Get going.

La música va por dentro. To keep a stiff upper lip.
Ej. Víctor no llora, pero la música va por dentro. Victor's not crying and he keeps a stiff upper lip.

Mandar con la música a otra parte. To send someone packing.
Ej. He mandado a Pedro con la música a otra parte. I've sent Peter packing.

N

NACER
Nacer de culo. To be born to bad luck.
Ej. Nací de culo. I was born to bad luck.

Nacer de pie. Be born with a silver spoon in one's mouth.
Ej. Víctor ha nacido de pie. Victor was born with a silver spoon in his mouth.

Nacer para. To be born to.
Ej. He nacido para profesor. I've been born to be a teacher.

NACIDO
Mal nacido. Son of a bitch.
Ej. Pedro es un mal nacido. Peter is a son of a bitch.

NACIMIENTO
De nacimiento. Born.
Ej. Es idiota de nacimiento. He's a born idiot.

De nacimiento. From birth.
Ej. Es ciego de nacimiento. He is blind from birth.

NADA
De eso nada. I'll have none of that.
Ej. ¡De eso nada! I'll have none of that!

Nada de eso. Not at all.
Ej. No lo acepto. Nada de eso. I don't take it. Not at all.

No es nada. It's nothing; it's all right.
Ej. No es nada; vamos. It's all right, let's go.

No ser nada del otro jueves. Nothing to write home about.
Ej. Esa casa no es nada del otro jueves. That house is nothing to write home about.

No servir para nada. To be useless.
Ej. Ese diccionario no sirve para nada. That dictionary is useless.

Por nada del mundo. Not for anything in the world.
Ej. Por nada del mundo iría. I would not go for anything in the world.

NADAR
Nadar contra corriente. To swim against the tide.
Ej. No creo que debas nadar contra corriente. I don't think you should swim against the tide.

Nadar entre dos aguas. To be on the fence, unsure.
Ej. No sabe qué hacer. Nada entre dos aguas. He doesn't know what to do. He is on the fence.

See: Abundancia, Nadar en la abundancia.

NADIE
Casi nadie. Hardly anybody.
Ej. No vino casi nadie. Hardly anybody came.

Ser un don nadie. To be a nobody.
Ej. Víctor es un don nadie en la oficina. Victor is a nobody in the office.

NARIZ
Dar a uno con la puerta en las narices. To shut the door in one's face.
Ej. Me dieron con la puerta en las narices. They shut the door in my face.

Darle a uno en la nariz algo. To suspect something fishy.
Ej. Me da en la nariz que algo no va bien aquí. I smell something fishy here.

Estar hasta las narices. To be fed up.
Ej. ¡Estoy hasta las narices de ti! I'm fed up with you!

Hinchársele a uno las narices. To get fed up; to be irked.
Ej. Se me hincharon las narices y lo despedí. I got fed up and I fired him.

Llevar de la nariz. To lead by the nose.
Ej. Su mujer lo lleva de la nariz. His wife leads him by the nose.

Meter la nariz en todas partes. To be a busybody; nosey.
Ej. Mete las narices en todas partes. He is a busybody.

Meter las narices en algo. To stick one's nose in something.
Ej. No metas la nariz en este asunto. Don't stick your nose in this matter.

No ver más allá de sus narices. To see no further than one's nose.
Ej. Eres tan estúpido que no ves más allá de tus narices. You are so stupid you see no further than your nose.

Por narices. Because I say so.
Ej. Vamos ahora por narices. We are going now because I say so.

See: Palmo, Dejar a uno con un palmo de narices.

NATURAL
Del natural. From life.
Ej. Lo he copiado del natural. I've copied it from life.

NAVE
Quemar las naves. To burn one's bridges.
Ej. Hemos quemado las naves y debemos continuar con el negocio. We have burnt our bridges and must go on with the business.

NECESARIO
Si fuera necesario. If need be.
Ej. Te daré dinero si fuera necesario. I'll give you money if need be.

NECESIDAD
De necesidad. Necessarily, unavoidably.
Ej. Es una operación de necesidad. The operation is unavoidable.

De primera necesidad. Basic commodity.
Ej. El pan es un artículo de primera necesidad. Bread is a basic commodity.

La necesidad es madre de la invención. Necessity is the mother of invention.
Ej. Ya sabes: la necesidad es la madre de la invención. As you know, necessity is the mother of invention.

Pasar necesidades. To undergo hardships.
Ej. He pasado muchas necesidades en la vida. I've undergone many hardships in life.

Por necesidad. Of necessity; because of need.
Ej. Pido limosna por necesidad. I beg for money because I need to.

NEGOCIO
Negocio redondo. A good deal.
Ej. Ha sido un negocio redondo y hemos ganado mucho dinero. It's been a good deal and we have made a lot of money.

NEGRA
Tener la negra. To be out of luck.
Ej. Tengo la negra hoy. I'm out of luck today.

NEGRO
Estar negro. To be angry, peeved, mad.
Ej. ¡Está negro con su secretaria! He's mad at his secretary.

Merienda de negros. A free-for-all affair.
Ej. Esta reunión es una merienda de negros. This is a free-for-all meeting.

Verlo todo negro. Be pessimistic.
Ej. Víctor lo ve todo negro. Victor is very pessimistic.

NERVIO
Crispar los nervios. To get on one's nerves.
Ej. ¡Me crispas los nervios! You get on my nerves!

See: Manojo, Ser un manojo de nervios.

NI
Ni siquiera. Not even.
Ej. Ni siquiera te entiendo. I don't even understand you.

NIDO
Haberse caído de un nido. To be a simple person.
Ej. Pepe parece caído del nido. Joe seems like a simple person.

Nido de ladrones. Thieve's den.
Ej. Esta tienda es un nido de ladrones. This store is a thieve's den.

NIÑO

Ni qué niño muerto. Rubbish, nonsense.
Ej. ¿De qué dinero ni de qué niño muerto me hablas? What money or what nonsense are you talking about?

Un niño prodigio. A child prodigy.
Ej. Tu hijo es un niño prodigio. Your son is a child prodigy.

See: Cosa, Cosas de niños.

NO

No sea que. Lest.
Ej. Escríbele no sea que decida venir sin avisar. Write him lest he decides to come without letting us know.

NOCHE

Buenas noches. Good night.
Ej. Buenas noches; hasta mañana. Good night; till tomorrow.

De la noche a la mañana. Suddenly; from one day to the next.
Ej. De la noche a la mañana decidió dejar el empleo. Suddenly he decided to quit his job.

Hacer noche. To stop for the night.
Ej. Haremos noche en Cuenca. We'll stop for the night in Cuenca.

Pasar la noche en claro. Not to sleep a wink.
Ej. Me he pasado la noche en claro. I haven't slept a wink all night.

NOMBRE

Eso no tiene nombre. There's no word for; be beneath contempt.
Ej. Lo que has hecho no tiene nombre. There's no word for what you've done.

Nombre de pila. Given name.
Ej. Pedro es mi nombre de pila. Peter is my given name.

Nombre y apellidos. Full name.
Ej. Dígame su nombre y apellidos. Tell me your full name.

See: Conocer, Conocer a alguien de nombre.

NON

Estar, (ir) de non. To be stag.
Ej. Estaba de non en la fiesta. I was stag at the party.

Pares y nones. Odds and evens.
Ej. Vamos a jugar a pares y nones. Let's play odds and evens.

NOTA

Dar la nota. To draw attention; to make a scene.
Ej. Le encanta dar la nota en público. He just loves to make scenes in public.

NOTICIA

See: Bomba, Una noticia bomba.

NOVILLO

Hacer novillos. To play hooky.
Ej. Pedro ha hecho novillos hoy. Peter has played hooky today.

NUBE

Andar por las nubes. To be absent-minded.
Ej. El profesor siempre anda por las nubes. The teacher is very absent-minded.

Bajarse de las nubes. To come down to earth.
Ej. ¡Baja de las nubes y enfréntate a la realidad! Come down to earth and face reality.

Poner por las nubes. To praise to the skies.
Ej. Susana puso a Víctor por las nubes. Susan praised Victor to the skies.

Por las nubes. Very expensive; skyrocket.
Ej. Este año las patatas están por las nubes. This year potatos are very expensive.

NUDO

Tener (poner) un nudo en la garganta. Have (get) a lump on one´s throat.
Ej. Ahora no puedo hablar, tengo un nudo en la garganta. I can't talk right now; I have a lump on my throat.

NUNCA

Nunca jamás. Never again; nevermore.
Ej. No iré. Nunca jamás. I won't go. Never again.

NÚMERO

See: Equivocarse, Equivocarse de número.

O

OBJETAR
No tener nada que objetar. To have no objections.
Ej. No tengo nada que objetar. I have no objections.

OBJETO
El objeto de... The purpose of...
Ej. ¿Cuál es el objeto de su visita? What's the purpose of your visit?

OBLIGACIÓN
Tener obligación de. To be one's duty.
Ej. Tienes la obligación de estudiar. It's your duty to study.

OBRA
Estar en obras. Undergoing repairs; under construction.
Ej. Estamos en obras en nuestro piso. Our appartment is undergoing repairs.

Obra de caridad. Work of charity.
Ej. Ayudar a Víctor es una verdadera obra de caridad. Helping Victor is a true work of charity.

Ser obra de romanos. Huge and difficult task.
Ej. El proyecto ése es una verdadera obra de romanos. That project is a huge and difficult task.

Ser obra del diablo. To be the work of the devil.
Ej. La televisión es obra del diablo. TV. is the work of the devil.

Una buena obra. A good act or deed.
Ej. Debemos hacer una buena obra todos los días. We must do a good deed every day.

OBRAR
Obrar en poder de. To be in the possession of.
Ej. El documento obra en mi poder. The document is in my possession.

OBSERVACIÓN
Estar en observación. To be under observation.
Ej. El paciente está en observación. The patient is under observation.

OBSTINAR
Obstinarse en. To insist on.
Ej. Se obstina en conducir. He insists on driving.

OCASIÓN
Aprovechar la ocasión. To take advantage of the situation.
Ej. Debemos aprovechar la ocasión. We must take advantage of the situation.

Coger la ocasión por los pelos. To jump at the opportunity.
Ej. Cogió la ocasión por los pelos y aceptó el trabajo. He jumped at the opportunity and accepted the job.

De ocasión. Second-hand.
Ej. Libros de ocasión. Second-hand books.

En la primera ocasión. At the first opportunity.
Ej. Se lo diré en la primera ocasión. I'll tell him at the first opportunity.

OCIO
Ratos de ocio. Spare time.
Ej. Lo haré en mis ratos de ocio. I'll do it in my spare time.

OCIOSIDAD
La ociosidad es la madre de todos los vicios. Idleness is the root of all evil.
Ej. Trabaja mucho porque la ociosidad es la madre de todos los vicios. Work hard because idleness is the root of all evil.

OCUPAR
Ocuparse de. To take care of.
Ej. Se ocupa muy poco de sus hijos. He takes little care of his children.

OCURRIR
No ocurrírsele a uno nada. Not to be able to think of anything.
Ej. No se me ocurre nada. I can't think of anything.

Ocurrírsele a uno. To occur to one.
Ej. Se me ha ocurrido una solución. A solution has occurred to me.

OFICIO
Buenos oficios. Good offices.
Ej. Nos ha ofrecido sus buenos oficios. He has offered his good offices.

No tener oficio ni beneficio. To be a bum, a good-for-nothing.
Ej. Víctor no tiene oficio ni beneficio. Victor is a good-for-nothing.

Ser sastre de oficio. To be a tailor by trade.
Ej. Víctor es sastre de oficio. Victor is a tailor by trade.

See: Gaje, Ser gajes del oficio.

OFRECER
¿Qué se le ofrece? What do you wish? What is your pleasure?
Ej. Dígame, ¿qué se le ofrece? Tell me, what do you wish?

OÍDO
Dar oídos. To lend an ear.
Ej. No doy oídos a lo que dicen. I don't lend an ear to what people say.

Decir al oído. To say in the ear, to whisper.
Ej. Me dijo algo al oído. He said something in my ear.

Querer que le regalen los oídos a uno. To fish for compliments.
Ej. Tú lo que quieres es que te regalen los oídos. You are just fishing for compliments.

Tener buen oído. To have a good ear.
Ej. Tiene buen oído para la música. He has a good ear for music.

Tocar de oído. To play by ear.
Ej. Toca el piano de oído. He plays the piano by ear.

OÍR
Oír decir que. To hear that.
Ej. He oído decir que viene. I've heard he's coming.

Oír hablar de. To hear about.
Ej. He oído hablar de ello. I've heard about it.

OJEADA
Echar una ojeada. To take a look; cast a glance.
Ej. Echa una ojeada a esto. Take a look at this.

OJO
A ojo de buen cubero. By a rough estimate or guess.
Ej. A ojo de buen cubero creo que hay mil. By a rough estimate I think there might be one thousand.

Abrir los ojos a uno. To open somebody's eyes.
Ej. ¡Tenemos que abrirle los ojos! We must open his eyes!

Cerrar los ojos. Sleep, doze.
Ej. Ha cerrado los ojos un momento. He's dozed off a minute.

Costar un ojo de la cara. Cost a pretty penny, a fortune, an arm and a leg.
Ej. El coche nos costó un ojo de la cara. The car cost us a pretty penny.

¡Dichosos los ojos... ! Fancy seeing (meeting) you... ; glad to see you.
Ej. ¡Dichosos los ojos que te ven aquí! Fancy meeting you here!

Echar el ojo a alguien. To give a person the eye.
Ej. Esa chica me ha echado el ojo. That girl has given me the eye.

Echar el ojo a una cosa. Have an eye on.
Ej. Le he echado el ojo a esa casa. I have an eye on that house.

En un abrir y cerrar de ojos. In the twinkling of an eye; in a trice.
Ej. Lo haremos en un abrir y cerrar de ojos. We'll do it in the twinkling of an eye.

Estar ojo avizor. To have one's eyes peeled; keep a sharp eye on.
Ej. ¡Tenemos que estar ojo avizor! We must keep our eyes peeled!

Más ven cuatro ojos que dos. Two heads are better than one.
Ej. Acompáñame porque más ven cuatro ojos que dos. Come along with me because two heads are better than one.

Mirar con buenos ojos. Look approvingly; to approve.
Ej. Mi madre mira nuestra boda con buenos ojos. My mother approves of our wedding.

¡Mucho ojo! Beware!
Ej. ¡Mucho ojo con Paco! Beware of Frank!

No pegar ojo. Not to sleep a wink.
Ej. No he pegado ojo en toda la noche. I haven't slept a wink all night.

¡Ojo! Look out!
Ej. ¡Ojo que viene el tren! Look out, the train's coming!

Ojo negro. A black eye.
Ej. Me han puesto un ojo negro. They've given me a black eye.

Ojos que no ven, corazón que no llora. Out of sight, out of mind.
Ej. ¡Ojos que no ven, corazón que no llora! Out of sight, out of mind.

Ojos saltones. Pop-eyed.
Ej. Juan tiene los ojos saltones. John's pop-eyed.

Pagar un ojo de la cara. To pay through the nose.
Ej. Pagué un ojo de la cara por esa casa. I had to pay through my nose to buy that house.

Poner los ojos en blanco. To roll one's eyes.
Ej. Cuando le hablé del viaje puso los ojos en blanco. When I spoke to him about the trip he rolled up his eyes.

Tener buen ojo para... To have a good eye for...
Ej. Tengo buen ojo para la fruta. I have a good eye for fruit.

Un cuatro ojos. Four eyes; person who wears eyeglasses.
Ej. Víctor es un cuatro ojos. Victor's a four-eyes.

See: Crédito, No dar crédito a los ojos de uno.
See: Fijar, Fijar los ojos en.
See: Funerala, Tener un ojo a la funerala.
See: Mal, Echar mal de ojo.
See: Morado, Ojo morado.

OLER
No oler bien. To be fishy.
Ej. Ese asunto no me huele bien. That business seems fishy tome.

Oler a. To smell of, like.
Ej. ¡Aquí huele a pescado podrido! It smells like rotten fish here!

See: Gloria, Oler a gloria.

OLLA
Olla de grillos. Bedlam.
Ej. ¡Esta casa es una olla de grillos! This house is bedlam!

OMISO
See; Caso, Hacer caso omiso de.

OPERAR
Operar de. To operate on.
Ej. Lo operaron de una úlcera. They operated on him for an ulcer.

OPINIÓN
Tener mala opinión de. To have a poor opinion of.
Ej. Mi profesor tiene mala opinión de tu trabajo. My professor has a poor opinion of your work.

ORDEN
A las órdenes de. At the service of; under.
Ej. Trabajo a las órdenes de Johnson. I work under Johnson.

A sus órdenes. At your service.
Ej. Estoy a sus ordenes. I'm at your service.

De primer orden. First-class.
Ej. Es un detective de primer orden. He is a first-class detective.

En orden. In order.
Ej. ¿Está todo en orden? Is everything in order?

En orden de aparición. In order of appearance.
Ej. Los nombres van en orden de aparición. The names are in order of appearance.

Orden de registro. Search warrant.
Ej. ¿Lleva usted orden de registro? Do you have a search warrant?

Orden del día. Agenda, order of the day.
Ej. ¿Qué orden del día tenemos? What's the order of the day?

Por orden de. By order of.
Ej. Prohibido fumar por orden del departamento contra incendios. No smoking by order of the Fire Department.

See: Llamar, Llamar al orden.

ORDINARIO
De ordinario. Usually.
Ej. De ordinario como en ese restaurante. Usually I eat in that restaurant.

OREJA
Con las orejas gachas. Crestfallen.
Ej. Jack ha vuelto de la entrevista con las orejas gachas. Jack's back crestfallen from his interview.

Enseñar la oreja. To show one's true colors.
Ej. Jack ha enseñado la oreja y sabemos de qué va. Jack has shown his true colors and we know what he is up to.

Tener la mosca en la oreja. Be wary.
Ej. Víctor tiene la mosca en la oreja sobre nuestro plan. Victor is wary of our plan.

Tirar a uno de la oreja. To pull someone's ear.
Ej. Le voy a tirar de la oreja cuando lo vea. I'm going to pull his ear when I see him.

Verle uno las orejas al lobo. To see the writing on the wall.
Ej. Estoy preocupado porque le he visto las orejas al lobo. I'm worried because I've seen the writing on the wall.

ORILLA
La orilla del mar. The seashore.
Ej. Me gusta la orilla del mar. I like the seashore.

ORO
Dar el oro y el moro. To give all this and heaven too.
Ej. Dice que te va a dar el oro y el moro. He says he's going to give you this and heaven too.

Guardar como oro en paño. To keep something as if it were pure gold.
Ej. Guarda la foto de su novia como oro en paño. He keeps his fiancée's photograph as if it were pure gold.

No es oro todo lo que reluce. All that glitters is not gold.
Ej. Parece buena persona pero no todo lo que reluce es oro. He seems like a nice guy but all that glitters is not gold.

Valer uno su peso en oro. To be worth one's weight in gold.
Ej. Mi mujer vale su peso en oro. My wife's worth her weight in gold.

ORTOGRAFÍA
Tener mala ortografía. To be a poor speller.
Ej. Juan tiene mala ortografía. John is a poor speller.

OSCURAS
Estar a oscuras. To be in the dark.
Ej. Estamos a oscuras. We are in the dark.

OSO
Hacer el oso. To horse around.
Ej. A Jack le gusta hacer el oso. Jack likes to horse around.

OSTRA
See: Aburrir, Aburrirse como una ostra.

OTORGAR
See: Callar, Quien calla otorga.

OTRA
Por otra parte. On the other hand.
Ej. Es posible pero, por otra parte, difícil de creer. It's possible but, on the other hand, it's difficult to believe.

OTRO
Al otro día de. On the day after.
Ej. Se fueron al otro día de la boda. They left on the day after the wedding.

Otro que tal, parascual. Another such (fellow, guy).
Ej. ¿Pedro? Otro que tal, parascual. Peter? Another such fellow.

OVEJA
Cada oveja con su pareja. Birds of a feather flock together.
Ej. Víctor y Susana se han casado. Cada oveja con su pareja. Victor and Susan got married. Birds of a feather flock together.

OVILLO
Hacerse un ovillo. To curl up.
Ej. Víctor está en la cama hecho un ovillo. Victor's all curled up in bed.

OXIDADO
Un poco oxidado. A bit rusty.
Ej. Mi inglés está un poco oxidado. My English is a bit rusty.

P

PACIENCIA
Acabársele a uno la paciencia. To run out of patience.
Ej. Se me está acabando la paciencia. I'm running out of patience.

Armarse de paciencia. To put up with it.
Ej. No hay remedio; tienes que armarte de paciencia con Pedro. There's no way out; you have to put up with Peter.

Perder la paciencia. To lose one's patience.
Ej. No pierdas la paciencia. Don't lose your patience.

See: Agotar, Agotar la paciencia.

PACOTILLA
De pacotilla. Shoddy.
Ej. Esto es un trabajo de pacotilla. This is a shoddy job.

PADRE
Armar el lío padre. To raise a row.
Ej. Cuando se enteró armó el lío padre. When he found out he raised a row.

De padre y muy señor mío. Terrific.
Ej. Tiene un coche de padre y muy señor mío. He has a terrific car.

PAGAR
Pagar caro. Pay dearly for it.
Ej. ¡Lo vas a pagar caro! You are going to pay dearly for it!

Pagar con la misma moneda. To pay with the same coin.
Ej. ¡Es un malvado! ¡Le pagaré con la misma moneda! He's mean! I'll pay him with the same coin.

Pagar el pato. To take the rap; to be the scapegoat.
Ej. Siempre te toca a ti pagar el pato. You are always the one to take the rap.

Pagar los platos rotos. To pay the piper; to take the rap.
Ej. Yo siempre pago los platos rotos en casa. At home I'm the one who always takes the rap.

Pagar religiosamente. Keep up with one's payments.
Ej. Si pagas religiosamente no tendrás problemas. If you keep up with your payments you'll have no problems.

Pagarlas. To pay for; to atone for.
Ej. ¡Me las pagarás! You'll pay for it!

See: Creces, Pagar con creces.
See: Escote, Pagar a escote.
See: Miseria, Pagar una miseria.
See: Ojo, Pagar un ojo de la cara.
See: Plazo, Pagar a plazos.

PAGO
Hacer los pagos. Make the payments.
Ej. No compré la casa porque no podía hacer los pagos. I didn't buy the house because I couldn't make the payments.

PAÍS
Del país. Domestic.
Ej. Me gusta el vino del país. I like domestic wine.

PAJA
En un quítame allá esas pajas. In a jiffy.
Ej. Pintó el cuarto en un quítame allá esas pajas. He painted the room in a jiffy.

Separar el grano de la paja. To separate the wheat from the chaff.
Ej. Hay que separar el grano de la paja. ¡No confundamos las cosas! We must separate the wheat from the chaff. Let's not mix things up!

Ver la paja en el ojo ajeno. To see the mote in someone else's eye.
Ej. Es fácil ver la paja en el ojo ajeno. It's easy to see the mote in someone else's eye.

PAJAR
See: Aguja, Buscar una aguja en un pajar.

PAJARITO
Me lo ha dicho un pajarito. A little bird told me.
Ej. ¿Que cómo lo sé? Me lo ha dicho un pajarito. How do I know? A little bird told me.

PÁJARO
Matar dos pájaros de un tiro. To kill two birds with one stone.
Ej. Si vamos temprano podemos matar dos pájaros de un tiro. If we go early we can kill two birds with one stone.

Más vale pájaro en mano que ciento volando. A bird in the hand is worth two in the bush.
Ej. Acéptalo. Más vale pájaro en mano que cien volando. Take it. A bird in hand is worth two in the bush.

PALA
A punta pala. Loads.
Ej. Este libro tiene errores a punta pala. This book has loads of errors.

PALABRA
A palabras necias, oídos sordos. To turn a deaf ear to idle talk.
Ej. ¡A palabras necias, oídos sordos! Turn a deaf ear to idle words!

Dar la palabra de uno. Give, pledge one's word.
Ej. ¡Me diste tu palabra! You pledged your word!

Decir de palabra. To tell oneself, in person.
Ej. Se lo diré de palabra. I'll tell him in person.

Dejar a uno con la palabra en la boca. To leave while someone is still talking.
Ej. Me dejó con la palabra en la boca. He left while I was still talking.

Empeñar la palabra. To pledge one's word.
Ej. Empeñaste tu palabra. You pledged your word.

Estar pendiente de la palabra de uno. To hang on someone's words.
Ej. Susana está pendiente de tus palabras. Susan hangs on your words.

Faltar uno a su palabra. To fail to keep one's word or promise.
Ej. ¡Has faltado a tu palabra! You've failed to keep your word!

La palabra justa. Right word.
Ej. ¡Ésa es la palabra justa! That's the right word!

Medir uno las palabras. To weigh one's words.
Ej. Tienes que medir tus palabras. You must weigh your words.

No tener palabra. Not to be reliable.
Ej. No te fíes de Víctor porque no tiene palabra. Don't trust Victor because he is not reliable.

¡Palabra! No fooling!
Ej. Lo que digo es cierto. ¡Palabra! What I'm saying is true. No fooling!

Palabra de honor. Word of honor.
Ej. Te doy mi palabra de honor. I give you my word of honor.

Pedir la palabra. To ask for the floor.
Ej. ¡Pido la palabra! May I have the floor?

Quitarle a uno la palabra de la boca. To take the words out of one's mouth.
Ej. ¡Me has quitado las palabras de la boca! You've taken the words out of my mouth.

Ser palabras mayores. To be no joking matter.
Ej. Lo que dice son palabras mayores. What you are saying is no joking matter.

Tener la palabra. To have the floor.
Ej. El Presidente tiene la palabra. The president has the floor.

Tener palabras con. Have an argument with; have a few words with.
Ej. He tenido unas palabras con Susana. I've had an argument with Susan.

Tomar la palabra. To take someone at his word.
Ej. Te tomo la palabra. I'll take you at your word.

See: Amplio, En el más amplio sentido de la palabra.
See: Extensión, En toda la extensión de la palabra.

PALILLO
Estar uno como un palillo. To be as thin as a lath; very skinny.
Ej. Debes comer más porque estás como un palillo. You must eat more because your are very skinny.

PALMA
Llevarse la palma. To take the cake; carry the day.
Ej. Carlos se llevó la palma. Charles carried the day.

See: Batir, Batir palmas.

PALMO
Dejar a uno con un palmo de narices. To dupe someone.
Ej. Lo hemos dejado con un palmo de narices. We have duped him.

Palmo a palmo. Inch by inch.
Ej. Hemos comprobado el terreno palmo a palmo. We've gone over the ground inch by inch.

PALO
A palo seco. Without washing it down with a drink.
Ej. ¿Te has comido el bocadillo a palo seco? Have you had the sandwich without washing it down with a drink?

Dar de palos. To beat up; to give a beating.
Ej. Su padre le dio de palos. His father gave him a beating.

De tal palo, tal astilla. Like father, like son.
Ej. Roberto es como su padre; de tal palo, tal astilla. Robert's like his father; like father, like son.

Moler a palos. To beat up.
Ej. ¡Te voy a moler a palos! I'm going to beat you up!

PAN
A falta de pan buenas son tortas. For want of something better.
Ej. Comeremos ajos porque a falta de pan buenas son tortas. We'll eat garlic for want of something better.

A pan y agua. On bread and water.
Ej. El prisionero está a pan y agua. The prisoner is on bread and water.

Contigo pan y cebolla. Through thick and thin.
Ej. Estaré contigo siempre. Contigo pan y cebolla. I'll stick with you through thick and thin.

Llamar al pan, pan y al vino, vino. To call a spade, a spade.
Ej. No se anda con rodeos y llama al pan, pan y al vino, vino. He doesn't beat around the bush and calls a spade, a spade.

Pan del día. Fresh bread.
Ej. ¿Es este pan del día? Is this fresh bread?

Ser el pan de cada día. Be the order of the day.
Ej. Las peleas son el pan de cada día en mi casa. Fights are the order of the day in my place.

See: Ganar, Ganarse el pan.

PANTALLA
Servir de pantalla. To act as a blind for.
Ej. Pedro sirve de pantalla para los negocios de droga de su hermano. Peter acts as a blind for his brother's drug business.

PAÑO
Conocer el paño. To know what it's all about.
Ej. Yo conozco el paño y sé que no te va a pagar. I know what it is all about and I'm sure he won't pay you.

Estar en paños menores. To be in one's underwear.
Ej. Cuando entré Roberto estaba en paños menores. When I came in Robert was in his underwear.

Ser un paño de lágrimas. To be the shoulder people cry on.
Ej. La pobre Susana es un paño de lágrimas. Poor Susan's the shoulder people cry on.

PAÑUELO
El mundo es un pañuelo. It's a small world.
Ej. Hola, Pedro, mira que encontrarte aquí. El mundo es un pañuelo. Hello, Peter, fancy meeting you here. It's a small world.

PAPA
Ser más papista que el papa. You make the Pope look like a radical.
Ej. ¡Eres más papista que el papa! You make the Pope look like a radical.

See: Hijo, Hijo de papá.

PAPEL
Desempeñar un papel. To play a role.
Ej. En la obra teatral desempeñaré un papel importante. In the play I'll play an important role.

Hacer buen papel. To make a fine show.
Ej. Víctor hizo un buen papel en la reunión. Victor made a fine show at the meeting.

Ser papel mojado. A document not worth the paper it's written on.
Ej. Ese contrato es papel mojado. That contract is not worth the paper it's written on.

PAPELETA
Papeleta de empeño. Pawn ticket.
Ej. Esto es una papeleta de empeño. This is a pawn ticket.

PAPILLA
Echar hasta la papilla. To puke.
Ej. Después del almuerzo echó hasta la papilla. After lunch he puked.

PAPISTA
See: Papa, Ser más papista que el papa.

PAR
Abierto de par en par. Wide open.
Ej. Has dejado la puerta abierta de par en par. You've left the door wide open.

Pares y nones. Odds and evens.
Ej. ¿Prefiere pares o nones? Do you take odds or evens?

Sin par. Peerless; matchless.
Ej. La sin par Dulcinea. The matchless Dulcinea.

See: Estar, Estar a la par.

PARA
Para que... So that...
Ej. Muévete para que pueda ver. Move so that I can see.

PARADERO
Saber el paradero de. To know someone's whereabouts.
Ej. ¿Sabe Ud. el paradero de Carlos? Do you know Charles' whereabouts?

PARADO
Estar parado. To be unemployed.
Ej. Estoy parado desde hace un año. I've been unemployed for one year.

Salir mal parado. To come off badly; to end up badly.
Ej. ¡Cuidado que vas a salir mal parado! Careful, you are going to end up badly!

Ser parado. To be shy; bashful.
Ej. Tu hermano es muy parado. Your brother is very shy.

PARAR
Ir a parar. To end up.
Ej. Vamos a ir a parar a la cárcel. We are going to end up in jail.

Ir a parar a. Drive at.
Ej. ¿Dónde quieres ir a parar?. What are you driving at?

No parar de. Not to stop.
Ej. No para de hablar. She doesn't stop talking.

Pararle los pies a alguien. To put someone in his place.
Ej. ¡A ése hay que pararle los pies cuanto antes! That guy has to be put in his place as soon as possible!

Sin parar. Nonstop.
Ej. Susana come sin parar. Susan eats nonstop.

See: Seco, Parar en seco.

PARCIAL
A tiempo parcial. Part time.
Ej. Un empleo a tiempo parcial. A part-time job.

PARDO
See: Gramática, Gramática parda.

PARECER
Al parecer. Apparently; it seems...
Ej. Al parecer se casan. Apparently they are getting married.

Aunque parezca mentira. Even if it is hard to believe.
Ej. Paco es muy inteligente aunque parezca mentira. Frank is very intelligent even if it's hard to believe.

Cambiar de parecer. To change one's mind.
Ej. He cambiado de parecer. I've changed my mind.

Parece que... It seems; it looks like.
Ej. Parece que va a llover. It looks like rain.

Parecer bien. To seem all right.
Ej. Me parece bien la idea. The idea seems all right to me.

Parecerse a. To look like.
Ej. Te pareces a tu padre. You look like your father.

Según parece. As it seems, apparently.
Ej. Según parece se mudan mañana. Apparently they are moving tomorrow.

See: Mentira, Parecer mentira.

PARECIDO
Bien parecido. Good-looking.
Ej. Su hermano es bien parecido. Her brother is good-looking.

Parecido a. Similar to.
Ej. Tengo un coche parecido al tuyo. I have a car similar to yours.

Ser parecido. To be like, similar.
Ej. Los dos libros son muy parecidos. The two books are very similar.

PARED
Darse uno contra la pared. To knock one's head against the wall.
Ej. Busco trabajo pero es como darse contra la pared. I'm looking for a job but it's like knocking my head against a wall.

Estar entre cuatro paredes. To be shut in between four walls.
Ej. No me gusta estar encerrado entre cuatro paredes. I hate to be shut in between four walls.

Estar entre la espada y la pared. Between the devil and the deep, blue see.
Ej. No sé qué hacer; estoy entre la espada y la pared. I don't know what to do; I'm between the devil and the deep blue sea.

Las paredes oyen. Walls have ears.
Ej. ¡No grites que las paredes oyen! Don't shout because walls have ears!

See: Blanco, Blanco como la pared.

PAREJA
Hacer buena pareja. To make a good team.
Ej. Esos dos jugadores hacen buena pareja. Those two players make a good team.

PARÉNTESIS
Entre paréntesis. Incidentally.
Ej. Entre paréntesis te diré que es muy rico. Incidentally, let me tell you he's very rich.

PARRAFADA
Echar una parrafada. Have a chat; chat; chitchat.
Ej. ¡Vamos a echar una parrafada! Let's have a chat!

PARRANDA
Ir de parranda. To shoot up the town.
Ej. ¡Vayamos de parranda esta noche! Let's go shoot up the town tonight!

PARTE
Dar parte a. To report.
Ej. Voy a dar parte a la policía. I'm going to report it to the police.

De mi parte. For me.
Ej. Dale recuerdos a tu hermana de mi parte. Say hello to your sister for me.

De parte de. On (in) behalf of.
Ej. Vengo de parte de Gómez. I'm coming on behalf of Gómez.

¿De parte de quién? Who's calling?
Ej. El Sr. Smith no está. ¿De parte de quién? Mr. Smith is not in. Who's calling?

De un tiempo a esta parte. For some time now.
Ej. De un tiempo a esta parte tienes muy buen aspecto. For some time now you are looking good.

En alguna otra parte. Somewhere else.
Ej. Debe estar en alguna otra parte. He must be somewhere else.

En cualquier parte. Anywhere.
Ej. Esto se encuentra en cualquier parte. You'll find this anywhere.

En ninguna parte. Nowhere.
Ej. No voy a ninguna parte. I'm going nowhere.

En parte. In part, partly.
Ej. En parte tiene usted razón. In part you are right.

En todas partes. Everywhere.
Ej. Está en todas partes. He's everywhere.

En todas partes cuecen habas. This happens everywhere.
Ej. En realidad, en todas partes cuecen habas. In truth this happens everywhere.

Estar de parte de. To be on the side of.
Ej. ¿De parte de quién estás? Whose side are you on?

Formar parte de. To be part of; to be a member of.
Ej. Jaime forma parte de la familia. James is part of the family.

Ir por partes. One thing at a time.
Ej. Vamos por partes. Primero dígame dónde estaba usted. One thing at a time. First tell me where you were.

La mayor parte de. The majority of, most.
Ej. La mayor parte de los españoles pagan impuestos. Most Spaniards pay taxes.

Llevarse la mejor parte. To get the best piece of the pie.
Ej. Tú siempre te llevas la mejor parte. You always get the best piece of the pie.

Llevarse la parte del león. To get the lion's share.
Ej. Mi jefe se ha llevado la parte del león. My boss got the lion's share.

Llevarse la peor parte. To get the worst of it.
Ej. Mi hermano siempre se lleva la peor parte. My brother always gets the worst of it.

Por (la) parte de uno. As far as I am concerned.
Ej. Por parte mía tienes permiso. As far as I am concerned you have my permission.

Por mi parte... As far as I'm concerned...
Ej. Por mi parte, que venga. As far as I'm concerned he may come.

Por otra parte. Also; on the other hand.
Ej. Es importante y, por otra parte, necesario. It's important and also necessary.

Por parte de madre. On one's mother's side.
Ej. Es inglés por parte de madre. He is English on his mother's side.

Tener parte en algo. To have a share in.
Ej. Tengo parte en ese negocio. I have a share in that business.

Tomar parte. To take part.
Ej. Tomaré parte en el campeonato de squash. I'll take part in the squash championship.

PARTICIPAR
Participar en. To take part in.
Ej. No participé en la reunión. I didn't take part in the meeting.

PARTICULAR
Nada de particular. Nothing special.
Ej. No ha pasado nada de particular. Nothing special has happened.

Ser particular. To be peculiar, odd.
Ej. Es una mujer muy particular. She's a very peculiar woman.

PARTIDA
Echar una partida de cartas. To play a hand of cards.
Ej. ¿Echamos una partida de cartas? Shall we play a hand of cards?

Jugarle a alguien una mala partida. To double-cross someone.
Ej. Me ha jugado una mala partida. He has double-crossed me.

PARTIDARIO
Ser partidario de. To be in favor of.
Ej. Somos partidarios de ayudarlo. We are in favor of helping him.

PARTIDO
Sacar partido de. To profit by.
Ej. Sacas partido de todo. You profit by everything.

Ser un buen partido. To be a good match, a good catch.
Ej. Carlos es un buen partido. Charles is a good match.

Tomar partido. To take sides.
Ej. Cuando mis hijos discuten no me gusta tomar partido. When my children argue I don't like to take sides.

PARTIR
A partir de. As of.
Ej. Empezaré a estudiar a partir de mañana. I'll start studying as of tomorrow.

Estar a partir un piñón. To be buddy-buddy.
Ej. Mi jefe y el contable están a partir un piñón. My boss and the accountant are buddy-buddy.

PASA
Estar hecho una pasa. To be all dried up and old.
Ej. Esa vieja está hecha una pasa. That old woman is all dried up.

PASADA
Hacer una mala pasada. To pull a fast one on someone; double-cross someone.
Ej. ¡Si me haces una mala pasada te mato! If you pull a fast one on me, I'll kill you.

PASADO
Lo pasado, pasado está. Let bygones be bygones.
Ej. Perdónale y lo pasado, pasado está. Forgive him and let bygones be bygones.

Pasado de moda. Out of date.
Ej. Eso está pasado de moda. That's out of date.

PASAJEROS
¡Pasajeros al tren! All aboard!
Ej. ¡Señores pasajeros al tren! All aboard!

PASAR
Hacerse pasar por. To pass oneself off as.
Ej. En la boda se hizo pasar por amigo del novio. At the wedding he passed himself off as a friend of the groom.

Pasar a cuchillo. To put to the sword.
Ej. Tomaron la ciudad y pasaron a la población a cuchillo. They stormed the town and put the population to the sword.

Pasar el rato. To while away the time, to pass the time.
Ej. Pasamos el rato viendo la tele. We whiled the time watching TV.

Pasar en limpio. To make a fair copy of.
Ej. Pásame este documento en limpio. Make a fair copy of this document.

Pasar hambre. To go hungry.
Ej. Si no trabajas pasarás hambre. If you don't work you'll go hungry.

Pasar lista. To call the roll.
Ej. El profe no ha pasado lista hoy. The teacher hasn't called the roll today.

Pasar por alto. To disregard, overlook, skip.
Ej. Pasaré por alto lo que has dicho. I'll disregard what you've said.

Pasarlo bien. To have a good time.
Ej. Ayer lo pasamos muy bien. We had a good time yesterday.

Pasarse. To go over.
Ej. Se pasó al enemigo. He went over to the enemy.

Pasarse de la raya. To be (get) out of line.
Ej. ¡No te pases de la raya! Don't get out of line!

Pasarse de listo. To be too clever by half.
Ej. Creo que Víctor se pasa de listo. I think Victor is too clever by half.

Pasarse de rosca. To go too far.
Ej. Creo que te estás pasando de rosca. I think you are going too far!

Pasarse sin. To do (get along) without.
Ej. Podemos pasarnos sin las vacaciones. We can get along without vacation.

Pasársele a uno. To get over something.
Ej. Está muy enfadado pero se le pasará. He is very angry but he'll get over it.

Pasársele a uno una cosa. To forget; slip one's mind.
Ej. Se me pasó. It slipped my mind.

Pase lo que pase. Come what may.
Ej. Me casaré con ella pase lo que pase. I'll marry her come what may.

Yo paso. Count me out.
Ej. ¡Yo paso! Count me out!

See: Bomba, Pasarlo bomba.
See: Mal, Pasar un mal rato.
See: Miedo, Pasarlo de miedo.
See: Necesidad, Pasar necesidades.
See: Pena, Pasar penas.
See: Rato, Pasar un buen rato.

PASCUA
De Pascuas a Ramos. Once in a blue moon.
Ej. Roberto viene a visitarnos de Pascuas a Ramos. Robert comes to visit us once in a blue moon.

Estar como unas pascuas. Be happy as a king.
Ej. Qué contento estás. Estás como unas pascuas. How happy you are. You are happy as a king.

Estar más contento que unas pascuas. To be as happy as a king.
Ej. Le ha gustado el regalo tanto que está más contento que unas pascuas. He liked the present so much that he is as happy as a king.

Hacer la pascua. To ruin one's plans.
Ej. ¿No puedes venir? Pues me has hecho la pascua. You can't come? You've ruined my plans!

Y santas pascuas. And that's all there is to it.
Ej. Pues, díselo y santas pascuas. Well, tell him and that's all there is too it.

PASEO
Dar un paseo. To take a walk; go for a walk.
Ej. ¿Quieres dar un paseo? Do you want to take a walk?

See: Mandar, Mandar a alguien a paseo.

PASO

A buen paso. Quickly; at a good pace.
Ej. Vamos a buen paso. We are going at a good pace.

A cada paso. At every turn.
Ej. A cada paso encontramos dificultades. We find difficulties at every turn.

A paso de tortuga. At a snail's pace.
Ej. Se mueven a paso de tortuga. They are moving at a snail's pace.

Abrirse paso. To get through, crowd through.
Ej. Es difícil abrirse paso entre tanta gente. It's hard to crowd through the throng.

Abrirse paso. To force one's way.
Ej. La policía se abrió paso dentro. The police forced their way in.

Al paso que. While.
Ej. Al paso que vas al mercado, compra el periódico. While you go to the market buy the paper.

Apretar el paso. To hurry.
Ej. ¡Aprieta el paso! Hurry up!

Ceder (el) paso. To make way; let someone go first.
Ej. Cede el paso a la anciana. Let the old lady go first.

Cerrar (cortar) el paso. Block someone's way, cut off.
Ej. Intentaron huir pero la policía les cerró el paso. They tried to escape but the police cut them off.

Dar paso atrás. To step backwards; to back up.
Ej. A ver, dé usted un paso atrás. Let's see, step backwards.

De paso. On the way; while at it.
Ej. Lo llevaré yo porque me pilla de paso. I'll take it because it's on my way.

Estar de paso. To be passing through.
Ej. Pedro está de paso en la ciudad. Peter is passing through town.

Impedir el paso. To block the way.
Ej. Me está usted impidiendo el paso. You are blocking my way.

No poder dar un paso. Not to be able to take another step.
Ej. Estoy tan cansado que no puedo dar un paso más. I'm so tired I can't take another step.

Paso a paso. Step by step; little by little.
Ej. La gramática hay que aprenderla paso a paso. Grammar must be learnt step by step.

Prohibido el paso. No trespassing.
Ej. El cartel dice: "Prohibido el paso". The sign says: "No trespassing".

Salir al paso de. Thwart.
Ej. Víctor salió al paso de los rumores sobre su enfermedad. Victor thwarted the talk about his illness.

Salir del paso. To get by; make do.
Ej. Gana lo suficiente para salir del paso. He makes just enough to get by.

Seguir los pasos de. To follow in the footsteps of.
Ej. Mi hermano sigue los pasos de nuestro padre. My brother follows in our father's footsteps.

Volver sobre los pasos. To retrace one's steps.
Ej. Volvimos sobre nuestros pasos para encontrar la cartera. We retraced our steps so as to find the wallet.

See: Acelerar, Acelerar el paso

PASTA

Tener pasta de. To have the makings of.
Ej. Víctor tiene pasta de profesor. Victor has the makings of a teacher.

See: Aflojar, Aflojar la pasta.
See: Gansa, Una pasta gansa.

PASTO

A todo pasto. Galore; plenty of.
Ej. Teníamos bebida a todo pasto. We had drinks galore.

PATA

A cuatro patas. On all fours.
Ej. ¿Por qué estás a cuatro patas? Why are you on all fours?

Comérsele a uno por las patas. To cost something a pretty penny; to make expense.
Ej. Los gastos de la casa se me comen por las patas. House expenses are costing me a pretty penny.

Echar las patas por alto. To hit the ceiling.
Ej. Tan pronto le hablas de dinero, tu padre echa las patas por alto. As soon as you talk to him about money, your father hits the ceiling.

Estar patas arriba. To be at sixes and sevens; upside down.
Ej. Tienes el dormitorio patas arriba. Your bedroom is upside down.

Estirar la pata. To kick the bucket.
Ej. ¿Sabes quién ha estirado la pata? Do you know who's kicked the bucket?

Ir a la pata coja. To limp along.
Ej. La que va a la pata coja es mi novia. The one limping along is my girlfriend.

Ir a pata. Go on foot.
Ej. ¿Vamos a pata? Shall we go on foot?

Meter la pata. To put one's foot in it.
Ej. ¡Eres un imbécil! ¡Has metido la pata! You are a jerk! You've put your foot in it!

Tener mala pata. To be unlucky; jinxed
Ej. ¡Tengo mala pata! I'm jinxed!

Tirar las patas por alto. Cry bloody murder; hit the ceiling.
Ej. Van a tirar las patas por alto, ya verás. They are going to cry bloody murder, you'll see.

PATADA
Darle a alguien la patada. Give someone the walking papers.
Ej. Le dieron la patada ayer. He was given the walking papers yesterday.

Darle a uno una patada. To kick someone.
Ej. ¡Dale una patada! Kick him!

Tirar a uno a patadas. To kick someone out.
Ej. Le han tirado a patadas del empleo. He's been kicked out of his job.

Tratar a patadas. To treat like dirt.
Ej. María me trata a patadas. Mary treats me like dirt.

PATALETA
Darle a uno una pataleta. To throw a fit.
Ej. Si no le compras el abrigo de pieles le va a dar una pataleta. If you don't buy her the fur coat she's going to throw a fit.

PATATÚS
Darle a uno un patatús. Have a fit.
Ej. Cuando se enteró de que su marido había perdido el dinero, le dio un patatús. When she heard her husband had lost the money she had a fit.

PATENA
(Limpio) como una patena. Neat as a pin; spick-and-span.
Ej. La habitación está como una patena. The room is spick-and-span.

PATITA
Poner de patitas en la calle. To kick someone out.
Ej. He puesto a Víctor de patitas en la calle. I've kicked Victor out.

PATO
See: Pagar, Pagar el pato.

PATRÓN
Estar cortado por el mismo patrón. Cut from the same cloth; be two of a kind.
Ej. Pepe y Pedro son unos sinvergüenzas; están cortados por el mismo patrón. Joe and Pete are a couple of crooks; they are two of a kind.

PAUSA
Hacer una pausa. To take a break.
Ej. Hicieron una pausa de diez minutos. They took a ten-minute break.

PAVA
Pelar la pava. Lovers' sweet talk; sweethearts whispering sweet nothings.
Ej. Pablo y Juana están pelando la pava. Paul and Jane are whispering sweet nothings to each other.

PAVO
No ser moco de pavo. Not to be something to laugh at.
Ej. Tiene cinco coches, que no es moco de pavo. He's got five cars which is nothing to laugh at.

Subírsele a uno el pavo. To blush; go red in the face.
Ej. Cuando le hablas de su novio, a Sandra se le sube el pavo. When you talk to her about her boyfriend, Sandra blushes.

PAZ
Dejar en paz. To leave in peace.
Ej. ¡Déjame en paz, por favor! Leave me in peace, please!

Estar (quedar) en paz. To be quits, even.
Ej. Dame tres pesetas y estamos en paz. Give me three pesetas and we are even.

Hacer las paces. To make up.
Ej. Daos un beso y hacer las paces. Kiss and make up.

Venir en son de paz. To come as a friend.
Ej. Vengo en son de paz. I come as a friend.

See: Dejar, Dejar en paz.

PE
Saberse algo de pe a pa. To know something backwards; have something down pat.
Ej. Esta lección me la sé de pe a pa. I know this lesson backwards

PECADO
Ser más feo que un pecado. Ugly as sin.
Ej. Carmen es más fea que un pecado. Carmen is ugly as sin.

PECAR
Pecar de. To be much too.
Ej. Pecas de confiado con ella. You are much too trusting with her.

PECHO
A lo hecho, pecho. Stick to your guns.
Ej. ¡No cambies de parecer! ¡A lo hecho, pecho! Don't change your mind! Stick to your guns!

Meterse entre pecho y espalda. To put under one's belt.
Ej. Se ha metido diez tragos entre pecho y espalda. He's put ten drinks under his belt.

Poner una pistola en el pecho de uno. To put someone against the wall.
Ej. Si me pones una pistola en el pecho tendré que aceptar. If you put me against the wall I'll have to accept.

Tomar a pecho una cosa. To take something to heart.
Ej. ¡No lo tomes a pecho! Don't take it to heart!

PEDAZO
Estar hecho pedazos. To be worn out; done in.
Ej. He trabajado tanto que estoy hecho pedazos. I've worked so hard I'm worn out.

Hacerse pedazos. To break into pieces.
Ej. El jarro se hizo pedazos. The pitcher broke into pieces.

Pedazo de alcornoque. Nitwit.
Ej. ¡Eres un pedazo de alcornoque! You are a nitwit!

Ser un pedazo de pan. To be a good Joe.
Ej. Víctor es un pedazo de pan. Victor is a good Joe.

PEDIR
Pedir limosna. To beg for alms, money.
Ej. No me gusta pedir limosna. I hate begging for money.

Salir a pedir de boca. To come, turn out (just) dandy.
Ej. Me ha salido el cuadro a pedir de boca. The painting's come out just dandy.

See: Pera, Pedir peras al olmo.
See: Perdón, Pedir perdón.

PEGA
De pega. Phony.
Ej. El profesor López se da muchos aires pero es un erudito de pega. Professor Lopez puts on airs but he is a phony scholar.

PEGADIZO
Música pegadiza. Catchy tune.
Ej. ¡Qué música tan pegadiza! What a catchy tune!

PEGAR
No pegar ojo en toda la noche. Not to sleep a wink all night long.
Ej. ¡No he pegado ojo en toda la noche! I haven't slept a wink all night!

Pegar fuego. To set on fire.
Ej. Le pegó fuego a la casa. He set the house on fire.

Pegar un bofetón. To slap someone's face.
Ej. Le voy a pegar un bofetón a Víctor. I'm going to slap Victor's face.

Pegar un grito. To let out a shout.
Ej. Cuando me vio pegó un grito. When she saw me she let out a shout.

Pegar voces. Holler.
Ej. ¡No pegues voces! Don't holler!

Pegarse. Be contagious; be catching.
Ej. ¿Se pega la sarna? Is mange contagious?

Pegársela a alguien. To two-time.
Ej. La mujer de Juan se la pega. John's wife is two-timing.

PEGO
Dar el pego. Take to the cleaners; pull the wool over someone's eyes; to be had.
Ej. Si has pagado más de 200 dólares por ese coche te han dado el pego. If you've paid more than 200 dollars for that car you've been had.

PEINAR
Peinarse. To fix (comb) one's hair.
Ej. Péinate. Comb your hair.

PELAR
Correr que se las pela uno. Run like the devil, like crazy.
Ej. Corría que se las pelaba. He ran like crazy.

Ser duro de pelar. Be a tough nut to crack.
Ej. ¡Mi profesor de inglés es duro de pelar! My English teacher is a tough nut to crack.

PELÍCULA
Allá películas. I couldn't care less; it's your problem.
Ej. Y si te pierdes, allá películas. And if you get lost, I couldn't care less.

Ser de película. Out of this world, fabulous.
Ej. Su casa es de película. His house is out of this world.

PELIGRO
Correr peligro. To run a (the) risk; be in danger.
Ej. Corres peligro de perder el dinero. You run the risk of losing your money.
Ej. ¿Corremos peligro aquí? Are we in danger here?

PELILLOS
Pelillos a la mar. Let bygones be bygones.
Ej. Dense un beso, hagan las paces y pelillos a la mar. Kiss and make up and let bygones be bygones.

PELLEJO
Dejarse el pellejo. To work one's hands to the bone.
Ej. Roberto se dejó el pellejo en ese empleo. Robert worked his hands to the bone in that job.

Estar en el pellejo de otro. To be in someone's shoes.
Ej. No me gustaría estar en tu pellejo. I wouldn't like to be in your shoes.

Jugarse el pellejo. To risk one's life, neck.
Ej. No te juegues el pellejo por ella. Don't risk your life for her.

Salvar el pellejo. To save one's skin.
Ej. Víctor primero salvó su pellejo. Victor saved his skin first.

PELO
A pelo. Bareback.
Ej. Monto a caballo a pelo. I ride bareback.

Caérsele a uno el pelo. To get it.
Ej. Si coges el dinero se te va a caer el pelo. If you take the money you are going to get it.

Dar pelos y señales. Full details.
Ej. Pablo dio pelos y señales de lo que pasó. Paul explained what happened in full detail.

Hombre de pelo en pecho. A he-man; a hunk.
Ej. Juan es hombre de pelo en pecho. John's a hunk.

Ni pelos ni señales. Neither hide nor hair.
Ej. No le hemos visto. No ha dado ni pelos ni señales. We haven't seen him; neither hide nor hair.

No tener pelos en la lengua. To be outspoken; not to mince words.
Ej. Mi jefe no tiene pelos en la lengua. My boss doesn't mince words.

No tener un pelo de tonto. To be nobody's fool.
Ej. Deja que te diga que yo no tengo un pelo de tonto. Let me tell you that I'm nobody's fool.

No tocarle a alguien un pelo. Not to touch someone.
Ej. A Petra no le he tocado un pelo. I haven't touched Petra.

Pelos y señales. Minute details.
Ej. Lo contó todo con pelos y señales. He told all in minute details.

Persona o cosa de poco pelo. Unimportant.
Ej. Es persona de poco pelo. He's an unimportant person.

Ponérsele a uno los pelos de punta. Get, make one's hair stand on end.
Ej. Lo que me contó me puso los pelos de punta. What he told me made my hair stand on end.

Por pelos. By a nose.
Ej. Llegué antes por pelos. I got there first by a nose.

Salvarse por los pelos. A close call.
Ej. ¡Te has salvado por los pelos! That was a close call!

Tomar el pelo a. To pull someone's leg.
Ej. ¡No me tomes el pelo! Don't pull my leg.

Venir al pelo. To come in handy.
Ej. Ese dinero me viene al pelo. That money comes in handy.

See: Agarra, Agarrarse de un pelo.
See: Cortar, Cortar el pelo.

See: Gente, Gente de medio pelo.
See: Ocasión, Coger la ocasión por los pelos.

PELOTA
Dejar a alguien en pelotas. To strip someone.
Ej. Los ladrones me dejaron en pelotas. The thieves stripped me.

En pelotas. In the raw.
Ej. Cuando entré en el cuarto estaban en pelotas. When I came into the room they were in the raw.

Hincharle a uno las pelotas. To bug someone.
Ej. Me estás hinchando las pelotas. You are really bugging me.

PENA
A duras penas. Hardly; with great effort.
Ej. A duras penas podía hablar. He could hardly speak.

Dar pena. To pity.
Ej. Pedro me da pena. I pity Peter.

Merecer la pena. To be worthwhile.
Ej. Esa causa merece la pena. It's a worthwhile cause.

Pasar penas. To suffer trouble; have a hard time.
Ej. Han pasado muchas penas. They suffered a lot of trouble.

Ser una pena. To be a pity.
Ej. Es una pena que no hayas venido. It's a pity you didn't come.

So pena de. Under pain.
Ej. Prohibido fumar so pena de muerte. No smoking under pain of death.

Tener pena. To be sorry.
Ej. Tengo pena de tus hermanos. I'm sorry for your brothers and sisters.

Valer la pena. To be worth + -ing.
Ej. No vale la pena ver esa película. That film is not worth seeing.

See: Alma, Alma en pena.
See: Bajo, Bajo pena de muerte.

PENDIENTE
Estar pendiente de. To be expecting, something.
Ej. Estoy pendiente de una oferta de trabajo. I'm expecting a job offer.

See: Palabra, Estar pendiente de la palabra de uno.

PENSADO
En el momento menos pensado. When least expected.
Ej. Pablo vendrá en el momento menos pensado. Paul will come when least expected.

Tener pensado. To intend.
Ej. Tengo pensado ir mañana. I intend to go tomorrow.

PENSAMIENTO
Leerle el pensamiento a alguien. To read someone's thoughts.
Ej. Te he leído el pensamiento. I've read your thoughts.

No pasársele a uno por el pensamiento. Not even think or consider.
Ej. No se me pasó por el pensamiento ir. I did not even think of going.

See: Adivinar, Adivinar el pensamiento a alguien.

PENSAR
¡Ni pensarlo! Don't even dream of it.
Ej. ¿Ir yo? ¡Ni pensarlo! Me, go? Don't even dream of it!

Pensar mal. Think ill.
Ej. No pienses mal de él. Don't think ill of him.

Pensarlo bien. Think over.
Ej. ¡Piénsalo bien! Think it over!

Sin pensar. Without thinking.
Ej. Creo que ha escrito la carta sin pensar. I think he's written the letter without thinking.

PEONZA
Bailar como una peonza. To dance well.
Ej. Juana baila como una peonza. Jane dances very well.

PEOR
En el peor de los casos. At worst; if worst comes to worst.
Ej. En el peor de los casos podemos quedarnos. If worst comes to worst we can stay.

Ir de mal en peor. To go from bad to worse.
Ej. Este negocio va de mal en peor. This business is going from bad to worse.

Peor que peor. So much the worse.
Ej. Si se niega a trabajar peor que peor para él. If he refuses to work, so much the worse for him.

Tanto peor. So much the worse.
Ej. Tanto peor para ti. So much the worse for you.

Tanto peor. Worse still.
Ej. Si no vienes, tanto peor. If you don't come, worse still.

PEPINO
Importarle a uno un pepino. Not to give a hoot.
Ej. Pablo no me importa un pepino. I don't give a hoot about Paul.

PERA
De uvas a peras. Once in a blue moon.
Ej. Como fuera de uvas a peras. I eat out once in a blue moon.

Pedir peras al olmo. Bark up the wrong tree; ask for the moon.
Ej. Quieres que sea un buen empleado. ¡No le pidas peras al olmo! You want him to be a good worker. You are barking up the wrong tree!

Ponerle a uno las peras al cuarto. To put the screws on someone; to tell someone off.
Ej. ¡El jefe le ha puesto las peras al cuarto! The boss has told him off!

PERCAL
Conocer el percal. To know what's what.
Ej. Esto no va a funcionar aquí. Conozco el percal. This is not going to work here. I know what's what.

PERDER
Estar perdido. To be lost.
Ej. Si nos ven, estamos perdidos. If they see us we are lost.

Llevar las de perder. To lose out (on).
Ej. No discutas con Pablo porque llevas las de perder. Don't argue with Paul because you'll lose out.

No tener nada que perder. To have nothing to lose.
Ej. Como no tengo nada que perder voy a pedir un aumento. As I have nothing to lose I'm going to ask for a raise.

Perder de vista. To lose sight of.
Ej. Lo perdí de vista hace tiempo. I lost sight of him a long time ago.

Perder la vista. To go blind; lose one's sight.
Ej. Perdió la vista en el accidente. He lost his sight in the accident

Perder terreno. To lose ground.
Ej. ¡Estamos perdiendo terreno! We are losing ground!

See: Echar, Echarse a perder.
See: Estribos, Perder los estribos.
See: Paciencia, Perder la paciencia.
See: Sentido, Perder el sentido.

PÉRDIDA
No tener pérdida. To be easy to find.
Ej. La tienda está al otro lado de la calle. No tiene pérdida. The store's across the way. It's easy to find.

Ser una pérdida de tiempo. To be a waste of time.
Ej. Hablar con él es una pérdida de tiempo. Talking to him is a waste of time.

PERDIDO
Estar perdido. To be lost.
Ej. Estoy perdido. ¿Qué decías? I'm lost. What were you saying?

Ser una perdida. Be a loose woman; woman of ill repute.
Ej. Petra es una perdida. Petra is a woman of ill repute.

PERDÓN
No tener perdón de Dios. To be unforgivable.
Ej. Lo que has hecho no tiene perdón de Dios. What you've done is unforgivable.

Pedir perdón. To ask for forgiveness.
Ej. Pide perdón a tu madre. Ask your mother for forgiveness.

PERFECCIÓN
A la perfección. To perfection.
Ej. Esto está hecho a la perfección. This is done to perfection.

PERICO
Perico el de los palotes. John Doe.
Ej. Díselo a Perico el de los palotes. Tell John Doe about it.

PERILLA
Venir de perilla. Just what the doctor ordered; to come in handy.
Ej. Estas vacaciones me vienen de perilla. This vacation is just what the doctor ordered.

PERIQUETE
En un periquete. In a jiffy.
Ej. Dice que lo hará en un periquete. He says he'll do it in a jiffy.

PERJURAR
Jurar y perjurar. To swear over and over.

Ej. Jura y perjura que es inocente. He swears over and over that he's innocent.

PERLAS
Venir de perlas. To come in handy.
Ej. Este dinero me viene de perlas. This money comes in handy.

PERO
¡No hay pero que valga! No buts about it!
Ej. ¡Estudia y no hay pero que valga! Study, and no buts about it!

No hay peros que valgan. No ifs and buts.
Ej. Hay que hacerlo y no hay peros que valgan. It must be done. No ifs and buts about it.

No tener peros. To be flawless, faultless.
Ej. Este proyecto no tiene peros. This project is flawless.

Poner peros. To find fault; to raise objections.
Ej. Siempre pones peros a todo. You are always finding fault with everything.

PERRA
Coger una perra. To throw a temper tantrum.
Ej. ¡El niño ha cogido una perra!. The child has thrown a temper tantrum.

Estar sin una perra. To be broke.
Ej. Estoy sin una perra. I'm broke.

PERRO
Andar como el perro y el gato. To be like cat and dog.
Ej. Pablo y Juana andan como el perro y el gato. Paul and Jane are like cat and dog.

Estar como los perros en misa. To be, feel out of place.
Ej. Yo estaba en la fiesta como los perros en misa. At the party I felt out of place.

Hinchar el perro. Blow up, build up, exaggerate.
Ej. Cuenta la historia bien y no hinches el perro. Tell the story as it was and don't blow it up.

Humor de perros. Bad temper; foul mood.
Ej. Estoy de un humor de perros. I'm in a foul mood.

Llevar una vida de perros. To lead a dog's life.
Ej. Los pobres llevan una vida de perros. The poor lead a dog's life.

Muerto el perro se acabó la rabia. Dead dogs don't bite.
Ej. Pablo se ha ido. Muerto el perro, se acabó la rabia. Paul is gone. Dead dogs don't bite.

No atar los perros con longanizas. This is no gravy train.
Ej. En este empleo no se atan los perros con longanizas. This job's no gravy train.

Perro ladrador, poco mordedor. Barking dogs seldom bite.
Ej. ¡Déjalo que grite! ¡Perro ladrador, poco mordedor! Let him shout! Barking dogs seldom bite!

Tiempo de perros. Lousy weather.
Ej. Tenemos un tiempo de perros. Ha estado lloviendo un mes. We have lousy weather. It's been raining for a month.

Tratar a alguien como a un perro. To treat someone like a dog.
Ej. Mi jefe me trata como a un perro. My boss treats me like a dog.

See: Cara, Cara de perros.
See: Collar, Vale más el collar que el perro.
See: Hueso, A otro perro con ese hueso.

PERSONA
En persona. In person.
Ej. Iré en persona. I'll go in person.

PERSONAL
Cuestión personal. A personal quarrel.
Ej. Es una cuestión personal entre los dos. It's a personal quarrel between us.

PERSONALIDAD
Ser una personalidad. To be a prominent person.
Ej. Smith es una personalidad en Pittsburgh. Smith is a prominent person in Pittsburgh.

PESADO
Ser un pesado. To be a bore, dull, persistent.
Ej. Carlos es un pesado. Charles is a bore.

See: Broma, Broma pesada.

PÉSAME
Dar el pésame. To express one's condolences.
Ej. Quiero darle mi más sincero pésame. I wish to express my sincere condolences.

PESAR
A pesar de. In spite of.
Ej. Iré mañana a pesar del mal tiempo. I'll go tomorrow in spite of the bad weather.

Pesarle a uno. To regret.
Ej. Me pesa no haberla besado. I regret not having kissed her.

PESCAR
No saber lo que se pesca uno. Not to know what's all about.
Ej. Paco no sabe lo que se pesca. Frank doesn't know what it is all about.

Pescar un marido. To hook a husband.
Ej. Pescó marido en la universidad. She hooked a husband at the university.

Pescar un resfriado. To catch a cold.
Ej. Vas a pescar un resfriado. You are going to catch a cold.

PESCUEZO
Retorcer el pescuezo a alguien. To wring someone's neck.
Ej. ¡Te voy a retorcer el pescuezo! I'm going to wring your neck!

PESE
Pese a quien pese. Come what may.
Ej. Lo voy a hacer, pese a quien pese. I'm going to do it come what may!

PESO
Caerse por su (propio) peso. To be self-evident; to go without saying.
Ej. Mis argumentos se caen por su peso. My arguments are self-evident.

Ser una razón de peso. To be a good reason, excuse for.
Ej. La falta de dinero es una razón de peso para no ir. Lack of money is a good excuse not to go.

See: Ganar, Ganar peso.
See: Quitar, Quitarse un peso de encima.

PESTAÑAS
Quemarse las pestañas. To burn the midnight oil.
Ej. Saca buenas notas porque se quema las pestañas. He gets good grades because he burns the midnight oil.

PESTES
Echar pestes. To fume.
Ej. El jefe echa pestes hoy. The boss is fuming today.

Hablar pestes de alguien. To cut up; criticize.
Ej. En mi oficina están siempre echando pestes del jefe. In my office people are always cutting up the boss.

PETATE
Liar el petate. To pack up.
Ej. Lía el petate y lárgate. Pack up and scram.

PETENERAS
Salir por peteneras. To talk through one's hat.
Ej. Paco siempre sale por peteneras. Frank always talks through his hat.

PEZ
Estar pez en. Not to know beans about something.
Ej. Está pez en matemáticas. He doesn't know beans about math.

Un pez gordo. A big shot; a big wig; big man.
Ej. Ese señor es un pez gordo de mi empresa. That man is a big shot in my company.

PICA
Poner una pica en Flandes. To put a feather in one's cap.
Ej. Si ha firmado el contrato has puesto una pica en Flandes. If he's signed the contract you can put a feather in your cap.

PICAR
Picar la curiosidad. To arouse one's curiosity.
Ej. Lo que hacía me picó la curiosidad. What he was doing aroused my curiosity.

Picarse. To be offended; to be hurt.
Ej. Bárbara se pica en seguida. Bárbara gets hurt easily.

See: Bicho, Picarle a uno un bicho.

PICO
Cerrar el pico. To shut one's trap.
Ej. ¡Cierra el pico! Shut your trap!

Hincar el pico. To kick the bucket.
Ej. La parienta hincó el pico el año pasado. My missus kicked the bucket last year.

Ir de picos pardos. To paint the town red.
Ej. Anoche se fueron de picos pardos. Last night they painted the town red.

Tener mucho pico. To have the gift of gab.
Ej. Juan tiene mucho pico. John has the gift of gab.

Y pico. Odd.
Ej. Me costó diez dólares y pico. It cost me some ten odd dollars.

PIE
A cuatro pies. On all fours.
Ej. ¿Qué haces a cuatro pies? What are you doing on all fours?

A pie. On foot.
Ej. Fuimos a pie. We went on foot.

A pie juntillas. Firmly, steadfastedly, all the way.
Ej. Lo creo a pie juntillas. I believe it all the way.

Al pie de la letra. To the letter, thoroughly, word for word.
Ej. Sigue las instrucciones al pie de la letra. Follow instructions to the letter.

Arrastrar los pies. Drag one's feet.
Ej. No arrastres los pies. Don't drag your feet.

Buscar los tres pies al gato. To nitpick; to be a nitpicker.
Ej. Víctor le busca los tres pies al gato. Victor's a nitpicker.

Comenzar con buen pie. Get off to a good start.
Ej. Comenzamos con buen pie. We got off to a good start.

Comenzar con mal pie. Get off to a bad start
Ej. Comenzamos con mal pie. We got off to a bad start.

Dar pie. To give one an excuse to.
Ej. No les dé usted pie para que no paguen. Don't give them an excuse not to pay.

De pie. Standing.
Ej. Pedro está de pie. Peter is standing.

De pies a cabeza. From head to foot.
Ej. Lo miré de pies a cabeza. I looked at him from head to foot.

Echar pie a tierra. To dismount, alight.
Ej. El jinete echó pie a tierra. The rider dismounted.

El hombre de a pie. The man on the street.
Ej. El hombre de a pie quiere trabajo y vino. The man on the street wants work and wine.

En pie. Pending; stand.
Ej. Mi oferta sigue en pie. My offer still stands.

Estar con un pie en la tumba. To have one foot in the grave.
Ej. Pedro está mal. Tiene un pie en la tumba. Peter is ill. He has one foot in the grave.

Hacer pie. Be able to stand in water; to touch the bottom.
Ej. En este lado de la piscina no hago pie. On this side of the pool I can't stand up.

Ir (andar) con pies de plomo. Cautiously; walk with lead feet.
Ej. En este asunto debemos andar con pies de plomo. In this business we must move cautiously.

Levantarse con el pie izquierdo. To get up on the wrong side of the bed.
Ej. El jefe se ha levantado con el pie izquierdo. The boss has gotten up on the wrong side of the bed.

Nacer de pie. To be born with a silver spoon in one's mouth.
Ej. Víctor ha nacido de pie. Victor was born with a silver spoon in his mouth.

No tener algo ni pies ni cabeza. To have neither head nor tail.
Ej. Esto no tiene ni pies ni cabeza. This has neither head nor tail.

Pararle los pies a uno. To put someone in his place.
Ej. Párale los pies. Put him in his place.

Poner pies en polvorosa. To scoot, get away, beat it.
Ej. Cogieron el dinero y pusieron pies en polvorosa. The got the money and beat it.

See: Alma, Caérsele a uno el alma a los pies.
See; Atar, Atar de pies y manos.
See: Bola, No dar pie cion bola.
See: Cañón, Estar al pie del cañón.

PIEDRA
Cerrar a piedra y lodo. To shut tight.
Ej. Han cerrado la casa a piedra y lodo y se han marchado. They've shut the house tight and have left.

No dejar piedra por mover. To leave no stone unturned.
Ej. Búscalo y no dejes piedra por mover. Look for it and leave no stone unturned.

Quedarse de piedra. Be flabbergasted.
Ej. Me quedé de piedra. I was flabbergasted.

PIEL
Vender la piel del oso antes de cazarlo. To count one's chickens before they are hatched.
Ej. Carlos quiere vender la piel del oso antes de cazarlo. Charles counts his chickens before they are hatched.

PIERNA
Descansar las piernas. To get the load off one's feet.
Ej. Descansa las piernas y tómate un café. Get the load off your feet and have a cup of coffee.

Estirar la pierna. To kick the bucket.
Ej. Me han dicho que Víctor estiró la pierna ayer. I've been told Victor kicked the bucket yesterday.

Estirar las piernas. To stretch one's legs.
Ej. Vamos a estirar las piernas. Let's go stretch our legs.

Salir por piernas. To beat it.
Ej. Se enfadó tanto que tuvimos que salir por piernas. He got so mad that we had to beat it.

See: Dormir, Dormir a pierna suelta.

PIEZA
Quedarse de una pieza. To be flabbergasted, speechless.
Ej. Me quedé de una pieza cuando oí la noticia. I was speechless when I heard the news.

Ser una buena pieza. A fine guy, a tough cookie.
Ej. Tu hijo es una buena pieza. Your son's some guy.

PILA
Nombre de pila. Christian, given name.
Ej. Su nombre de pila es José. His given name is Joseph.

PÍLDORA
Dorar la píldora. To butter someone.
Ej. Susana le dora la píldora a su jefe. Susan butters her boss.

PINCELADA
Dar la última pincelada a. To give the finishing touches to.
Ej. Deja que le dé la última pincelada. Let me give it the finishing touches.

PINCHAR
No pinchar ni cortar. To have no say; cut no ice.
Ej. Tú en este asunto ni pinchas ni cortas. You have no say in this matter.

PINGÜE
Pingües beneficios. Fat profits.
Ej. Ha sacado pingües beneficios con la venta de la casa. He's gotten fat profits from the sale of the house.

PINO
En el quinto pino. At the back of beyond; out in the sticks.
Ej. Víctor vive en el quinto pino. Victor lives out in the sticks.

Hacer el pino. To do a headstand.
Ej. ¿Puedes hacer el pino? Can you do a headstand?

Ser un hombre como la copa de un pino. Full-grown man.
Ej. Tu hijo ya es un hombre como la copa de un pino. Your son's a full-grown man.

PINTA
No tener pinta de. Not to look the type.
Ej. ¿Dices que es un mujeriego? No tiene pinta. You say he's a womanizer? He doesn't look the type.

PINTADO
Como el más pintado. As (with) the best of them.
Ej. Puedo hacerlo como el más pintado. I can do it as the best of them.

PINTAR
Pintárselas solo para. To have a special knack for.
Ej. Se las pinta solo para engañar a la gente. He's got a special knack for duping people.

¿Qué pinto yo en Madrid? What am I doing in Madrid?
Ej. ¿Quieres que vaya a Madrid? ¿Y qué pinto yo en Madrid? You want me to go to Madrid? And what am I doing there?

PINTURA
No poder ver a alguien ni en pintura. Not to be able to stand the sight of.
Ej. ¡No puedo ver a Víctor ni en pintura! I can't stand the sight of Victor.

PIÑÓN
Estar a partir un piñón. To be buddy-buddy, intimate friends with.
Ej. Carlos y Pepe están a partir un piñón. Charles and Joe are buddy-buddy.

PÍO
See; Decir, No decir ni pío.

PIQUE
A pique. To be on the verege of.
Ej. Estuvimos a pique de perder el negocio. We were on the verge of losing the business.

Irse a pique. Sink, ruin, go to pot, fall through.
Ej. Este negocio se va a pique. This business is going to pot.

PISAR
Pisar los talones a. To keep, be on someone's heels.
Ej. La policía nos pisa los talones. The police are on our heels.

PISTA
Perder la pista de. To lose track of.
Ej. Le he perdido la pista a Pepe. I've lost track of Joe.

Seguir la pista de. To keep track of; to trail.
Ej. Sigue la pista a estos clientes. Keep track of these clients.

PISTOLA
See: Pecho, Poner una pistola en el pecho a uno.

PITANDO
Salir pitando. To scram; to run away, flee.
Ej. ¡Salgamos pitando! Let's scram!

PITO
Entre pitos y flautas. Between one thing and another.
Ej. Entre pitos y flautas me he gastado doscientos dólares. Between one thing and another I've spent two hundred dollars.

No importar un pito. Not to give a hoot, not to give a damn.
Ej. No me importa un pito lo que hagas. I don't give a hoot what you do.

No valer un pito. Not to be worth a straw.
Ej. Este proyecto no vale un pito. This project is not worth a straw.

PITORREO
Hacer algo de pitorreo. Do something for laughs.
Ej. Lo ha hecho de pitorreo. He's done it for laughs.

PIZCA
Ni pizca. Not a bit.
Ej. Eso no me gusta ni pizca. I don't like that a bit.

PLACER
A placer. At one's convenience.
Ej. Hazlo a placer. Do it at your convenience.

PLAN
Estar en plan de. To be in the mood for.
Ej. Está en plan de guasa. He is in the mood for jokes.

Plan de estudios. Curriculum.
Ej. ¿Has visto el nuevo plan de estudios? Have you seen the new curriculum?

PLANA
Enmendar la plana. To correct, find fault with.
Ej. Víctor siempre trata de enmendarme la plana. Victor's always trying to correct me.

PLANCHA
Plancha. To goof.
Ej. ¡Qué plancha! I (you, he) goofed!

PLANO
See: Confesar, Confesar de plano.

PLANTA
Tener buena planta. To be well-built; to have a good build.
Ej. Tu hermano tiene muy buena planta. Your brother is well-built.

PLANTADO
See: Dejar, Dejar plantado.

PLANTAR
Plantarse. To stick; stand pat.
Ej. No quiero más cartas. ¡Me planto! I don't want any more cards. I stick!

Plantarse uno en sus trece. To put one's foot down, to stick to one's guns.
Ej. Me planté en mis trece y no fui. I put my foot down and didn't go.

See: Cara, Plantar cara.

PLANTÓN
Dar plantón a alguien. To stand someone up.
Ej. María me dio plantón. Mary stood me up.

PLATA
Hablar en plata. To tell it like it is; lay it on the line.
Ej. No tengo pelos en la lengua y hablo en plata. I don't mince words and I tell it like it is.

PLATO

No haber roto un plato. To look or appear innocent.
Ej. Víctor no parece haber roto un plato. Victor looks innocent.

No ser plato del gusto de uno. Not to be one's cup of tea.
Ej. Ir a la boda no es plato de mi gusto. Going to the wedding is not my cup of tea.

Pagar los platos rotos. To take the rap.
Ej. Yo siempre pago los platos rotos. I always take the rap.

Ser plato de segunda mesa. To play second fiddle.
Ej. No me gusta ser plato de segunda mesa. I don't like to play second fiddle to anyone.

PLAZO

Comprar a plazos. To buy on time, credit.
Ej. He comprado el coche a plazos. I've bought the car on time.

En breve plazo. In a short time.
Ej. Sabrá usted de nosotros en breve plazo. You'll hear from us in a short time.

Pagar a plazos. To pay in installments.
Ej. Pagué el coche a plazos. I paid for the car in installments.

PLENITUD

Estar en la plenitud de la vida. To be in the prime of life.
Ej. Susana está en la plenitud de la vida. Susan is in the prime of life.

PLENO

En plena juventud. In the prime of youth.
Ej. Está usted en plena juventud. You are in the prime of youth.

En pleno invierno. In the dead of winter.
Ej. No quiero ir a Alaska en pleno invierno. I don't want to go to Alaska in the dead of winter.

Pleno... Full, complete, middle...
Ej. En pleno invierno, día... In the middle of winter, day...

See: Día, En pleno día

PLUMERO

Vérsele el plumero a alguien. To be able to see through someone.
Ej. ¡Se te ve el plumero! I can see through you!

POBRE

Más pobre que una rata. As poor as a church mouse.
Ej. Mi novio es más pobre que una rata. My boyfriend is as poor as a church mouse.

¡Pobre de mí! Poor old me!
Ej. ¡Pobre de mí! ¿Qué he hecho para merecer esto? Poor old me! What have I done to deserve this?

Ser pobre de espíritu. To be poor in spirit.
Ej. Víctor es un pobre de espíritu. Victor is poor in spirit.

Ser pobre de solemnidad. To be destitute.
Ej. La familia de Carson es pobre de solemnidad. Carson's family is destitute.

See: Abogado, Abogado de pobres.

POCO

A poco de... Shortly after.
Ej. A poco de salir, me llamó. He called me shortly after leaving.

Poco a poco. Little by little.
Ej. Hazlo poco a poco. Do it little by little.

Poco después de. Soon after.
Ej. Me gradué poco después de casarme. I graduated soon after getting married.

Poco más o menos. More or less; about.
Ej. Terminaremos a las diez, poco más o menos. We'll finish about ten.

Pocos. A few.
Ej. Se casará en unos pocos días. He'll get married in a few days.

Por poco. Nearly; almost.
Ej. Por poco nos perdemos. We almost got lost.

Un poco de. A little, small amount of.
Ej. Pon un poco de sal. Add a little salt.

See: Dentro, Dentro de poco

PODER

A más no poder. Hard, to the utmost; all the way, unbelievably.
Ej. Víctor trabaja a más no poder. Victor works unbelievably hard.

No poder con. Not to be able to stand, manage, endure...
Ej. No puedo con mi mujer. I can't control my wife.

No poder más. To be pooped, to be all in.
Ej. ¡No puedo más! I'm all in!

No poder ser. To be impossible.
Ej. Lo siento pero no puede ser. I'm sorry but it's impossible.

No poder ver. Not to be able to stand.
Ej. No puedo ver a mi jefe. I can't stand my boss.

No poderse valer. To be helpless.
Ej. Víctor está impedido y no se puede valer. Victor is handycapped and helpless.

See; Menos, No poder menos de.

POLVO
Estar hecho polvo. To be dead beat; very tired.
Ej. ¡Estoy hecho polvo! I'm dead beat!

Hacer polvo. To ruin.
Ej. ¡Me has hecho polvo los planes! You've ruined my plans!

Limpio de polvo y paja. Net profit.
Ej. Hemos sacado cien dólares limpios de polvo y paja. We've made one hundred dollars net profit.

Los polvos de la madre Celestina. Hocus-pocus; by magic.
Ej. Esta medicina no son los polvos de la madre Celestina. This medicine doesn't work like magic.

Morder el polvo. To bite the dust.
Ej. El shérif mordió el polvo. The sheriff bit the dust.

Quitar el polvo. To dust.
Ej. Voy a quitar el polvo a los muebles. I'm going to dust the furniture.

Sacudir el polvo a alguien. To beat the shit out of someone.
Ej. La mujer de Víctor le ha sacudido el polvo bien. Victor's wife has beaten the shit out of him.

PONER (SE)
Poner a alguien en apuros. Put someone on the spot.
Ej. ¡No me pongas en apuros! Don't put me on the spot!

Poner a alguien por las nubes. To praise someone to the skies.
Ej. El jefe me ha puesto por las nubes. My bossed has praised me to the skies.

Poner al corriente. To inform, bring up to date, keep posted.
Ej. Tenme al corriente. Keep me posted.

Poner al tanto. To keep posted.
Ej. Te pondré al tanto cuando llegue. I'll keep you posted when I arrive.

Poner algo de parte de uno. To do one's share; make an effort.
Ej. Tienes que poner algo de tu parte. You must make an effort.

Poner como un trapo. To give someone a good dressing down.
Ej. ¡Mi mujer me ha puesto como un trapo! My wife has given me a good dressing down!

Poner de la parte de uno. To do all one can.
Ej. Ponga de su parte todo lo que pueda. Do all you can.

Poner el grito en el cielo. To hit the ceiling.
Ej. Va a poner el grito en el cielo cuando nos vea. He is going to hit the ceiling when he sees us.

Poner en claro. To make clear, clear up, explain.
Ej. ¡Pongamos una cosa en claro! Let's make one thing clear!

Poner en duda. To doubt, to question.
Ej. No pongo en duda lo que dice usted. I don't question what you are saying.

Poner en ridículo. To make a fool of.
Ej. ¡Me he puesto en ridículo! I've made a fool of myself!

Poner la mesa. To set the table.
Ej. ¿Pongo la mesa para cenar? Shall I set the table for supper?

Poner malo. To make sick.
Ej. Ese olor me pone malo. That stink makes me sick.

Ponerse a. To get to; to start.
Ej. Pongámonos a trabajar. Let's get to work.

Ponerse a mal con. To get in bad with.
Ej. Se pone a mal con todos. He gets in bad with everybody.

Ponerse al teléfono. Get on the phone.
Ej. No se quiso poner al teléfono. He didn't want to get on the phone.

Ponerse bien. To get better.
Ej. Pronto te pondrás bien. You'll get better soon.

Ponerse colorado. To blush.
Ej. Cuando me lo dijo me puse colorado. When she told me I blushed.

Ponerse de acuerdo. To agree, come to an agreement.
Ej. Nos hemos puesto de acuerdo. We have come to an agreement.

Ponerse de parte de uno. To take sides.
Ej. ¿De parte de quién estás? Whose side are you on?

Ponerse de pie. To stand up, to rise.
Ej. Cuando entró, se pusieron todos de pie. When she came in they all stood up.

Ponerse en contra de. To be against; to oppose.
Ej. Estoy en contra de este proyecto. I'm against this project.

Ponerse en marcha. To start out.
Ej. El tren se puso en marcha a las cinco. The train started out at five.

Ponerse los pelos de punta. One's hair stand on end.
Ej. Cuando la vi se me pusieron los pelos de punta. When I saw her my hair stood on end.

See: Camino, Ponerse en camino.
See: Casa, Poner casa.
See: Evidencia, Poner en evidencia.
See: Lado, Ponerse del lado.
See: Mano, Ponerle a uno la mano encima.
See: Mano, Ponerse en manos de.
See: Pera, Ponerle a uno las peras al cuarto.
See: Prueba, Poner a prueba.
See: Punta, Ponerse de punta con.

POQUITO
See: Cosa, Ser muy poquita cosa.

PORRA
Irse a la porra. To go to the devil.
Ej. ¡Vete a la porra! Go to the devil!

Mandar a alguien a la porra. To send to hell.
Ej. Mi mujer me ha mandado a la porra. My wife has sent me to hell.

PORTAZO
Dar un portazo. To slam the door.

Ej. ¡No des un portazo al salir! Don't slam the door on your way out!

PORTE
Tener porte. To have a bearing.
Ej. Paco tiene un porte elegante. Frank has an elegant bearing.

POSIBLE
En lo posible. As far as possible.
Ej. Trataré de ayudarle en lo posible. I'll try to help you as far as possible.

Hacer todo lo posible. To do everything possible.
Ej. Haré todo lo posible para aprobar el examen. I'll do everything possible to pass the exam.

Lo más posible. As much as possible.
Ej. ¡Ahorra lo más posible! Save as much as possible!

Ser posible que. It's possible that.
Ej. Es posible que no sea cierto. It's possible it's not true.

Todo lo posible. Everything possible.
Ej. Haré todo lo posible por ir. I'll do everyting possible in order to go.

POSTÍN
Darse postín. To show off.
Ej. La familia de Pedro se da mucho postín. Peter's family shows off a lot.

De postín. Posh.
Ej. Es un restaurante de postín. It's a posh restaurant.

POSTOR
El mejor postor. The highest bidder.
Ej. Se lo venderé al mejor postor. I'll sell it to the highest bidder.

POSTRE
A la postre. At last.
Ej. A la postre perdimos la partida. At last we lost the match.

See: Fin, Al fin y a la postre.

POTENCIA
See: Elevar, Elevar a una potencia.

POTOSÍ
Valer un Potosí. To be worth a king's ransom.
Ej. Verdaderamente esto vale un Potosí. This is truly worth a king's ransom.

PRÁCTICA
En la práctica. In practice.
Ej. En la práctica esto es diferente. In practice this is different.

Poner en práctica. To put into practice.
Ej. Vamos a poner sus ideas en práctica. We are going to put his ideas into practice.

Tener mucha práctica. To have a lot of experience.
Ej. Tengo mucha práctica en estas cuestiones. I have a lot of experience in these matters.

PRECIO
No tener precio. To be priceless.
Ej. Este libro no tiene precio. This book is priceless.

Poner precio a la cabeza de alguien. To put a price on someone's head.
Ej. La policía ha puesto precio a su cabeza. The police have put a price on his head.

Precio al contado. Cash price.
Ej. Éste es el precio al contado. This is the cash price.

Precio de fábrica. Cost price.
Ej. Lo vendemos a precio de fábrica. We are selling this at cost price

PRECISO
Ser preciso. To be necessary.
Ej. Es preciso terminar pronto. It's necessary to finish early.

Tiempo preciso. Just time enough.
Ej. Tengo el tiempo preciso para llegar al aeropuerto. I have just time enough to reach the airport.

PREGONERO
Dar un cuarto al pregonero. To shout it from the rooftops.
Ej. ¡Cállate! ¡No es necesario darle un cuarto al pregonero! Shut up! There's no need to shout it from the rooftops!

PREGUNTA
Estar a la cuarta pregunta. To be broke.
Ej. Esa familia siempre está a la cuarta pregunta. That family's always broke.

Hacer preguntas. To ask questions.
Ej. Quiero hacerle una pregunta. I want to ask you a question.

PREGUNTAR
Preguntarse. To wonder.
Ej. Me pregunto dónde estará. I wonder where she is now.

PRENDA
En prenda. As a token; as a pledge.
Ej. Le doy esto en prenda de amistad. I give you this as a token of friendship.

No soltar prenda. Not to shoot one's mouth; not to spill the beans; clam up.
Ej. Te pregunten lo que te pregunten, no sueltes prenda. No matter what they ask you, don't shoot your mouth.

Prenda de vestir. Garment; clothes.
Ej. Estas prendas de vestir están sucias. These garments are dirty.

PRESA
Hacer presa de. To get hold of.
Ej. Hizo presa de mi brazo. He got hold of my arm.

PRESENCIA
En presencia de. In the presence of.
Ej. En presencia de testigos. In the presence of witnesses.

Tener presencia de ánimo. To have presence of mind.
Ej. Su presencia de ánimo nos salvó. His presence of mind saved us.

See: Acto, Hacer acto de presencia.

PRESENTE
Por la presente. By these presents, by means of this letter.
Ej. Por la presente le despedimos a usted del empleo. By means of this letter we are dismissing you from your job.

Tener presente. To bear in mind.
Ej. Ten presente que mañana debemos madrugar. Bear in mind that tomorrow we must get up early.

PRESENTIMIENTO
Tener un presentimiento. To have a feeling, a hunch.
Ej. Tengo el presentimiento de que van a venir. I have the feeling they are going to come.

PRESTADO
Pedir prestado. To borrow.
Ej. Siempre está pidiendo dinero prestado. He's forever borrowing money.

PRESTAR
Prestar ayuda. To help.
Ej. Le prestaré ayuda si me lo pide. I'll help him if he asks me.

Prestarse a. To lend oneself to.
Ej. Eso se presta a malas interpretaciones. That lends itself to misunderstandings.

Prestar oidos. Lend ears to.
Ej. Es mejor no prestar oidos a lo que dicen. Better not lend ears to what it's being said.

See: Atención, Prestar atención.

PRESUMIR
Presumir de. To think of one self as.
Ej. Susana presume de lista. Susan thinks of herself as clever.

PRESUPUESTO
Hacer (dar) un presupuesto. To make an estimate.
Ej. El fontanero nos dio un presupuesto. The plumber made us an estimate.

PRETENDER
Pretender decir. To mean.
Ej. ¿Qué pretende Ud. decir con eso? What do you mean by that?

PREVENIDO
Estar prevenido. To be ready, prepared.
Ej. Estoy prevenido para todo. I'm ready for everything.

PREVENIR
Más vale prevenir que lamentar.
Prevention is better than cure.
Ej. Iré al médico porque más vale prevenir que lamentar. I'll go to the doctor because prevention is better than cure.

PREVIO
Sin previo aviso. Without prior notice.
Ej. Me despidieron sin previo aviso. I was fired without prior notice.

PRIMER
En primer lugar. In the first place.
Ej. En primer lugar, no quiero ir... In the first place, I don't want to go...

PRIMERO
A primera vista. At first sight.
Ej. A primera vista parece fácil. At first sight it seems easy.

A primeras horas. In the small hours.
Ej. Nos levantamos a primeras horas del día. We got up in the small hours of the day.

De primera. Great, first class.
Ej. Tengo un coche de primera. I have a great car.

No ser el primero. Not to be the first to.
Ej. Estoy de acuerdo en que está mal, pero no soy el primero en hacerlo. I agree it's wrong but I'm not the first to do it.

See: Buenas, De buenas a primeras.
See: Mano, de primera mano.

PRINCIPIO
A principios de. Early in.
Ej. Iré a principios de la semana que viene. I'll go early next week.

Al principio. At first.
Ej. Al principio no me lo creí. At first I didn't believe it.

Del principio al fin. From start to finish.
Ej. He leído la novela de principio a fin. I've read the novel from start to finish.

Desde el principio. All along.
Ej. Lo sabía desde el principio. I knew it all along.

En principio. In principle.
Ej. En principio me parece bien. It seems all right to me in principle.

Por principio. On principle.
Ej. No voy a la boda por principio. I won't attend the wedding on principle.

Ser cuestión de principios. To be a matter of principles.
Ej. Mi dimisión ha sido cuestión de principios. My resignation has been a matter of principles.

PRISA
A toda prisa. At full speed.
Ej. Iban a toda prisa. They were traveling at full speed.

Andar (ir) de prisa. To hurry up; to be in a hurry; to hurry up.
Ej. Vayamos de prisa que llegamos tarde. Let's hurry up because we are late.

Darse prisa. To hurry up.
Ej. Date prisa por favor. Hurry up, please.

De prisa y corriendo. At great speed; hastily.

Ej. No me gusta hacer las cosas de prisa y corriendo.
I don't like to do things hastily.

Tener prisa. To be in a hurry.
Ej. Hoy tengo prisa. I'm in a hurry today.

Vivir de prisa. To burn the candle at both ends.
Ej. Juan trata de vivir muy de prisa. John is trying to
burn the candle at both ends.

PRO
En pro de. For the benefit of; for; on behalf of.
Ej. Lo he hecho en pro de nuestra amistad. I've done
in for the benefit of our friendship.

Hombre de pro. Upright person.
Ej. Víctor es un hombre de pro. Victor is an upright
person.

Los pros y los contras. The pros and cons.
Ej. Calcula los pros y los contras. Reckon the pros
and cons.

See: Contra, En pro y en contra.

PROBAR
Probar. To agree with.
Ej. Este clima no me prueba. This climate doesn't
agree with me.

PROGRAMA
Programa de estudios. Curriculum.
Ej. El programa de estudios ha cambiado en la
universidad. The curriculum has changed at the
university.

PROGRESO
Hacer progresos. To make progress.
Ej. Estoy haciendo progresos. I'm making progress.

PROHIBIDO
See: Paso, Prohibido el paso.

PRONTO
De pronto. Suddenly.
Ej. De pronto le vi. Suddenly I saw him.

Hasta pronto. See you soon.
Ej. Bueno, pues hasta pronto. Okay, see you soon.

Lo más pronto posible. As soon as possible.
Ej. Venga lo más pronto posible. Come as soon as
possible.

Por lo pronto. For the moment; to start with.
Ej. Por lo pronto, ponte a trabajar. To start with, get
to work.

Tan pronto como. As soon as.
Ej. Tan pronto como termines, dímelo. Tell me as
soon as you finish.

PROPIAMENTE
Propiamente dicho. Strictly speaking.
Ej. Propiamente dicho, es peligroso más que difícil.
Strictly speaking, it's dangerous rather than difficult.

PROPÓSITO
¡A propósito! By the way!
Ej. A propósito ¿dónde fuiste ayer? By the way,
where did you go yesterday?

A propósito. On purpose.
Ej. Lo has hecho a propósito. You've done it on purpose.

A propósito de. In connection with.
Ej. A propósito del plan, quiero decir... In connection
with the plan I wish to say that...

PROVECHO
Sacar provecho de. To benefit from.
Ej. Quiero sacar provecho de su amistad. I want to
benefit from his friendship.

Ser un hombre de provecho. To be a useful
man.
Ej. ¡Quiero que te hagas un hombre de provecho! I
want you to become a useful man!

PRUEBA
A prueba. On trial; to try.
Ej. Me han dado el coche a prueba. They've given
me the car on trial.

A prueba de. Proof.
Ej. Esta chaqueta es a prueba de balas. This jacket
is bulletproof.
Ej. Es a prueba de fuego, de agua, de humo, etc. It´s
fireproof, waterproof, smokeproof, etc.

Poner a prueba. To put to the test.
Ej. ¡Pongamos su honradez a prueba! Let's put his
honesty to the test.

Tomar a prueba. To take on trial.
Ej. Puedes tomar una lección a prueba. You can take
a trial lesson.

See: Bala, A prueba de bala.
See: Bomba, A prueba de bombas.

PUCHERO
Hacer pucheros. To pout; whine.
Ej. Mi hermana está lloriqueando y haciendo
pucheros. My sister is whinning and pouting.

PUERCO
A cada puerco le llega su San Martín.
Each one has his day of reckoning.
Ej. Ya sabes, a cada puerco le llega su San Martín.
You know, each of us has his day of reckoning.

PUERTA
A puerta cerrada. Behind closed doors.
Ej. Esto lo discutiremos a puerta cerrada. We'll
discuss this behind closed doors.

Coger la puerta uno. To leave.
Ej. Se enfadó y cogió la puerta. He got mad
and left.

De puerta en puerta. From door to door.
Ej. Vende libros de puerta en puerta. He sells books
from door to door.

See: Adentro, Puertas adentro.
See: Cerrar, Cerrársele a uno todas las puertas.
See: Nariz, Dar a uno con la puerta en las
narices.

PUESTO
Ir muy puesto. To be all dressed up.
Ej. Susana siempre va muy puesta. Susan is always
all dressed up.

Puesto que... Since; as long as...
Ej. Puesto que has venido, siéntate. As long as you
are here, sit down.

PULGA
Tener uno malas pulgas. Grouchy; nasty.
Ej. ¡Este tipo tiene muy malas pulgas! That's a
nasty guy!

PULSO
A pulso. By dint of.
Ej. Se ha ganado el dinero a pulso. He has made the
money by dint of hard work.

PUNTA
De punta a cabo. From end to end.
Ej. Lo he visto de punta a cabo. I've seen it from end
to end.

Ir de punta en blanco. To be all dressed up,
in full regalia.
Ej. Juan va de punta en blanco. John is all dressed
up.

Poner los nervios de punta. To get on one's
nerves.
Ej. ¡Me pones los nervios de punta! You get on my
nerves!

Ponerse de punta con. To be at odds with,
on bad terms with.
Ej. Pedro y yo estamos de punta. Peter and I are at odds.

Tener en la punta de la lengua. To have on
the tip of one's tongue.
Ej. No recuerdo la palabra pero la tengo en la punta
de la lengua. I don't remember the word but I have
it on the tip of my tongue.

Tener los nervios de punta. To have one's
nerves on edge.
Ej. ¡Tengo los nervios de punta! I have my nerves on
edge!

PUNTAPIÉ
Echar a alguien a puntapiés. To kick
someone out.
Ej. Nos han echado a puntapiés. They've kicked us
out.

PUNTERÍA
Tener buena puntería. To be a good shot.
Ej. Ese policía tiene buena puntería. That cop is a
good shot.

PUNTILLA
Dar la puntilla. To finish off.
Ej. Con eso le dimos la puntilla. With that we
finished him off.

PUNTILLAS
De puntillas. On tiptoe.
Ej. Entró de puntillas. He came in on tiptoe.

PUNTO
A punto fijo. Exactly.
Ej. A punto fijo no lo sé. I don't know exactly.

Desde cierto punto. From a certain
standpoint.
Ej. Desde cierto punto comprendo. From a certain
standpoint I understand.

En punto. On the dot, sharp.
Ej. Son las dos en punto. It's two on the dot.

Estar a punto de. To be about to.
Ej. Estamos a punto de cerrar la tienda. We are
about to close the store.

Estar en su punto. Just right; perfect.
Ej. La sopa está en su punto. The soup is just right.

Hasta cierto punto. To a certain extent.
Ej. Es honrado hasta cierto punto. He's honest to a
certain extent.

Hasta tal punto. To the point of.
Ej. Es bueno hasta el punto de ser tonto. He's good to the point of being a fool.

Poner los puntos sobre las íes. Get down to brass tacks; dot one's i's and cross one's t's.
Ej. Debemos poner los puntos sobre las íes. We must dot our i's and cross our t's.

Punto de partida. Starting point.
Ej. Esto es el punto de partida. This is the starting point.

Punto en boca. Hush; mum.
Ej. ¡Y punto en boca! And hush up!

Punto final. Stop.
Ej. Tenemos que poner punto final a esto. We must put a stop to this.

Punto por punto. Point by point, in detail.
Ej. Estudiemos el asunto punto por punto. Let's study the problem point by point.

¡Y punto! Period!
Ej. ¡No quiero ir y punto! I don't want to go. Period!

See: Flaco, Punto flaco.

PUNTOS
Ganar por puntos. To win on points.
Ej. Ganamos el partido por puntos. We won the match on points.

PUÑETA
Hacer la puñeta. To pester.
Ej. ¡No me hagas la puñeta! Don't pester me!

PUÑO
Decir verdades como puños. To say a mouthful.
Ej. Ha dicho verdades como puños. He's said a mouthful.

Meter a alguien en un puño. Have someone around one's little finger, under one's thumb.
Ej. Tengo a mi jefe metido en un puño. I have my boss around my little finger.

Ser de puño en rostro. To be tight-fisted.
Ej. Mi padre es de puño en rostro. My father is very tight-fisted.

PURO
De pura casualidad. By sheer chance.
Ej. Lo descubrí de pura casualidad. I found out by sheer chance.

La pura verdad. The absolute truth.
Ej. Le he dicho la pura verdad. I told you the absolute truth.

PUTA
Hijo de puta. Son of a bitch.
Ej. Víctor es un hijo de puta. Victor's a son of a bitch

No tener ni puta idea. Not to have the damndest idea.
Ej. ¿Me preguntas dónde están? No tengo ni puta idea. You are asking me where they are? I haven't the damndest idea.

Pasarlas putas. To go through hell.
Ej. ¡Las hemos pasado putas! We've gone through hell!

Q

QUE
El que más y el que menos. Just about everyone.
Ej. El que más y el que menos tiene que pagar impuestos. Just about everyone has to pay taxes.

No hay de qué. You are welcome.
Ej. Gracias. No hay de qué. Thank you. You are welcome.

Qué más da. What's the difference?
Ej. Dos, cuatro, ¡qué más da! Two, three, what's the difference?

Un no sé qué. A certain something.
Ej. Susana tiene un no sé qué que me gusta. Susan has a certain something I like.

¡Y a mí qué! What is it to me?
Ej. ¿Te vas? ¿Y a mí qué? You are leaving? What is it to me?

¿Y qué? So what?
Ej. ¿Te casas? ¿Y qué? You are getting married? So what?

QUEBRADERO
Quebradero de cabeza. A pain, a hassle, a problem.
Ej. Tu hermano me da muchos quebraderos de cabeza. Your brother is a big problem for me.

QUEDAR (SE)
Quedar bien. To do well.
Ej. El equipo ha quedado bien. The team has done well.

Quedar bien con. To make a hit with; make a good impression.
Ej. Trabaja y quedarás bien con tu jefe. Work and you'll be a hit with your boss.

Quedar con. To fix an appointment; to meet.
Ej. ¿Quedamos para las cuatro? Shall we meet at four?

Quedar en. To agree.
Ej. Quedamos en que me pagarías hoy. We agreed you would pay me today.

Quedarse atrás. To stay behind.
Ej. Susana se quedó atrás. Susan stayed behind.

Quedarse con. To take; keep.
Ej. Me quedo con los pantalones verdes. I'll take the green pants.

Quedarse con alguien. To make a fool of someone.
Ej. ¡No te quedes conmigo! Don't make a fool of me!

Quedarse frío. To be frabbergasted.
Ej. Me quedé frío cuando me lo dijo. When she told me I was flabbergasted.

See: Luna, Quedarse a la luna de Valencia.
See: Piedra, Quedarse de piedra.
See: Pieza, Quedarse de una pieza.

QUEJA
Presentar una queja. To file a complaint.
Ej. Quiero presentar una queja. I wish to file a complaint.

QUEMA
Huir de la quema. To stay away from trouble; to beat it.
Ej. Cuando tenemos problemas siempre huye de la quema. When we are in trouble he always beats it.

QUEMAR
Quemar. To burn up.
Ej. ¡Ese tipo me quema! That guy burns me up!

See: Nave, Quemar las naves.

QUERER
Como quiera que. Inasmuch as.
Ej. Como quiera que es usted mujer... Inasmuch as you are a woman...

Donde quiera... Wherever, anywhere.
Ej. Donde quiera que se hable inglés... Wherever English is spoken...

Por lo que más quieras. For heaven's sake.
Fj. ¡Por lo que más quieras, no le pegues! For heaven's sake, don't beat him up!

¡Qué quieres que le haga! What can I do!
Ej. ¡No puedo pagarte! ¡Qué quieres que le haga! I can't pay you! What can I do!

Querer decir. To mean.
Ej. ¿Qué quieres decir? What do you mean?

Sin querer. Unwittingly; without meaning to.
Ej. Lo he hecho sin querer. I've done it unwittingly.

QUESO
Dársela a uno con queso. Take someone to the cleaners; take someone for a ride; cheat, swindle.
Ej. Has pagado demasiado por ese coche. Te la han dado con queso. You've paid too much for that car. You've been taken for a ride.

QUICIO
Sacar de quicio. To put out of kilter; get on one's nerves.
Ej. Pedro me saca de quicio. Peter gets on my nerves.

QUINTA
Ser de la quinta de uno. To be about one's age.
Ej. Pedro es de mi quinta. Peter's about my age.

QUINTÍN
Armar la de San Quintín. To raise hell.
Ej. Ha armado la de San Quintín. He's raised hell.

QUISQUI
Todo quisqui. Everybody.
Ej. ¡Lo sabe todo quisqui! Everybody knows about it!

QUITAR
No quitar para que... To be no reason..
Ej. Eso no quita para que no vengas a clase. That's no reason for you to miss class.

Quitar la mesa. To clear the table.
Ej. ¡Quita la mesa! Clear the table!

Quitar las ganas. Not to feel like.
Ej. Se me han quitado las ganas de ir. I don't feel like going anymore

Quitarse de enmedio. To get out of the way.
Ej. ¡Quítate de enmedio! Get out of the way!

Quitarse un peso de encima. To take a load off one's mind.
Ej. Me has quitado un peso de encima. You've taken a load off my mind.

See: Encima, Quitarse de encima.
See: Hipo, Que quita el hipo.
See: Mano, Quitar de las manos.
See: Medio, Quitar de en medio.

QUITE
Estar al quite. To be ready.
Ej. Víctor siempre está al quite. Victor's is always ready.

R

RÁBANO
Tomar (coger) el rábano por las hojas. To put the cart before the horse.
Ej. ¡No tomes el rábano por las hojas! Don't put the cart before the horse!

RABIA
Dar rabia. To make furious.
Ej. Me da rabia que hagas eso. It makes me furious when you do that.

Tener rabia a. To have a grudge against.
Ej. Le tengo rabia al vecino de al lado. I have a grudge against my next-door neighbor.

RABIAR
A rabiar. An awful lot, to distraction.
Ej. A Víctor le gusta el queso a rabiar. Victor likes cheese to distraction.

RABIETA
Coger una rabieta. To throw a temper tantrum.
Ej. ¡El niño ha cogido una rabieta! The baby has thrown a temper tantrum.

RABILLO
Rabillo del ojo. The corner of the eye.
Ej. Me miraba por el rabillo del ojo. She was looking at me from the corner of her eye.

RABO
Con el rabo entre piernas. Crestfallen.
Ej. Volvió de la entrevista con el rabo entre piernas. He came back crestfallen from the interview.

See: Cabo, De cabo a rabo.

RACHA
Tener una buena racha. To have a streak of good luck.

Ej. Hemos tenido una buena racha este año. We've had a streak of good luck this year.

RAÍZ
A raíz de. In the wake of.
Ej. Se marchó del país a raíz de su divorcio. He left the country in the wake of his divorce.

Arrancar de raíz. Uproot; pull by the roots.
Ej. Se arrancó el pelo de raíz. He pulled his hair by the roots.

RAJATABLA
A rajatabla. To a hair.
Ej. Mis órdenes deben cumplirse a rajatabla. My orders must be complied with to a hair.

RAMAS
Andarse por las ramas. To beat around the bush.
Ej. No te andes por las ramas y dime lo que pasó. Don't beat around the bush and tell me what happened.

Irse por las ramas. To beat around (about) the bush.
Ej. ¡No te vayas por las ramas! Don't beat around the bush!

RANA
Salir rana. Be a disappointment.
Ej. Este proyecto nos ha salido rana. This project has been a disappointment.

RANCIO
Ser rancio. To be old fashioned.
Ej. ¡No seas rancio y ponte una corbata chillona! Don't be old fashioned and wear a loud tie!

RASGO
A grandes rasgos. Briefly; in a few words.
*Ej. Te contaré a grandes rasgos lo que pasó. I'll tell
you briefly what happened.*

RASO
Dormir al raso. To sleep in the open.
*Ej. Me gusta dormir al raso en verano. I like to sleep
in the open in the summer.*

RASTRA
A rastras. To drag; do something unwillingly.
*Ej. Vino con nosotros a rastras. We had to drag him
with us.*

RASTRERO
Un tío rastrero. A heel, yes-man, cad.
Ej. Paco es un tío rastrero. Frank's a yes-man.

RASTRO
No haber rastro de. Not a trace left.
Ej. No hay ni rastro de él. There's no trace of him.

Seguir el rastro. To track down.
Ej. Vamos a seguirle el rastro. Let's track him down.

RATO
A ratos. At times.
*Ej. A ratos tengo ganas de comer. At times I feel like
eating.*

A ratos libres. Free time.
*Ej. Lo he hecho en mis ratos libres. I've done it in
my free time.*

A ratos perdidos. In one's spare time; at idle
moments.
*Ej. He escrito el libro a ratos perdidos. I've written
the book in my spare time.*

Al poco rato. After a little while.
*Ej. Al poco rato volvió. He returned after a little
while.*

Haber para rato. Take a long while.
*Ej. ¡No esperes porque hay para rato! Don't wait
because it will take a long while!*

Pasar el rato. To while away the time.
*Ej. Leo para pasar el rato. I while away the time
reading.*

Pasar un buen rato. To have a good time.
*Ej. Pasamos un buen rato en la fiesta. We had a
good time at the party.*

See: Ocio, Ratos de ocio.

RAYA
Mantener (tener) a raya. To keep at bay; in check.
*Ej. Tenemos que mantener a raya al enemigo. We
must keep the enemy at bay.*

RAYAR
Rayar con, en. Border on.
*Ej. Sus acciones rayan con la maldad. His actions
border on mischief.*

RAZÓN
A razón de. At the rate of.
*Ej. Hemos vendido a razón de dos libros al mes. We
have sold the boopk at the rate of two a month.*

Atender a razones. To listen to reason.
*Ej. No quiere atender a razones. He won't listen to
reason.*

Dar razón. To give information.
*Ej. Me dieron razón en aquella casa. They gave me
information in that house.*

Dar la razón a alguien. Admit someone is right.
Ej. ¡Te doy la razón! I admit you are right!

No tener razón. To be wrong.
Ej. No tiene usted razón. You are wrong.

Razón de más para. All the more reason to.
*Ej. Si has perdido el empleo, razón de más para que
ahorres. If you have lost your job, all the more
reason to save money.*

Tener razón. To be right.
Ej. Tiene usted razón. You are right.

REACCIÓN
Reacción intuitiva. Gut reaction.
*Ej. En las situaciones difíciles siempre confío en la
reacción intuitiva. In difficult situations I always
trust my gut reaction.*

REBAJAR
Rebajarse. To lower oneself; stoop.
*Ej. No me rebajaré ante él. I won't lower myself
before him.*

REBOTE
De rebote. On the rebound.
*Ej. Se casó con ella de rebote. He married her on the
rebound.*

RECAUDO
Estar a buen recaudo. To be in safekeeping.
*Ej. Tengo el dinero a buen recaudo. I have my
money in safekeeping.*

RECHUPETE
De rechupete. Yummy.
Ej. La tarta está de rechupete. The cake is yummy.

RECIBIR
Ser bien recibido. To be well-taken.
Ej. Su invitación no fue bien recibida. His invitation wasn't well-taken.

RECIÉN
Recién casados. Newlyweds.
Ej. Los recién casados acaban de llegar. The newlyweds have just arrived.

Un recién llegado. A newcomer.
Ej. El recién llegado quiere un mendrugo de pan. The newcomer wants a piece of bread.

RECOMENDACIÓN
See: Carta,Carta de recomendación.

RÉCORD
Batir un récord. To break a record.
Ej. ¡He batido el récord mundial! I have broken a world record!

Establecer un récord. To set a record.
Ej. ¡He establecido un récord mundial! I have set a world record.

RECORDAR
Recordar lo que dice uno. To mark one's words.
Ej. Recuerda lo que te digo: no te cases con Petra. Mark my words: don't marry Petra.

RECORTES
Hacer recortes. To cut corners.
Ej. Debido a la situación económica debemos hacer recortes. Due to the economic situation we must cut corners.

RECUENTO
Hacer recuento de. To count.
Ej. ¿Has hecho recuento de las ovejas? Have you counted the sheep?

RECUERDOS
See: Dar, Dar recuerdos.

RECURSO
Como último recurso. As a last recourse.
Ej. Como último recurso estudiaré para el examen. As a last recourse, I'll study for the exam.

REDONDO
Caer redondo. To collapse.
Ej. Cayó redondo en la fiesta. He collapsed at the party.

Números redondos. Round numbers, round figures.
Ej. Dígame el precio en números redondos. Tell me the price in round figures.

REFILÓN
De refilón. In passing.
Ej. La vi de refilón. I saw her in passing.

REFRÁN
Como dice el refrán. As the saying goes.
Ej. Llamemos al pan, pan y al vino, vino, como dice el refrán. Let's call a spade a spade, as the saying goes.

REGADERA
See: Loco, Estar más loco que una regadera.

REGALADO
Ni regalado. Not even as a gift.
Ej. No lo querría ni regalado. I wouldn't have it as a gift.

Una vida regalada. An easy life.
Ej. Llevas una vida muy regalada. You have a real easy life.

REGALAR
Regalar el oído. To flatter.
Ej. A Víctor le gusta que le regalen el oído. Victor loves to be flattered.

REGAÑADIENTES
A regañadientes. Reluctantly, grudgingly.
Ej. Juan lo ha hecho a regañadientes. John has done it reluctantly.

REGATEAR
No regatear esfuerzos. To spare no effort.
Ej. No regatearemos esfuerzos para ayudarte. We'll spare no effort to help you.

REGLA
En regla. In order.
Ej. Todo está en regla. Everything's in order.

See: General, Por regla general.

REGULAR
Por lo regular. As a rule.
Ej. Por lo regular comemos pollo. As a rule we eat chicken.

REÍR
Reírse para sus adentros. To laugh in (up) one's sleeve.
Ej. Se ríe para sus adentros. He laughs up his sleeve.

See: Batiente, Reírse a mandíbula batiente.

RELACIÓN
Con, (en) relación a. With regard to.
Ej. Con relación a su carta... With regard to your letter...

Entrar(establecer) relaciones con. To establish relations with.
Ej. Hemos establecido relaciones con esa empresa. We have established relations with that company.

Tener relaciones con. Do business with.
Ej. No tenemos relaciones con esa empresa. We don't do business with that company.

RELUCIR
Sacar a relucir. To bring up.
Ej. ¿Por qué sacas eso a relucir ahora? Why do you bring that up now?

REMATAR
Y para rematar. And to top it all.
Ej. Y para rematar, se comió mi cena. And to top it all, he ate my my supper.

REMATE
De remate. Complete, utter.
Ej. Víctor es tonto de remate. Victor's an utter fool.

See: Loco, Loco de remate.

REMEDIAR
No poderlo remediar. Not to be able to help it.
Ej. Me gusta trabajar; no lo puedo remediar. I like to work; I can't help it.

REMEDIO
No haber (tener) más remedio que. To have no recourse, choice but.
Ej. No tenemos más remedio que cancelarle la cuenta. We have no recourse but to cancel your account.

No tener remedio. To be beyond hope or repair.
Ej. Tu matrimonio no tiene remedio. Your marriage is beyond hope.

Sin remedio. Hopeless; beyond hope.
Ej. Roberto es un caso sin remedio. Robert is a hopeless case.

REMOJÓN
Darse un remojón. Take a dip.
Ej. Vamos a la playa a darnos un remojón. Let's go to the beach for a dip.

REMOLÓN
Hacerse el remolón. To shirk.
Ej. Se hace el remolón en el trabajo. He shirks work.

REMOTO
No tener la más remota idea. Not to have the faintest idea.
Ej. No tengo la más remota idea. I haven't the faintest idea.

RENCOR
Guardar rencor a. To bear a grudge against.
Ej. Creo que me guarda rencor por haberle quitado a su mujer. I think he bears a grudge against me for having taken his wife from him.

RENDIDO
Estar rendido. To be all in.
Ej. Ha sido un día duro y estoy agotado. It's been a hard day and I'm all in.

RENDIR
Rendir el alma a Dios. Give up the ghost.
Ej. Tras larga agonía, rindió el alma a Dios. After a long agony he have up the ghost.

See: Cuenta, Rendir cuenta.

REOJO
See: Mirar, Mirar de reojo.

REPARO
Poner reparos. To make objections.
Ej. Ha puesto muchos reparos a mi plan. He's made many objections to my plan.

REPELENTE
Niño repelente. A brat.
Ej. Tu hermano es un niño repelente. Your brother is a brat.

REPENTE
De repente. Suddenly.
Ej. De repente le vi cruzar la calle. Suddenly I saw him crossing the street.

RESERVA
Guardar reserva. To be discreet; to use discretion.
Ej. Guarde absoluta reserva sobre este asunto. Be very discreet about this matter.

RESFRIADO
Estar resfriado. To have a cold.
Ej. ¿Está usted resfriado? Do you have a cold?

RESPIRO
Dar un respiro. Give a breather.
Ej. Dame un respiro, ¿quieres? Give me a breather, will you?

RESPUESTA
See: Callada, Dar la callada por la respuesta.

RESTAR
Restar (quitar) importancia a. To play down.
Ej. Juan resta importancia a sus pérdidas. John plays down his losses.

RESTO
Echar el resto. To do one's best; do the utmost.
Ej. ¡Hemos echado el resto en el proyecto! We've done our best in the project.

RETIRADA
See: Batir, Batirse en retirada.

RETRATO
Ser el vivo retrato de. To be the spitting image of.
Ej. Eres el vivo retrato de tu abuela. You are the spitting image of your grandmother.

REVENTADO
Estar reventado. To be knocked out, done in.
Ej. ¡He trabajado tanto que estoy reventado! I've worked so much that I'm all done in!

REVÉS
Al revés. The contrary, the opposite.
Ej. Es al revés. It's the opposite.

Del revés. Inside out; wrong side out.
Ej. Llevas la camisa del revés. You are wearing your shirt wrong side out.

REVISTA
Pasar revista. To inspect.
Ej. El jefe va a pasar revista a los empleados. The boss is going to inspect the employees.

REY
Tratar a cuerpo de rey. To feast like a king.
Ej. Me trataron a cuerpo de rey. They feasted me like a king.

REZAR
Rezar con. To concern.
Ej. Lo que dijo el profesor no reza contigo. What the teacher said doesn't concern you.

RIDÍCULO
Hacer el ridículo. Make a fool of oneself.
Ej. ¡Hice el ridículo! I made a fool of myself!

See: Poner, Poner en ridículo.

RIENDA
A rienda suelta. At top speed.
Ej. Iban a rienda suelta. They were going at top speed.

Dar rienda suelta a. To give free rein to.
Ej. Dio rienda suelta a su enfado. He gave free rein to his anger.

RIESGO
Correr el riesgo. To run the risk.
Ej. Corremos un riesgo innecesario. We are running an unnecessary risk.

RISA
Dar risa. To make one laugh.
Ej. ¡Lo que dices me da risa! What you are saying makes me laugh.

No ser cosa de risa. Not to be a laughing matter.
Ej. El paro no es cosa de risa. Unemployment is no laughing matter.

Ser una risa. Be a laugh.
Ej. Ese empleo que tienes es una risa. That job of yours is a laugh.

RODAR
Echar todo a rodar. Send flying.
Ej. En la reunión Víctor lo echó todo a rodar. At the meeting Victor sent everything flying.

Rodar una película. To shoot a film.
Ej. Están rodando una película en la calle. They are shooting a film in the street.

RODEOS
Dejarse de rodeos. To stop beating around the bush.
Ej. ¡Déjate de rodeos! Stop beating around the bush!

RODILLAS
See: Hincar, Hincarse de rodillas.

ROGAR
Hacerse de rogar. To play hard to get.
Ej. A Susana le gusta hacerse de rogar. Susan likes to play hard to get.

ROLLO
Ser un rollo. The same old story.
*Ej. Lo que me cuentas es un rollo. What you are
telling me is the same old story.*

ROMA
Remover Roma con Santiago. To move
heaven and earth.
*Ej. Removeremos Roma con Santiago para
encontrarle. We'll move heaven and earth to find
him.*

ROMPER
Al romper el día. At daybreak.
*Ej. Saldremos al romper el día. We'll leave at
daybreak.*

De rompe y rasga. A hell of; built;
imposing.
*Ej. Susana es una mujer de rompe y rasga. Susan is
a hell of a woman.*

See: Cabeza, Romperse la cabeza.
See: Fila, Romper filas.
See: Hielo, Romper el hielo.

ROPA
A quema ropa. Point blank.
*Ej. Me lo preguntó a quemarropa. He asked me
point blank.*

La ropa sucia. Dirty linen.
*Ej. ¡No saques ropa sucia a relucir! Don't bring out
the dirty linen!*

Ropa blanca. Linen.
*Ej. Necesitamos más ropa blanca. We need more
linen.*

Ropa interior. Underclothes, underwear.
Ej. Necesito ropa interior nueva. I need new underwear.

See: Ligero, Ligero de ropa.

ROSCA
Hacer la rosca. To woo; court; to flatter.
*Ej. Víctor le hace la rosca a Susana. Victor is
courting Susan.*

See: Pasar, Pasarse de rosca.

RUIDO
Hacer ruido. To make noise.
Ej. No hagas ruido. Don't make noise.

Mucho ruido y pocas nueces. Much ado
about nothing.
*Ej. ¡Sí, claro, mucho ruido y pocas nueces! Yes, of
course, much ado about nothing!*

See: Meter, Meter ruido.

S

SÁBANAS
Pegársele a uno las sábanas. To oversleep;
to be a sleepyhead.
*Ej. Pedro ha llegado a clase tarde hoy. Se le han
pegado las sábanas. Peter was late for class today.
He overslept.*

SABER
A saber. Namely, to wit.
*Ej. Hay dos; a saber: el azul y el blanco. There are
two; to wit: the blue one and white one.*

Demasiado saber. To know only too well.
*Ej. Demasiado sé por qué has llegado tarde. I know
only too well why you are late.*

¡Qué sé yo! How do I know!
Ej. ¡Qué sé yo! How do I know!

Que uno sepa. To the best of one's
knowledge.
*Ej. Que yo sepa Paco vive en Filadelfia. To
the best of my knowledge Frank lives in
Philadelphia.*

¡Quién sabe! Who knows!
Ej. ¡Quién sabe! Who knows!

Saber a. To taste of.
*Ej. La leche sabe a vinagre. This milk tastes of
vinegar.*

¡Ya lo sé! I know!
*Ej. ¡Ya lo sé! ¡No lo repitas! I know! Don't say it
again!*

See: Cepa, Saber de buena cepa.
See: Dedillo, Saber al dedillo.
See: Gloria, Saber a gloria.
See: Hacer, Hacer saber.

See: Jota, No saber ni jota.
See: Latín, Saber mucho latín.
See: Lepe, Saber más que Lepe.
See: Memoria, Saber de memoria.
See: Misa, No saber uno de la misa la mitad.
See: Pe, Saberse algo de pe a pa.
See: Pescar, No saber lo que se pesca uno.
See: Sobra, Saber de sobra.
See: Tinta, Saber de buena tinta.

SABIENDAS
A sabiendas. Knowingly.
*Ej. Lo has hecho a sabiendas. You've done it
knowingly.*

SABLAZO
Dar un sablazo. To make a touch.
*Ej. Le voy a dar un sablazo de mil pesetas. I'm
going to touch him for a thousand pesetas.*

SACAR
Sacar (una pelota). To serve (a ball); to
kick off.
Ej. ¿Quién saca? Who serves?

Sacar copia. To make a copy.
*Ej. Saca copia de este documento. Make a copy of
this document.*

Sacar en claro. To come to a
conclusion.
*Ej. ¿Qué has sacado en claro? What conclusion
have you come to?*

Sacar la cuenta. To figure out.
*Ej. Saca la cuenta de lo que te debo. Figure out how
much I owe you.*

Sacar una foto. To take a photograph.
Ej. Saca una foto. Take a photograph.

¿Y qué saco yo de eso? And what's in it for me?
Ej. Firmaré el contrato pero ¿qué saco yo? I'll sign the contract but, what's in it for me?

See: Colación, Sacar a colación.
See: Limpio, Sacar en limpio.
See: Partido, Sacar partido de.
See: Tajada, Sacar tajada.

SACO
See: Echar, No echar en saco roto.

SACUDIR
See: Polvo, Sacudir el polvo a alguien.

SAINETE
Ser de sainete. To be a farce.
Ej. ¡Nuestro matrimonio es de sainete! Our marrriage is a farce!

SALDO
Tener un saldo de... To have a balance of...
Ej. Tiene un saldo en la cuenta de dos pesetas. You have a two-peseta balance in your account.

SALIDA
Callejón sin salida. Dead-end street.
Ej. Es un callejón sin salida. It's a dead-end street.

Dar salida a. To clear out; get rid of.
Ej. No podemos dar salida a este género. We can't get rid of the goods.

Salida. Witty or crazy idea.
Ej. ¡Tu hermano tiene unas salidas! Your brother has some crazy ideas!

SALIR
Salir de compras. To go shopping.
Ej. Mi madre ha salido de compras. My mother has gone shopping.

Salir ganando. To come out ahead.
Ej. Yo salí ganando. I came out ahead.

Salirle a uno con. To come out with.
Ej. ¿Ahora me sales con ésas? Now you come out with that?

Salirse con la suya. To have one's own way.
Ej. Siempre se sale Ud. con la suya. You always have your own way.

Salir bien. To come out well.
Ej. Me salió bien el examen. The exam came out well.

See: Paso, salir al paso de.

See: Peteneras, Salir por peteneras.

SALTAR
Saltar a la vista. To be self-evident; to meet the eye.
Ej. Su belleza salta a la vista. Her beauty is self-evident.

See: Estar, Estar a la que salta.

SALUD
See: Beber, Beber a la salud de.
See: Curar, Curar en salud.

SALVAJE
Huelga salvaje. Wildcat strike.
Ej. Es una huelga salvaje. It's a wildcat strike.

SALVAR
Salvarse por un pelo. To have a narrow escape.
Ej. ¡Me salvé por un pelo! I had a narrow escape!

See: Pellejo, Salvar el pellejo.
See: Pelo, Salvarse por los pelos.

SALVO
Ponerse a salvo. To reach safety.
Ej. Se pusieron a salvo detrás de la casa. They reached safety behind the house.

Salvo que. Unless.
Ej. Iré salvo que esté ocupado. I'll go unless I'm busy.

SAN QUINTÍN
See: Armar, Armar la de San Quintín.

SANGRE
Subírsele a alguien la sangre a la cabeza. To see red; get mad.
Ej. Se le subió la sangre a la cabeza cuando la encontró. He saw red when he met her.

See: Fuego, A sangre y fuego.

SANO
Sano y salvo. Safe and sound.
Ej. Ha llegado sano y salvo. He's arrived safe and sound.

See: Cortar, Cortar por lo sano.

SANTÍSIMO
Todo el santísimo día. The livelong day.
Ej. Ha estado estudiando todo el santísimo día. He's been studying the livelong day.

SANTO
¿A santo de qué..? Why on earth..?
Ej. ¿A santo de qué dices eso? Why on earth do you say that?

Todo el santo día. The whole blessed day.
Ej. He estado esperando todo el santo día. I've been waiting the whole blessed day.

See: Mano, Ser mano de santo.

SANTO TOMÁS
See: Una, Una y no más, Santo Tomás.

SARDINA
Como sardinas. Packed like sardines.
Ej. Íbamos como sardinas en el tren. We were packed like sardines in the train.

See: Ascua, Arrimar el ascua a la sardina de uno.

SARTÉN
Tener la sartén por el mango. To call the shots.
Ej. El jefe tiene la sartén por el mango en la oficina. The boss calls the shots in the office.

SAYO
See: Capa, Hacer uno de su capa un sayo.

SAZÓN
A la sazón. At that time.
Ej. A la sazón yo era presidente del banco. At that time I was President of the bank.

En sazón. Ripe.
Ej. Los plátanos están en sazón. The bananas are ripe.

SECO
A secas. Just; plain.
Ej. Se llama Paco a secas. His name is just Frank.

Parar en seco. To come to a dead stop.
Ej. El tren paró en seco. The train came to a dead stop.

Ser seco. To be curt, abrupt.
Ej. Es un hombre muy seco. He is a very curt man.

SECRETO
Secreto a voces. An open secret.
Ej. Su divorcio es un secreto a voces. His divorce is an open secret.

SED
Tener sed. To be thirsty.
Ej. ¿Tienes sed? Are you thirsty?

Tener sed de. To be hungry for.
Ej. Tengo sed de venganza. I am hungry for revenge.

SEGUIDA
En seguida. Right away.
Ej. Lo haremos enseguida. We'll do it right away.

SEGUIR
See: Ejemplo, Seguir el ejemplo de.
See: Paso, Seguir los pasos de.
See: Rastro, Seguir el rastro.

SEGÚN
Según y cómo. It depends.
Ej. Según y cómo lo mires. It depends on how you look at it.

SEGUNDA
Con segundas. Double meaning.
Ej. Eso, Pedro lo ha dicho con segundas. Peter has said that with a double meaning.

See: Intención, Segunda intención.
See: Mano, De segunda mano.

SEGURIDAD
Con toda seguridad. Surely; certainly.
Ej. Pagará el talón, con toda seguridad. He'll surely pay the check.

SEGURO
See: Dar, Dar por seguro.

SEMANA
See: Fin, Fin de semana.

SEMEJANTE
Ser semejante. To be similar.
Ej. Estos coches son muy semejantes. These cars are very similar.

SENTADA
De una sentada. At one siting.
El. Comió un filete de cinco quilos de una sentada. He ate a five-kilogram steak at one sitting.

SENTADO
Dar por sentado. To asume; take for granted.
Ej. Doy por sentado que acepta la oferta. I take for granted that you accept the offer.

SENTAR
Sentar bien. To agree with.
Ej. El plátano no me ha sentado bien. That banana didn't agree with me.

Sentar la cabeza. To settle down.
Ej. ¿Cuando vas a sentar la cabeza? When are you going to settle down?

Sentar mal. Not to agree with.
Ej. Me ha sentado mal la sopa. The soup didn't agree with me.

Sentarle mal a uno algo. Not to set (sit) well; not to like.
Ej. Lo que dijo no me sentó bien. What he said didn't set well with me.

SENTIDO
Perder el sentido. To lose consciousness; to pass out.
Ej. El golpe le hizo perder el sentido. The blow made him lose consciousness.

Sentido común. Common sense; horse sense.
Ej. ¡Utilicemos el sentido común! Let's use common sense!

Tener sentido. To make sense.
Ej. Eso no tiene sentido. That doesn't make sense.

SENTIMIENTO
See: Acompañar, Acompañar en el sentimiento.

SENTIR
Sentirse molesto. To be annoyed.
Ej. Me sentí molesto con sus palabras. I felt annoyed at his words.

See: Mucho, Sentirlo mucho.

SEÑALAR
See: Dedo, Señalar a uno con el dedo.

SEÑAS
See: Hacer, Hacer señas.

SEÑOR
El señor de la casa. The master of the house.
Ej. ¡Aquí llega el señor de la casa! Here comes the master of the house!

Un señor... A real...
Ej. Se ha comprado un señor coche. He's bought a real car.

SER
Ser de... To become of.
Ej. ¿Qué ha sido de tu hermano? What's become of your brother?

SERIO
En serio. Seriously; in earnest.
Ej. ¿En serio? Seriously?

SERVICIO
Estar de servicio. To be on duty.
Ej. No puedo acompañarte porque estoy de servicio. I can't go with you because I'm on duty.

SERVIR
Ir bien servido. To get one's due.
Ej. ¡Pedro se ha ido bien servido! Peter got his due!

Servir para. To be good for.
Ej. ¿Para qué sirve eso? What's that good for?

See: Nada, No servir para nada.

SESO
Devanarse los sesos. To rack one's brains.
Ej. Por mucho que me devano los sesos no encuentro la solución. No matter how much I rack my brain I can't find a solution.

Perder el seso. To lose one's head over...
Ej. Ha perdido el seso por esa chica. He's lost his head over that girl.

Sin seso. Scatterbrained; empty-headed.
Ej. Es una mujer sin seso. She's a scatterbrained girl.

See: Calentar, Calentarse los sesos.
See: Tapa, Saltarse la tapa de los sesos.

SÍ
Estar fuera de sí. To be beside oneself.
Ej. Estaba fuera de sí de puro enfadado. He was beside himself with anger.

Un día sí y otro no. Every other day
Ej. Tengo clase de inglés día sí, día no. I have English class every other day.

Volver en sí. To come to; to regain consciousness
Ej. Tras unos minutos volvió en sí. After a few minutes he came to.

SIEMPRE
De siempre. Always.
Ej. Víctor ha sido un buen estudiante de siempre. Victor has always been a good student.

Para siempre. For ever.
Ej. Me voy para siempre. I'm leaving for ever.

Para siempre jamás. For ever and ever.
Ej. Te querré para siempre jamás. I'll love you for ever and ever.

Siempre que. Whenever.
Ej. Siempre que hablo con él se me pone dolor de cabeza. Whenever I talk with him I get a headache.

Siempre y cuando... Provided...
Ej. Coge lo que quieras siempre y cuando pagues. Take whatever you want provided you pay for it.

SIESTA
See: Dormir, Dormir la siesta.

SIETE
Tener un siete en la ropa. To have a tear or rip in one's clothes.
Ej. Tienes un siete en el pantalón. You have a tear in your pants.

SIGLO
Por los siglos de los siglos. For ever and ever.
Ej. Y así será por los siglos de los siglos. That's the way it will be for ever and ever.

SILENCIO
En silencio. In silence.
Ej. Sufre en silencio. He suffers in silence.

Estar en silencio. To be quiet.
Ej. Me gusta estar en silencio. I like to be quiet.

See: Guardar, Guardar silencio.

SIN
Sin embargo. However, nevertheless.
Ej. No quiero ir, sin embargo lo haré. I don't want to go, nevertheless I will.

SINNÚMERO
Un sinnúmero de. Countless.
Ej. Tiene usted un sinnúmero de errores en la carta. You have countless mistakes in your letter.

SITIO
Hacer sitio. To make room.
Ej. ¡Hazme sitio! Make room for me!

SOBRA
Estar de sobra. Not to be wanted.
Ej. Pedro, estás de sobra en esta casa. Peter, you are not wanted in this house.

Saber de sobra. To know quite well; be fully aware.
Ej. Sabes de sobra que te quiero. You know quite well I love you.

Tener de sobra. To have more than enough.
Ej. No, gracias, tengo de sobra. No, thank you, I have more than enough.

SOBRE
Sobre todo. Above all.
Ej. Sobre todo no dejes de estudiar. Above all don't fail to study.

SOBREMESA
See: Mesa, Estar de sobremesa.

SOCIO
Ser socio de. To be a member of.
Ej. Soy socio de ese club. I'm a member of that club.

SOCORRO
See: Llamada, Llamada de socorro.

SOFOCO
Pasar un sofoco. To be embarrassed.
Ej. Pasé un sofoco terrible. I was terribly embarrassed.

SOL
Al salir el sol. At sunrise.
Ej. Partiremos al salir el sol. We'll leave at sunrise.

Hacer sol. To be sunny.
Ej. Hoy hace sol. It's sunny today.

No dejar ni a sol ni a sombra. Not to let be.
Ej. Susana no me deja ni a sol ni a sombra. Susan doesn't let me be.

Ser un sol. To be a darling; a dear.
Ej. Víctor es muy trabajador y ayuda a todos. Es un sol. Victor is very hard working and helps everybody. He is a dear.

Tomar el sol. To sunbathe.
Ej. Voy a tomar el sol en la playa. I'm going to sunbathe in the beach.

SOLFA
Poner en solfa. To give someone a talking-to.
Ej. El profesor puso a Susana en solfa. The teacher gave Susan a talking-to.

SOLTAR
Soltar una carcajada. To burst out laughing.
Ej. Soltó una carcajada. He burst out laughing.

Soltar una fresca. To give someone a piece of one's mind.
Ej. Le voy a soltar una fresca cuando venga. I'm going to give her a piece of my mind when she comes.

See: Prenda, No soltar prenda.

SOMBRA
Estar a la sombra. To be in the clink, in jail.
Ej. Hace dos meses que Víctor está a la sombra. Victor has been in the clink for two months.

Hacer sombra. To outshine.
Ej. Su belleza hace sombra a las demás. Her beauty outshines the others.

Mala sombra. Bad luck.
Ej. ¡Qué mala sombra! What bad luck!

No ser ni sombra. To be but a shadow.
Ej. No es ni sombra de lo que era. He is but a shadow of what he was.

Ser uno un mala sombra. To be a pain in the neck.
Ej. ¡Víctor es un mala sombra! Victor is a pain in the neck!

SON
A son de. Why, for what reason.
Ej. ¿A son de qué dices eso? For what reason do you say that?

En son de. In the manner of, as.
Ej. Lo dijo en son de guasa. He said it as a joke.

Sin ton ni son. Without rhyme or reason.
Ej. Hace las cosas sin ton ni son. He does things without rhyme or reason.

SONANTE
Dinero contante y sonante. Hard cash.
Ej. Me pagó con dinero contante y sonante. He paid hard cash.

SONSACAR
Sonsacar una información. Pump for information.
Ej. Intentaron sonsacarme información. They tried to pump me for information.

SOÑAR
Ni soñarlo. Not by a long shot.
Ej. ¡Ni soñarlo! Not by a long shot!

SOPA
Estar hecho una sopa. To be soaking wet.
Ej. ¡Estás hecho una sopa! You are soaking wet!

SORDO
Hacerse el sordo. To turn a deaf ear.
Ej. Cuando le hablas de dinero se hace el sordo. He turns a deaf ear when you talk to him about money.

SORPRESA
Coger de sorpresa. To take by surprise.
Ej. Su pregunta me cogió por sorpresa. His question took me by surprise.

Por sorpresa. By surprise.
Ej. Le cogí por sorpresa. I caught him by surprise.

SOSPECHA
Estar bajo sospecha. To be under a cloud.
Ej. Desde el día del accidente Víctor está bajo sospecha. Since the day of the accident Victor has been under a cloud.

SUBIR
Subírsele a uno a la cabeza. To go to one's head.
Ej. El éxito se le ha subido a la cabeza. Success has gone to his head.

SUCEDER
Suceda lo que suceda... Come what may...
Ej. Tengo intención de ir suceda lo que suceda. I aim to go come what may.

SUCESIVO
En lo sucesivo. Hereafter; from now on.
Ej. En lo sucesivo haga el favor de llegar a su hora. From now on please come on time!

SUDAR
See: Gota, Sudar la gota gorda.

SUECO
See: Hacer, Hacerse el sueco.

SUELA
See: Llegar, No llegarle a uno a la suela del zapato.

SUEÑO
Conciliar el sueño. To get to sleep.
Ej. Anoche no podía conciliar el sueño. Last night I couldn't get to sleep.

Dar sueño. To make sleepy.
Ej. Esa música me da sueño. That music makes me sleepy.

Tener sueño. To be sleepy.
Ej. ¿Tienes sueño? Are you sleepy?

See: Descabezar, Descabezar un sueño.

SUERTE
De suerte que... In such a way that...
Ej. Cayó de suerte que se rompió una pierna. He fell
in such a way that he broke a leg.

Desear buena suerte. To wish good luck.
Ej. ¡Te deseo buena suerte! I wish you good luck!

Por suerte. Fortunately.
Ej. Por suerte hemos llegado. Fortunately we have
arrived.

¡Qué suerte! How lucky!
Ej. ¿Se ha casado tu hermana? ¡Qué suerte! Your
sister got married? How lucky!

Tentar la suerte. To push one's luck.
Ej. ¡No tientes la suerte! Don't push your luck!

Tocar en suerte. To fall to one's lot.
Ej. Me ha tocado en suerte preparar el proyecto. It's
fallen to my lot to draw up the project.

See: Golpe, Golpe de suerte.

SUMA
En suma. In short.
Ej. En suma, ¿cuánto necesitas? In short, how much
do you need?

SUMO
A lo sumo. At most.
Ej. A lo sumo le puedo pagar veinte. At most I can
pay twenty.

SUPERIOR
La parte superior. The upper part.
Ej. La parte superior está en mejores condiciones.
The upper part is in better condition.

SUPUESTO
Por supuesto. Of course.
Ej. Por supuesto que iré. Of course I'll go.

SURTIR
Surtir efecto. Have the desired effect; work
out.
Ej. ¿Crees que surtirá efecto? Do you think it will
work out?

SUSTENTO
See: Ganar, Ganarse el sustento.

SUSTO
Dar un susto. To frighten.
Ej. ¡Le voy a dar un susto! I'm going to frighten
him!

Dar un susto al miedo. To scare the
devil.
Ej. Víctor es tan feo que da un susto al miedo.
Victor is so ugly he scares the devil.

See: Gordo, Llevarse un susto gordo.

SUYO
Hacer de las suyas. To be up to one's tricks.
Ej. Víctor está haciendo de las suyas otra vez. Victor
is up to his tricks again.

T

TABARRA
Dar tabarra. To pester; be on someone's back.
Ej. Víctor está siempre dándome la tabarra. Victor is always pestering me.

TABLAS
Tener tablas. To have experience.
Ej. Ese político tiene muchas tablas; lleva años en la política. That politician has a lot of experience; he's been in politics for many years.

Terminar en tablas. To end in a draw.
Ej. El partido terminó en tablas. The game ended in a draw.

TACHA
Sin tacha. Honorable; flawless.
Ej. Víctor es un hombre sin tacha. Victor is an honorable man.

TACHAR
Tachar a alguien de. To accuse someone of being.
Ej. ¿Me tacha Ud. de ladrón? Are you accusing me of being a thief?

TACO
Hacerse un taco. To get (be) all mixed up.
Ej. Lo siento pero me he hecho un taco y no comprendo nada.. I'm sorry but I'm all mixed up and I understand nothing.

Soltar tacos. To cuss; use four-letter words.
Ej. No sueltes tacos delante de mi mujer. Don't use four-letter words in front of my wife.

TACTO
Tener tacto. To be tactful.
Ej. Hay que tener mucho tacto con los clientes. We must be very tactful with our clients.

TAJADA
Llevarse una buena tajada. To get a good piece of the pie.
Ej. Te daré el dinero pero quiero una buena tajada. I'll give you the money but I want a good piece of the pie.

Sacar tajada. To get something out of.
Ej. Todos quieren sacar tajada de la herencia. They all want to get something out of the inheritance.

TAL
Con tal que... Provided...
Ej. Esperaré con tal que me pagues. I'll wait provided you pay me.

¿Qué tal? How's everything?
Ej. Hola, ¿qué tal va todo? Hi, how's everything.

Ser tal para cual. To be two of a kind.
Ej. Jaime y su primo son tal para cual. James and his cousin are two of a kind.

Tal como... Just as...
Ej. Continúe tal como iba. Continue just as you were going.

Tal cual. As it is; so; without batting an eye.
Ej. Y se quedó tal cual. And he remained as he was.

Un tal. A certain.
Ej. Le llama un tal Pérez al teléfono. A certain Pérez is on the phone for you.

TALANTE
Estar de mal talante. To be in a bad mood.
Ej. El jefe hoy está de mal talante. The boss is in a bad mood today.

TALÓN
See: Pisar, Pisarle a uno los talones.

TAMAÑO
De tamaño natural. Full, king size.
Ej. He comprado una tarta de tamaño natural. I've bought a full size cake.

TAMBOR
A tambor batiente. With drums beating.
Ej. Entraremos en la ciudad a tambor batiente. We'll enter the city drums beating.

TANGENTE
Salirse por la tangente. To get off a tangent; to dodge the issue.
Ej. Cuando le hablo de dinero se sale por la tangente. Whenever I talk to him about money he goes on a tangent.

TANTAS
Las tantas. The small hours; late at night.
Ex. Víctor vino a las tantas anoche. Victor came in the small hours.

TANTO
A tantos de abril. On such-and-such day in April.
Ej. Nos veremos a tantos de abril. We'll meet on such-and-such a day in April.

Apuntar los tantos. To keep score.
Ej. Tú, apunta los tantos. You keep score.

Cuarenta y tantos. Forty odd.
Ej. Me ha costado cuarenta y tantas pesetas. I've paid forty-odd pesetas for it.

Estar al tanto. To be on the alert.
Ej. No te preocupes; estoy al tanto. Don't you worry; I'm on the alert.

No ser para tanto. Not to be so bad.
Ej. ¡No llores que no es para tanto! Don't cry; it's not so bad!

Otro tanto. As much.
Ej. Y otro tanto para mí. And as much for me.

Poner al tanto de. To keep posted, informed.
Ej. Ponme al tanto de lo que pasó. Inform me about what happened.

Por lo tanto. Therefore.
Ej. No voy; por lo tanto, devuélvame el dinero. I'm not going, therefore give me my money back.

¡Tanto bueno por esta casa! Fancy seeing you here!
Ej. ¡Hola, Víctor, tanto bueno por esta casa! Hello, Víctor, fancy seeing you here!

Tanto mejor. So much the better.
Ej. Tanto mejor si se va a Caracas. So much the better if she goes to Caracas.

Tener al tanto de. To keep someone posted.
Ej. Tenme al tanto de tus actividades. Keep me posted on your activities.

Un tanto. A bit, rather, somewhat.
Ej. El examen fue un tanto difícil. The exam was rather tough.

See: Calvo, Ni tanto ni tan calvo.
See: Entre, Entre tanto
See: Poner, Poner al tanto

TAPA
Saltarse la tapa de los sesos. To blow one's brains out.
Ej. Mi jefe se saltó la tapa de los sesos. My boss blew his brains out.

TAPADILLO
De tapadillo. On the sly, under cover.
Ej. Se han ido de tapadillo. They've left on the sly.

TAPAR
Taparse bien. To bundle up.
Ej. ¡Tápate bien que hace frío! Bundle up because it's cold!

TAPETE
Estar sobre el tapete. To be on the carpet.
Ej. Este problema está sobre el tapete. This problem's on the carpet.

TAQUILLA
Éxito de taquilla. Box-office success.
Ej. La obra ha sido un éxito de taquilla. The play has been a box-office success.

TARDAR
A más tardar. At the latest.
Ej. A más tardar, llegará el viernes. He'll arrive Friday at the latest.

Tardar mucho. To take long.
Ej. ¿Por qué has tardado tanto? Why did you take so long?

TARDE
A las cinco de la tarde. At five in the afternoon.
Ej. Iré a las cinco de la tarde. I'll be there at five in the afternoon.

De tarde en tarde. From time to time.
Ej. Viene a verme de tarde en tarde. He comes to see me from time to time.

Hacerse tarde. To become or get late.
Ej. Se está haciendo tarde. It's getting late.

luego es tarde. Better now than later.
Ej. Hazlo ahora que para luego es tarde. Better do it now than later.

Por la tarde. Afternoon.
Ej. Te veré el viernes por la tarde. I'll see you Friday afternoon.

Tarde o temprano. Sooner or later.
Ej. Tarde o temprano lo aprenderá. He'll learn it sooner or later.

See: Más, Más tarde o más temprano.
See: Más, Más vale tarde que nunca.

TARUMBA
Volverse tarumba. To go nuts; to drive nuts.
Ej. ¡Cállate que me estás volviendo tarumba! Shut up; you are driving me nuts.

TEJA
Pagar a toca teja. To pay cash.
Ej. Daniel siempre paga a toca teja. Danny always pays cash.

TEJADO
See: Casa, Empezar la casa por el tejado.

TEJOS
Echar los tejos. Give someone the (glad) eye.
Ej. Creo que ése te está echando los tejos. I think that guy's giving you the glad eye.

TELA
Poner en tela de juicio. To question, doubt.
Ej. ¿Pones mi honradez en tela de juicio? Are you questioning my honesty?

Tela marinera. The heck of a lot.
Ej. ¿Diez millones? ¡Eso es tela marinera! Ten million? That's the heck of a lot!

TEMPLE
Estar de buen temple. To be in a good mood.
Ej. Víctor está de buen temple hoy. Victor's in a good mood today.

Estar de mal temple. To be in a bad mood.
Ej. Víctor está de mal temple hoy. Victor's in a bad mood today.

TEN
Ir con mucho ten con ten en una cosa. To proceed with caution.
Ej. Hay que ir con mucho ten con ten en este asunto. We must proceed with caution in this matter.

TENER
No tener dónde caerse muerto. Not to have a cent to one's name.
Ej. Ese hombre no tiene donde caerse muerto. That man doesn't have a cent to his name.

No tener remedio. Cannot be helped.
Ej. La cosa no tenía remedio. That problem couldn't be helped.

No tenerlas uno todas consigo. Not to be too sure about something.
Ej. Parece bueno pero no las tengo todas conmigo. It looks good but I'm not so sure.

No tenerse en pie. To be very tired; pooped out.
Ej. Estoy tan cansado que no me tengo en pie. I'm exceedingly tired.

Tener a una persona en menos. To look down on someone
Ej. Víctor me tiene en menos. Victor looks down on me.

Tener cuidado. To be careful.
Ej. ¡Ten cuidado con lo que dices! Be careful with what you say!

Tener en cuenta. To take into consideration.
Ej. Tienes que tener en cuenta que no habla castellano. You must take into consideration he speaks no Spanish.

Tener gracia. To be funny.
Ej. ¡Eso tiene mucha gracia! That's very funny!

Tener hambre. To be hungry.
Ej. ¡Siempre tengo hambre! I'm always hungry!

Tener la palabra. To have the floor.
Ej. El Sr. Smith tiene la palabra. Mr. Smith has the floor.

Tener miedo. To be afraid.
Ej. Le tengo miedo a mi mujer. I'm afraid of my wife.

Tener presente. To bear in mind.
Ej. Ten presente que las cosas son ahora diferentes. Bear in mind that things are different now.

Tener prisa. To be in a hurry.
Ej. Tengo prisa. I'm in a hurry.

Tener que. To have to.
Ej. Tenemos que ir. We have to go.

Tener que ver. To have to do.
Ej. ¿Qué tiene eso que ver conmigo? What does that have to do with me?

TENOR
A tenor de. In accordance with.
Ej. A tenor de lo dicho... In accordance with what's been said...

TERCIA
Si se tercia. If need be.
Ej. Haré lo que sea; hasta trabajar, si se tercia. I'll do anything; even work, if need be.

TÉRMINO
En último término. In the last analysis.
Ej. En último término tendremos que hacer lo que él diga. In the last analysis we'll have to do what he wants.

Llevar a término. To carry out.
Ej. Hemos llevado a término sus instrucciones. We have carried out your instructions.

Poner término a. To put an end to.
Ej. Pongamos término a esta discusión. Let's put an end to this discussion.

Por término medio. On an average.
Ej. Como dos veces al día por término medio. I eat twice a day on an average.

Término medio. Middle road, compromise.
Ej. Tenemos que encontrar un término medio. We must find a compromise.

TERRENO
Ceder terreno. To give ground.
Ej. Víctor nunca cede terreno. Victor never gives ground.

Ganar terreno. To gain ground.
Ej. Nos ganan terreno. They are gaining ground.

Preparar el terreno. To pave the way.
Ej. Tenemos que preparar el terreno antes de hablar con él. We must pave the way before speaking to him.

Sobre el terreno. On the spot.
Ej. Haremos los cambios sobre el terreno. We'll make the changes on the spot.

See: Perder, Perder terreno.

TERTULIA
Estar de tertulia. To sit and chit-chat.
Ej. Están de tertulia. They are sitting around, chatting.

Hacer tertulia. To sit around and talk.
Ej. Las viejas hacen tertulia en la calle. Old women sit and talk on the street.

TÍA
No hay tu tía. Nothing doing.
Ej. No hay tu tía: tienes que hacerlo tú. Nothing doing; you have to do it yourself.

TIEMPO
A su debido tiempo. In due course.
Ej. No se preocupe que lo haremos a su debido tiempo. Don't worry, it will be done in due course.

A su tiempo. In due time.
Ej. Todo a su tiempo. Everything in due time.

A tiempo. In time.
Ej. Llegamos a tiempo para el almuerzo. We are in time for lunch.

A un tiempo. At the same time.
Ej. Hemos terminado a un tiempo. We've finished at the same time.

Con tiempo. In time.
Ej. Dígamelo con tiempo. Tell me in time.

De tiempo en tiempo. From time to time.
Ej. Le veo de tiempo en tiempo. I see him from time to time.

De un tiempo a esta parte. For some time now, lately, of late.
Ej. No me encuentro bien de un tiempo a esta parte. I haven't been feeling well lately.

En otro tiempo. Formerly.
Ej. En otro tiempo había un río aquí. Formerly there was a river here.

Ganar tiempo. To save time.
Ej. Vayamos en coche para ganar tiempo. Let's go by car to save time.

Hace tiempo. Long ago.
Ej. Ocurrió hace tiempo. It happened long ago.

Hace tiempo que. It's a long time since.
Ej. Hace tiempo que no veo a Víctor. I haven't seen Victor for a long time.

Hacer buen tiempo. To be good weather.
Ej. Hace buen tiempo. The weather's good.

Hacer mal tiempo. To be bad weather.
Ej. Hace mal tiempo. The weather's bad.

Hacer tiempo. To while the time away.
Ej. Lee el periódico para hacer tiempo. He reads the newspaper to while the time away.

Matar el tiempo. To kill time.
Ej. Mato el tiempo leyendo el periódico. I kill time reading the newspaper.

Perder el tiempo. To waste time.
Ej. ¡No pierdas el tiempo! Don't waste time!

Poco tiempo. Short time; not to take long.
Ej. Llevará poco tiempo. It won't take long.

Tomarse el tiempo. To bide one's time.
Ej. Me voy a tomar mi tiempo. I'm going to bide my time.

See: Parcial, A tiempo parcial.
See: Perro, Tiempo de perros.
See: Preciso, Tiempo preciso.

TIENTAS
Andar a tientas To grope in the dark.
Ej. Vamos a tientas. We are groping in the dark.

TIENTO
Andarse con tiento. To watch one's step.
Ej. Vaya usted con tiento. Watch your step.

Perder el tiento. To lose one's touch.
Ej. Ya no soy lo que era. He perdido el tiento. I'm not what I used to be. I've lost my touch.

TIERRA
Besar la tierra. To fall flat on one's face.
Ej. Dio un traspié y besó la tierra. He tripped and fell flat on his face.

Caer por tierra. To fall to the ground.
Ej. Al tropezar cayó todo por tierra. When he tripped everything fell to the ground.

Echar tierra. To hush up.
Ej. Echaron tierra al asunto. They hushed up the matter.

Por estas tierras. In these parts.
Ej. Por estas tierras se come mucha patata. People eat a lot of potatos in these parts.

Por tierra. Overland, by land.
Ej. Sólo se puede llegar allí por tierra. You can only get there by land.

Tierra de nadie. No man's land.
Ej. La tierra de nadie está entre el enemigo y nosotros. No man's land is between the enemy and us.

See: Echar; Echar por tierra.

TIESO
Quedarse tieso. To freeze.
Ej. Me he quedado tieso ahí fuera. I froze out there.

TILÍN
Hacer tilín alguien. To sort of like someone.
Ej. Susana me hace tilín. I sort of like Susan!

TINO
Coger el tino. To get the hang of it.
Ej. ¡Ya le he cogido el tino! I got the hang of it!

Sin tino. Aimlessly; without rhyme or reason.
Ej. Trabaja sin tino. He works aimlessly.

TINTA
Saber de buena tinta. Know on good authority; from the horse's mouth.
Ej. Lo sé de buena tinta. I learned it straight from the horse's mouth.

TINTERO
Quedarse algo en el tintero. To forget completely.
Ej. Díselo todo. Que no se te quede nada en el tintero. Tell him everything; don't forget anything.

TIPO
Tener buen tipo. To have a good figure.
Ej. La mujer de Víctor tiene buen tipo. Victor's wife has a good figure.

Jugarse el tipo. Be in a tight spot; gamble or risk a lot.
Ej. Si le dices eso al jefe te juegas el tipo. If you say that to the boss you're going to be in a tight spot.

Mantener el tipo. To keep a stiff upper lip.
Ej. Víctor sabe mantener el tipo en la adversidad. Victor keeps a stiff upper lip in adversity.

TIRAR
De una tirada. At one stroke; at one go.
Ej. Lo ha hecho de una tirada. He's done it at one go.

Ir tirando. To get along.
Ej. Bien. Voy Tirando. Okay. I'm getting along.

Tira y afloja. Give and take.
Ej. No me gusta este tira y afloja. I don't care for this give and take.

See: Patada, Tirar a uno a patadas.

TIRO
A tiro de piedra. At a stone's throw.
Ej. Está cerca, a tiro de piedra. It's near; at a stone's throw from here.

Errar (fallar) el tiro. To miss the mark.
Ej. Has errado el tiro. You've missed the mark.

Ni a tiros. Not for love or money.
Ej. No aceptaré ni a tiros. I won't accept for love or money.

Pegarse un tiro. To shoot oneself.
Ej. Dice que se va a pegar un tiro. He says he is going to shoot himself.

Ponerse a tiro. To be within range, within reach.
Ej. Si se pone a tiro le preguntaré. I'll ask him if he gets within reach.

Salir el tiro por la culata. To backfire.
Ej. Le salió el tiro por la culata. It backfired on him.

Tiro al blanco. Target shooting.
Ej. Practica el tiro al blanco. He practices target shooting.

TIRÓN
De un tirón. Nonstop.
Ej. Fuimos a París de un tirón. We went to Paris nonstop.

TIROS
Ponerse de tiros largos. To put on the dog; to dress up.
Ej. Ponte de tiros largos para la fiesta. Get all dressed up for the party.

TIRRIA
Tenerle tirria a uno. To have it in for someone.
Ej. Él le tiene tirria a su alumno. He has it in for his student.

TÍTERE
No dejar títere con cabeza. To upset the applecart.
Ej. No va a dejar títere con cabeza. He's going to upset the applecart.

TÍTULO
A título de... Out of; as.
Ej. Lo pregunto a título de curiosidad. I'm asking out of curiosity.

TOCADO
Estar tocado de la cabeza. To be touched in the head.
Ej. Víctor está tocado de la cabeza. Victor's touched in the head.

TOCAR
Tocarle a uno. To be someone's turn.
Ej. Me toca jugar a mí. It's my turn to play.

TODAVÍA
Todavía no. Not yet.
Ej. Todavía no he leído el libro. I haven't read the book yet.

TODO
Ante todo. Above all; first of all.
Ej. Ante todo dígame la hora. First of all tell me the time.

Así y todo. In spite of all.
Ej. Así y todo prefiero ir. In spite of all, I'd rather go.

Con todo. Still; however.
Ej. Con todo prefiero comer. Still, I prefer to eat.

Jugarse el todo por el todo. To bet, gamble everything.
Ej. Se está jugando el todo por el todo. He's betting everything.

Sobre todo. Above all; specially.
Ej. Sobre todo sé bueno. Above all be good.

Todo. Every bit.
Ej. Víctor es todo un caballero. Victor is every bit a gentleman.

Todo bicho viviente. Every living soul.
Ej. Lo sabe todo bicho viviente. Every living soul knows about it.

Todo el día. All day.
Ej. Estoy aquí todo el día. I've been here all day.

Todo el mundo. Everybody.
Ej. Todo el mundo quiere a alguien. Everybody loves somebody.

Todo el que... Everybody who...
Ej. Todo el que entra aquí debe pagar. Everybody who comes in here must pay.

Todos. Everybody.
Ej. Todos te quieren. Everybody loves you.

Todos los. Every.
Ej. Todos los lunes voy a clase. I go to class every Monday.

TOMAR
¡Toma! Why, of course.
Ej. ¡Toma! ¡Claro que quiero más! Why, of course I want some more!

Toma y daca. Give and take.
Ej. No me gusta este toma y daca. I don't like this give and take.

Tomar a broma. To take as a joke.
Ej. Víctor se lo toma todo a broma. Victor takes everything as a joke.

Tomar a mal. To take offense.
Ej. Por favor, no tomes a mal lo que he dicho. Please, don't take offense at what I've said.

Tomar a pecho. To take to heart.
Ej. Todo lo tomas a pecho. You take everything to heart.

Tomar asiento. To sit down.
Ej. Por favor, tome asiento. Please, sit down.

Tomar cariño a. To become fond of.
Ej. Le ha tomado cariño al perro. She's become very fond of the dog.

Tomar las de Villadiego. To take to one's heels.
Ej. En cuanto nos vio, tomó las de Villadiego. As soon as he saw us he took to his heels.

Tomar nota. To take note.
Ej. Tome nota de la hora de la reunión. Take note of the time of the meeting.

Tomar por. To take for.
Ej. ¿Por quién me toma Ud.? Who do you take me for?

Tomar precauciones. To take precautions.
Ej. ¿Debemos tomar precauciones? Must we take precautions?

Tomarla con uno. To pick on someone.
Ej. ¡No la tomes conmigo! Don't pick on me!

TOMO
De tomo y lomo. Out-and-out; weighty, tremendous.
Ej. Es un idiota de tomo y lomo. He's an out-and-out idiot.

TON
Sin ton ni son. Without rhyme or reason.
Ej. Lo ha hecho sin ton ni son. He's done it without rhyme or reason.

TONGADA
En una tongada. All at once.
Ej. Se lo ha comido todo en una tongada. He's eaten everything all at once.

TONO
A tono con. In tune with; to match; matching.
Ej. Lleva un abrigo verde y un sombrero a tono. He's wearing a green coat and a matching hat.

Dar el tono. To set the standard.
Ej. Víctor da el tono con su elegancia. Victor sets the standard with his elegance.

De buen tono. Stylish, elegant.
Ej. Es de buen tono tomar el té a las cinco. It's very stylish to have five-o'clock tea.

De mal tono. In bad taste.
Ej. Es de mal tono hablar tan alto. It's in bad taste to speak so loud.

Subirse de tono. To overdo it; overstep the limit; go too far.
Ej. Víctor se ha subido de tono con el jefe. Victor has gone too far with the boss.

TONTO
A tontas y a locas. Thoughtlessly; haphazardly.
Ej. Lo hace todo a tontas y a locas. He does everything thoughtlessly.

Hacerse el tonto. To play the fool.
Ej. ¡No te hagas el tonto conmigo! Don't play the fool with me!

Ser tonto de capirote. To be a blockhead, a dude.
Ej. ¡Víctor es tonto de capirote! Victor's a blockhead!

TOPE
A tope. Full; crowded.
Ej. El bar estaba a tope. The bar was full!

Hasta los topes. To the brim; chock-full, packed.
Ej. El teatro estaba lleno hasta los topes. The theater was chock-full, packed with people.

TOPO
See: Ciego, Más ciego que un topo.

TOQUE
Toque de queda. Curfew.
Ej. El toque de queda empieza a las doce. The curfew starts at twelve.

Último toque. Finishing touch; finishing touches.
Ej. Éste es el último toque y hemos terminado. This is the finishing touch and we are done.

TORCER
Torcerse el tobillo. To sprain one's ankle.
Ej. Me he torcido el tobillo. I have sprained my ankle.

See: Brazo, No dar su brazo a torcer.

TORNAS
Volver las tornas. To turn the tables.
Ej. Ahora se han vuelto las tornas contra ti. Now the tables have turned against you.

TORNILLO
Apretarle a uno los tornillos. To put the screws on.
Ej. Tenemos que apretarle los tornillos al jefe. We must put the screws on the boss.

Faltarle a uno un tornillo. To have a screw loose.
Ej. A ése le falta un tornillo. That guy has a screw loose.

TORTA
Costar la torta un pan. Cost more than one figured.
Ej. ¡Me parece que te va a costar la torta un pan! I think that's going to cost you more than you figured.

TOS
See: Golpe, Golpe de tos.

TOTAL
Total que... The short of it is that...
Ej. Total que suspendí el examen. The short of it is that I failed the exam.

TRABAJAR
Trabajar como un negro (chino). To work to the bone.
Ej. He trabajado como un negro toda mi vida. I've worked my hands to the bone all my life.

See: Fiera, Trabajar como una fiera.

TRABAJO
Costar trabajo. To find difficult to.
Ej. Cuesta trabajo creerle. It's difficult to believe what you say.

Trabajo fijo. A steady job.
Ej. ¿Tiene tu marido trabajo fijo? Does your husband have a steady job?

TRABAR
Trabársele la lengua a uno. To become tongue-tied.
Ej. Se le traba la lengua cuando habla con él. He becomes tongue-tied when he talks to him.

TRAER
Traérselas. To be something else.
Ej. Víctor se las trae. Victor is something else again.

TRAGAR
No poder tragar a alguien o algo. Not to be able to stomach.
Ej. ¡No puedo tragar a tu hermana! I can't stomach your sister!

TRAGO
De un trago. In one breath.
Ej. Se bebió la botella de vino de un trago. He drank the bottle of wine in one breath.

Echar un trago. To have a drink.
Ej. Vamos a echar un trago. Let's have a drink.

Pasar un mal trago. To go through hell; have a hard time.
Ej. Sé que has pasado un mal trago. I know you've been through hell.

TRAICIÓN
Alta traición. High treason.
Ej. Lo que ha hecho es alta traición. What he's done is high treason.

TRAÍDO
Traído y llevado. Beaten about.
Ej. Eso está muy traído y llevado. That's been beaten about plenty.

TRAMPA
Caer en la trampa. To fall into the trap.
Ej. ¡Has caído en la trampa! You've fallen into the trap!

Hacer trampas. To cheat.
Ej. Ese tío hace trampas. That guy cheats.

TRANCAS
A trancas o barrancas. By hook or by crook; come hell or high water.
Ej. Lo va a hacer a trancas o barrancas. He's going to do it by hook or by crook.

TRANCE

A todo trance. At any cost.
Ej. Debemos terminar a las ocho a todo trance. We must finish by eight at any cost.

En último trance. As a last resort.
Ej. En último trance podemos llamar a Pedro. As a last resort we can always call Peter.

TRANQUILLO

Cogerle el tranquillo a algo. To get the knack of it.
Ej. Creo que le estoy cogiendo el tranquillo. I think I'm getting the knack of it.

TRAPO

Poner a alguien como un trapo. To insult, to skin alive.
Ej. ¡Me novia me ha puesto como un trapo! My girlfriend has skinned me alive.

Sacar trapos sucios a relucir. To wash one's dirty linen in public.
Ej. No me gusta sacar trapos sucios a relucir. I don't like to wash our dirty linen in public.

TRAS

Tras de. Behind, after.
Ej. Vamos tras de él. We are walking behind him.

TRASPIÉ

Dar un traspié. To stumble; to trip.
Ej. Dio un traspié y se cayó. He tripped and fell.

TRASTE

Dar al traste con. To throw away; ruin.
Ej. ¡Has dado al traste con nuestros planes! You've ruined our plans!

TRATAR

Tratar con. To deal with.
Ej. Trata con criminales. He deals with criminals.

Tratar mal. To abuse.
Ej. ¡No trates mal a tu mujer! Don't abuse your wife!

Tratarse de. To be a question of.
Ej. Se trata de poco de dinero. It's a question of little money.

See: Perro, Tratar a alguien como a un a perro.

TRATO

Trato hecho. It's a deal.
Ej. ¡Trato hecho! It's a deal!

TRAVÉS

A través de. Across, through.
Ej. A través de los tiempos. Through the ages.

TRAZA

Buena traza. Good appearance.
Ej. Tu novio tiene buena traza. Your boyfriend has a good appearance.

Tener trazas de. To look like.
Ej. Tiene trazas de llover. It looks like rain.

TRECHO

A trechos. At intervals.
Ej. Se ha hecho a trechos. It's been done at intervals.

De trecho en trecho. At intervals.
Ej. De trecho en trecho pararemos. At intervals we'll stop.

See: Dicho, Del dicho al hecho hay un gran trecho.

TREGUA

Sin tregua. Without respite, nonstop.
Ej. Trabaja sin tregua. He works without respite.

TREN

Tren de vida. Living in style.
Ej. ¡Vaya tren de vida que lleva! He's really living in style!

TRES

See: Dos, En un dos por tres.

TRIBUNAL

Llevar a alguien a los tribunales. To sue; to take to court.
Ej. ¡Te voy a llevar a los tribunales! I'm going to take you to court!

TRIPAS

Hacer de tripas corazón. To pluck up courage.
Ej. ¡Tuve que hacer de tripas corazón y pelear! I had to pluck up courage and fight!

TRIS

En un tris. Within an ace.
Ej. Estuve en un tris de atropellar a la vieja. I was within an ace of running over the old lady.

TRIZAS

Hacer trizas. To tear to pieces.
Ej. ¡Te voy a hacer trizas! I'm going to tear you to pieces!

TRONAR
Por lo que pueda tronar. Just in case; for a rainy day.
Ej. Ahorro dinero por lo que pueda tronar. I'm saving money for a rainy day.

TRONCHAR
Troncharse de risa. To split one's sides with laughter.
Ej. ¡Se troncharon de risa! They split their sides with laughter!

TROPEL
En tropel. In a throng.
Ej. Entraron en tropel. They entered in a throng.

TROPEZAR
Tropezar con. Chance upon; meet by chance.
Ej. Ayer me tropecé con Pedro en el mercado. Yesterday I chanced upon Peter at the market.

TROPEZÓN
A tropezones. By fits and starts.
Ej. No hagas las cosas a tropezones. Don't do things by fits and starts.

Dar un tropezón. To trip, to stumble.
Ej. Dio un tropezón y cayó. He tripped and fell.

TROTE
Para todo trote. For everyday use; heavy duty.
Ej. He comprado estos zapatos para todo trote. I've bought these shoes for every day use.

TROYA
Y ahí fue Troya. And all hell broke loose.
Ej. Comenzaron a disparar y ahí fue Troya. The shooting started and all hell broke loose.

TÚ
Tratar de tú. To be on a first name basis with someone.
Ej. Pedro y Víctor se tratan de tú. Peter and Victor are on a first name basis.

TUNTÚN
Al buen tuntún. At random; any old way.
Ej. Roberto hace las cosas al buen tuntún. Robert does things any old way.

TURCA
Coger una turca. To get drunk.
Ej. Cogió una turca en la fiesta. He got drunk at the party.

TURCO
See: Cabeza, Cabeza de turco.

TURNO
Aguardar turno. To wait one's turn.
Ej. Aguarda turno. Wait your turn.

Estar de turno. To be on duty.
Ej. Ese médico está de turno hoy. That doctor is on duty today.

Por turnos. By turns.
Ej. Lo haremos por turnos. We'll do it by turns.

U

ÚLTIMO
A últimos de. Late in.
Ej. Iremos a últimos de abril. We'll go late in April.

Estar en las últimas. To be on one's last legs; be at one's last gasp.
Ej. Pedro parece enfermo. Creo que está en las últimas. Peter doesn't look good. I think he's on his last legs.

Por última vez. For the last time.
Ej. Por última vez te lo digo. I'm telling you for the last time.

Por último. Finally.
Ej. Por último me pidió dinero. Finally he asked me for money.

See: Hora, A última hora.

UMBRAL
Estar en los umbrales de. To be on the threshold of.
Ej. Está en los umbrales de la muerte. He is on the threshold of death.

UNA
De una. At once.
Ej. ¡Hazlo de una! Do it at once!

Todos a una. All together now.
Ej. ¡Cantemos todos a una! Let's sing all together now!

Una y no más, Santo Tomás. Once is enough.
Ej. ¡Me ha engañado pero una y no más, Santo Tomás! He has deceived me but once is enough!

UNO
De uno a uno. One by one; one at a time.
Ej. Tómate los pasteles de uno a uno. Eat the cakes one by one.

Uno de tantos. One of the lot.
Ej. Víctor es uno de tantos en la oficina. Victor is one of the lot in the office.

Uno y otro. Both.
Ej. Uno y otro son muy agradables. Both are very nice.

UÑA
Enseñar las uñas. To show one's teeth, claws.
Ej. ¡Me ha enseñado las uñas! She's shown her claws!

See: Carne, ser uña y carne.

USO
En buen uso. In good condition.
Ej. Este coche está en buen uso. This car is in good condition.

UVA
See: Pera, De uvas a peras.

Tener mala uva. To be a grouch.
Ej. ¡Cuidado que tu tío tiene mala uva! Be careful because your uncle is a real grouch.

V

VACACIONES
Estar de vacaciones. To be on vacation.
Ej. Victor está de vacaciones. Victor is on vacation.

Irse de vacaciones. To go away on vacation.
Ej. Juan se ha ido de vacaciones. John has away gone on vacation.

VACANTE
Cubrir una vacante. Fill a vacancy.
Ej. Tenemos dos vacantes que cubrir. We have two vacancies to fill.

VACÍO
De vacío. Empty-handed.
Ej. Vengo de vacío. I come empty-handed.

VALER
Hacer valer. To assert.
Ej. Quiero hacer valer mis derechos. I wish to assert my rights.

Más vale tarde que nunca. Better late than never.
Ej. Es tarde pero más vale tarde que nunca. It's late but better late than never.

Más valiera... It'd be better...
Ej. ¡Más me valiera no haber venido! It'd been better for me not to have come!

No poder valerse. To be helpless.
Ej. Sin piernas no podía valerse. Without legs he was helpless.

Valer la pena. To be worth...
Ej. No vale la pena leer esto. This is not worth reading.

Valer por(para). To be good for.
Ej. Esto vale para estudiar inglés. This is good for studying English.

See: Cuerno, No valer un cuerno.
See: Oro, Valer uno su peso en oro.
See: Pájaro, Más vale pájaro en mano que ciento volando.
See: Pito, No valer un pito.
See: Prevenir, Más vale prevenir que lamentar.

VALIENTE
Valiente amigo. Some friend.
Ej. ¡Valiente amigo eres! Some friend you are!

VANO
En vano. In vain.
Ej. Lo he hecho todo en vano. I've done everything in vain.

VAQUETA
See: Cara, Tener cara de vaqueta.

VARA
See: Camisa, Meterse en camisa de once varas.

VARETA
Irse de vareta. To have the turistas; to have diarrhea.
Ej. Comí tanta fruta que ahora me voy de vareta. I ate so much fruit that now I have the turistas.

VEJEZ
A la vejez, viruelas. There's no fool like an old fool.
Ej. Quiere casarse. ¡A la vejez viruelas! He wants to get married. There is no fool like an old fool!

VELA
Estar a dos velas. To be broke.
Ej. Para el quince de mes estamos a dos velas. Around the fifteenth of the month we are broke.

No tener vela en un entierro. To have no say in the matter.
Ej. No tienes vela en este entierro. You have no say in this matter.

Pasar la noche en vela. Awake.
Ej. Pasó toda la noche en vela. He was awake all night.

VELO
Echar un velo sobre. To hush up.
Ej. Echaron un velo sobre el asunto. They hushed up the matter.

VENA
Estar uno en vena. To be inspired.
Ej. Déjalo pintar que está en vena. Let him paint because he's inspired.

VENCIDA
A la tercera va la vencida. The third time does it.
Ej. Vale, a la tercera va la vencida. Okay, the third time does it.

VENCIDO
See: Dar, Darse por vencido.

VENDER
Venderse caro. To be sold dear.
Ej. ¡Nos venderemos caro al enemigo! We'll sell ouselves dear to the enemy.

VENIR
Que viene. Next.
Ej. Iré la semana que viene. I'll go next week.

Venir a menos. To be in reduced circumstances.
Ej. Víctor ha venido a menos. Victor is in reduced circumstances.

Venir a ser. To amount; to come to.
Ej. Viene a ser lo mismo. It amounts to the same thing.

Venir al pelo. To come in handy.
Ej. Este martillo nos vendrá al pelo. This hammer will come in handy.

Venir bien. To suit.
Ej. Unas vacaciones me vendrán bien. A vacation will suit me fine.

Venirse abajo. To collapse; break down.
Ej. El asesino se vino abajo y confesó. The murderer broke down and confessed.

See: Cuento, No venir a cuento.
See: Ésas, No venir a uno con ésas.
See: Perilla, Venir de perilla.
See: Perlas, Venir de perlas.

VENTAJA
Llevar ventaja. To have a lead, to be ahead.
Ej. Nosotros les llevamos ventaja. We are ahead of them.

VENTANA
See: Casa, Echar la casa por la ventana.

VENTURA
A la ventura. Aimlessly.
Ej. Va a la ventura. He roams aimlessly.

Probar ventura. To try one's luck.
Ej. Se fue a América a probar ventura. He went to America to try his luck.

VER
A mi manera de ver. In my (humble) opinion.
Ej. A mi manera de ver eso no se hace así. In my humble opinion that's not the way to do it.

Eso está por ver. That remains to be seen.
Ej. Quizá, pero eso está por ver. Perhaps, but it remains to be seen.

¡Hasta más ver! So long!
Ej. ¡Hasta más ver, Víctor! So long, Victor!

No tener nada que ver con. To have nothing to do with.
Ej. Yo no tengo nada que ver con ese asunto. I have nothing to do with that business.

Ver el cielo abierto. To see a great opportunity.
Ej. Cuando me ofrecieron el empleo vi el cielo abierto. When I was offered the job I saw a great opportunity.

Ver venir. To see someone coming.
Ej. Te he visto venir y no me engañas. I've seen you coming and you can't fool me.

Ver visiones. To see things.
Ej. ¡Cuando la vi creía que veía visiones! When I saw her I thought I was seeing things.

Ver y (para) creer. Seeing is believing.
Ej. Enséñamelo porque ver para creer. Show it to me because seeing is believing.

Verse negro. Have a hard, tough time.
Ej. Me vi negro para arreglar el coche. I had a hard time fixing the car.

Ya se ve. Of course; it's obvious; I can see that...
Ej. ¡Claro, ya se ve! Of course, I can see that!

Ya veremos. We'll see.
Ej. Bueno, ya veremos. Okay, we'll see.

See: Burro, No ver tres en un burro.
See: Estrella, Ver las estrellas.
See: Poder, No poder ver.

VERA
A la vera de. Beside, next to.
Ej. ¡Siéntate a mi vera! Sit next to me!

VERAS
De veras. Really, in truth, honest.
Ej. ¡Te quiero, de veras! I love you, honest!

Jugar de veras. To play for keeps.
Ej. ¿Estamos jugando de veras? Are we playing for keeps?

VERBORREA
Tener verborrea. Be verbose, talkative.
Ej. Víctor tiene mucha verborrea. Victor is a very verbose man.

VERBUM
Verbum sat sapienti est. (Lat.)
Ej. A buen entendedor con pocas palabras bastan. A word to the wise is enough.

VERDAD
A decir verdad. To tell the truth.
Ej. A decir verdad no quiero comprarlo. To tell the truth I don't want to buy it.

De verdad. Really.
Ej. ¿De verdad crees que iré? Do you really think I'll go?

Decir cuatro verdades. To tell someone a thing or two.
Ej. Le voy a decir a Víctor cuatro verdades. I'm going to tell Victor a thing or two.

Ser verdad. To be true.
Ej. ¿Es verdad? Is it true?

¿Verdad que...? Isn't it so? true ...
Ej. ¿Verdad que yo soy bueno? Isn't it true I'm good?

See: Puño, Decir verdades como puños.
See: Puro, La pura verdad.

VERDE
Darse uno un verde. To have a fling; to paint the town red.
Ej. Vamos a darnos un buen verde. Let's go paint the town red.

Estar uno verde. Not to be dry behind the ears.
Ej. Ese chico está todavía muy verde. That boy is not dry behind the ears yet.

Poner verde. To bawl out, cut down.
Ej. Cuando le vea le voy a poner verde. Whenever I see him I'm going to bawl him out.

VEREDA
Meter a alguien en vereda. To set someone aright, straight.
Ej. Voy a meter a Víctor en vereda. I'm going to set Victor straight.

VERGÜENZA
Darle a uno vergüenza. To be ashamed.
Ej. Me da vergüenza verte así. I'm ashamed to see you like that!

No tener vergüenza. Not to be ashamed to.
Ej. No tiene vergüenza de hablar en público. He's not ashamed to speak in public.

Tener vergüenza. To be shy.
Ej. No tengas vergüenza y bésame. Don't be shy and kiss me.

See: Cara, Caérsele a uno la cara de vergüenza.

VESTIR
See: Mismo, El mismo que viste y calza.

VEZ
A la vez. At once.
Ej. No hablen todos a la vez. Don't speak all at once.

A veces. Sometimes.
Ej. A veces estoy triste. Sometimes I'm sad.

Alguna que otra vez. Occasionally.
Ej. Bebo vino alguna que otra vez. I drink wine occasionally.

Alguna vez. Sometimes.
Ej. Alguna vez estudio en casa. Sometimes I study at home.

De una vez. Right now.
Ej. ¡Hazlo de una vez! Do it right now!

De una vez para siempre. Once and for all.
Ej. ¡Vete de una vez para siempre! Go once and for all!

De una vez por todas. Once and for all.
Ej. ¡Hazlo de una vez por todas! Do it once and for all!

De vez en cuando. From time to time.
Ej. De vez en cuando bebo un vaso de vino. From time to time I have I glass of wine.

En vez de. Instead of.
Ej. En vez de dormir debes trabajar. Instead of sleeping you must work.

Érase una vez... Once upon a time...
Ej. Érase una vez un osito... Once upon a time a little bear...

Hacer las veces de. To act as.
Ej. Yo puedo hacer las veces de jefe. I can act as the boss.

Otra vez. Again.
Ej. ¡Hazlo otra vez! Do it again!

Rara vez. Seldom.
Ej. Rara vez fumo. I seldom smoke.

Tal vez. Perhaps.
Ej. Tal vez vaya, no sé. Perhaps I'll go, I don't know.

Una vez. Once.
Ej. Una vez hablé con él. I spoke with him once.

See: Cada, Cada vez.
See: Cada, Cada vez más.

VIAJE
¡Buen viaje! Bon voyage!
Ej. ¡Adiós, buen viaje! Goodbye, bon voyage!

Viaje de ida y vuelta. Round trip.
Ej. He comprado un viaje de ida y vuelta. I've bought a round trip ticket.

See: Estar, Estar de viaje.

VICIO
Quejarse de vicio. To be a cronic whiner.
Ej. ¡Víctor se queja de vicio! Victor is a cronic whiner!

VICTORIA
Cantar victoria. To crow too soon.
Ej. ¡No cantes victoria antes de hora! Don't crow too soon!

VIDA
Así es la vida. Such is life.
Ej. No podemos hacer nada. ¡Así es la vida! We can do nothing. Such is life!

Con vida. Alive.
Ej. Lo encontraron con vida. They found him alive.

Darse uno la buena vida. To lead the life of Riley.
Ej. Víctor se da una buena vida. Victor leads the life of Riley.

De por vida. For life.
Ej. Está en la cárcel de por vida. He's in jail for life.

En mi vida... Never in my life.
Ej. Nunca en mi vida he visto cosa igual. Never in my life have I seen such a thing.

Hacer por la vida. To feed one's face.
Ej. Voy a la cocina a hacer por la vida. I'm going to the kitchen to feed my face.

Hacer vida de casados. To shack up.
Ej. Hicieron vida de casados durante veinte años. They shacked up for twenty years.

Jugarse la vida. To gamble one's life.
Ej. No te juegues la vida. Don't gamble your life.

Mudar de vida. To mend one's ways.
Ej. ¡Debes mudar de vida! You must mend your ways!

Quitarse uno la vida. To take one's own life.
Ej. ¡Dicen que se quitó la vida! It's said that he took his own life.

Siete vidas tiene un gato. A cat has nine lives.
Ej. En castellano un gato tiene siete vidas. In English a cat has nine lives.

Vida de perros. Dog's life.
Ej. Vivo una vida de perros. I lead a dog's life.

Vida privada. Private life.
Ej. El pobre no tiene vida privada. The poor thing doesn't have a private life.

See: Cosa, Cosas de la vida.
See: Delante, Tener toda una vida por delante.
See: Fatiga, No hay vida sin fatiga.
See: Ganar, Ganarse la vida.
See: Perro, Llevar una vida de perros.
See: Regalado, Una vida regalada.

VIDRIO
Pagar alguien los vidrios (platos) rotos.
To take the blame; take the rap; be the
scapegoat.
*Ej. Yo siempre pago los platos rotos. I'm always the
scapegoat.*

VIEJO
Viejo verde. Old goat.
Ej. Víctor es un viejo verde. Victor's an old goat.

VIENTO
Beber los vientos por. To be madly in love with.
*Ej. Víctor bebe los vientos por Susana. Victor is
madly in love with Susan.*

Ir viento en popa. To do very well.
*Ej. Mi negocio va viento en popa. My business is
doing very well.*

Irse (largarse) con viento fresco. To go fly a
kite.
Ej. ¡Vete con viento fresco! Go fly a kite!

See: Contra, Contra viento y marea.

VIGOR
Entrar en vigor. To go into effect.
*Ej. La nueva ley entra en vigor mañana. The new
law goes into effect tomorrow.*

Estar en vigor. In effect, in force.
*Ej. ¿Esta ley está todavía en vigor? Is this law still
in force?*

VILLADIEGO
See: Tomar, Tomar las de Villadiego.

VILO
See: Corazón, Tener el corazón en vilo.

VINAGRE
Cara de vinagre. Sourpuss.
*Ej. ¡Tu mujer tiene cara de vinagre! Your wife is a
sourpuss!*

VINO
Dormir el vino. To sleep off a drunk.
Ej. Está durmiendo el vino. He's sleeping off a drunk.

Tener mal vino. To be a nasty drunk.
Ej. Víctor tiene mal vino. Victor is a nasty drunk.

VIÑA
Tener una viña. To have a sinecure.
*Ej. En su nuevo empleo tiene una buena viña. He's
got quite a sinecure in his new job.*

VIOLENTO
Sentirse violento. To feel out of place.
*Ej. Me sentí muy violento en el banquete. I felt out
of place at the banquet.*

VIRTUD
En virtud de. By virtue of.
*Ej. En virtud de los poderes que se me han
concedido... By virtue of the powers invested in me...*

VISITA
Hacer una visita. To pay a call.
*Ej. Vamos a hacer una visita a Pedro. Let's pay
Peter a call.*

Tener visita. To have company.
Ej. Tenemos visita. We have company.

Visita de cumplido. A formal, short call or
visit.
*Ej. Debo hacer una visita de cumplido a mi
hermana. I must pay my sister a short, formal call.*

Visita de médico. Short call, visit.
*Ej. Tu hermana nos ha hecho la visita del médico.
Your sister has paid us a short visit.*

VÍSPERA
Estar en vísperas de. To be on the eve of; to
be about to.
*Ej. Estamos en víspera de fiesta. We are on the eve
of a holiday.*

VISTA
A primera vista. At first sight.
*Ej. A primera vista parece fácil. At first sight it
seems easy.*

A simple vista. With the naked eye.
*Ej. Se puede ver a simple vista. It can be seen with
the naked eye.*

Conocer de vista. To know by sight.
Ej. Conozco a Víctor de vista. I know Victor by sight.

En vista de. In view of; considering.
*Ej. En vista de los problemas que le causo, me voy.
In view of the problems I'm causing you, I'm
leaving.*

Hacer la vista gorda. To close one's eyes to.
*Ej. Mi hermana hace la vista gorda a los defectos de
sus hijos. My sister closes her eyes to her children's
faults.*

¡Hasta la vista! So long!
Ej. ¡Hasta la vista, Víctor! So long, Victor!

Medir a alguien con la vista. To size someone up.
Ej. Me midió con la vista. He sized me up.

Perder de vista. To lose sight of.
Ej. Le perdí de vista hace mucho tiempo. I lost sight of him a long time ago.

Tener a la vista. To have at hand.
Ej. Tengo todos los documentos a la vista. I have all the documents at hand.

See: Conocer, Conocer a alguien de vista.
See: Golpe, Al primer golpe de vista.

VISTO
Dar el visto bueno. To approve, to OK.
Ej. ¿Quiere darle el visto bueno a esto? Will you OK. this?

Estar mal visto. To be bad form, improper.
Ej. Comer con los dedos está muy mal visto. It's in bad form to eat with your fingers.

Estar visto. To be obvious.
Ej. ¡Está visto que no quieres ir! It's obvious you don't want to go!

¡Habráse visto! Imagine that!
Ej. Dice que no quiere estudiar. ¡Habráse visto! He says he doesn't want to study. Imagine that!

Por lo visto. Apparently.
Ej. Por lo visto ha encontrado empleo. Apparently he has found a job.

VIVIR
¡Quién vive! Who goes there?
Ej. ¡Alto! ¿Quién vive? Stop! Who goes there?

Vivir para ver. Live and learn.
Ej. ¿Se ha casado? ¡Vivir para ver! He got married? Live and learn!

See: Aire, Vivir del aire.
See: Cuenta, Vivir a cuenta de otro.
See: Desahogo, Vivir con desahogo.
See: Día, Vivir al día.
See: Encima, Vivir por encima de las posibilidades.
See: Gente, Gente de mal vivir.
See: Gorra, Vivir de gorra.
See: Ilusiones, Vivir de ilusiones.

VIVO
Decir de viva voz. By word of mouth.
Ej. Me lo han dicho de viva voz. I've been told by word of mouth.

En lo vivo. To the quick.
Ej. Me tocó en lo vivo. He hurt me to the quick.

Los vivos. The living.
Ej. Hay que temer a los vivos. One must fear the living.

VOLANDO
Hacer algo volando. Quickly, as fast as possible.
Ej. Lo voy a hacer volando. I'll do it quickly.

VOLEO
A voleo. Any old way; any which way.
Ej. Hace las cosas a voleo. He does things any old way.

VOLUMEN
A todo volumen. At full blast, full volume.
Ej. Susana está escuchando la radio a todo volumen. Susan is listening to the radio full blast.

VOLUNTAD
A voluntad. At will.
Ej. Hazlo a voluntad. Do it at will.

De buena voluntad. Willingly; of good will.
Ej. Hombres de buena voluntad. Men of good will.

Ganarse la voluntad de. To win the favor of.
Ej. Susana se ha ganado la voluntad del jefe. Susan has won the boss's favor.

Hacer algo por la propia voluntad de uno. To do something of one's own accord.
Ej. Lo he hecho por mi propia voluntad. I've done it of my own accord.

Tener fuerza de voluntad. To have will power.
Ej. Víctor tiene mucha fuerza de voluntad. Victor has a lot of will power.

Tener una voluntad de hierro. To have an iron will.
Ej. Mi hermana tiene una voluntad de hierro. My sister has an iron will.

Última voluntad. Last will.
Ej. Mi última voluntad es que se incinere mi cadáver. My last will is for my body to be cremated.

VOLVER
Volver a. To ( ) again.
Ej. No le he vuelto a ver. I haven't seen him again.
Ej. ¡Vuelve a hacerlo! Do it again!

Volver en sí. To come to.
Ej. Perdió el conocimiento pero volvió en sí enseguida. He passed out but he came to right away.

Volver la cabeza. To turn one's head.
Ej. No vuelvas la cabeza pero creo que nos siguen. Don't turn your head but I think we're being followed.

Volverse atrás. To back out.
Ej. Cuando firmes el contrato no podrás volverte atrás. Once you sign the contract you won't be able to back out of it.

Volverse contra. To turn against.
Ej. Todos se vuelven en contra mía. They are all turning against me.

Volverse loco. To go mad.
Ej. Me estoy volviendo loco. I'm going mad.

VOTO
Hacer votos. To wish, to hope.
Ej. Hago votos por su pronta recuperación. I hope you get well soon.

No tener ni voz ni voto. Not to have a say in.
Ej. No tienes ni voz ni voto en este asunto. You have no say in this matter.

¡Voto a tal! Confound it!
Ej. ¡No quiero, voto a tal! I don't want to, confound it!

Voto de confianza. Vote of confidence.
Ej. Necesito un voto de confianza. I need a vote of confidence.

VOZ
A media voz. Softly, whispering.
Ej. Tu mujer y ese tío están hablando a media voz. Your wife and that guy are talking softly.

Correrse la voz. To be rumored.
Ej. Se corre la voz que es rico. It is rumored he is rich.

Dar voces. Shout.
Ej. No me des voces. Don't shout at me.

En voz alta. Aloud, out loud.
Ej. ¡Dígalo en voz alta! Say it out loud!

En voz baja. Very softly.
Ej. Dilo en voz baja. Say it softly.

Levantar la voz. To raise one's voice.
Ej. ¡A mí no me levante Ud. la voz! Don't raise your voice to me!

See: Cantante, Llevar la voz cantante.
See: Grito, A voz en grito.
See: Vivo, Decir de viva voz.

VUELCO
Darle a uno un vuelco el corazón. One's heart misses a beat.
Ej. Cuando oí la noticia me dio un vuelco el corazón. When I heard the news my heart missed a beat.

VUELO
Alzar el vuelo. To take flight.
Ej. Alzaron el vuelo enseguida. They took flight right away.

Echar las campanas al vuelo. To ring a full peal.
Ej. Han echado las campanas al vuelo. They are ringing a full peal.

En un vuelo. In a jiffy.
Ej. Lo haré en un vuelo. I'll do it in a jiffy.

Levantar el vuelo. To take off.
Ej. Esos pillos levantaron el vuelo durante la noche. Those rascals took off during the night.

VUELTA
A la vuelta. Upon returning; when getting back.
Ej. A la vuelta te lo diré. I'll tell you when I get back.

A la vuelta de la esquina. Around the corner.
Ej. Las navidades están a la vuelta de la esquina. Christmas is just around the corner.

A vuelta de correo. By return mail.
Ej. Mándeme la información a vuelta de correo. Send me the information by return mail.

Dar cien vueltas a. To be a thousand times better than.
Ej. Mi coche le da cien vueltas al tuyo. My car is a thousand times better than yours.

Dar una vuelta. To take a stroll, a walk.
Ej. Voy a dar una vuelta. I'm going for a walk.

Darle vueltas a algo. To think over; turn something in one's mind.

Ej. Le he estado dando vueltas a lo que me dijiste pero no lo comprendo. I've been turning over in my mind what you said but I don't understand it.

Estar de vuelta. To be back.
Ej. Estaremos de vuelta temprano. We'll be back early.

No tener vuelta de hoja. There aren't two ways about it.
Ej. Debes ir; no tiene vuelta de hoja. You must go; there are no two ways about it.

Poner a alguien de vuelta y media. To give someone a bawling out.
Ej. El profesor me puso de vuelta y media. The teacher bawled me out!

Quedarse con la vuelta. To keep the change.
Ej. Gracias. Quédese con la vuelta. Thanks. Keep the change.

Y

YA

Decir «ya». Say «go».
Ej. Cuando quieras que salga di «ya». Say «go» when you want me to go out.

¡Ya, ya! You bet! I see!
Ej. ¡Ya, ya, comprendo! You bet I understand!

Ya lo creo. Of course; you bet.
Ej. ¿Vas al cine? ¡Ya lo creo! Are you going to the movies? You bet!

Ya no... No longer...
Ej. Ya no te quiero. I no longer love you.

Ya que... Since...
Ej. Ya que lo sabes... Since you know about it...

Ya veo, entiendo. Now I see, understand.
Ej. Ya entiendo; no me expliques más. Now I understand; don't explain any more.

Z

ZAFAR
Zafarse de. To dodge.
Ej. Debes zafarte de él. You must dodge him.

ZAGA
Ir a la zaga. To go behind; be right behind.
Ej. Víctor va a la zaga. Victor goes behind.

ZAMORA
No se ganó Zamora en una hora. Rome was not built in a day.
Ej. Tómalo con calma que no se ganó Zamora en una hora. Take your time because Rome was not built in a day.

ZANCADILLA
Ponerle la zancadilla a alguien. To trip someone up; pull a fast one.
Ej. ¡Me he caído porque me has puesto la zancadilla! I've fallen because you've tripped me up!

ZAPA
Labor de zapa. Undermine.
Ej. Tu labor de zapa está destruyendo mi trabajo. You are undermining my work.

ZAPATO
Saber uno dónde le aprieta el zapato. To know where the shoe pinches.
Ej. ¡Él ya sabe dónde le aprieta el zapato! He knows where his shoe pinches!

Zapatero, a tus zapatos. Shoemaker, stick to your last!
Ej. ¡Zapatero, a tus zapatos! Shoemaker, stick to your last!

See: Llegar, No llegarle a uno a la suela del zapato.

ZARPA
Echar la zarpa. Lay hands upon.
Ej. Tan pronto le eche la zarpa a Víctor le pediré el dinero. As soon as I lay hands on Victor I'll ask him for the money.

ZORRO
Estar hecho unos zorros. To be all in; exceedingly tired.
Ej. Me voy a la cama porque estoy hecho unos zorros. I'm going to bed because I'm all in.

Más astuto que un zorro. Cunning as a fox.
Ej. Víctor es más astuto que un zorro. Victor is cunning as a fox.

ZURRAR
Zurrar a alguien. Knock someone's block off; give a good licking; beat up.
Ej. Van a zurrar a Víctor. They are going to give Victor a good licking.

See: Badana, Zurrarle a uno la badana.